本书的出版获得
“北京大学创建世界一流大学计划”
经费资助

教育部人文社会科学重点研究基地基金资助

古 代 文 明

（第5卷）

北京大学中国考古学研究中心
北京大学震旦古代文明研究中心 编

文 物 出 版 社
北京·2006

封面设计　张希广
责任印制　梁秋卉
责任编辑　王　霞

图书在版编目(CIP)数据

古代文明.第5卷/北京大学中国考古学研究中心,北京大学震旦古代文明研究中心编.—北京:文物出版社,2006.12

ISBN 7-5010-2020-5

Ⅰ.古...　Ⅱ.①北...②北...　Ⅲ.文化史-研究-中国-古代-丛刊　Ⅳ.K220.3-55

中国版本图书馆CIP数据核字(2006)第148178号

古　代　文　明

(第5卷)

北京大学中国考古学研究中心
北京大学震旦古代文明研究中心　编

*

文物出版社出版发行
(北京东直门内北小街2号楼)
http://www.wenwu.com
E-mail:web@wenwu.com
北京圣彩虹制版印刷技术有限公司
新　华　书　店　经　销
787×1092　1/16　印张:26.75　插页:1
2006年12月第一版　2006年12月第一次印刷
ISBN 7-5010-2020-5/K·1078　定价:128.00元

目　　录

中国南方的早期陶器 …… 张　弛（1）

川西彩陶的发现与初步研究 …… 陈　剑（17）

从精神考古看文明起源研究问题 …… 晁福林（31）

中国国家起源的历史特点 …… 刘　军（45）

禹画九州论 …… 朱渊清（55）

“方以类聚、物以群分”与文字的创制 …… 葛英会（71）

陶器刻画符号在文字起源中的作用
——以西亚地区为例 …… 拱玉书（85）

凤雏 H11 之 1、82、84、112 四版卜辞通释与周原卜辞的族属问题 …… 杨　莉（125）

2003 年陕西岐山周公庙遗址调查报告 …… 周原考古队（151）

周公庙遗址祝家巷卜甲试释 …… 李学勤（187）

谈岐山周公庙甲骨 …… 葛英会（193）

读周原新获甲骨 …… 李　零（197）

陕西岐山周公庙出土甲骨文的初步研究 …… 冯　时（205）

论周公庙遗址卜甲坑 H45 的期别与年代
——兼论关中西部地区商周之际考古学文化分期的几点认识 …… 雷兴山（215）

论周公庙和周原甲骨的年代与族属 …… 孙庆伟（231）

试论周公庙龟甲卜辞及其相关问题 …… 董　珊（243）

武王伐纣天象及其年代历日 …… 武家璧（271）

西周时期的楚与荆 …… 牛世山（285）

“秦子”诸器的年代及有关问题 …… 梁　云（301）

试论春秋至汉代玉器风格的演变 …… 蔡庆良（313）

河南邓州太子岗遗址复查记 …………………………… 北京大学考古实习队（333）
山西浮山桥北商周墓 ………………………………………………… 桥北考古队（347）

中国南方的早期陶器

张　弛*

By present, more than 10 sites with pottery earlier than middle Neolithic have been found in south China. Typological research on pottery from the Xianrendong 仙人洞 site in Wannian 万年 demonstrates that surface decorations of the pottery show a seriation of stripe pattern, baldish surface, patted cord pattern and rolled cord pattern through time. Since the Xianrendong pottery assemblage is largest in quantity, most various in types and longest in continuity among early pottery assemblages found in south China, the seriation we get is really representative. No new pottery types that Xianrendong hasn't have been found in other early Neolithic sites in south China. All early pottery found in the Lingnan 岭南 area (south of the Five Ridges) is baldish on surface and simple in type, yet pottery from Jiangxi 江西 and Hunan 湖南 is more various in types. The paper also discusses the chronology of early pottery.

目前所知，世界上最早的陶器主要都出现在东亚地区。在这个区域中，日本、俄罗斯西伯利亚远东、中国华北北部和中国南方南岭两侧是集中出土早期陶器的四个地域。其中日本早期陶器的资料发现的很多，对于早期陶器的特征和发展序列研究比较深入，年代问题解决得也比较早。俄罗斯远东和中国华北早期陶器的资料比较少，相关的问题很多，研究起来还有不少困难。而中国南方地区陶器的资料在近年来不断增多，有关研究日趋深入，但没有解决的问题仍有不少。本文将进一步检索中国南方地区早期陶器的资料，并对有关早期陶器的年代、发展序列以及早期陶器在不同发展阶段的特征等问题进行讨论。

一

中国南方地区的早期陶器早有发现。这其中，1962年江西万年仙人洞的发掘[1]，最早获得了有层位的一大批早期陶器。在仙人洞发掘的28平方米范围内，第3层出土

---

* 作者系北京大学中国考古学研究中心专职研究员，北京大学考古文博学院教授。

〔1〕 江西省文物管理委员会《江西万年大源仙人洞洞穴遗址试掘》，《考古学报》1963年第1期。

了90余片陶片，并有一件可以复原的器物，都是早期的；第2层出土陶片56片，有些年代较晚，但其中也不乏年代很早的。1964年仙人洞第二次发掘〔2〕，在41平方米的发掘范围内，“下层”出土了298片早期陶片，“上层”出土的79片陶片中也有年代较早的。由于当时没有可靠的测年手段和缺乏可以对比的资料，因此对这批陶器的年代及其文化性质都没有确切的认识。1974年和1976年中国科学院考古研究所公布了仙人洞上层贝壳标本ZK－39和下层兽骨标本ZK－92－0的碳十四测年，分别为距今10870±240年和距今8575±235年〔3〕，才使学界认识到仙人洞下层应当属于新石器时代早期文化〔4〕。但由于上述两个年代数据与所出的层位关系不合，且由于当时所认识的华南新石器时代早期文化的内容混杂有很多比较晚的文化遗存，因此对于早期文化的年代仍存有疑问，对早期陶器的特征也没有准确的认识。

从1973年开始，广西桂林甑皮岩遗址进行了三次较大规模的发掘，最初只有1973年发掘的简报公布了一些材料〔5〕，90年代末才公布了三次发掘及零散采集的陶片共有560片〔6〕。1978年发掘的遗址中出土螺壳样本ZK－0279的碳十四年代为距今11310±180年，而同层骨样本的年代只为距今7580±410年〔7〕。前一个螺壳样本的数据由于可能含有古老碳而受到质疑〔8〕。但随后又有进一步的研究和更多的样本测定表明了甑皮岩遗址下部堆积的古老性〔9〕，上海博物馆还在此后测定了甑皮岩陶片的热释光年代，为距今10370±870～距今9240±620年前〔10〕。1980年发掘的广西柳州大龙潭鲤鱼嘴遗址下层出土了8片陶片〔11〕，而出土于同层的两个螺壳样本由中国科学院古脊椎动物与古人类研究所测定的碳十四年代竟分别为距今18555±300年（PV－0379－1）和

〔2〕 江西省博物馆《江西万年大源仙人洞洞穴遗址第二次发掘报告》，《文物》1976年第12期。

〔3〕 中国科学院考古研究所实验室《放射性碳素测定年代报告（三）》，《考古》1974年第5期；同〔2〕，附录。

〔4〕 如彭适凡《试论华南地区新石器时代早期文化——兼论有关的几个问题》，《文物》1976年第12期。

〔5〕 广西壮族自治区文物工作队等《广西桂林甑皮岩洞穴遗址的试掘》，《考古》1976年第3期。

〔6〕 胡大鹏等《广西桂林甑皮岩遗址历次发掘出土的陶器》，《中石器文化及有关问题研讨会论文集》，广东人民出版社，1999年。

〔7〕 中国社会科学院考古研究所实验室《放射性碳素测定年代报告（五）》，《考古》1978年第4期。

〔8〕 安志敏《略论三十年来我国的新石器时代考古》，《考古》1979年第5期。

〔9〕 北京大学历史系考古专业碳十四实验室等《石灰岩地区碳－14样品年代的可靠性与甑皮岩等遗址的年代问题》，《考古学报》1982年第2期。

〔10〕 王维达《河姆渡和甑皮岩陶片热释光年代的测定》，《考古学辑刊》第4集，中国社会科学出版社，1984年。

〔11〕 柳州市博物馆等《柳州市大龙潭鲤鱼嘴新石器时代贝丘遗址》，《考古》1983年第9期。

距今21025±450年（PV-0379-2）。这样的年代即使扣除水生样本的偏早率，在当时也是无法和陶器联系在一起的。

20世纪80年代中期以后，随着彭头山文化的确认，南方地区新石器时代中期的文化面貌日益明朗，新石器时代自中期以降的年代序列也基本得到建立。过去那些曾被认为是属于新石器时代早期的各种遗存也都得到重新检视[12]。追索南方新石器时代早期文化于是有了一个可靠的基点。而无论是从文化内容还是年代来看，已有的早期文化的线索主要集中在包括仙人洞和甑皮岩在内的南岭和武夷山脉两侧山前的洞穴遗存上。

1993年、1995年和1999年，中美联合考古队对仙人洞遗址进行了再度发掘和采样，并对仙人洞附近的吊桶环遗址进行了发掘。其中仙人洞遗址的发掘面积为8.6平方米，清理的堆积对照了60年代的分层，但对各层做了更为细致的划分，在各个层位共出土早期陶片200余片。吊桶环遗址的发掘面积为40平方米，出土早期层位的早期陶片20余片。在这两个遗址出土早期陶器的层位中都采集了大量的木炭标本，利用AMS技术分别由北京大学和美国测试了30多个年代数据，其中相当于1962年发掘第3大层中若干小层所出样本很多都落在距今19780±360年（BA95136）和距今15050±60年（UCR3555）之间，最晚的一个数据出自3B1层，为距今12430±80年（UCR356）[13]。另有几个兽骨样本的年代也大致落在这个范围之内，陶片本身的测年正在进行中。

1993年和1995年，湖南道县玉蟾岩遗址共发掘了46平方米，除在个别层位发现有数片不足1平方厘米大小的小陶片外，最为重要的是在T9第3E层发现了相距不远的两堆陶片，可以复原为2件陶器[14]。北京大学碳十四实验室利用AMS技术对其中一件陶器进行了测年，其中残留炭的年代为距今14810±230年（BA95057b），腐殖酸的年代为距今12320±120年（BA95057a），照理陶器本身的年代应当落在这两个数据之间，而同层位所出木炭样本的年代为距今14490±230年，因此陶器的年代很有可能接近残留炭的测年数据[15]。但中国社会科学院考古研究所利用常规方法测定的3个兽骨

〔12〕 张弛《简论南中国地区新石器时代早期文化》，《中国考古学跨世纪的回顾与前瞻》，科学出版社，2000年。

〔13〕 张弛《江西万年早期陶器和稻属植硅石遗存》，《稻作 陶器和都市的起源》，文物出版社，2000年。

〔14〕 袁家荣《湖南道县玉蟾岩1万年以前的稻谷和陶器》，《稻作 陶器和都市的起源》，文物出版社，2000年。

〔15〕 Yuan Sixun, *et al*, Applications of AMS Radiocarbon Dating in Chinese Archaeological Studies, *AIP CP*392, pp. 803-806, AIP Press, New York, 1997.

样本却有很大的不同[16]，3个样本分别出自T9第3E、3B2、2B5层，数据分别为距今8194±610年（ZK－2903）、距今8820±399年（ZK－2902）和距今7707±413年（ZK－2901）（半衰期5568年）。至少其中出土陶器的第3E层的年代要比AMS法测定的木炭样本的年代晚很多。

20世纪90年代初，北京大学还对1985年发掘的广西桂林庙岩遗址进行了测年，这个遗址在第5层中部出土了5片陶片，其中一片陶片样本的年代为距今15660±260年（residue，BA94137b）和距今15560±500年（humic acid，BA94137a）[17]，其中前一个残留炭样本很可能来自燃料，与后一个腐殖酸的年代相差无几，因此两个数据都应当接近陶器本身的年代。北京大学测定的同层下部出土螺壳标本的年代为距今18140±320年（BA92036－1），第4层中部出土螺壳样本的年代为距今13710±270年（BA92034－1），中国社会科学院考古研究所测定的第5层出土螺壳样本的年代为距今17238±237年（ZK－2841）[18]，减去螺壳样本的偏老率，都可以作为进一步的证据。

2000年广西桂林大岩遗址发掘了72平方米[19]，发掘者将这里的遗存分为五期。其中第四期的年代大致相当于彭头山文化时期，在早于此期的第三期堆积中发现了3件陶容器。

2001年甑皮岩遗址再度发掘[20]，清理面积为10.26平方米，发掘报告将此次发掘的文化遗存分为五期。从大量的碳十四测年数据和各期文化遗物的特征来看，其中第三期或第四期的年代大致与彭头山文化的年代相当，而第一期的年代约在距今12000～11000年之间（校正年代），第二期的年代约在距今11000～10000年之间（校正年代）。其中第一期出土可复原陶器1件，第二期出土陶片34片。

2003年柳州大龙潭鲤鱼嘴遗址第二次发掘[21]，为研究者所关注最早的陶器在这次发掘中只发现于遗址堆积的第二期，与顶狮山第二期或彭头山文化的年代接近，距今只有9000年。

20世纪90年代以来这些洞穴遗址中的陶器都是在探索南方地区旧石器时代向新石器时代过渡、新石器时代文化的开始以及农业起源等重大课题的过程中发现的。

---

〔16〕 中国社会科学院考古研究所考古科技实验研究中心《放射性碳素测定年代报告（二四）》，《考古》1997年第7期。本报告发表的这组数据来自“蛤蟆洞”遗址，是玉蟾岩遗址的别名。

〔17〕 同〔15〕。

〔18〕 谌世龙《桂林庙岩洞穴遗址的发掘与研究》，《中石器文化及有关问题研讨会论文集》，广东人民出版社，1999年。

〔19〕 傅宪国等《桂林地区史前文化面貌轮廓初现》，《中国文物报》2001年4月4日第一版。

〔20〕 中国社会科学院考古研究所等《桂林甑皮岩》，文物出版社，2003年。

〔21〕 傅宪国等《柳州鲤鱼嘴遗址再度发掘》，《中国文物报》2004年8月4日第一版。

从这些陶器本身的特征以及与这些陶器共出的其他文化内容来看，与以彭头山文化和顶狮山文化为代表的南方和华南新石器时代中期文化有很大的不同，绝对年代测年也大都在距今10000年以前。而如果1980年鲤鱼嘴出土陶器层位和仙人洞最早出土陶器层位的碳十四年代可以采信，这两处陶器的年代都将是世界范围内最早的。但鲤鱼嘴所测样本为螺壳，本身就有水生样本年代偏早的问题，仙人洞样本虽为炭和兽骨，其来源也同样有相对早于出土陶片层位形成时期的可能。庙岩和玉蟾岩利用AMS法测定的系列样本的年代同样十分古老，而且有两组来自陶片样本本身的数据，按照原理，陶片本身是不会晚于它自己腐殖酸的年代的。但玉蟾岩出土陶片同层位的兽骨样本利用常规法测定的年代却晚很多，显然碳十四测年仍然存在来自样本和测年本身的很多问题。因此，解决南方地区早期陶器的年代排序，明确早期陶器的基本类型和特征的演变，还将有赖于对陶器本身形态、制作工艺以及出土层位等方面的研究。

早在90年代中期，当一些新发掘的资料大多尚未公布时就已经开始出现对华南早期陶器进行分期的尝试〔22〕，还有对个别遗址出土陶器排序的个案〔23〕，近年来也有对这些早期陶器进行编年的研究〔24〕。但都由于种种原因未能对现有资料进行全面的分析。我们注意到，上述出土早期陶器的遗址大都只有一两件器物或几片陶片，多数还集中出于同一层位，只有仙人洞遗址不仅陶器材料丰富，而且有层位不同的堆积单位的标本可以用来排序。因此，下面的分析将从仙人洞的材料入手。

二

仙人洞早期陶器的资料以20世纪60年代的两次发掘所得最为丰富，但在两次发掘的报告中发表的有关材料都很少。第一次发掘的报告发表的早期陶器主要出自第3层，有16件陶器和陶片，而第3层本身又分为第3A、3B甲、3B乙、3C甲、3C乙等小层，报告将上述陶片统归入第3层或第一期文化，未按小层层位发表，保留下来的陶片标本上也只有大层的标号，确切的层位关系已经无法得知了。第二次发掘的报告发表的大多数早期陶片被统归入下文化层，有图版的9片陶片分别出自T4的第2~4层，都十分碎小。两次发掘的报告对陶器的分类也不够细致，因此都难以利用作更深入的分析。

〔22〕 如朱延平《中国陶器起源阶段及相关问题》，《中国考古学的跨世纪反思》上册，商务印书馆，1999年。

〔23〕 同〔13〕。

〔24〕 同〔20〕。

20 世纪 90 年代仙人洞的发掘区域分东、西两区，其中东区靠近 60 年代第二次发掘的 T6，西区位于第一次发掘的 T3 北隔梁。经过发掘，大层对照过去的分层，小层划分更为细致，陶器资料都是按最小的堆积单位采集的。仙人洞堆积的最上面一层第 1A 层混杂有各个时期的陶瓷器和现代灰瓦，以下即为新石器时代至旧石器时代的堆积，其中第 1B 层至第 3C1b 层均出有早期陶片，三次发掘共得陶片 282 片。前两次的发掘所得陶片经中美双方考古人员研究，已经发表简要的介绍〔25〕。以下则是三次发掘所得陶片的研究结果。

仙人洞早期陶片的胎均由陶土和掺和料组成，即夹砂陶。以肉眼观察，陶胎的胎土大致可分为两类：一类具有粉沙质结构，含大量的粉沙粒度沙粒、黏土团和氧化铁（赤铁矿）结核；另一类陶片的陶土则比较细腻，接近黏土。可见这里陶土的来源并不是单一的。此前曾有研究者采集仙人洞附近的红土与以前发掘所得陶片的陶土同作化学成分分析，认为二者的化学组分相近，仙人洞古陶器陶土的来源就是附近的红土〔26〕。但所测陶片样本太少，样本的年代也不明确，尚不足以说明全部的问题。

陶胎中的掺和料在陶片的断口和表面都可以看到，按质料可分为三种。第一种主要是粉碎的石英岩石，也有少量的长石等其他矿物，掺杂类矿物的粒度大小不一，最大的粒径接近 10 毫米，最小的仅约 1.5 毫米。石英颗粒没有磨圆，显然是粉碎后直接掺入陶土中的。这种掺和料的陶片数量最多，约占总数的 77%。石英岩在仙人洞所在的大源盆地内未见矿源，但遗址中与陶片同时也出土石英小石器、石核及石片，因此推测石英原料的来源不会很远。第二种掺和料为细砂，砂粒磨圆度和分选均好，粒径一般约 1.5 毫米，这种掺和料的陶片数量不多，仅占总数的 3%。上述两种掺和料的陶片一般使用第一类陶土。第三种掺和料的质地很软，与陶片的硬度一样，粒径一般在 5～8毫米之间的最多，但也有达 10 毫米者，颗粒的棱角分明，没有磨圆。这类掺和料多掺加于第二类陶土中，质地也与第二类陶土烧成后的感觉相同，它们在不同的陶片中有不同的颜色，但与所掺陶片的颜色相同，因此很可能是粉碎的陶片。这类掺和料的陶片约占总数的 20%。

仙人洞陶器外表（内壁和外壁）的烧成颜色不一，但基本都是以各种褐色为基调

---

〔25〕 David V. Hill《从江西万年县两处新石器时代洞穴出土的陶瓷的初步分析》，Pamela Vandiver《距今 26000 年至 10000 年东亚旧石器时代陶制品及陶器的发展》，李家治、陈显求主编《古陶瓷科学技术 3——国际讨论会论文集（ISAC'95）》，上海科学技术文献出版社，1995 年；大卫·V·希尔《江西万年两处新石器时代洞穴遗址出土陶片的初步分析》，《南方文物》1997 年第 2 期；同〔13〕。

〔26〕 方府报《江西万年新石器时代粗陶的研究》，李家治、陈显求主编《古陶瓷科学技术 2——国际讨论会论文集（ISAC'92）》，上海科学技术文献出版社，1992 年。

的颜色，有各种明暗不一的褐色、红褐色和灰褐色等。有的陶片内壁和外壁的颜色不一致，而多数陶片还有灰色或灰黑色的夹心。这些都说明陶胎的烧成温度不高，陶胎的心部烧成时未超过600℃，而只有外表烧成时的温度超过了600℃[27]。这种烧成现象表明，这些陶器很有可能是露天篝火堆烧的。多个标本烧成温度的测试结果在740~840℃之间[28]。

从仙人洞陶片的断口和断面处观察可知，这里陶器坯体的成形方法有两种，一种是泥条成形法，另一种好像是泥片成形法。泥条成形法是仙人洞陶器上部最普遍的成形方法，用这种方法成形的陶器在破碎时往往是从泥条接缝处断开，所以可以观察到泥条是与器口平行的，泥条的宽度一般约3厘米，最窄的为1厘米，最宽的也可达5厘米（做比较大的器物）。在泥条接缝处断开的陶片断口一端弧凸，另一端弧凹，再由陶器口片观察，可知弧凸的一端应在上，弧凹的一端在下，这样就可以推测出，在向上续接泥条时一般要用手由上至下挤压接缝处以使两泥条紧密黏接。还有一类泥条成形的情况略有不同，这种泥条接缝处断开的断口是斜的，从口部泥条断口观察，泥条从下往上接续时是由内壁向外斜接的，如果为倒筑则是由外向内斜接。这类泥条的断口都比较粗糙，显示泥条黏接程度比前一类要好。泥条一般宽2厘米。这类泥条成形法仅见于下述条纹陶标本，数量不多，因此证据还不是很充分。

泥片成形法，或称泥片贴塑法，即用泥片一层层贴塑成形，在陶片断口上可以看到胎体一般都有两三层，内层泥片一般稍厚，外层泥片一般较薄。这种成形方法仅见于下述滚印单面粗绳纹陶。其成形过程也可能是和绳棍滚压的修整过程同时进行的，外层泥片因滚压而变得比较薄。从破裂陶片看不出泥片的大小。

根据整形方式的不同，再结合陶质、成形、装饰和器形等指标，可将这些陶器分为条纹陶、绳纹陶、编织纹陶和素面陶等几类。

1. 条纹陶

条纹陶陶片共23片。陶胎的胎体用第一类黏土掺石英，成形方法属泥条圈筑法中的第二种情况，采用这种方式成形的陶器也只有条纹陶一类。陶色一般为深褐色，多无黑心，内外壁的陶色接近，个别内壁的局部为黑色。这类陶器的外壁和内壁都有以平头齿形器刮抹（压）后留下的类似浅篮纹的平行条纹。所谓平头齿形器类似叉子，应以竹、木或骨料制成，平头齿一般宽3毫米，齿间距约1毫米。有的标本内壁留有

---

〔27〕参见佐佐木干雄《宝墩遗址出土陶器的烧成方法》，《宝墩遗址》，第185~189页，有限会社阿普，2000年。

〔28〕吴瑞等《江西万年仙人洞遗址出土陶片的科学技术研究》，郭景坤主编《古陶瓷科学技术5——国际讨论会论文集（ISAC'02）》，上海科学技术文献出版社，2003年。

刮抹时停顿的顿痕，一组顿痕的宽度约为2~3厘米，这也应当是刮抹工具齿形器的宽度。在近口部的陶片上可以观察到这种平行条纹一般是横向或略斜的，而且内壁为左下斜（依观察方向），外壁为右下斜，表明对内外壁施纹（刮抹）时的方向是相反的，这样可以使器胎泥片之间黏接得更加紧密。条纹陶的装饰只在器口部位发现两种，一种是在唇沿上压出"V"形凹槽，使口沿呈锯齿状，齿间距0.6~1厘米。再有一种是在唇下2~2.5厘米处用直径约0.4厘米的小棒由内壁向外顶出一周圆窝，圆窝间距约1厘米，外壁在相应部位则为一周顶出的泥凸。依条纹陶的口片和腹片来看，其器形应为锯齿形尖唇直口（圜底?）的"U"形罐或釜，器壁厚约1厘米。1962年发掘的标本T3③：320-6即是一例。

2. 绳纹陶

绳纹陶陶片最多，有130片。施纹方式繁复多变，留下的印痕也多种多样，其中最主要的一种是在陶片表面有一道道平行的绳纹或其他植物纤维的印痕，有的可以看出绳股的形状，大多是双股"Z"绞结绳子留下的，这应当是用绳拍拍打出来的，有的则不很清晰，可能是别的植物印痕，这里统称为绳纹。拍印绳纹在器物的外壁一般是竖向的，而内外壁均有绳纹的双面绳纹陶其内壁的绳纹一般则是横向的，也有内外壁绳纹的角度都略斜近45°的，但内外壁绳纹的方向却都是相反的，内外壁绳纹印痕的形状在同一陶片上都是很相近的。这说明在拍打外壁时内壁垫有相同的绳拍，陶工在修整陶器时，内壁垫拍竖握，外壁绳拍横握，两拍拍打时垂直运动，这样方能在陶器的内外壁同时留下上述的痕迹。这里多数拍印绳纹的印痕都比较长，说明绳拍大多是扁平的。这类绳纹陶又有双面和单面以及绳印粗细的不同，可以分为下述几种。

双面绳纹陶：掺石英，采用第一种泥条成形法成形。绳径1.5~2毫米。器口唇沿上有间隔约1厘米压出的一周"V"形凹槽。器形大约是尖唇直口的"U"形罐或釜。

双面粗绳纹陶：掺石英，采用第一种泥条成形法成形。内外壁有方向相反的粗绳纹，绳径2~3毫米。器口唇下约1厘米有间隔约1厘米的戳印圆窝。器形应与双面绳纹陶相似。完整的双面粗绳纹陶器在1962年发掘时出土过一件，编号T3③：1。

单面细绳纹陶：掺碎陶片，采用第一种泥条成形法成形。外壁绳纹细密，绳径约1毫米，内壁平素无纹。其中一件标本的器口唇沿下0.5厘米和2厘米处有两周戳印圆窝，上面的圆窝较小，直径约0.3厘米，窝间距约1厘米，下面的圆窝稍大，直径约0.6厘米。有的标本的外壁有平行划线（凹弦纹），间距约0.4厘米。这类陶器的器形大约也是尖唇直口的"U"形罐或釜。

单面绳纹陶：又分为掺石英、碎陶片和细砂三种，采用第一种泥条成形法成形。外壁施较粗的绳纹，绳径约2毫米，绳纹为竖向或略斜。掺石英和碎陶片的两种其内壁原也有绳纹，但被抹平，有时隐约可见。掺细砂的内壁较光滑，不知原先是否有绳纹。有的标本的唇沿上也拍有绳纹，唇沿下 1 厘米和 2 厘米处还有两周直径约 0.6 厘米的戳印圆窝。这种陶器的器形是平唇直口有颈的鼓腹罐或釜。

交错绳纹陶：掺碎陶片。数量很少，外壁有交错拍印的绳纹，内壁光素无纹，器形不明，也可能是与单面绳纹陶或单面粗绳纹陶同属一类。

此外，拍印绳纹还见有一组一组绳印很短，一般约 1 厘米或不足 1 厘米者，而且内壁相应有竖向的条形垫窝，很像是棍拍拍印的结果，这里称之为棍拍绳纹陶。

再有一类施纹方法为滚印。其中数量比较多见的应该是用缠绳或草的棒状物滚压，绳印长而清晰，在器物颈部的凹面上也能看见清晰的绳印，拍打是做不到的。这种绳印较粗，只见于器物的外壁，这里称之为滚印单面粗绳纹陶。这类陶器是仙人洞唯一用泥片贴塑法成形的，胎体用第二类陶土，有掺石英和碎陶片者两种，一般内外壁均为浅褐色或黄褐色，有灰心，或外壁为黄褐色，内壁为灰色。外壁滚压竖向规整的粗绳纹，绳径 2～2.5 毫米，内壁光素无纹。标本有口片和有弧度的颈部片，可知器形为平唇或唇略斜的直口有颈鼓腹罐或釜，束颈十分明显。

另一种滚印绳纹应该是用绳子直接滚压，在这种陶片上可以看到一个个梭形米粒状的绳印。一般内外壁面均施纹。滚印绳纹的印痕较浅，有些比较模糊而难以辨认，因此数量的统计不是十分准确，但其数量肯定是很少的，这里称之为滚印双面绳纹陶。

3. 编织纹陶

编织纹陶陶片共 52 片，有掺石英和碎陶片者两种，都是用泥条圈筑法制坯成形的。这类器物的外表拍印有编织纹样，仔细观察会发现这种纹样具有不同的形态：有的是有经有纬类似席纹的编织纹；有的是杂乱的点状和条状纹样，类似彭头山文化陶器上的“橘皮纹”、“瘢痂纹”或“鼓皮纹”；有的类似绳纹，但看不出绳子股，而更像是以鹿角做拍子拍出的纹路。这其中有类似席纹的陶片数量很少，其他种类的则数量很多，也可能有很少的标本是交错绳纹，但由于不易辨认也被归入此类。这类陶片一般内外壁都有相同的纹样，但其中不少内壁又被再次用手抹平，只能隐约看到原来纹样的痕迹，只有很少一些内壁被完全抹平，看不出原来是否有纹饰。编织纹陶的器形如标本 1513，为掺碎陶片的灰褐陶，泥条宽近 5 厘米，器壁厚 0.5～0.6 厘米，纹样见于外壁及唇沿上，内壁纹饰被抹平，口下有一漏斗形钻孔，口径 16 厘米（同心圆拟合数据），复原后的形状应为圆唇敞口斜腹圜底深腹钵。

4. 素面陶

素面陶陶片有 14 片，陶质为掺石英者，成形方法为泥条圈筑。这类陶片的特征是内外壁均被抹光，而陶器在修整过程中原本可能拍印有绳纹或编织纹，但后被全部抹光，其中一些特别小的陶片也不排除是上述绳纹陶或编织纹陶两面被局部抹光的碎片的可能。素面陶器形如标本 606，泥条宽 1～2 厘米，唇沿被压成锯齿状，沿下约 1 厘米处用小圆棒由外向内间隔约 1 厘米戳印一周小圆窝，器壁厚 0.6 ~ 0.7 厘米，口径 16.5 厘米（同心圆拟合数据），形态为圆唇直口斜腹圜底深腹钵。

表一是上述各类陶器在仙人洞西部发掘区各堆积单位中出现的情况。

表一

分类/单位	条纹陶	双面绳纹陶	双面粗绳纹陶	单面细绳纹陶	单面绳纹陶	滚印单面粗绳纹陶	编织纹陶	素面陶	不明	总计
1B			4		5	12			8	29
2A	1		4		2		8	1		16
2B							3			3
2C			7	1	1		2			11
3A										0
3B1		1	5	1	2		5		5	19
3B2	1	2	5	8			2		2	20
3C1a	6	5						5	5	21
3C1b	10									10
总计	18	8	25	10	10	12	20	6	20	129

从表一可以看出，仙人洞西部发掘区最先出现陶器的层位是 3C1b 层，这一层所出陶器为条纹陶，而且只有这一类。在随后的 3C1a 层中除有条纹陶外，又出现了双面绳纹陶和素面陶，不过这一层中的 5 片素面陶都很细小，很难确定其性质。再往上的 3B2 层新出现了双面粗绳纹陶、单面细绳纹陶和编织纹陶。3B1 层新出现了单面绳纹陶，并且从这一层以后基本不见条纹陶了。3A 层未见陶片（而且也基本没有其他人工制品）。2C、2B、2A 层的情况差不多，以双面粗绳纹陶、单面绳纹陶和编织纹陶为主，2C 层和 2A 层还分别见一片单面细绳纹陶和素面陶，不见双面绳纹陶。1B 层还有双面粗绳纹陶和单面绳纹陶，新出现了滚印单面粗绳纹陶且以其为主。而东部发掘区各类陶片在各层位的出土情况也大体如此。

需要说明的是，20 世纪 90 年代仙人洞的发掘面积只有 8 平方米多，如此小范围内堆积的层位关系是否完全可以信任是值得考虑的。再者小面积发掘的出土物本身也可能有分布几率不均衡的情况，更何况洞穴堆积的情况本来就十分复杂。因此，目前还难以对上述陶器进行准确的分期，但依据上述层位关系可以将仙人洞陶器不同时期的变化情况大体总结如下。

仙人洞陶器的陶土最早利用的是粉沙质的淤土，内含肉眼可看到的氧化铁结核和镜下可分辨的黏土团，较晚还利用了一种比较纯的黏土。瘠性原料主要是粒度比较大的粉碎石英岩石，较晚还使用细沙和陶片作为掺和料。

这里陶器制坯成形和修整的工艺有多种，最早出现的条纹陶以斜接泥条的泥条圈筑法成坯，用平头齿形器在内壁和外壁刮抹修整，留下了平行的条纹，器口压成锯齿状并在口部装饰一周由内向外顶出的泥凸，器形是直口的“U”形罐（釜）。条纹陶大多为深褐色，没有黑心，烧成温度还是比较高的。

随后出现的绳纹陶较早也是掺石英岩的，以后又有以碎陶片和细沙为掺和料的做法，成形方式大都是竖接泥条的泥条圈筑法。绳纹陶的修整方法有很多种，以扁绳拍拍打的方式为主，最早出现的是内外壁两面都留有绳纹的双面绳纹陶和双面粗绳纹陶，绳纹在内外壁的方向是相反的，器形大致与条纹陶类似，口部也有压成锯齿状的。稍晚的拍印绳纹陶主要是外壁留有绳纹的单面绳纹陶，这类陶器在内壁也应有绳纹，但被抹掉，根据绳纹粗细的不同又可分为单面细绳纹陶和单面绳纹陶。其中单面细绳纹陶都是掺碎陶片的，器形与双面绳纹陶很相似，在单面绳纹陶中出现的年代是最早的。单面绳纹陶既有掺石英岩和碎陶片的，又有掺细沙的，器形与上述有较大的不同，是一种有颈的鼓腹圜底罐（釜），出现的年代较晚。

数量比较多的编织纹陶的陶胎有掺石英和掺碎陶片两种，也以泥条圈筑法成形，大概是以缠绕各种编织物或草的拍子拍打修整，有的内外壁都留有印痕，有的内壁又被抹平，器形是一种敞口斜腹圜底的深腹钵，年代大致与双面粗绳纹陶、单面细绳纹陶和单面绳纹陶共存。素面陶的数量不多，都是掺石英岩的，以泥条圈筑法成形，内外壁均被抹平，有的可以约略看出壁面在抹平前也有纹样（可能是编织纹）。素面陶在较早与双面绳纹陶同时的层位中就有发现，但均是比较细碎的小陶片，因此不能肯定它们是素面陶还是绳纹陶局部被抹平的陶片，能看出形状的一件出于西部第2A层，是直口斜腹圜底的深腹钵，口部压成锯齿状。因此，编织纹陶和素面陶陶器很可能是盛器，而与条纹陶和绳纹陶的器类——釜（或罐）在功能上有所不同。

还有一些是数量比较少的以缠绳棍拍打修整的棍拍绳纹陶、以绳子直接滚压修整的滚印双面绳纹陶和交错绳纹陶，它们出现的年代大致在双面粗绳纹陶到单面绳纹陶之间。

再有就是以缠绳或草的棍子滚压修整的滚印单面粗绳纹陶，从陶质、陶色看都很有特点，制法也与其他类型的陶器不同，是以泥片贴塑法成形的，与单面绳纹陶的器形很像，也是有颈的鼓腹罐（釜），但束颈更甚，出现在仙人洞东西两个发掘部位的第1B层，是仙人洞各类陶器中出现得最晚的，它的器形和制法已经与新石器时代中期彭头山文化的同类器很相近了。

三

除仙人洞以外其他几处出土早期陶器的地点的材料比较少，其中玉蟾岩出土的2件陶器的陶质疏松，胎土中还含有具有一定磨圆度的河沙，发表者认为是后掺进来的，而明显是人工掺加的掺和料是粉碎的石英砂岩，颗粒大小不一，大者长径可达20毫米，一般则在5～10毫米之间。陶胎厚薄不匀，最厚者为2厘米。1995年出土的95DMT9:26复原为一件釜形器，敞口，圆唇，斜壁略弧，尖圜底，口径31、高29厘米。陶釜的成形方式不明，发表者认为可能是用泥片贴塑手捏而成，但并未提供证据。在这件器物的内外壁都有绳纹，其中内壁绳纹的走向接近水平，外壁绳纹竖直或略斜，唇部也有绳纹，而在外壁局部表皮脱落处还可看到里面有绳纹，说明器物在修整过程中外壁曾贴泥后再施纹。从发表的照片看，绳纹的施纹方式是用扁平绳拍拍打，内垫同样的绳垫。1993年发现的另一件个体稍小的器物，发表者认为也是一件釜形器，但比较浅，器表的"纹样类似绳纹，显得粗松模糊，可能是植物藤茎滚压而成"[29]。

1995年玉蟾岩出土的那一件陶器的陶土中硅的含量为49.5%，铝的含量为30.3%，助熔剂镁的含量为6.57%，属高铝质的耐火黏土。而仙人洞出土的几片陶片中氧化硅和氧化铝的含量分别在62.9%～75.06%和15.86%～18.81%之间，其中至少有一个样本出于20世纪60年代发掘的下层[30]，属于普通易熔黏土原料。可见两处陶器的产地应当是不同的，但都以粉碎石英岩为掺和料的陶土置备方法是一样的。1995年出土的陶釜的修整方式与仙人洞出土的双面粗绳纹陶完全一样，器形也类似。1993年发现的一件在器形和施纹方面都与仙人洞出土的编织纹陶比较相似。

吊桶环遗址的两个原生层位（D、C2）共出土陶片25片，这些陶片都很细碎，特别是D层出土的陶片普遍都有一定的磨圆度，说明曾遭流水的搬运。25片陶片的特征均不超出仙人洞早期陶器特征的范围。陶土中的掺和料能看出的有两种，一种是碎石英岩石，另一种是碎陶片，前者有7片，后者有11片，其余则太碎小，看不出掺和料。勉强能看出陶片表面纹饰的有10片，依仙人洞出土陶器的分类，其中双面绳纹陶或双面粗绳纹陶有2片，均出于D层；单面细绳纹陶有7片，4片出于D层、3片出于C2层（Fea.11、18）；编织纹陶有1片。

庙岩第5层所出的5片陶片的"陶质粗疏，吸水性强，胎内夹有细石英砂粒和炭

---

〔29〕　同〔14〕。

〔30〕　李家治等《新石器时代早期陶器的研究》，《考古》1996年第5期。

粒”，灰褐色，有黑色夹心，部分表面有烟炱[31]，陶胎厚约1厘米，素面无纹。由于5片陶片集中出土，陶质和陶色等性状一致，故应为同一件器物的碎片，应当与仙人洞出土的素面陶为同一类器物。

大岩第三期发现的3件陶器的陶胎夹粗大石英颗粒，陶质疏松，胎厚2～3厘米。其中有2件为灰褐陶，器形难辨。另1件为圆唇，斜弧壁，圜底，器表为红褐色，内壁为橙黄色，外壁还有三道植物茎秆的压痕和火烧过的烟炱[32]。这件陶器的器形显然与仙人洞出土的编织纹陶和素面陶一样，是深腹的钵形器。

甑皮岩一期发现的一件陶器 DT6⑧：027，报告称为圜底釜，口径27、高16.4、口沿处胎厚1.4、胎最厚3.6厘米，为夹粗石英的灰白陶胎，所夹石英颗粒最大为1.1～1.5厘米。内外壁及胎心的颜色一致，只有近口部局部为灰褐色，烧成温度很低，不超过250℃，器表开裂，胎质疏松。器表为素面，只在近口部隐约可见纹饰，似为粗绳纹，滚压而成，后又经抹平。报告称此器为“捏制而成”，未见泥条成形或泥片贴塑成形的痕迹。这件器物的器形和修整方式都与仙人洞出土的编织纹陶或素面陶一样，属口径大于通高的深腹钵形器，只是成形方法可能不同，烧成温度也比较低[33]。这件陶器的胎土经检测主要成分是氧化硅和氧化铝，其含量分别为52.46%和24.86%，与仙人洞和玉蟾岩陶土的成分不同，其他主量元素也有区别[34]。

甑皮岩第二期发现的34片陶片以掺方解石的灰褐色、褐色陶为主。陶器成形的方法为泥片贴塑法，特别是在陶器的颈部断面能看到分层的泥片痕迹。修整留下的痕迹为印痕较深的滚压绳纹，经复制实验被认定是用缠草棒分段重复滚压而成。其中有27片为敞口、束颈、溜肩、鼓腹、圜底的罐形器陶片，其陶土制备、器物成形、修整方法和器形与仙人洞出土的滚印单面粗绳纹陶完全一致。另外7片陶片报告认为可能是小型罐或钵类器，直口，口沿下有刻划纹或附加堆纹，此种情况不见于仙人洞。甑皮岩第三期的陶器与第二期基本一样。

大龙潭鲤鱼嘴1980年出土的8片陶片仅有简单的报道，其中7片为红色夹砂陶，质软，火候低，饰粗细绳纹，以粗绳纹为多，胎厚0.2～0.8厘米；另1片为泥质黑陶，质硬，胎厚0.3厘米，表面饰交错细绳纹。这两种陶器都不见于其他几个地点，就其特征来看甚至可能比2003年发掘的第二期的陶片还要晚，与1980年下层螺壳样本的年代应该没有关系。

---

〔31〕 同〔18〕。

〔32〕 同〔19〕。

〔33〕 同〔20〕。

〔34〕 吴瑞等《甑皮岩遗址出土陶器的检测与分析》，《桂林甑皮岩》，文物出版社，2003年。

通过上述比较可以看出，除大龙潭鲤鱼嘴外的其他几个地点的早期陶器从陶质、陶色、修整方式到器类、器形都有很一致的特征。如陶土中都掺大小不一的石英岩作为瘠性原料，胎壁比较厚，用扁平绳拍拍打外壁、内垫绳垫的修整方式，抹去修整痕迹形成素面陶器，器形有敞口釜和深腹钵等。其中仙人洞最早出现的条纹陶釜未见于其他地点。其后出现的双面绳纹陶釜和编织纹深腹陶钵也见于玉蟾岩，并在玉蟾岩共存于同一层位，吊桶环也有双面绳纹陶。素面深腹钵则见于庙岩、大岩和甑皮岩一期。此后出现的单面细绳纹陶还见于吊桶环，器形与双面绳纹陶一样，是直口或敞口的釜。可能晚于单面细绳纹陶的单面绳纹陶未见于其他地点，器形为稍束颈的鼓腹釜。其间在仙人洞出现的如棍拍绳纹陶等釜形器也未见于其他地点。最晚出现的缠绳或草棒滚印单面绳纹陶釜是束颈、溜肩、鼓腹、圜底的形态，也见于甑皮岩第二、三期，这种器物的制作方法和器形已经十分接近甑皮岩第三、四期和大岩第四期等与彭头山文化同时的同类器了，只是碳十四年代要比彭头山文化稍早一些。甑皮岩第二、三期还有一种口沿有刻划纹或附加堆纹、可能是深腹钵类的器物，未见于其他地点。

从甑皮岩第二、三期和仙人洞最晚的滚印绳纹陶的制法和器形看，无疑与彭头山文化的陶器更为接近，而与此前的条纹陶、双面绳纹陶、单面细绳纹陶、编织纹陶和素面陶有很大区别，从陶器分期的角度将滚印绳纹陶归入彭头山时期的陶器系统更顺理成章。而也许出现在双面绳纹陶、单面细绳纹陶与滚印绳纹陶之间的仙人洞单面绳纹陶虽然在制法上与前面的陶器相同，但器形已经出现了束颈的特征，编织纹陶的纹样在彭头山文化也比较常见，因此可以说彭头山文化的陶器是渊源有自的。

从甑皮岩和大岩发掘的层位关系看，前者第三、四期无论从碳十四测年还是从文化面貌上都与彭头山文化接近，后者第四期据说也相当于彭头山文化时期，甑皮岩二期也有很多测年数据表明要早于彭头山文化上千年，这样仙人洞遗址出土的在层位上要早于甑皮岩二期滚印绳纹陶的条纹陶、双面绳纹陶、编织纹陶、素面陶、单面细绳纹陶和单面绳纹陶的年代就应当更早。从出土早期陶器的遗址层位关系和碳十四测年交叉断代的角度来看，20世纪70年代所测仙人洞下层兽骨标本ZK－92－0的碳十四测年为距今8575±235年，80年代所测玉蟾岩T9第3E层兽骨标本ZK2903的碳十四测年为距今8194±610年，与彭头山文化的大量测年数据相当，显然与其他更多的有关数据以及遗址层位关系的交叉断代不相符合。如果采信庙岩出土的素面陶本身的碳十四测年为距今15660±260年（BA94137b），玉蟾岩T9第3E层出土的双面绳纹陶本身的碳十四测年为距今14810±230年（BA95057b），以及其他大量与早期陶器出土层位有关，利用AMS法测定的炭样本年代，则可以和上述排定的陶器发展序列以及遗址层位关系相合。这样，早于这两种陶器的仙人洞条纹陶的年代势必将更早一些。而上述引用的碳十四年代除特别指出的外，都还没有经过校正[35]。

四

从早期陶器的发掘和出土情况来看，玉蟾岩发掘了46平方米，出土了数片十分细碎的陶片和2件陶器；庙岩发掘了50平方米，出土了5片陶片；大岩发掘了72平方米，仅出土了3片陶片，可见早期陶器在当时的数量是很少的。只有仙人洞早期陶器出土的数量稍多一些，陶器的品种也比较丰富，这可能是与仙人洞堆积的连续性比较强有关，也可能与当时南方的东部地区文化比较发达或经济生活中对陶器的需求量比较大有关。还应加以注意的是，如果不考虑大龙潭鲤鱼嘴遗址，在滚印单面绳纹陶之前，岭南还只是在桂林地区发现有陶器，而且发现的都是素面深腹陶钵形器，在其他同时期的洞穴遗存中还没有发现可以确定的早期陶器。而岭北玉蟾岩与仙人洞则都是绳纹陶釜与深腹钵共出，当然目前还不知道两种器物的功能是否的确有所不同。根据仙人洞、玉蟾岩和甑皮岩陶器胎土的成分分析，可知各地点的陶器都应是当地出产的。因此，上述陶器种类分布的不同，如果不是因为发掘和发现的原因，就应当考虑当时的区域文化和经济的差异了。

目前，中国南方地区早期陶器出土的地点和数量还不多，可以利用的出土陶器的层位资料也比较少，陶器本身的研究还不够深入，绝对年代的测年也还有样本和技术等方面的问题，因此，尽管早期陶器延续的年代有可能长达几千年，陶器的类型也有比较多的变化，可我们还是没有足够的证据进行分期。但根据上文对早期陶器的排序以及与各地点出土样本的碳十四年代的交叉断代结果来看，南方地区最早的条纹陶和素面陶等都是目前所知陶器中年代最早的。目前中国北方地区出土的早期陶器主要见于河北阳原于家沟、徐水南庄头[36]和北京东胡林等遗址，年代为距今约11000年或距今约10000年。其中于家沟层位最早的一片陶片为平底罐底片，夹砂褐色胎，外拍粗松绳纹，层位偏上的还有数片夹砂黑陶片，质地粗，似掺有植物为瘠性料，外拍粗绳纹。南庄头的陶片分两类，一类为灰褐色掺石英和云母，内外有泥皮，腹部拍粗松绳纹，器形为直口有颈鼓腹平底罐，颈部贴一圈泥条，还可能有钵类器；另一类为夹砂黄褐陶，器形不明。这些陶器都与南方同时期的陶器有较大区别，与南方地区早期陶

---

〔35〕 部分校正数据参见赵朝洪等《中国早期陶器的发现及相关问题》，《考古学研究（五）》上册，科学出版社，2003年。

〔36〕 郭瑞海等《从南庄头遗址看华北地区农业和陶器的起源》，《稻作 陶器和都市的起源》，文物出版社，2000年。

器的发展序列相比，年代也排在了比较晚的时期。而平底罐形器在东北亚的俄罗斯远东地区和日本出现得最早。日本早期陶器（绳纹草创期）的排序为：无纹陶器、刺突纹陶器和沈线纹陶器—隆起线纹陶器—爪形纹陶器、圆孔纹陶器—多绳纹陶器。这一陶器特征发展的序列与中国南方地区不同。但日本最早的陶器是青森县大平山元Ⅰ遗址出土的无纹陶器，陶器表面附着物的校正年代为距今16520～14920年，与庙岩素面陶的年代差不多。而所谓无纹陶为素面，沈线纹则为条形刮抹痕迹，特别是相模野NO.149遗址出土的刺突纹陶器的口沿、唇部压成锯齿状，沿下约1厘米处有由内向外戳的一周小孔，更与仙人洞条纹陶几乎一样，说明日本早期陶器在最早发展阶段的特征与中国南方早期陶器中最早的条纹陶和素面陶是大致相同的，出现的年代也相差不多。俄罗斯远东地区最早出现的陶器也是无纹陶器和条纹陶器，只是条纹陶为平底罐，年代则稍晚，距今约13000年[37]。由此可见，早期陶器在东亚不同地区的发展过程虽然不同，但最早出现的制作、修整方法和装饰形式却很相似。这在现有的证据下实际是表明陶容器制作技术起源的一元性，尽管目前还不能确切地指出起源地点。而如果中国和日本的陶器同出一源是事实，则只有在两地最早陶器出现的时期即末次冰期盛冰期最有地理条件实现。

目前对陶器的起源有不同的看法[38]。在中国南方早期陶器发生和发展的个案中，我们看到的器类有两种，一种是釜形器，另一种是深腹钵形器，前者是中国新石器时代传统的炊器，后者则是传统的盛器，但在早期也可能用做炊器，总之都是炊事盛食之器。它们的出现正好在末次冰期的盛冰期，也是旧石器时代取食经济向新石器时代生活方式的转化时期，而这时中国南方地区的古人类仍然居住在旧石器时代晚期以来长期居住的洞穴之中，社会形态并没有发生重大的转变，更没有意识形态发生变化的任何证据，陶器起源的社会或观念动因至少在中国南方地区陶器出现和最初发展的时期中并不明确。这就支持了陶容器起源的经济动因说。随着气候的严酷时期的到来，取食经济生活发生了转换，食物构成中出现了某些过去不食用，而当时不得不食用，而又必须放在容器里煮熟后才能食用的食物，为此被创制出来的陶器才可能长期延续使用下来。这一点推测当然仅仅是出于对中国南方早期陶器种类功能的分析，最终的立论还有待于对当时取食经济的形态等方面的深入研究。

---

〔37〕 堤隆《日本列岛晚冰期人类对环境的适应和陶器的起源》，《稻作 陶器和都市的起源》，文物出版社，2000年。

〔38〕 M. Rice, 1999, On the Origins of Pottery, *Journal of Archaeological Methord and Theory*, Vol. 6, No. 1.

川西彩陶的发现与初步研究

陈　剑*

The Chuanxi (western Sichuan) style painted pottery is mainly found in the upper Min River valley and the upper and middle valley of the Dadu River. The painted designs can be divided into three groups, dating from the late Miaodigou phase of the Yangshao culture to the Majiayao phase of the Majiayao culture. Chuanxi painted pottery might have been locally made and can be regarded as an important component of the Chuanxi Neolithic culture. Sites with painted pottery distribute in the upper Min River valley with a high density, yet by present no site with painted pottery has been discovered in the Sichuan Basin and its northern edge. Painted pottery cultures in the upper Min River valley, the lower Bailong River valley, the Xihan River valley and the upper Wei River valley had been influenced by the Yangshao culture and the Majiayao culture respectively. Painted pottery cultures in the upper Dadu River valley, the upper Bailong River valley and the Gannan plateau had been mainly influenced by the Majiayao phase of the Majiayao culture centered in the Hehuang area.

彩陶的加工与制作是中国新石器时代最杰出的成就之一，黄河中上游地区不仅是中国彩陶的诞生地，而且是彩陶最发达的地区，大地湾文化、仰韶文化和马家窑文化的彩陶在中国彩陶发展史上占有极其重要的地位。四川西部地区本无制作彩陶的渊源和传统，川西彩陶是受外来文化因素影响的产物，能够较为敏感地体现周边文化尤其是黄河上游地区史前文化对四川西部同期文化的影响。石兴邦、邓少琴、谢端琚、张朋川等前辈学者对早期发现的川西彩陶的文化属性及其历史内涵进行了相关研究〔1〕。笔者拟对川西地区历年来发掘出土和采集的彩陶资料尽可能全面地予以收集，并采用题材分类、文化因素分析等方法进行梳理，从而对川西彩陶的年代、文化属性、时空分布特征以及仰韶文化、马家窑文化的南传等问题进行探讨，望得到方家指正。

---

* 作者系成都市文物考古研究所副研究员。

〔1〕 a. 石兴邦《有关马家窑文化的一些问题》，《考古》1962 年第 6 期；b. 邓少琴《古代巴蜀与中原黄河流域彩陶南流的有关问题》，《中华文化论坛》1999 年第 2 期；c. 张朋川《中国彩陶图谱》，文物出版社，1990 年；d. 谢端琚、叶万松《简论我国中西部地区彩陶》，《考古与文物》1998 年第 1 期。

一、川西彩陶的发现

（一）岷江上游地区

该地区彩陶的发现时间较早，数量较多。20世纪二三十年代，法国地质学家叶长青牧师、华西大学林名均就已在汶川县威州镇等地发现了石器、彩陶〔2〕。

1964年，四川大学考古专业师生在理县箭山寨遗址进行了调查和小规模试掘，并调查了汶川县姜维城遗址，均采集和出土了彩陶〔3〕。

1979年秋，西南师范学院历史系唐昌朴在汶川县龙溪沟内的兰布村采集到彩陶碎片若干件〔4〕。

阿坝藏族羌族自治州文物保管所等文博单位的陆续调查，在汶川县姜维城等遗址采集有彩陶〔5〕。

2000年以来，在岷江上游地区发现了大量的彩陶，尤其是获得了大批经过科学发掘的实物资料。

波西遗址　位于茂县凤仪镇平头村波西组，地处岷江西岸二级台地之上，高出岷江河床约100米，西距沙乌都遗址约500米，西南与营盘山遗址相距约1500米，东与县城隔江相望。该遗址于2000年7月由成都市文物考古研究所调查发现，遗址表面为不规则形，地势略呈西高东低状，东西宽约100、南北长约300米，总面积近3万平方米，中部有一条东西流向的自然冲沟将遗址分为南北两部分（调查时分别命名为波西槽南遗址和波西槽北遗址）。地表常年种植苹果、梨等果树及玉米、小麦、蔬菜等作物，表土沙性较重。2002年9月和2003年10月，成都市文物考古研究所、阿坝藏族羌族自治州文物保管所、茂县羌族博物馆联合开展了进一步的调查并选点进行了两次试掘。遗址下层的灰沟内的出土遗物包括细泥红陶双唇式小口瓶、弧边三角纹彩陶钵、泥质灰陶斜向线纹及绳纹陶片、细泥红陶敛口钵、细泥红陶斜向线纹及绳纹陶片、夹砂褐陶斜向绳纹陶片、石锛、石环、石网坠等〔6〕。

---

〔2〕 a. 林名均《四川威州彩陶发现记》，《说文月刊·巴蜀专号》第4卷，1944年；b. 郑德坤著、秦学圣译《四川石器时代文化》，四川省文物管理委员会编印《四川石器时代译文资料》，1983年。

〔3〕 a. 四川大学历史系考古教研组《四川理县汶川县考古调查简报》，《考古》1965年第12期；b. 阿坝藏族羌族自治州文物保管所编《阿坝文物览胜》，四川民族出版社，2002年。

〔4〕 a. 邓少琴《巴蜀之先旧称人皇为氐族部落之君》，《邓少琴西南民族史地论集》，巴蜀书社，2001年；b. 唐昌朴《从龙溪考古调查看石棺葬文化的兴起与羌族的关系》（转引自前文）。

〔5〕 同〔3〕b。

〔6〕 成都市文物考古研究所等《四川茂县波西遗址2002年的试掘》，《2004成都考古发现》，科学出版社，2006年。

营盘山遗址　位于茂县凤仪镇所在的河谷冲击扇平原，地处岷江东南岸三级台地上，平面略呈梯形，东西宽120～200、南北长约1000米，总面积近15万平方米。遗址东面临深谷阳午沟，东北、北、西面均被岷江所环绕，东距茂县县城约2.5公里，海拔1650～1710米，高出岷江河谷约160米，表面地势略呈缓坡状。营盘山遗址的东、西、北三面均为陡坡，背靠九顶山，并临近岷江河道。成都市文物考古研究所、阿坝藏族羌族自治州文物保管所、茂县羌族博物馆于2000年调查发现，2000～2002年试掘，2003～2004年正式发掘，发现了非常丰富的彩陶实物。营盘山遗址的文化堆积较为丰富，文化层最厚处可达2.2米，其上层为春秋战国时期的石棺葬遗存，下层为内涵丰富的新石器时代遗存。新石器时代遗迹包括房屋基址11座、人祭坑9座、灰坑120余个、窑址4座和灶坑13个等。营盘山遗址出土的陶器、玉器、石器、细石器、骨器、蚌器等类遗物的总数近万件。陶器以夹砂褐陶、泥质褐陶、夹砂灰陶、泥质红陶、泥质灰陶、泥质黑皮陶为主。其中夹砂陶可分为夹粗砂和夹细砂两种，以陶胎夹有颗粒粗大的片岩砂粒的陶片最具特色。泥质陶的火候均较高，尤其是彩陶片和表面打磨光亮的细泥红陶、褐陶片的硬度更高。陶片的纹饰种类丰富，包括粗细绳纹（含交错绳纹形成的网格纹）、线纹、附加堆纹、彩陶、绳纹或锯齿状花边口沿装饰、弦纹、瓦棱纹、划纹、复合纹饰（绳纹与附加堆纹组合成的箍带形装饰、绳纹之上饰凹弦纹）、戳印纹、捏塑与刻划相结合的人面像等。一些陶片上还有明显的切割痕迹。陶器以平底器和小平底器为主，有少量矮圈足器，器形有侈口罐、深腹罐、碗、钵、高领罐、盆、瓮、带嘴锅、缸、宽折沿器、瓶、甑、纺轮、陶球、穿孔器等。其中彩陶器的器形有盆、钵、罐、瓶等，器表打磨光亮，有的表面还施有白色陶衣，除黑彩外，还有少量的彩绘陶，图案题材有草卉纹、各种形式的线条纹、变体鸟纹、弧边三角形纹、网格纹、蛙纹等，多在器物的口部、颈部、腹部施彩，有一定数量的内彩。石器可分为打制和磨制两种，打制石器包括大型剥离石片稍经加工而成的切割器、砍砸器、杵、石球（弹丸）、网坠等，还有少量个体甚小的燧石片；磨制石器包括斧、锛、长方形穿孔石刀、凿、有肩锛形器、砺石、石刻人面像等。玉器包括镯形器、璧形器、斧、锛、凿、穿孔刀、箭镞等。细石器的工艺较高，器形包括大量的石叶、石核，质地以燧石和水晶为主，以长条形且下端多呈弯曲状的石叶最具特色，石核呈锥状、柱状、船底状等。骨器包括笄、簪、锥、针、削、箭镞等。蚌器仅见穿孔的装饰品[7]。

---

〔7〕 a. 成都市文物考古研究所等《四川茂县营盘山遗址试掘报告》，《2000成都考古发现》，科学出版社，2002年；b. 蒋成、陈剑《岷江上游考古新发现述析》，《中华文化论坛》2001年第3期；c. 蒋成、陈剑《2002年岷江上游考古的发现与探索》，《中华文化论坛》2003年第4期；d. 成都市文物考古研究所等《四川茂县营盘山遗址发掘报告》，待刊。

姜维城遗址　位于汶川县威州镇南部岷江与杂谷脑河交汇处南岸的二级台地上。2000年，四川省文物考古研究所正式发掘，对该遗址的文化内涵有了较清晰的认识。2003年，四川省文物考古研究所、阿坝藏族羌族自治州文物保管所、汶川县文体局联合进行了发掘，揭露面积300余平方米，发现新石器时期的房屋居住面遗迹4处、灰坑30多个，汉代夯土城墙墙基1处，宋代房屋基址1座，出土可复原陶器30余件、彩陶片50余片、石器（含打制石器、磨制石器、细石器、玉器）30余件、骨器6件。彩陶图案的题材种类比较丰富，有条形纹、弧形纹、网格纹、草卉纹、瓜棱纹等〔8〕。

苍坪村遗址　位于松潘县进安乡苍坪村，地处岷江西岸二级台地上，高出河床约50米，背靠将军岭，南为窑沟（自然冲沟），台地南北长500、东西宽400米。台地西南为松潘古城墙（主要为夯土结构，该段墙有小西门、西门两座城门），向上延伸至将军岭，向下连接松州古南门附近城墙。成都市文物考古研究所、阿坝藏族羌族自治州文物保管所于2000年进行调查，在城墙下层的夯土中采集了大量夹砂红褐陶片和少量弧线条暗纹彩陶片〔9〕。

（二）大渡河上游地区

罕额依遗址　位于丹巴县东北约3公里的中路乡罕额依村，地处大渡河上游支流小金河左岸的半山上，高出河面约600米，海拔2300米，遗址面积约2万平方米。1989年10月～1990年12月，四川省文物考古研究所、甘孜藏族自治州文化局联合进行了发掘，发掘面积123平方米，共发现灰坑8个、房屋基址2座，出土了大量石器、骨器、陶器以及装饰品。出土的石器有打制和磨制的斧、刀、锄、锤和水晶石磨制的细碎石器。出土的骨器多经过磨制，有梳、针等。出土的陶器有黑色陶和红棕色陶，纹饰以绳纹为主，陶杯、钵、罐等还有简单的花纹。古遗址、石棺墓葬群分别属于新石器时代和春秋战国时代。发掘者将其文化遗存分为三期，其中第一期出土一件泥质红陶彩陶片，器表施红色陶衣，饰单线条黑彩〔10〕。

孔龙村遗址　位于马尔康县脚木足乡孔龙村、脚木足河北岸一级台地，北距孔龙村寨子约50米，东西长500、南北宽200米，地表种植蔬菜、荞麦等作物。1989年，

---

〔8〕 a. 同〔3〕a；b. 王鲁茂、黄家祥《汶川姜维城发现五千年前文化遗存》，《中国文物报》2000年11月26日第一版；c. 黄家祥《汶川县姜维城新石器时代遗址及汉明城墙》，《中国考古学年鉴》（2001），文物出版社，2002年；d. 黄家祥《汶川姜维城遗址发掘的初步收获》，《四川文物》2004年第3期；e. 四川省文物考古研究所等《四川汶川县姜维城新石器时代遗址发掘报告》，《四川文物》2004年增刊。

〔9〕 成都市文物考古研究所等《岷江上游考古调查报告》，待刊。

〔10〕 四川省文物考古研究所等《丹巴县中路乡罕额依遗址发掘简报》，《四川考古报告集》，文物出版社，1998年。

阿坝藏族羌族自治州文物保管所人员与四川大学历史系考古专业师生对该遗址进行了调查。2000 年，成都市文物考古研究所和阿坝藏族羌族自治州文物保管所又进行了调查。从临河取土处的凹坑四壁观察，文化层堆积厚约 50 厘米，遗址中部的堆积或许更厚。采集遗物包括泥质灰陶双唇式口（有轨式口）瓶、喇叭口瓶、尖唇钵、盆，泥质褐陶短颈罐，泥质红陶碗，夹砂褐陶绳纹鼓腹罐、侈口罐，少量黄褐底色线条纹彩陶片，盘状打制石砍砸器、砾石、磨光穿孔石刀等[11]。

白赊遗址　位于马尔康县脚木足乡白赊村白赊庙，地处乡政府东南 3.5 公里，在脚木足河东岸二级缓坡台地上，距河床高约 40 米，南临白赊沟。台地东西长 180、南北宽 500 米，总面积约 90000 平方米，黄土发育良好。2003 年，阿坝藏族羌族自治州文物保管所进行了调查，采集遗物包括粗细平行线条纹、弧线纹、网格纹彩陶片（底色分为红褐色、黄褐色和灰褐色三种，均为泥质陶），泥质灰陶翻沿纹唇大口罐，泥质灰陶绳纹敛口钵，泥质磨光灰陶盆、钵，泥质灰陶折沿平唇口瓶，饰绳纹、横向及斜向泥条附加堆纹的泥质灰陶片，泥质红陶碗，夹砂褐陶侈口绳纹罐以及穿孔近背部的磨制石刀等[12]。

哈休遗址　位于马尔康县沙尔宗乡政府驻地东北约 1 公里处的哈休村，在茶堡河二级台地上，距河床高约 25 米。台地东西长 220、南北宽 160 米，总面积约 35200 平方米。2003 年，阿坝藏族羌族自治州文物保管所进行了调查。在遗址北部断面发现文化堆积，距地表深 1～2、长约 30、厚 0.5 米，宽不详，内含大量早期陶片、炭屑、烧土块、兽骨等。在断层中部有 1 个灰坑，长 1.8、厚 0.2～0.6 米，内含大量早期陶片、兽骨、彩陶等。遗址中部有 1 条长期被雨水冲刷而形成的冲沟，将遗址分为东西两部分，西部台地的面积占遗址面积的三分之二。整个台地的黄土发育较好，厚达 10 余米。从采集遗物的分布情况来看，遗址应以西部为中心。采集遗物包括泥质线条纹彩陶瓶（黄褐底色）、粗细弧线条纹折沿敛口彩陶盆（灰褐底色，腹表及沿面施彩），泥质灰陶折沿平唇口瓶、带鋬盆，夹砂褐陶敛口鼓腹罐（沿面、唇面及腹表施绳纹，上腹有横向鸡冠状鋬），上腹带穿孔的泥质磨光黑皮陶钵，施绳纹及箍带状附加堆纹的夹砂褐陶片和泥质灰陶片以及打制石刀等[13]。

（三）大渡河中游地区

狮子山遗址　位于汉源县大树乡西南约 200 米处，最高点海拔 952 米，遗址地处山

---

〔11〕 a. 四川联合大学历史系考古教研室《四川大学考古专业三十五年·大事记》；b. 成都市文物考古研究所等《四川马尔康县孔龙村遗址调查简报》，待刊。

〔12〕 四川省文物考古研究所等《四川马尔康县白赊村遗址调查简报》，待刊。

〔13〕 四川省文物考古研究所等《四川马尔康县哈休遗址调查简报》，待刊。

岗中上部海拔约900米的山坡上，20世纪70年代初被发现。1988年，中国社会科学院考古研究所四川工作队进行了考古调查，采集有石器、陶器等遗物。1990年5~6月，四川大学历史系考古专业师生对该遗址进行了发掘，发掘面积321平方米，发现灰坑16个、残房址9座和用石片砌成的瓢形建筑1处，出土有磨制石器、打制石器、细石器、陶器和骨器等，其中发现了10余片红底黑彩的彩陶片，纹样多为平行或交错线条纹〔14〕。

此外，在白龙江上游地区若尔盖县县城附近的达札寺遗址也采集了一些彩陶〔15〕。

二、川西彩陶的初步研究

（一）川西彩陶的分组

川西彩陶均用黑色颜料绘制而成，底色有红褐色、灰褐色和少量黄褐色等。图案的题材较为丰富，主要有几何图案、植物和动物三种。器类以容器为主，有瓶、罐、盆、钵等。

以茂县营盘山遗址为例，通过与周边地区（尤其是黄河上游地区）同时代遗址出土彩陶的比较，依据彩陶装饰图案的风格特征，可将川西彩陶划分为A、B、C三大组。

A组彩陶的数量不多，但制作较为精细，底色以红褐色为主，表面打磨光亮，图案有弧边三角纹、变体鸟纹、弧线纹、圆圈纹、蛙目纹、网格纹等，器形有小口直腹瓶、口沿较厚的尖唇敛口钵、宽折沿曲腹盆等，有少量内彩（图一、二）。目前在茂县波西、营盘山、汶川姜维城等遗址发现有A组彩陶。

B组彩陶的数量最多，底色有红褐色、灰褐色和少量黄褐色等，多数表面打磨光亮，题材有平行复线条纹、水波纹、垂帐纹、圆圈纹、网格纹、圆点纹、长弧叶状纹、鸟目纹、草卉纹及其复合纹饰等，在川西地区发现彩陶的遗址中均出土有B组彩陶。

B组彩陶又可分为BⅠ和BⅡ两个亚组。BⅠ组彩陶所占比例较大，题材有平行复线条纹、水波纹、垂帐纹、圆圈纹、网格纹、圆点纹、长弧叶状纹、弧线条纹等。器形有带耳彩陶瓶、敞口浅腹钵、窄卷沿浅腹盆、细长颈直腹瓶、卷沿小口罐、带角状鋬的敛口罐等，钵、盆类器物多有内彩。底色以红褐色、灰褐色为主，也有少量黄褐

〔14〕 a. 刘磐石、魏达议《四川省汉源县大树公社狮子山发现新石器时代遗址》，《文物》1974年第5期；b. 王瑞琼《汉源县瀑布沟水库淹没区文物古迹调查简况》，《四川文物》1990年第3期；c. 中国社会科学院考古研究所四川工作队《四川汉源县大树乡两处古遗址调查》，《考古》1991年第5期；d. 马继贤《汉源县狮子山新石器时代遗址》，《中国考古学年鉴》（1991），文物出版社，1992年。

〔15〕 资料现存于若尔盖县文物管理所。

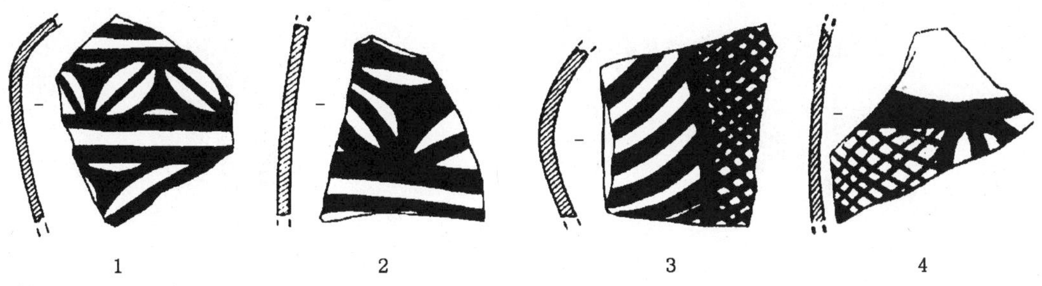

图一 A组彩陶

1～3. 营盘山遗址出土 4. 姜维城遗址出土

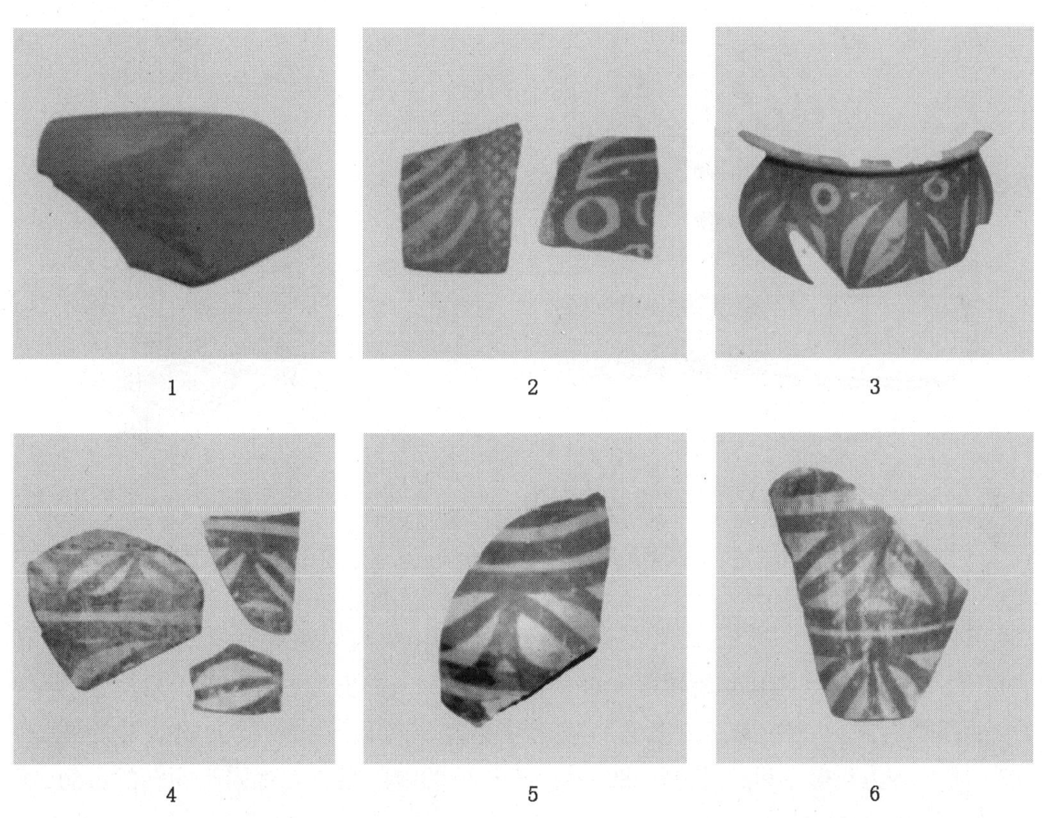

图二 A组彩陶

1. 波西遗址出土 2～6. 营盘山遗址出土

色（图三、四）。在川西地区出土彩陶的遗址中均出土有BⅠ组彩陶。BⅡ组彩陶的数量不多，除了有BⅠ组彩陶的图案题材外，还有C组彩陶的草卉纹、鸟目纹等，即其为B、C组彩陶题材相结合的产物。如营盘山遗址出土的大口罐和细长颈瓶的整体风格为BⅠ组彩陶，但肩部的圆圈纹内增加了两两一组的草卉纹，而营盘山遗址出土的

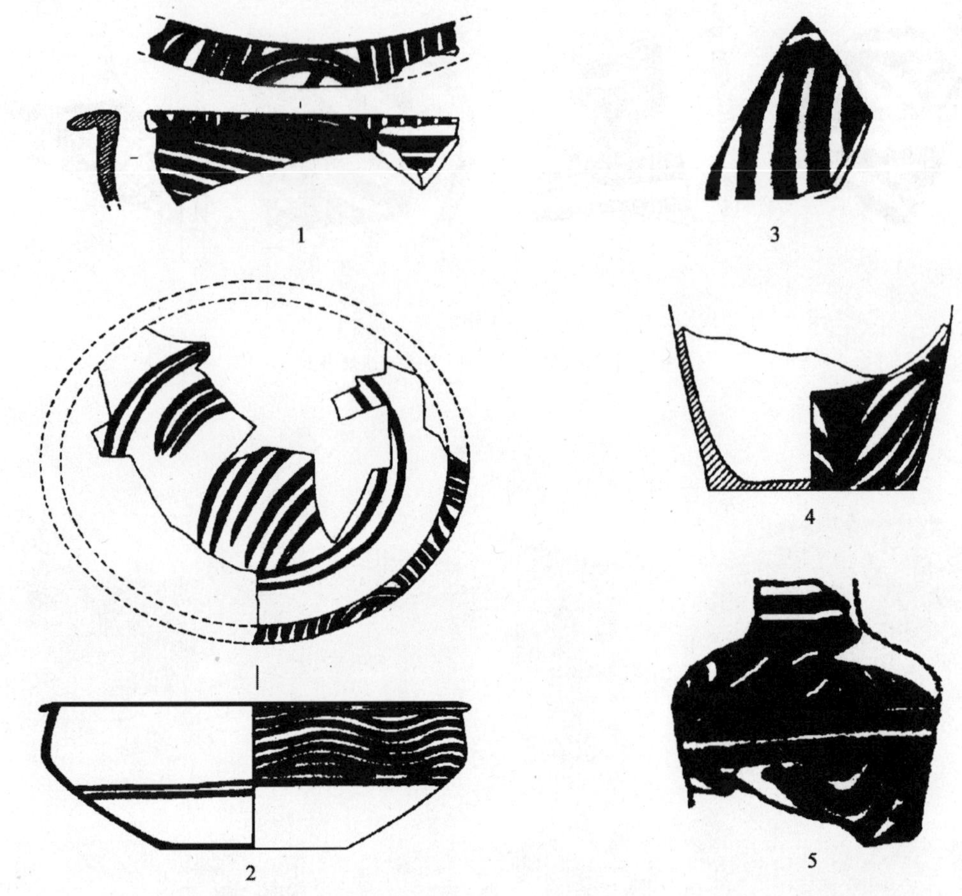

图三 BⅠ组彩陶

1、2. 营盘山遗址出土 3. 罕额依遗址出土 4. 姜维城遗址出土 5. 箭山寨遗址采集

2002H44∶219（图六∶2）的图案题材则为BⅠ组网格纹与C组鸟目纹的组合。器形有大口罐、细长颈瓶、小口长颈罐等，底色以红褐色和灰褐色为主（图五、六）。

C组彩陶的数量最少，图案题材仅有草卉纹、鸟目纹、弧线太阳纹等（图七、八），底色多为灰褐色和红褐色。目前在川西以外的地区很少发现同类题材的彩陶，C组彩陶是川西地区的特色产品。

（二）川西彩陶的年代和文化因素分析

A组彩陶中的细泥红陶弧边三角纹彩陶敛口曲腹钵（如图九∶1），与河南陕县庙底沟遗址仰韶文化的A3碗（H10∶128）、A10g盆（H47∶42）等的风格相似[16]，且共存的双唇式小口瓶、尖唇敛口钵等其他陶器（图九）；以及细泥红陶及线纹所占比例最

〔16〕 中国科学院考古研究所《庙底沟与三里桥》，科学出版社，1959年。

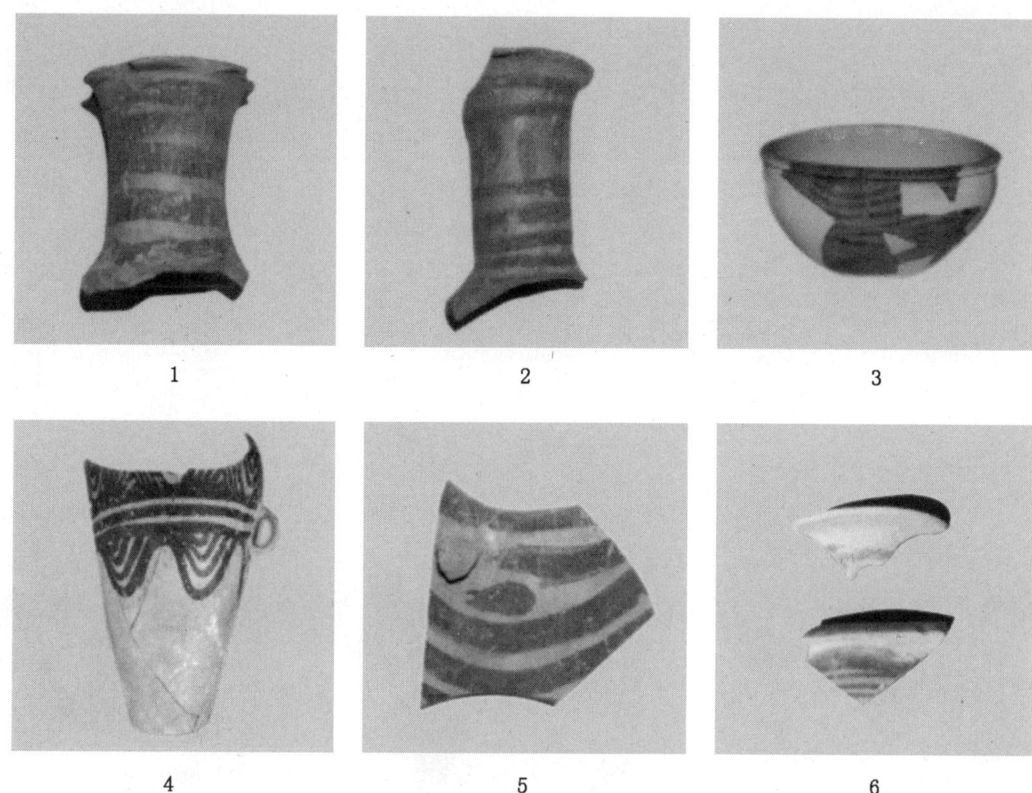

图四 BⅠ组彩陶

1～5. 营盘山遗址出土 6. 哈休遗址出土

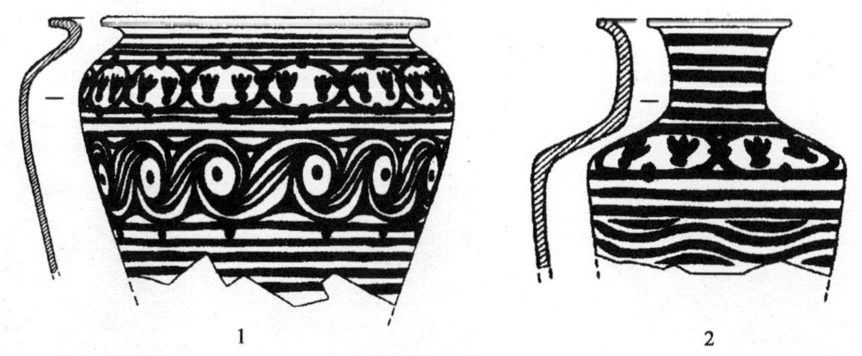

图五 营盘山遗址出土BⅡ组彩陶

多的特征均属于仰韶文化庙底沟类型晚期[17]，因此判定A组彩陶的年代上限与其相差

〔17〕 陈剑《波西、营盘山及沙乌都——浅析岷江上游新石器文化演变的阶段性》，《考古与文物》，待刊。

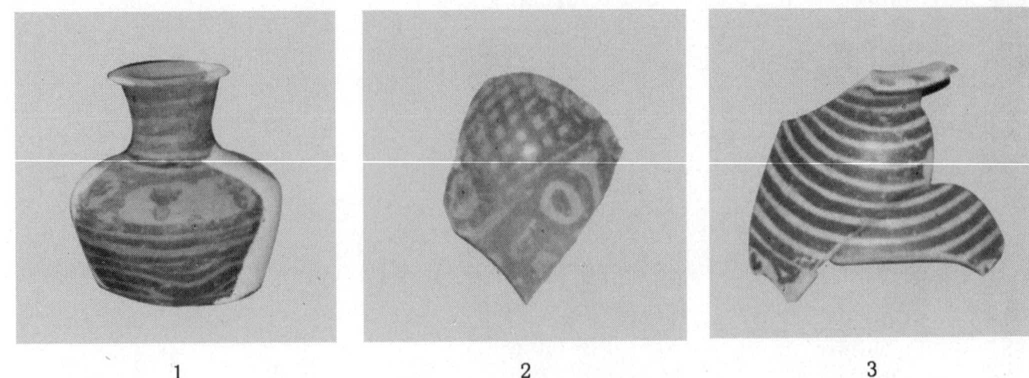

图六 营盘山遗址出土BⅡ组彩陶

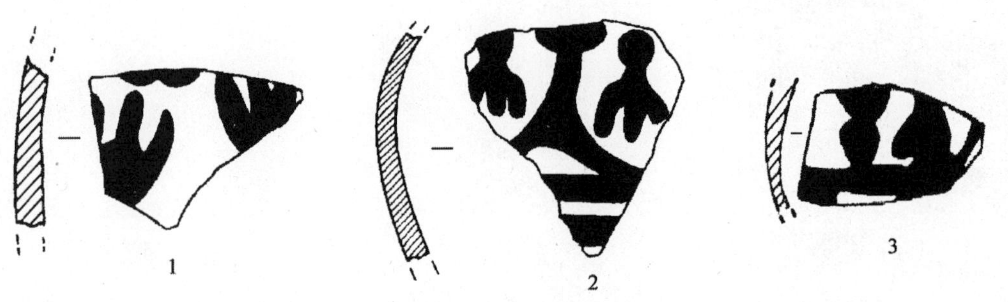

图七 C组彩陶

1、2. 营盘山遗址出土 3. 姜维城遗址出土

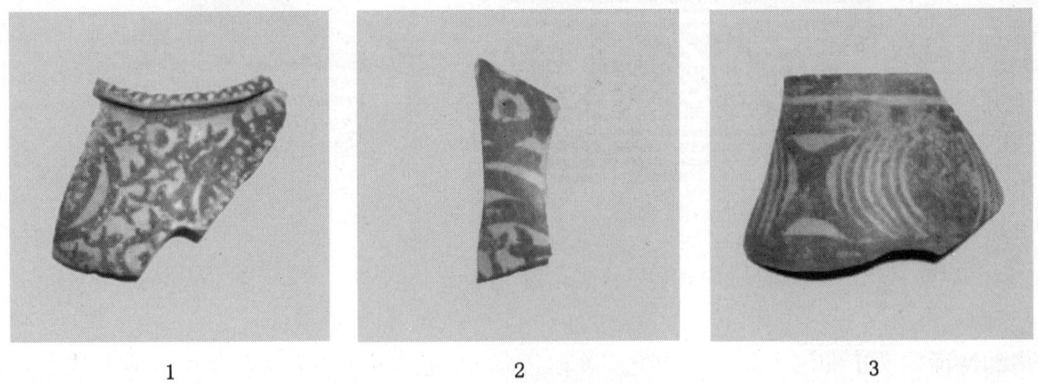

图八 营盘山遗址出土C组彩陶

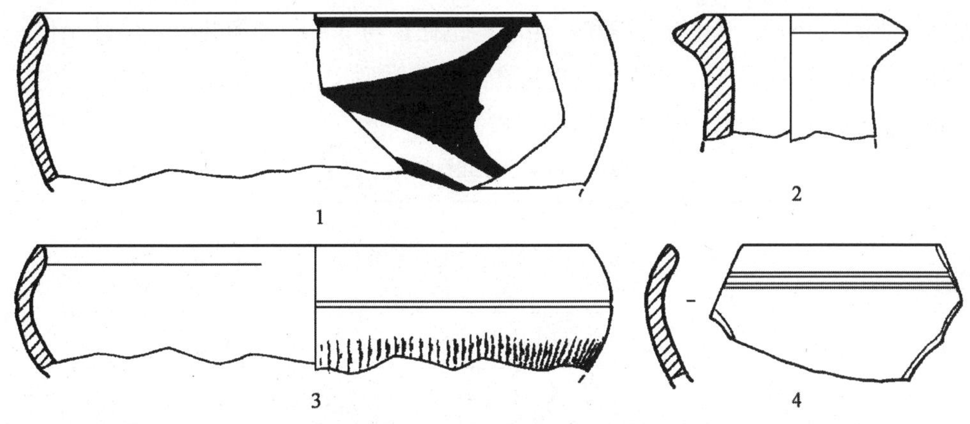

图九 波西遗址2002G1出土陶器

不远，即可达仰韶文化庙底沟类型晚期。

此外，A组彩陶中姜维城遗址出土标本（图一：4）的网格纹与正中竖线对分的圆圈纹组合而成的纹饰，与大地湾遗址九区H842出土的折沿曲腹盆[18]、武山傅家门遗址石岭下类型的B型彩陶瓮[19]、天水师赵村遗址四期（石岭下类型）的C型盆的纹饰相似[20]；A组彩陶中的蛙目纹也与大地湾九区、西山坪遗址四期出土的蛙目纹近似。大地湾遗址九区堆积以仰韶文化晚期类型遗存为主，即传统意义上的马家窑文化石岭下类型，据此判定A组彩陶的年代下限与仰韶文化晚期类型（石岭下类型）相当。

A组彩陶的年代应早于B、C组彩陶。

BⅠ组彩陶中的平行复线条纹、水波纹、垂帐纹、网格纹、圆点纹、弧线条纹、长弧叶状纹等题材，双耳彩陶瓶，带内彩的盆、钵、敛口罐，颈部施平行复线条纹的小口瓶等器形，均可在东乡林家遗址[21]、师赵村遗址和西山坪遗址五期等马家窑文化马家窑类型遗存中找到类似的遗物，故其年代也与马家窑文化马家窑类型相当。

C组彩陶的数量较少，图案题材有草卉纹、鸟目纹、弧线太阳纹等，为川西地区的本土化产物。BⅡ组彩陶除BⅠ组的图案题材外，还增加了草卉纹等题材，即其为BⅠ组彩陶和C组彩陶的复合产物，年代可能较BⅠ组彩陶略晚。但在BⅡ组彩陶和C组

[18] 甘肃省博物馆文物工作队《甘肃秦安大地湾第九区发掘简报》，《文物》1983年第11期。

[19] 中国社会科学院考古研究所甘青工作队《甘肃武山傅家门史前文化遗址发掘简报》，《考古》1995年第4期。

[20] 中国社会科学院考古研究所《师赵村与西山坪》，中国大百科全书出版社，1999年。

[21] 甘肃省文物工作队等《甘肃东乡林家遗址发掘报告》，《考古学集刊》第4集，中国社会科学出版社，1984年。

彩陶中均未见马家窑文化半山类型的纹饰和器物，且在整个甘肃南部和川西高原均未发现半山类型的遗址，BⅡ组彩陶和C组彩陶也往往与BⅠ组彩陶共出，估计年代差异不会太大，其年代应早于半山类型，仍然在马家窑类型文化的年代范围之内。

现将川西彩陶的时代列表说明如下（表一）。

表一　川西彩陶时代对照表

时代 组别	庙底沟类型文化晚期	仰韶文化晚期类型	马家窑文化马家窑类型
A组	——	——	——
BⅠ组		—	——
BⅡ组			——
C组			——

（三）川西彩陶的产地及其文化属性

根据陶泥、底色和纹饰题材等彩陶的自身特征，以及遗址内发现的陶窑的形制、结构等情况综合分析，可以对川西彩陶的产地作出判定。一般情况下，如果窑内处于氧化气氛，烧制而成的陶器表面多呈红色或黄色；而在还原气氛下烧制而成的陶器表面多呈灰色或灰褐色。川西彩陶的底色除了红褐色及少量黄褐色外，还较多地出现了灰褐色，尤其是B、C组彩陶中灰褐色的底色较多，足见当时的烧制技术还不成熟，难以准确地控制窑内的气氛。同时，一些彩陶表面的彩绘打磨压印得不够紧密，颜料未能渗入陶器表层，黑彩极易脱落。因此，川西彩陶的烧制技术较黄河上游地区同时期的彩陶相对落后。个别彩陶的陶泥中夹杂有细小的白色石英颗粒，而川西高原即出产此类白石。在营盘山遗址发现的横穴式陶窑，窑箅有12个孔，直径1米多，窑内有较厚的烧结物，烧成温度经测试在1000℃以上，足以烧造出精美的彩陶。上述情况表明这些彩陶器多是川西地区生产的。

另外，A组彩陶中的弧边三角纹尖唇敛口钵（图二：1）、变体鸟纹折沿曲腹盆（图二：3）等，表面施红色陶衣并打磨光亮；BⅠ组彩陶中的变体鸟纹器（图一〇：2），表面施黄色陶衣并打磨光亮，二者均色泽鲜艳，与遗址同出的其他彩陶器有明显差异。前者与黄河上游仰韶文化庙底沟类型晚期和以大地湾四期为代表的仰韶文化晚期（石岭下类型）的同类彩陶器相似，后者与马家窑文化马家窑类型的同类彩陶器相似。可见少量川西彩陶是从黄河上游地区直接输入的。

川西彩陶以本地生产为主，少量彩陶不排除是从黄河上游输入的。A、BⅠ组彩陶是川西地区外来文化因素的具体表现，C、BⅡ组彩陶则是本土化的产物，具有浓郁的

1

2

图一〇 营盘山遗址出土彩陶

地域特色。川西彩陶虽然多数分别与黄河上游不同文化类型的同类器物相似，是外来文化影响的产物，但它们的数量并不多，在遗址的多数同一地层单位出土的陶器中所占比例仅为百分之二三。川西彩陶与共存的细泥红陶碗、钵类器物，双唇式及喇叭口瓶等一样，已成为川西地区新石器文化内涵的组成部分。

（四）川西彩陶分布的时空特征

岷江上游干流及其支流地区的彩陶出土地点分布密集，且彩陶的类型和数量均较丰富，A组彩陶的时代也较早，A、BⅡ和C组彩陶目前也仅在此地区有发现。

大渡河上游地区的彩陶出土地点也较密集，从目前的考古材料看，均为BⅠ组彩陶，年代晚于岷江上游的A组彩陶。

地处大渡河中游的汉源县狮子山遗址为迄今四川地区出土彩陶最西南的地点，也多为BⅠ组彩陶。有学者认为彩陶沿横断山再往南传，便不再保留绚丽的色彩，陶器上的装饰变为以刻划压印为主的纹饰，但图案结构仍然保留着彩陶的样式，许多纹饰有衬花的特点〔22〕。

四川盆地腹心及其北缘地带迄今未发现彩陶器，茂县营盘山、汶川县姜维城等彩陶遗址距成都平原的直线距离不过数十公里，但在成都平原至今尚未发现彩陶器，有可能彩陶的影响是由川西山地南下进入横断山区的。

（五）关于仰韶文化、马家窑文化的南传

川西彩陶的时空分布特征比较明显地反映了仰韶文化、马家窑文化的南传情况。

大地湾遗址、师赵村和西山坪遗址的发掘材料基本建立了渭河上游地区新石器文化

---

〔22〕 王仁湘《黄河上游彩陶南传之路探索》，《中国社会科学院古代文明研究中心通讯》总第8期，2004年8月。

较为完备的发展序列。概言之，第一期为前仰韶时期的大地湾一期文化，第二期为仰韶文化半坡类型，第三期为仰韶文化庙底沟类型，第四期为仰韶文化晚期类型（或马家窑文化石岭下类型），第五期为马家窑文化马家窑类型（东部为常山下层遗存）〔23〕，其南面的西汉水流域、白龙江下游地区也大体是这一文化发展序列〔24〕。岷江上游地区北临白龙江下游地区，再北依次为西汉水流域、渭河上游地区，仰韶文化因素向南由此进入岷江上游地区也符合文化传播的一般规律。

关于仰韶文化进入川西高原的时间，从目前的考古发现看，至迟在仰韶文化中期即庙底沟类型文化时期，黄河上游新石器文化因素已进入川西高原。茂县波西、营盘山遗址还出土有个别前仰韶文化风格的陶器。

地处岷江上游以西的大渡河上游北临白龙江上游和甘南高原，再北为马家窑文化分布的中心河湟地区，史前文化序列基本为：仰韶文化庙底沟类型—马家窑文化石岭下类型—马家窑类型—半山类型—马厂类型。河湟地区马家窑文化马家窑类型对大渡河上游、中游地区新石器文化的影响更为明显。岷江上游及其北面的白龙江下游、西汉水流域和渭河上游地区的彩陶文化，因地处文化交汇地带，分别受到了仰韶晚期文化和马家窑文化马家窑类型的影响，而大渡河上游、中游地区的新石器文化则更多地受到了马家窑类型的影响。

三、余　论

仰韶文化庙底沟类型晚期的年代距今约6000年前，马家窑文化马家窑类型的年代下限距今约4700年。据此推算，川西彩陶存在的时间近1000年之久。

川西彩陶系外来文化影响的产物，前期的题材以外来因素（A组彩陶及其后续的BⅠ组彩陶）为主，后期出现了本土特色题材的C组彩陶，以及外来题材与本土特色题材相结合的BⅡ组彩陶，是川西地区新石器文化本土化历程的具体表现形式之一。

---

〔23〕 a. 甘肃省博物馆文物工作队《甘肃秦安大地湾遗址1978至1982年发掘的主要收获》，《文物》1983年第11期；b. 郎树德等《试论大地湾仰韶晚期遗存》，《文物》1983年第11期；c. 谢端琚《甘青地区的史前考古》，文物出版社，2002年。

〔24〕 a. 北京大学考古学系等《甘肃武都县大李家坪新石器时代遗址发掘报告》，《考古学集刊》第13集，中国大百科全书出版社，2000年；b. 张强禄《试论白龙江流域新石器文化与川北川西地区新石器文化的关系》，《四川大学考古专业创建三十五周年纪念文集》，四川大学出版社，1998年；c. 张强禄《马家窑文化与仰韶文化的关系》，《考古》2002年第1期；d. 张强禄《白龙江流域新石器时代文化谱系的初步研究》，《考古》2005年第2期。

从精神考古看文明起源研究问题

晁福林*

It is necessary to archaeologically study the "material aspect" of the social structure of a certain period. Similarly, the archaeological study on the "ideological aspect" of the society is also important. Archaeologists should not only analyze the material remains themselves, but also need to consider the people who made the remains. In other words, they should investigate the spirit and characteristics of ancient people through the study of material remains. The mode of thinking experienced the evolution from the perceptual stage to the rational stage. The evolution can also be divided into three stages: barbarism, chaos and rational. The formation of civilization coincided with several important achievements of human rational spirit. Among them, the better understanding of human-nature relationship and the establishment of moral principles are the most significant ones. Based on the abundant archaeological data, the exploration of the origin of civilization through archaeologically study on the "ideological aspect", especially the evolution of the mode of thinking of ancient people, will demonstrate the significance of spirit evolution during the formation of Chinese civilization. This kind of study, on one hand, can provide a new perspective for archaeologists to enlarge their research field. On the other hand, it also establishes a platform for historians to explore the origin of Chinese civilization corporately with archaeologists.

在探寻中华文明起源问题时，对于精神方面内容的研究具有重要意义。从历史的角度看，每一种事物和现象无不有其自己的萌生和发展的历史。在上层建筑领域，家庭、私有制和国家等无不如此；在经济基础范围，各类生产技术、各种生产方式亦无不如此。这些内容，特别是物质层面上的内容往往可以而且必须用考古学的方法进行研究。那么，精神层面呢？可以说，人类精神的萌生与发展的历史，也可以用考古学的方法进行探讨。本文仅就如何运用精神考古来分析中华文明起源的一些问题，提出浅见。不揣浅陋，率而操觚，供专家参考。

一、精神考古的定位与意义

广泛意义上的考古学首先应当是物质文化层面上的考古。这是整个考古学工作的入

* 作者系北京师范大学历史学院教授。

口和主要阵地。大量遗址、化石、器物的发现与研究，是考古工作者最常见的研究资料。只有通过对这些资料的分析、断代和研究，才能由此接近这些资料存在的历史时代，揭示出那个时代的社会历史面貌。所以说，如果离开了物质文化层面，没有大量的物化资料，“考古”便无从说起。这是考古工作最基本、最大量的内容，可以说它是考古的最基本的层次。其次是社会结构与制度层面上的考古。这可以说是通过考古来认识历史时代的必不可少的阶梯。例如，大量祭器的形制与组合研究，可以揭示某一时代的祭祀制度的情况，新石器时代的居住遗址又往往是当时社会组织结构的见证。通过这些考证与研究，古代的各种礼制及社会组织情况才会有“二重证据”的确切说明。

广泛意义上的考古学还应当包括精神意识层面上的考古。人的最本质的特征在于其具有主观能动的精神意识形态〔1〕。走出动物界的“人”与动物的本质区别，正在于有了意识思维，有了精神活动，而在其他方面与动物界的区别并不明显。人们常说，考古研究应当透过现象看本质，那么，精神层面上的考古尤其直指本质。考古研究最终要趋向于对于人的研究，特别是对于人的精神意识的研究。人是自然存在物、社会存在物与精神存在物三者的统一体，人的社会属性和精神属性不仅是人走出动物界的关键特征，而且也是由蒙昧、野蛮走向文明的重要特征。我们应当既见“物”又见“人”。这是因为，历史是由“人”来创造的，文明时代是由人来开启的，社会的进步是由人来推动的。研究历史，理所当然地要更多地关注“人”的因素。在我们的考古研究中要努力透过物质文明的表征看到人的精神。法国20世纪著名思想家米歇尔·福柯在其名著《知识考古学》中虽然力图以考古学的方法梳理人类知识的历史，但他却竭力将考古学与人类精神意识形态的研究截然区分开来，认为“考古学的描述却恰恰是对思想史的摈弃，对它的假设和程序的有系统的拒绝，它试图创造另外一种已说出的东西的历史。”他认为，考古学与思想史的研究相区分的关键在于，“考古学不试图重建人们在说出话语的一瞬间的所思、所愿、所求、所感受、所欲的东西。”〔2〕福柯的这个说法，实际上是指绝对的物质文化层面上的考古学，而不是我们所说的广泛意义上的考古学。真正的考古学不仅不是对精神意识形态有系统地摈弃和拒绝，而且应当是有系统地接受和融会，并且将其定位于考古学的相当重要的位置之上。

精神考古研究的课题之一就是对于人类思维方式的研究。早期人类的思维方式虽然有了理性思维的萌芽，但感性思维还占据着主导地位。这种思维，专家称之为“原

---

〔1〕 精神与思想二者既有密切联系，又有一定区别。其密切联系在于二者都离不开人的思维活动。精神指人的意识、思维活动和一般心理状态，亦指宗旨和意义。思想本质上是指人对于客观外界的思维活动。精神与思想的区别主要在于思想侧重于动态，而精神则侧重于静态。简言之，思想是流动的河，精神是耸立的碑。本文正是从这个区分出发，提出精神考古这一命题的。

〔2〕 米歇尔·福柯著、谢强、马月译《知识考古学》，第176~178页，三联书店，1998年。

始思维”、“原逻辑思维”。对于原始思维做出开创性研究成就的是法国人类学家列维·布留尔。他的《原始思维》一书详细考察了原始思维的特征，揭示出原始思维中的“互渗律”等思维规律〔3〕。但是，他所采用的材料基本上是欧洲传教士及一些人类学家的调查报告。这些材料大多属于人类学、民族学的范畴，真正通过考古发掘得到的考古材料则基本上没有涉及，这不能说不是一个重大缺憾。笔者以为，按照我们关于精神考古的理念，恰恰可以通过考古研究来弥补这一缺憾。关于原始思维的研究不仅是人类学、民族学研究的重要领域，而且也应当是考古学的一个重要阵地。

二、早期人类思维方式演进的轨迹及特色

人类思维方式的进步，一般说来是由感性思维向理性思维的迈进。对于这一进程的研究，是精神考古的重要内容，特别是对于研究从猿到人的演进过程以及人类由野蛮时代进入文明时代的历史，有着积极的意义〔4〕。

人类思维方式的演进在其早期阶段，是以由原始思维转向作为文明时代思维方式标志的理性思维为基本特色的。我们可以将早期人类思维的演进划分出三个阶段，即蒙昧—混沌—理性。

原始思维是以感性思维为其主要特征的。感性思维是思维的低级形态，直观性、形象性为其特色。缺乏逻辑的、理性的、抽象的认知，是说它处于低级阶段的主要原因。原始思维中缺乏对“概念”的分析，它所认识的事物没有必要的界限区分。在原始思维中，事物都是无差别存在着的。法国社会学家爱弥尔·涂尔干指出：“人类心灵是从不加分别的状态中发展而来。”〔5〕这种状态可以用“蒙昧”一词来表达。早期人类思维方式的演进，经历着形象—抽象—形象—抽象不断反复的过程。初期人类的思维水平与婴儿早期的水平应当是大体相当的。西方的结构主义精神分析学家通过相关的研究接触到了这一问题，法国学者拉康就曾在弗洛伊德学说的基础上提出人类认识史上有一个“镜像阶段”，这个阶段即婴儿

〔3〕 关于“互渗律”，布留尔说：“在原始人的思维的集体表象中，客体、存在物、现象能够以我们不可思议的方式同时是它们自身，又是其他什么东西……它不是原逻辑的，也不是非逻辑的。我说它是原逻辑的，只是想说它不像我们的思维那样必须避免矛盾。它首先和主要是服从于‘互渗律’。具有这种趋向的思维并不怎么害怕矛盾（这一点使它在我们的眼里成为完全荒谬的东西），但它也不尽力去避免矛盾。”（《原始思维》，第70~71页，商务印书馆，1981年）概言之，“互渗律”的主要特点在于：一是在思维中主、客体不分；二是思维过程不忌讳矛盾。

〔4〕 关于“文明”的定义，中外学者的认识歧异处颇多，本文取物质文明与精神文明二者合一的认识。进入文明时代的物化表现是多方面的，但并非文明时代的全部内涵。在文明探源的研究中，在物化表现的背后的人的精神状态，是应当特别引起重视的内容。

〔5〕 爱弥尔·涂尔干著、汲喆译《原始分类》，第5~7页，上海人民出版社，2000年。

的6～18个月的时期，婴儿从镜子中看到自己，感到非常快乐，开始有了模糊的“自己”的概念。这个阶段结束于婴儿能够说话的时候，婴儿已经开始有了自己的内心情感世界，已经开始对于外界进行认知。半岁到一岁半的婴儿处于模糊的认知阶段，与人类的原始思维有着某些相似之处。这应当是研究原始思维时应当注意的重要现象。那么，半岁之前的婴儿，其认知水平不能不说是处于蒙昧阶段。

蒙昧思维处于无知状态，到了对于外界事情和自身有所认知的时候，才进入混沌阶段。在这个阶段，简单的原始分类开始萌生。有了分类也就出现了概念，“人类心灵是从不加分别的状态中发展而来的”〔6〕，一旦发生了作为认识事物基础的概念，心灵就会感到一种分析与分类的需要。这时候人们就将开始走出思维的蒙昧状态，但这个时候距离人类的理性思维还有很长的路要走。刚刚走出蒙昧思维状态的人，其思维还是“心理混淆”、“混沌不清”的。笔者以为这个状态不妨用“混沌”一词来表示，它是一种蒙昧初开、理性思维因素缓慢成长的状态。

对于这种思维状态的理解也许可以帮助我们考察“图腾”这种原始文化的实质。过去人们多将图腾理解为氏族及其酋长的名称，或是主要食物（包括动物和植物）的名称。也有的心理学家将其理解为怀孕妇女的幻觉或者是父亲的替身。其实，我们如果用原始思维的观念来分析，似乎可以推测，图腾应当是混沌不清的思维表现，“图腾”一词源于北美印第安人的方言，原意是“他的亲族”。按照“互渗律”，这种“亲族”观念已经是比较进步的混沌思维。某种动物、植物或自然物就是他们集体中的一员，是他自己的“亲族”，说明此前这些动物、植物或某种自然物就是他自己。专家或以为它是把自然对象人格化的结果，实际上是拔高了原始思维的认知程度。

进入文明时代，人类思维已经是理性思维占据主导地位。理性思维是区别于原始思维的一种新思维，它不排斥感性思维，但更能够进行逻辑思维，是人类智慧发展的高级阶段。理性思维是能够认识事物本质和规律的抽象思维，是合理的、自觉的、合乎逻辑的思维。走出原始思维状态能够进行理性思维的“人”的出现，应当是文明时代的本质特征。原始时代的人虽然也在进行劳动实践，但却在很大程度上是不自由的，其思维的深度与广度有着很大的局限，而在文明时代，人们已经进行着理性思维，可以更好地进行劳动和社会实践。

我们可以进而探讨早期人类思维的一些主要特色。

---

〔6〕 同〔5〕，第5页。这部书中，涂尔干将最不开化的部族的普遍精神状态，称为“心理混淆”，“在那里，个体本身失去了他的人格；在他、他的外部灵魂以及他的图腾之间，根本没有区别。”（该书第6页）按，所谓“失去了他的人格”的提法，似乎不太确切。这时候的人尚未有人的主体意识，如果说尚未获得其人格，可能会更恰当些。

人类思维方式的演进，有其相对独立的性质。思维方式的进步理所当然地与社会生产劳动、社会结构形式等有密切关系，但它又具有主观能动性，与现实社会保持相当的距离，并不总是像镜子反映影像那样直接。思维有自己的进程，它可以受制于实践，也可以在一定范围和一定程度上超出实践。从广义的劳动概念看，思维本身就是一种劳动方式——脑力劳动，所以它理所当然地属于人类劳动实践的范围。总之，思维既受经济基础及社会结构面貌的影响，又具有自己相对的独立性。这一特色可以称之为思维的独立性。

在人类的所有活动中，思维活动是最为迅捷的。对于蒙昧时期的人类思维过程，我们还知道得极少。我们可以推测，在漫长世代的思维实践中，思维的灵活状态已经萌动。这一状态到了混沌时期，已经有了较多的表现。我们现在见到的上古岩画多属于野蛮时代，而这正是思维发展过程的混沌阶段。这些岩画的内容经常缺乏内在的系统连贯，一个一个的形象忽然这样，忽然那样，其间看不出任何逻辑联系。例如，江苏连云港将军岩的一幅岩画。这幅岩画上面刻画有十几个只有双眼形的形象，类似人首形，有的额部刻有网状纹，大多数的眼部周围有像猫眼那样的长睫毛呈放射状向外展开，在口的部位也有放射状的长须，此形是人首，抑或是虎（猫?）首形，尚难确定。有的人首形非常简化，只剩下两只眼睛的形象，甚至有的只用三个小点代表人的眼与口，还有的省略了双眼形，只余上竖的长发及呈倒三角形的人面状。整个岩画，虽然今天看来十分神秘，但它还不能算是当时的人对于神灵的描摹。笔者以为它只是表现了处于混沌状态的人的模糊不清的思维，人、猫不分的形象，所展现的是当时人们缺乏概念分类的情况。如果用现代人的眼光，此幅岩画很可能被命名为《闪烁的眼》之类的名称，并且加以深奥的联想，对其进行诠释，我以为这是大可不必的。因为当时的观念很难用今天的眼光进行再现。也许当时的人什么都没有想，他就是认为自己就是猫类的动物，并不是自己“变成”了猫类的动物。我们看到这幅岩画，有人与猫形象的重合，这并不是现代人所理解的两个概念的重合，其实在那个时代，这两个概念很可能还是同一的，所以并不能称之为“重合”，因为它原本尚未分开。这幅岩画，与布留尔在《原始思维》一书中所提出的原始思维首要特点——“互渗律”——即概念的混沌不分，是完全一致的。仰韶文化时期陶器上的著名的“人面鱼纹”表现了人面与鱼的形象的同一，与这里的人、猫的同一，两者有异曲同工之妙。再如台湾高雄县茂林乡孤巴察娥的一幅岩画。这幅岩画中各种形象杂乱无章地混合在一起，大大小小的多重圆环占据着画面的主体部分，其间还有若隐若现的双臂上扬、双腿拱立的人的形象，有的人首形类骷髅，有的只是几个小点。这幅画虽然类似于现代人所画的朦胧（或者隐形）画作，但与现代人的观念却大有不同。愚以为它只是早期人类混沌思维的表现，不可求之过深。原始思维的跳跃，说明当时尚未出现有思维的逻辑。思维的逻辑，只有在长时期的思维实践之后才会显现。没有逻辑仍然可以思维，但那只是跳跃性的杂乱无章的思维，这可以理解为早期人类思维的第二个方面的特征。

早期人类的思维不仅时间有限，而且空间范围也很狭小。人们只关注身边的事物，目光是短浅的，没有较大范围的观察与思考，所有的思考都缺乏深度。对于因果关系的探寻只取十分简单的方式。值得注意的是，当时的人虽然认为一切因果皆为某种神秘力量而决定，但这种神秘力量却是十分简单的，例如，“澳洲中部部落在仪式上使用的一种特殊法器，由小块木头或小块磨光的石头做成，形状各异，但一般呈椭圆形或长方形，上面刻有表现该群体图腾的图案。”[7]我国新石器时代早期的遗址中，常常发现一些形体很小的陶塑及玉器、骨器，应当就是这样的神秘力量的寄托物。在当时人的心目中，神秘力量也许并不高大，并不比人强多少，甚至可能还比不上人的高大，但它们却可以影响人的活动。新石器时代后期，往往出现大型的祭祀遗址及神像，但在新石器时代早期，这种情况却无踪可寻。这种差异存在的原因应当是多方面的，其中的一个重要原因应当是人的思维方式的不同。这种思维的一个重要特色就在于它受到诸多限制而空间狭小，缺乏对因果关系的较深入的探寻，对于影响人的活动的神秘力量的认识也是相当肤浅的，有神人不分的倾向。简言之，就是它尚有很大的局限性。

缺乏概念与分析的混沌不清的原始思维只是在长时期的人的社会实践中，得以逐渐进步，逐渐有了原始的分类与逻辑。思维方式由形象进入抽象，由感性进入理性，待到理性思维形成并且占据主导地位之日，亦即文明时代到来之时。

三、野蛮与文明之际的精神变革

在野蛮时代行将结束的时候，社会经济、政治及社会结构等方面都发生着巨大变革，这些都是人们所熟知的内容，但是这个时期人类的精神变革，却往往被大量的物化表现所遮掩而被忽视。这个时期的人类精神变革应当是多方面的，其内容应当是十分丰富的，最为集中在这样两个方面：一是在天人关系（即人与自然的关系）的认识方面有了飞跃；二是在人际关系方面出现了人伦观念。兹将两个方面的内容略加阐述。

天国观念的出现与神灵世界的形成是新石器时代后期人类精神重大发展的标志。人类精神的最初飞跃与其说是唯物的、朴素的，毋宁说是唯心的、迷信的。天国神灵观念应当是早期人类精神领域的第一缕光明。新石器时代前期，缺少大型祭祀遗址，而新石器时代后期的大型祭祀遗址不仅数量可观，而且多建筑在山巅、山梁等处，在平原地区，甚至人工堆筑成山用于祭祀。良渚文化遗址多有称为“山”或“墩”的人

---

〔7〕 同〔5〕，第26页。

工堆筑的高台，如著名的“反山”、“福泉山”、“草鞋山”、“张陵山”等，历经数千年风雨，不少“山”或“墩”现仍高出地面4米以上，高者达20余米。我们从文献记载中可以看到，泰山、昆仑山、华山、嵩山等从很早的时候就被视为神山，这种高山情结源于天国神灵观念的出现[8]。在传说中的五帝时期，这些神山乃人们登天之处，如《淮南子·坠形篇》即谓：“昆仑之丘，或上倍之，是谓凉风之山，登之而不死，或上倍之，是谓悬圃，登之乃灵，能使风雨，或上倍之，乃维上天，登之乃神，是谓太帝之居。”这些神山越到高处越神奇。在山巅或堆筑成山以祭祀的现象，表现了当时人们对于天国的强烈向往。本来人人都是可以到达天国与神交往的，但后来，这些权利逐渐集中在专门的神职人员——巫的手中，所以记载上古传说的《山海经》一书就多有这方面的说法，例如《大荒西经》即谓：“有灵山，巫咸、巫即、巫肦、巫彭、巫姑、巫真、巫礼、巫柢、巫谢、巫罗十巫，从此升降，百药爰在。”高山还不够，高高的树也是登天之梯，传说中的建木、若木和扶桑等都有这种神奇的性质，其时代依《山海经·海内经》的说法，乃“黄帝所为”，正处在五帝时期。

天国神灵世界的构建，实际上意味着人的自身理念的开始觉醒，意味着“人”开始把自己和自然（“天”）区别开来。当然，这时候，还没有作为个体的“人”的观念出现，但却有了神异的人，即古代传说中的“神人”[9]。由于“神人”威力强大，所以不受自然的拘束而有了较多的自由。特别是有许多“神人”，保持着一定成分的动物

---

〔8〕 以为神灵高高在上的观念，绵延甚久，汉武帝时人认为“神人宜可致，且仙人好楼居”，“于是上令长安则作飞廉、桂馆，甘泉则作益寿、延寿馆，使卿持节设具而候神人。乃作通天台，置祠具其下，将招来神仙之属”，所谓“通天台”当是高耸之台，与上古时期的登天观念若合符节。

〔9〕 中国上古时代关于“神人”的传说甚多，“神人”的特点是：第一，有调和阴阳等神奇特性，相传“女娲，神人，故能练五常之精以调和阴阳”（《列子·汤问》）；再如《穀梁传》定公元年载：“古之神人有应上公者，通乎阴阳。”亦为一例；还有的“神人”可以“乘光，与形灭亡”（《庄子·天地》）。第二，形象或优美或怪异，优美者如“肌肤若冰雪，绰约若处子”（《庄子·逍遥游》）；怪异者如《国语·晋语二》载：“神人面白毛，虎爪，执钺。”《墨子·非攻》下篇载：“禹亲把天之瑞令以征有苗，四电诱祇，有神［人］人面鸟身。”等等，都是怪异之例。《山海经·海外南经》载：为黄帝“候夜”的有称为“二八”的十六位神人，他们的特征是“连臂”，盖指双人连体，亦与常人形体不同。称为烛阴的“神人”，其形状为“人面龙身而无足”（《山海经·海外北经》郭璞注）。《山海经·大荒东经》载：“有神人，八首人面，虎身十尾，名曰天吴。”《大荒西经》载：“西海陼中，有神人面鸟身，珥两青蛇，践两赤蛇，名曰弇兹。”第三，可以不食五谷，自由驰骋。此以《庄子·逍遥游》篇所说最为著名，是篇谓：“藐姑射之山有神人居焉……不食五谷，吸风饮露，乘云气，御飞龙，而游乎四海之外。”夏商周三代近古，关于神人的传说应当保存着较多的原始观念。秦汉以降虽然关于“神人”的说法亦多，但与原始观念则益远矣。

形象，如“鸟身”、“虎身”、“面白毛”等，这可能是原始时代人们思维方式中“互渗律”的孑遗。以“神人”的方式，使人从自然中走出，将人与自然相区分，这是早期人类思维方式的巨大进步。这个思维进展的历史时期，从考古学上看正是新石器时代后期，从传说时代上看则是五帝时期。相传黄帝时期，“乃命重黎，绝地天通”[10]，此后不仅巫师专业化，有了专门的神职人员，而且在思维方式的演进上，也为天人不分，即人与自然相混的观念画上了句号。“绝地天通”，可以作为文明时代思维方式开启的一个标志。《国语·楚语》下篇记载了春秋时人对于上古时代的一个记忆：

及少皞之衰也，九黎乱德，民神杂糅，不可方物。夫人作享，家为巫史，无有要质。民匮于祀，而不知其福。烝享无度，民神同位。民渎齐盟，无有严威。神狎民则，不蠲其为。嘉生不降，无物以享。祸灾荐臻，莫尽其气。颛顼受之，乃命南正重司天以属神，命火正黎司地以属民，使复旧常，无相侵渎，是谓绝地天通。

这是一个非常重要的记载，表明先秦时代的人认为，曾经有过这样的时期，那个时期“家为巫史”、“民神同位”，人人都可以和神灵交通，往来无碍。在这种情况下，神灵也就没有什么威严可言，神人之间也就没有什么界限。神就是人，人也就是神。这种思维方式，犹如原始人认为金刚鹦鹉就是他自己一样。这种状态到了颛顼的时候，才有所改变——“绝地天通”。过去学者们多重点认为“绝地天通”就是巫术的专业化，从颛顼以后，巫、觋神职才出现。这个解释本是不错的，但是应当看到其深层次的原因，在于人的思维的进步。人的理性思维已经把人同“天”（即自然）区别开来，把人与神区别开来。这种区分是原始思维的重大进步。从表面看，“绝地天通”是断绝了人与天的交通，实质上却是真正开启了神人之间的通道。只有“绝地天通”，才有了构筑“天国”的前提。“天国”的出现才意味着“地天”交通的真正开始。在我们今天看来，上古时代人们的登天渴望，以及人们想象中的登天的高山与阶梯，正是思维由混沌到理性攀升的象征。

人伦准则的出现是野蛮与文明之际精神进展的又一里程碑。《说文》训：“伦，辈也。”它含有类、比等意蕴。社会中的人，总有人际关系。但是，在蒙昧时代人们对于人际关系并没有太多的了解。正如当时没有把人与自然区分开一样，也没有对周围的人进行认真的分类，即缺乏辈分、名分的概念。一般说来，最为密切的人际关系是父母、兄弟、夫妻、朋友，如果再加上社会关系中的君臣，那么，这五项就是古代所谓的“五伦”。对于这些人伦关系的认识是在人的思维方式从混沌状态走向理性思维的过程中逐渐明晰的。伦理是处理人际关系的基本准则，古人认为“乱骨肉，犯亲戚，无

---

〔10〕《尚书·吕刑》。

上下之序者，禽兽之性，则乱不知伦理"[11]，无伦理者被视同禽兽。伦理与文明关系密切，例如礼乐文明就是如此，所以《礼记·乐记》说："凡音者，生于人心者也。乐者，通伦理者也。是故知声而不知音者，禽兽是也。"不知音乐伦理者亦被视同禽兽。关于没有伦理的时代，《吕氏春秋·恃君》篇曾有这样的综述：

昔太古尝无君矣，其民聚生群处，知母不知父，无亲戚兄弟夫妻男女之别，无上下长幼之道，无进退揖让之礼，无衣服履带宫室畜积之便，无器械舟车城郭险阻之备，此无君之患。故君臣之义，不可不明也。

这里所谓"太古"时代的"民"，完全不知伦理，人际之间没有等级远近的区分，也没有礼节往来，只有到了君臣之别出现的时候，才改变了这种状态。《仪礼·丧服》篇谓"禽兽知母而不知父"，认为"知父"的时候，人才脱离了"禽兽"。这似乎可以联系到社会结构中父系计算世系的时代来考虑，而这个时代正是新石器时代。

从考古资料看，旧石器时代的遗址中迄今尚未发现墓葬。据专家研究，旧石器时代有食人之风，北京猿人遗址所发现的头盖骨，据说都是食人之风的遗存。考古发现只是在新、旧石器时代之际才见到将人埋葬的遗存。距今两万多年的山顶洞人遗址的下室，发现有三具完整的人头骨和部分骨架化石，人骨周围散布有赤铁矿粉末，并有装饰品，可以推测这时候已经有了掩埋尸体的习俗。考古发现所见的最早的墓葬见于河南新郑裴李岗新石器时代早期遗址，遗址西半部是氏族墓地，墓葬分布密集，均为南北向的长方形土坑竖穴墓，大多为单人仰身直肢葬。裴李岗文化距今大约八千年。从食人到掩埋遗体再到墓葬，这不全是埋葬习俗的问题，而且更重要的是人伦理念萌生和发展的结果。关于这一点，孟子有一段精辟的议论：

上世尝有不葬其亲者。其亲死，则举而委之于壑。他日过之，狐狸食之，蝇蚋姑嘬之。其颡有泚，睨而不视。夫泚也，非为人泚，中心达于面目。盖归反蘽梩而掩之。掩之诚是也，则孝子仁人之掩其亲，亦必有道矣。

这是由精神思维的变化而产生礼制的一个典型说明。朱熹指出："泚，泚然汗出之貌。睨，邪视也。视，正视也。不能不视，而又不忍正视，哀痛迫切，不能为心之甚也。非为人泚，言非为他人见之而然也。所谓一本者，于此见之，尤为亲切。盖惟至亲故如此，在他人，则虽有不忍之心，而其哀痛迫切，不至若此之甚矣。反，覆也。蘽，土笼也。梩，土舆也。于是归而掩覆其亲之尸，此葬埋之礼所由起也。"[12]见到父母的遗体破残，自己的心中很不好受，痛心疾首得额头流汗，所以才"掩覆其亲之尸"，才出现了葬埋之礼。所以说，葬礼的出现是精神使然。这种精神在上古时代保存很久，

---

〔11〕《论衡·书虚》。

〔12〕朱熹《孟子集注》卷五。

直到春秋时期，孔子还说：“丧礼，与其哀不足而礼有余也，不若礼不足而哀有余也。”〔13〕儒家的“小康”之论，研究者多耳熟能详，我们今天研讨文明时代起源时期的人伦之光，仍然要提到它：

今大道既隐，天下为家。各亲其亲，各子其子。货力为已，大人世及以为礼，域郭沟池以为固，礼义以为纪。以正君臣，以笃父子，以睦兄弟，以和夫妇，以设制度，以立田里，以贤勇知，以功为已。故谋用是作而兵由此起。禹、汤、文、武、成王、周公，由此其选也。此六君子者，未有不谨于礼者也。以著其义，以考其信。著有过，刑仁讲让，示民有常。如有不由此者，在埶（势）者去，众以为殃。是谓小康。

这里所讲的“小康”时代，已经是经过相当阶段的发展而臻至成熟的文明社会，其中的人伦关系（主要指父子、兄弟、夫妇、君臣）已经有了明确的准则（“礼义以为纪”）。可以说，人的理性思维发展到人伦之光普照大地的时候，文明时代就已经完全形成了。

总之，在野蛮时代与文明时代之际，人类精神的变革，首先表现在人的概念的形成，“人”自已超出了自然界，不再与自然混为一谈。其次，人伦关系出现，人可以把周围的人进行分类，出现了亲属关系的辈分与社会关系的名分。如果我们一定要寻找出一个标志性的事件作为文明时代降临的界标的话，那么，颛顼时候的“绝地天通”，可为其选矣。

关于中华文明起源的研究，梳理早期人类思维方式演进的过程，以丰富的考古材料进行深入考察，指出精神意识的进步对于中华文明形成的意义，这些都应当是其题中应有之义。这方面的研究，一方面可以为考古工作者开辟一个较新的领域，拓展研究范围；另一方面又为多数的历史研究者提供了一个参与中华文明起源研究工作的平台。

四、精神之树常青

关于“精神”，先秦时代的思想家曾经以为它是“天”赋予人的思想，道家理论则认为它是“道”的表现形式。《庄子·田子方》篇谓：

夫昭昭生于冥冥，有伦生于无形，精神生于道，形本生于精，而万物以形相生，故九窍者胎生，八窍者卵生。其来无迹，其往无崖，无门无房，四达之皇皇也。

〔13〕《礼记·檀弓》（上）。

这里以为精神是由“道”所产生的，它能够来无踪、去无影，无物可以阻挡[14]，庄子所说的这种“四达之皇皇”者，可以说就是思想的表现形式。简言之，精神就是一种思想。关于文明起源的探讨、关于文明本质的研究，应当重点放在精神领域，缕析思想的进程，然而不少专家则仅仅关注思想与精神的表现，在“形而下”的领域流连忘返。关于文明的“本质”这一问题的探讨，在离开了物质生产领域的时候，专家的视线或又投向阶级斗争领域，认为人类社会文明的起源，是从两种劳动最大的一次分工开始的，文明时代开始的一个重要标志是一个阶级开始对另一个阶级的剥削。认为马克思主义是用阶级的产生和剥削制度的出现来解释人类文明的起始问题的。专家的这个认识据说是从马克思和恩格斯的《德意志意识形态》一书中的以下论述引伸出来的。马克思和恩格斯说：

> 物质劳动和精神劳动的最大的一次分工，就是城市和乡村的分离。城乡之间的对立是随着野蛮向文明的过渡、部落制度向国家的过渡、地方局限性向民族的过渡而开始的，它贯穿着全部文明的历史并一直延续到现在。[15]

在这个论述里，马克思和恩格斯并没有强调阶级斗争，而是强调了两个分离之间的密切关系。这个分离就是：其一，城乡之间的分离；其二，物质劳动和精神劳动的分离。虽然这两个分离贯穿着全部文明史，但是既然有“分离”，那么这分离之前，必定要有一个没有分离（乃至没有完全分离）的阶段。肯定这两个“分离”贯穿了全部文明史，并不影响我们到这个没有分离的历史时段去寻找文明的萌动与起源。不唯不影响我们到这个时段去寻找文明的萌动与起源，而且马克思和恩格斯的这个论述还告诉我们应当到这个时段去寻找。这不正启发我们考虑精神劳动与物质劳动的鸿蒙一体及其“分离”对于研究文明萌动与起源问题的重要意义吗？

特别应当引起我们关注的是马克思在《德意志意识形态》一书所加的一个边注：

> 真正的人＝思维着的人的精神。[16]

为什么要把这个意思加在关于“意识形态的现实基础”的论述作为边注呢？这表示着马克思和恩格斯认为精神是进入文明时代的人（即“真正的人”）所首要的条件。马克思主义认为人和动物的根本区别在于人具有精神，“吃、喝、性行为等等，固然也是

---

〔14〕 关于精神的流动性质，《白虎通义》谓：“精神者，何谓也？精者，静也，太阴施化之气也。象水之化，须待任生也。神者恍惚，太阳之气也，出入无间，总云支体，万化之本也。”（陈立《白虎通疏证》卷八，第390页，中华书局，1994年）依照这个说法，精神实即阴阳之气的动静。后世所理解的“精神”多从系统化的凝固的思想这一角度来认识，与古人的认识尚有一定距离。比较而言，古人所理解的“精神”更与思想的概念接近。

〔15〕《马克思恩格斯全集》，第3卷，第56～57页，人民出版社，1960年。

〔16〕 同〔15〕，第56页“编者注”。

真正的人的机能。但是，如果使这些机能脱离了人的其他活动，并使它们成为最后的和唯一的终极目的，那么，在这种抽象中，它们就是动物的机能。"[17] 中国古代的思想家也有与此相近的说法。《孟子·离娄》下篇讲："人之所以异于禽于兽者几希，庶民去之，君子存之。舜明于庶物，察于人伦，由仁义行，非行仁义也。"这里认为人与禽兽的区别在于人有仁义之类的伦理道德，而禽兽则没有。伦理道德属于精神范畴的内容，孟子之语与马克思主义所讲的具有思维着的人的精神的人才是真正的人的说法是一致的。马克思主义十分重视思想、精神、意识等的重要作用，如谓：

> 只有现在，在我们已经考察了原初的历史的关系的四个因素、四个方面之后，我们才发现：人还具有"意识"。但是这种意识并非一开始就是"纯粹的"意识。"精神"从一开始就很倒霉，受到物质的"纠缠"，物质在这里表现为振动着的空气层、声音，简言之，即语言。语言和意识具有同样长久的历史；语言是一种实践的、既为别人存在因而也为我自身而存在的、现实的意识。语言也和意识一样，只是由于需要，由于和他人交往的迫切需要才产生的。凡是有某种关系存在的地方，这种关系都是为我而存在的；动物不对什么东西发生"关系"，而且根本没有"关系"；对于动物来说，它对他物的关系不是作为关系存在的。因而，意识一开始就是社会的产物，而且只要人们存在着，它就仍然是这种产物。当然，意识起初只是对直接的可感知的环境的一种意识，是对处于开始意识到自身的个人之外的其他人和其他物的狭隘联系的一种意识。同时，它也是对自然界的一种意识，自然界起初是作为一种完全异己的、有无限威力的和不可制服的力量与人们对立的，人们同自然界的关系完全像动物同自然界的关系一样，人们就像牲畜一样慑服于自然界。[18]

由此我们可以想到，在认识文明的"本质"这一问题时，是否也应当贯彻马克思主义的这一观念呢？答案是完全肯定的。人走出动物界必须具有语言所表达的意识形态。语言的实践也就是思想意识的实践，既然"语言是一种实践的"，并且又是一种"现实的意识"，那么意识也可以说就是思想（亦即"精神"）的实践，而语言只是这实践的工具（或者说环境）。正是这种意识的实践，人们才可以在物质生产活动中产生和发展思想观念，构筑起精神、道德的神圣殿堂，成为具有"思维着的人的精神"的"真正的人"。就人的集体概念而言，思想、思维、意识等是永远不会止息的，思想永远都在考虑着实践中的问题，永远都在思索着前进的道路，指导着人的实践活动。人在实践

---

〔17〕《马克思恩格斯全集》，第42卷，第94页，人民出版社，1979年。

〔18〕《马克思恩格斯选集》，第1卷，第34～35页，人民出版社，1972年。

活动中构筑起属于自己的主体的主观世界，同时也从自己对于客观外界的认识出发构筑起属于自己的客观世界。总体的人的物质实践活动可以有休整或停息，而思想则永不停息。我们可以说，文明就是常青的人类精神之树上的硕果。西哲所谓“生活之树常青”，这“生活”应当是包括了人的“精神”生活在内的。

中国国家起源的历史特点

刘　军*

The paper investigates the historic characteristics of the origin of Chinese civilization with the perspective of human-nature relationship as well as human-human relationship. As to the human-nature relationship, the paper finds out that the origin of the early state in China coincided with the continual emphases on the harmony of the human being and the nature. As to the human-human relationship, the paper argues that the social structure of the early state in China had developed from the family-clan structure in the pre-state period. Therefore, the social structure was in fact a combination of kinship and territory-relationship and an early state in China was just like an enlarged family. The paper also mentions that *lizhi* (to manage with the rite system) was a significant characteristic in the ideological domain of the early state in China.

中国国家起源，无论是在体现"人与自然"关系的生产力和经济基础层面，还是在体现"人与人"关系的政治制度层面，抑或在意识形态层面，都表现出了自己独特的历史特点。

一、中国国家起源的生态前提

世界范围的国家起源问题研究，主要是围绕"人与人"的关系展开的。对于国家起源的自然生态前提，亦即"人与自然"的关系，是一个需要深入拓展的领域。

从国家起源的生态前提来看，国家起源的经济基础是农业的产生。定居农业的产生，往往伴随着大规模的毁林开荒，这必然带来人与自然关系失衡的生态问题。农业生产中的技术创新以及劳动实践活动，是一把双刃剑，它在带来物质进步的同时，又破坏着生态环境。早期农业生产方式主要以原始的刀耕火种为主，对自然资源的利用效率很低。人口史学家的研究表明，人类在距今 5 千年前后，有一个人口增长的高峰

* 作者系北京大学马克思主义学院讲师。

期，出现了世界历史上的“第一次人口革命”，人类面临巨大的人口压力[1]。在人口增长带来的生存压力下，毁林开荒普遍推广，自然和生态环境遭受重大破坏。中国尧舜禹时期的大洪水与生态环境的破坏不无关系。生态的破坏，人口的压力，迫切需要对人和自然的关系加强宏观管理，需要建立更高级的社会组织结构来提高对自然资源的利用效率，国家组织应运而生。

中国古代国家诞生于人和自然关系紧张的历史时代，保护环境，维护生态平衡也就成了国家职能的重要方面。根据《逸周书》的记载，从五帝时代开始，维护人和自然关系的协调，保护生态环境是国家的仁德仁政的基本要求。五帝时代中处于国家萌芽因素阶段的黄帝，终结了刀耕火种的生产模式，奠定了一种“则天象物”的生存智慧；在国家发展史上占据重要地位的夏禹，其治水用疏而不用堵，即顺应自然而非对抗自然，这也是国家起源中的积极智慧。《荀子・王制》中把对生态的保护视为实行“王道”的基础：“圣王之制也。草木荣华滋硕之时，则斧斤不入山林，不夭其生，不绝其长也。……春耕夏耘，秋收冬藏，四者不失时，故五谷不绝而百姓有余食也；污池渊沼川泽，谨其时禁，故鱼鳖尤多而百姓有余用也；斩伐养长不失其时，故山林不童而百姓有余材也。”这一自然保护纲领可谓原始形态的行政生态伦理学，而历史文献中关于“伊洛竭而夏亡，河竭而商亡”的记载则提供了反面例证。

著名的考古人类学家张光直曾提出国家起源有东西方两种模式：以中国为代表的东方连续性模式和以两河流域国家为代表的西方突破性模式。世界文明史上的原创国家文明中，处于西方文明区系的都不可避免地走向毁灭，唯独东方文明区系的国家文明延续不断（中南美洲国家的灭亡有西班牙人殖民侵略的因素）。这是为什么呢？主要原因还在于两种文明中国家起源的模式有根本不同。以中国为代表的东方国家起源模式是连续性的，重要的特征是从野蛮到文明是通过人与人关系的改变来完成，史前社会的许多因素被延续下来，其中主要延续的内容是人与自然的和谐关系。而以苏美尔文明为代表的西方国家起源模式是突破性的，其文明的进步是通过技术、贸易等新因素的产生造成一种人对自然生态系统的突破来完成。

东西方国家起源模式的不同，集中体现为宇宙观的不同。中国古代文明的宇宙观，是一种整体性的宇宙观。牟复礼（F. W. Mote）认为：“真正中国的宇宙起源论是一种有机物性的程序的起源论，就是说整个宇宙的所有组成部分都属于同一个有机的整体，而且它们全都以参与者的身份在一个自发自生的生命程序之中互相作用。”[2] 在这种宇宙观的指导下，中国古代哲学中关于人与自然关系的理念中，“天人合一”占据中心地

〔1〕 参见麦克伊韦迪、琼斯《世界人口历史图集》，东方出版社，1992年。

〔2〕 F. W. Mote：*Intellectual Foundation of China*，New York：A. A. Knopf，1971，p. 19

位。《中华思想大辞典》指出："主张'天人合一'，强调天与人的和谐一直是中国古代哲学的基调。"中国古代的这种宇宙观特征也不是中国所独有，在中南美洲也可找到基于同一宇宙观的文明形态，如阿兹特克和印加文明等。西方文明的宇宙观却截然不同。柯林·伦福儒（Kolin Renfrew）这样描绘道："我们可以把一个文明的成长程序看做是人类在逐渐创造一个比较大而且复杂的环境；这不但表现在对生态系统之中范围较广的自然资源的越来越厉害的利用，而且在社会和精神的领域中也是如此。……在这个意义上，文明乃是人类自己所造成的环境，他造成了这个环境以将他自己与那原始的自然环境本身隔离开来。"[3]伦福儒的定义涉及一个西方文明在宇宙观上的核心特征，即人类踏进国家社会的门槛时，他就离开了与他的动植物朋友们共同生活的那个自然的世界，迈入了一个他自己所创造的世界。在这个世界中，他利用技术手段制造出许多人工器物，将自己围绕起来并与其他的动植物朋友分开，使自己处于一个高高在上的平台。显而易见，这种西方式的文明与东方式的文明存在根本不同：东方文明是连续性文明，其先民在迈向国家社会时，保有了天与地，人与自然万物的连续。而西方文明却是突破性文明，其先民在迈向文明时，突破了天与地，人与万物的和谐，将自己置于一个更高的，却是虚幻的生存境遇。这种突破性的西方文明，在宇宙观和价值观上营造出人类高于自然，高于其他物种的假象，并造成其所在区域人和自然关系的紧张，进而引发生态危机，最终带来西方文明区系中几大原创国家文明的覆灭。

在中国国家起源中，重视人与自然关系的协调发展是一个重要特点，对解决当今全球范围的生态危机也有重要的借鉴意义。中国国家起源过程中的主流意识形态中，"天人合一"、"道法自然"的哲学观念占据重要地位，而"伊洛竭而夏亡，河竭而商亡"的政治景观则是带有警示性质的反例。为此，中国国家起源时期的许多政治家和思想家都曾将保护生态环境作为治国安邦的头等大事，并制定了一些具体的政策措施。《国语·鲁语上》曾记载鲁国有"有动封者，罪死而不赦"的制度，鲁大夫里革为维护此规则不惜犯颜逆君威："宣公夏滥于泗渊，里革断其而弃之。"保护自然生态环境，注意协调人和自然的关系，也体现在中国古代的许多地理学著作中。《尚书·禹贡》载，大禹治水"随山刊木"、"随山浚川"，体现了因地制宜的观念。《管子·地员》载"地者政之本也，辨于土而民可富"，也体现了一种安协表土，重视地利的思想。汤因比曾说："人类只能在两条路中选择一条：接受灭种的命运，或学习天下一家的生存之道。"[4]他在《人类与大地母亲》一书的结尾，对古代中国"天人合一"的生存智慧大加赞赏，并将之视为解决当前世界生态危机的精神因素来源。1988 年 1 月，诺贝尔

〔3〕 Kolin Renfrew: *The Emergence of Civilization*, London: Methuen, 1972, p.11

〔4〕 转引自宋豫秦《中国文明起源的人地关系简论》，第 2 页，科学出版社，2002 年。

奖部分得主在法国巴黎发表了一份宣言："如果人类要在21世纪生存下去，必须回首两千五百年，去汲取孔子的智慧。"国际环境伦理学会主席罗尔斯顿指出，人类需要一种新的伦理学，"它不仅是关心人的幸福，而且关心其他事务和环境的福利"，古代中国的文化思想将有助于建立这种新型的伦理学，因为东方的思想"没有事实和价值之间或者人和自然之间的界限。它懂得如何把生命的科学和生命的神圣统一起来"。

二、中国国家起源的社会关系基础

就"人与自然"的关系而言，中国国家起源具有连续性的特征，这给它的社会组织结构的演进带来深远的影响。就"人与人"的关系而言，国家的起源实质上是一次人与人之间社会关系的大调整，即出现社会分化和等级差别。在中国国家起源的过程中，这一过程与原有的家族—宗族组织结构相融合，形成一种"血地一体，家国同构"的特点。

首先来看"血地一体"，即血缘纽带和地缘关系相融合的特点。中国国家起源并非按地域划分国民的结果。有的研究者以"禹贡·九州"来套用恩格斯关于国家的特点是"按地域划分它的国民"这一说法。这难免有些牵强，因为《禹贡》主要还是一部地理学著作，其中的九州是基于当时人们对山川位置大概认识基础上的地理区划，而不是政治区划。这里的"州"是一种理想的政治结构单位，并非存在的现实。虽然讲了九州的贡赋，但并不是以州为单位的贡纳，向中央贡纳者是居住于各州的部族。可以认为，中国进入国家社会以后的很长一段时期，社会的基础仍然是带有强烈血缘性质的家族—宗族。真正打破血缘纽带，是战国实现新的户籍制度以后的事情。

中国国家起源中"血地一体"的特点，还使得中国古代的政治组织结构具有"家国同构"的特征。

对于国家政治组织结构与父权制家庭结构一体化的特点，恩格斯曾说过："一定历史时代和一定地区内的人们生活于其下的社会制度，受着两种生产的制约：一方面受劳动的发展阶段的制约，另一方面受家庭的发展阶段的制约。劳动越不发展，劳动产品的数量、社会的财富越受限制，社会制度就越在较大程度上受血族关系的支配。"〔5〕中国古代国家由于商品经济不发达，在形成的过程中，原有的父权制家庭并没有受到破坏，而是比较完整地保留下来。在雅典，氏族组织与国家是根本不相容的，但是在古代中国，父权制家族组织却与国家在某种程度上达成了一致，原有的家庭结构成为政治结构的基础，家族组织成为国家政治组织的重要支柱。《孟子·离娄上》："国之本

〔5〕《马克思恩格斯选集》第4卷，第2页，人民出版社，1995年。

在家。"《墨子·尚同下》则说："家既治，国之道尽此耶。"荀子对中国古代君权和父权的同质性作了这样的说明："君者，国之隆也，父者，家之隆也。隆一而治，二而乱。"（《荀子·致士篇》）

"血地一体，家国同构"的特点，影响着中国古代社会的阶层划分。恩格斯在《家庭、私有制和国家的起源》中提出"阶级的存在是由分工引起的"，认为阶级的产生是由于社会大分工引起的经济分化的结果。其实，这只是问题的一个方面。在中国国家起源的过程中，由于总体上实行公有制，井田制中的私田定期进行重新分配，避免了田产等财富的过分集中。除少数贵族利用再分配权力占据财富外，社会大部分成员之间并没有出现悬殊的贫富分化。因而，经济因素不是决定社会阶层划分和等级结构的唯一根本因素。

中国国家起源中的阶级分化的形成，不是通常理解的由经济上的"富"到政治上的"贵"的过程，而是由社会地位的"贵"到经济地位的"富"的过程。在中国，贫富分化是由父权家族内政治地位的差别及其等级阶层来体现的；阶级的发生绝非仅仅是因社会分工以及个人或个体家庭的生产技能所致，而是与父权家族组织结构以及父权的上升有着密切的关系。除了家族内部的分化之外，当时的家族与家族之间，以及宗族与宗族之间，也出现了分化和对立。这包含着中国特有的"同姓"、"外姓"与"庶姓"家族和宗族之间的对立，所谓"同姓"是指远古曾有血缘关系和同一始祖的同一族人，"外姓"是指与其有过联盟或联姻、政治上处于平等地位的外族人，而"庶姓"则是指亡族或亡国的后裔，属于被征服或臣服的族团。父家长权的出现，使社会由平等走向了身份地位的不平等。如果说梅因曾用 句"迄今为止， 切进步性社会的运动，都是一场'从身份到契约'的运动"，概括了由古代到近代的文明发展的轨迹的话，那么，从原始社会到阶级社会则是一场"从平等到身份"的运动，其中父家长权是这场运动中的转化剂〔6〕。《左传·桓公二年》："天子建国，诸侯立家，卿置侧室，大夫有贰宗，士有隶子弟。"这是对父权制家族组织向国家政治组织演化过程的形象概括。有学者据此认为："商周国家就是族组织的扩大，或者说是宗族组织的国家化。"〔7〕

恩格斯在《家庭、私有制和国家的起源》中指出，地缘关系代替血缘关系是国家区别于前国家社会的一个特点。但在中国"文明和国家起源转变的阶段，血缘关系不但未被地缘关系所取代，反而是加强了，即亲缘与政治的关系更加紧密地结合起来。所以我们不能仅根据外国社会科学的法则简单地来套中国的史实，而应从零开始，看

---

〔6〕 王震中《中国国家起源的比较研究》，第245～246页，陕西人民出版社，1994年。

〔7〕 王贵民《商周制度考信》，第74页，台北明文书局，1989年。

看中国的情况是否可用这种法则或其他的办法来解决”〔8〕。张光直的这个观点得到了越来越多考古实证材料和古代文献资料的支持。著名史学家吕振羽先生以殷代为例，认为其社会的基层组织“是由氏族社会末期的氏族公社及其家庭公社演化而来的农村公社形态；作为统属下的各个‘异族’则大都保存氏族公社的组织形态，在其内部都保有原来的机能，只是有一个国家的权力凌驾其上”〔9〕。

其实，在国家起源过程中血缘和地缘的相互关系问题，马克思并没有像恩格斯那样明确指出国家社会纯粹是以单一的地缘关系为基础的，相反，马克思在他晚年的笔记中，曾提出过氏族血缘关系和新的地缘关系相结合，形成新的政治结构的关系纽带。譬如，在阿兹特克人早期国家的形成中，马克思摘录到：“墨西哥村在地理上分为四个区，每一区由一个‘宗族’（胞族）占据；每一区又划分为‘小区’，而每一个小区又由以某种共同关系相结合的公众团体（氏族）占据。”〔10〕马克思还特别摘录了血缘关系在新的地缘关系社会中仍旧发挥作用的内容：“克拉维赫罗忽略了将公社联合起来的血缘因素，但是这一点由埃雷拉弥补了。他说：‘还有另一些被称为大父的领主，他们的全部土地都属于一个宗族，每一个宗族住在一个地区内。’”〔11〕最后，马克思进行了总结性摘录：“于是，德莫、地区部落和国家代替了氏族、胞族、部落等。但是，它们（即后者）仍然作为世系的系谱和宗教生活的源泉而继续存在了数百年之久。”〔12〕也就是说，“以氏族为基础的 societas（社会）和以地区和财产为基础的 civitas（国家）”〔13〕曾长期并存。

根据马克思的这些理论论述，并结合中国早期国家起源的特点，可以得出这样的结论：在早期国家形态下，以血缘关系为联结纽带的氏族组织依然存在，并在相当长的历史时期内构成社会政治、经济制度的基层单位。与原始氏族社会所不同的是，国家社会中的氏族组织不是独立的社会实体，凌驾于其上的是国家这样一种异己力量。国家为了节约行政成本，化解旧制度对新体制的对抗性，于是把原有的氏族组织当做实现国家职能的最现成、最方便的组织形式。随着社会复杂化程度的加强，国家制度也日益完备，原有的血缘关系才逐步被地缘和财产关系所取代，早期国家演进到新的历史阶段。

---

〔8〕 张光直《中国青铜时代》，第471页，三联书店，1999年。

〔9〕 吕振羽《殷周时代的中国社会》，第12页，三联书店，1962年。

〔10〕《马克思古代社会史笔记》，第279页，人民出版社，1996年。

〔11〕 同〔10〕，第281页。

〔12〕 同〔10〕，第319页。

〔13〕 同〔10〕，第335页。

三、中国国家起源的意识形态因素

在文化意识形态领域，中国国家起源和统治体现出很明显的“礼治”特点。表现有二，一是原始巫教文化逐步被礼乐文化取代；二是以礼乐文化论证国家权力的合法化来源，以礼治维护王权。

世界历史上最早出现的国家大多都是在原始宗教观念的推动下形成的。对宗教等意识形态因素在国家起源中的作用问题，马克思在其晚年的笔记中有大段的论述。在《古代社会》一书的笔记中，马克思在摘录摩尔根关于雅典民族国家形成的历史进程（氏族—胞族—部落—部落联盟—民族国家）的内容时，强调了宗教的纽带作用：“雅典人的社会制度：第一，氏族……其次是兄弟氏族；其次是部落……再其次是族或民族（people or nation）。”推进这一历史进程，并把这些团体结合在一起的纽带共有六种，排在第一位的要素则是：“共同的宗教仪式和祀奉某一个神的特权，这个神被认作始祖并有特殊的称呼。”〔14〕在《文明的起源和人类的原始状态》一书的笔记中，马克思摘录了拉伯克关于神权促进王权、宗教崇拜巩固人的崇拜的内容：随着文明的发展，“首领和国王的权力逐渐增大”，他们大讲排场威仪，要求人民奴隶般地尊敬他们。“首领们越来越脱离自己的臣民，情况就改变了，人的崇拜成了宗教的一个重要因素。”〔15〕马克思还特别指出了萨满教和祭司阶层在国家起源中的作用：在萨满教还没有完全取代图腾崇拜的地方，君主政治的建立连同它那一套经常性的排场和礼仪，导致远为更加有组织的对旧有诸神的礼拜。“在去世者的灵魂与神之间，神与在世者之间没有明确的分界线，因为有很多祭司和老首领都被认为是圣者，他们之中有不少人也会为自己要求神权。”〔16〕

在中国古代国家起源中，宗教等意识形态因素的确起过重要的作用。譬如五帝时代的黄帝时期，巫教等原始宗教在黄帝确立自己在部族联合体的核心地位时就起了极为关键的作用。但是，中国古代国家并没有经历像古代埃及、巴比伦那样的神权政治时代。在中国国家形成前夜的颛顼时期，“绝地天通”的宗教改革在以神权促进王权形成的同时，也奠定了神权服务于王权的现实主义政治基调。到了商朝，以占卜祭祀为主要内容的宗教文化因素在国家政治生活中依然占有重要位置。但这时的巫教文化已开始体现出“神道设教”的价值转向。商人的占卜祭祀，并非是巫觋居于统治地位，

---

〔14〕 同〔10〕，第 291 页。

〔15〕 同〔10〕，第 534 页。

〔16〕 同〔10〕，第 536 页。

而是统治者尤其是国王意志的表现。殷人占卜敬神只是为了把国王的意志神圣化，国王借敬神统一思想。譬如，盘庚曾借神权否定族众的“协比谗言”，下决心为国家的利益“震动万民以迁”殷。

到了西周时期，周公治礼，礼乐文化正式取代巫教文化成为占据国家主导地位的意识形态。上古时代的“礼”，源于巫教仪式和秩序，包含了“礼天道”、“礼地道”、“礼人道”三个层面的内容。中国的礼制，首先是礼天道而制日月星七正，其次是礼地道而制四时八节九宫，再其次是礼人道而制帝、皇、后、人主仪范。《礼记·礼器》记载：“昔先王尚有德，尊有道，任有能，举贤而置之，聚众而誓之。是故因天事天，因地事地，因名山升中于天，因吉土以飨帝于郊。升中于天，而凤皇降，龟龙假；飨帝于郊，而风雨节，寒暑时。是故圣人南面而立而天下大治。”天、地、人都是礼治规范的内容，但最终的目的是团结一切力量以使天下大治。可以认为，礼乐文化是中国古代国家形态的文化表征，各种礼器则是中国古代国家形态的物化表现。

当然，作为一种国家意识形态，中国礼乐文化最根本的任务还在于论证国家权力的合法性。中国早期国家中的统治者都很重视对意识形态进行改革，而意识形态改革的核心大都是通过礼治来尊王。《左传·隐公十一年》曰：“礼，经国家，定社稷，序民人，利后嗣也。”说明殷商用以祭神的仪式，到周代已发展成为维护国家制度、国家利益的最重要的手段。周礼后经孔子发挥，其涵盖的领域已包括政治、经济、司法、宗教祭祀、婚姻家庭、伦理道德各个方面。恰如《礼记·内礼》所云：“道德仁义，非礼不成；教训正俗，非礼不备；分争辩讼，非礼不决；君臣上下，父子兄弟，非礼不定；宦学事师，非礼不亲；班朝治军，莅宦行法，非礼威严不行；祷祠祭祀，供给鬼神，非礼不诚不庄严。”礼成了匡正天下的纲纪准绳。

礼治的规范力主要通过软约束和硬约束来体现，与典章制度、法律礼仪相关的属于硬约束；与思想道德相关的属于软约束。实施的原则可以概括为“亲亲”、“尊尊”。“亲亲父为首”，“尊尊君为首”，前者为维护血缘，后者为维护王权。孔子曾对礼治和王权的关系有过评论，他说：“天下有道，则礼乐征伐自天子出；天下无道，则礼乐征伐自诸侯出。”一语道出礼治的价值核心就是尊王。礼治一般具有一套象征系统，譬如礼器就是一种物质形态的表征，而名位则是一种精神形态的表征。礼器、名位等的基本含义是“贵”，它比经济地位上的“富”更为重要。《左传》载有这样一件史事，卫国的仲叔于奚立下战功，他不要卫君赏赐的土地等经济物质，而请求享受诸侯的“礼遇”，如允许他在其厅堂悬挂三面乐器，上朝的马车可以佩带繁缨等。卫君答应了这一请求，但孔子认为这是一个有损王权威严的做法，他说：“惜也，不如多与之邑。惟器与名不可以假人，君之所司也。”采邑代表一种经济利益，而“器与名”等礼制的政治意义重大。政治之“贵”要高于经济之“富”，因为礼制定名分，而名分则维系政治社会秩序，这种秩序是国家制度有效运转的关键。

中国古代国家社会具有的礼治特点和“神道设教”的现实主义政治基调，使得中国古代国家政权在形成之后，能迅速脱离宗教独立发展。在世界历史中，中国以外的大部分早期国家都是短命的国家。这促使一些学者努力探讨这些国家崩溃的原因，挖掘其现代借鉴意义。加拿大考古学家特里格（B. G. Trigger）认为，人类的生存一般都采取一种“最省力”原则安排活动，即以最小的代价来获得最大的收益，也就是讲究经济效益。然而，早期文明充满了权力的物质表现，“最省力”原则完全不适用于祭祀建筑和奢侈品的生产，神权是对能量和资源的奢侈浪费〔17〕。这些学者认为，正是这种难以逆转的能量透支拉垮了这些早期国家。“礼治”特点和“神道设教”的现实主义政治基调，对中国国家起源和发展具有重大意义：一是避免了像其他一些原生国家因在宗教事物方面浪费过多的资源而最终陷入崩溃；二是没有像西方在后来发展中建立政教合一或教高于政的政权模式，政治资源无需耗费在与教权的争斗中，得以专心于国家和社会事物，创造了远远高于西方的物质文明。

〔17〕 B. G. Trigger：Monumental Architecture：A Thermodynamic Explanation of Symbolic Behavior，*World Archaeology*，22/2，1990

禹 画 九 州 论

朱渊清*

Based on the newly discovered bronze inscriptions of the Western Zhou Dynasty, the texts on the wooden slips of the Chu State of the Warring States Period, the Xinzhai period flood ditch and the flood remains in Huixian, the paper demonstrates that the flood and irrigation works around 4000 BP recorded in ancient texts is a fact instead of a legend, and the construction of irrigation system was important for the establishment of the Xia Dynasty. The flood resulted in the Yellow River changed its course. While part of the river was still in the original course and run through the Xingze and Mengzhu before emptied into the Yellow Sea, majority of the river turned to the north and emptied into the Bohai Sea. The main purpose of the irrigation works might have been to block the original course and dredge the new northern course. Some nine river courses might have been dredged to make the Yellow River safely empty into the Bohai Sea. An important part of the irrigation works was to dredge the Ying River, a tributary of the Huai River, to make it directly run southward to empty into the Huai River. A number of sites of the Late Longshan culture and the Erlitou culture have been discovered along the Ying River.

"茫茫禹迹，画为九州"，最近获得的两宗出土文献资料《豳公盨》和《容成氏》，以及近年尤其是夏商周断代工程所获大量考古发掘成果，促使我们对"禹画九州"问题以及夏王朝的建立作一些新的思考。

一、《豳公盨》"禹敷土"

豳公盨是保利艺术博物馆新近收藏的一件西周中期偏晚的青铜器，《中国历史文物》2002年第6期公布了此器的照片、铭文拓片以及李学勤[1]、裘锡圭[2]、朱凤瀚[3]、李

* 作者系上海大学古代文明研究所副教授。

〔1〕 李学勤《论豳公盨及其重要意义》，《中国历史文物》2002年第6期。

〔2〕 裘锡圭《豳公盨铭文考释》，《中国历史文物》2002年第6期。

〔3〕 朱凤瀚《豳公盨铭文初释》，《中国历史文物》2002年第6期。

零[4]先生的考释文章。此器铭文古奥，而且写法较特殊。首句即曰："天命禹敷土，随山濬川，廼釐方设征。"

《豳公盨》："天命禹尃土，随山濬川。""尃"是"敷"的本字。"敷"，《诗·小雅·小旻》毛传："布也。"《山海经·海内经》："禹鲧是始布土，均定九州。"郭璞注："布犹敷也。"禹敷土即指禹布土治水、釐方九州事。《禹贡》首句是全篇总说："禹敷土，随山刊木，奠高山大川。"《书序》概括《禹贡》旨意即曰："禹别九州，随山濬水，任土作贡。"《伪孔传》："洪水泛滥，禹布治九州之土。"《诗·商颂·长发》："洪水茫茫，禹敷下土方。"郑玄笺："禹敷下土，正四方，定诸夏，广大其境界。"宋傅寅《禹贡说断》卷一引张氏（可能是张九成）曰："敷，分也。敷土即别九州之义。"

有关禹画九州、禹迹的说法，史籍记载非常多，如：《左传·襄公四年》："昔周辛甲之为大史也，命百官，官箴王阙。于《虞人之箴》曰：'芒芒禹迹，画为九州，经启九道。民有寝庙，兽有茂草，各有攸处，德用不扰。'"《国语·周语下》记太子晋言伯禹"高高下下，疏川道滞，钟水丰物，封崇九山，决汩九川，陂鄣九泽，丰殖九薮，汩越九原，宅居九隩，合通四海。"春秋时期的青铜器铭文也有相关记载，《叔夷钟》："咸有九州，处禹之堵。"《秦公簋》："丕显朕皇祖，受天命，鼏宅禹迹。"

古人不怀疑禹画九州的内容，相信是大禹治水时留下的资料。但已指出《禹贡》首尾两句是史官的"史辞"。《禹贡说断》卷一引张氏曰："此一篇以为史官所记邪？而其间治水曲折，固非史官所能知也。窃意'禹敷土，随山刊木，奠高山大川'，此史辞也。"

《豳公盨》首句与《尚书·禹贡》和《书序》的说法几乎完全一样。《豳公盨》是西周中期的青铜器，"天命禹敷土，随山濬川，廼釐方设征"确是周代史官关于古史载录的概说之辞。更考虑到《左传》所引《虞人之箴》的说法，我们可以肯定，周代史官系统早就有了关于禹画九州的古史记载，"禹敷土"之说在周代史书中代相传承。

《豳公盨》中"[illegible]埶征"，是十分关键的一句话，但异字诸家解释不太一样。笔者拜读周凤五先生所赐稿本，以为确当从周先生释读"釐方"[5]，前字从廾，来声，读为"釐"，还可参看陕西眉县杨家村出土的《逨盘》、《逨鼎》[6]。

《尚书序》："帝釐下土方，设居方，别生分类，作《汩作》、《九共》九篇、《稾

〔4〕 李零《论豳公盨发现的意义》，《中国历史文物》2002年第6期。

〔5〕 参看周凤五《遂公盨铭初探》（稿本）。

〔6〕 陕西省文物局等《盛世吉金——陕西宝鸡县青铜器窖藏》，北京出版社，2003年；刘怀君等《四十二年、四十三年逨鼎铭文试释》，《文物》2003年第6期；刘怀君等《逨盘铭文试释》，《文物》2003年第6期。

饫》。”马融注：“釐，赐也，理也。”此处当释为治理。《国语·周语下》记太子晋言禹之治水，“釐改制量”，韦昭注：“釐，理也。”“帝釐下土方”，《舜典》伪孔传：“言舜理四方诸侯，各设其官、居其方。”“埶征”，“埶”和“设”古音相近，“埶”用作“设”例常见[7]。“征”，《左传·僖公十五年》杜注：“赋也。”“设征”即是设立贡赋的意思。《伪孔传》“禹制九州贡法”、《书序》“任土作贡”都是此意。

二、《容成氏》九州

《容成氏》是上海博物馆所藏战国楚竹书中的一篇，2002 年 12 月马承源先生主编的《上海博物馆藏战国楚竹书（二）》公布了李零先生整理注释的《容成氏》及竹简放大照片。《容成氏》中有关“禹画九州”的内容见于第 24 至 27 简，基本是可连读的完简。文曰：“禹亲执枌（畚）[8]耜，以陂明都之泽，决九河之阻，于是乎夹州、涂州始可处。禹通淮与沂，东注之海，于是乎竞州、莒州始可处也。禹乃通蒌与易，东注之海，于是乎蓏（藕）[9]州始可处也。禹乃通三江五湖，东注之海，于是乎荆州、扬州始可处也。禹乃通伊、洛、并瀍、涧，东注之河，于是于（乎）豫州始可处也。禹乃通泾与渭，北注之河，于是乎虘州始可处也。”

邵望平先生曾运用文化区系理论对《禹贡》九州进行探索[10]，认为自龙山文化时期以来形成的文化区系是九州划分的自然依据，九州是龙山时代中华核心区域的地理文化大框架。其成果已为古史学界重视[11]。

九在中国文化中代表最大数，九州不一定就是实指，更不可能是四到八至的行政区划。《尚书·禹贡》、《周礼·职方氏》、《尔雅·释地》、《吕氏春秋·有始》以及《容成氏》的九州名目都有些差别。

《容成氏》所记九州是：夹州、涂州、竞州、莒州、蓏（藕）州、荆州、扬州、叙州、虘州。夹州，其地当在河北；涂州即《禹贡》徐州；竞州，其地当在淮水流域；

---

[7] 同[2]；裘锡圭《古文献中读为“设”的“埶”及其与“执”互讹之例》，《东方文化》第 36 卷第 1、2 号。

[8] “枌”字李零疑为“杨”的误写，读为“耒”。此从陈剑、刘乐贤、颜世铉诸先生读（陈剑《上博简〈容成氏〉的竹简拼合与编连问题小议》，简帛研究网 2003 年 1 月 9 日；刘乐贤《读上博简〈容成氏〉小札》，简帛研究网 2003 年 1 月 13 日；颜世铉《上博楚竹书散论（四）》，简帛研究网 2003 年 2 月 3 日）。

[9] “蓏”从陈伟先生释为“藕”，参见陈伟《竹书〈容成氏〉所见的九州》（稿本）。

[10] 邵望平《〈禹贡〉“九州”的考古学研究》，《考古学文化论集》（二），文物出版社，1989 年。

[11] 刘起釪《〈禹贡〉写成年代与九州来源诸问题探研》，《九州》第三辑，商务印书馆，2003 年。

莒州，当在沂水流域；藕州，或相当于《职方氏》所说的并州；荆州、扬州，地处长江中下游；叙州，即《禹贡》豫州；虘州，地近泾、渭二水，当即《禹贡》、《职方氏》雍州，虘州得名当与沮水相关，古书沮水或作虘。《容成氏》九州与《禹贡》九州的区别主要在黄河下游各州。

《容成氏》九州和《禹贡》九州的顺序差别也许也有意味其中。

《禹贡》九州依次顺序是：冀州、兖州、青州、徐州、扬州、荆州、豫州、梁州、雍州，基本上是从北方冀州开始的版图顺时针排序。《容成氏》九州依次顺序是：夹州、涂州、竞州、莒州、蓏（藕）州、荆州、扬州、叙州、虘州。中国地势西高东低，夏族的根基在叙州（豫州），这就意味着经过本地区河水的下游水道疏通了，叙州（豫州）才真正得免于洪水泛滥之灾。以叙州（豫州）为中心，大禹治水基本上在北方就是黄河下游水系的治理，夹州是治水的重点；在南方则主要是淮河水系的治理，涂州（徐州）是治水的重点。先夹州、涂州（徐州），然后东方、北方、南方较远各州，这些地方治理而叙州（豫州）可处。最后向西治理泾渭流域的虘州。笔者猜测，《容成氏》九州排列也是有序的，这个次序或许就是大禹治水的次序。若果真如此，这也就暗示着《容成氏》九州应该出自比《禹贡》九州更为原始的文本。

三、黄河改道

《容成氏》中述及黄淮平原和山东半岛的夹、莒、蓏（藕）数州与《禹贡》区别较大，或许意味着当时黄河下游河道变动较大。

黄河下游的改道，在春秋战国以后有过许多次，此前当然也如此〔12〕。韩嘉谷先生较早利用有关海岸和河口堆积资料证明，《禹贡》河走河北平原入海的时间远远早于春秋〔13〕。王青先生也多次撰文讨论黄河下游改道和大禹治水关系等问题〔14〕。

黄河多次改道，交替注入渤海和黄海，河北平原和苏北平原的成陆过程与黄河改道关系密切，而且其沿海贝壳堤的发育也取决于黄河的南北改道。当黄河经河北平原入海时，不利于渤海湾西岸贝壳堤的生长；当黄河改走苏北平原入海后，渤海湾西岸形成贝壳堤。黄河往返改道，交替注入黄海、渤海，就在河北平原和苏北平原沿岸留下了多道贝壳堤遗迹。现已探明，河北平原和苏北平原沿岸发现的多道贝壳堤有着较

---

〔12〕谭其骧《西汉以前的黄河下游河道》，《历史地理》创刊号，1981年。

〔13〕韩嘉谷《论第一次到天津入海的古黄河》，《中国史研究》1982年第3期。

〔14〕王青《试论史前黄河下游的改道与古文化的发展》，《中原文物》1993年第4期；王青《试论华夏与东夷集团文化交流及融合的地理背景》，《中国史研究》1996年第2期；王清《大禹治水的地理背景》，《中原文物》1999年第1期。

清楚的时间序列，^{14}C 测定两地贝壳堤的形成年代基本上相互交叉，指明了黄河改道的大体时间。研究表明，黄河在约距今 4600～4000 年间是经淮北苏北平原入海的，到距今 4000 年前后改道经河北平原注入渤海。距今 4000 年前后黄河下游的南北大改道，时间大致和大禹治水的时间相吻合。

龙山时代的河北平原有许多龙山文化遗址，说明龙山时代黄河并不走河北平原入海。淮北平原的龙山文化遗址则都属于龙山文化晚期。苏北平原的龙山文化面貌则至今还不清楚。因此，可以认为龙山文化早期，黄河下游走淮北平原入海，由于黄河漫流，这一带尚无人居住；到了龙山文化晚期，河道渐趋固定，始有人居住。

黄河南流故道，周述椿先生以为在荥泽、圃田泽、萑苻泽、逢陂泽〔15〕。由《禹贡》观之，故道确走荥泽至孟诸一线入海。《禹贡》："荆、河唯豫州。伊、洛、瀍、涧既入于河，荥波既豬，导菏泽，被孟豬。"大禹治水，在荥泽阻水。《水经·河水》："又东过荥阳县北，蒗荡渠出焉。"郦道元注："大禹塞荥泽，开之以通淮、泗，即《经》所谓蒗荡渠也。"《水经注·济水》："《晋地道志》曰：济自大伾入河，与河水斗，南泆为荥泽。……昔大禹塞其淫水，而于荥阳下引河，东南以通淮、泗，济水分河东南流。"大禹还在今河南商丘东北的孟诸蓄水。朱鹤龄《禹贡长笺》卷七引黄度曰："盖因窪下之势，导而行之，浅流覆被。"朱鹤龄曰："当是禹时故迹。"孟豬、孟诸也就是明都，故《容成氏》"以陂明都之泽"而"涂州始可处"。《国语·周语中》"泽不陂"，韦昭注："陂，鄣也，古不窦泽，故鄣之。"《周语下》"陂唐"，注："畜水曰陂。"

距今 4000 年前，洪水泛滥，黄河南北改道。黄河改道，黄河下游水系、淮河水系的容纳疏浚就有了特殊的意义。

四、夹　州

夹州是黄河下游治理的关键。

《容成氏》夹州，李零先生释文推测相当于《禹贡》兖州。陈伟先生认为"夹、寅形近，或生混淆"，"寅、兖二字为喻纽双声，真、元旁转，上古时读音相近，或相通假。"〔16〕晏昌贵先生认为"夹"意为夹持、夹辅，与冀州得名之意相同〔17〕。

《尔雅·释地》："两河间曰冀州。"郭璞注："自东河至西河。"孔疏引马融曰："在东河之西，西河之东，南河之北。"《禹贡》孔疏："兖州云济河，自东河以东也，

〔15〕 周述椿《四千年前黄河北流改道与鲧禹治水考》，《中国历史地理论丛》1994 年第 1 期。

〔16〕 陈伟《竹书〈容成氏〉所见的九州》（稿本）。

〔17〕 晏昌贵《上博简〈容成氏〉九州柬释》，简帛研究网 2003 年 4 月 6 日。

豫州云荆、河，自南河以南也，雍州云西河，自西河以西也。明东河之西、西河之东、南河之北是冀州之境也。”晏氏所释当是，夹州应以黄河东西两河所夹而得名。北上黄河沿太行山脉东麓而行，故黄河下游水患断不至影响山西，因此洪水泛滥的夹州地方不在山西。

夹州不是兖州。《容成氏》“决九河之阻”而夹州始可处。九河指黄河下游的众多岔流，在今河北巨鹿、束鹿以东的河北平原上[18]。《容成氏》这里特别用了“决”字，决通九河岔流，目的是为黄河干流的分流泄洪。所以夹州在河北。

黄河北道走向，据《禹贡》导河，黄河至孟津、洛汭，至于大伾，然后折向北流过降水。洛汭，《伪孔传》：“洛入河处。”孔疏：“河南巩县东也。”大伾，《伪孔传》：“山再成曰伾。”具体地望孔颖达就引了三说，但《禹贡》明确黄河是过大伾之后北折流过降水，大伾或即荥阳之广武山[19]。降水，《禹贡》孔疏引郑玄说：“降读为降，下江反，声转为共，河内共县，淇水出焉，东至魏郡黎阳县入河北。近降水也。”黎阳在今河南浚县东北。降水也就是洚水、绛水。《水经注·浊漳水》：“郑玄注《尚书》引《地说》云：‘大河东北流，过绛水千里，至大陆为地腹。’……今河内共北山，淇水出焉，东至魏郡黎阳入河，近所谓降水也。”共北山淇水之所出，共县本为共工故地，今河南省辉县。

共地（辉县）水患影响之巨，竟使洪水成为专名。《孟子·滕文公上》：“《书》曰：‘洚水警余。’洚水者，洪水也。”《告子下》：“水逆行谓之洚水，洚水者，洪水也。”《说文解字·水部》：“洪，洚水也。”徐旭生先生说：“‘洪水’原为一专名，并非公名；地域在今辉县及它的东邻各县境内；它与淇水会合后，入黄河。”黄河“初入平原，纳入共水，才奔腾冲击，构成大患。”“共地（辉县）正当黄河转折地方的北岸，为河患开始的地方。”[20]

尧舜禹时期洪水泛滥。《滕文公上》：“当尧之时，天下犹未平，洪水横流氾滥于天下，草木畅茂，禽兽繁殖，五谷不登，禽兽偪人，兽蹄鸟迹之道交于中国。”《淮南子·本经训》：“舜之时，共工振滔洪水，以薄空桑。”《管子·山权数》：“禹五年水。”《墨子·七患》引《夏书》曰：“禹七年水。”《荀子·富国》：“禹十年水。”《庄子·秋水》：“禹之时，十年九潦。”生活在共地的共工治水失败。《国语·周语下》：“昔共工弃此道也，虞于湛乐，淫失其身，欲壅防百川，堕高堙庳以害天下。皇天弗福，庶

---

〔18〕 同〔12〕。

〔19〕 关于广武山对于历史上黄河频繁改道的地理学意义，参看史念海《历史时期黄河在中游的测蚀》，《河山集》第二集，三联书店出版社，1981年。

〔20〕 徐旭生《中国古史的传说时代·洪水解》（增订本），文物出版社，1985年。

民弗助，祸乱并兴，共工用灭。”

最近的考古发掘就在河南辉县孟庄遗址的龙山文化城址发现了大洪水的遗迹。在辉县孟庄遗址内发现了龙山文化、二里头文化和商文化晚期三座相叠压的城址，其中龙山文化城址在目前中原地区发现的龙山城址中面积最大。

据介绍[21]，孟庄城址现在北依太行山前的低山，位于平原之上，整个遗址东、西、南三面地势高于其他地面，海拔高度约100米。城垣东、西、北三面都经过正式发掘，发掘表明城垣是由内外取土堆筑而成，内外都留有一条壕沟，外侧的壕沟宽且深，为护城河，河底距当时地面3.8～4.8米深，护城河宽约20米。内侧有宽6～8米的壕沟。东、西、北三面墙的发掘资料表明，内侧壕沟中1.5米左右为龙山末期淤土。南、北面城河的发掘表明，外城河龙山晚期淤土有2～3米。这些淤土的形成应与持续一定时间的洪水或大量雨水有关。

最能表明孟庄龙山城毁于洪水的证据是西墙的中段，该墙中北部有一个大的缺口，已发掘部分宽15米，其余部分叠压在北部的一条公路之下，公路宽约50米，因此该缺口的实际宽度不详。这条沟在孟庄遗址内的走向为东西向，因此沟的主要部分都压在公路下，目前钻探和发掘的情况表明该沟在遗址内由西城墙向东还有40余米长。从已发掘的T128看，原有的龙山城墙夯土已全部被洪水冲掉，且洪水在该探方内下切入生土约1.5米，由西向东伸去。冲沟内的淤土包含有龙山文化各个时期的陶片，表明该冲沟是在龙山末期形成的。在西城墙的这段缺口处，二里头时期的人们清除了这里的大部分淤土，然后用夹板夯筑成二里头时期的西城墙。

辉县大洪水发生在龙山文化晚期、二里头文化之前，正是距今约4000年前的舜禹时期。黄河在此时间改道，在豫东折而北向。辉县是北流黄河水患之重，大禹治水也自当从共工故地开始。龙山文化晚期至二里头文化，冀南地区的考古学文化出现明显缺环，这段的治水基本就是泄洪。沿黄河北上，决通九河进行分流。夹州因此是黄河治水最重要的地区。

五、涂（徐）州

涂州是大禹治水的又一个重要地区。

《国语·周语下》：“昔共工弃此道也，虞于湛乐，淫失其身，欲壅防百川，堕高堙庳以害天下。皇天弗福，庶民弗助，祸乱并兴，共工用灭。其在有虞，有崇伯鲧，播其淫心，称遂共工之过，尧用殛之于羽山。”大禹治水，改变了共工和禹父鲧习用共工

〔21〕 袁广阔《从古文献与考古资料看夏文化的起始年代》，《河南大学学报》2000年第1期。

治水的老方法。《孟子·离娄下》："禹之治水也，行其所无事也。"《楚辞·天问》："鲧何所营？禹何所成？"王逸注："鲧之治水障之，禹之治水行之，此营与成之大槩也。""行"较之于"障"，不再局限区域范围内解决，而需要沿河流疏浚或泄洪。因此，鲧、禹治水差别的根本意义在于鲧主要依靠的还是区域性治水，禹则是成功地进行了流域性治水。

颍水由叙州（豫州）入涂州（徐州），大禹治水，除了在黄河南流故道的孟诸蓄水之外，疏浚颍水对于叙州（豫州）以南淮河水系治理尤为重要。禹都阳城在登封王城岗，地处颍水上游，沿颍水南下，发现了大量龙山晚期和二里头文化共存的遗址，登封境内有小李湾（后河遗址）、袁村、李家村、十字沟（油坊头遗址）、华楼、程窑、王城岗、西施村、垌上、南高马等遗址[22]，禹州境内有崔庄、董庄、龙池、下母、冀寨、瓦店、余王、王山、吴湾等遗址[23]，登封王城岗、禹州瓦店等都是新砦期的代表性遗址。沿颍水继续南下则有龙山晚期的郾城郝家台[24]、郸城段寨[25]、淮阳平粮台城址[26]；一直到今安徽怀远，也就是涂山之所在，颍水最终纳入淮河。

大禹在治水过程中娶涂山女。《尚书·皋陶谟》："（禹曰）予创若时，娶于涂山，辛壬癸甲。启呱呱而泣，予弗子，惟荒度土功。"《楚辞·天问》："禹之力献功，降省下土四方。焉得彼涂山女，而通之台桑？闵妃匹合，厥身是继。"《吕氏春秋·音初》："禹行功，见涂山之女，禹未之遇而巡省南土。涂山氏之女乃令其妾待禹于涂山之阳，女乃作歌。歌曰：'侯人兮猗。'实始作为南音。"涂山还是夏禹大会诸侯之地，《左传·哀公七年》："禹合诸侯于涂山，执玉帛者万国。"杜预注："涂山，在寿春县东北。"也就是今安徽怀远之涂山。

涂山位于考古学上的王油坊类型[27]文化分布区的南部。王油坊类型的范围大致在

---

〔22〕 安金槐《豫西颍河上游在探索夏文化遗存中的重要地位》，《考古与文物》1997年第3期。

〔23〕 河南省文物研究所等《河南禹县颍河两岸考古调查与试掘》，《考古》1991年第2期。

〔24〕 河南省文物研究所等《郾城郝家台遗址的发掘》，《华夏考古》1992年第3期。

〔25〕 曹桂岑《郸城段寨遗址试掘》，《中原文物》1981年第3期。

〔26〕 河南省文物研究所等《河南淮阳平粮台龙山文化城址试掘简报》，《文物》1983年第3期。

〔27〕 1936年李景聃先生在豫东地区永城造律台、黑孤堆等遗址进行了小规模的发掘，发现了一些重要遗址（李景聃《豫东商丘永城调查及造律台黑孤堆曹桥三处小发掘》，《中国考古学报》第二册，1947年），到目前为止，在以商丘为中心的豫、皖、鲁交界地区已经发现了大量的龙山文化晚期遗址，因为这些遗存独具特色，所以名之为"造律台类型"（严文明《龙山文化和龙山时代》，《文物》1981年第6期；李伯谦《论造律台类型》，《文物》1983年第4期）、"青堌堆类型"（吴秉楠、高平《对姚官庄与青堌堆两类遗存的分析》，《考古》1978年第6期），或称为"王油坊类型"。1989～1990年，经中国社会科学院考古研究所安徽工作队调查，淮北龙山文化遗址有23处，颍上县铜台子、阜南县清凉寺、涡阳县将堌堆、利辛县禅阳寺、亳州市大寺、濉溪县古城子等遗址都属于王油坊类型（中国社会科学院考古研究所安徽工作队《安徽淮北地区新石器时代遗址调查》，《考古》1993年第11期）。

今河南开封以东，安徽淮北以西，山东菏泽以南，安徽阜阳以北地区。正是涂州之所在。王油坊类型的主要遗址有：河南永城王油坊〔28〕、柘城孟庄（心闷寺）〔29〕、商丘坞墙〔30〕、睢县周龙岗〔31〕、鹿邑栾台〔32〕、郸城段寨〔33〕、淮阳平粮台〔34〕、郾城郝家台〔35〕，安徽萧县花甲寺〔36〕，山东梁山青堌堆〔37〕、曹县莘冢集〔38〕、菏泽安邱堌堆〔39〕等。王油坊类型遗址的文化堆积较厚，灰坑、房基等遗迹也有叠压、打破关系，可进行分期，但全部都属龙山文化晚期〔40〕。

王油坊类型文化与山东龙山文化之间的关系最为密切。黑堌堆、王油坊的蛋壳黑陶片，莘冢集的鬼脸足鼎，青堌堆的陶鬶，都具有山东龙山文化陶器的典型特征。鲁西山东龙山文化和王油坊类型在陶器的基本组合和主要陶器的形制特征方面极为接近，常见器形有鼎、甗、鬶、中口罐、平底盆、子母口缸、圈足盘、杯、大器盖等。

王油坊类型文化与王湾三期类型文化的关系也很密切，并且越到后期受王湾三期的影响越大。王油坊类型文化的陶器以泥质灰陶为主，夹砂灰陶次之，泥质黑陶较少，这与王湾三期相近。纹饰主要流行方格纹、篮纹，也有绳纹，各种纹饰所占比例接近于王湾三期。王油坊类型的主要炊器侈口深腹罐、主要饮食器敞口斜壁碗也是王湾三期的典型器物。

王油坊类型文化还有自己独特的不同于王湾三期、山东龙山文化以及后岗二期等周边文化的特质，如连间排房、侧装三角形足罐形鼎、素面盆形甑、漏斗形器等。

可见，王油坊类型文化是王湾三期文化等外来文化与山东龙山文化融合产生的一种混合文化。当然，王油坊类型的形成时间是相当长的，夏族文化及周边文化在本地区渗入并融合是个长期的过程。

---

〔28〕 中国社会科学院考古研究所河南二队等《河南永城王油坊遗址发掘报告》，《考古学集刊》第5集，中国社会科学出版社，1987年。

〔29〕 中国社会科学院考古研究所河南一队等《河南柘城孟庄商代遗址》，《考古学报》1982年第1期。

〔30〕 商丘地区文物管理委员会等《河南商丘坞墙遗址试掘简报》，《考古》1983年第2期。

〔31〕 中国社会科学院考古研究所河南二队等《1977年豫东考古纪要》，《考古》1981年第5期。

〔32〕 河南省文物研究所《河南鹿邑栾台遗址发掘简报》，《华夏考古》1989年第1期。

〔33〕 同〔25〕。

〔34〕 同〔26〕。

〔35〕 同〔24〕。

〔36〕 安徽省博物馆《安徽萧县花甲寺新石器时代遗址》，《考古》1966年第2期。

〔37〕 中国科学院考古研究所山东发掘队《山东梁山青堌堆发掘简报》，《考古》1962年第1期。

〔38〕 菏泽地区文物工作队《山东曹县莘冢集遗址试掘简报》，《考古》1980年第5期。

〔39〕 北京大学考古系商周组《菏泽安邱堌堆遗址发掘简报》，《文物》1987年第11期。

〔40〕 栾丰实《龙山文化王油坊类型初论》，《考古》1992年第10期。

《山海经·海内经》："洪水滔天，鲧窃帝之息壤以堙洪水，不待帝命，帝令祝融杀鲧于羽郊。"息壤，郭璞注："言土自长息无限，故可以塞洪水也。"距今约4000年前黄河下游改道不再从淮北平原入海，淮北、苏北地区新增的沼泽陆地自然很多。羽山，据《汉书·地理志上》在东海郡祝其县，也旁证了"息壤"就在附近。鲧"不待帝命"、"窃帝之息壤"，说明鲧在本地区没有得到认可和支持，最终是以"窃"的罪名被殛杀，但同时也证明了鲧治水实际上已经在利用淮北、苏北地区的土壤资源，夏族文化势力早就来到了这一地区。

夏族文化势力扩张并最终完全融入到涂山地区。禹娶涂山氏女并大会诸侯于涂山，表明夏禹通过与涂山氏族的联姻，得到拥护治水成功，并且确立了夏族在该地区的统治地位。

六、叙（豫）州

距今约4000年前的大洪水极大地改变了华夏核心区域的环境。龙山文化晚期至二里头文化早期阶段，豫东、豫北、冀南及鲁等地考古学文化出现了明显的缺环，上述地区至今未发现龙山文化向其他文化连续发展的遗址。山东龙山文化和岳石文化之间不仅有缺环，而且出现了明显的文化倒退；河南东部及华北平原上的龙山文化遗址则基本在同一时期废弃。同一时期的长江下游，良渚文化也迅速衰亡[41]。

豫东、豫北、冀南及鲁等地龙山文化中绝，豫西处丘陵地带，有地势较高的山地，受洪水影响相对要小。因此，豫西地区是寻找河南龙山文化向二里头文化连续发展的关键。

豫西地区"以伊、洛、颍、汝四水为主，而以嵩山为其中心"[42]，恰也是夏族的根据地，叙（豫）州之所在。嵩山在今河南省登封县北，又称太室、中岳，号为天下中心，豫州因此也有中州之称。

《逸周书·度邑解》："自洛汭延于伊汭，居阳无固，其有夏之居。""居阳无固"，《史记·周本纪》作"居易毋固"。索隐："言自洛汭及伊汭，其地平易无险固，是有夏之旧居。"《今本竹书纪年》卷上："命崇伯鲧治河。"《国语·周语上》："昔夏之兴也，融降于崇山。"注："崇，崇高山也。夏居阳城，崇高所近。"《太平御览》卷三九

---

〔41〕宋建先生认为，水患只是造成良渚文化衰亡的一个重要原因。参看宋建《良渚文明进程中水患背景的再探讨》，北京大学古代文明研究中心《古代文明研究通讯》第三期，2000年1月。

〔42〕邹衡《夏文化分布区域内有关夏人传说的地望考》，《夏商周考古学论文集》，文物出版社，1980年。

引韦昭注："崇、嵩字古通用。夏都阳城，嵩山在焉。"《夏本纪》索隐引《连山易》："鲧封于崇，故《国语》谓之崇伯鲧。"

1959年，徐旭生先生根据文献记载，确定河南平原及其附近尤其是颍水上游登封、禹县一带以及山西西南部汾水下游（大约自霍山以南）为夏人的活动中心"夏墟"，并对豫西地区进行考古调查〔43〕。此后，考古工作者在豫西发现了大量河南龙山文化和二里头文化遗址。

据《竹书纪年》和《史记·夏本纪》记载，夏代自禹至桀，历14世17王，共471年。夏商周断代工程把夏王朝的始年大致定在约公元前2070年〔44〕。河南龙山文化晚期的绝对年代，以王湾H79为例，其^{14}C测定年代（树轮校正）为公元前2390±145年，已经超出夏年的范围〔45〕。二里头文化一至四期已经被认定都属于夏文化，其中二里头一期的年代范围在公元前1880～前1730年之间〔46〕。河南龙山文化晚期和二里头遗址一期之间，从文化传承关系和^{14}C测年结果分析，存在着一个缺环，这个缺环应该就是最初的夏文化。

1979年，在河南省新密市东南约22.5公里的刘寨乡新砦村西北的台地上首次发掘了新砦遗址〔47〕，新砦遗址二里头文化遗存被命名为"新砦期二里头文化"，赵芝荃先生提出新砦期是从龙山文化到二里头文化之间的过渡期遗存〔48〕，并认为可另立新砦期文化，"新砦期文化基本填补上河南龙山文化与二里头文化之间的缺环。"〔49〕新砦期遗存广布于豫西各地，在洛阳东干沟〔50〕、锉李〔51〕，临汝煤山〔52〕、柏树圪垯〔53〕，登封王城

---

〔43〕 徐旭生《1959年夏豫西调查"夏墟"的初步报告》，《考古》1959年第11期。

〔44〕 李伯谦先生推算为公元前2069年。参见李伯谦《关于夏王朝始年的一些思考》，北京大学古代文明研究中心《古代文明研究通讯》第三期，2000年1月。

〔45〕 邹衡《试论夏文化》，《夏商周考古学论文集》，文物出版社，1980年。

〔46〕 夏商周断代工程专家组《夏商周断代工程1996～2000年阶段成果报告（简本）》，世界图书出版公司，2000年。

〔47〕 中国社会科学院考古研究所河南二队《河南密县新砦遗址的试掘》，《考古》1981年第5期。

〔48〕 赵芝荃《略论新砦期二里头文化》，《中国考古学会第四次年会论文集》，文物出版社，1985年。

〔49〕 赵芝荃《试论二里头文化的源流》，《考古学报》1986年第1期。

〔50〕 考古研究所洛阳发掘队《1958年洛阳东干沟遗址发掘简报》，《考古》1959年第10期。

〔51〕 洛阳博物馆《洛阳锉李遗址试掘简报》，《考古》1978年第1期。

〔52〕 洛阳博物馆《临汝煤山遗址试掘简报》，《考古》1975年第5期；中国社会科学院考古研究所河南二队《河南临汝煤山遗址发掘报告》，《考古学报》1982年第4期；河南省文物考古研究所《临汝煤山遗址1987～1988年发掘报告》，《华夏考古》1991年第3期。

〔53〕 中国社会科学院考古研究所洛阳工作队《1975年豫西考古调查》，《考古》1978年第1期。

岗[54]、程窑[55]和北庄[56]，禹州瓦店[57]、阎砦[58]和雀庄[59]，郑州二七路[60]，巩义稍柴[61]，偃师二里头[62]以及新密古城寨[63]等遗址都有发现。

1999年10~12月，夏商周断代工程对新砦遗址进行再次发掘[64]，发掘面积累计达400多平方米，发掘出王湾三期文化、新砦期和二里头文化早期遗存的三叠层，从而证实新砦二期上接河南龙山文化晚期（新砦一期），下连二里头一期，确认了新砦期的存在，填补了河南龙山文化与二里头文化之间的缺环[65]。

非常有意思的是，对新砦遗址的再次发掘还发现了一条新砦期的巨大冲沟。新砦遗址东部即梁家台村东北角，现为双洎河故道（南北向）与遗址中部黄土冲沟（东西向）的三角形夹角地带。这里现为高出双洎河故道20多米的台地，台地的东、北、南三面皆为长满了荆棘和树木的断崖。就在东距东断崖20多米处，发掘出一条新砦期晚段的大冲沟，开口于二里头文化层下，打破龙山文化的灰坑和文化层。据钻探结果，大冲沟北高南低，应是从北向南流。冲沟东西两岸，弯曲不整，北窄南宽。冲沟内的冲土层堆积多达20多层。据专家认定冲沟是自然河流冲击形成。发掘者说："这条大水沟所在地现为高20余米的断崖，下为双洎河故道，可以推想要有多大的水流才能使洪水爬上断崖地，形成冲沟。这样大的水流不禁使人联想到传说中大禹治水的历史背景。"[66]

新砦期对应夏王朝建立时段约100余年间。新砦遗址的新砦期大冲沟以及基本同

---

〔54〕　河南省文物研究所等《登封王城岗遗址的发掘》，《文物》1983年第3期；河南省文物研究所《登封王城岗与阳城》，文物出版社，1992年。

〔55〕　赵会军、曾晓敏《河南登封程窑遗址试掘简报》，《中原文物》1982年第2期。

〔56〕　同〔53〕。

〔57〕　河南省文物研究所等《禹县瓦店遗址发掘简报》，《文物》1983年第3期。

〔58〕　同〔53〕。

〔59〕　同〔53〕。

〔60〕　河南省文物研究所《郑州二七路新发现三座商墓》，《文物》1983年第3期。

〔61〕　河南省文物研究所《河南巩县稍柴遗址发掘报告》，《华夏考古》1993年第2期。

〔62〕　中国社会科学院考古研究所《偃师二里头1959~1978年考古发掘报告》，中国大百科全书出版社，1999年。

〔63〕　蔡全法等《河南新密市发现龙山时代重要城址》，《中原文物》2000年第4期；河南省文物考古研究所等《河南新密市古城寨龙山文化城址发掘简报》，《华夏考古》2002年第2期。

〔64〕　北京大学考古文博院等《1999年河南新密市新砦遗址的考古新收获》，北京大学古代文明研究中心《古代文明研究通讯》第四期，2000年3月；北京大学考古文博院等《河南新密市新砦遗址1999年试掘简报》，《华夏考古》2000年第4期。

〔65〕　同〔46〕。

〔66〕　赵春青《新砦期的确认及其意义》，《中原文物》2002年第1期。

时发生的辉县大洪水使我们有理由推测，夏王朝的建立与大禹治水相关。

豫州是夏族的根据地，也是夏都所在。

《逸周书·世俘解》："乙卯籥人奏崇禹生开。"《史记·封禅书》正义引《世本》："夏禹都阳城，避商均也。又都平阳，或在安邑，或在晋阳也。"《周本纪》集解引徐广曰："夏居河南，初在阳城，后居阳翟。"《周本纪》集解引韦昭曰："禹都阳城，伊洛所近也。"《孟子·万章上》："禹避舜之子于阳城。"《礼记·缁衣》孔疏引《汲冢古文》："禹都阳城。"（《后汉书·郡国志二》注引《汲冢书》同）

禹都阳城即是登封县告成镇西的王城岗城址〔67〕。在告成镇北曾经发现春秋战国时期的"阳城"遗址，在城内外发掘的许多战国陶器上，印有"阳城"和"阳城仓器"的篆体陶文戳记，表明东周时期的"阳城"就在登封告成。王城岗二期城址内木炭的^{14}C测定年代为距今4000±65年，约当公元前2050年〔68〕，证明这里就是禹都阳城。

王城岗城垣遗址的规模较小，最近发掘的新密古城寨城址则是一个约16万平方米的大型城址。新密古城寨城址有大型宫殿基址和结构复杂的廊庑基址，高大的城墙用先进的小版筑方法修筑，"为二里头文化宫殿基址和廊庑基址找到了源头"。古城寨城址中有烧制精美的釉陶，有加工制作的石、玉、骨、蚌器，并发现了熔炉残块，说明各种手工业分工精细，金属冶铸业已经存在。大量陶斝、壶等酒器及牛、猪、羊骨骼的发现说明农业已有很大发展。卜骨、玉环和奠基坑的发现，说明当时已有宗教活动和神职人员，奠基和祭祀活动盛行。另外，从陶器上刻划符号的刻划技艺之娴熟，可以"推测当时的人们已有熟练书写文字的能力"〔69〕。古城寨城址的始建年代相当于登封王城岗第三期，是在阳城之后所建，应是夏王朝初期的一个重要城市。

七、治水九州的意义

大禹治水，不局限于夏族生活的叙（豫）州，而是顺水疏濬，釐方九州，最终成功。

《孟子·告子下》："禹之治水，水之道也，是故禹以四海为壑。"《诗·商颂·长发》："洪水茫茫，禹敷土下方。外大国是疆，幅陨既长。"郑笺："乃用洪水，禹敷下土，正四方，定诸夏，广大其竟界之时，始有王天下之萌兆。"孔疏："往者唐尧之末，

---

〔67〕安金槐《试论登封王城岗龙山文化城址与夏代阳城》，《中国考古学会第四次年会论文集》，文物出版社，1985年。

〔68〕河南省文物研究所《登封王城岗与阳城》，文物出版社，1992年。

〔69〕河南省文物考古研究所等《河南新密市古城寨龙山文化城址发掘简报》，《华夏考古》2002年第2期。

有大水芒芒然。有大禹者，敷广下土，以正四方，京师之外大国于是画其疆境，令使中国广大均平，既见长远矣。于是时，契已佐禹，是其祯祥久见也。”朱熹《诗集传》：“方禹治洪水，以外大国为中国之竟。”《叔夷钟》：“咸有九州，处禹之堵。”

九州范围内治水是庞大的系统工程，必需大量的人力、物力、强有力的领导和周密有效的组织管理。

大禹治水动用多少劳力无法估计〔70〕。稻草、束柴、木材、石头等治水原料，供应劳力的饮水、食物等，以及征调、运输、分配等环节上的消耗，费用庞大。这些人力、物力由九州共同承担。《豳公盨》：“天命禹敷土，随山濬川，廼釐方设征。”《尚书序》：“禹别九州，随山濬水，任土作贡。”九州邦国贡纳物质财货，保障供给。胡渭《禹贡锥指》卷一引宋王炎曰：“九州有赋有贡。凡赋，诸侯以供其国用；凡贡，诸侯以献于天子。”胡渭亦曰：“夫赋出于百姓，贡出于诸侯。”实物贡纳根据各地的特产，《禹贡》记录了九州出产的大量贡物〔71〕。各地贡纳规划调配，《史记·夏本纪》：“令益予众庶稻，可种卑湿。命后稷予众庶难得之食。食少，调有余相给，以均诸侯。禹乃行相地宜所有以贡，及山川之便利。”

治水工程需要纪律、从属关系和强有力的领导〔72〕。

治水工程是一体化设计。大禹治水规划宏大精密，在黄河故道堙堵和蓄水；对北上干流大范围泄洪并决通九河分流；对淮河支流颍水则进行疏浚。基础工作如测量、标志、记录、统计、运算、分析等是大量的。《大戴礼记·五帝德》：“（禹）左准绳，右规矩，履四时，据四海，平九州。”汉赵君卿注《周髀算经》卷上之一：“禹治洪水，决疏江河，望山川之形，定高下之势，除滔天之灾，释昏垫之厄，使东注于海而无浸逆，乃句股之所由生也。”

治水时大量物资需调拨、配给，民工需征调、分工，集合的人群还必须进行准军事化管理。大禹成功地与皋陶、伯益、后稷、商契、涂山等氏族进行了合作，从而保证了严密的组织管理和长期高效的运作。《史记·殷本纪》：“禹、皋陶久劳于外，其有功于民，民乃有安。”《夏本纪》：“禹乃遂与益、后稷奉帝命，诸侯百姓兴人徒以傅土，行山表木，定高山大川。”《秦本纪》：“禹平水土已成，帝赐玄圭，禹受曰，非予能成，亦大费为辅。”《殷本纪》：“契长而佐禹治水有功。”《夏本纪》：“禹曰：‘予（辛壬）娶涂山，［辛壬］癸甲，生启予不子，以故能成水土功。’”各氏族部落都服从于夏禹号令。《夏本纪》：“皋陶于是敬禹之德，令民皆则禹。”《左传·哀公七年》：

〔70〕 孔颖达曾根据《周礼》估计治水需要约27万人，用时无算。参见《尚书·禹贡》孔疏。

〔71〕 同〔10〕。

〔72〕 卡尔·魏特夫《东方专制主义——对于极权力量的比较研究》，中国社会科学出版社，1989年。

“禹既会诸侯于涂山，执玉帛者万国。”《容成氏》简20：“四海之外皆有请贡，禹然后始为之号旗。”

无论《虞夏书》、《燹公盨》，还是司马迁，传统史官可能都过于强调领导者的勤俭吃苦、亲历亲为等个人美德，对于庞大的治水工程来说，真正重要的是领导者强大的控制力。治水是准军事组织行动，要执行严格的纪律。《史记·夏本纪》：“不如言，刑从之。”对于不听命服从的氏族部落进行军事打击，江汉地区的三苗就最终为禹征服。《墨子·兼爱上》引《禹誓》：“禹曰：济济有众，咸听朕言，非惟小子，敢行称乱，蠢兹有苗，用天之罚，若予既率尔群对诸群，以征有苗。”《吴郡志》卷四五及桐柏县地方志记载了大禹锁住破坏淮河上游治水的一个氏族部落首领无支祈的传说。《竹书纪年》、《国语·鲁语下》等史书还记载禹会诸侯，防风氏因迟到被杀事。说明夏禹是具有强大控制力的最高权力者。

由治水获得的最高权力控制了九州，关于这种权力的意识形态也逐渐形成。《左传·宣公三年》：“夏之方有德也，远方图物，贡金九牧，铸鼎象物。”杜预注：“使九州之牧贡金。”九鼎成为最高权力的象征。

九州范围内的强权领导、有效的组织管理和共同的财政经济的长期持续，以及关于九州地域内最高权力的意识形态的形成，为夏王朝的建立打下了基础。大禹去世后，其子启攻杀益，建立了王权世袭的夏王朝。

定稿于2003年7月

后记：两年来考古发掘取得新进展，2004年，在王城岗遗址发掘出面积约30万平方米的与小城相连的大城。另，2004年春夏，笔者应邀先后于芝加哥大学、哈佛大学、加州大学洛杉矶分校讲演本文主要内容。

“方以类聚、物以群分”与文字的创制

葛英会*

"Things of a kind come together" (*fangyileiju*, *wuyiqunfen*) was the mode of Chinese ancestors to cognize the world. Chinese writing system is the symbolization of this cognitive mode. All the Chinese characters were created according to this mode to express both abstract (*fang*) and realistic (*wu*) things.

一

东汉许慎作《说文解字》，许冲在为该书所作叙文中，曾引据《易·系辞》“方以类聚、物以群分”两句话八个字，认为是该书建立部首、分别部居的基本方法。云：“其建首也，立一为端。方以类聚、物以群分。同条牵属，共理相贯。杂而不越，据形系联。引而申之，以究万原。毕终于亥，知化穷冥。”许冲的这段文字，意在申论《说文》一书端一终亥之五百四十部，是以“方以类聚、物以群分”的方法，通过“据形系联”的途径，使书中入录的九千多个单字，分别部居，不相杂厕。不过，书中“类聚”与“群分”的对象，不是“物”，也不是“方”，而是“立一为端”至“毕终于亥”的五百四十部，是“以究万原”、“知化穷冥”的文字。所以，段玉裁在为此所作的注释中，认为这里的“类聚”指同部之字，即同部之字为同类相聚；“群分”指异部之字，即异部之字是文字的不同群落。

许慎在《自叙》中曾把该书董理文字的方法称为“理群类”。所谓“群类”，段玉裁以为即许冲叙文中列数的“天地鬼神、山川草木、鸟兽鱼虫、杂物奇怪、王制礼仪、世间人事”等。并认为书中“皆以文字之说说其条理”，表明许书是以先民观察、认识天地万物、万事的方法，来分析、董理表达万物、万事的文字。段氏云：“圣人造字实自象形始。故合所有之字，分别其部为五百四十。每部各建一首，而同首者则曰凡某之属皆从某。于是形立而音义易明。凡字所属之首五百四十字，可以统摄天下古今之字。”接下来，又特别嘉美许书“若网在纲，如裘挈领。讨源以纳流，执要以说详。”

---

* 作者系北京大学中国考古学研究中心兼职研究员，北京大学考古文博学院教授。

段氏此说虽深囿于唐以来“字原”学的影响，过分夸大说文部首对追考文字起源的作用，但以许书“讨源纳流”、“举一形而说众形”的源由是在于“圣人造字实自象形始”，即后世形声相益之字都是由初始的象形之文结构而成的，故如关于天地鬼神、山川草木、鸟兽鱼虫等文字，就成为《说文》一书“理群类”的基础。

二

《易·系辞》上共十二章，“类聚”、“群分”的论说居第一。开卷遍举天地之体，万物之形及乾坤万象动静、刚柔之性，并云以“方以类聚、物以群分”的方法，揽观上自日月星辰，下至山川万物的形象及运转变化，从而感悟阴阳乾坤自然易简之道，并法则此道以通天地之理，以成天地之功。

所谓易简之道，就是宏观分析与把握的方法。大千世界，纷繁复杂。只有通过宏观地分析与归纳，天下事物才能群属分明，各得其宜。古代先贤把这种宏观的方法区别为两种途径，并由此将天地万象区别为两大类别。其一为“群分”，是分析法，对象为“物”，即将天地万物按其体征区别为不同群落；其二为“类聚”，是归纳法，对象是“方”，即将天地万物运转变化的自然规则加以同类共聚。《系辞》注云：“方有类而物有群，则有同有异，有聚有分。”孔颖达疏文对此进一步的阐释云：“方谓法、术、性、行，以类共聚，因同方者同聚也；物谓物色群党，共在一处，而与他物相区分。”

物是天地万物、万事的总称。《说文》云：“物，万物也。”《荀子·正名》：“物也者，大共名也。”事是物与物的互联互动，所以事也可以称为物。《礼记·中庸》“诚者物之始终”注：“物，万物也，亦事也。”

方，就是道，是易学的核心。《国语·周语》“官不易方”注：“方，道也。”《礼记·乐记》“乐行而民向方”疏：“方，犹道也。”《易·系辞》上韩注对道作了如下的解释，云：“道者何，无之称也。”认为道是一种“寂然无体，不可为象”的东西。故《管子·心术》云：“虚无无形谓之道。”道又是客观存在的，是天地万物运转变化“无不通、无不由”（《系辞》注语）的途径。如云：“道也者，物之动莫不由也。”（《说苑·辨物》）“道者，通也，无不通也。”（《法言·问道》）“道者，非可须臾离也，可离非道也。”（《礼记·中庸》）认为道无时不有，无处不在，是天地万物运转变化所遵循的共同法则。

关于方与物即道与形的关系，《系辞》上云：“形而上者谓之道，形而下者谓之器。”孔颖达疏文对道、形关系的阐释是：“道在形之上，形在道之下，故自形外以上者谓之道，自形内而下者谓之器也。”又云：“道是无体之名，形是有质之称。”认为道是独立于物的形质以外的无体、无形的东西。

"方以类聚、物以群分"是古代先民对周围世界的认识论与方法论。这种对于天地万物、世间万象的宏观分析与把握，必然会对文字的创制产生深刻的影响。

三

许慎《说文解字·自叙》论文字起源，认为中国文字初创于黄帝时代。云："黄帝之史仓颉……初造书契（文字）。"提出在文字创始之前，先民已经经历了长期的酝酿与积累，并曾经尝试使用各种记事、治事手段。为此，也援引《易·系辞》下的相关记载，云："古者庖牺氏之王天下也，仰则观象于天，俯则观法于地，视鸟兽之文与地之宜，近取诸身，远取诸物，于是始作八卦，以垂宪象。"又云："及神农氏结绳为治，而统其事。"（按《系辞》原为"上古结绳而治"）谓先民曾长期对包括人类自身的天地万物、万事进行观察、分析，并在庖牺氏与尔后代起的神农氏王天下的时代，采用以筹策记数（按：八卦即以蓍策的分揲求奇偶之数的巫筮之术）与结绳治事（按：即以结绳助记事物及其数目）的方法，来管理天下事物，是导致文字产生的重要的社会实践与思想准备。

许慎《自叙》云："仓颉之初作书，盖依类象形，故谓之文。"又说："书者，如也。""文者，物象之本。"是说象形之文如事物的形状，是本于物象创制而成的。这里需要特别强调的是，许慎把"文"的创制看做是"依类象形"，而不是对某件物品的直接摹绘。这里的类指物类，是经"群分"所得的物类，即把象形文字的创制视为先民对各种物类归纳认识的结果。这就是说，用于记事达意的象形初文，不管它何等幼稚，都不再是对某个物品的具体描绘，而是对某类品物的概括与表达。

象形字即名物字，其本义表示种种物类。这种物类，大到物的种属，小到物的细部，有总有分，错综复杂。

在已知的我国最早的文字系统商代甲骨文与铜器铭文中，仍遗存着大批具有浓烈象征意味的象形文字。这些象形文字虽然惟妙惟肖，酷似实物，但无一不是相关物类体征的综合与概括。此以表示群类的人字与表示细部的目字为例，对象形字所具有的普遍意义加以印证。

殷卜辞人字的用例很多，如王族成员称"王人"，耕战庶民称"众人"，商王自称"余一人"，战争获"羌（若干）人"，祭祀用"𠬝（若干）人"等，均不论其性别、年龄的差别，身份、种族的不同，都一律称作人。人卜辞写作亻，是垂臂直立（侧视）的人形，以人时常保有的自然形象制为文字并用作人类的总称。卜辞人字虽仍然具有浓重的象征性，但无疑已具有普遍的意义，是一个抽象的文字符号。

目字的历史可追溯到八千年以前（据河南舞阳贾湖出土的龟甲刻文），直至商代陶文、金文或甲骨文字，目字都写作。见于殷卜辞，相关会意字所从的目字，一些指人的眼睛，如见、省、相、直、眉等；一些则指兽类或虫类的眼睛，如（马）、（鹿）、（蜀）等，凡动物的视觉器官，不分人兽虫，都以目字表示。可见古文字所从的目字，是综合了各类动物眼睛的特征创制而成的，也是具有普遍意义的抽象文字符号。

在古代中国，不仅天地之间万千品类称为物，而且与人类相关的种种事类（如各族群之间及族群与物类之间的关联互动），都可以称为物。在《说文》一书中，把这类表达人、物关系的字称为“会意字”，把这类字的结构方式称为“比类合谊”。这里，我们还必须强调，此所谓类也是指物类，是经由“群分”所得的物类。“比类合谊”就是把两个（或多个）表示物类的“文”比合在一处，并因其比合而显现字（词）的意义。如以两人相随（）为从，两手相牵（）为友，桎扼人腕（）为执，蛇咬人趾（）为它（意为祸患）等。这些会意字如同人们亲历亲为的各种事物的图形，所以一些学者也称之为象形字，不过是一种复体象形字。

四

人类面对的世界是复杂的。除人们能够目睹其形、亲临其境的物与事而外，还有许多只能意会而不可言状的物与事。如物色白与黑、物数一与十、时令春与秋、方位左与右、人称我与余等。其中只有物色为人们感官所及，其余都属于由类聚相关事物感悟、捕捉到的“方”或“道”，是“形而上”的无形象可言的东西。所以，要创制表达这类概念的文字，“依类象形”或“比类合谊”似乎都是行不通的。

但是，实际用于表达上述概念的文字，有的是象形字（我、余），有的是会意字（春、黑），有的是指事字（一、十）。在《说文》一书中，对这类文字的说解，是依据其小篆形体来阐释字的本义的。这样，就产生了以下两个问题：其一，一些字的小篆形体与其最初的形体已存在程度不同的差别（如左、右原来写作、）；其二，这类字实际的意义与其本义不存在直接关联（如左、右表示方位，、的本义是左手、右手）。在传统文字学研究中，学者多是以“假借”或“引申”来说明实际意义与本义之间的关系。关于这类文字的形成，实际情况很复杂。我们以为，这类字的创制仍然是以人们对“方”、“道”的认识为前提的。

（一）质、色字

凡世间万物，必有形、有质、有色，三者互依互存，融为一体。质为物之本实（《论语·雍也》“质胜文则野”皇疏：“质，实也。”《易·系辞》下“以为质也”虞

注：“质，本也。”)，色为物的容貌（《左传·昭公二十五年》疏：“色是形之貌。”)，触之可得，视之可见。但色附于质，而质隐于形，故质与色均无形象可言。《系辞》上“在天成象，在地成形”，是以形与象指称日月星辰、山川草木等天地万物，把物的形象作为辨识各类品物的主要依据，而与物的质、色无关。

1. 黑、白、赤、黄、青

古有五色：青、赤、黄、白、黑，全都见于金、甲文字，考察这些表示品物色理的字，可知都是借助相关事物来指示或隐喻各种颜色的。如以人头部加点象面有烟炱为黑（周金文作□或□，象人面有火熏之色)；以人面清洁无垢为白（甲骨文作□，与黑字上部相同，是人头面的象形，借为伯，指头面人物，字义与元、首近同。郭沫若以白为拇指的象形，是不对的)；以大火通红为赤（□)；以大腹病态之人为黄（甲骨文作□或□，徐中舒以为象人佩环之形，为璜字初文。璜为半璧，非环形，徐说非是)；以生丹之意为青（青，从生从丹。《释名》：“青，生也。象物生时色。”《山海经·大荒西经》“爰有白丹、青丹”注：“丹者，别是彩名，亦犹黑、白、黄皆云丹也。”凡色都可以称为丹，生为草木初生，从生从丹之青，即初生草木之色)。

青、赤、黄、白、黑五色，广布于各类品物，色理相同者，其形、质往往各不相同。先贤造色理字，是择取色泽鲜明又人所熟知的事物，来晓喻相关的物色。这是一种因形质示色泽，以有形喻无形，以典型表一般的造字方法，“类聚”、“群分”仍然是造字的前提。

2. 玉与石

与远古人类密切相关的某些物类，如石、如玉，由其内在本质决定，虽为固态，但不具固定形状，固定色理，很难找到一个确定的形象来表达这些天然物类。见于殷墟甲骨的玉、石两字都是象形字，玉作□，象玉琮（沈之瑜说)，石作□，象石刀，是以玉、石为原料的人工器具。这是根据具有固定形态的人工器具，表示不具有固定形态的天然物类的方法。先民从材质的角度把玉与玉器，石与石器联系起来。玉、石两字的创制，可能原本就是为了表示天然的玉、石，而不是人工的玉琮、石刀。

（二）历象字

远古先民面对天地万物运转变化中呈现出来的纷繁现象，经历了无数世代的观察与摸索，逐渐走出蒙昧与无知，对万千品类相互推荡、相互切摩、自然运化的道理，不断有所感悟，有所认识。古代先贤也从中寻觅出效法自然，因势乘变并垂教于民的道理与方法。

所谓历或历法，是观察天体运行，推计日、月、年与季节、时令的方法，是人类适应生产、生活的需要产生的。在漫长的岁月里，人们面对司空见惯的诸如日出日落、月圆月缺、斗转星移、寒来暑往、雨雪更迭、草木生杀等自然现象，逐渐认识并掌握了日夜交替、朔望轮回、草木萌生与衰败的规律，并酝酿形成了日、月、年与春、秋等时间概念。

《说文·日部》新附："历，历象也。"《玉篇·日部》："历，象星辰、分节序四时之逆从也。"认为历法是以日月星辰划分、节制并序列时令的方法。同时，先民还依据草木及鸟虫的季节性征候，推知所在的时令。

3. 日、月

古人"日出而作，日落而息"，人们一作一息是因日（太阳）一出一落节制而成的。久而久之，先民便把一个作息的周期称为日。同理，人们又把月相盈亏、圆缺节裁而成的望朔周期称为月。日与月由天体名称到历象名称，是先民观象授时的结果，即以天体运行节制时间的结果。日月运行，阴阳转换，这是自然之道；效法此道，以日月运转之象，裁节阴阳推移之期，这是人为之方。由表天体的日月到表时间的日月，源自先民对日月运行相关现象的类聚与分析，而不是简单的字义的引申或字音的假借。

4. 春、秋、年

先贤观天象敬授民时，同时也探索出以物候节制时令的方法。所谓物候，是指不同时节中某些动物、植物或自然物出现的一些征兆、征候。《诗·豳风七月》"五月斯螽动股，六月莎鸡振羽"，记录了斯螽、莎鸡两种昆虫在五、六两月出现的征候。"八月剥枣，十月获稻"，记录了枣与稻成熟的时间在八月、十月。夏历二十四节气的惊蛰、霜降等，也是以动物、自然物的一些征候指示时令的。

殷卜辞已有春、秋两个季节名称，有年字，只用作表示谷物的收成。甲骨文春字与秦篆春字（萅）一样，都是从艸（或从木，古人视艸木为同类，制字时从艸、从木往往通用）、从日、从屯的字。《说文》："屯，象艸木初生。"《说文·艸部》春字下段注云："日艸屯者，得时艸木生也。"即以暖日照临、草木初生的时节为春。可知春字是以草木初生为物候标志时令而创制的表意字。甲骨文秋字初作[illegible]，后加火作[illegible]，唐兰先生以为是《说文》籀文䆋字的初形。甲骨文秋字最初的形体，或以为是有角龙（虬）的象形（唐兰说），或以为是蝗字的初文（徐中舒说），我们以为是某种秋虫（如蟋蟀）的象形，即以秋虫为物候来标志秋季。秋字初为象形，后加火、加禾为会意，都表示谷物成熟的季节。秋字的初文是以昆虫为物候表示时令创制的象形字。

《说文》："年，谷熟也。"殷卜辞年作[illegible]，从人从禾会意，以人扛禾为谷熟收获之意。周人以年为时间概念，也是以谷熟为物候作为标志的。这种以有形事物标志无形事物，即把一种具象概念转移到一种抽象概念的方法，应当就是六书中的转注。

5. 翌（昱）

见于古代典籍，先民把次日称为昱日，《说文·日部》："昱，明也。"《玉篇》："昱，日明也。"昱或作翌，字义完全相同。《尔雅·释言》、《汉书·武帝本纪》集注等亦把翌释为明。昱日、翌日之称是以日明标志次日的来临。

在殷卜辞，翌（昱）最初只作[illegible]（即羽字），象羽翼形。尔后或者增立为翌，或者增日为[illegible]，周金文又有以羽、立、日三者结合而成的　字。文献翌或作昱，当与此有关。

甲骨文以羽翼字表示次日、来日，学人多以为出于假借。我们认为这与古老的天有十日的传说有关。

《山海经·海外东经》云："汤谷有扶桑，十日所浴……九日居下枝，一日居上枝。"《大荒东经》又云："汤谷有扶木，一日方至，一日方出，皆载于乌。"这里的乌，郭璞注谓：日"中有三足乌。"《淮南子·精神篇》谓："日中有踆乌。"故先民又把日称为曜或曜灵。曜字所从的翟就是鸟，曜是从日从翟的会意字。《广雅·释天》："曜灵，日也。"《后汉书·张衡传》注："曜，灵日也。"

曜为日，该字的一个重要义项为明，与昱、翌是一致的。《国语》之《周语》"先王曜德"与《楚语》"明齐肃以曜之临"的注文，皆云："曜，明也。"这里的明也本于日明。

在古代，羽为鸟类的总称，翟是鸟名。《周礼·大司徒》有"羽物"之称，郑玄注云："羽物，翟雉也。"《礼记·乐记》注与《穀梁·隐公二十五年》注释舞者所执之羽，均谓："羽，翟羽也。"由羽、翟古代连称互用的例子，我们以为甲骨文从日、从羽的[illegible]字与典籍从日、从翟的曜应是同源的分化字，都与日为曜灵即乌载日行的传说有关。

殷卜辞以羽为翌的初文，表示日明的意思。这里的羽原指载日飞行的神鸟，羽就是"曜灵"。《大荒东经》"一日方至，一日方出"是说天上的十个太阳这一个飞回来，下一个就飞出去。后世人们把翌日称为次日，意即下一个太阳飞出去的那一天称作明日，意即夜晚之后明亮的日头重新升起的时候。

羽为翌的初文，并非出自假借，其真确的原因来自十日的传说。

（三）象位字

位与立为古今字。商代甲骨文与周代金文位作立，如"王即立"即"王即位"（见《师釐簋》、《师兑簋》铭文）。传世文献也有相似的例子，如《周礼·小宗伯》"掌邦国之神位"郑注："位，故书作立。"立，古作[illegible]。《说文》云："立，从大在一上。"立字所从的一，就是指人站立的位。以人及物，先民以人站立为立，物树立为置。故后世把位与置并列连称，即把立人、置物的处所称作位置。人与万物在运动中各有其位，于是就形成了彼此之间相对的位置关系。先民在习惯上常以自身或标志物为本位来观察周围的品物，左与右、上与下、前与后等象位字由此产生。

6. 左、右

殷卜辞的左、右两字，是人以自身为本位，相对体侧双手创制的象形字。𠂇是左手的象形，居自身左侧，表示左位；又是右手的象形，居自身右侧，表示右位。左手、右手所具有的方位意义，都是相对自身的面位而言的。殷卜辞有左师、右师，有左旅、右旅，有左戍、右戍，是分别以中师、中旅、中戍为本位，相对成犄角之势的军事组织。古代天子庙堂的朝位，是以南面的君王为本位，列于两侧的群臣为左位、右位。这些都反映出类聚人或万物在横向位置的普遍规则，并以人的两手为范例，相对人的面位，来表示一切品物类似的位置关系。

7. 上、下

上与下是竖向位置的相对关系。《说文》以高、底释上、下，段玉裁以天、地说上、下及相对关系，云："天地为形，天在上，地在下；地在上，天在下。"殷卜辞上作⌣或二，下作⌢或二，都以长短不一、或弯或曲的笔画，表示品物竖向分布的位置关系。两个字都以长笔画为本位，短笔画凌于其上则为上，降在其下则为下。两字似与本、末的结构相似，由象形字与指事的符号结合而成，只是两字弧形笔画的取象已不可确指。段玉裁谓古文下（二）的结构是"有物在一下"，是把该字下部的短画也视作表物的象征性笔画。我们认为，上与下也是选择典型器物并于其上、其下加指事符号，来表示一切品物竖向分布的位置关系。

8. 中

从上古时代起，华夏民族开始在黄河中游地区建立国家，以为居天下之中。从此这个地区就有了中原之称，这里的国家就称为中国。古代先民的"天下之中"的看法，是与把周边地区视为四方的认识同时产生的。殷卜辞把商族建都的地区称作"天邑商"，把周围地区称作四方、四土，同样是把商王国建都的中原地区看做天下之中。中用作方位字，总是与左右前后、东南西北相对才能成立的。甲骨文中写作中，唐兰先生认为："中象旂之斿……本为氏族社会之徽识，古时有大事，聚众于旷地先建焉，群众望见中而趋赴。群众来自四方，则建中之地为中矣。"

中，源自华夏族的本位思想，其建旂之处，就是天下诸侯众望所归的中心所在。

（四）态势字

天地万物因其自身运转或相互激荡，于是各展其姿，各呈其态，情状不可胜数，先贤予以类聚，创制了态势字。

9. 夨、夭、交、屰

殷卜辞所见态势字，如夨、夭、交、屰，都取象于人，表示各种品物的类似态势。

夨，甲骨文作，象人头部倾侧，表示斜侧倾颓之势；夭，甲骨文作，象人摆动双臂，表示少壮旺盛之貌；交，甲骨文作，象人两胫相交，表示交叉错置之态；屰，甲骨文作，象人头足倒立，表示一切颠倒常态的情势。所谓态势，指人、物共有的各种情状，是具有普遍意义的概念，先贤以人类自身形体的种种情状或者是形体语言，表示万千品物的类似态势，也是寓一般于特殊的造字方法。

10. 危

危，本作厃，甲骨文作，于省吾先生认为象攲器，表示倾侧易覆之势。所谓攲器，是一种因所容之物有无、多少而改变态势的容器。器空虚则倾侧，器满盈则倒伏。先贤以这种倾侧易覆的器具，晓喻濒临颠覆，岌岌可危的情势，造字规则与取象于人者相同。

（五）状物字

天地万物的体征、体量都各不相同。先民在对品物体征、体量的观察比较与类聚中，逐渐认识到直、曲、方、圆是品物形体的共同特征，大、小、多、少是品物体量的相对特征。先民造城郭，建宫室，立阡陌，正田亩，创制鼎、鬲、俎、几等，都效法自然品物的特征，并发明了以绳测直、折直为曲、旋规成圆、操矩成方的方法，无一不是“方以类聚”的结果。

11. 直、曲、方、圆

大千品类，形象各异。直、曲、方、圆是先民在对品物体征的类聚中，萃取出来的几项共有的特征。先贤选择人们易知易晓并具有典型意义的事与物，来表达状物的相关概念。

殷卜辞直作，为视绳测直之意；曲作，是方形器具折角的象形；圆（古作员），甲骨文作，指鼎鼐口、腹之形；方，甲骨文作，从（矩）、从刀，以裁制方形之事，表达方形之义。这些都遵循了寓一般于特殊，以特殊喻一般的造字规则。

12. 大、小、多、少

关于品物的体量，先民是在类聚与比较中获取的。大、小、多、少就是在类比中产生的有关品物体量的概念。

殷卜辞的大写作，是大人正面站立的象形。以大人之大表示品物大小之大，是以大人与幼子体量的对比产生的。小写作，是细碎沙粒的象形。以沙粒细小表示大小之小，是在沙粒与石块体量的对比中产生的。

殷卜辞的多写作，为成堆祭肉的象形。以堆积的祭肉与一块祭肉相比，而以堆积者为多。甲骨文少与小是同一个字，即以体量小的沙粒表示一切量少的品物。

（六）数字

先民记、计数目，初以蓍（一种多茎的草本植物）、杪（树木细枝），后世用竹、木制成的筹（或称策、筭），是古代中国广为流行的助记数目的手段。久而久之，万物之数在不经意中便寄寓到记数的工具之中了。因此，筭就成为“计历数者”（《说文·竹部》），筹也成为“所以纪数”者（《汉书·五行志》下），而五数（一、十、百、千、万）同样也被视为“所以算数事物”者（《汉书·律历志》）。这说明在数字发明以前，蓍已经成为一种物化了的数。故《易·说卦》云：“蓍，数也。”《史记·武帝本纪》集解云：“策，数也。”《礼记·丧大记》疏：“筭，数也。”先民把揲蓍策，卜凶吉叫做筮，是一种以蓍策求奇偶之数，表示阴阳变化的方法。因此《左传·僖公十五年》亦云：“筮，数也。”考古所见商周易卦卦象，也都是以一、五、六、七、八等奇数、偶数组合而成，也说明蓍策与八卦、与数字的密切关系。

13. 一、二、三、四、五、六、七、八

殷墟甲骨刻辞中，一、十、百、千、万五数已经齐备，但上古先民最初的数字概念是极其有限的。郭沫若先生云：“古人本以三为众也，即现存未开化民族，其数字观念犹有仅能数至七者。”（《甲古文字研究·释五十》）《周易》卦象，以九六、八七称述，在考古所见的商代数字卦象，还没有发现过九字，都是以一五六七八这五个数字表示的（没有二、三、亖，是为了避免在互相重叠时不易区分）。这说明，一至八这八个数字，可能在八卦开始流行的伏牺时代已经出现。殷墟甲骨刻辞的一至八，都是以直线积画（一二三亖）或错画（乂、∧、十、八）的方式构成的。这种直线，我以为即取象于演绎八卦，记、计数目的工具蓍策。数是游离物外即“形而上”的概念，故前人把数字视为指事，是约定俗成的记号。实际上，数虽为虚无无形，却因助记的蓍策得以物化，即以蓍策这个实有之物表达了数这种抽象的概念。数字是抽象概念具象表达的产物。

《广雅·释诂》：“数，术也”，《礼记·祭统》：“术，法也”，即认为数是人类法则自然而创立的统绪天下事物的方术或办法。这种方术或办法就是《易·系辞》所谓的方。

（七）人称字

《尔雅·释诂》云：“余，我也。”我与余是中华先民自称、自谓的用字，人人都可以用来称述自身。但是，我与余虽是人称字，却不为任何个人所专有，没有具体形象可言，是只有指代作用的意义抽象的人称用语。

14. 余、我

我，甲骨文作𢦏，学人多以为是某种兵器的象形。李孝定先生谓：“象三铦锋形。”（《甲骨文字集释》）余，甲骨文作仐，徐中舒先生谓：“象以木柱支撑屋顶的房舍，为原始地上住宅。”（《甲骨文字典》）这些说解都是可以信从的。但是，学界以象武器、房舍的我、余两字假借为人称字的说法，是值得怀疑的。我以为“我”作为原始工具或武器，“余”字所象的原始住宅，因长期并固定地为原始族群的个人或家庭使用与居住，是与个人或家庭之间具有最直接、最紧密关系的东西。久而久之，我与余就逐渐成为个人或家庭的标志物，成为自称、自谓的代名词。我、余两字在造字之初就是指代人称的。

五

上文第四节讨论了与方、道有关的文字的形成问题。由于方、道是指无形象可言的事类，因而用“依类象形”或“比类合谊”的方法创制相关的文字似乎是不可能的。但是，实际上几乎所有与方、道相关的文字，都是通过“依类象形”或“比类合谊”的方法创制的。其中的奥妙就在于创制这类文字的依据是与方、道存在某种关联的事物，而并非方、道本身。面对这种以有形喻无形，以特殊表一般的文字现象，在传统文字学研究中多以为是所谓“假借”，即借助已有的表达具象事物的文字，通过字音的联系，转而表达意义抽象的事物。

根据上文第四节的讨论，我们对这种传统的解释产生许多疑点。其核心问题即在于假借说仅仅是一种借字表音的方法，它脱离了人们创制有关方、道文字的客观依据，即对大千世界“类聚”、“群分”观察、分析的实践，以及在实践中对存在于事物之中的特殊与一般，具象与抽象逻辑关系的认识。正是事类之间的天然联系，为人们的思维、认识搭设了由具象通往抽象的桥梁，并由此萌生了抽象概念具象表达的方法。

抽象概念的具象表达，是远古先民在生产与生活的实践中发明的一种变通的手段。世事的多样性，决定了变通手段的多样性。由第四节的讨论，可以归纳为如下几种情况。

（1）以具象的自然物表示抽象的自然规则。如日、月、春、秋、翌；

（2）以具象的特殊事物晓喻相关的一般事类。如黑、白、青、赤、黄、曲、直、方、圆；

（3）以具象的形体语言表示相关的事物。如夨、夭、交、屰、危；

（4）以具象事物指代抽象概念。如我、余、一、二、三、四、五、六、七、八；

（5）以具象事物的对比隐喻相对的抽象概念。如上、下、左、右、中、大、小、多、少。

许慎以“本无其字，依声讬事”说明假借字的产生，是以既有之字的声音，来寄托尚没有文字表达的事类的意义。但是，如我、余两字的创制，并非先行将这两个象形字用作武器、房舍的名称，然后才以字音的联系借来表示人称的。又如一至八八个字，也不是在创制之初用于表示所象筹策的名称（参见拙作《“数本杪曶”疏证》，载北京大学中国考古学研究中心等编《古代文明》第1卷，文物出版社，2002年），尔后才借其读音表示数目的。可见，在文字发明初期，这种基于客观事物之间存在的天然联系而发明的以有形表无形、以具象喻抽象的手段，似乎并不是借与被借的关系。这些以具象事物为依据的文字，从其创制的时候开始，就是以表达抽象概念为出发点的。

六

《易·系辞》下论及天下事物正定名义的问题，所论不仅关涉有形象可依的物与事，同时也兼及无形象可言的方与道。云：“于稽其类”，“辨物正言”，谓稽考天下物类、事类并辩明其特征，从而定其义训，正其名称。由此，可使万千事物“其称名也杂而不越”。据《系辞》，先贤亦曾采用“记象以明义，因小以喻大”（韩康伯注）的方法，以具象事物的名义，来晓喻相关的抽象事物。《系辞》云：“其称名也小，其取类也大。”关于这句话的含义，孔颖达疏云：“言易辞所称物名多细小。”“言虽是小物而比喻大事，是所取义类广大也。”对这种以小喻大的方法，《系辞》云：“其言曲而中”，谓通过迂曲的手段，把细小事物的名义，转移注入到义类广大的抽象概念之中并切中其义理。如《易·系辞》上所云：“八卦而小成，引而申之，触类而长之，天下之能事毕矣。显道，神德行。”认为由小成之象如天、地、日、月、风、雷、山、泽出发，凡触逢与此相关的事类，便可以增而长之。孔疏云：“天下万物皆如此例，各以其类增长，则天下所能之事法象皆尽。”从而“形而上”之道，养生万物之德行，可以彰显昭明。

事物的名义是用语言文字表达的，先贤所以正定天下事物名义的方法，也就是先贤创制文字的方法。我们认为，这种“记象以明义，因小以喻大”的方法，可能就是传统六书的“转注”之法。如以人面烟炱晓喻一切有关品物的黑色，以左手、右手晓喻所有品物的横向方位关系等，都是因小喻大，以特殊喻一般者。事物名义的这种由小至大，由特殊到一般的转移或引申，如发生在文字创制之前而不是文字创制之后，则所谓转注也应是一种造字之法而不是用字之法。如果先民把日、月看做天象与看做历象的两种认识在造字之初全都具备的话，则所谓转注的过程在造字之时已经完成。那么，日与月用于表具象的天体则为象形，用于表抽象的时间则为转注。

传统六书之一的转注，在文字学理论研究中争论最多。20世纪30年代兴起的三书理论干脆予以摒弃。对《说文解字》叙有关转注义例的认识，古今学者大致分为主义与主声两大派，发表了数十种不同见解。但是，认为转注主义的，实际上是把转注混同于字义的引申；认为转注主声的，实际上把转注混同于字音的假借。本文从若干个相关的字例出发，认为《易・系辞》所谓“其称名也小，其取类也大”即以小喻大、以具象表抽象的造字之法为转注。这里所谓转注，是指把一个具象事物的名与义转移、注入到一个抽象的事物之中，从而就包含了声与义两个方面。这个转移注入的过程，就是人们对具象事物与抽象事物自然关联的认识过程，而不是简单的字义的引申，也不是简单的字音的假借。

陶器刻画符号在文字起源中的作用

——以西亚地区为例

拱玉书*

The origin of the proto-cuneiform writing has always been a much discussed topic. It has attracted more scholarly attention since the token-theory developed by D. Schmandt-Besserat gained the upper hand over all the other theories in existence. However, the scholarly attention has been focused on the evaluation of the token-theory and on the tokens themselves. Less attention has been paid to the pottery marks, which, in the opinion of the author of the present article, could be the very motivator that might have inspired what we call the true writing. Therefore, the present article collects substantial evidence - pottery marks - from ancient Near East and investigates the relationships between pottery marks and different writing systems from this region. All this leads the author to believe that the pottery marks could be the most reasonable forerunner of the writing systems in ancient Near East.

一

文字是人类文明程度的一种标志，是人类在一定历史时期，在具备了一定必要条件下，为适应某种需要而创造的能够跨越时间和空间的一种传达信息的手段，是记录语言的符号。就其产生的原因而言，它是人类社会发展到一定阶段的产物，即社会需要是它产生的根本原因。就其产生的具体过程而言，它可能受到多种因素的启发和影响，其中就可能包括陶器刻画符号。本文将在这方面做一些探讨。

到目前为止，关于原始楔形文字如何起源的问题，即起源的具体过程，学术界有不同观点。一种观点认为楔形文字起源于图画，而孕育了楔形文字的这个文字前身已随着易腐烂的书写材料的消失而永远消失，不可复得[1]。20 世纪 60 年代，英国学者马洛文提出早期楔形文字可能起源于史前时期的陶器彩绘的观点，认为不论在观念方

* 作者系北京大学东方文学研究中心专职研究员，北京大学外国语学院东语系教授。

[1] Chiera 1938, 50, 58 - 60.

面，还是在技术方面，文字与绘画都同出一辙[2]。70年代，美国学者史蔓特—白瑟拉特提出了由陶筹而文字的观点[3]，引起学术界普遍关注[4]。最近德国学者怀泰克提出原始楔形文字由原始印欧人始创，后被苏美尔人借用的观点[5]。这些观点虽然都有一定道理和根据，但都未能被普遍接受，更谈不上无懈可击。所以，继续进行探讨仍十分必要。

我们认为，在封泥上盖印而产生（滚印）印纹，用陶筹在装陶筹的封球表面压印而产生陶筹印纹，用某种削尖的工具在陶器上刻划而产生符号或连贯图形，用某种工具在陶器或其他物体上绘画而产生连贯图形，这些行为（压、印、刻、划、画）及其结果（印纹、陶筹纹、刻划符号、图形）都可能是刺激造字思想产生的因素，而陶器刻画符号、陶器彩绘、滚印图案、壁画、陶筹以及其他任何可见的符号、图形、物质和行为，都可能是造字过程中为字取形的源泉或参照。不过，本文只准备对其中的一种可能性进行探讨——陶器刻画符号在文字起源中的作用。

为了避免产生误会，首先有必要对我们的研究对象进行界定。我们所说的陶器符号是指刻在或绘在陶器上，主要目的不是为了美观，而是为了表达一定信息，但又不能被证明是固定表达任何具体语言的单独符号（图一）或符号组合（图二、三）。可以确定属于某种文字体系的陶器刻画符号，我们称之为陶文（图四），即刻划在陶器上的文字。就图四而言，可以肯定，刻划在陶器上的陶文属于一种已知的文字体系——楔形文字体系，但它们在此表达的语言和包含的具体内容皆不详。

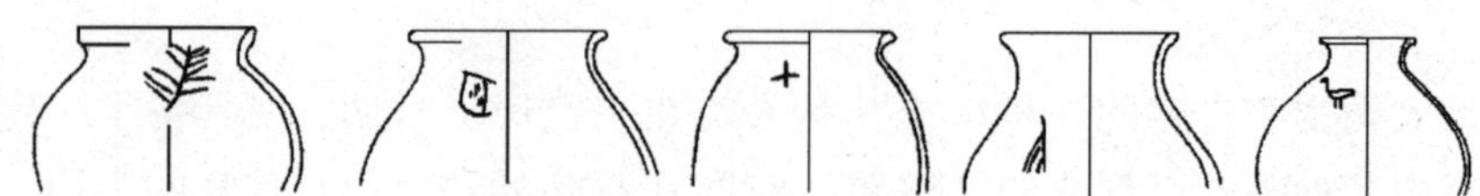

图一　孤立的陶器符号[6]

当我们使用“陶器符号”这个概念时，我们指的是刻在或绘在陶器上的符号本身，包括其存在的形式和环境，但不包括其功能。在西方学者的相关论著中，我们常常见

---

〔2〕 Mallowan 1965, 61.

〔3〕 Schmandt - Besserat 1977；1979；1992.

〔4〕 该文字起源说的赞同者主要有Powell（1981）、W. W. Hallo（Schmandt - Besserat 1992, ix - xi）等，反对者主要有Lieberman（1980）、Shendge（1983）等。本文作者属于赞同者，见拱玉书1997。

〔5〕 Whittaker 2001.

〔6〕 这五例都采自Strommenger 1998。例1：Taf. 37, 6；例2：Taf. 60, 1；例3：Taf. 60, 7；例4：Taf. 78, 10；例5：Taf. 104, 15。本文中所有图例中的陶器和符号都没有按照实际比例复制。

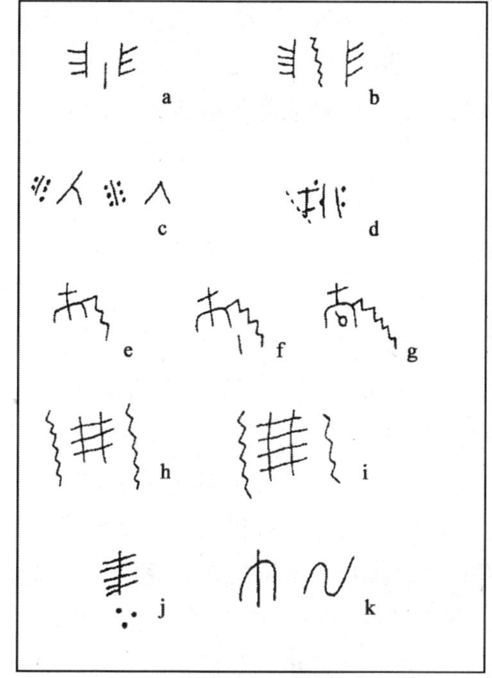

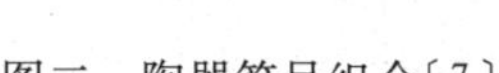

图二 陶器符号组合[7]

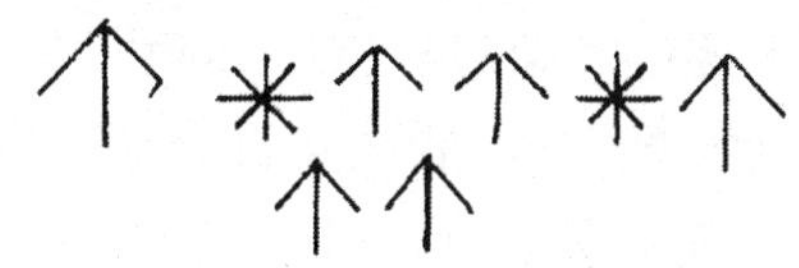

图三 陶器符号组合[8]

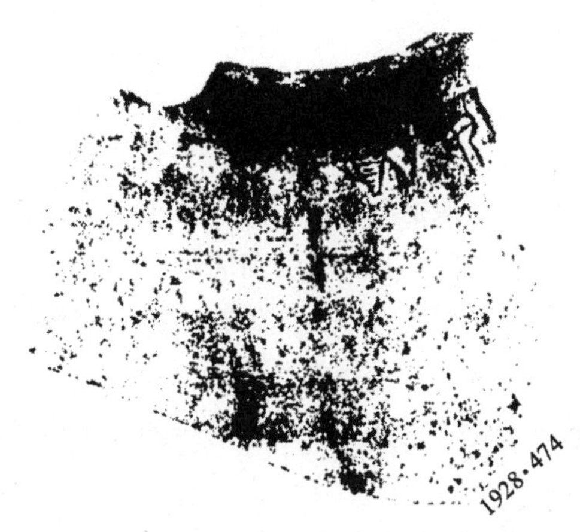

图四 陶文[9]

到“potter's marks”[10]、“pottery marks”[11]、“marks on pottery”[12]、“Töpfermarken”[13]、“Töpferzeichen”[14]、“marques sur poteries”[15]等不同用词。其中除“potter's marks”意为“陶工符号”外，其他皆可译为“陶器符号”，与我们的用法相同。“陶工符号”虽然可以被理解为“陶工刻/绘的符号”，但它同时也包含着另一层意思，即“代表陶工的符号”，这就自觉不自觉地把陶器符号的功能囊括了进去。这种带有观点倾向的称呼会对一般读者产生误导，对研究工作也有害无利。尽管如此，还是有人（如悉尼大学考古学院的波茨教授）坚持使用“陶工符号”，并称人们（包括他自己）使用这个名称只是为了表达方便，不隐含使用者对其功能的理解；再者，除此之外没有更好的选

[7] Potts 1981, 114, Fig. 2.

[8] Hakemi 1997, 688: 256.

[9] Moorey 1976, Plate XV b.

[10] 如 Gelb 1963, 37.

[11] 如 Holland 1977, 49.

[12] 如 Boardman 1998, 5.

[13] Herzfeld 1930, 95.

[14] Strommenger 1998, 6.

[15] Dollfus et Encrevé 1982, 107.

择[16]。谬也！盖尔布之所以使用“陶工符号”，是因为他认为“陶工符号”就是用来表明该陶器的所有者或其制造者的符号[17]。至于选择，上述西方学者的选择（除potter's marks外），应该说就是最佳选择，因为陶器符号的功能是个尚未解决，而且至少在近期无望得到解决的问题。

二

陶器符号是古代文明中普遍存在的文化现象，从中国到印度，从伊朗到伊拉克，从埃及到地中海沿岸，从安纳托利亚到爱琴海，这些地区的古代文明都曾有过使用陶器符号的历史。有些史前居址（如伊朗境内的贾法拉巴德和巴基斯坦境内的梅加赫）出土大量陶器符号，直到遗址被放弃也没有出现文字；有的居址（如叙利亚境内的图图尔）先普遍使用陶器符号，几百年（甚至上千年）之后才出现借用文字，即完全照搬已经在其他地区使用了很久的文字；有的居址（如叙利亚境内的布拉克）先出现个别陶器符号，但由于受到乌鲁克文化的影响，那里的居民很快接受了原始楔形文字，使陶器符号没有得到广泛运用；有的居址（如伊朗境内的亚赫亚）陶器符号与（原始埃兰）文字并存，表明文字的借用并没有影响陶器符号的使用和发展。不过，必须明确指出，虽然在一个居址可能出现先有陶器符号后有文字的现象，但这并不意味着后者是前者的发展，并不意味着二者一脉相承。二者的关系我们留待后文再论。首先，让我们考察一下，迄今为止人们发现了多少什么样的陶器符号。由于篇幅和资料的限制，我们的论述不能面面俱到，只能择其要者论之。

根据多尔富斯等人提供的资料判断[18]，贾法拉巴德（Djaffarabad）出土的陶器符号为目前在伊朗地区所能见到的最早的陶器符号（图五、六）。贾法拉巴德地处苏萨北部，距苏萨7公里。这里的文化发展分为三个阶段，Ⅰ属于公元前5千纪初期，Ⅱ属于公元前5千纪中期，Ⅲ属于公元前4千纪初期，Ⅰ～Ⅱ和Ⅱ～Ⅲ之间有

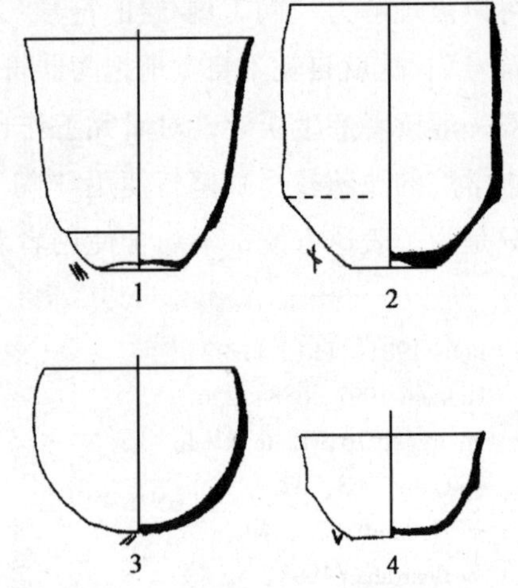

图五　贾法拉巴德出土的陶器刻划符号[19]

[16] Potts 1981，108.

[17] Gelb 1963，38.

[18] Dollfus et Encrevé 1982，110－111.

[19] Dollfus / Encrevé 1982，fig. 3.

两个断层。仅在第Ⅰ期的4个文化层（6～4）中，就出土了近3万块陶片，其中很多都带有符号，有的为刻划，有的为绘画，而且都是在入窑之前完成的。据多尔富斯等人的观察，刻划符号仅出现在第一种陶器类型（共分5种类型）中。这种陶器的特点是颜色明亮，不带绘画装饰，底部一般都抹了一层沥青以防漏水。在2883块陶器碎片中，353块是陶器底部碎片。在这些碎片上共发现35个刻划符号[20]，刻划的位置包括靠近容器底部的内壁、外壁以及容器的底座。绘画符号出现在第3种（没有绘制图案）和第4种（有绘制图案）类型中，第3种中出现3个，第4种中出现20个（与绘制图案有明显区别），其中两个出现在底座部位。

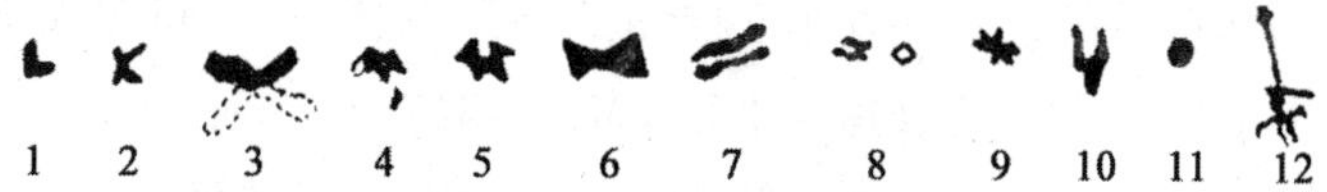

图六 贾法拉巴德出土的陶器绘画符号[21]

距贾法拉巴德只有两公里的乔威（Djowi）也出土很多陶器符号[22]。从公元前4700/4600年开始有人在这里居住，到公元前4200（?）年止，连续500余年没有中断。早期文化层（16～11）出土陶器符号，稍晚的10～4层没有出土陶器符号。这里虽然出土带绘制图案的陶器，却没有出土绘画符号，全部陶器符号都是刻划的。在4157块陶器碎片中（都出土于没有受到干扰的文化层），有370块是陶器底座碎片，其中84片带有刻划符号，共26种（图七）。有的符号只出现一次，一般都出现3～4次，图七：13（swastika）出现7次，是出现频率最多的符号。

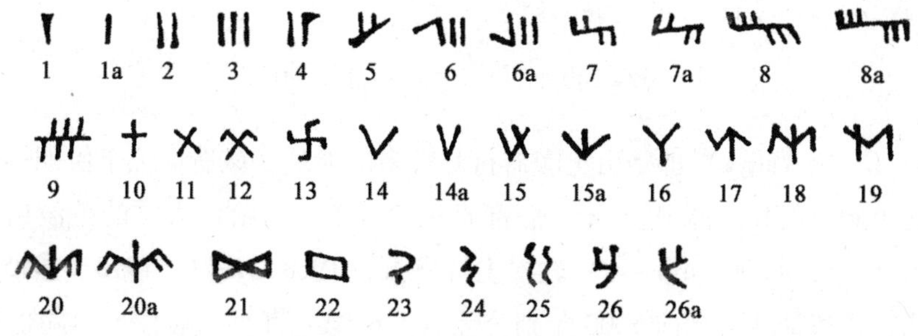

图七 乔威出土的陶器刻划符号[23]

---

[20] Dollfus et Encrevé 1982，110. 不过，我们不知道这35个符号是贾法拉巴德出土的全部刻画符号，还是仅仅是那些刻在陶器底部的符号。1980年，法国学者准备对收藏在苏萨的这些陶器进行整理（Dollfus / Encrevé 1982，110，注释13），不知如今结果如何。

[21] Dollfus / Encrevé 1982，fig. 4.

[22] Dollfus / Encrevé 1982，110－111.

[23] Dollfus / Encrevé 1982，fig. 5.

巴基斯坦境内的梅加赫（Mehrgarh）是出土早期陶器符号最多的遗址之一。该遗址至少出土850个带刻划符号的陶器（碎片），从中可以整理出147个不同符号。1980年，法国学者基浮龙（G. Quivron）在《梅加赫出土的陶器刻划符号》一文中把这些符号归纳为50种（图八）。梅加赫的陶器符号中的最早者产生于公元前3500年前后（第IV文化层），最晚者止于公元前2500年前后（第VII文化层），时间跨度约为一千年。早期的符号相对较少，大部分都出土于第VII层，表明随着社会的发展，陶器符号的应用范围在不断扩大。在所有的陶器符号中，刻划符号占绝大多数，绘画符号只占很小比例。尽管这里出土了850件带符号的陶器，但这个数目还不到同时出土陶器总数的四分之一。刻划符号的位置通常在陶器的底部，刻划的时间在入窑之前。据基浮龙称，梅加赫还出土了一块陶器碎片，上面刻有一组符号（une suite de signes）[24]，但他对此没有提供进一步的信息。因此，我们也无法对此进行评价。

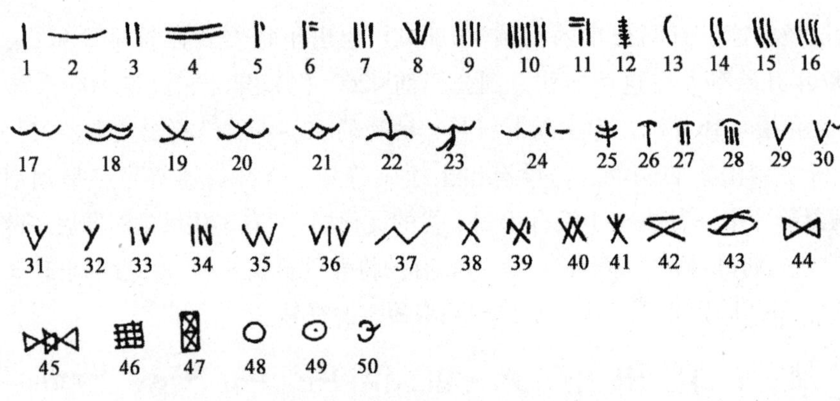

图八　梅加赫出土的陶器符号[25]

亚赫亚（Tepe Yahya）也是出土陶器符号较多的遗址。该遗址位于伊朗东南部的克尔曼省，是个圆形的丘，高19.8米，底部直径187米，由哈佛大学的兰波格—卡尔洛夫斯基（C. C. Lamberg-Karlovsky）教授主持发掘（1968～1971、1973、1975年）。发掘结果表明，该遗址从公元前5000年到公元后1世纪一直有人居住。但陶器符号主要出现在IVC2－1（公元前3000～前2800年）、IVB6－1（公元前2700～前2200年）以及IVA3－1（公元前2200～前1800年）[26]，属于IVC的符号只有1个，属于IVB的符号有19个，大部分属于IVA3－1，即公元前2200～前1800年。1981年，波茨在《亚

〔24〕 Quivron 1980，279.

〔25〕 根据 Quivron 1980，277，Tableau 4 整理，序号是本文作者所加。

〔26〕 绝对年代根据 Potts 1981，107。不同观点见 Potts 1981，107，注释2。

赫亚的陶工符号》一文中研究了该遗址出土的353个完整的陶器符号，20个残缺符号，从中提炼出148个不同符号，然后又把它们分为76类，20组，如线组、点组、点线结合组、球形组等（图九）。这些符号都是在入窑之前刻划在陶器上的，大部分都刻在陶器外壁靠近底座的部位，也有少数符号刻在陶器底部或靠近坛口的位置〔27〕。与上述其他地区不同的是，这里还出土11例符号组合（见图二），其中有2个符号的组合、3个符号的组合和4个符号的组合，波茨称之为“多符号‘铭文’”〔28〕。此外，亚赫亚的VB、VA2以及VA1还出土陶器绘画符号，共出土68个，大部分出自VA1，即公元前2千纪初期〔29〕。波茨认为陶器绘画符号与陶器刻划符号没有关系〔30〕，所以他在文章中没有涉及陶器绘画符号。

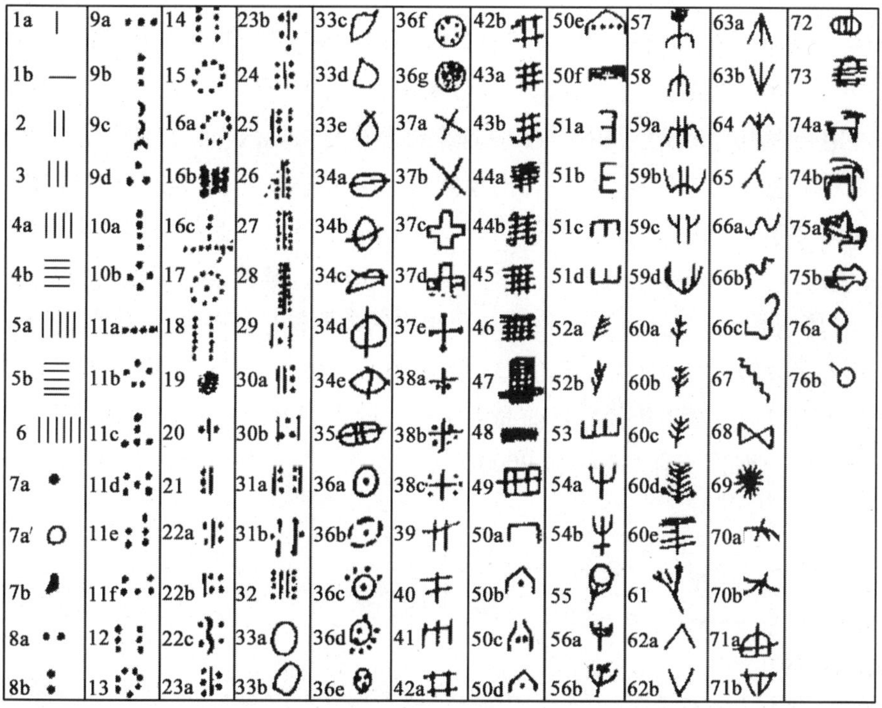

图九　亚赫亚出土的陶器刻划符号〔31〕

〔27〕 Potts 1981，108.

〔28〕 Potts 1981，113.

〔29〕 不过，根据Dollfus / Encrevé 1982，112，注释21，亚赫亚最早的陶器绘画符号属于V，早于公元前3000年，即早于原始埃兰文字。

〔30〕 Potts 1981，117，注释27。

〔31〕 Potts 1981，118，Fig. 5.

伊朗境内的沙赫达德（Shahdad）是迄今为止出土陶器符号数量最多、形式最丰富的遗址（图一〇、一〇a、一一）。沙赫达德位于亚赫亚以北，在卢特荒漠（Dasht-iLut）的边缘。这里的考古发掘主要是在20世纪60年代末和70年代初进行的，最后的发掘报告由伊朗工程师阿里·哈卡米出版〔32〕。据哈卡米统计，该遗址共出土606个不同类型的陶器符号，其中331个是刻划符号（见图一〇），275个是作为印纹印在陶器上的符号〔33〕。这些符号都是在A号墓地发现的，载体都是赤陶。这里共发现带符号的陶片1100块。无论是刻划的符号，还是印上去的符号，都是在入窑之前完成的〔34〕。这个遗址出土的陶器符号的独特之处，不仅仅体现在数量和形式方面，更重要的是体现在符号组合方面。该遗址出土的陶器符号组合竟多达274例〔35〕，其中两三个符号的组合最多，三四个符号组合的情况也不少。据哈卡米称，最大的符号组合包括6个不同符号〔36〕。不过，他的书中所附的“刻符、印符组合表”（679页及其以下）中没有收录6个不同符号的组合。在4～8个符号的组合中，总有一个或两个符号重复出现。例如，在组合表中的256号例中〔37〕，个这个符号重复出现六次；在例272中〔38〕，◎这个符号重复出现八次。由于符号组合出现频繁，哈卡米倾向于把沙赫达德的陶器符号视为“象形文字”（pictograms）〔39〕，并认为它们完全可以与亚赫亚等地出土的写在泥版上的原始埃兰文字相提并论〔40〕。不过，就本人所知，其他学者都把它们视为陶器符号〔41〕，与其他遗址（如亚赫亚、梅加赫）出土的陶器符号没有本质区别。沙赫达德的陶器符号大多数位于容器的底座部位和靠近底座的下腹部位，但也有位于其他部位者，如上腹部或内口沿。至于年代，目前尚无定论，哈卡米暂时把它们定在“公元前3千纪下半叶”〔42〕，即公元前2500～前2000年。

---

〔32〕 Hakemi 1997.

〔33〕 Hakemi 1997, 67. 根据波茨的说法，该遗址共出土348个陶工符号（Potts 1981, 114），不知他有何根据。

〔34〕 Hakemi 1997, 64.

〔35〕 Hakemi 1997, 679－688：“Combination of Incised and Stamped Marks”.

〔36〕 Hakemi 1997, 64.

〔37〕 Hakemi 1997, 688：256；亦见本文图三。

〔38〕 Hakemi 1997, 688：272.

〔39〕 Hakemi 1997, 68.

〔40〕 Hakemi 1997, 67. 关于亚赫亚出土的原始埃兰文字，见本文附录五。

〔41〕 如Potts 1981, 114；Quivron 1980, 278.

〔42〕 Hakemi 1997, 67.

图一〇　沙赫达德出土的陶器刻划符号（1）〔43〕

〔43〕 根据 Hakemi 1997，665－671 整理。原书缺 188、233、292 号。

图一○a　沙赫达德出土的陶器刻划符号（2）

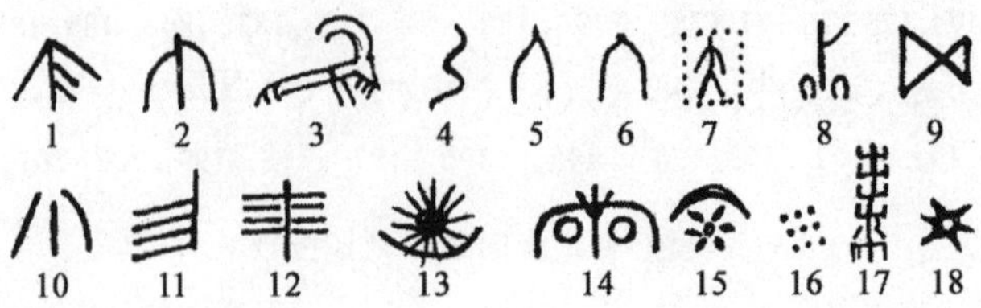

图一一　沙赫达德出土的陶器刻划符号（补充）[44]

〔44〕 哈卡米并没有把所有的符号都收在他的符号表（见图一○和图一○a）中，其原因不详。本表所列的18个符号都出现在Hakemi 1997插附的陶器照片和线绘中（65页以下）。

伊拉克境内的萨马拉（Samarra）遗址出土的陶器符号是迄今为止两河流域出土的年代最早的陶器符号（图一二）。萨马拉地处巴格达以北约46公里。9世纪时，阿拔斯王朝（750～1258年）曾一度在此建都。就是在这座穆斯林城市废墟的下面，海尔茨菲尔德（E. Herzfeld）于1912年发现了史前墓葬和后来被称为“萨马拉彩陶”的陶片。“萨马拉彩陶”为手制陶器，绘有精美的几何图案和风格化的动物或植物形象。当时还不能确定“萨马拉彩陶”的年代，直到20世纪60年代初，“萨马拉彩陶”及其代表的文化，即“萨马拉文化”的年代才得以确立：萨马拉是美索不达米亚中部地区最早的一个依靠人工灌溉进行农业生产的村社，时间始于公元前6千纪初期。在1930年出版的《萨马拉史前陶器》一书中，海尔茨菲尔德发表了26个陶器符号（见图一二）[47]，其中25个为绘画符号，只有一个（第26号）是刻划符号，年代皆属于公元前5千纪初期。在所有被研究的陶器（碎片）中，带符号的占百分之十。萨马拉的陶器符号大部分都绘画

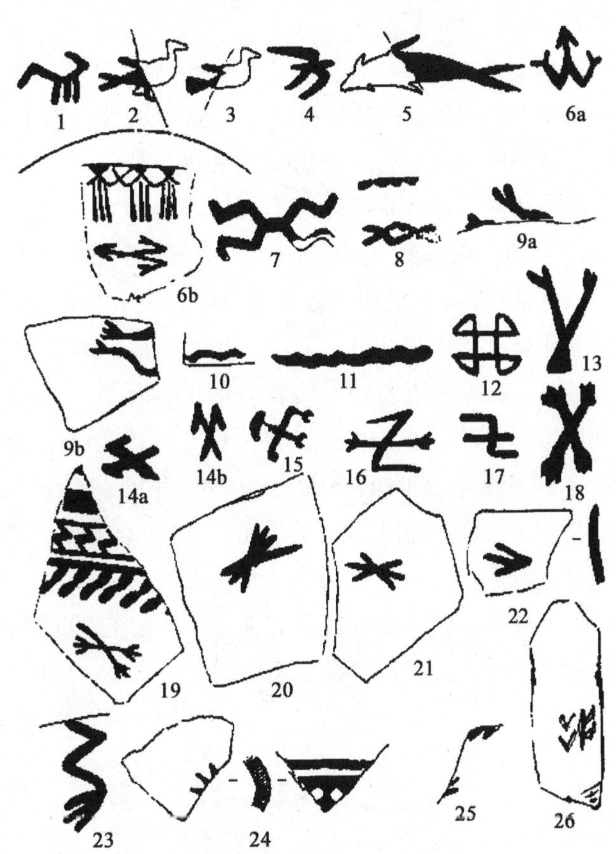

图一二　萨马拉出土的陶器符号[45]

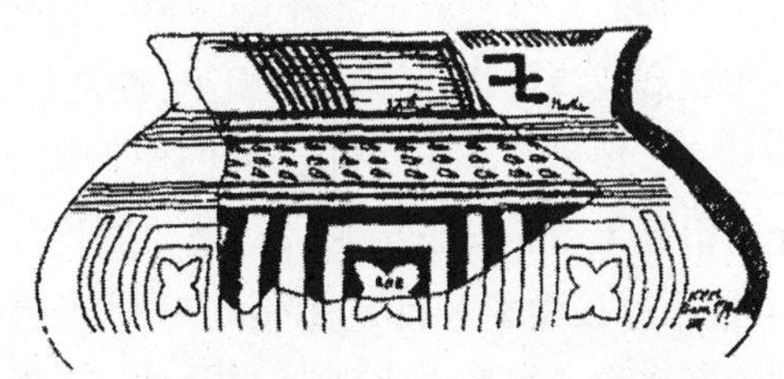
图一三　萨马拉出土的带陶器符号的陶罐[46]

[45] Herzfeld 1930，99，Abb. 222.

[46] Herzfeld 1930，82，Abb. 186，Nr. 252.

[47] 据海尔茨菲尔德说，萨迈拉共出土29个符号（Herzfeld 1930，98）。他为什么只发表了26个，原因不详。

在容器的里面，有的位于容器底部，有的位于内下腰，有的位于内口（图一三），少数符号位于外部底座部位。据海尔茨菲尔德的观察，萨马拉的陶器符号都是在入窑之前完成的[48]。

叙利亚境内的遗址布拉克（Tell Brāk）也出土了陶器符号，而且年代都比较早。布拉克是个大遗址，古代名称不详，整个遗址占地120公顷，遗址丘高出周围平原40米，它曾是底格里斯河上游的交通要道。从公元前5千纪到公元前2千纪中叶，这里一直有人居住。1937～1938年，英国考古学家马洛文对这个遗址进行了首次发掘。从1976年开始，在奥茨夫妇的主持下，英国考古学家对该遗址继续进行发掘。这里出土的“磨光的红陶”、滚印、数字泥版以及文字泥版等表明，早在公元前4千纪末期，苏美尔文化就已传播到这里。不过，在此之前，这里的居民已经开始使用陶器符号。到目前为止，在布拉克发现的陶器符号的数量并不多，已经发表的更是有限。从以下8例（图一四）中，我们可以对布拉克的陶器符号有一些感性认识。1～7号是在1992～1993年的发掘中出土的，8号是在1984年的发掘中出土的。它们的位置基本都在容器的上身，有的位于陶罐的颈部（如1号），有的位于陶罐的上腹部。除陶罐外，还有一个漏斗（funnel），碗口外面有4个压出来的“点”（2号）。布拉克的符号虽然数量不多，但由于其年代早于乌鲁克的文字，所以它们对于探讨陶器符号与文字的关系具有特殊意义。对此，我们将在下文中讨论。

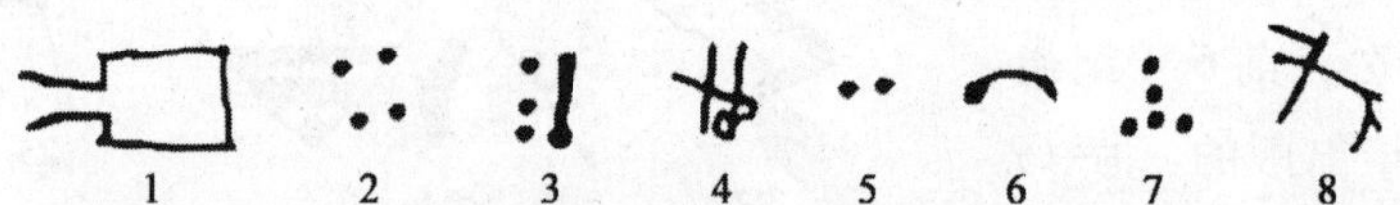

图一四　布拉克出土的陶器符号[49]

埃布拉（Ebla）是公元前3千纪中期（大约公元前2600～前2400年）的重要城市。它位于叙利亚境内，在阿勒颇以南，距之约55公里，从1964年开始由意大利考古学家发掘。埃布拉出土了一个相当大的楔形文字档案，出土的楔形文字泥版达13000多块，曾经引起轰动。埃布拉泥版文书的发现证明，那里的操塞姆语的居民早在公元前2600年前后就接受了起源于两河流域南部的楔形文字，就开始用楔形文字书写塞姆语。考古学家在发现楔形文字泥版的同时，还发现大量陶器，并在这些陶器上发现许

[48] Herzfeld 1930，98.

[49] 1～7见Oates 1993，Fig. 53：1＝51、2＝53、3＝55、4＝56、5＝59、6＝60、7＝61；8见Oates 1985，Fig. 1：12。

多陶器符号（图一五，其中包括一个符号组合，图一五 a）以及个别陶文[50]。很显然，这些陶器符号与楔形文字不属于同一个符号体系。楔形文字是外借的，而陶器符号可能是当地居民自创的，二者同时使用，不相互排斥。

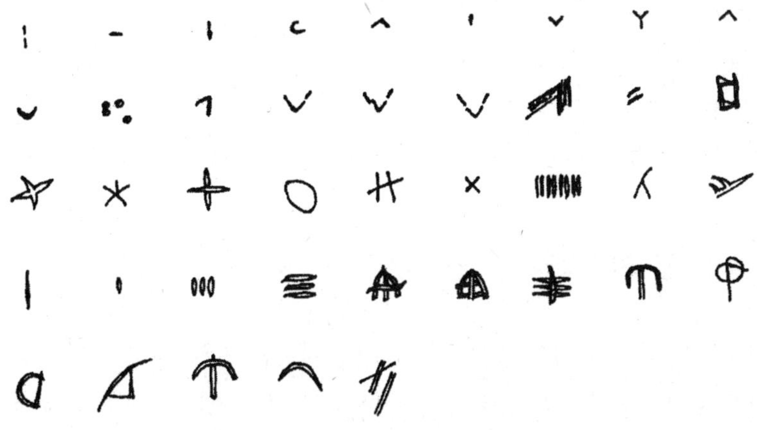

图一五　埃布拉 G－宫殿出土的陶器符号[51]

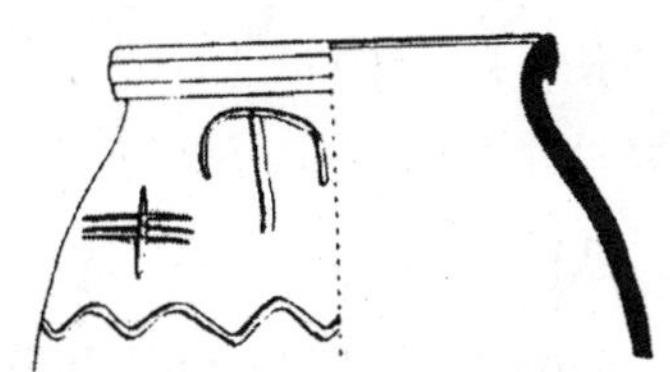

图一五 a　埃布拉 G－宫殿出土的陶器符号组合[52]

叙利亚境内的图图尔（Tuttul）出土了大量陶器符号（图一六、一七）。该遗址地处叙利亚的现代城市拉卡附近。遗址丘大约 650 米 × 750 米。自 1980 年开始，由德国考古学家施特罗明格（E. Strommenger）主持发掘，到 1995 年时已经发掘了 12 季。这里出土的最早的物件属于乌鲁克时期[53]，城墙属于早王朝时期。虽然出土的陶器的绝

[50] 有一个陶器上面刻了一个楔形文字（Mazzoni 1988，90）。

[51] 根据 Mazzoni 1988，Fig. 4－9 整理。按照 Mazzoni 文章中陶器符号出现的顺序排列。

[52] Mazzoni 1988，Fig. 9:3.

[53] Strommenger 1998，4. 由于“乌鲁克时期”（Uruk-Zeit）分为早期、中期和晚期，所以施特罗明格在这里说的“乌鲁克时期”是个十分模糊的概念。据 Adams（1981，60），乌鲁克早期为公元前 3750 ~ 前 3500 年，中期为公元前 3500 ~ 前 3300 年，晚期为公元前 3300 ~ 前 3150 年。

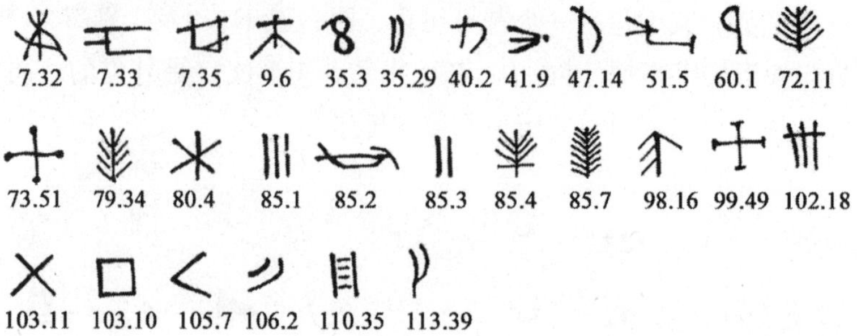

7.32 7.33 7.35 9.6 35.3 35.29 40.2 41.9 47.14 51.5 60.1 72.11

73.51 79.34 80.4 85.1 85.2 85.3 85.4 85.7 98.16 99.49 102.18

103.11 103.10 105.7 106.2 110.35 113.39

图一六　图图尔出土的陶器符号（1）[54]

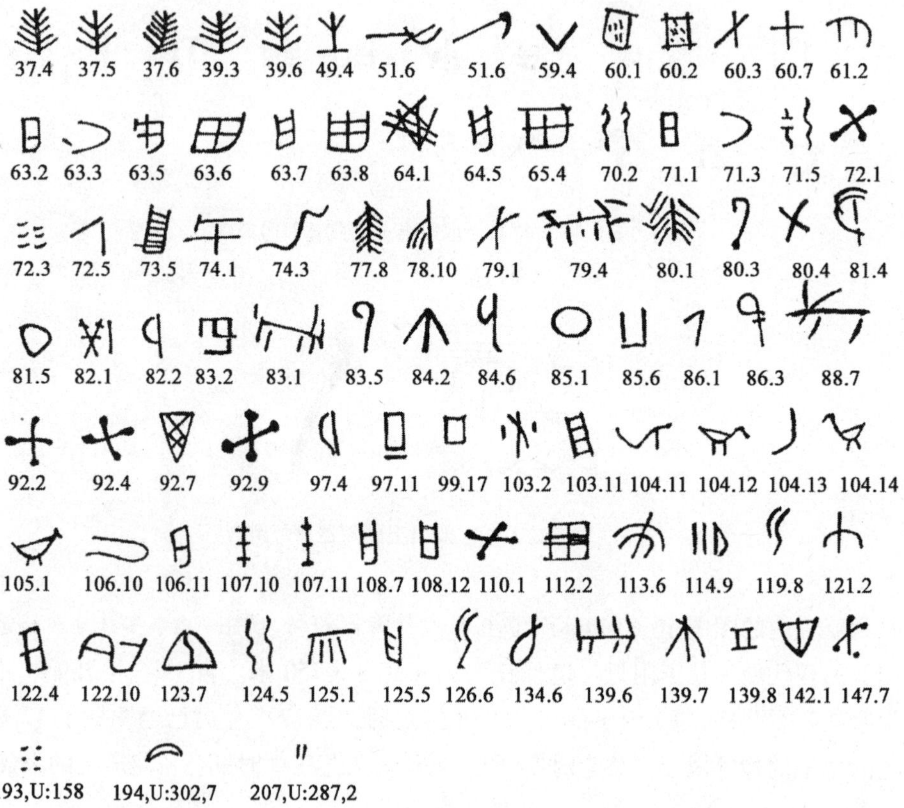

37.4 37.5 37.6 39.3 39.6 49.4 51.6 51.6 59.4 60.1 60.2 60.3 60.7 61.2

63.2 63.3 63.5 63.6 63.7 63.8 64.1 64.5 65.4 70.2 71.1 71.3 71.5 72.1

72.3 72.5 73.5 74.1 74.3 77.8 78.10 79.1 79.4 80.1 80.3 80.4 81.4

81.5 82.1 82.2 83.2 83.1 83.5 84.2 84.6 85.1 85.6 86.1 86.3 88.7

92.2 92.4 92.7 92.9 97.4 97.11 99.17 103.2 103.11 104.11 104.12 104.13 104.14

105.1 106.10 106.11 107.10 107.11 108.7 108.12 110.1 112.2 113.6 114.9 119.8 121.2

122.4 122.10 123.7 124.5 125.1 125.5 126.6 134.6 139.6 139.7 139.8 142.1 147.7

193,U:158 194,U:302,7 207,U:287,2

图一七　图图尔出土的陶器符号（2）[55]

---

〔54〕 根据 Strommenger 2000，Taf. 7－115 整理。符号底下的序号是本文作者所加，小数点左边的数字代表 Strommenger 1998 的图版序号，小数点右边的数字代表该图版中的线图序号。

〔55〕 根据 Strommenger 1998，Taf. 37－215 整理。关于符号底下的序号，见上注。

对年代还有待进一步确定，但根据发掘主持人的估计，它们大致都应该属于青铜时代早期〔56〕。

叙利亚境内的斯威哈特（Tell es-Sweyhat）也是出土陶器符号较多的遗址（图一八、一九）。该遗址位于杰济拉（Jezirah）地区，在幼发拉底河东边，与之相距3公里，距卡赫美什64公里，于1973～1975年由英国考古学家霍兰德（T. A. Holland）主持进行抢救性发掘，发掘结果由霍兰德发表〔57〕。在出土的陶器中，带陶器符号的相当多，其中大多数为刻划符号，也有个别绘画符号〔58〕。在大多数情况下，一件陶器上只有一个符号，但偶尔也有3个（图二〇）或4个（图二一）符号的组合。刻划符号

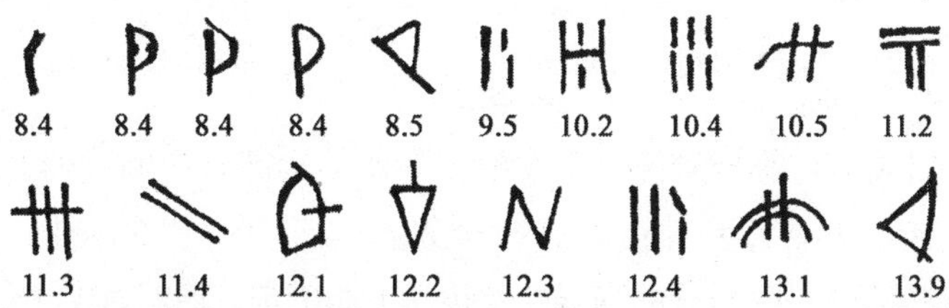

图一八　斯威哈特出土的陶器符号（1）〔59〕

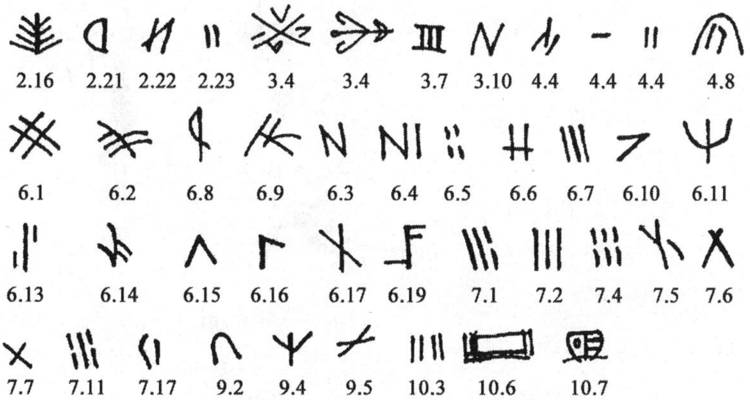

图一九　斯威哈特出土的陶器符号（2）〔60〕

〔56〕 Strommenger 2000，1. “早期青铜时代”的绝对年代在不同学者的论著中相差很大，Hakemi 1997中的“年代表”（Table 2）把“早期青铜时代”定在公元前3200～前2600年，而Hrouda 1991中的“年代表”则把“早期青铜时代”定在公元前2000～前1500年。可见，施特罗明格在此又使用了一个不确定的概念，使我们无所适从。

〔57〕 Holland 1976；Holland 1977.

〔58〕 如Holland 1977，Fig. 4:8，即本文图二五。

〔59〕 根据Holland 1976，Fig. 8－13整理。小数点左边的数字代表引文中的图表，右边的数字代表该图表中的线图序号。

〔60〕 根据Holland 1977，Fig. 2－10整理。序号说明见上注。

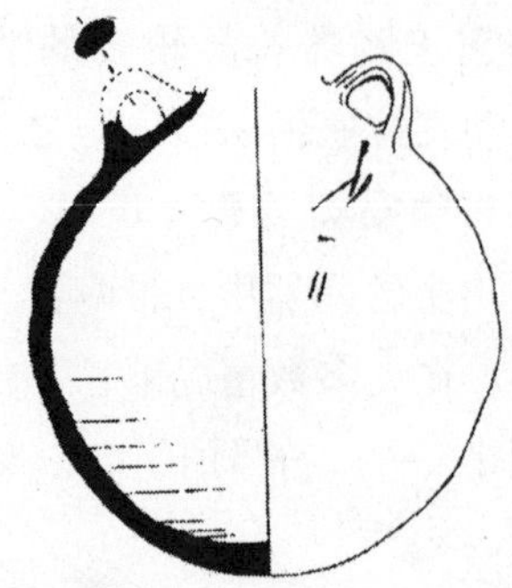

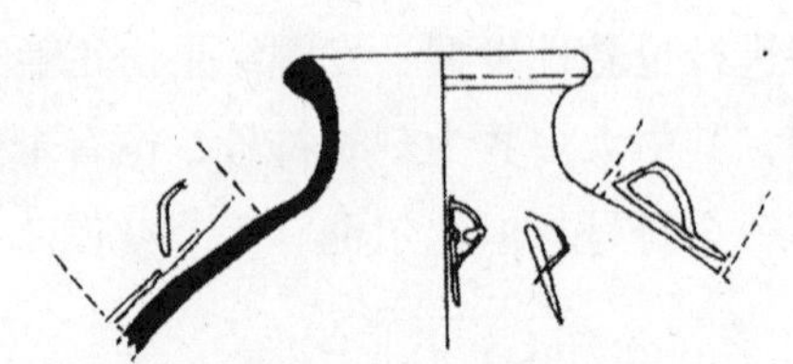

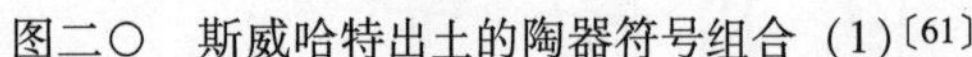

图二〇　斯威哈特出土的陶器符号组合（1）[61]　　图二一　斯威哈特出土的陶器符号组合（2）[62]

都是在入窑之前完成的。符号的位置基本都在陶器的肩部。有的陶器[63]里外都带刻划装饰或符号。还有一例更为特殊：既有一个入窑之前刻上去的符号，又有一个（后来?）绘上去的符号[64]。带符号的陶器的年代尚不能确定，但同时出土的其他物件（如刻有楔形文字“1明纳”的砝码[66]）表明，陶器的出土环境属于公元前3千年代末期[67]，有的更晚一些，大概属于公元前2千年代初期[68]。

图二二　不同地区出土的陶器符号（1）[65]

除上述遗址外，还有许多遗址出土了陶器符号（图二二、二三）。地处伊朗境内、距乔威只有1.5公里的本德巴尔（Bendebal）出土5个陶器符号[69]，其中之一为“×”，其余皆为平行斜划。在本德巴尔出土的陶器刻划符号中，最早者可

〔61〕 如Holland 1977，Fig. 4：4.

〔62〕 如Holland 1976，Fig. 8：4.

〔63〕 如Holland 1977，Fig. 2：16、21－23（说明文字见Holland 1977，46）。

〔64〕 Holland 1977，Fig. 4：8，即本文图二五。

〔65〕 Herzfeld 1930，99，Abb. 223：1、2出土于欧贝德，3出土于埃利都，4出土于埃及，5出土于尼哈万德（Nihawand），6、7出土于苏萨（Susa I）。

〔66〕 Holland 1976，Fig. 16：22.

〔67〕 Holland 1976，51.

〔68〕 Holland 1976，48.

〔69〕 Dollfus / Encrevé 1982，112.

图二三 不同地区出土的陶器符号（2）〔70〕

上溯到公元前4700年，最晚者不晚于公元前3800年。伊朗北部的伊斯迈拉巴德（Ismailabad）亦出土陶器绘画符号〔71〕。苏萨的一个属于公元前4千纪初期的墓葬出土一个底座刻了2个平行划的陶器〔72〕。伊朗西北部的亚尼克（Yanik Tepe）出土的陶器带有丰富的刻划装饰，其中许多显然是陶器符号或符号组合〔73〕。伊朗的乔加—米什（Choga Mish）出土的陶器符号与贾法拉巴德和乔威出土的陶器符号十分相似，年代都属于早期苏希安纳（early susiana，大约公元前4000～前3500年）和中期苏希安纳（middle susiana，大约公元前3500～前3200）〔74〕。出土了陶器符号的遗址还有巴基斯坦境内的摩亨左达罗（Mohendjo Daro）、哈拉巴〔75〕、巴拉科特（Balakot）、科特迪基（Kot Diji）、萨拉伊—霍拉（Sarai Khola）、奎达（Qetta），阿富汗境内的蒙第加克（Mundigak）〔76〕，印度境内的兰布尔（Rangpur）、洛塔尔（Lothal）、讷瓦达托里（Navdatoli）、内瓦萨（Nevasa）〔77〕。奎达山谷的丹布—萨达特（Damb Sadaat）出土362个陶器符号，巴基斯坦俾路支省的班布尔（Bampur）、伊朗锡斯坦的沙赫尔—索霍塔

〔70〕 1～6：Fargo 1980，Fig. 5；7～9：Marshall 1931，Pl. XC；10～14：Mackay 1937，Pl. LVII；15、16：Pl. LVIII；17～20：Pl. LXIII；21、22：Pl. LXIX；23、24：Moortgat / Moortgat-Correns 1978，Abb. 15a，Abb. 16；25～31：Abb. 17；32～36：Moortgat-Correns 1988，Abb. 10；37～39：Orthmann 1995，Abb. 83。

〔71〕 Dollfus / Encrevé 1982，113.

〔72〕 Dollfus / Encrevé 1982，112.

〔73〕 Burney 1961，Pl. LXXI：15、16、21、23；Burney 1962，Pl. XLIV：15至少是4个符号的组合。

〔74〕 Dollfus / Encrevé 1982，110页注释9。

〔75〕 Marshall 1931，Pl. XC以及第291页。

〔76〕 Quivron 1980，278.

〔77〕 Quivron 1980，279.

（Shahr-i Sokhta）也有一些陶器符号出土[78]。伊拉克南部的捷姆迭特—纳色（Jemdet Naṣr）也出土了陶器符号，即4个符号的组合[79]。伊拉克北部的亚里姆（Yarim Tepe）也出土大量陶器符号[80]。伊拉克北部的乌姆—达巴基亚赫（Umm Dabaghiyah）也出土了陶器符号[81]。伊拉克北部的格拉伊—雷什（Grai Resh）的乌鲁克时期的陶器上也有符号[82]，甚至沙尼达洞穴（Shinidar Cave）出土的陶器中也有刻了符号的[83]。出现在公元前2000年以前的陶器符号还有许多，在此不能一一列举。

三

自20世纪70年代以来，随着世界各地考古工作的发展，新的陶器符号不断在世界各地被发现，尤其是中国和西亚的一些地区（包括巴基斯坦、阿富汗、伊朗、伊拉克、土耳其以及叙利亚的一些地区），不断传来发现新的陶器符号的消息。如今，这些地区出土的陶器符号不论在数量方面，还是在形式和种类方面都大大丰富起来。然而，材料的丰富并没有给研究工作带来突破性进展。尽管人们对如何解释陶器符号的功能以及具体符号的意义这个问题关注了一个多世纪[84]，这个问题至今仍然没有得到解决。有的学者对此持悲观态度，认为在可预见的未来，这个问题不会得到解决[85]。我们虽然像许多学者一样，对解决这个问题持乐观态度，并将继续积极寻求解决的办法，但不得不承认，目前我们确实有些束手无策。不过，一个多世纪以来，许多学者根据不同材料、从不同角度对这个问题进行了研究，提出了一些非常有参考价值的观点和假说，值得我们参考和借鉴。归纳起来，截至目前，学者们主要提出了以下几种观点。

（1）陶工符号，即认为陶器上的符号是代表制造者——陶工的符号。早期论及陶器符号的学者几乎都持这种观点。萨马拉的发掘者并且也是该遗址出土陶器符号的研究者海尔茨菲尔德就认为萨马拉的陶器符号或是工场的标记符号，或是陶工记号[86]。摩亨左达罗遗址的发掘者马歇尔认为该遗址出土的符号“或是陶工的私人符号或是他

[78] Potts 1981，114.

[79] Matthews 1992，Fig. 6：4.

[80] Merpert / Munchaev 1987，Fig. 5 – 7.

[81] Kirkbride 1972，Pl. XI – XII.

[82] Lloyd 1940，Fig. 7：14.

[83] Solecki 1952，Fig. 10：51.

[84] 据 Fargo 1980，23，布利斯（J. Bliss）在1894年出版的 *A Mound of Many Cities or Tell el Hesy Excavated*（London）一书中发表了68个陶器符号。

[85] Potts 1981，108.

[86] “Werkstattmarken, oder aber Marken der einzelnen Arbeiter”（Herzfeld 1930，98）.

为顾客作的标记"[87]。后来的陶器符号研究者也多有持同样观点者，比如基浮龙。他在观察梅加赫的陶器符号时发现，有刻划符号的陶器与没有符号的陶器相比并没有什么特别之处。于是，他认为，之所以有的陶器刻有符号，有的没有，原因是陶器符号可能是用来标记不同陶工的产品的。也就是说，当时存在生产不同种类陶器的陶工，为了区别容易发生混淆的那些产品，陶工们就把它们做上标记，以避免混淆。不容易相互发生混淆的精美陶器，就没有必要再刻上符号了[88]。

（2）工场标记，即认为陶器上的符号可能是生产陶器的工场或作坊的标记。上面提到的海尔茨菲尔德就是持这种观点的学者之一。

（3）顾客标记，即认为陶器符号可能是陶工为将要购买或已经订购其产品的顾客所作的标记。上文提到的马歇尔就是持这种观点的学者之一。

（4）容量标记，即认为陶器符号可能是该容器的容量标记。英国考古学家劳爱德认为，伊拉克北部的格拉伊—雷什出土的乌鲁克时期的陶器符号[89]就可能是容量标记[90]。

（5）内容标记，即认为陶器符号是用来表示该容器所要容纳的内容，即所要装的东西。多尔富斯等人在分析贾法拉巴德出土的陶器符号的功能时发现，当该居址处于6～4文化层时期时，那里的居民不超过50人，家庭只有6～7个，因此不可能出现劳动分工。所以，陶器符号不是劳动分工的标志，也不可能是工场的标记，而可能是容器内容的标记[91]。

（6）生产陶器的个体家庭的标记。据波茨的观察，亚赫亚的陶器符号都刻在手制的陶器上，而轮制的陶器没有符号。因此，他认为手制陶器可能是在个体家庭中制作而在集体窑中烧制的。为了便于辨认自己的产品，每个家庭都把自己的产品（中的一些）刻上标记。在亚赫亚，同一时期使用的不同符号最多不过49个，以每个符号代表一个家庭计算，那里的居民最多不超过49家。这个估计对于亚赫亚这样的大遗址来说显然过低。于是，他又进一步假设：送到集体窑场烧制陶器的家庭都是不富裕的家庭，自家没有能力完全靠自己的力量来完成生产的全过程。尽管这样可以把居民数目提高一些，但总的估计还是太低。波茨自己也承认这是使他的上述推测难以令人信服的地方之一。还有一点难以服人，那就是有些符号显然是用来表示数目或数量的，而不是

---

[87] "potter's private mark or a mark made by him for his customer"（Marshall 1931，291）.

[88] Quivron 1980，278.

[89] Lloyd 1940，Fig. 7∶14.

[90] "Indicating the quantity of their content"（Lloyd 1940，18）.

[91] "indication de contenu"（Dollfus / Encrevé 1982，113）. 不过，他们同时认为也不能排除陶器符号代表陶器制造者或所有者的可能性。

用来区别不同家庭的[92]。

（7）数字，即认为一些陶器符号可能代表数目或数量。上文提到，波茨发现一些亚赫亚的陶器符号有明显的记数功能，以致于使他提出的陶器符号代表个体家庭的观点受到严重挑战。认为某些陶器符号代表数字的人还很多[93]，包括本文作者。但必须指出，几乎所有认为陶器符号可能具有表数功能的人，都认为不是所有的陶器符号都是用来表示数目或数量的，而只是其中的一部分，特别是那些横横竖竖、圈圈点点。

（8）具有魔力的符号，即认为陶器符号具有驱魔避邪的魔力。海尔茨菲尔德认为，萨马拉的某些陶器符号（如本文图一二：12）就可能具有这样的作用[94]。

（9）死者的名字。哈卡米认为，沙赫达德的某些陶器符号（他称之为“象形文字”）可能是死者（墓主）的名字[95]。

遗憾的是，上述种种观点或假说都不能得到直接证据的证明，其原因大致可归纳如下：其一，陶器符号的发明和使用（如在贾法拉巴德、乔威和萨马拉）远远早于迄今已知的最早的文字，因此它们的源头被深埋在史前的黑暗中；其二，使用陶器符号的地区或居址（如斯威哈特）一般都没有使用文字的历史，尽管在同时期的周边地区已经有人在使用文字，甚至在周边地区文字已经普遍得到应用；其三，即使某些遗址（如布拉克和亚赫亚）同时（或几乎同时）出现陶器符号和文字，但二者之间在整个符号体系方面有很大区别，显然不属于同一体系（虽然个别符号相同或近似），因而陶器符号与文字不能相互解释；其四，除沙赫达德外，绝大多数遗址出土的陶器符号都是孤立的单一符号。这些不利因素使陶器符号的解读工作一直难以取得突破性进展。

不过，产生于公元前4千年代末的楔形文字以及公元前3千年代的楔形文字文献中记载的一些文化现象有时会给我们一些有益的启示。譬如，不论是原始楔形文字（附录三、四），还是原始埃兰文字（附录五、六），都用压出来的“圆”或“半圆”以及它们的组合来表示数字（附录二），这自然会让我们把它们与陶器上常见的“圆”或“半圆”联系起来，进而产生陶器上的“圆”或“半圆”以及它们的组合是数字，而且可能表示容量的认识。可以说，这种建立于原始楔形文字和原始埃兰文字基础上的认识有一定根据。

---

[92] Potts 1981，108，注释3。所以，他自己又提出另一种可能性，即陶器符号也可能是用来标记容器内容的。不过，他认为二者相比，还是前者更有说服力。

[93] 如Fargo 1980，27，38；Dollfus / Encrevé 1982，113；J. M. Matthers，A Reassessment of the Early Bronze Age Material Excavated at Tell Hesy 1890－1892，University of London（1974年提交的硕士论文，未出版，31～35页，转引Fargo 1980，38）。

[94] “hat einen magischen Sinn”（Herzfeld 1930，97）.

[95] Hakemi 1997，68.

在公元前3千纪末的拉格什（Lagash），工匠的生产是以家庭为单位的。就木匠而言，十个木匠为一组，由一个监工来管理。但十个木匠并不是在同一个工场做工，而是分别在自己家里做工。所以，十个木匠意味着十个家庭和十个工场。他们分别独立做工，而监工或工头是他们之间的协调人[96]。文献中没有提到木匠们是否要在自己的产品上做个记号，以证明该产品是他生产的。不过，即便是做了记号，如今也无法考证了，因为木质产品是保存不到今日的。这种分工作业的生产方式自然会让我们联想到陶器的生产方式，并倾向于把某些陶器符号解释为陶工记号，即代表"张三"、"李四"的符号。

根据楔形文字的记载，巴比伦尼亚的拉格什在古地亚（Gudea）统治时期（大约公元前2150～前2100年），分为三个"地域部落"（territorial clans），一个是"宁吉尔苏（Ningisu）部落"，一个是"伊楠娜（Inanna）部落"，一个是"楠舍（Nanshe）部落"，每个部落都有自己的图腾旗（šu-nir）[97]。楠舍部落的图腾是一种"圣鸟"（u_5-kug）[98]。这又让我们联想到陶器符号，并倾向于把其中的一些视为族徽（图二四）。在20世纪60年代，当德国亚述学家法肯斯坦谈到哈拉夫和萨马拉的彩陶装饰图案时，认为它们可能表示某种民族区别，其中一些（如哈拉夫的正面牛头和马耳他十字、萨马拉的旋转十字[99]）肯定表示不同的宗教思想[100]。法肯斯坦提到的这些符号都独立或相对独立地出现在陶器上，它们可能都是代表部族的陶器符号。

根据亚述学家雅各布森的研究，崇拜鸟的民族或氏族在西亚地区普遍存在。两河流域南部的两个重要城市阿达布（Adab）和拉格什的城市名称都与鸟有关系，与前者相关的鸟是 UD. NUN. MUŠEN = *usābu*"一种鸟"，与后者相关的是 ŠIR. BUR. MUŠEN = *āribu*"渡鸭"[101]。雅各布森认为，"渡鸭"可能曾经是"拉格什的部落标志"[102]，而"*usābu*－鸟"可能是阿达布的部落标志。

除了上面提到的鸟、牛、马耳他十字和旋转十字可能是族徽外，还有许多陶器符号都可能是族徽，特别是本文的图六：12，一〇：155，一〇a：219、315、317，一一：13，一三，一七：105.1等。

---

[96] Steinkeller 1999, 294.

[97] Steinkeller 1999, 312, note 7 引 Gudea Cylinder A：xiv, 7－27。

[98] Gudea Cyl. A：xiv, 23.

[99] 即西文中的swastika或croix gammée，中文中尚无约定俗成且比较实用的对应词。为了行文方便，本文称这类十字为"旋转十字"，向左旋转的为"左旋转十字"，向右旋转的为"右旋转十字"。

[100] Falkenstein 1967, 20.

[101] Jacobsen 1967, 100－101.

[102] "clan-symbol of the Lagash clan"（Jacobsen 1967, 103）.

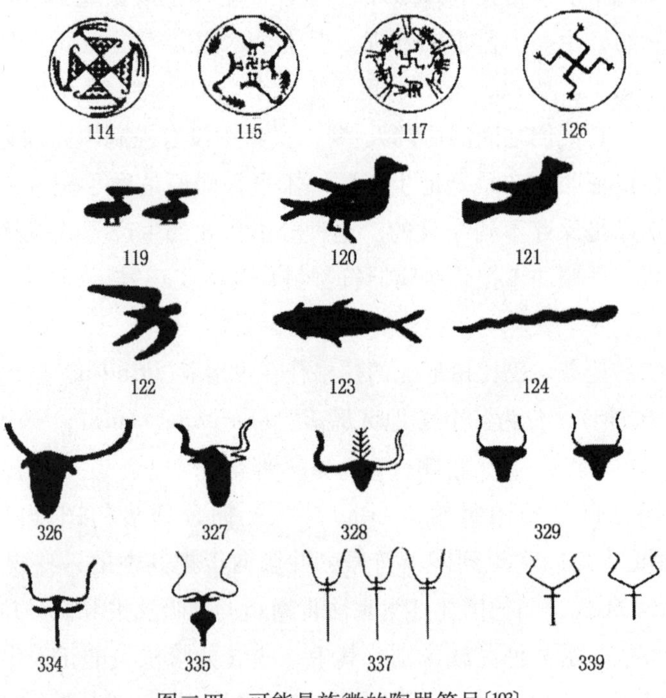

图二四　可能是族徽的陶器符号[103]

有时我们还会遇到一些特殊的例子，它们也可能会为我们提供一些有益的启示。在斯威哈特出土的陶器中，有一个陶器上面有两个符号，其中一个是入窑之前刻上去的，另一个是（后来?）绘上去的（图二五）。从符号的形状看，这两个符号可能有一定联系，因为二者的形状基本相同，绘画符号比刻划符号只少一个竖划，给人的印象是，后者是对前者的修改。尽管如此，我们还是不

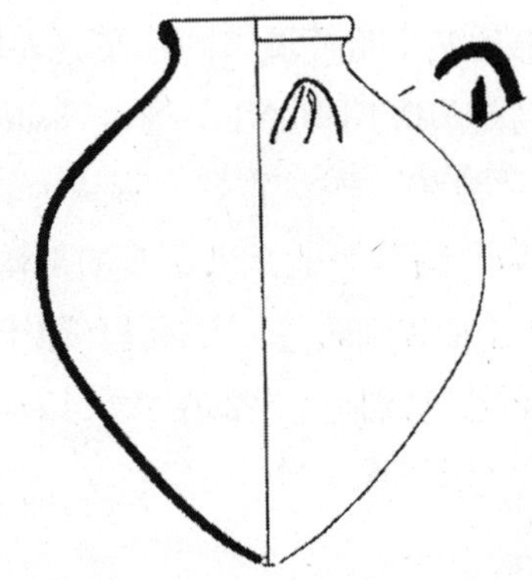

图二五　带刻划和绘画两种符号的陶器[104]

[103] 114～124：Dabbagh 1965，Pl. VII：萨迈拉彩陶。其中119出土于查哈尔—巴扎尔（Chaghar Bazar），其他都出土于萨迈拉。326～339：Dabbagh 1966，Pl. XVIII，哈拉夫彩陶。326、335、337出土于阿尔帕齐亚（Arpachiyah），327～329、339出土于查哈尔—巴扎尔，334出土于卡赫美什（Carchemish）。

[104] Holland 1977，Fig. 4：8.

能由此确定这个符号的功能。不过，这个修改给人一种强烈的印象，那就是两竖代表数，或者数目，或者数量，修改后，2 变成了 1。

四

关于陶器符号与文字的关系，即陶器符号在文字起源中的作用的问题，在有关文字的通论性著作中多有所涉及。美国学者盖尔布的《文字学》把埃及的陶器符号、安纳托利亚的石工符号、美国印第安人的个人标记和部落标记等都归在“辨认—助记手段”（Identifying - Mnemonic Device）一节里〔105〕，认为它们都是“最终演变为成熟文字的基础”〔106〕。前苏联学者伊斯特林认为，图案花纹和陶器符号都是远古时代约定符号〔107〕。在谈到东欧的“木椁文化”的陶器符号的来源时，他引用福尔莫佐夫的话说：“由表面有单一成分的花纹图案的陶器到由不同成分组成的许多花纹图案带的陶器，再到一个圈带内结合不同花纹图案成分的陶器，然后到有许多符号的陶器。”〔108〕结论：“极为可能的是，远古时期花纹图案中某些表义成分转化为图画字，然后又转化为表词字。”〔109〕德国学者哈尔曼把陶器符号（如古埃及陶器符号）归为“辨认标记”（Identifikationssymbole）类〔110〕，认为它们属于“不表达语言的象征技术”〔111〕，是最终导致文字起源的因素之一。文字学专著中论及陶器符号的章节还有很多，这里不能一一列举。

归纳起来，上述三位文字学通论的作者认为，陶器符号有四个特点：其一，它们是辨认标记；其二，它们具有助记功能；其三，它们不直接表达语言；其四，它们是导致文字起源的因素之一。但由于通论性著作往往特别注重横向比较和类型研究，而忽视纵向发展和个案研究，所以上述论著中提供的例子往往过于宽泛，没有针对性，且经常出现错置年代（anachronism）的情况。因而，这些书中的结论往往看上去是言之有据，而实际上却十分空洞，难以服人。就盖尔布列举的安纳托利亚石工符号而言〔112〕，它们的年代充其量不超过公元前 6 世纪，它们能成为哪种文字的前身？又能对哪种文字的起源产生影响呢？在安纳托利亚，早在公元前 16 世纪，赫梯人就借用了美

〔105〕 Gelb 1963，36 - 51.

〔106〕 Gelb 1963，36.

〔107〕 伊斯特林 1987，83。

〔108〕 伊斯特林 1987，84。

〔109〕 伊斯特林 1987，84。

〔110〕 Haarmann 1991，61.

〔111〕 “Symboltechnik ohne Sprachbezug”（Haarmann 1991，65）.

〔112〕 Gelb 1963，37，Fig. 15.

索不达米亚的楔形文字，几乎与此同时，赫梯象形文字也在这一地区使用，直到公元前8世纪。盖尔布把石工符号放到文字前阶段的章节里，这就自然让人感到它们是楔形文字或赫梯象形文字的前身，或让人感到它们对安纳托利亚地区文字的产生起了一定作用。事实却完全不是这样。那种认为南阿拉伯字母和阿育王时期的婆罗门字母的产生可能受到安纳托利亚地区以及苏希安纳地区石工符号的影响的说法[113]，倒是有一定根据。

利用具体考古材料对陶器符号与文字的关系进行考察的论著很少，基浮龙[114]、波茨[115]和多尔富斯等人[116]的文章属于少见的专论陶器符号与文字关系的文章。

根据基浮龙的观察，印度的哈拉巴文明使用的文字多有与梅加赫出土的陶器符号相似者（大概有20个符号形体相似），而且哈拉巴文字出现之时，也正是梅加赫的陶器符号终止之日。所以，基浮龙认为，梅加赫的陶工渐渐地放弃了在自己的产品上刻划符号的做法，而采取其他方式——使用文字来记录自己的产品。所以，哈巴拉文字的来源应该在梅加赫的陶器符号中寻找[117]。但哈拉巴文字包括396个符号（附录一），可以与梅加赫陶器符号比较的只有20个，这又使他对梅加赫的陶器符号自然会演变成哈拉巴文字的观点感到没有把握。于是，他退一步说，如果说没有任何证据可以证明梅加赫的陶器符号逐渐演变成为哈拉巴文字的话，那么至少可以说，在陶器上刻划符号可能启发了（哈拉巴人的）造字思想[118]。

接下来，波茨发表了他对哈拉巴文字起源的看法[119]。在文章中，他把原始埃兰文字（附录五、六）、哈拉巴文字（约公元前2500～前1800年，附录一）与亚赫亚的陶器符号进行了比较（共比较了30个符号）[120]，认为三者有密切关联，亚赫亚陶器符号由原始埃兰文字发展演变而来，而哈拉巴文字又由亚赫亚陶器符号发展演变而来，即亚赫亚陶器符号是连接原始埃兰文字与哈拉巴文字的中间环节[121]，并认为三者中的相似符号如此之多，绝非用“偶然”（a matter of chance）或“形象表现的共性”（the universality of many pictographic representations）可以解释[122]。

---

[113] Boardman 1998，9.

[114] Quivron 1980.

[115] Potts 1981.

[116] Dollfus / Encrevé 1982.

[117] Quivron 1980，278.

[118] Quivron 1980，279.

[119] 看来他对基浮龙的上述文章并不知情，因为他在文章中没有提到该文章。

[120] Potts 1981，Fig. 4.

[121] Potts 1981，116.

[122] Potts 1981，117.

不过，他的这种观点立即遭到多尔富斯等人的批判。他们之所以认为波茨的观点不能成立，是因为基浮龙认为梅加赫的陶器符号与哈拉巴文字有联系，而在年代上，梅加赫的陶器符号要早于原始埃兰文字。所以，原始埃兰文字和亚赫亚的陶器符号都不可能是哈拉巴文字的第一来源，充其量是第二来源〔123〕。至于波茨提出的原始埃兰文字可能是亚赫亚陶器符号的来源，多尔富斯等人认为这更不可能，因为苏萨地区的贾法拉巴德、乔威等地出土的陶器符号属于公元前5千纪，都在原始埃兰文字之前，而且都与之相似〔124〕。

上述三篇文章有一个共同特点，那就是它们都涉及了陶器符号与哈拉巴文字的关系。三篇文章的作者虽然都从不同角度阐释自己的不同观点，但在以下两个方面比较接近：其一，在陶器上刻划符号可能启发了（哈拉巴人的）造字思想。这个观点是基浮龙提出的，不但没有遭到反对，而且还被多尔富斯等人发扬光大，被用来阐释原始埃兰文字的起源。其二，陶器符号间接（多尔富斯等人）或直接（波茨）地为哈拉巴文字提供了现成符号。

现在我们来看陶器符号与原始埃兰文字的起源。原始埃兰文字泥版主要出土于伊朗境内的苏萨，其次是亚赫亚。此外，马尔杨（Malyan）、沙赫尔—索霍塔（Shahr-i Sokhta）、锡亚尔克（Sialk）等地也有少数泥版出土〔125〕。由于最早的原始埃兰文字泥版出土于苏萨XVI，相当于乌鲁克Ⅲ时期，所以它们的年代不早于公元前3100年。不过，英格伦认为，数字泥版的借用发生在乌鲁克IVa时期〔126〕。波茨把原始埃兰文字的使用时间定在公元前3400~前2800年〔127〕，这个定年不符合与乌鲁克文化比较产生的相对考古年代。截至2001年，原始埃兰文字泥版的总数已经超过1600块，大约包括10000行文字〔128〕。关于符号的总数，到目前为止还没有准确的统计。1949年，法国学者德·梅奎内姆（R. de Mecquenem）列了一个5500字的字表。1974年，意大利学者梅瑞基（P. Meriggi）剔除异体字，把字表的数目降到400〔129〕。根据最新的统计，原始埃兰文字的数目又有所上升，根据英格伦的估计应在500字左右〔130〕。

关于原始埃兰文字的起源，目前主要有两种观点，一种可被称为借用论，另一种

〔123〕 Dollfus / Encrevé 1982, 109.

〔124〕 Dollfus / Encrevé 1982, 109.

〔125〕 Englund 2001, 8, Fig. 2：原始埃兰文字泥版分布图。

〔126〕 Englund 2001, 26.

〔127〕 Potts 1981, 115.

〔128〕 Englund 2001, 5.

〔129〕 Englund 2001, 6.

〔130〕 Englund 2001, 35.

可被称为陶符论。借用论认为原始埃兰文字是在原始楔形文字的影响下产生的，并借用了原始楔形文字体系中的计算体系和个别文字。关于原始楔形文字的起源，早在20世纪70年代，美国学者史蔓特—白瑟拉特（D. Schmandt-Besserat，以下简称史氏）就提出了陶筹论，即认为原始楔形文字由陶筹演变而来。她的思路可概括为简单陶筹→复杂陶筹→陶筹球[131]→数字泥版→文字泥版。她的这个观点被英格伦用图表表达得更为清楚[132]。史氏的陶筹论得到苏萨考古发掘的证明。在苏萨，陶筹球出土于苏萨18，数字泥版出土于苏萨17（英格伦认为苏萨的数字泥版借自乌鲁克IVa[133]），文字泥版出土于苏萨16～14[134]，比乌鲁克的文字晚，并从乌鲁克文字中借用了个别表意符号。

陶符论认为，原始埃兰文字的起源受到了较之更早的陶器符号的启发。多尔富斯等人观察到，在乔威的陶器符号中，除旋转十字外，其余都可以在原始埃兰文字中找到近似形式。不过，他们认为这种类似很难解释，因为二者在时间上相差千年以上[135]。乔威的陶器符号从来不跨越文化层，所以它们不可能成为千年以后的原始埃兰文字的直接来源。但这些陶器符号与（原始埃兰）文字又不是完全没有关系。他认为至少在以下几个方面，陶器符号成为（原始埃兰）文字的先驱：其一，文字的载体，即泥；其二，书写技术，即“刻”；其三，符号，特别是抽象符号。总之，陶器符号在（原始埃兰）文字的起源中起了重要作用[136]。

然而，两种论说都有问题：借用论不能解释为什么原始埃兰文字只借用了原始楔形文字中的计算体系，包括某些数字符号的功能、形体、书写方式、泥版的形式等，而很少借用表意符号。原始埃兰文字借用了原始楔形文字的计算体系的结论是近30年来的研究成果，对此作出最大贡献的学者是瑞典数学家福里博格（J. Friberg）。对这两种文字系统中表意字很少有相互借用的这一事实人们早就十分清楚，包括早期的研究者舍尔（V. Scheil）和朗顿（S. Langdon）[137]。半个多世纪以来，原始楔形文字和原始埃兰文字的材料都大量增加，尽管如此，下述事实没有改变：原始埃兰文字是一个独立的符号体系，与原始楔形文字的符号体系有明显区别。这说明二者都是独立发展起来的，或都有不同的来源。

---

[131] 保存陶筹的泥球（bullae）。

[132] Englund 2001, 22, fig. 12:“楔形文字的发展”（其实应为“楔形文字的起源”——本文作者）。

[133] Englund 2001, 26.

[134] Englund 2001, 21.

[135] Dollfus / Encrevé 1982, 114.

[136] Dollfus / Encrevé 1982, 114.

[137] Englund 1989, 6.

陶符论只注意到原始埃兰文字与陶器符号在书写材料、书写方式以及在某些符号形式方面的共性，完全忽视了二者在其他方面可能存在的关联，特别是计算体系中的借用与被借用的关系。

可见，不论是借用论，还是陶符论，都不能圆满解释原始埃兰文字的起源。我们知道，在公元前3千纪的西亚地区，至少发生过两次借用楔形文字的情况：位于叙利亚的古代城市埃布拉（Ebla）于公元前2600年前后借用了两河流域南部的楔形文字来书写埃布拉语（属于西塞姆语）；与苏美尔人相邻并有长期密切接触的阿卡德人于公元前2400年前后借用了楔形文字来书写阿卡德语（属于东塞姆语）。此后，在公元前16世纪，赫梯人借用了楔形文字来书写赫梯语（属于印欧语）。他们都无一例外地完全借用了楔形文字符号，只是为了表达自己的语言的需要，对符号的功能做了一些调整。他们为什么能够全面接受和利用楔形文字的符号系统，而几乎没有再造新字呢？答案可能是：他们在接受楔形文字之前没有自己的文字，他们没有选择，唯一的选择就是全盘照搬（仅就符号形式而言）。以此论之，埃兰人之所以没有全面照搬原始楔形文字，是因为他们在借用楔形文字时已经有了自己的文字。所以，他们的借用是有选择的，即仅仅借用了那些自己没有的东西。如果按照这个思路推理下去，我们至少可以得出这样两个结论：第一，公元前4千年代末埃兰人没有有效的、可以胜任比较复杂的计算的数字符号，所以他们完全借用了苏美尔人的计算符号系统；第二，然而那时埃兰人已经有一套不同于苏美尔人的原始楔形文字的文字体系，所以他们只部分地借用了苏美尔文字体系中有用的东西。那么，埃兰文字的符号体系在技术上有没有前身呢？即它们是凭空出世，还是借鉴了其他符号体系？如果我们考虑到这样的事实，即在地处埃兰地区的贾法拉巴德（见图五、六）、乔威（见图七）、本德巴尔，在与埃兰有密切关系的亚赫亚（见图九）、伊斯迈拉巴德、乔加—米什等地都出土了早于原始埃兰文字的陶器符号，我们似乎有理由相信，原始埃兰文字中的大部分符号可能与陶器符号有关，即可能都是借用埃兰某地区或与之相邻的某地区陶器符号的结果。

上文已经提到，关于原始楔形文字的起源，学者们提出了各种不同观点。在这些观点中，最受关注的是陶筹论。这个假说是由美国学者史氏提出来的。原始楔形文字是迄今已知的西亚地区最早的文字。最早的原始楔形文字泥版出土于伊拉克南部遗址乌鲁克（IVa），时间大致在公元前3200年前后。目前，已知的原始楔形文字泥版的数量已经超过6000块，文字超过38000行[138]。据估计，乌鲁克晚期的原始楔形文字的符号数量在1200左右。不过，格林（M. W. Green）的字表只收集了771个表意符

---

[138] Englund 2001，3.

号[139]，58个数字符号[140]。由于其中的大部分符号一直被沿用，所以它们的读音和意义一般可以通过“以后证前”的方法得到确认。当然，通过这种方法获得的结果不一定可靠，因为文字在使用过程中一直在发展变化，尤其是被借用的文字更是如此。由于原始楔形文字的读音和意义都是通过被阿卡德人借用的楔形文字来恢复的，再加上一些其他不利因素，如有些符号没有出现在后来的文献中（可能成了被放弃的符号），以及早期文献中的符号一般都缺少足够的前后联系，或根本就没有上下文，所以，原始楔形文字至今仍然没有被完全解读，甚至对于原始楔形文字表达的语言，学界都没有达成统一的认识。这种状况自然为探索原始楔形文字起源的工作增加了困难。

史氏的陶筹论基本可以解释原始楔形文字中的计算体系以及数字符号的起源，因为原始楔形文字中的许多数字符号与某些陶筹显然在形状和功能上都吻合[141]，但陶筹论却不能解释大多数表意符号的来源。本文作者曾经为陶筹论寻求由陶筹而表意符号的解释，提出“当人们第一次把陶筹压印在泥版上时，它的重大意义在于它萌发了人们造字的念头。从此，人们学会了造字，先以筹造字，不久就自然学会以物造字，进而以字生字，变化无穷”[142]的观点。不过，这也仅仅是一种可能性。从格林的字表中我们可以清楚地看到，原始楔形文字可以按类型分为三类：第一类是数字类（附录二），第二类是具有明显形象特征的象形字（附录三），第三类是没有明显形象特征的抽象字（多为几何图形及其延伸形式，附录四）。如上所述，数字的原形是陶筹。这一点似乎已经没有异议。某些抽象字也似乎与陶筹有关，即可能是陶筹的二维化（图二六）。然而，绝大多数原始楔形文字与陶筹没有直接关联。如何解释这些字的起源？用“以物造字”来解释显然把文字起源的过程简单化了，因为所有文字归根结底都形成于物，即它们最初都象物，或象静中之物，或象动中之物，或象物与物之间的关系，只是在发展过程中，它们才变得越来越抽象，以致让人难以辨认。有证据表明，从实物到图像再到文字需要一个过程，图二七就清楚地描述了这个过程（图二七）：原始楔形文字中的一些符号在成为文字之前经历了造型艺术中的实物造型以及滚印图案中的雕刻两个阶段。仅就这几个符号而言，它们不是直接从三维的实物中产生的，而是对滚印印纹的简化，而且这个简化过程发生在文字产生之前。这些例子至少可以说明三个问题：其一，原始楔形文字书写体系中的符号不仅仅来源于陶筹；其二，肯定不是除来源于陶筹的符号外，其他所有符号都直接来源于它们所代表的实物；其三，有些符号

---

[139] Green / Nissen 1987，169－334.

[140] Green / Nissen 1987，334－345.

[141] Englund 2001，2.

[142] 拱玉书 1997，65。

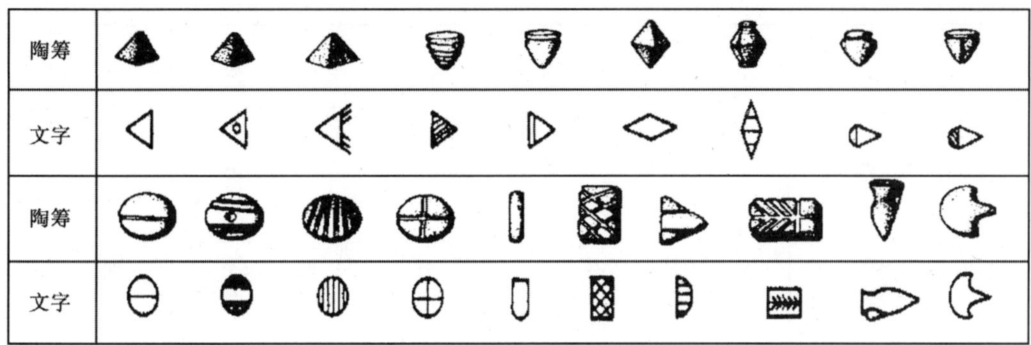

图二六　陶筹与文字的形体比较[143]

来源于滚印印纹；其四，某些字是对已经在其他载体上存在的符号的简化。

类似的符号简化或抽象化，我们还可以从本文的图二四中看到。在这里，哈拉夫彩陶上常出现的牛头由形象逐渐地演变为抽象。虽然没有证据可以证明哈拉夫彩陶上的这个牛头与原始楔形文字中的任何符号有直接联系，但它可以说明，抽象符号（至少某些抽象符号）的产生是要经历一个逐渐由形象向抽象转化的过程。海尔茨菲尔德列举的萨马拉陶器符号（见图一二）中的大部分都是抽象符号，而且抽象的程度已经相当高（如第1号："三条腿的动物"；第6a号：一种"蛙"[144]）。这些抽象符号是否也经历了一个由形象而逐渐抽象的过程？根据上述哈拉夫彩陶上的牛头的演变过程，以及实用符号体系（如文字）的一般发展规律，我们有理由对这个问题做出肯定的回答。毋庸置疑，在原始楔形文字中，除极少数符号比较接近它们代表的原形外，几乎所有"象形字"都已经相当抽象了，似乎都经历了一个或几个由复杂而简单、由形象而抽象的发展阶段。根据迄今出土的材料判断，这种简化和抽象化的过程不是在泥版上实现的，而是在其他质料或形式的载体上实现的，其中之一就可能是陶器。萨马拉（见图一二、二四：114～124）和哈拉夫（见图二四：326～339）陶器上的符号，欧贝德和埃利都陶器上的符号（见图二二），贾法拉巴德（见图五、六）、乔威（见图七）、梅加赫（见图八）出土的陶器符号都不是文字，但它们都是具有一定意义并在一定范围得到公认的约定符号，在最早的文字产生之前就已经步入抽象化和简化的轨道，当文字产生时，它们已经走得很远了。难道这些符号对原始楔形文字的起源没有产生任何影响？在我们看来，这些早于原始楔形文字的陶器符号完全可能对原始楔形文字的起源

---

[143] 摘自 Staatliche Museen zu Berlin 1992，Abb. 20。

[144] Herzfeld 1930，95.

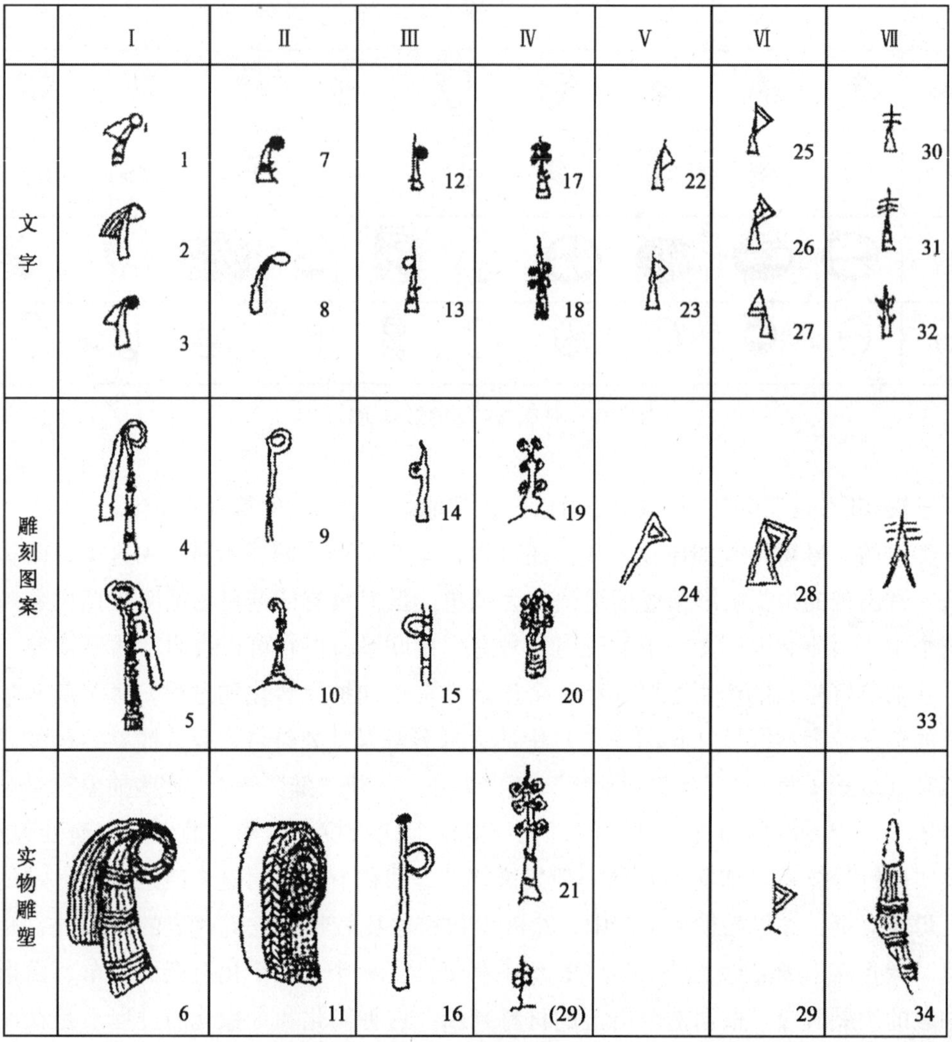

	I	II	III	IV	V	VI	VII
文字	1 2 3	7 8	12 13	17 18	22 23	25 26 27	30 31 32
雕刻图案	4 5	9 10	14 15	19 20	24	28	33
实物雕塑	6	11	16	21 (29)		29	34

图二七　造型艺术向文字的演变[145]

产生了影响。理由有三：其一，萨马拉文化和哈拉夫文化的传播范围很广，包括两河流域南部，欧贝德和埃利都位于两河流域南部，与乌鲁克是近邻，而位于苏萨地区的贾法拉巴德和乔威都与两河流域南部有密切交往[146]，它们之间在文化上的相互影响是不可避免的。其二，在上述各地出土的陶器符号和原始楔形文字的符号体系中都有一些横横竖竖、圈圈点点、勾勾叉叉以及长方、正方、三角、菱形及其引申形式，它们

---

[145] Szarzynska 1989，5，Table 2.

[146] 根据 Falkenstein 1967，29，贾法拉巴德和乔威出土的陶器与埃利都陶器同属一类。

可能不完全都是独立产生的，可能有前者启发后者的情况。原始楔形文字晚于上述地区的陶器符号，因此受到启发和影响的可能性最大。其三，陶器符号，特别是刻划的符号[147]的刻写方式、刻写工具以及符号的载体与文字的刻写方式、刻写工具以及文字的载体（书写材料）在本质上都相同，它们都是由一种坚硬的刻划工具，用“刻”的方式刻在陶泥上的符号。

由于陶器符号的意义和读音都不能得到确定，我们目前还不能把陶器符号视为记录语言的符号——文字，还不能把它们与原始楔形文字、原始埃兰文字、赫梯象形文字等西亚地区的古代文字体系等同起来。但是，必须强调指出，我们不能读其音，不能解其意，并不意味着这些符号本身没有音，没有意。

如果刻在陶器上的一横、一竖、一圈、一点或二横、二竖、二圈、二点（等等）表示容器的容量的话，那么它们至少对于符号的刻划者（陶工）和陶器的使用者（不一定是陶工本人）来说是有音、有意的，也就是说，它们不但可识，而且可读，“一（斤）”、“一（升）”、“一（斗）”、“一（石）”等。是“斤”？是“升”？是“斗”？还是“石”？我们虽不清楚，但当事人一定清楚。

我们知道，原始楔形文字和稍晚的原始埃兰文字都有几种计算体系，如原始楔形文字体系中有用来计算人、动物、畜牧业产品等数量的“S-体系”[148]，有用容量单位来计算农业产品的“Š-体系”[149]，等等。在原始埃兰文字体系中，像在原始楔形文字中一样，数量、容量和面积的计算是通过不同计算体系来完成的[150]，每个计算体系中都有一些与其他体系不同的数字符号。这些体系中的数字至少包含三种信息：其一，数字本身包含着容量、数量或面积这样的分类；其二，数字本身包含着数或量；其三，数字中还包含着计算的对象，也就是说，人们一见到数字，就知道它（们）计算的是农业产品，还是畜牧业产品，或是土地，等等。那么，陶器符号中表示数字的那些横横竖竖、圈圈点点是否也包含着上述三种信息呢？完全可能。无论如何，有意义的符号一定是可读的。一旦被置于具体的环境中，它们就被赋予了具体意义。任何具有具体意义的符号都可以转换为语言形式，都可以通过语言表达出来，使除发明这个（些）符号以外的人也能了解它（们）的含义。从这个意义上说，任何具有意义的符号都是可读的。陶器符号的功能和性质有些像现代文字体系（不论是以表意为主的文字体系，还是以表音为主的文字体系）中的“+”、“-”、“×”、“÷”或“$”、“§”这样

[147] 萨马拉也有刻画的陶器符号，见本文图一二：26。

[148] Englund 1987，127-132.

[149] Englund 1987，138-141.

[150] 各种计算体系一览表，见 Englund 2001，9。

的符号。谁也不知道应该在字典中为它们标上什么样的音，但任何一个具有一定文化程度的人都能用自己的母语把它们读出来，也知道它们的含义。由此观之，具有一定含义的陶器符号一定是可读的，只是我们不知道如何读而已。此外，在很多地区都出现了陶器符号的组合，例如在亚赫亚（见图二）和沙赫达德（见图三）。这些符号组合出现的年代都比较晚，在绝对年代上都晚于原始楔形文字，所以它们对原始楔形文字的起源没有意义。不过，它们的出现对确定更早的、单独出现的陶器符号的功能与性质具有决定性意义，因为如果我们承认符号组合可以连贯地表达一定概念，而这种组合的符号可以称得上是文字的话[151]，那么，我们有什么理由拒不承认单个出现的符号同样表达一定概念，有什么理由不承认它们同样是文字呢？单独符号与符号的组合之间只有量的区别，没有质的区别。因此，我们还要对上面谈到的陶器符号与文字的关系补充说明一点，那就是，陶器符号在功能方面，特别是在符号与语言的关系方面，对文字的起源产生了重要影响。如果说它们不是文字，至少可以说它们是文字的真正的先行者。

本文属于北京大学震旦古代文明研究中心“中国、西亚、埃及古文字比较研究”项目研究成果的一部分。作者对“中心”的资助表示感谢。

外文引文及其缩写

Adams 1981 = R. M. Adams, *Heartland of Cities*, University of Chicago Press, Chicago 1981.

Boardman 1998 = J. Boardman, “Seals and Signs – Anatolian Stamp Seals of the Persian Period Revisted”, *Iran* 36 (1998), 1–13.

Burney 1961 = C. A. Burney, “Excavations at Yanik Tepe, North-West Iran”, *Iraq* 23 (1961), 138–153.

Burney 1962 = C. A. Burney, “Excavations at Yanik Tepe, Azerbaijan, 1961, Second Preliminary Report”, *Iraq* 23 (1962), 134–152.

Chiera 1938 = E. Chiera, *They Wrote on Clay*, Chicago 1938.

Dabbagh 1965 = T. Dabbagh, “Hassuna Pottery”, *Sumer* 21 (1965), 93–111.

Dabbagh 1966 = T. Dabbagh, “Halaf Pottery”, *Sumer* 22 (1966), 23–43.

Dollfus / Encrevé 1982 = G. Dollfus / P. Encrevé, “Marques sur Poteries dans la Susiane du Ve Millénaire Réflexions et Comparaisons”, *Paléorient* 8 (1982), 107–115.

Englund 1987 = P. Damerow und R. K. Englund, “Die Zahlzeichensysteme der Archaischen Texte aus

[151] 波茨把亚赫亚的符号组合称为“铭文”（Potts 1981, 114），而哈卡米把沙赫达德的陶器符号称为“象形文字（pictograms）”（Hakemi 1997, 68）。

Uruk", *Zeichenliste der Archaischen Texte aus Uruk*, *Archaische Texte aus Uruk*, Band 2 (ATU 2), Berlin 1987, 117 – 166.

Englund 1989 = P. Damerow und R. K. Englund, *The Proto-Elamite Texts from Tepe Yahya*, Harvard University 1989.

Englund 2001 = R. Englund, "The State of Decipherment of Proto-Elamite", *Max-Planck-Institut für Wissenschaftsgeschichte*, Preprint 183 (for publication in: S. Houston, ed., *First Writing*, Cambridge University Press), 2001.

Falkenstein 1967 = A. Falkenstein, "The Prehistory and Protohistory of Western Asia", J. Bottéro / E. Cassin / J. Vercoutter (主编), *The Near East: The Early Civilizations*, Delacorte Press, New York 1967, 1 – 51.

Fargo 1980 = V. M. Fargo, "Early Bronze Age Pottery at Tell el-Hesi", *BASOR* 236 (1979), 23 – 39.

Frank 1912 = C. Frank, *Zur Entzifferung de Altelamischen Inschriften*, Berlin 1912.

Gelb 1963 = I. J. Gelb, *A Study of Writing*, Chicago 1963 (第二版).

Green / Nissen 1987 = M. W. Green / H. J. Nissen, *Zeichenliste der Archaischen Texte aus Uruk* (ZATU), Gebr. Mann Verlag, Berlin 1987.

Haarmann 1991 = H. Haarmann, *Universalgeschichte der Schrift*, Campus Verlag, Frankfurt / New York, 1991.

Hakemi 1997 = Ali Hakemi, *Shahdad*, *Archaeological Excavations of a Bronze Age Center in Iran*, IsMEO – Rome 1997.

Herzfeld 1930 = E. Herzfeld, *Die vorgeschichtlichen Töpfereien von Samarra*, Die Ausgrabungen von Samarra, Band V, Berlin 1930.

Holland 1976 = T. A. Holland, "Preliminary Report on Excavations at Tell Es-Sweyhat, Syria 1973 – 4", *Levant* 8 (1976), 36 – 67.

Holland 1977 = T. A. Holland, "Preliminary Report on Excavations at Tell Es-Sweyhat, Syria 1975", *Levant* 9 (1977), 36 – 63.

Hrouda 1991 = B. Hrouda, *Der Alte Orient*, *Geschichte und Kultur des alten Vorderasien*, München 1991.

Jacobsen 1967 = Th. Jacobsen, "Some Sumerian City – Names", *JCS* 21 (1967), 100 – 103.

Kirkbride 1972 = D. Kirkbride, "Umm Dabaghiyah 1971: A Preliminary Report – An Early Ceramic Farming Settlement in Marginal North Central Jazira, Iraq", *Iraq* 34 (1972), 3 – 19.

Lieberman 1980 = S. J. Lieberman, "Of Clay Pebbles, Hollow Clay Balls, and Writing: A Sumerian View", *AJA* 84 (1980), 339 – 358.

Lloyd 1940 = S. Lloyd, "Iraq Government Soundings at Sinjar", *Iraq* 7 (1940), 13 – 21.

Mackay 1937 = E. J. H. Mackay, *Further Excavations at Mohenjo-Daro*, vol 2, New Delhi 1937.

Marshall 1931 = Sir J. Marshall, *Mohenjo-Daro and the Indus Civilization*, London 1931.

Matthews 1992 = R. J. Matthews, "Defining the Style of the Period: Jemdet Nasr 1926 – 28", *Iraq* 54 (1992), 1 – 34.

Mazzoni 1988 = S. Mazzoni, "Economic Features of the Pottery Equipment of Palace G", H. Waetzoldt and H. Hauptmann（主编）, *Wirtschaft und Gesellschaft von Ebla*, Heidelberg 1988（HSAO 2）, 81 – 105.

Merpert / Munchaev 1987 = N. Y. Merpert / R. M. Munchaev, "The Earliest Levels at Yarim Tepe I and Yarim Tepe II in Northern Iraq", *Iraq* 49（1987）, 1 – 36.

Moorey 1976 = P. R. S. Moorey, "The Late Prehistoric Administrative Building at Jamdat Nasr", *Iraq* 38（1976）, 95 – 106.

Moortgat / Moortgat-Correns 1978 = A. Moortgat / Ursula Moortgat-Correns, *Tell Chuēra in Nordost-Syrien*, *Vorläufiger Bericht über die achte Grabungskampagne 1976*, Schriften der Max Freiherr von Oppenheim – Stiftung, Heft 11, Berlin 1978.

Moortgat-Correns 1988 = Ursula Moortgat-Correns, *Tell Chuēra in Nordost-Syrien*, *Vorläufiger Bericht über die neunte und zehnte Grabungskampagne* 1982 *und* 1983, Schriften der Max Freiherr von Oppenheim – Stiftung, Heft 13/14, Berlin 1988.

Oates 1985 = J. Oates, "Tell Brak: Uruk Pottery from the 1984 Season", *Iraq* 47（1985）, 175 – 186.

Oates 1993 = D. and J. Oates, "Excavationa at Tell Brak 1992 – 93", *Iraq* 55（1993）, 155 – 200.

Orthmann 1995 = W. Orthmann 等, *Ausgrabung in Tell Chuera in Nordost-Syrien I*, *Vorvericht über die Grabungenskampagnen* 1986 *bis* 1992, Saabrücker Druckerei und Verlag 1995.

Powell 1981 = M. A. Powell, "Three Problems in the History of Cuneiform Writing: Origins, Direction of Script, Literacy", *Visible Language* 15/4（1981）, 419 – 441.

Potts 1981 = D. Potts, "The Potter's Marks of Tepe Yahya", *Paléorient* 7（1981）, 107 – 122.

Quivron 1980 = G. Quivron, "Les Marques Inscisées sur les Poteries de Mehrgarh", *Paléorient* 6（1980）, 276 – 280.

Schmandt-Besserat 1977 = D. Schmandt-Besserat, "An Archaic Recording System and the Origin of Writing", *Syro-Mesopotamian Studies* 1, no. 2（1977）, 1 – 32.

Schmandt-Besserat 1979 = D. Schmandt-Besserat, "An Archaic Recording System in the Uruk-Jemdet Nasr Period", *American Journal of Archaeology* 83（1979）, 19 – 48.

Schmandt-Besserat 1992 = D. Schmandt-Besserat, *Before Writing*, University of Texas Press, Austin 1992.

Shendge 1983 = M. J. Shendge, "The Use of Seals and the Invention of Writing", *JESHO* 26（1983）, 113 – 136.

Solecki 1952 = R. S. Solecki, "A Paleolithic Site in the Zagros Mountains of Northern Iraq, Report on a Sounding at Shanidar Cave, Part I", *Sumer* 8（1952）, 127 – 192.

Staatliche Museen zu Berlin 1992 = Staatliche Museen zu Berlin（编）, *Das Vorderasiatische Museum Berlin*, Verlag Philipp von Zabern, 1992.

Steinkeller 1999 = P. Steinkeller, "Land-Tenure Conditions in Third-Millennium Babylonia: The Problem of Regional Variation", *Peabody Museum Bulletin* 7（1999）, 289 – 315.

Strommenger 1998 = E. Strommenger und K. Kohlmeyer, *Die Altorientalischen Bestattungen*（= Ausgrabungen in Tall Bi'a / Tuttul, Band I), Saarbrücken 1998.

Szarzynska 1989 = K. Szarzynska, "Some of the Oldest Cult Symbols in Archaic Uruk", *JEOL* 30 (1989), 3 - 21.

Whittaker 2001 = G. Whittaker, "The Dawn of Writing and Phoneticism", *Hieroglyphen*, *Alphabete*, *Schriftreformen*, *Lingua Aegyptia-Studia Monographica 3*, Göttingen 2001, 11 - 50.

ZATU = M. W. Green/Hans J. Nissen, *Zeichenliste der Archaischen Texte aus Uruk* (ZATU), Gebr. Mann Verlag, Berlin 1987.

中文引文及其缩写

拱玉书 1997 = 拱玉书《楔形文字起源新论》,《世界历史》1997 年第 4 期, 59 ~ 66 页。

伊斯特林 1987 = B · A · 伊斯特林《文字的产生和发展》(左少兴译、王荣宅校), 北京大学出版社, 1987 年。

附录一　哈拉巴文字

（根据 Marshall 1931，Pl. CXIX－CXXVIII 整理，序号为原书序号）

1 2 3 4 5 6 7 8 9 10 11 12 13 14 15 16 17 18 19 20 20 21 22 22 23 24 24

25 26 27 28 29 30 31 32 33 34 35 36 37 38 39 a b c 40 a 41 42 43 a b c 44 46

46a 47 47a 48 49 a 50 51 52 53 54 55 56 57 58 a 59 60 61 62 63 64 65 66 67 68 69 70

71 72 73 74 75 76 77 78 79 80 81 82 83 84 85 86 87 88 89 90 91 92 93 a 94 95

96 97 98 99 100 101 102 103 104 105 106 107 108 109 110 111 112 113 114 115 116 117 118 119

120 121 122 123 124 125 126 127 128 129 130 131 132 133 134 135 136 137 a 138 139 140 141 142

143 144 145 146 147 148 149 150 151 152 153 a 154 155 156 157 158 159 160 161 162 163 164 165

166 167 168 169 170 171 172 173 174 175 176 177 178 179 180 181 182 183 184 185 186 187 188 189 190 191 192

193 194 195 196 197 198 199 200 201 202 203 a 204 205 206 207 208 209 210 211 212 213 214 215 216 217 218 219

219a b 220 221 222 223 224 225 226 227 228 229 230 231 232 233 234 235 236 237 238 239 a 240 241 242

243 244 245 246 247 248 249 250 251 252 253 254 255 256 257 258 259 260 261 262 263 a b 264 265

266 267 268 269 270 271 a b 272 273 a b c d e 274 275 276 277 278 279 280 281 282 283 a 284

285 286 287 288 289 290 291 292 293 a b 294 a 295 296 297 298 299 300 301 302 303 304 a 305 306

307 308 a b 309 310 311 312 a 313 314 315 316 317 318 319 320 321 322 323 324 325 326 327 328 329

330 331 332 333 334 335 336 337 338 339 340 341 342 343 344 345 346 347 348 349 a 350 351

附录二 原始楔形文字中的数字

（摘自 Green / Nissen 1987，166 页）

N_1

N_2

N_3

N_4

N_5

N_6

N_7

N_8

N_9

N_{10}

N_{11}

N_{12}

N_{13}

N_{14}

N_{15}

N_{16}

N_{17}

N_{18}

N_{19}

N_{20}

N_{21}

N_{22}

N_{23}

N_{24}

N_{25}

N_{26}

N_{27}

N_{28}

N_{29} a b

N_{30} a b c

N_{31}

N_{32}

N_{33}

N_{34}

N_{35}

N_{36}

N_{37}

N_{38}

N_{39} a b

N_{40}

N_{41}

N_{42} a b

N_{43}

N_{44}

N_{45}

N_{46}

N_{47}

N_{48}

N_{49}

N_{50}

N_{51}

N_{52}

N_{53}

N_{54}

N_{55}

N_{56}

N_{57}

N_{58}

N_{59}

N_{60}

附录三 原始楔形文字中具有明显形象特征的象形字

（根据 Green / Nissen 1987，169～334 页整理，序号为原书序号）

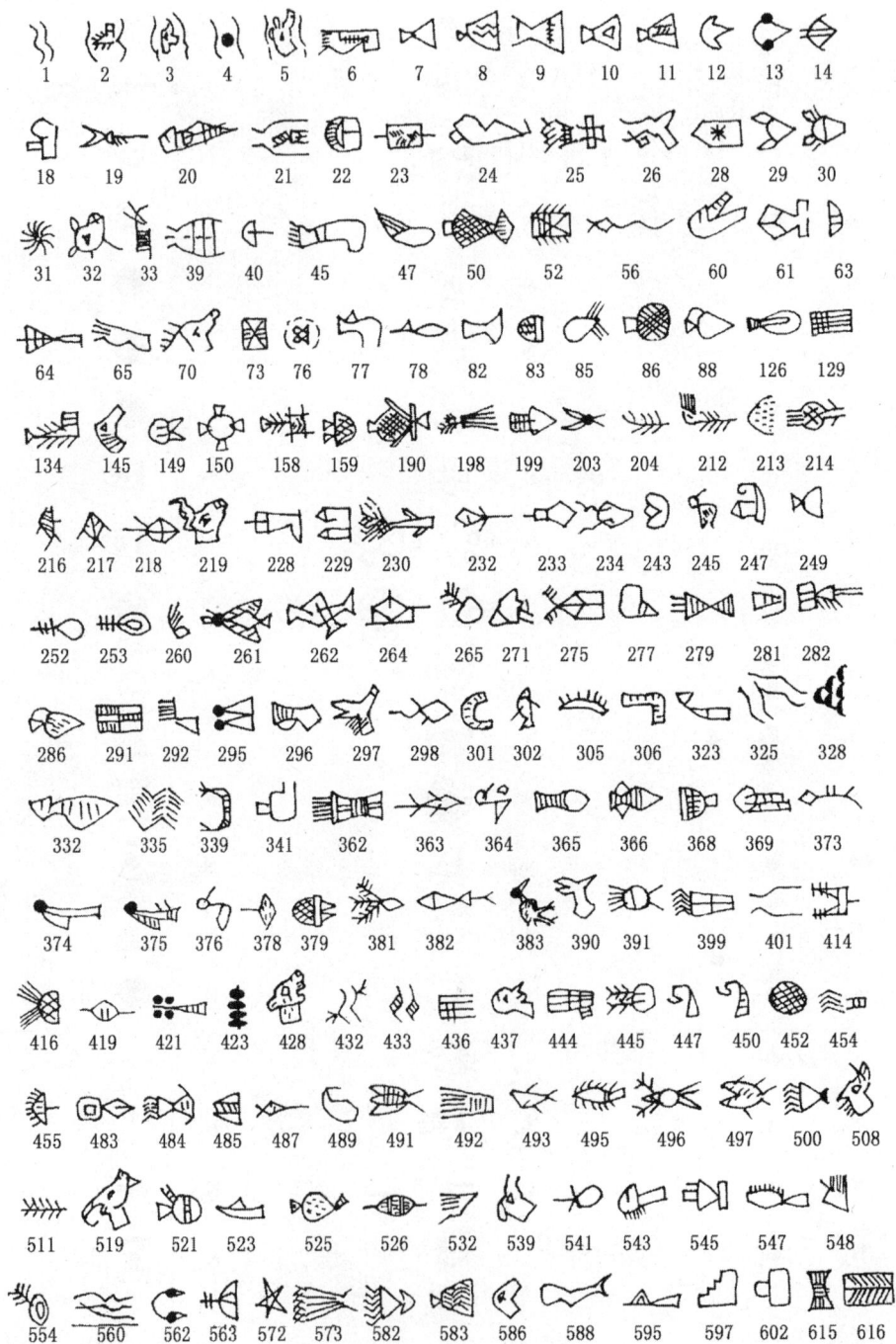

1 2 3 4 5 6 7 8 9 10 11 12 13 14

18 19 20 21 22 23 24 25 26 28 29 30

31 32 33 39 40 45 47 50 52 56 60 61 63

64 65 70 73 76 77 78 82 83 85 86 88 126 129

134 145 149 150 158 159 190 198 199 203 204 212 213 214

216 217 218 219 228 229 230 232 233 234 243 245 247 249

252 253 260 261 262 264 265 271 275 277 279 281 282

286 291 292 295 296 297 298 301 302 305 306 323 325 328

332 335 339 341 362 363 364 365 366 368 369 373

374 375 376 378 379 381 382 383 390 391 399 401 414

416 419 421 423 428 432 433 436 437 444 445 447 450 452 454

455 483 484 485 487 489 491 492 493 495 496 497 500 508

511 519 521 523 525 526 532 539 541 543 545 547 548

554 560 562 563 572 573 582 583 586 588 595 597 602 615 616

附录四 原始楔形文字中没有明显形象特征的抽象字

（根据 Green / Nissen 1987，169～334 页整理，序号为原书序号）

aš *tab* *eš*$_{16}$ *i* *pap* *pap* *pa* *pa* *pa* *bad* *bad+bad* *diš* *me* *tar* *bad+diš*

maš 630 *kaskal* *hal* *te* *te* *nab* *tilla*$_{2}$ *an* *mul* *én* *šú* *liš* *bar* *ban* *lá*

sig *u*$_{4}$ *bìr* *bìr* *nu* *bu* *bulug*$_{3}$ 627 637 *lagab* *u* *dúr* *lagab+tar* 696

gúg *gúg* *síg* *sug* *túg* *udu* *udu+tar* *udu+tar* *udu+* 数字 *šà* *šir* *lagab* *sila*$_{4}$

nigin *ezen* *gá* *mar* *mar* *gá×àš* 737 *giš* *giš-tenû* *me* *uš* *gur* *giš+lá* *kib* *nám*

759 *ur(?)* *tùn* *ru* 689 *šè* *šè* *še-tenû* *šè-tenû* 756 *ú* *kak* *ir* *ir* *gar*

gar *gar-gunû* *bur* *sal* *šita* 661 693 717 731 *tur* *erim* *ešda* *uš* *zíz* 659 *gada*

gada *gada-gunû* 660 *geštu* 647 662 662 663 664 685 694 694 *hi* *hi×aš*

hi-gunû *dì* *ki* *na* 622 *iš* *ga'a* *ga'a* 625 626 *geštu(b)* *gal* *gal* *ku* *ni*

nim 687 644 644 644 645 646 662 *gi*$_{6}$ 753 753 *gi* *iš* *kur*

附录五 Tepe Yahya 出土的原始埃兰文字

（根据 Englund 1989，65～74 页整理，符号按原书顺序排列）

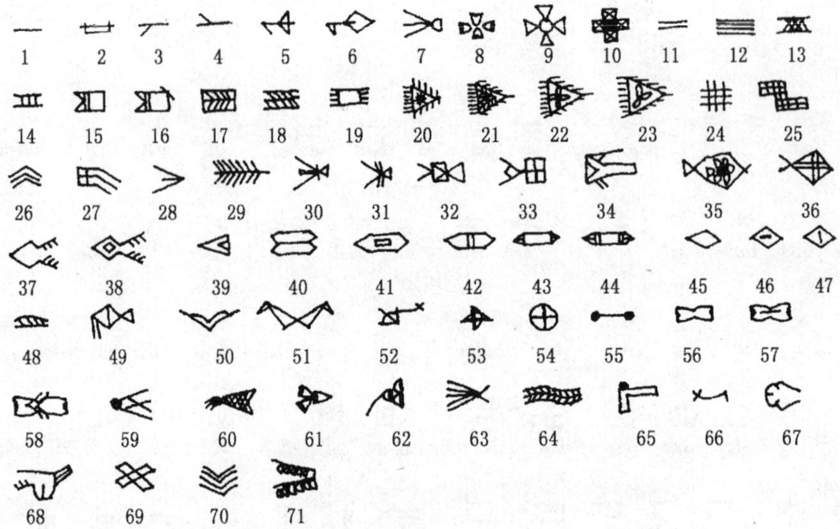

附录六 原始埃兰文字

（根据 Frank 1912，52～54 页整理，符号按原书顺序排列）

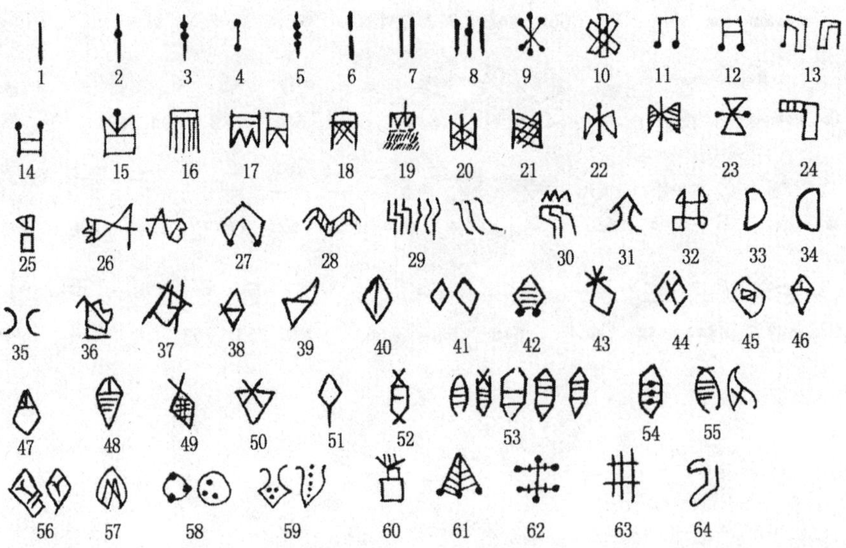

凤雏 H11 之 1、82、84、112 四版卜辞通释与周原卜辞的族属问题

杨 莉

The discoveries of oracle bones at Zhouyuan are significant for the archaeology of the Shang and Zhou Dynasties. Inscriptions on these oracle bones supply abundant information for our understanding of the early history of the Zhou and Shang. The newly discovered oracle bones of the Zhou people at Zhouyuan are especially attractive. The No. 1, 82, 84 and 112 oracle bones in pit H11 at the Fengchu site discussed in this paper are important for the research on the Shang-Zhou relationships and the clan-owners of the oracle bones. Scholars have argued about the meanings of the inscriptions on these bones and other related issues for several years. This paper, with the help of tables and comparison, interprets the four bones as a whole, and especially pays attention to the grammar structure of the inscriptions. It provides some fresh ideas on the grammar structure and meaning of the inscriptions and the owners of the oracle bones.

一、序 言

（一）甲骨出土背景

周原是周文化的发祥地，周原甲骨是近年来重要的考古发现之一。从 1954 年在山西省洪赵县坊堆村周代遗址中发现有字卜骨，到 2003 年陕西省岐山县周公庙刻辞卜甲[1]发现之前，全国各地已有 10 处遗址出土有周人甲骨，总计 312 片[2]。本文讨论的四版卜甲是 1977 年出自陕西省岐山县凤雏村西周宫殿基址的窖藏[3]。发掘者推测

---

〔1〕 周原考古队《周原李家铸铜作坊遗址发掘和岐山周公庙遗址调查获重要成果》，《中国文物报》2004 年 3 月 31 日第一版。

〔2〕 王宇信、杨升南主编《甲骨学一百年》，社会科学文献出版社，1999 年。详见第 288 页统计表。

〔3〕 陕西周原考古队《陕西岐山凤雏村发现周初甲骨文》，《文物》1979 年第 10 期，第 38 ~ 43 页；陕西周原考古队、陕西岐山文管所《岐山凤雏村两次发现周初甲骨文》，《考古与文物》1982 年第 3 期，第 10 ~ 22 页。

宫殿建筑的性质为“殿堂宗庙”，始建年代在武王灭商以前，废弃年代在西周晚期〔4〕。

出土甲骨的H11、H31位于西厢的二号房间内，均打破了夯土房基，两坑共出土甲骨17275片，有字卜甲292片。甲骨都经过整修，卜甲的钻凿几乎皆为方孔，卜骨皆钻圆孔。甲骨十分残碎，字体非常细小。诸项特征均与殷墟甲骨有鲜明的差异。

（二）凤雏H11之1、82、84、112四版卜辞的研究概况

本文讨论的凤雏H11之1、82、84、112四版卜辞为这批甲骨中字数较多、内容完整且相互联系的四版卜辞，是岐山凤雏遗址出土甲骨的精粹，也是20多年来周原甲骨研究中岐见纷出、争论未果的四版卜辞。这些卜辞记录了在末代商王宗庙诏祀前代商王并贞问“不佐于受”，“王”是否能得到神明佑助的事。面对周原甲骨所载在商王宗庙内祭祀商族先王的刻辞，其献祭的王是谁、周方伯是谁，王与周方伯是否为同一人、其间的关键字作何训解、相关甲骨属商属周，便成为学术界聚讼纷纭的焦点，有关的纷争旷日持久，小到具体字词的训释、人物的指称，大到卜骨的族属和相关历史背景，都存在着许多不同的意见。这一方面说明卜辞本身疑点丛生，学者对其认识各守己见；另一方面也反映出这四版卜辞具有重要的研究价值和学术意义。

前辈学者的相关研究着重于刻辞的训解、内容的考辨，并兼及字形、字体与甲骨的攻治与钻凿，力求在卜辞内容和甲骨特征两个方面都能解释圆通。20余年来，在周原甲骨的研究中，对这四版卜辞逐渐形成了下述互有分歧的三种具有代表性的见解：其一，认为卜辞出自商人之手，所记是商王征伐周方伯的军事行动〔5〕，或是“把周方伯作为牺牲”的祭祀行为〔6〕。这种见解在解释辞义上似乎文从字顺，但对周原甲骨在攻治方法、钻凿形态、卜辞形式、惯用词语以及字形书体等方面与殷墟甲骨之间存在的差异，却未能作出令人信服的说明。其二，认为卜辞出自周人之手，反映了商王册命周文王为西伯的史实，辞中的王与周方伯均指周文王〔7〕。这种见解虽在甲骨特征上得到强有力的支持，但遭到周文王祭成唐、大甲不合于“神不歆非类，民不祀非族”礼俗的辩难〔8〕。其

〔4〕　陕西周原考古队《陕西岐山凤雏村西周建筑基址发掘简报》，《文物》1979年第10期，第27～37页。对于宫殿建筑基址的性质和使用年代尚未取得统一意见。徐天进先生认为：“仅就发掘简报所提供的材料而言，对始建年代的推断似有再斟酌的余地。”（《西周王朝的发祥之地——周原——周原考古总述》，《考古学研究（五）》，科学出版社）

〔5〕　以王宇信先生为代表。王宇信《周原庙祭甲骨“𠭁周方伯”辨析》，《文物》1988年第6期，第67～71页；李学勤、王宇信《周原卜辞选释》，《古文字研究》第四辑，第245～258页。

〔6〕　以王玉哲先生为代表。王玉哲《陕西周原所出甲骨文的来源试探》，《社会科学战线》1982年第1期，第101～105页。

〔7〕　以徐中舒先生为代表。徐中舒《周原甲骨初论》，《古文字研究论文集》（《四川大学学报丛刊》第十辑），1982年5月，第1～12页。

〔8〕　王宇信《试论周原出土的商人庙祭甲骨》，《中国史研究》1988年第1期，第107～119页。

三，认为卜辞是周之卜人记录的商王祭祀先王并册命周文王为西伯的卜事；卜辞为商王所卜、周人所记，或说是周之卜人替商王所卜[9]。这种见解虽然弥合了上述两种看法在卜辞内容与甲骨特征上存在的矛盾，但商王卜辞由异族人刻写，或异族人为商王占卜，此均为孤证，因此这种见解只能是一种推测，缺乏有力的佐证。近年来，又多有学者从礼俗方面分析卜辞的族属，认为商周之间关系复杂，虽在武王伐纣之前两族之间已剑拔弩张，但两国本为甥舅之国，周人是可以祭祀商王的[10]；也有学者从甲骨文中伊尹受祭来说明"商代并不绝对拘泥于'民不祀非族'的约束"[11]。这些意见使得由这几片周原卜辞引发的讨论更加深入。但如曹玮先生在《周原甲骨》序言中所言，目前各种说法对卜辞归属的认识相距甚远，且每种说法中都有不能解释圆通之处，需要进一步研究。

（三）本文的研究方法与要点

综览上述有关周原甲骨认识上的种种分歧，各家意见虽然都力图在卜辞内容与甲骨特征两个方面求得互补互证，但卜辞本身的训释与解读都是其首要的和根本的依据。具体地说，无论哪一种意见的持有者或遵从者，最终都是基于对卜辞中的"王"、"周方伯"以及两者之间"卣"字的训解得出的结论。大家面对同样的几条卜辞却得出明显不同或截然相反的结论，表明对这几版卜辞仍需进一步研究。

本文拟从以下几个方面进行探讨。

（1）H11∶1等几版甲骨刻辞的结构分析。用表格的方法把这些内容相互关联的甲骨刻辞的不同成分分割开来，分别纳入表格的相应栏目之中，以方便对卜辞各种成分内容与性质的讨论。

（2）H11∶1等几版甲骨刻辞的残辞互足。基于对卜辞各种成分内容、性质的认识以及各部分惯用语辞的互相参证，补足残字残辞。

（3）参照古代典籍的卜筮程式与规则，对卜辞的各种成分进行全面考察，即对卜辞各部分关键语词的争议作出评述并提出个人新解，对以往讨论中被忽略的语辞着力进行考辨。

（4）对相关卜辞的内容加以整合并作出通释。

（5）对卜辞族属问题进行全面梳理与研究。

---

〔9〕 李学勤《周文王时期的卜骨与商周文化关系》，《人文杂志》1988年第2期。

〔10〕 王晖《周原甲骨属性与商周之际祭礼的变化》，《历史研究》1998年第3期，第5～20页。

〔11〕 张永山《从卜辞中的伊尹看"民不祀非类"》，《古文字研究》第二十二辑，2000年7月，第1～5页。

二、凤雏 H11 之 1、82、84、112 四版卜辞通释与残辞互补

（一）隶定与释文

在讨论之前，先行揭出 H11∶1、H11∶82、H11∶84、H11∶112 四版卜辞的放大摹本（图一∶1～4；图中摹本皆引自陈全方《陕西岐山凤雏村西周甲骨文概论》，并参照曹玮编著《周原甲骨文》中的放大照片对原摹本中的某些字作了改动），并将隶定的释文录于摹本之下。卜辞有残勒的，均参照同类的完整辞例予以补足，凡只知残缺字数的皆补以□；凡能确知残缺为某字的，则将该字补入□中。为了方便读者与后文称述，下面我们以今文字录出释文。卜辞中使用假借字者，凡大家有公认结论的，录文直接写出借字，如“又”字视辞例不同录作有、侑、佑等。有争议的字，或按本文遵从的释法录出，或按本文作者的见解录出，皆随文加以说明。

H11∶1　癸巳，彝文武帝乙宗贞：王其诏祭成唐，[illegible]赉，𠬝二女，其彝血牡三，豚三。思有正。

H11∶82　□□，[彝]文武□[宗][贞]：王其诏禘□天□典，𦉨周方伯[赉]。思正。亡佐[于][受]，王受有佑。

H11∶112　彝文武丁宓贞：王翌日乙酉其桒称𢓊□武丁，礼□□□𩰫卯。[思][正]。[不]佐，王[受][有][佑]。

H11∶84　贞：王其桒侑大甲，𦉨周方伯赉。思正。不佐于受，有佑。

（二）H11 之 1、82、84、112、130 的对读与残辞互补

我们认为 H11 之 1、82、84、112 这四版庙祭卜辞与 H11∶130（较残，摹本释文见图二∶1）内容相互联系，是就同一事件的反复卜贞。这些卜辞记录了在末代商王宗庙（文武丁宓、文武帝乙宗）举行的诏祀前代商王（成唐、大甲）并贞问“不佐于受”，“王”是否能得到神明佑助的事。卜辞明确记载了诏祀活动的献祭人是“王”，祭礼的主要仪节是“诏祭成唐”或“桒侑大甲”，并“[illegible]赉”或“𦉨周方伯赉”。它们有着相似的卜辞结构，在内容上可以相互参照和补充。下面我们拟用表格的形式把这五版卜辞的内容分割、对应进行考察，以期对卜辞结构和关键字词的理解有更好的把握。在为排比、对读五版卜辞的记录程式及各部分内容而编制的表格（表一）中，依照图一与上小节对各辞的释文以及拟补的缺字，按表中拟订的栏目分段抄录，并将其中的关键用字在栏中上下对应排列整齐。读者可将图与表两种释文与原版卜辞加以比较，并核验图一各版摹本、释文及拟补文字是否有误，表一对各版卜辞在各栏的分割、对应是否合理。

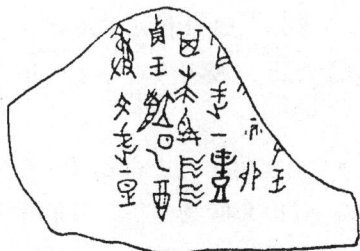

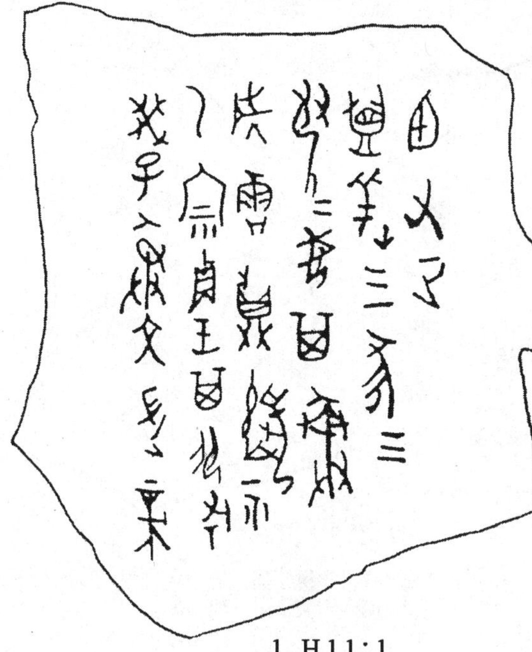

1.H11:1

由又正。
血牡三，豚三。
𠬝二女，其彝
成唐，将鼎禁，
乙宗贞：王其刏祭
癸巳，彝文武帝

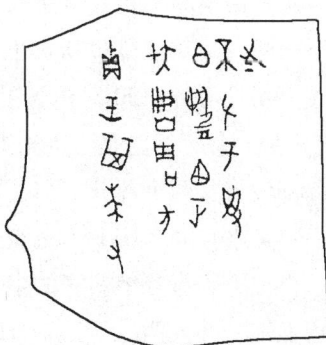

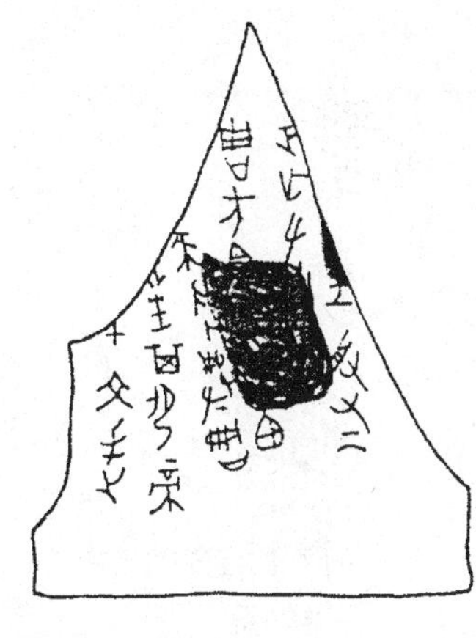

2.H11:82

王受又=。
正。亡左[于][受]，
周方白[𧶠]。由
□天□典，𠕋
□[宗][贞]：王其刏帝
□□，[彝]文武

3.H11:112

[受][又=]。
[由][正]。[不]左，王
□□□凢卯。
□武丁，豊
其桒爯𣃦
贞：王翌日乙酉
彝文武丁宓

4.H11:84

又=。
不左于受，
白蟄。由正。
大甲，𠕋周方
贞：王其桒又

图一

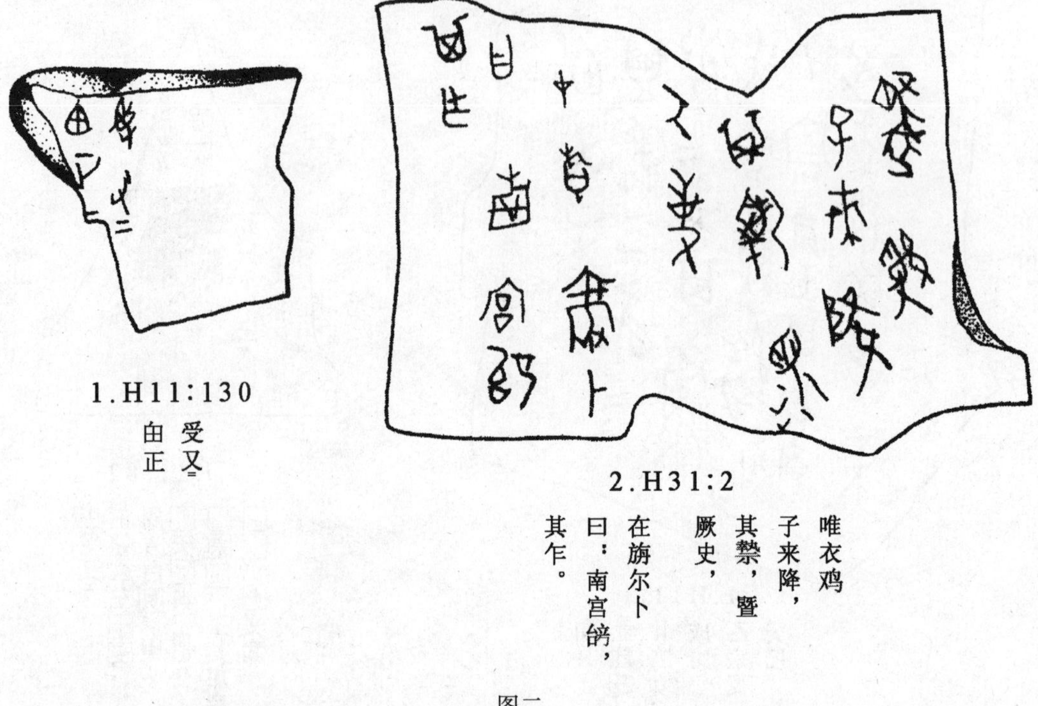

1.H11:130
由　受
正　又
2.H31:2
唯衣鸡子来降，其禁，暨厥史，在旃尔卜曰：南宫辝，其乍。

图二

如表一对五版卜辞结构成分的分割，我们认为，表一所录前四条卜辞只包括前辞与命辞两个部分。前辞部分包括贞卜日期与贞卜地点两项，命辞部分包括献祭人至命事八项。表一所录 H11∶130 只包含了命辞的两项成分。周原卜辞中还有以“卜曰”与“卧曰”打头的刻辞，认为是卜人对兆象、卜事的判断以及占人对卜事的最终断语[12]。但上述几辞都没有这两个部分。

第一栏：贞卜日辰。H11∶1 为癸巳。H11∶82 左起第一行上部已残，“文武”上面还有残字，再往上仍有容纳两字的余地，疑其与 H11∶1 格式相类，可能是干支日，其为何日不可推知，补入两□当之。H11∶112 首行首字就是第二栏贞卜地点之前的第一个字，贞卜日期被省略。H11∶84 首行首字为贞字，则前辞部分全部略去。

第二栏：贞卜地点。H11∶1、H11∶112 均完备无缺，所记贞卜地点为某王（文武帝乙、文武丁）宗或宓。H11∶82 的王名“文武”尚存，其上一字仅存残笔，陈全方先

---

〔12〕 裘锡圭先生认为“卧”乃“兆”的异体，“卧曰”应该看做占卜者据卜兆而作出判断的占辞（《释西周甲文的［卧］字》，《第三届国际中国古文字学研讨会论文集》，香港中文大学中国语言及文学系，1997年）。

表一

卜辞编号	前辞		命辞									
			诏号							命龟	
	日期	地点	献祭人	祭日	祭法	神号	献贽方式	币号（即贽，含牺牲）		命兆	命事
H11:1	癸巳	彝文武帝乙宗贞	王		其诏祭	成唐	⿱将鼎	贽	𠬝二女，其彝血牡三，豚三	思有正	
H11:82	□□	[彝]文武□[宗][贞]	王		其诏禘	□天□典	酉	周方伯[贽]		思正	亡佐[于][受]，王受有佑
H11:112		彝文武丁宓贞	王	翌日乙酉	其𠦪称旂	□武丁	礼		□□□盬卯	[思][正]	[不]佐，王[受][有][佑]
H11:84		贞	王		其 𠦪侑	大甲	酉	周方伯贽		思正	不佐于受，有佑
H11:130										思正	王受有佑

生认为是彝字[13]，此从之，填入□之中。“文武”以下的部分在第二行上部，已残失不存。由四、五行起始位置推测，可知第二行已残失二至三字，应是商王的日名及其后的宗、贞两字。其中商王的日名不可确定（殷卜辞中有文武帝乙，又有文武丁），此补以□，宗（或宓）、贞两字补入相应位置。

命辞部分比较复杂，笔者认为可以分为两个部分，一是诏号部分，包括献祭人至币号共六栏：一是命龟部分，包括命兆与命事两栏。

第三栏：献祭人。表一所列 H11∶1 等四辞，这个部分均完好无缺，为“王”。

第四栏：祭日。仅 H11∶112 有记录，其余各辞均缺记。此不补。

第五栏：祭法。表示祭法的动词均冠以“其”字，H11∶1、H11∶82“其”字下一字隶定为卲，读为诏。H11∶1“诏”下一字从严一萍释作祭[14]。H11∶84 桒下一字为又，此读作侑。

第六栏：神号（即受祭者）。H11∶112 第四行“武丁”之前有残笔，不可辨，补以□。由 H11∶84 祭法“桒侑”与献贽方式“𠬝”字之间为受祭者“大甲”，可以推知 H11∶82 祭法“诏禘”与献贽方式“𠬝”字之间很可能也是受祭者，在该辞相应的位置上（第三行上部），有天、典二字依稀可辨，“天”上一字已残失，“典”上一字尚残留一竖笔与一个口，均暂以□补之。有学者认为此处“‘天’义与大、太同。本辞作‘太’字用。‘天（太）’下一字已残，仅留‘[illegible]’残痕，从上下文推断，‘天（太）’和这个残字，当是本辞所记载祭祀的对象，即人名。从残迹看，当是戊字。这个推断不错的话，那么本片卜辞的祭祀对象就是商王‘太戊’了。这样，也正合84号卜辞的文法结构。”[15]可备一说。

第七栏：献贽方式。此处是以往学者对卜辞内容及族属有不同理解和不同判断的一个关键所在。我们把 H11∶82、H11∶84 的“𠬝”与 H11∶1 的“𩰫”和 H11∶112 的“礼”划归到这一栏，是基于对其后的直接宾语（即“贽”）的释读（详见下文释贽）。𠬝此从于省吾释为删，为杀牲法[16]。H11∶1 的𩰫，由其后的名词贽，推测其与 H11∶84“𠬝周方伯贽”的语法结构相类，故把它看做是献贽方式。H11∶112 辞较残，第四

〔13〕 陈全方《陕西岐山凤雏村西周甲骨文概论》，《古文字研究论文集》（《四川大学学报丛刊》第十辑），1982年5月，第305~434页。

〔14〕 严一萍《周原甲骨》，《中国文字》新一号，艺文印书馆，1980年。

〔15〕 仵君魁《周原甲骨来源辨》，《中国考古学研究论集》，第256~263页，三秦出版社，1987年。朱歧祥先生亦疑此处先王名为大戊，见朱歧祥《周原甲骨研究》，第32页，台湾学生书局，1997年。

〔16〕 于省吾《释𠬝》，《甲骨文字释林》，中华书局，1979年。

行受祭对象的王名下仅存一“礼”字，对其语词结构不甚了解，这里将“礼”字暂归入此项。

第八栏：币号（即贽）。“贽”即 H11∶84“周方伯”后面的那个字，此前学者或释为盏，或释为盝，此为本文所释（详见下文释贽），指周方伯所执的贽，即命辞中周王在商王宗庙告祭成唐、大甲所献的牺牲玉帛。H11∶1“艮”前的那个字，学人或释为祝[17]，或释为御[18]。我们认为其与 H11∶84“周方伯”下之字为同一字，“酉周方伯贽”与“𬄙贽”含义相似，都是指处置周方伯所献之贽以请商先王享用。H11∶82“周方伯”的“伯”字仅存上半部，下面一字已被刮去，据 H11∶84 和 H11∶1 推断其亦应为“贽”字，此补入。

贽字之后是具体的牺牲及用牲法。H11∶1 中“贽”的具体内容有“二女”、“牡三”、“豚三”，其中“艮”表身份，“彝”、“血”可能是用牲的方法。H11∶112 辞较残，第五行残留“盨卯”二字应归入此栏。

第九栏：命兆之辞。如表一所录，H11 之 1、82、84、130 四版，这个部分均为“思有正”或“思正”。H11∶112 这个部分已残，参照其他几版的卜辞结构及其下文和残去部分（第六行的上部，约两到三字的位置），可判定此处亦应补“思正”二字。这个部分为命兆之辞，是本文提出的拙见，详见下文。

第十栏：命事即卜问事项。命事是指稽疑的事由，如 H11∶84，此从徐锡台先生的意见，读为“不佐于受，有佑”[19]，即卜问“不辅佐商纣王，也能得到神明佑助吗?”H11∶112 的第六行下部仅存“左”、“王”两个字，中间省略了“于受”二字。“左”上补“不”。“王”字下有缺文应在第七行，已残去，当为“受有佑”，皆补入。H11∶82 第五行“亡左”（即“不佐”）下面的文字原已铲除，参照上述各辞，其下应为“于受”二字，兹补。第六行偏下有“王受有佑”，王字以上原来是否有字已不可知，暂不补。H11∶130 这个部分只有“王受有佑”。

由表一对相关各辞结构成分的分割与分栏对照、排比和说明，表述了我们对这几片卜辞的理解，提出了一些不同于以往各种见解的新认识。在下一个部分我们将就卜辞中的一些关键语辞逐一进行解释和评述。

（三）关键语辞疏通

在上文对相关卜辞的结构进行了初步梳理和对读的基础上，下面我们将就卜辞中的关键语辞逐一进行讨论，并进一步阐明上文对卜辞成分分割的依据。

---

〔17〕 陕西周原考古队《陕西岐山凤雏村发现周初甲骨文》，《文物》1979 年第 10 期，第38～43 页。

〔18〕 李学勤、王宇信《周原卜辞选释》，《古文字研究》第四辑，第 245～258 页。

〔19〕 徐锡台《周原卜辞十篇选释及断代》，《古文字研究》第六辑，第 401～412 页。

1. 关于“彝文武帝乙宗”（或“文武丁宓”）

见于H11∶1、H11∶82、H11∶112三辞，“彝”在这类卜辞中是一个惯用的辞语。H11∶1和H11∶82中的“干支（日）彝某王之宗（或宓）贞”，与殷墟五期卜辞“干支（日）卜，在某地贞”的前辞相当，如：

丙午卜，在商贞……己酉卜，在乐贞……　（《合集》36501）

周卜辞前辞部分只有贞字没有卜字，则与商卜辞不同，这里的“彝”字，学者们认识不一。或认为是“祭祀的意思”[20]、“宗庙之常祭”[21]或“依法祭祀”[22]；或引据殷卜辞类似辞例，如《续》1.12.6“彝在中丁宗”、《甲》3932“彝在祖辛”，认为“彝字均为居处之意”[23]；或认为“彝文武帝乙宗”是“以宗庙之常器，若钟鼎之属，荐于文武帝乙宗庙”，H11∶1的“币号”部分又有“其彝……”之语，认为此处之“彝”指祭祀所陈的宗彝，即前面提到的“彝”[24]。

根据H11∶1所述卜事的前后关联，笔者认为第三种见解是正确的。其前辞中的“彝”是指陈设彝器于宗庙，命辞中的“彝”则是以预先陈设的宗庙彝器荐牲以祭。据《仪礼》，陈设祭器并清洗洁净乃是庙祭“视濯”的仪节，是在正祭的前夕进行的。H11∶1前辞之“彝”是已然之辞，而命辞之“彝”则仍属未然之辞。其前后顺序与内在关联，与《周礼》所述是一致的。

H11∶1“彝文武帝乙宗”之“文武帝乙”即商王帝乙，H11∶112“彝文武丁宓”之“文武丁”即商王文丁，是帝辛（商纣王）之父与祖。“宗”与“宓”[25]均指宗庙，为大部分学者所赞同。有学者认为“宗”指“祭名”[26]，或以之为“主祭祀之官称”，即“宗祝”[27]，不确。在某王宗庙（宗、宓）进行祭祀在殷墟卜辞中也很常见。由上文对卜辞结构的分析和对读可知，这个部分乃是前辞中交待贞卜地点之语。

2. 关于诏

“诏”为本文所释。该字见于H11∶1与H11∶82，原作“刅”，是一个从卩、刀声

---

〔20〕同〔17〕。

〔21〕朱歧祥《周原甲骨研究》，第4页，台湾学生书局，1997年。

〔22〕陈全方、侯志义、陈敏《西周甲文注》，第2页，学林出版社，2003年。

〔23〕同〔18〕。

〔24〕同〔14〕。

〔25〕宓从于省吾之释为“神宫”，见于省吾《释必》，《甲骨文字释林》，第38～39页，中华书局，1979年。

〔26〕同〔14〕。

〔27〕同〔22〕，第3页。

的字。有学者将 H11∶1 中的这个字隶定为苟，读为敬[28]，或"即卯祭之卯"[29]，所释与字形不符。这也是一个有争议的用语。学人多将其读为昭。朱歧祥先生以卲有高、美之意，认为昭祭言盛大的祭祀[30]；陈全方先生认为"丣讯"即问讯[31]；后又读丣为昭，谓"昭，明也，古多表敬意"[32]。这个字见于殷墟甲骨文，如：

呼子宧丣父乙

贞勿呼子宧丣父乙

贞呼子宧丣父乙𣍘𠬝[illegible]卯宰　（《合集》709 正）

……羊三十于丣若　（《合集》32571）

丣在《合集》32571 中是祭祀的对象，在《合集》709 中用作祭祀的仪节。我们认为该字应读为诏，《合集》709 与上述周卜辞的诏字的用法相同。H11∶1 为"诏祭"（祭字从严一萍释[33]），H11∶82 为"诏禘"，相当于典籍中称为"诏号"的仪节。《周礼·春官·小宗伯》云："凡国大贞，则奉玉帛以诏号。"郑注："号，神号，币号。"《说文》："诏，告也。"是命龟之前奉贽（即币，或为玉帛，或为牺牲，详见下文释贽）、告神、礼神之举，故如小宗伯疏所云："凡卜必就鬼神以卜，故有神号。"H11∶1 的神号是"成唐"，"诏祭成唐"是命龟前告祭成唐的活动。

这个环节在 H11∶84 为"桒侑"，是祈求并侑祭之意，与"诏禘"、"诏祭"属于同一仪节。《尚书·金縢》记周公为武王"遘厉虐疾"而"命于元龟"，此前一节记周公除地为坛，植璧秉珪以为贽并告三王（大王、王季、文王），即命龟之前诏号的记述，其以"告"为诏，三王即神号，璧珪为贽即币号，与周卜辞诏祭成唐的仪节完全一致。

3. 关于"称㫃"

H11∶112 中有"称㫃"一词。殷墟卜辞中常见"称册"、"称典"、"称玉"的辞例。于省吾认为称册乃称述册命之意[34]，学者多从之。称玉则每与其他用牲方式连言，故称又训为举，谓祭祀献玉于祖先。唐兰先生认为殷墟卜辞的[illegible]是由[illegible]、[illegible]和[illegible]之形演变而来的，"然则中本旂旗之类也"[35]。《周礼·春官·司常》中记载了用旗的各种

[28] 同〔22〕，第 4 页。

[29] 同〔26〕。

[30] 同〔21〕。

[31] 同〔13〕。

[32] 同〔22〕，第 19 页。

[33] 同〔26〕。

[34] 于省吾《双剑誃殷墟骈枝续编·释称册》，第 13 页。

[35] 唐兰《释[illegible]、[illegible]》，《殷墟文字记》，第 37 页，中华书局，1981 年。

仪节："及国之大阅，赞司马颁旗物：王建大常，诸侯建旗，孤卿建旃，大夫、士建物，师都建旗，州里建旟，县鄙建旐，道车载旞，斿车载旌。""凡祭祀，各建其旗，会同、宾客亦如之；置旌门。大丧，共铭旌，建廞车之旌；及葬亦如之。凡军事，建旌旗；及致民，置旗弊之。甸亦如之。凡射，共获旌。"可见，大阅、祭祀、丧仪、军事等诸多国家大事和礼仪上都要建旗。学者多释此处为"举旗"，但对于其具体含义却有不同的看法。徐中舒先生认为此处为文王受命举旗，"称旂即举起周方伯旂，此旂也应是殷王所颁"[36]；陈全方先生认为是"王举行祭祀典礼时用六游之形的熊旗"[37]；朱歧祥认为是"桒祭时称册举旗的祭仪方式"[38]；王宇信先生认为是帝乙二年周文王伐商时，"商王帝乙建大常之旗召集兵众"抵御周人[39]。我们认为此处称旗是周文王桒祭文武丁的一个仪节，乃祭祀建旂。

4. 关于受祭先王

在这四版卜辞中，受祭商先王有成唐、大甲和□武丁。H11∶1之"成唐"即成汤，在殷墟卜辞中有"成"、"唐"、"大乙"几种不同的称呼，如："桒于上甲、成、大丁、大甲、下乙"（《乙》5303），"御自唐、大甲、大丁、祖乙百羌百牢"（《续》1.10.7），"辛亥贞于大乙佑伐"（《粹136》）。但殷卜辞中未见成、唐连言者。H11∶84"大甲"为合文，乃成唐之孙。H11∶82在受祭先王的位置，可辨者为第三行的"天"字，其上下皆有残勒，具体王名不详。H11∶112"□武丁"因丁字刻划较细小，有些学者误将"丁"释为"一"，不确。武丁是殷中兴王，史称高宗。H11∶130刻辞大多残掉，其所祭者不知为谁了。王宇信先生曾撰文讨论这几版卜辞中的受祭先王，认为成唐、大甲等是殷征伐卜辞中常见的告祭对象，从而认定上述周卜辞乃是商人出兵征伐周方伯前的求佑举措[40]。成唐、大甲既是商人功德显赫的先祖，也是古人心中的"天下之盛君"，在各种祭典中都有着举足轻重的地位。我们认为上录周卜辞乃是周文王向殷先哲王献祭求佑的记录。

5. 关于𠀠

H11∶82、H11∶84都有"𠀠周方伯□"，这个短语关系到卜辞核心内容与族属的判断，是以往争论的焦点，也是通释卜辞的关键所在。关于𠀠的诠释主要有三种意见：其一，与殷墟甲骨文中大量存在的"𠀠"之用法相同，"不管是对物牲或人牲真正的杀

[36] 同[7]。

[37] 同[13]。

[38] 同[21]，第40页。

[39] 王宇信《周原出土庙祭甲骨商王考》，《考古与文物》1988年第2期，第65～71页。

[40] 同[39]。

死，或者只作为杀的象征的登记，被𠜱的人或物，总是一种被牺牲的对象”，“𠜱周方伯”是商王把周方伯作为牺牲[41]。其二，以𠜱字意为征伐，“𠜱周方伯”是商王征伐周方伯的军事行动[42]。其三，以𠜱为册告、册命，持这种见解的人虽然对前面的“王”有商王（纣）、周王（姬昌）的分歧，却均把“𠜱周方伯”看成是商王纣册命周文王为西伯或周文王求神册命为周方伯[43]。根据我们对卜辞的理解，以上三种意见都与卜辞的原意不合。造成这种状况的原因只有一个，就是在讨论“𠜱周方伯”这个短语时，大家都忽略了“周方伯”之后的那个字。这就是我们在本节开头录引这句话时有意加一个□的原因。如 H11∶84 录文，这个字我们释为赘。在“𠜱周方伯”这个短语中，𠜱是谓语，赘是宾语，周方伯不过是一个领格的名词。如此，则𠜱的对象是赘，而不是周方伯。如果这个解释正确的话，那么以往对𠜱字的种种解释就不免都错了。到目前为止，仅有朱歧祥先生将“周方伯”后面一字从上读作𠜱的宾语，将辞意解为“𠜱命用周方伯的某人为祭牲”[44]。

𠜱字作为一种用牲的方式，在殷卜辞中或与卯（用作杀牲的方式）联合使用，都是极常见的，如：

贞𠜱祖乙十伐又五，卯十牢又五。　（《合集》254）

贞𠜱妣庚十㞋卯十牢

𠜱妣庚十㞋卯十牢　（《合集》698 正）

辛亥卜，王贞𠜱父乙百牢。　（《乙》5408）

𠜱祖丁十伐十宰

勿𠜱祖丁　（《合集》914 正）

殷墟卜辞的这个𠜱，学者或训为砍杀，意即删砍牺牲以祭神[45]；或训为册告，谓记牺牲数目于册以告献于神[46]。两种说法的遵从者皆大有人在，其是与非有待更多的材料来验证。把 H11∶84 中“𠫑侑大甲”后的内容读为“𠜱周方伯赘”，其中“𠜱”的用法与殷墟卜辞中的用法十分相类，即𠜱牺牲以祭。

6. 关于赘

赘是本文所释，指 H11∶84“周方伯”后面的那个字。在以往的研究中，学者对这个字有以下几种见解：其一，隶为𧍝，读作䊵，指黍、稷、稻、粱一类祭品，并引

---

〔41〕 同〔6〕。

〔42〕 同〔5〕。

〔43〕 徐中舒先生最早提出册命之说，见〔7〕。

〔44〕 同〔21〕，第 33 页。

〔45〕 同〔16〕。

〔46〕 白川静《作册考》，《中国文字》，第 4391～4400 页；同〔6〕。

《周礼·春官·小宗伯》，以之为六齍之名[47]。其二，隶为盩，认为是周先人古公亶父诸盩[48]。其三，释为势。“疑此字分上下两部，上半部似一人跪坐，双手持‘丫’，当为执，下部从皿，全形当作‘盩’，读作執，即势。”在辞中的意思是“周人威胁商之势力”[49]。其四，隶为苣，认为其字“像一人跪着执火苣（炬）求神状，即光字。”[50]其五，隶定从李学勤、王宇信先生之说为盡，但认为“盡，从妻置皿中……此宜为烹妻奴以祭之意。哲周方伯盡，即哲命用周方伯的妻奴为人牲。”[51]对于这个字之所以有这么多种不同的意见，与此字刻写潦草，笔画不易分辨有关。

我们认为，妻字的古形是女子以手结发之形，如[古文字]，与此字视为妻的部分不合。盩字所从“攵”的古形本象一手执棍棒一类的东西，也有别于该字相应的部分。释盡、释盩都不确。我们依据上文对卜辞结构及卜辞内容的分析和对照，认为H11∶82“周方伯”下已铲去的也应是这个字，H11∶1“[古文字]”后“[古文字]”前的那个字也应该是这个字。但H11∶84与H11∶1中，该字的写法稍有不同。

H11∶1中“[古文字]”后这个字，李学勤、王宇信先生隶定为[古文字]，学者多从之。谓：“‘[古文字]’字上部从‘午’，从繁笔的‘[古文字]’，与常见的‘[古文字]’字从‘卩’意同。此字应释为‘御’，是商周古文字中常见的祭祀名。”[52]殷墟卜辞中的御、[古文字]作[古文字]、[古文字]、[古文字]等形，与H11∶1的此字有些相似。但殷卜辞中的[古文字]皆从“卩”，未见从“[古文字]”者。而且，常见于殷墟卜辞的这个[古文字]字是见于周原甲骨的，如H11∶14作[古文字]，扶风2作[古文字]、[古文字]，与殷墟卜辞中[古文字]字的最简写法全同。所以我们认为H11∶1中的这个字不应该释为[古文字]。也有学者把它看做是两个字，释作“祝示”[53]；或释为“沫示”，指出“沫”乃纣之朝歌，“泛指殷都宗庙所供奉之神示，则殷之历代祖先周均祀之也。”[54]从字形和意思上讲均不妥。

H11∶84中“周方伯”后面的那个字，不论李、王两位先生将之释作盡，认为是𢍰侑太甲所用的粮食类祭品，还是朱歧祥先生认为此字是被用作牺牲的人的名字，以及

---

[47] 同[18]。

[48] 范毓周《试论灭商以前的商周关系》，《史学月刊》1981年第1期，第14~19页；美国戴维·吉德炜教授也提出此观点（转引自高明《中国古文字学通论》，第328页，北京大学出版社，1996年）。

[49] 高明《略论周原甲骨文的族属》，《考古与文物》1984年第5期，第76~85页。

[50] 同[19]。

[51] 同[21]，第33页。

[52] 同[18]。

[53] 同[17]。

[54] 同[14]。

对 H11∶1“𩰫”后的那个字的不同看法，把它们视作与祭品，祭祀相关，从前后文来看是没有问题的。那么，这个字究竟应该作何训释呢？在周原出土甲骨中我们看到另外两个和此字相关的字，为我们提供了一些线索。

我们先来看看凤雏 H31 所出的一片重要刻辞，如图二：2 所揭凤雏 H31∶2 甲骨卜辞的摹本，辞曰：

唯衣（殷）鸡（箕）子来降，其贽，暨厥史，在旃尔卜曰：南宫 ，其乍。

辞中第八字陈全方先生释“执”，是正确的。该字上部象一个前伸的双手钳入桎梏，下部是一个与示近似的部分。陕西周原考古队、陕西岐山文管所曾撰文论及 H31∶2 的执字，认为“执本是拘执之意，文象罪人两手被桎梏之形，此处应读为‘周郑交质’或人质之质。”[55]徐中舒先生的看法亦大致相同，认为“此执即当读为絷”，是“絷留”之意[56]。均为卓见。笔者认为，辞中的执应读为贽，是箕子来降并献贽于周。

H11∶84“周方伯”后与 H11∶1“𩰫”后之字，与 H31∶2 中的“贽”字形有联系，应是同一个字。殷墟甲骨文中执多作𡭴，象双手相交为桎梏所钳之形，也有简化作𡭴（《合集》5970）者，其象桎梏的𢆶有所简化，或是象以绳索缚住双手之状。周原甲骨中的贽字所从之执，在 H31∶2 和 H11∶84 中亦作双手为桎梏钳制状。而 H11∶1 的𡭴字与 H31∶2 之执字极其相似。下部均从示，其上部的𢆶，如《合集》5970 的执字那样，不过是一种不规范的双手形而已。而𢆶与象双手的部分没有交互结合，则与殷卜辞写作𡭴（《合集》59147）是一致的。因 H11∶1 与 H11∶84 非出自同一刻手，两字写法略有不同。

《仪礼》：“士相见之礼贽。”注云：“贽，所执以至者。君子见尊者必执贽，必将其厚意也。”《周礼·春官·大宗伯》：“以禽作六挚。”郑注云：“挚之言至，所挚以自致。”贽与质古为通假字，《家语》注云：“质，所执以为礼者。”《孟子·藤文公下》：“孔子三月无君则皇皇如也，出疆必载贽。”注谓：“贽，臣所执以见君也。”据《周礼·秋官·司约》，古代的贽一般指玉帛鸟兽而言，其中兽也称作牺牲，如《国语·鲁语》云：“质之牺牲。”注云：“质，信也。”可见，古代的质既是见面的礼物，其羔羊雁雉之类又可用作牺牲，一方面表示客人诚信，一方面又取信于主人。

由以上讨论，我们认为凤雏 H11∶84“周方伯贽”即周方伯所献的贽。H11∶1 𩰫后𠬝前的字，我们认为亦应释为贽，已如上述。H11∶1 所谓的贽，就是贽字以后所列的“二女”、“牡三”、“豚三”诸项。

---

〔55〕 陕西周原考古队、陕西岐山文管所《岐山凤雏村两次发现周初甲骨文》，《考古与文物》1982 年第 3 期，第 10～22 页。

〔56〕 同〔7〕。

基于上述对赞字的讨论，我们认为辞中贞字之后即命辞之中的王是周王，是贞问周王诏告成唐、大甲、武丁并奉献周方伯所执之赞，以求得三位圣哲君王佑助，其时代应为灭商之前帝辛在位之时。《史记》之《殷本纪》、《周本纪》均载有商纣囚文王于羑里，文王之臣闳夭之徒求美女、奇物、善马献于商纣，以祈求赦免文王的故事，应当就是与这几片庙祭卜辞直接相关的历史背景。但卜辞也可能为灭商之前武王所做。以卜辞所贞为周王献赞于商人祖先，以行韬光养晦之策，是文从字顺，合情合理的。

7. 关于"艮二女"

H11∶1第四行上起的第一个字从卩从又，见于殷墟甲骨文。陈全方先生等在《西周甲文注》一书中将此字隶定为"杀"，与字形不符，与所做摹本不确有关。陈梦家释殷墟甲骨文中的这个字，认为："象以又按跽人（即俘获之人），谓用俘奴为祭也。"[57]郭沫若以之为"俘"，"艮，服也，意同俘，与牢、鬯并举，乃用人为牲。"[58]学者又多引《说文》"治"意训艮。李学勤、王宇信先生认为"本辞'艮二女'也是祀仪的一部分"，并参照"我方鼎"铭文，认为艮应该读为服，训为用、事，"H11∶1本辞与我方鼎铭都是说由'二女（母）'参与祀典。所谓'艮二女'即御祀由'二女'执事。"[59]艮在殷墟卜辞中十分常见，有作为酉的宾语，与其他用牲方式联合使用的，其地位与牢相同，如：

……午……匚酉十艮卯小牢　（《合集》704）

贞酉妣庚十艮卯十牢

酉妣庚十艮卯十牢　（《合集》698正）

另外，还有"㞢艮"、"用艮"，都是用艮于祭祀之中。艮作为常见的人牲，在卜辞中也常省略动词，如：

贞四艮于祖辛　（《合集》709正）

卜艮于高已妣　（《合集》22143）

后来，用艮作为一种常见的祀仪，常省去艮前之动词，直接以艮当之，并与"祼"[60]连用，如：

丁亥卜惟今庚寅祼艮　（《合集》32177）

与本辞用法最为相似的是下辞：

……艮三多于妣庚　（《合集》22232）

---

[57] 陈梦家《古文字中之商周祭祀》，《燕京学报》第十九期。

[58] 郭沫若《卜辞通纂考释》后记。考释781片。

[59] 同[18]。

[60] 葛英会、李永彻《卜辞祼祭与卜祭用日》，《纪念殷墟甲骨文发现一百周年国际学术研讨会论文集》，社会科学文献出版社，2003年。

在这里𠬝用来表示身份。H11∶1 中的“𠬝二女”与其后的“其彝血牡三，豚三”都是杀牲献祭的具体内容。

通过对比殷墟卜辞中𠬝的辞例和用法，我们认为训𠬝为治，并认为“二女”是辅佐帝辛祭祀的妲己及嬖妾是不对的，二女是王所献的牺牲。徐中舒先生认为“二母乃成唐的两个配偶”[61]，与上文我们分析的卜辞结构和𠬝在殷墟卜辞中的用法皆不相符，且把“二女”前的三个字隶定为“鬻御服”，以之为三种祭名也是不对的。还有学者认为“二女”即指妲己及嬖妾，二人被周武王执而杀之，献祭于成唐[62]，由卜辞本身及相关的几片卜辞来看，我们认为这种说法也是缺乏依据的。因为从前辞的贞问地点为商王宗庙，命辞的诏告对象为商人先王和贞问事由（见下文释“不佐于受，有佑”）来看，卜辞应为灭商以前所做。

8. 关于思正（或思有正）

“思正”或称“思有正”，是凤雏 H11∶1 等命辞的一个惯用语辞。思，卜辞作⊕，李学勤先生认为即《说文》的囟字，李先生有关该字形意的考辨与文献举证，已得到学界的广泛赞同。思与囟古代本为一字，周卜辞写作⊕，即《说文》所谓“头会脑盖”（卷十囟字条），后加心为思，以区别于囟。

在学术界，这个字还有叀、西、迺几种释法，均与该字的古形不符。据商周甲骨文、金文资料，西或迺字所从的西写作⊗，其中间两笔作斜交叉状（如禹鼎、戍甬鼎），或两笔与一笔斜交叉（作[字形]，如散盘），有的周边的笔画不闭合（作[字形]，如《合集》6082、6057 正、8724）。凤雏 H11∶8 之西、H31∶4 之迺所从西字，均为两笔斜向交叉，亦为佳证。“思有正”之思均作⊕，周边皆闭合，其中两笔作正交叉。差别极为鲜明，不容混淆[63]。其个别相互近似不易区分的是由书刻不规范造成的。李学勤、王宇信先生认为“思”是虚词，与“隹（唯）”同义[64]。后来李学勤先生读为“斯”，训为“其”，认为是命令副词，是庶几的意思[65]。张玉金认为“斯”出现在假设复句后一分句之首时，应译作“就、于是就、那么”等[66]。夏含夷读为“思”，训为“愿”，“在周原卜辞里，⊕字的用法很规律，或谓‘⊕有正’（H11∶1、H11∶12、H11∶

---

[61] 同[7]。

[62] 同[22]，第 8～9 页。

[63] 张玉金认为，周原甲骨与西周金文一样，⊗和⊕已经分化为两个字，前者是“西”，后者应是“囟”（见张玉金《周原甲骨文“囟”字释义》，《殷都学刊》2000 年第 1 期，第 1～4 页）。认为两字不同是对的，但实际上，它们并非由一个字分化而来，而是各有所本。

[64] 同[18]。

[65] 李学勤《续论西周甲骨》，《人文杂志》1986 年第 1 期，第 68～72 页。

[66] 张玉金《周原甲骨文“囟”字释义》，《殷都学刊》2000 年第 1 期，第 1～4 页。

84、H11∶114、H11∶130），或谓‘⊕亡咎’（H11∶11、H11∶28、H11∶35、H11∶77、H11∶96、H31∶13、H31∶4），或谓‘⊕克事’（H11∶6、H11∶21、H11∶32、H11∶136），均为卜辞的尾语，而且最重要的是均表示积极的意思，‘有正’、‘亡咎’、‘克事’似是卜人向鬼神之祈求，‘⊕’（思）乃应该为动辞，即‘愿’之意。”“思有正”乃是祝辞[67]。

“思正”之正，有的学者解为臣正之正[68]；或隶定为足，解为牺牲的头足或祭品丰足之足[69]。凤雏H11∶14与H11∶85有楚字，所从足字（古足、疋为一字）上部为口，与上部为一的正字，绝不是一个字，以此字为足是不对的。

周原卜辞“思有正”，学者或引文献之“正”以说其意，为“道也”[70]、“祯也”[71]、“中正为吉”[72]等。

“正”在殷墟卜辞中作⊽，常见“正”或“有正”用于辞末作为一个独立成分的用法，如：

甲午卜宾贞侑于妣甲一牛，正。（《合集》1191正）

己未卜争贞来甲子祼，正。（《合集》2273正）

其牢，有正。（《合集》27105）

贞隹羊，有正。（《合集》29534）

隹戌射，有正。（《合集》28080）

乙亥卜其祔执其卯，有正。（《合集》26977）

王匚二示卯王祭于之若，有正。

祭于之若，有正。（《合集》27083）

在同类卜辞中，“正”、“有正”之后也有接“吉”或“王受佑”的，如：

隹兹册用，有正，吉。（《合集》30674）

白牛隹三，有正，大吉。（《合集》29504）

于祖丁用，有正，王受佑。（《合集》27133）

癸酉卜贞翌日乙亥王其有祔于武乙宓，正，王受有佑。（《合集》36123）

于祖丁岁，有正，王受佑。（《屯南》613）

于宗，有正，王受佑。（《屯南》2345）

---

〔67〕夏含夷《试论周原卜辞⊕字兼论周代贞卜之性质》，《古文字研究》第十七辑，第304～308页。

〔68〕同〔7〕；同〔22〕，第5页。

〔69〕同〔13〕。

〔70〕徐锡台编《西周甲骨文综述》，第59页，三秦出版社，1987年。

〔71〕同〔21〕，第107～111页。

〔72〕连劭名《读周原出土的甲骨刻辞》，《古文字研究》第十三辑，第161～173页。

这里的“正”和“有正”的用法与周原甲骨的“思正”相似，都是常用的占卜术语。与此相类的还有“若”。“若”字学者多训为顺，它在殷墟卜辞中的用法比较复杂。其常见的一种用法是在五期卜辞中用于辞末，作为一个独立的成分，或者出现在占辞中，有时与“吉”相连。

我们认为，“思正”在周卜辞中处在贞字之后，属于命辞，应是扬火灼龟之前命兆的用语。《周礼·春官·太卜》郑注云：“正作其辞，将卜以命龟。”《史记·龟策列传》篇末有关于卜法的条款，其中以“命曰”打头的条款应是有关命龟的条文（为褚少孙所补）。如“命曰呈兆云云”，皆指兆象而言。在其篇篇首即有：“涂山之兆从而夏启世，飞燕之卜顺故殷兴，百榖之筮吉故周王。”其中的“从”、“顺”、“吉”也是描绘兆象的术语。篇末所附“杂占卦体及命兆之辞”（《史记索引》语）七十条，皆为对各种卜兆的具体描绘，如：

“卜击盗聚若干人，在某所，今某将卒若干人，往击之。当胜，首仰足开身正，内自桥，外下；不胜，足肸首仰，身首内下外高。”

“卜居官尚吉不。吉，呈兆身正，若横吉安；不吉，身节折，首仰足开。”

“卜居家吉不吉。吉，呈兆身正，若横吉安；不吉，身节折，首仰足开。”

这里的“身正”指的就是具体的兆象，“身正”者即是吉兆，即希冀稽疑之事可以获吉。由此，我们认为周原卜辞里的“思正”、“思有正”应是命兆的术语。

在周卜辞中，“卜曰”之后的用语常见“思亡咎”，也应当是指兆象而言，与《诗经·卫风·氓》中“尔卜尔筮，体无咎言”的语义是一样的。另外，近年来出版的《新蔡葛陵楚墓》之卜筮简文中常见的“兆亡咎”（如《新蔡葛陵楚墓》甲三：218 和甲三：47：“占之兆亡咎”）是判断卜兆的习惯用语，与周原卜辞的“思亡咎”是类似的占卜用语。

9. 关于“不佐于受，有佑”

“不佐于受，有佑”是 H11∶84 辞末命龟问疑之辞，这也是一句有争议的话。分歧有两点：其一，是“不左”还是读为“不佐”、“丕佐”；其二，“于受”之后是否断读为前后两个短语。读为“丕佐”的学者[73]忽略了“不左”乃等同于 H11∶82 中与之相应的“亡佐”。由两辞参照来看，H11∶84 辞中读为“丕佐”是不对的。释为“不左”的学者，以“不左”与“亡左”为同例语，并由“古代以得助为又（右、祐），不得助为左”，认为“不左”，“亡左”即无不得助之意。还援引殷卜辞“亡左自上下于（与） 示，余受有佑”作为旁证，认为卜辞中“于”同“与”[74]。我们认为这里把

〔73〕 同〔14〕。

〔74〕 同〔18〕。

介词“于”看成“与”是不妥的，而且殷卜辞“于”用为连词“与”，其后并不是“余受有佑”，与周卜辞没有可比性。我们认为“于”后接的是不佐的宾语“受”。“受”从徐锡台先生释为商王受。徐先生引《尚书·泰誓》中“今商王受，弗敬上天，降灾下民”，认为此片卜辞是“周文武王灭纣的一篇重要檄文”〔75〕。

基于上述讨论，笔者认为“不左”即“不佐”，佐字意为辅佐，卜辞应在“于受”后断读。“不佐于受”就是不佐助商王受（纣）。H11∶84将其他四版相关卜辞的“王受有佑”省略为“有佑”。总之，“不佐于受，王受有佑”是告神、礼神之后的稽疑之语，是H11∶84等几条卜辞的中心内容，其大意是不佐助商纣，是否会得到神的保佑。

三、卜甲族属的讨论

在以往的争论中，关于卜辞族属的判断是与释字和对卜辞内容的理解紧密相连的。例如，“𠬝”字，学者或以殷墟甲骨辞例为据，释为“征伐”或“砍杀”，从而认为卜辞是商人的，反映了商周之间的敌对关系；或依《说文》，释为“册命”、“册告”，认为是周人所做，反映了两国之间相对稳定或友好的关系。对于“王”和“周方伯”的所指，大家更是以对卜辞的释读为依据，并从甲骨形态和文献中去寻找历史、礼俗的证据来论证各自的观点，从而对卜辞的族属形成了三种意见：周人说、商人说、商人所卜周人所记说。基于上文对卜辞内容的梳理和阐释，我们认为这几版卜辞是周文王向商先王献祭求佑的占卜。现将各家的主要观点总结评述如下。

（一）周人说

最早主张周人说的学者以周原甲骨的发掘者陈全方、徐锡台和徐中舒等先生为代表。“主张卜辞中的‘王’就是周王，是周人对自己领袖的称呼；周方伯即周文王；‘宗’的位置在岐邑，是周人在岐邑所立的商人的宗庙，祭祀商人祖先；‘𠬝’的含义是册告，或是册命，‘𠬝周方伯’反映了商王册命周文王为西伯的史实。”〔76〕他们的主要依据是周原甲骨在形态和辞例上与商人甲骨的明显区别。

在甲骨的整治方式上，周原卜甲（多为腹甲，背甲极少）是先掏挖甲首，留下宽厚的半圆形首缘，而殷墟卜甲的“首尾及四周同等切平，不像周原卜甲留下宽厚的半圆形甲首边缘，殷墟甲骨也没有比较宽大的甲桥，甲内也不如周原卜骨铲得那么薄”〔77〕。周原卜骨基本上都是牛肩胛骨，无臼角，且以臼部朝下为正，与殷墟卜骨相反。钻凿的区别

〔75〕同〔19〕。

〔76〕曹玮编著《周原甲骨文》前言，第8页，世界图书出版公司，2002年。

〔77〕仵君魁《周原甲骨来源辨》，《中国考古学研究论集》，第256～263页，三秦出版社，1987年。

尤为突出，周原卜甲一般都是密集的方钻，这是殷墟出土的龟甲上所没有的。

字形风格和布局行款。周原甲骨文字“小如粟米，要用五倍的放大镜才能看得清楚”[78]，字体可以分为大中小三型，小型者（长 1~2.5、宽 1~2 毫米）最多[79]，堪称微型雕刻，是周原甲骨的一大特征。“周原甲骨文总的看来，运刀没有殷墟甲骨文特别是第四、五期熟练，字体也没有殷墟甲骨文规范”，“笔画纤细多波折，刀锋痕迹明显”，“其风格大体上是笔画纤细而全字结构却粗犷奔放，不少字的结体显得松散、草率”；“周原甲骨文的布局也没有殷墟甲骨文那样讲究，虽然也有像 H11∶1、H11∶112 号等几片布局较为规整、显然是受了殷墟甲骨文的影响，但是仍然不如殷墟甲骨文的布局严谨”[80]。王宇信先生指出我们所讨论的四片庙祭卜辞的行款与典型的周原甲骨不同，而与殷墟卜辞同，乃是自左向右的，所以用的仍然是“殷制”[81]。谭步云指出殷墟甲骨文中也有自右向左的行款例证，“甲骨文刻辞行款的随意性由此可见，光凭这一点还难以断定 H11∶1 等数片甲骨犹从‘殷制’，更不能据此而定之为‘商人物’。”[82]

周原甲骨上出现了许多未见于殷墟甲骨文的辞例，如周人独特的计时法“既吉”（H11∶26、H11∶48）、“既死”（H11∶55）；周原甲骨中周人特有的爵位、官名、人名和方国名，可以和文献相印证（如 H11∶15、H11∶50 之“大保”，H31∶3 之“南宫𬣙”，H11∶68 之“伐蜀”等）。周原甲骨中称商王为“衣王”（H11∶3）、“商王”（H11∶261），是以周人为主体来称呼商王的。周原甲骨无兆辞和属辞，并出现了一些不见于殷墟卜辞中的占卜术语，如“卲曰”和“思有正”等，商周的占卜结构亦有很大不同，囿于篇幅，这里不详述了。

商周甲骨之异十分明显，然而两者也有诸多的联系，许多字形、辞例相近或相同等[83]。但商周甲骨的许多根本性差别，可以推断它们应该属于不同传统的卜法，所谓“三王不同龟，四夷各异卜”，商周有着不同的占卜系统。本文所讨论的四版卜甲同样具有浓厚的周甲骨特征，从形制上看，他们属于周人是没有问题的。“周原所有带字甲

---

〔78〕 同〔17〕。

〔79〕 徐锡台《周原甲骨的字型与孔型》，《考古与文物》1980 年第 2 期。

〔80〕 同〔77〕。

〔81〕 王宇信《周原出土商人庙祭甲骨来源刍议》，《史学月刊》1988 年第 1 期，第 18~20 页；王宇信《周原甲骨刻辞行款的初步分析》，《人文杂志》1988 年第 3 期，第 68~74 页。

〔82〕 谭步云《读王宇信先生〈周原出土商人庙祭甲骨来源刍议〉等文后的思考》，《考古与文物》1996 年第 3 期，第 87~90 页。

〔83〕 徐锡台编《西周甲骨文综述》附“周原甲骨文字型对照表”，三秦出版社，1987 年；朱歧祥《周原甲骨研究》，台湾学生书局，1997 年。

骨皆具有统一的特点，那么就不能将其中几片卜辞与其他卜辞截然分开，更不能只单纯从卜辞中载有商王先祖名号，既不分析内容，也不考虑其他特征，就把它们拣出来划归商物。”[84]甲骨形制上的周人特征是周人说最有力的证据。认为这几版庙祭卜辞是商人所卜的学者，针对甲骨形制上的这些无法解释的特征，提出了其为“商人所卜周人所记”的说法[85]，认为是服务于商王朝的周卜人所做，故带有周族占卜的某些作风，武王克商之后被带回周原。我们认为这种看法的推测性太大，为何殷墟十余万片甲骨中，不见其他有“方国”痕迹的甲骨，唯独这四版出土于周原的甲骨是王畿的周族卜官所做？且用周人的语言和卜法为商王占卜庙祭这等重大的事情？这几版卜甲不可能是商人所做，也不可能是服务于商王的周人所做。

周原甲骨文字已呈现出介于商甲骨文与周金文之间的过渡性特征，周原甲骨文字的许多写法见于商甲骨。朱歧祥先生在分析这四版卜辞时，把“癸”、“巳”、“王”等字的写法与殷墟五期相同，且辞例多与殷卜辞相合作为它们是商人所做的重要依据。但同时我们也看到，同版的“酉”（[illegible]）、“正”（[illegible]）的写法更接近于周金文，且“思（有）正”更是典型的周人用语。朱先生也指出：“同一版甲骨中，偶有兼具商、周的用语或特殊字形，这现象目前并没有一个很合理的理由加以解释，但明显的是周原甲骨可以视为与周金文间的过渡材料。”[86]商周甲骨虽然属于不同的占卜和文化系统，但两者的许多共同之处表明，这两个系统之间是有交流的，周人甲骨在文字和卜法上有自己独立的特点，但同时又受到商的影响。在周原甲骨中看到商卜辞的某些特征并不是不合理的现象。相反，将文字内容与商人有关的甲骨一律归为商人所做才是不符合实际的，也就自然无法解释所谓的“商甲骨”中的周人因素了。

（二）商人说与“神不歆非类”

主张商人说的学者认为周人不可能在周原为商先王建立宗庙，也不能祭祀商人的祖先，故祭商人之祖先者必是商王。其根据主要有二：其一，商末周初两国关系紧张，完全处于敌对状态，且“文丁杀死季历”，周文王不可能祭祀与他有杀父之仇的文丁[87]；其二，引《左传·僖公十年》狐突之“神不歆非类，民不祀非族”，认为商周异姓，周人不可以立商先王宗庙，也不可以对其进行祭祀[88]。这就涉及了对商周关系和礼俗的讨论。

将商末周初的商周关系看做是完全敌对或是和睦友善都有绝对化的倾向。自武丁

〔84〕 同〔49〕。
〔85〕 同〔65〕。
〔86〕 同〔21〕，第2页。
〔87〕 同〔6〕；王宇信《周原庙祭甲骨“𠭯周方伯”辨析》，《文物》1988年第6期，第67~71页。
〔88〕 同〔8〕。

以来两大族开始频繁接触，周长期向商王朝称臣，但两者的关系一直是时而交恶，时而修好。如自太王居岐山之阳，即有翦商之意；后文丁杀季历，文王起伐商之役；文王励精图治而见囚于羑里，直到最后武王兴兵一举完成灭商大业，商周之间一直是时冷时热，明合暗斗。其时两国之间互通婚姻，如王季娶商的挚仲氏[89]，文王娶帝乙之妹太姒[90]，而武丁卜辞中的"帚（妇）周"（《乙》8894）则是出嫁商王的周族女子。两国之间互通婚姻使得他们的关系更加复杂。要之，周对商既敌对又臣属，灭商之前，周一直是商之属国，表面谨慎恭敬，屈意称臣，但暗中积极发展实力，志在取商而代之。

面对"神不歆非类，民不祀非族"祭祀原则的责难，持周人说的学者也援引书证加以反驳。徐中舒先生指出"文王在周原建立殷王宗庙，在旧史中也有此事例"，如秦昭王五十三年韩魏沦为秦属国，对秦"称东藩，筑帝宫，受冠带，祀春秋"[91]，"此虽战国纵横策士之言（一见于张仪说韩王，一见于苏秦说魏王），也是他们耳闻目睹的事实。《后汉书·南匈奴列传》说：'匈奴岁有三龙祠，常以正月、五月、九月戊日祭天神，兼祠汉帝。'汉宣帝时匈奴降汉，尚在三龙祠兼祠汉帝，这和周文王在周原建立殷王宗庙，在这里与周大臣杀牲受盟，又有什么不同呢？"[92]王宇信先生认为汉初之宗法、祭祀制度已与商周时期有很大不同，不能由此说明周人也要立商王庙祭祀商人[93]，是有道理的。但于韩魏要奉秦国之"祀春秋"，《史记索隐》云："言春秋贡奉，以助秦祭祀。"可见称臣的属国对宗主国虽非同族，但对宗主国仍有奉祭的义务，至少在宗主国祭祀时要表达敬意，纳贡以助。《国语·周语上》："甸服者祭，侯服者祀，宾服者享，要服者贡，荒服者王。"并要"刑不祭，伐不祀，征不享，让不贡，告不王。"《吕氏春秋·顺民》："文王处岐事纣，冤侮雅逊，朝夕必时，上贡必适，祭祀必敬。纣喜，命文王称西伯，赐之千里之地。"其中的"祭祀必敬"盖非仅指对周先祖的祭祀，应该也包括了对其宗主国商人之神的祭祀。

学者们还提出不能孤立抽象地套用"神不歆非类，民不祀非族"的原则。张永山指出殷墟甲骨文里伊尹及其配偶几乎是与商先公先王处于同等的祭祀地位，且为他建立宗庙（"伊祊"），"可以看出在商王的头脑中并未形成独尊王家排斥异姓的鬼神观念"，同时"异姓族长可以代商王祭祀其先王，说明商代并不绝对拘泥于'民不祀非

---

〔89〕 顾颉刚《〈周易封爻辞〉中的故事》，《燕京学报》第 6 期，1929 年 12 月，后收入《顾颉刚选集》，天津人民出版社，1988 年。

〔90〕 同〔89〕；高亨《周易古经今注》，香港中华书局，1975 年。

〔91〕 见于《战国策·魏策》和《史记·苏秦列传》。

〔92〕 同〔7〕。

〔93〕 同〔8〕。

族'的约束"[94]。《国语·鲁语上》："夫圣王之制祀也，法施于民则祀之，以死勤事则祀之，以劳定国则祀之，能御大灾则祀之，能捍大患则祀之，非是族也，不在祀典。"韦昭注："族，类也。"这里的族非以姓相别之族，而是明言有功于民者方可被祀。"神不歆非类，民不祀非族"诚然是有关祖先祭祀的一个重要原则，但"至于宗庙中的祭祈活动，也未必一定局限于本族的成员……如《国语·周语中》：'敌国宾至……宗祝揿祀。'韦注：'宾将有事于庙，则宗祝揿祭祀之礼。'即他国使臣至所聘之国，若将祭祀于主国国君的宗庙，必须有主国的宗祝揿礼导从。"由此，则"周人在文武丁、文武帝乙的宗庙里献祭占卜，也绝非不可能之事。"[95]

王晖先生认为商周有姻亲关系，为甥舅之国，且克殷后分其器、行殷礼，并禘祭帝喾，指出"周原甲骨文中祭祀殷先王的卜辞和其他甲骨刻辞均属周人。"[96]

宗庙是举行各种重要仪式的重要场所，一些册命、赏赐等仪节都要在宗庙中举行。"神不歆非类，民不祀非族"的祭祀原则之所指应为子孙对其祖先进行的宗庙常祭而言。

周人对商"先哲王"（见于《尚书》召诰、康诰、酒诰篇）是十分尊敬推崇的。《逸周书·世俘》曰："（武王）告于周庙：古朕文考修商人典，以斩纣身，告于天于稷。"周人祭祀成唐、大甲不仅仅是"谄"[97]于商人的政治手段，亦是向先贤王致敬求佑，并为自己卜问天命之所在。成唐、大甲不仅作为中央王国的祖先神而享有特殊的地位，在当时和后世亦是地位显赫的有德明君而受到周人的尊重。商周崇尚"天命"，时商王受"弗事上帝神祇，遗厥先宗庙弗祀"（《尚书·泰誓上》），"弗敬上天，降灾下民，沈缅冒色，敢行暴虐。罪人以族，官人以世。惟宫室、台榭、陂池、侈服，以残害于尔万姓。焚炙忠良，刳剔孕妇"，以致"自绝于天，结怨于民"（《尚书·泰誓下》），如祖伊所言："非先王不相我后人，惟王淫戏用自绝。"（《尚书·西伯戡黎》）文王向商有德先王祭祀占卜，其意正是向成唐、大甲卜问天命之所在。

总之，不能囿于"神不歆非类，民不祀非族"的原则，认为周卜辞祭祀商先王的内容一定是商王对其祖先的献祭，周人是有可能进入商王宗庙祭祀并求佑于商之"先哲王"的。

---

〔94〕同〔11〕。

〔95〕葛志毅《周原甲骨与古代祭礼考辨》，《史学集刊》1989年第4期，第1～6页。

〔96〕王晖《从齐礼、夷礼与周礼之别看周原甲骨属性》，《陕西师范大学学报（哲学社会科学版）》2001年第4期，第77～84页。

〔97〕《论语·为政》："非其鬼而祭之，谄也。"

四、结　语

在前辈学者研究的基础上，本文对 H11∶1 等卜辞作出了通释并就相关问题进行了讨论。我们的探索从卜辞结构入手，并把这几版卜辞结合起来加以考察，以期对卜辞各部成分的内容、性质与关键语词有更好的把握和理解。与此同时，又把几版卜辞加以整合，对各部内容进行排比、参证与互补，从而对这些卜辞获得了一些不同于前人的新认识。

凤雏 H11∶1 等四版刻辞是卜辞的前辞与命辞两个部分。在以往的研究中，学者曾据前辞中作为占卜地点的商王宗庙，与命辞中所涉的王、周方伯、成唐、大甲及关联语词卯、𦉢等，认为卜辞所记为庙祭求佑。但由于疏于对卜辞总体内容的分析与把握，及对个别字的释读不确与不切，以至在认识上出现了种种分歧与偏差，从而对卜辞的内容、族属与年代作出了种种不同甚至相反的推断。由于大家对卜甲关键语词的认识和理解不同，对于求佑的事由主要有以下几种看法：其一，认为是商王征伐周方伯；其二，认为是商王把周方伯作为牺牲；其三，认为是商王册命周文王为西伯；其四，周王求助于神（大甲）册为周方伯。基于此，对上述卜辞族属的认识形成了三种情况：其一，前两种看法的持有者认为是商卜辞；其二，第三种见解的持有者认为是商王贞卜周人刻录；其三，持第四种见解的学者则认为是周人卜辞。

对这几版卜辞的断代研究〔98〕，大部分学者根据“文武帝乙宗”、“文武丁宓”、“周方伯”等内容认为它们是帝辛时期的卜辞，但也有学者执不同意见。主要有以下两种意见：陈全方等先生认为 H11∶1 是武王伐纣时所做，H11∶82 和 H11∶112 是祭祀文王、武王的卜辞，应为武王之后的周王所做，H11∶84 被归到“卜告、卜年”类卜辞中，其内容与册封齐侯姜尚有关〔99〕。王宇信先生认为 H11∶1 是帝辛卜辞，另外三版的书体风格相近，似出自一人手笔，卜辞内容和帝乙二年伐周有关，是帝乙所做〔100〕。H11∶1 与另外三版卜辞确不像一人所为，但根据卜辞结构和内容看，它们是对同一事件的卜贞，不可能属于不同的王、不同的时代。

本文的研究是从相关卜辞的结构分析与总体整合两个方面进行的。在总体整合的角度上，我们认为四版卜辞只包含了卜辞的前辞与命辞两种成分（见表一），即不含卜

---

〔98〕 徐锡台、王宇信和朱歧祥三位先生对周原甲骨作过较为系统的断代，目前学者们对周原甲骨时代的认识还没有比较统一的意见。

〔99〕 同〔22〕，第 55 页。

〔100〕 同〔8〕。

（周原卜辞作“卜曰”）与占（周原卜辞作“卲曰”）两种成分。在结构分析的角度上，我们认为四版卜辞的命辞部分又可区分为诏号与命龟两种成分。诏号即《周礼·春官·小宗伯》中“若国大贞，则奉玉帛以诏号”的仪节，而命龟的成分又包含了命兆与命事两项内容（见表一）。当然，上述的结构分析与总体整合及卜辞内容，特别是关键语词的诠释是密切相关的。在关键语词的考辩上，我们则注重了与先秦文献的相互印证。主要收获归纳为以下几点。

（1）释诏。认为“诏祭成唐”即诏告神号。

（2）释贽。贽即告神的币号，认为巤（不论巤字作何训解）的对象是“周方伯”所奉的贽，而不是“周方伯”其人。

（3）释正。以命辞“思有正”与《史记·龟策列传》中“命曰呈兆云云”为同义语，是命兆之辞。

（4）释佐。以佐义为辅佐。“不佐于受”与“王受有佑”是命事之辞，是决疑的事由，是命辞的核心。

通过以上对关键语词的考证疏通，可以明了以下的事实：虽然贞卜地点在商王宗庙，诏告神号为商人先祖，但诏告的币号为周方伯所献，决疑的事由是“不佐于受”（商王纣）。由此可以作出以下推论。

（1）卜辞中的“王”是周王，但不是周文王自称。商周卜辞都一样，王这个称谓都是卜人对所卜王事的客观记录，是第三人称。殷卜辞凡为王自贞的，命辞部分自称为“余”或“余一人”，没有自称为王的。

（2）周方伯指周人各部或臣服周人的庶邦首领，即《史记》所载献贽商纣、求赦文王的闳夭一类的人，是周王的下属，而非西伯文王本人。

（3）周人是卜辞的占卜主体，他们向商先王献贽 、求佑，卜辞为周人所做。这一点从卜甲形态和古代礼俗上也得到了有力的佐证。

（4）几版卜辞的占卜地点不同，但占卜事由一致，是为同一事占卜，即求佑于商先哲王，不佐助商王受也能得到佑助。故其时代应为灭商之前，属帝辛时代。

囿于学力，本文的考证与推断难免有疏漏和不妥之处，希望我们对凤雏这几版卜辞的解释能为这个问题的最终解决提供一些思路，随着材料的不断出土，相信学者们对相关问题必然会有一个更加清晰的认识。

2003年陕西岐山周公庙遗址调查报告[1]

周原考古队

In December 2003, a four-day field survey was taken at Zhougongmiao 周公庙 site in Shaanxi 陕西 Province by teachers and students from the Archaeology Department of Peking University, during which relics, mainly including pottery vessels, bricks and tiles, of Yangshao, Longshan, proto-Zhou periods and the Western Zhou dynasty, were discovered and collected. Among them, the tortoise shells bearing some 40 characters are most significant, revealing the particular importance of Zhougongmiao site for exploring the earliest capital of the Zhou people.

一、调查缘起

田野考古调查是北京大学考古文博学院田野考古教学实习内容的一个重要组成部分。考古专业的学生在田野考古实习期间，一般情况下均会专门安排一定的时间从事考古调查，以使学生掌握一般的调查方法和技术。本次调查活动即为2003年度田野考古实习的一个教学环节。

至于调查地点的选择，多半会围绕一定的学术目标来确定。此次调查地点之所以选在周公庙附近的区域，主要基于两点考虑：第一，经过近几年在周原遗址的田野工作，结合过去已经积累的发掘和研究成果，我们对周原遗址的性质问题有了一些新的思考，认为周原遗址作为太王所建都邑的观点尚缺乏有力的、直接的考古证据，而现已了解的周原遗址的布局特征似乎说明这里很可能不是太王迁岐的具体所在[2]。那么，随之而来的问题就是如果这里不是太王所迁之地，哪里才是呢？带着这样的问题，于2001年冬开始，我们就有计划地对周原遗址周边的一些遗址进行了复查，希望能够

---

〔1〕 a. 本报告为教育部人文社会科学重点研究基地北京大学中国考古学研究中心2002年度重大项目“周原遗址的分期与布局研究”阶段性成果之一。

b. 该遗址于2006年被国务院列为第六批全国重点文物保护单位，定名为“凤凰山遗址”。

〔2〕 徐天进《周公庙遗址考古调查的缘起及其学术意义》，《中国文物报》2004年7月2日。

找到一些其他的新线索，但那次调查的结果不能够回答这个问题[3]。因此，围绕周人迁岐之后的都邑所在问题，我们有必要把目光投向更大的空间范围。第二，周公庙一带之所以引人注目，主要有两点。一是因为这一带曾陆续出土过一些西周早期和先周时期的墓葬和青铜器[4]，虽然数量不多，但年代多偏早，这一点和我们要寻找的目标比较接近；二是这里还出土过西周时期大型建筑的砖和瓦等建筑材料[5]，尤其是砖的线索格外重要，一方面它可以作为大型建筑的指示物，告诉我们该遗址有高等级建筑基址的存在，同时根据我们的了解，这里出土的砖和赵家台遗址出土的砖形制相同、年代相近，应属商末周初时期，这一点也非常接近我们要寻找的对象。此外，与该区域相关的一些历史文献及已有的研究成果也是我们的重要参考[6]。

二、遗址概况

遗址位于岐山县北约7公里，原属北郭乡，现属凤鸣镇。岐山山脉东西横亘于遗址北侧。遗址正北的山岗亦名凤凰山。当地相传这里就是文王受天命之时“鸑鷟鸣于岐山”之处。至迟始建于唐武德初年的周公庙即位于凤凰山下，相传“有卷者阿，飘风自南”的诗句所描写的即是此处胜景。遗址所在为庙前两翼的山前坡地，地势北高南低，高处海拔800余米，低处海拔750余米。现已多成梯田。东侧有古河道由东北向西南流，现名马尾沟；中部正对周公庙亦有一古水道由北向南流，现名大殿沟。两条沟将遗址自然分割成南北向的三块坡地（图一、二）。

早在1943年夏，当时的中央研究院历史语言研究所的石璋如先生就曾对该遗址进行过初步的调查，并有报告刊布[7]。此后的若干年间似乎不再有人问津，直至20世纪80年代，当地的文物考古工作者在大规模的文物普查活动中才再次涉足该遗址。关于该遗址的考古信息主要来自下列报道：祁建业《岐山县北郭公社出土的西周青铜器》（《考古与文物》1982年第2期），祁建业《岐山县博物馆近几年来征集的商周青铜器》（《考古与文物》1984年第5期），庞文龙、崔玫英《陕西岐山近年出土的青铜器》（《考古与文物》1990年第1期），庞文龙、刘少敏《岐山县北郭乡樊村新出土青铜器

[3] 周原考古队《2001年度周原遗址调查报告》，《古代文明》第2卷，文物出版社，2003年。

[4] 祁建业《岐山县北郭公社出土的西周青铜器》，《考古与文物》1982年第2期，第7页。

[5] 刘军社《周砖刍议》，《考古与文物》1993年第6期，第84页。2003年10月在宝鸡的一次座谈会上，笔者向周公庙管理委员会的于少特先生详细询问了砖的出土情况。

[6] 曹玮《太王都邑与周公封邑》，《考古与文物》1993年第3期。

[7] 石璋如《关中考古调查报告》，《中央研究院历史语言研究所集刊》第二十七本，第306页，1956年4月。

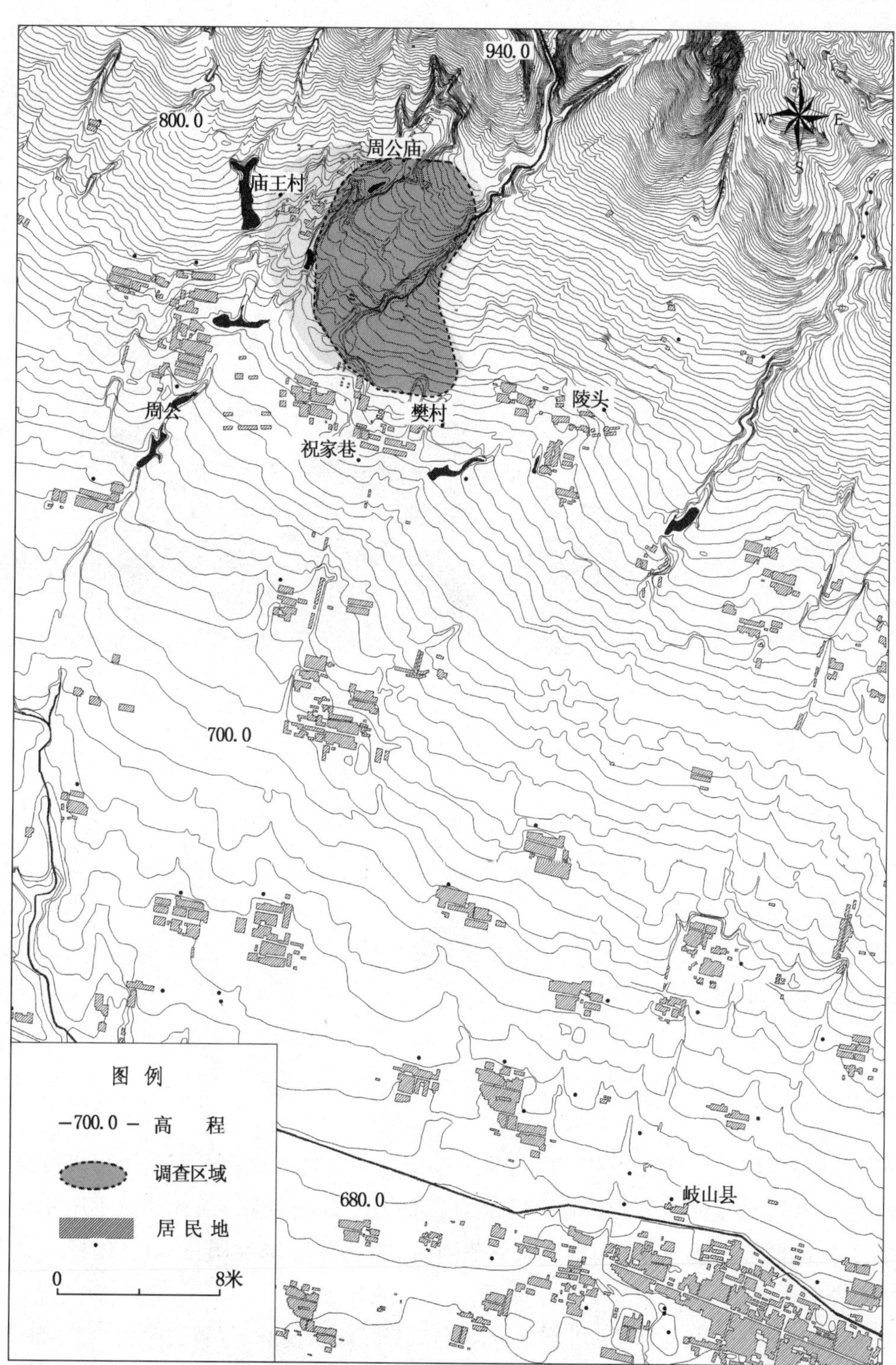

图一 周公庙遗址位置及地形图

图二　周公庙遗址地貌

等文物》（《文物》1992年第6期），庞文龙《岐山县博物馆藏商周青铜器录遗》（《考古与文物》1994年第3期）。此外，《中国文物地图集·陕西分册》（西安地图出版社，1998年）对遗址的情况也有简单的描述。

根据上述资料所提供的线索，我们大体可以勾画出遗址的范围：北起凤凰山，南至樊村—祝家巷，西自庙王村—叩村，东至陵头村—曹家沟。东西约1300米，南北约1000米，遗址面积约130万平方米。

三、调查经过

原计划安排1个月的时间完成此项工作，由于气候异常，发掘期间雨天持续了近45天，发掘工作受到极大的影响，后续的各项工作亦受牵连，因此不得不压缩调查的时间，实际调查只用了4天时间，调查范围约100万平方米（图三）。具体经过如下。

12月12日　晴

8:15，从召陈出发。参加人员有宋江宁、辛光灿、杨洁、吴长青、赵健、叶成勇、陈阳、申俊、徐天进。

9:15，抵岐山县博物馆，原计划先观摩该馆所藏周公庙附近遗址所出陶器资料，因

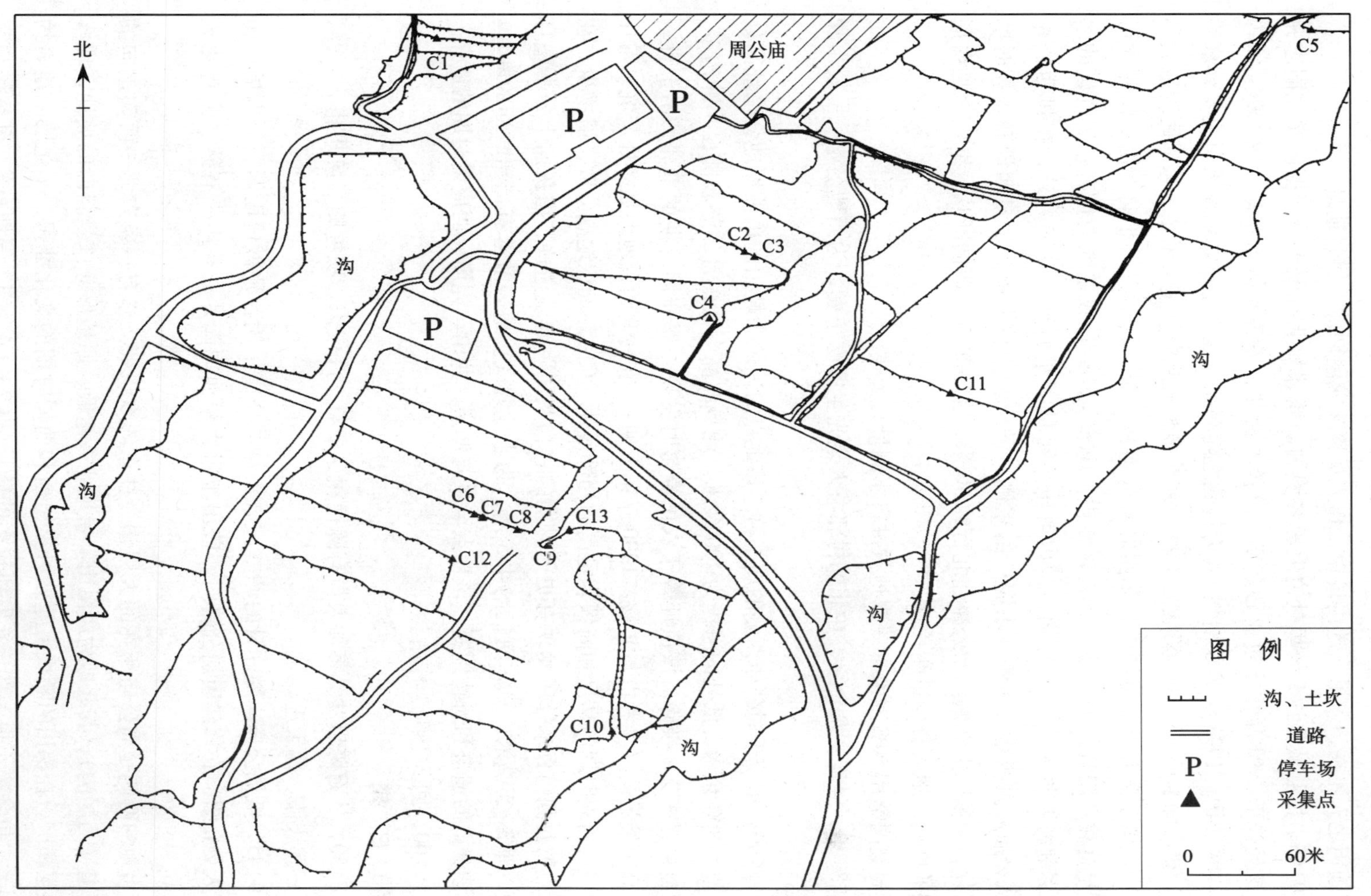

图三 周公庙遗址部分采集地点分布图

掌管锁钥之人不在，未果。遂由该馆工作人员庞文龙陪同前往樊村遗址。

9:45，抵县城北约5公里处之北郭乡樊村。紧邻村北有取土壕，据庞文龙同志介绍，该处曾于1991年出土过亚必其斝，三角形援戈、斧等青铜器及鬲、罐、尊、钵等陶器（《文物》1992年第6期），当为墓葬之随葬品。在取土壕之断崖上可见暴露墓葬5座，动物坑1处（图四；彩版二：2）。墓葬多为南北向，宽1米余，墓底距现地表不及3米，填土为常见之五花土，暴露之墓葬均被盗掘。其东有南北向冲沟，沟侧亦可见零星墓葬。附近几乎不见其他文化堆积，应该是一处比较单纯的且有一定规模的墓地。紧邻村西亦有南北向冲沟，沟内耕土中可见零星西周陶片。另外，在村西公路（通周公庙旅游线路）西侧（水泥厂的东侧）的土壕中也采集到少量西周和先周时期的陶片。少见原生堆积。循公路往北行约50米，在路东有东西向断坎，壁上可见西周时期的堆积，地表有少量陶片。

赵健同学用GPS对墓葬暴露地点进行了测量、记录。

13:30，经庞文龙介绍，在北郭村郭益人老先生家吃午餐，为当地名吃——岐山臊子面。

14:00，抵位于周公庙西侧的庙王村。该地点的地貌为岐山的山前坡地，遗址高处的海拔为800余米，低处的海拔为700余米。地势北高南低，且坡势较陡，小冲沟多，地貌显得有些支离破碎。该遗址曾于农民券窑时发现一座先周时期的墓葬，出土有铜鼎和高领袋足鬲（《考古与文物》1990年第1期）。在村北的台地上见多处灰坑，陶片较少，有西周时期的鬲足和高领袋足鬲的裆部残片（C1）。堆积地点分散，遗物少。在该地点的西侧约百米处还发现有史前时期的“白灰面”建筑遗迹，白灰面十分平整且坚硬，厚3~5毫米，暴露面长约4.5米，为半地穴式。地表散落有仰韶时期的陶片。由地表暴露的遗迹和遗物判断，该地点至少有仰韶、龙山、先周、西周诸时期的遗存。

19:00，回到召陈工作站。

12月13日　晴

8:30，从召陈出发。参加人员有陈艳颖、杨蔚、许俊杰、项坤鹏、陈思甫、宁磊、邵军、孙庆伟、徐天进。

9:45，抵周公庙。继昨日的调查，分头对周公庙东侧台地做地面调查。据周公庙工作人员介绍，在修建庙前公路时，曾出土过大量西周陶片，并出土有砖、瓦等建筑材料。

台地的西侧是周公庙所在的大殿沟，往东约600米，亦有一条东北—西南走向的古河道（马尾沟），其北即为凤凰山。台地北高南低，原地形应该是斜向的坡地，现修成层层梯田。在梯田的断坎上随处可见史前和西周时期的文化堆积，文化层距地表约30厘米，包含物不很丰富。采集到较多的砖块（C2~C4、C12等地点），有条形和空

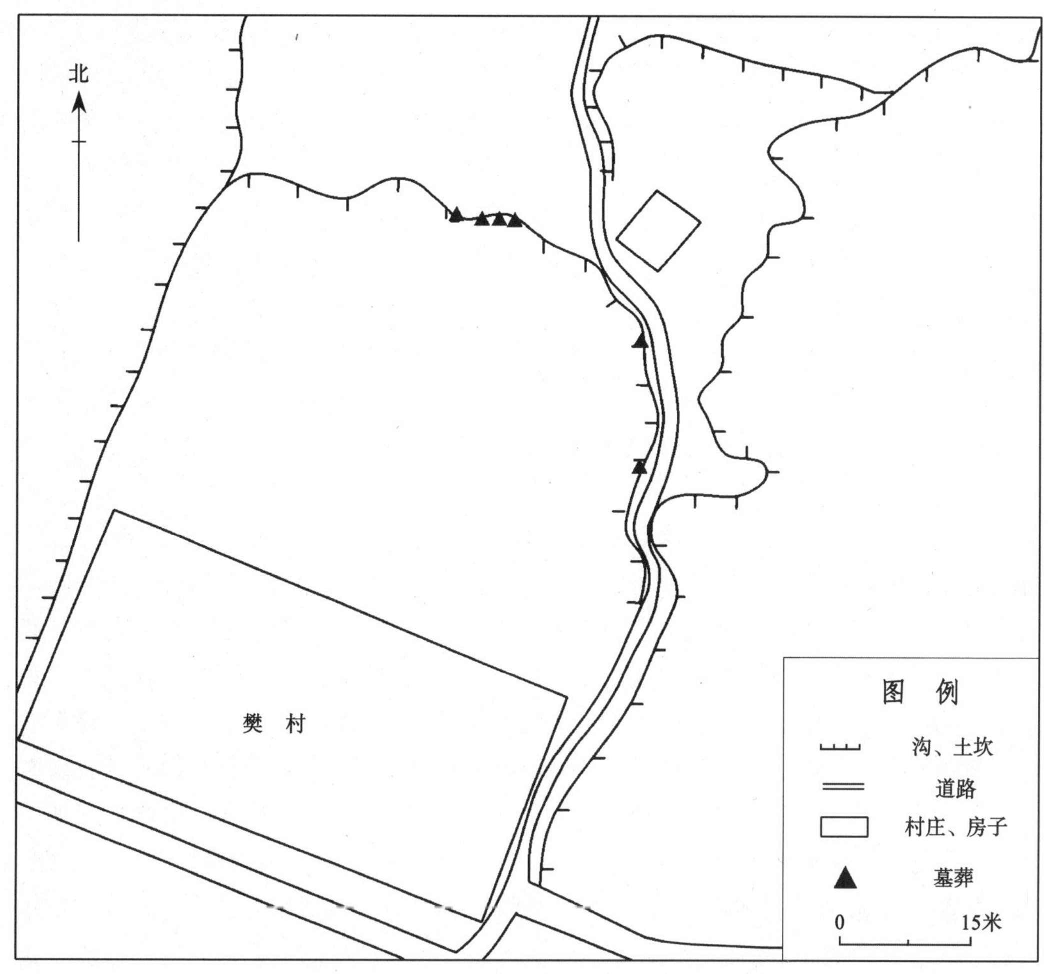

图四 樊村村北西周墓地暴露西周墓葬分布图

心两种。砖上之绳纹有两种，一种是绳之纤维清晰，且纹路不规则（或称为“麦粒状绳纹”）；另一种为粗绳纹，纹路稍规则。两者的年代或许有早晚之别，前者晚不过西周，或有可能至先周。可惜的是所有的砖都是从地表采集的，未见其原生地层。C5 地点及其附近可见大量仰韶时期的堆积，采集遗物也以该时期的陶片居多，有小口尖底瓶、夹砂罐、彩陶钵等。

在 C11 地点发现一个西周中期的灰坑（彩版二：1），从地层中采集有陶鬲（含商式）、盆、罐，为比较典型的西周中期陶器。

在公路南约 50 米处的断崖上暴露有龙山时期的白灰面房址两处（C6、C7），其中一处有两层白灰面上下叠压，相隔约 30 厘米，残存长度 2 米，白灰面距现地表近 3 米。从残留的部分可以看出，建筑的平面形状可能是圆角方形或长方形，墙之壁面存留高度近35厘米。灰面坚硬而平整，其下即为生土，未见明显的加工迹象（彩版三：1）。白灰面上的地层中有横篮纹的陶斝残片，为龙山时期的典型器。房址的年代大体可以判断为同时期。昨日在庙王村北所见房址的年代也应该相同。在该地点东侧的同一断壁上（C8）有西周的瓦砾堆积，距现地表约2米。所见均为板瓦，有的在瓦背上有瓦钉，瓦钉均为圆柱状，其上或施绳纹。形制和周原遗址所见大体相同，只是未见蘑菇状瓦钉，或许年代较早。其东北侧暴露有夯土堆积，部分夯土上可见踩踏面。由此可以判断这里有大型的建筑基址。在C9地点暴露有一具人骨架，应该是一座西周时期的墓葬，墓主头向西南，墓底距地表约2米（彩版三：2）。在墓葬的下部可见一层厚约30厘米的路土，路土之下还有堆积。附近还见数处大块卵石的堆积，很可能与建筑有关。另外还发现几处路土，年代未能确定。

12月14日　晴

8∶35，从召陈出发。参加人员有施文博、张靖敏、吴仝、易迁、陈晶鑫、王磊、近藤晴香、徐天进。

10∶15，抵周公庙。继昨日的调查区域往南，循昨日采集大量板瓦之地点往东，然后往南，行50米，有一条宽约2米、距地表近3米的小沟（20世纪70年代修的引水渠）（图五），沟两侧的断面可见西周时期的堆积，陶片不多。行至近沟口处，徐天进在沟西壁下的地表上见有1厘米见方的小骨片，俯拾视之，乃龟甲也，即而拭去表面之尘土，只见在骨片的边上有纤细的刻划字痕，不觉有些兴奋。当时觉得此发现甚是重要，需要记录发现的准确时间，为11时29分。当时施、张、陈三位同学均在旁侧，亦无不欢欣。随即和同学们一起仔细查看两侧沟壁上的堆积情形，看卜甲是否来自附近的堆积。不多时即发现西壁距地表约80厘米处，有一动物的下颌骨（牛之下颌）露出，紧贴下颌骨上有一窄薄的骨片，疑是龟甲，遂让陈晶鑫同学登上高处察看，他用手铲将骨片上的积土仔细剔剥后惊喜地大喊："里面还有！"为了明确甲骨所在的准确层位，即着手清理剖面。在清理过程中，于1号甲骨的北侧相距50厘米处，又发现2号甲骨，其上字迹清晰可辨。将沟壁的一层表土清去之后，堆积层序非常清楚（彩版一）。甲骨所在的地层为自上往下的第④层，其下还有堆积。由于时间的关系，我们确认了卜甲的层位之后，先将卜甲全部剔出，并拍照、记录，随后提取，这时已经是13时25分了。带着望外之喜，来到郭益人先生家吃午饭，今天的臊子面吃起来有些特别的味道。

15∶00，开始继续清理甲骨所在地的地层剖面。

17∶15，天色渐晚，气温亦随之下降，清理工作暂时结束。回召陈途经扶风县城时于超市购得食品若干，以示庆贺。

同学们连夜将卜甲进行了缀合、粘接。

图五　C10 地点地貌（由北向南摄）

12 月 15 日　多云

8∶35，离开召陈。参加人员有王浩、冯锋、刘静、林永昌、程石、陈晓露、王磊、赵健、徐天进。

9∶50，抵周公庙。

10∶00，部分同学继续昨日之 C10 地点的清理工作，部分同学前往董家台村东及 C10 地点的东南继续调查。据《中国文物地图集·陕西分册》，董家台村东有西周遗址，地面踏查没有发现任何线索。在祝家巷村北只见极少的西周陶片。对 C10 地点所在台地的四周再次细查。在北侧发现有墓葬（年代不能确定），附近还有夯土的迹象。西侧也有 1 座墓葬，有灰土堆积。在地表采集到先周和西周时期的陶片若干及 1 件残石锤斧。

C13 地点有两处卵石堆积，一处剖面呈坑状，其中卵石大小不一，周边似有夯土，疑似磉墩类遗存；另一处呈水平分布，卵石大小比较一致，当为人工铺设。堆积距现地表近 2 米。

C10 地点继续清理剖面，并对昨日清理的沟壁表土过筛，以防甲骨碎片遗漏，没有新的发现。由于时间的关系，加之天寒地冻，剖面清理至距地表深 188 厘米处止，堆积自上而下可分为 13 层，各层的堆积情况如下（图六）。

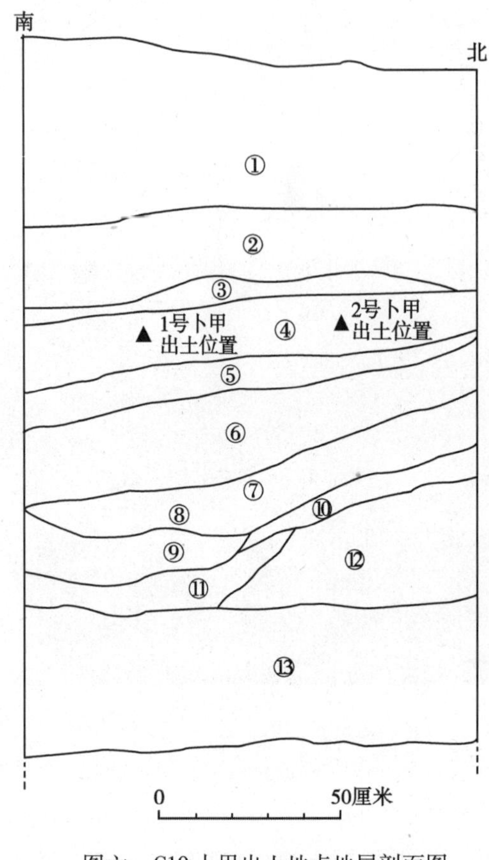

图六 C10卜甲出土地点地层剖面图

第①层：农耕土，土质疏松，厚38～50厘米。

第②层：厚约20厘米，土色灰褐，质地紧密。

第③层：厚3～9厘米，红、黄色土夹杂，间有少量炭屑，土质紧密。

第④层：厚10～18厘米，灰褐色土，土质稍松。

第⑤层：厚3～10厘米，黄褐色土，含较多炭屑，土质较紧密。

第⑥层：厚15～25厘米，灰褐色土，土质稍松。

第⑦层：厚7～10厘米，类似五花土，含较多黄土块。

第⑧层：厚4～11厘米，灰色土，土质疏松。

第⑨层：厚3～16厘米，灰泛黄色土，土质紧密。

第⑩层：厚3～8厘米，黑灰色土，土质疏松。

第⑪层：厚5～10厘米，灰、红、黄色土夹杂，土质较紧密。

第⑫层：厚20～31厘米，红褐色土，土质较紧密。

第⑬层：厚30～？厘米，灰泛黄色土，土质紧密。

由断面观察，该处为一大型灰坑，所清理的部分自第④层始属坑内的堆积。根据地层的叠压关系及各层所出陶片的年代特征，初步判断第④层的年代至迟不会晚于西周早期，或有早至商代晚期的可能。

由于同学们要在寒假前完成实习报告的编写任务，李家铸铜作坊发掘资料的整理还有相当大的工作量，调查工作只能暂时告一段落。

四、采集方法及遗物

本次调查的目的主要是想了解遗址的规模、年代及其主要内涵，所以采取的调查方法为地表踏查，尤其以沟、坎的断面和梯田的断面为主要观察对象，并用 GPS 对调查区域进行了简单的测量。遗物以地面随机采集为主，局部采用剖面采集，主要的采集地点用 GPS 定位，以便将来分析遗址布局时参考。

调查所采集的遗物以陶器为主，还有少量石器，最为重要的是在 C10 地点采集到了两片西周时期的刻辞卜甲。兹将所采集的部分遗物分类介绍如下。

（一）陶器

1. 仰韶时期

小口尖底瓶

标本 C5∶2，底部，泥质红陶（图七∶13）。

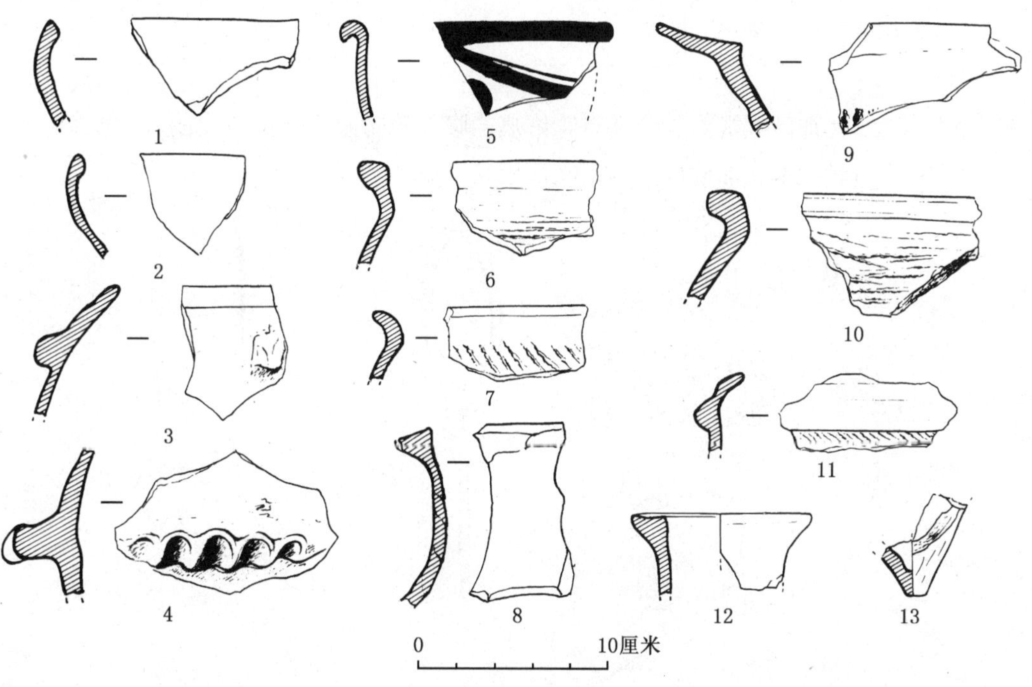

图七　仰韶时期陶器

1、2. 钵（C5∶12、C5∶13）　3、6、7、10. 罐（C5∶4、C5∶10、C5∶14、C5∶7）　4、5、9. 盆（C5∶1、C5∶6、C5∶11）　8、11～13. 小口尖底瓶（C5∶3、C5∶8、C5∶9、C5∶2）

标本 C5∶3，口沿部，泥质红陶（图七∶8）。

标本 C5∶8，口沿部，泥质红陶，线纹（图七∶11）。

标本 C5∶9，口沿部，泥质红陶。口径约 10 厘米（图七∶12）。

钵

标本 C5∶12，泥质红陶，口部经轮修（图七∶1）。

标本 C5∶13，泥质红陶，口部经轮修（图七∶2）。

盆

标本 C5∶6，泥质红陶，口沿和外腹部施黑彩（图七∶5）。

标本 C5∶11，浅腹盆，泥质灰褐陶（图七∶9）。

标本 C5∶1，泥质灰胎，内外红褐色，鋬上用指捺出坑窝状（图七∶4）。

罐

标本 C5∶4，敛口罐，泥质灰陶，附加泥凸钉（图七∶3）。

标本 C5∶7，加粗砂红褐陶，施横向绳纹（图七∶10）。

标本 C5∶10，加粗砂红褐陶，施横向绳纹（图七∶6）。

标本 C5∶14，加粗砂红褐陶，施斜向绳纹（图七∶7）。

2. 龙山时期

斝

标本 C1∶2，加砂红褐陶，颈部有轮修痕，腹部施横篮纹，宽鋬（图八∶3）。

标本 C7∶1，足部，加砂红褐陶，施横篮纹（图八∶2）。

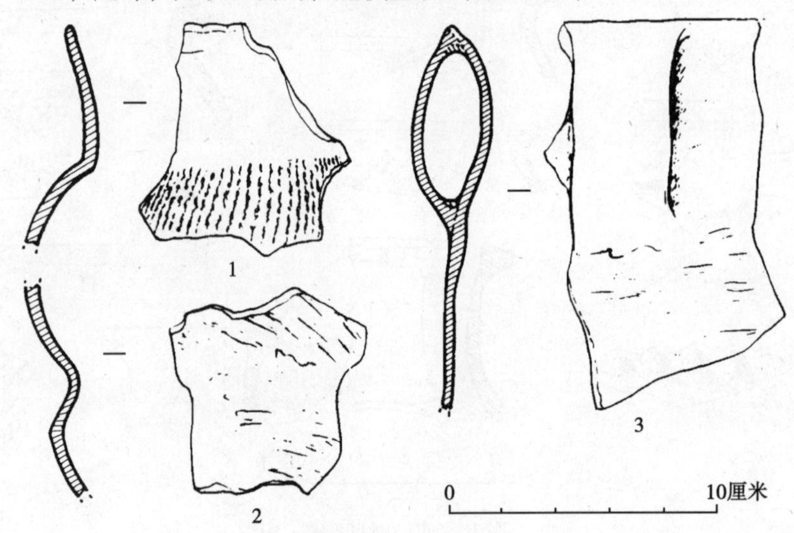

图八 龙山时期陶器

1. 罐（C7∶2） 2、3. 斝（C7∶1、C1∶2）

罐（?）

标本 C7∶2，口腹部，加砂红褐陶。口沿附加泥条，呈花边状，颈部施横篮纹，腹部施绳纹（图八∶1）。

3. 先周和西周时期

鬲

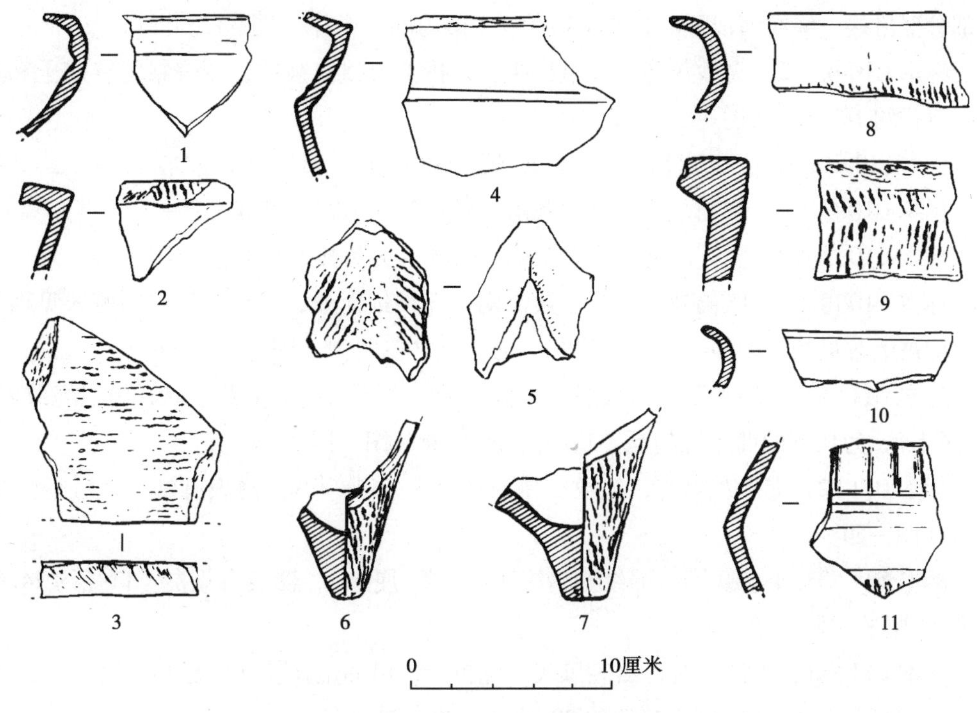

图九 樊村采集陶器

1、10、11. 罐（樊：2、樊：3、樊：11） 2、9. 瓮（樊：12、樊：6） 3. 瓦（樊：5） 4. 盆（樊：1） 5~8. 鬲（樊：4、樊：10、樊：7、樊：9）

标本樊村北：4，袋足鬲裆部，夹砂褐陶，足拼接部内外敷泥条加固，裆底捺印成小坑窝状（图九：5）。

标本樊村北：9，夹砂灰褐陶，颈部绳纹被抹（图九：8）。

标本樊村北：10，足部，夹砂灰陶，捏制，内地贴泥，足根另接，裆侧绳纹痕较深（图九：6）。

标本樊村北：7，足部，夹砂灰陶，捏制，内地贴泥（图九：7）。

标本 C10∶3，夹细砂灰陶，施绳纹，口沿有轮修痕（图一三：6）。

标本 C10∶7，夹细砂灰陶，施绳纹，口沿有轮修痕，器表有烟痕（图一三：7）。

标本 C10④：5，夹细砂灰陶，绳纹施至唇部。壁厚 1.8 厘米（图一一：3）。

标本 C10④：8，夹砂灰陶，绳纹纹痕浅而不清。口径约 30 厘米（图一一：2）。

标本 C10④：7，分裆袋足鬲足，夹砂灰陶，足根扁圆（图一一：7）。

标本 C10④：4，联裆鬲足，夹砂灰陶，内底有黑灰色残留物，外壁有烟炱，足根部分似另接，绳纹痕浅（图一一：6）。

标本 C10④：10，联裆鬲足，夹砂灰陶，内底有黑灰色残留物，外壁有烟炱，足根部分似另接，绳纹痕浅，与标本 C10④：4 似为同一个体（图一一：5）。

标本 C10⑥：2，夹砂灰陶，口沿另接，颈折部分绳纹被抹，器表粘附有烧土和烟灰。口径约 18 厘米（图一二：1）。

标本 C10⑥：3，夹砂灰陶，器表黑灰，绳纹纹痕较浅。口径约 16 厘米（图一二：2）。

标本 C10⑥：1，联裆鬲足，夹砂灰陶，足根部为另接，稍残（图一二：3）。

标本 C10⑥：5，联裆鬲足，夹砂灰陶，足根部为另接，已脱落（图一二：4）。

标本 C10⑬：1，联裆鬲足，夹砂灰褐陶，绳纹细而浅，交叠滚印，裆侧未见西周时期陶鬲上常见的压印绳纹。内地黑灰，为炊事之遗留物（图一二：5）。

标本 C11:1，夹砂褐胎，器表黑灰，宽折沿，方唇，沿面呈瓦棱状，施粗绳纹（2 条/厘米），为典型的商系统陶鬲。口径约 26 厘米（图一四：5）。

标本 C11:2，夹砂灰褐陶，绳纹交错滚印（3 条/厘米），器表有烟炱。口径约 22 厘米（图一四：3）。

标本 C11:3，夹砂灰陶，绳纹交错滚印（2 条/厘米），器表有烟炱。口径约 24.6、残高 24 厘米（图一四：1）。

标本 C11:11，夹砂灰陶，器表黑灰，宽折沿，沿面呈瓦棱状，施粗绳纹（2 条/厘米），为典型的商系统陶鬲。口径约 28 厘米（图一四：4）。

标本 C11:14，夹粗砂灰陶，通体施粗绳纹（2 条/厘米），器表有烟炱。口径约 24 厘米（图一四：2）。

标本 C11:6，联裆鬲足，夹砂灰陶，内底有黑灰色残留物，外壁有烟炱（图一五：4）。

标本 C11:8，联裆鬲足，夹砂灰陶（图一五：5）。

甗

标本 C10:5，口沿。夹砂灰陶，通施绳纹（图一三：1）。

标本 C10③：3，夹砂灰陶，腰隔部分为泥条另接，器表施绳纹（图一〇：2）。

标本 C11:13，甗（?）。夹砂灰陶，器表施交错绳纹。口径约 24 厘米（图一五：8）。

盆

标本樊村北：1，泥质，褐胎，外表黑灰色，经打磨，沿面施旋纹（图九：4）。

标本 C10:11，盆之腹片。泥质褐胎，内壁黑灰，单模戳印菱形乳丁纹。厚 0.7 厘米（图一三：9）。

标本 C10:12，盆之腹片。泥质灰陶，单模戳印菱形乳丁纹。厚 0.7 厘米（图一三：8）。

标本 C10:13，盆之腹片。泥质褐胎，外表灰色，拍印方格纹，其上再饰圆形泥饼。壁厚 0.8 厘米（图一三：10）。

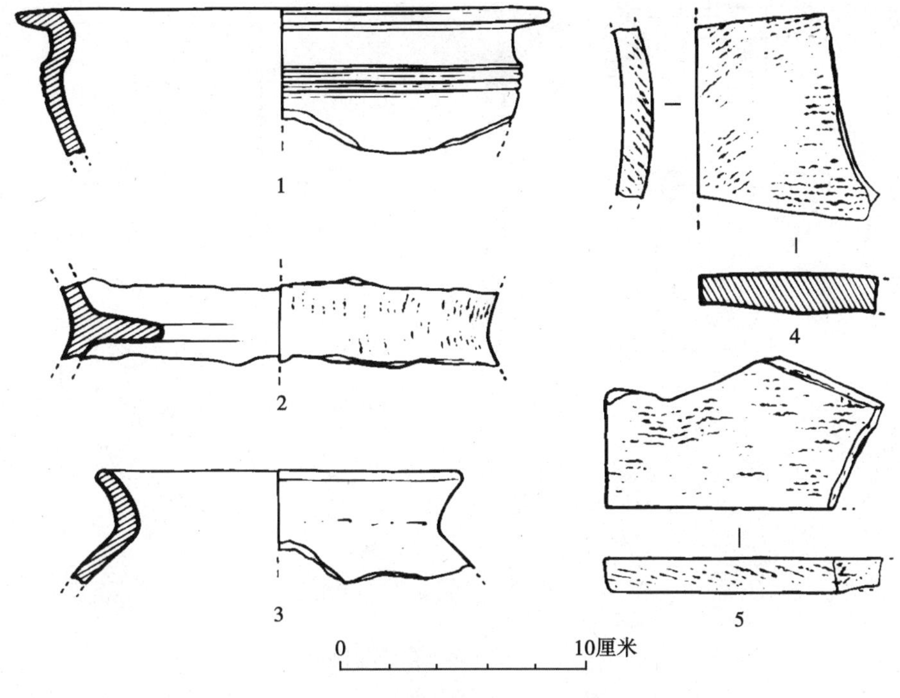

图一〇　C10 第 ③层出土陶器

1. 盆（C10③：2）　2. 甗（C10③：3）　3. 罐（C10③：4）　4、5. 瓦（C10③：5、C10 ③：6）

标本 C10:4，泥质褐胎，外表呈灰褐色，经磨光，口沿有轮修痕，腹部施两周旋纹（图一三：3）。

标本 C10③：2，泥质灰陶，腹部施三周旋纹，沿、腹间有接痕，器表经打磨。口径约 22 厘米（图一〇：1）。

标本 C10④：1，泥质灰陶，折沿圆唇，器表原施绳纹被抹。口径约 28 厘米（图一一：4）。

标本 C11:4，泥质浅灰陶，器底和口沿为另接，器表修整时部分绳纹被抹。口径 24.6、高 16.6 厘米（图一五：7）。

标本 C11:12，泥质褐胎，器表灰色，口沿及外壁经打磨，器表施交错绳纹。口径约 30、残高 19.4 厘米（图一四：6）。

豆

标本 C10:9，豆盘。泥质，浅灰（图一三：5）。

标本 C10⑥：4，泥质灰陶，盘、柄分制后粘接，器表有刮抹痕（图一二：6）。

罐

标本樊村北：2，泥质灰陶，颈部饰一周凸棱（图九：1）。

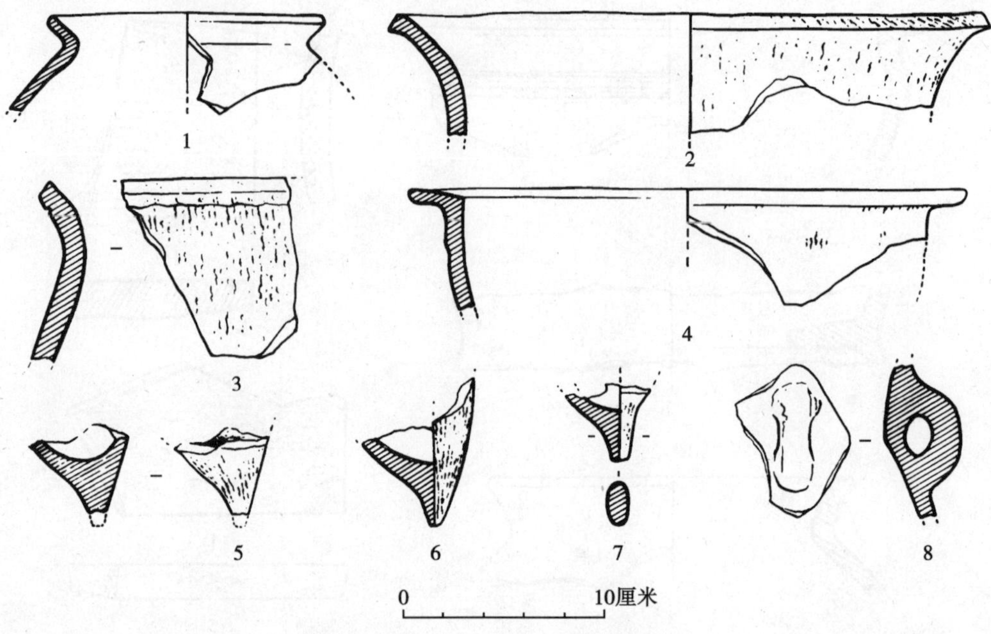

图一一　C10第④层出土陶器

1、8. 罐（C10④：2、C10④：6）　2、3、5～7. 鬲（C10④：8、C10④：5、C10④：10、C10④：4、C10④：7）　4. 盆（C10④：1）

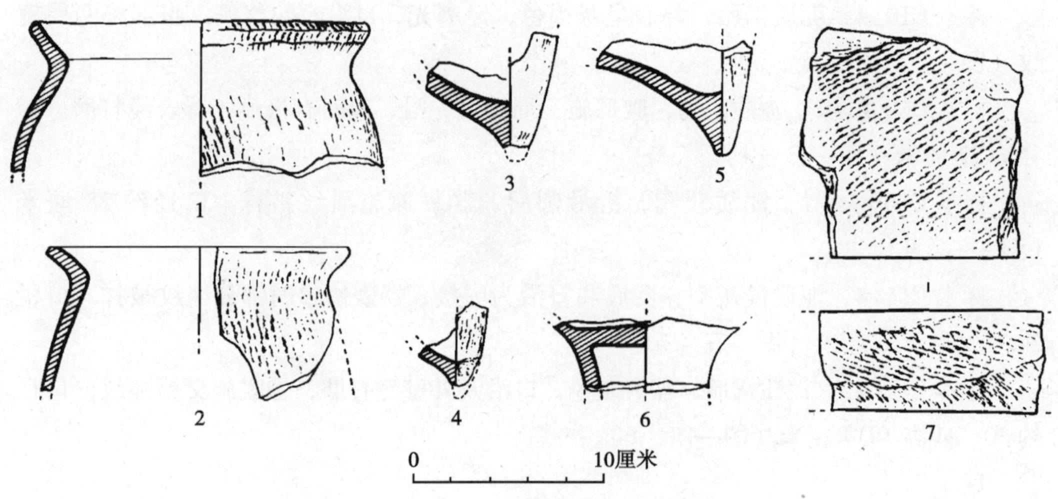

图一二　C10第⑥、⑬层出土陶器

1～5. 鬲（C10⑥：2、C10⑥：3、C10⑥：1、C10⑥：5、C10⑬：1）　6. 豆（C10⑥：4）　7. 砖（C10⑬：3）

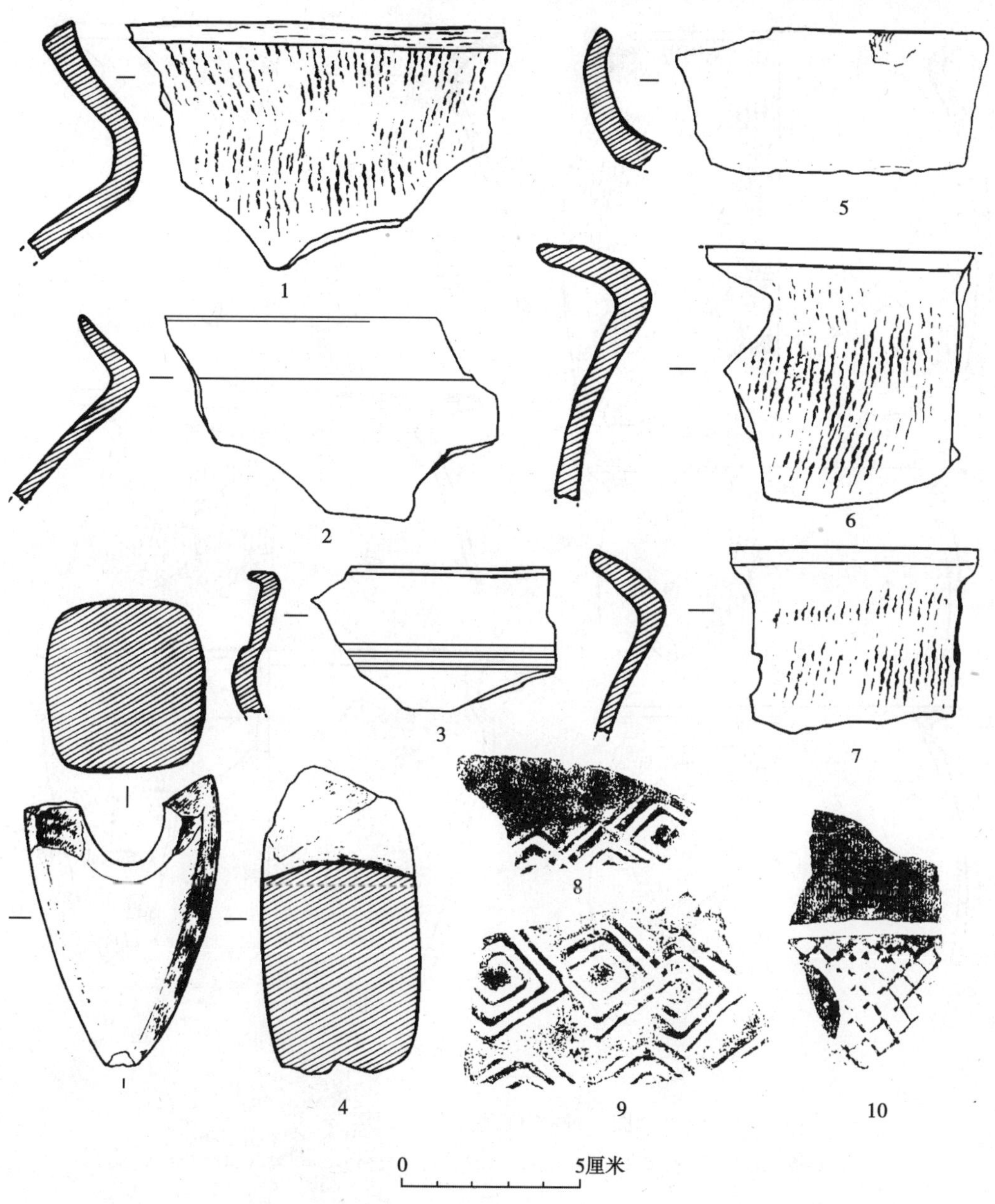

图一三　C10 地点采集陶器、石器

1. 陶甗（C10∶5）　2. 陶罐（C10∶6）　3、8～10. 陶盆（C10∶4、C10∶12、C10∶11、C10∶13）　4. 石斧（C10∶10）　5. 陶豆（C10∶9）　6、7. 陶鬲（C10∶3、C10∶7）

标本樊村北∶3，泥质灰陶（图九∶10）。

标本樊村北∶11，泥质灰陶，肩部施篦纹（图九∶11）。

标本 C10∶6，泥质褐胎，内外黑皮，外表经磨光，口沿有轮修痕（图一三∶2）。

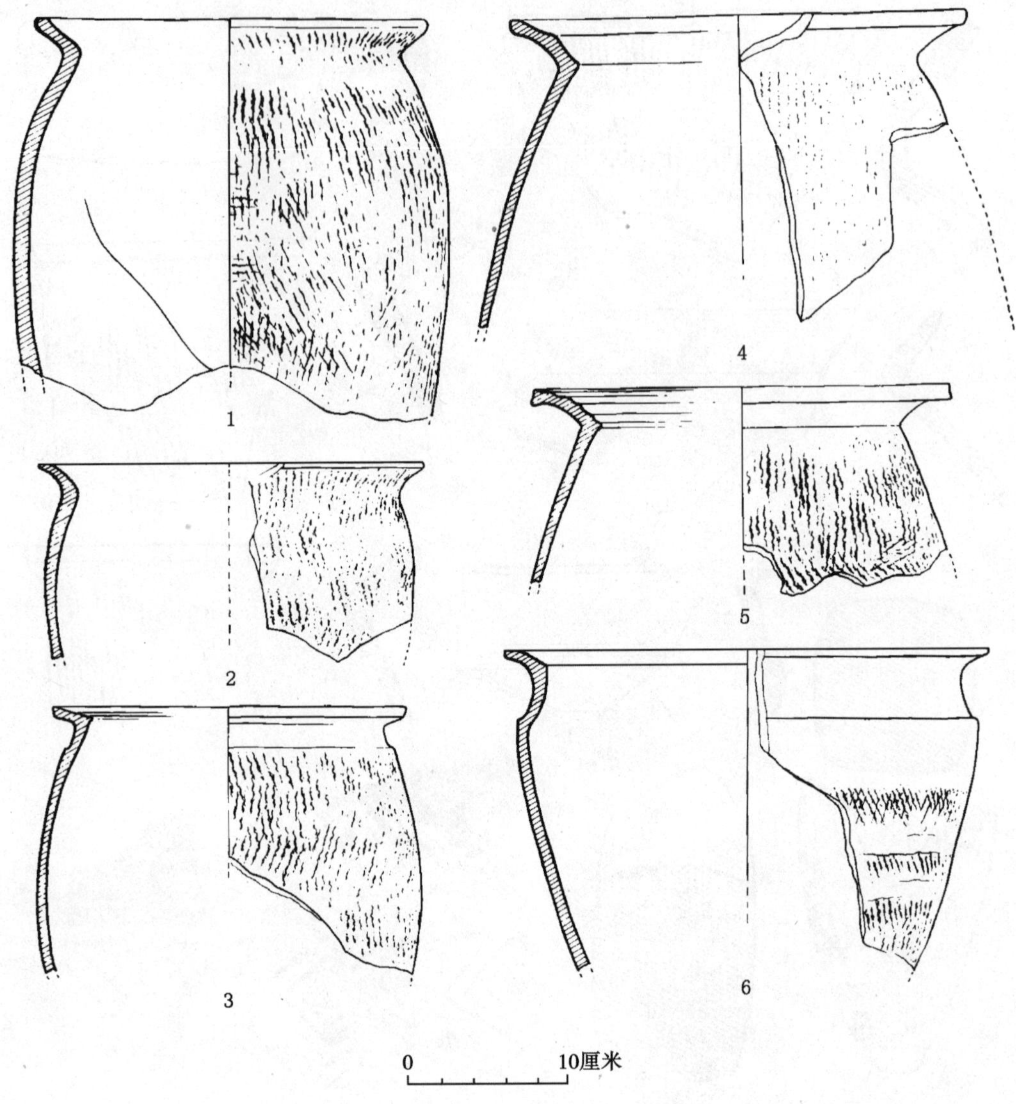

图一四　C11 地点采集陶器

1～5. 鬲（C11∶3、C11∶14、C11∶2、C11∶11、C11∶1）　6. 盆（C11∶12）

标本 C10③∶4，泥质浅灰陶。口径约 15 厘米（图一〇∶3）。

标本 C10④∶2，泥质灰陶，器表略经磨光。口径 14 厘米（图一一∶1）。

标本 C10④∶6，器耳，泥质灰褐陶（图一一∶8）。

标本 C11∶9，泥质灰陶，内壁可见泥条接痕和垫窝痕，肩部置双耳，施旋纹、篦纹，腹部施绳纹。肩径约 30 厘米（图一五∶1）。

标本 C11∶10，泥质灰陶，内壁泥条接痕清晰，颈部有刮削痕，施绳纹。口径约 14

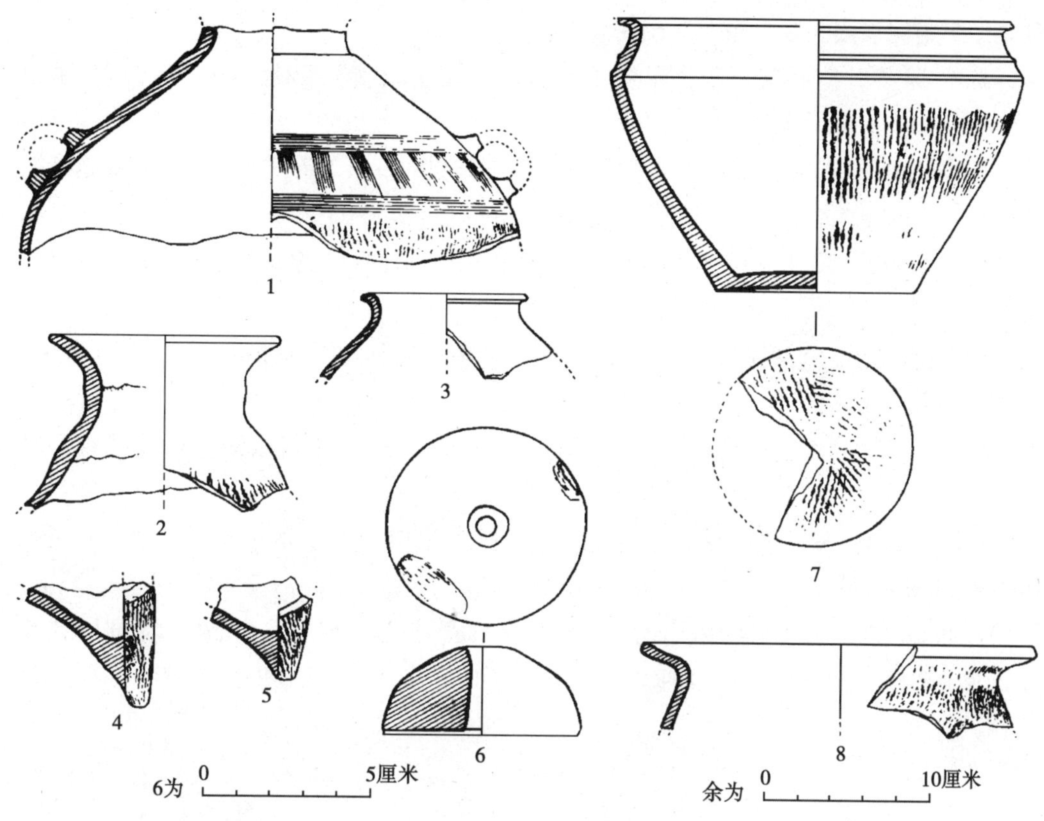

图一五　C11 地点采集陶器

1～3. 罐（C11∶9、C11∶10、C11∶15）　4、5. 鬲（C11∶6、C11∶8）　6. 纺轮（C11∶7）　7. 盆（C11∶4）　8. 甗（C11∶13）

厘米（图一五∶2）。

标本 C11∶15，泥质褐陶，素面。口径约 10 厘米（图一五∶3）。

瓮

标本樊村北∶6，泥质灰陶，口沿另接，唇部捺印绳纹，沿下局部有指纹痕（图九∶9）。

标本樊村北∶12，泥质灰陶。唇部有绳纹（图九∶2）。

砖

标本 C4∶3，条形砖，残。泥质灰陶，绳纹粗而直（2 条/厘米）。残长 15、厚 4 厘米（图一九∶2）。

标本 C4∶5，条形砖，残。夹砂灰褐陶，绳纹粗乱。残长 22.5、残宽 17、厚 2.5 厘米（图一八∶5、6、二〇∶1）。

标本 C4∶4，空心砖，残。泥质灰陶，施麦粒状绳纹，绳之纤维痕清晰可见，折角处内壁另附泥加固。厚3厘米（图一九：1）。

标本C4∶7，空心砖，残。泥质浅灰陶，绳纹稍细（3条/厘米）。残长21厘米（图一七：1、一八：3、4）。

标本C12∶1，空心砖，残。夹砂灰陶，大部施粗绳纹（2条/厘米），近端部施细绳纹（4条/厘米），端侧素面。残长22厘米（图一七：2、一八：1、2）。

标本C10⑬：3，条形砖，夹砂红褐陶，表皮黑灰，施绳纹。厚5.2厘米（图一二：7）。

瓦

标本樊村北：5，泥质红褐陶，侧边有线切痕，施绳纹（3条/厘米）。厚1.4~2厘米（图九：3）。

标本C10③：5，泥质灰陶，泥条盘筑法成形，瓦舌处稍减薄，外施绳纹。厚1.2~1.8厘米（图一〇：4）。

标本C10③：6，泥质灰陶，施绳纹，瓦侧可见切割痕，亦施绳纹。厚1.4厘米（图一〇：5）。

标本C8∶7，泥质灰褐陶，绳纹起伏滚压而成（3条/厘米），瓦背上有圆柱状瓦钉，其上亦施绳纹。厚1~1.4厘米（图一六：1）。

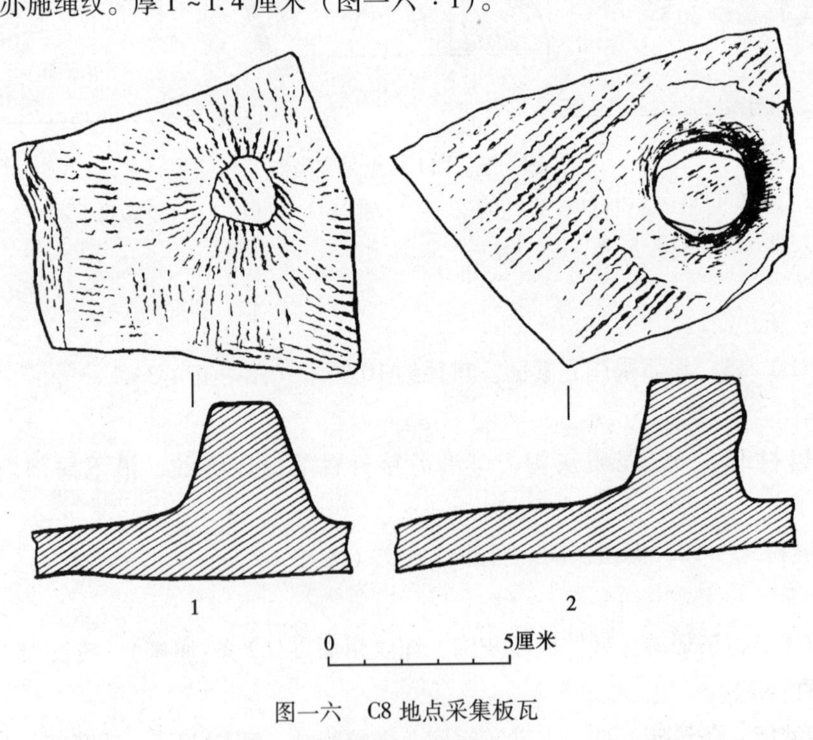

图一六　C8地点采集板瓦

1. C8∶7　2. C8∶8

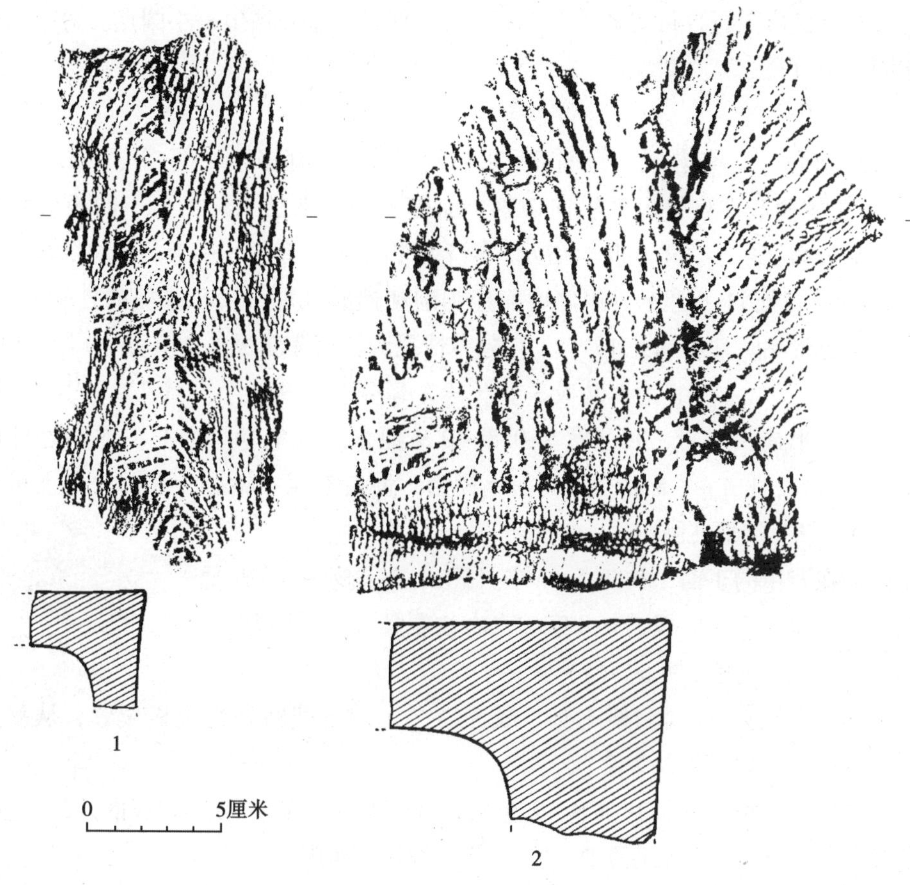

图一七 C4、C12地点采集空心砖

1. C4:7 2. C12:1

标本C8:8，泥质灰陶，施绳纹（3条/厘米），瓦背上有圆柱状瓦钉。厚1～1.4厘米（图一六：2）。

标本C8:2，泥质黄褐陶，瓦背施交错绳纹（3条/厘米），瓦背上有圆柱状瓦钉。厚约1.2厘米（图二〇：2）。

纺轮

标本C11:7，泥质褐陶，制作规整。直径6厘米（图一五：6）。

（二）石器

标本C10:10，石斧。细砂岩，灰色，上端残。对钻孔，孔径约2厘米（图一三：4）。

（三）骨器

标本C10④：6，以兽骨为之，片状，轮廓呈“F”形。残长4.8、最宽2、厚0.4厘米。一侧切割出2个“M”形榫口，似与其他器物嵌接之用，另一侧有“V”形刻槽。一面管钻圆圈3行，每行各3个，圈径0.3厘米，中间钻出一小圆点。另一面有相同的圆圈7个（图二八：2）。

（四）卜甲

标本C10④：1，龟背甲，为龟背甲之右侧下部，尚存多半（图二一、二二；彩版四、五）。龟甲隆起，自臀板处纵向切割，前臀板和椎板已无存，第3肋板仅存小部分，第4肋板尚存多半，第6肋板略残，第7肋板残半，存第8～11共4块缘板。背甲残长19.6、最宽处11.6厘米，甲之内面经锯削和锉磨处理，第8缘板的外侧经切剧。在肋板上施方形钻。残存钻孔17个，其分布情况为：第3肋板1个（残），第4肋板6个（残），第5肋板4个，第6肋板3个（残2），第7肋板3个（残2）。

钻多呈方形或长方形，长、宽为0.8～0.9厘米。以龟脊为中心，在钻之外侧有凿，凿宽于钻宽，1.4～1.5厘米，断面呈楔形，凿底部深于钻底。在部分钻上可见灼痕，正面有“T”字形兆枝。

卜辞刻在背甲的正面，共两条17字（图二三；彩版六～九）。

第一条：刻于第4肋板，共8字。自右往左竖行，可释为：

曰：異，乎觪衛夒，乎乞（?）……

“乎”后一字残，可辨两横笔画，或为“乞”字。残断处为椎板位置，从辞例和空间位置分析，辞尾可能缺2字。

第二条：刻于第4肋板和第8、9缘板，现存8字，始自第4肋板的外缘，左行，相接的第7缘板缺失，然后往下竖行，至第9缘板。可释为：

曰：彝（?）……囟妹克□于宵。

“曰”后一字残，似为“彝”字上半，“囟”前或缺1～2字，与2号卜甲的第二条卜辞对照起来读的话，可能缺“王”字。“克”字左侧有“↓”形刻符，后一字上部笔画不清，下部似从“廾”、“止”，不识。

标本C10④：2，龟背甲，为龟背甲之右侧上部少半（图二四；彩版一〇、一一）。自颈板处切割，第2、3、4缘板的外侧经切锯。第2肋板仅存小部分。残长9、最宽处9.8厘米。背甲之内面经剧削和锉磨处理，在颈板上施一圆钻，直径1、深0.6厘米。第1肋板上有一钻，最初加工成椭圆形，圜底，长径2.3、宽1.2厘米，外侧施凿，长1.5厘米。第2肋板上残存方钻2个，钻内均有灼痕，正面有“T”字形兆枝。

卜辞刻在背甲的正面，共两条39字（图二五；彩版一二～一六）。

1

2

3

4

5

6

图一八　C4、C12 地点采集空心砖、条形砖

1. 空心砖外面（C12∶1）　2. 空心砖内面（C12∶1）　3. 空心砖外面（C4∶7）　4. 空心砖内面（C4∶7）　5. 条形砖正面（C4∶5）　6. 条形砖背面（C4∶5）

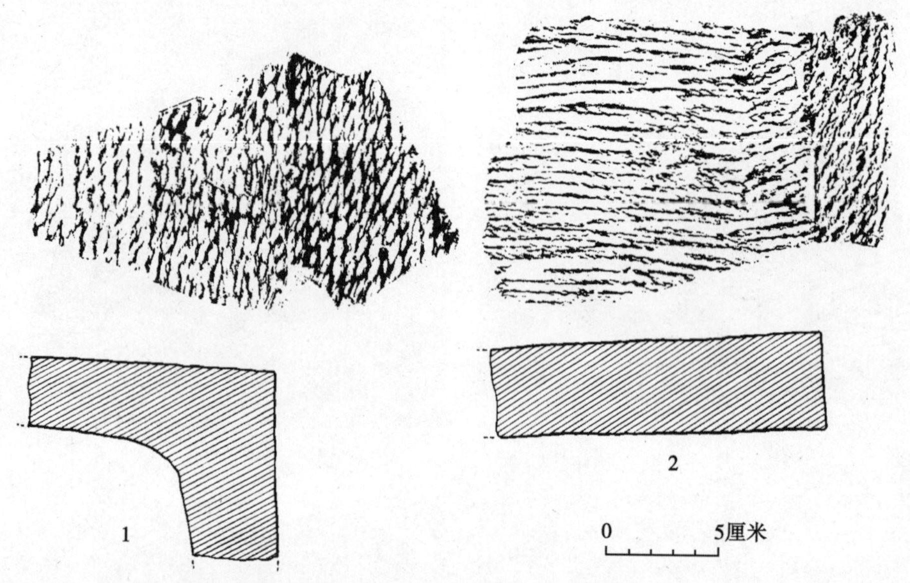

图一九 C4 地点采集空心砖、条形砖

1. 空心砖（C4:4） 2. 条形砖（C4:3）

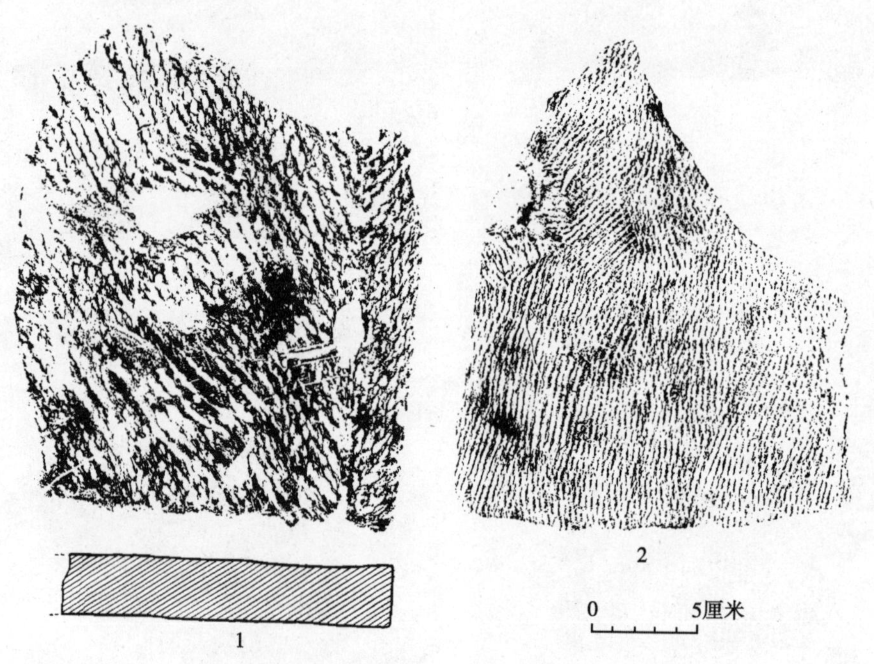

图二〇 C4、C8 地点采集条形砖、板瓦

1. 条形砖（C4:5） 2. 板瓦（C8:2）

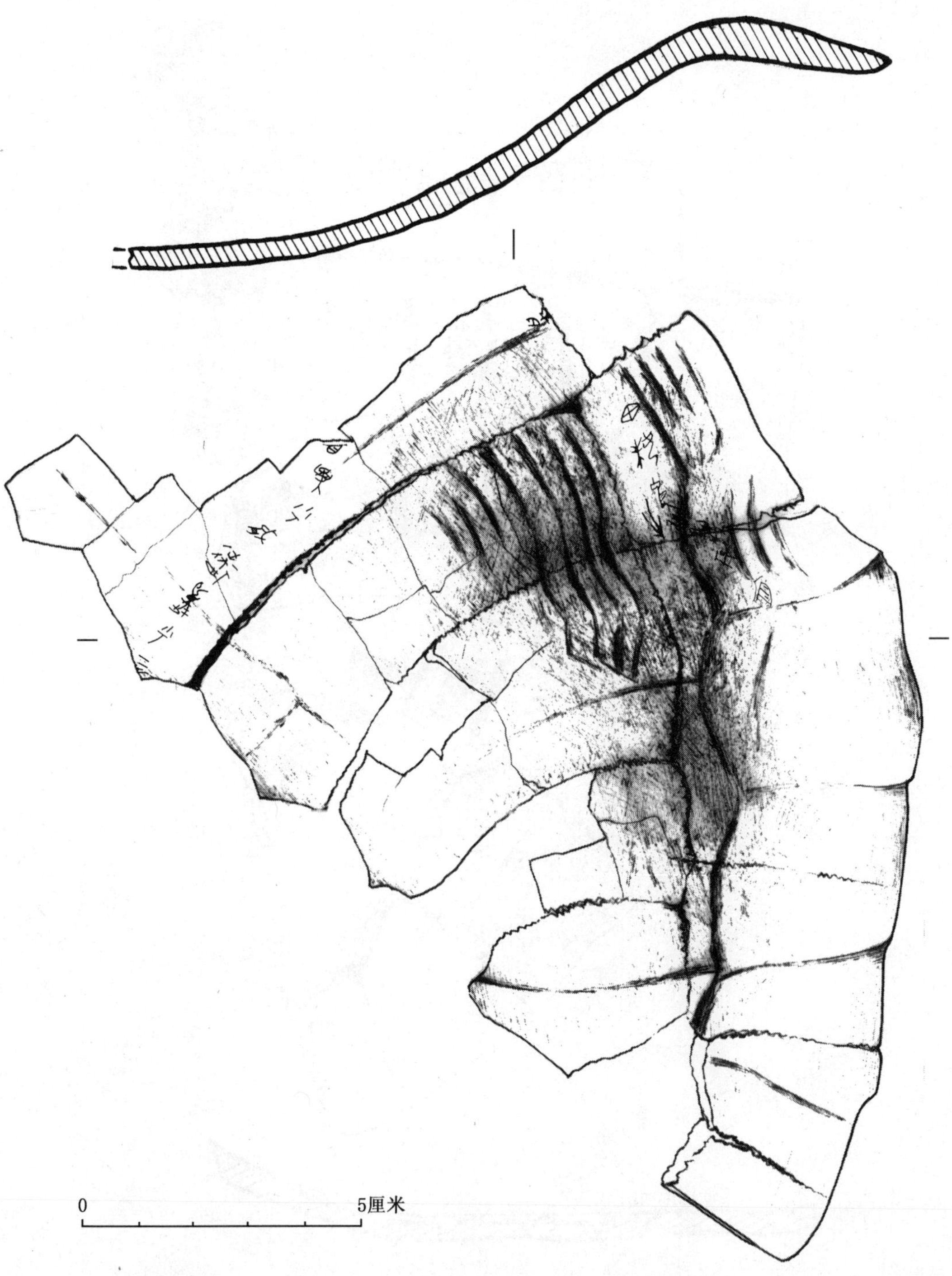

图二一 1 号卜甲（C10④：1）正面

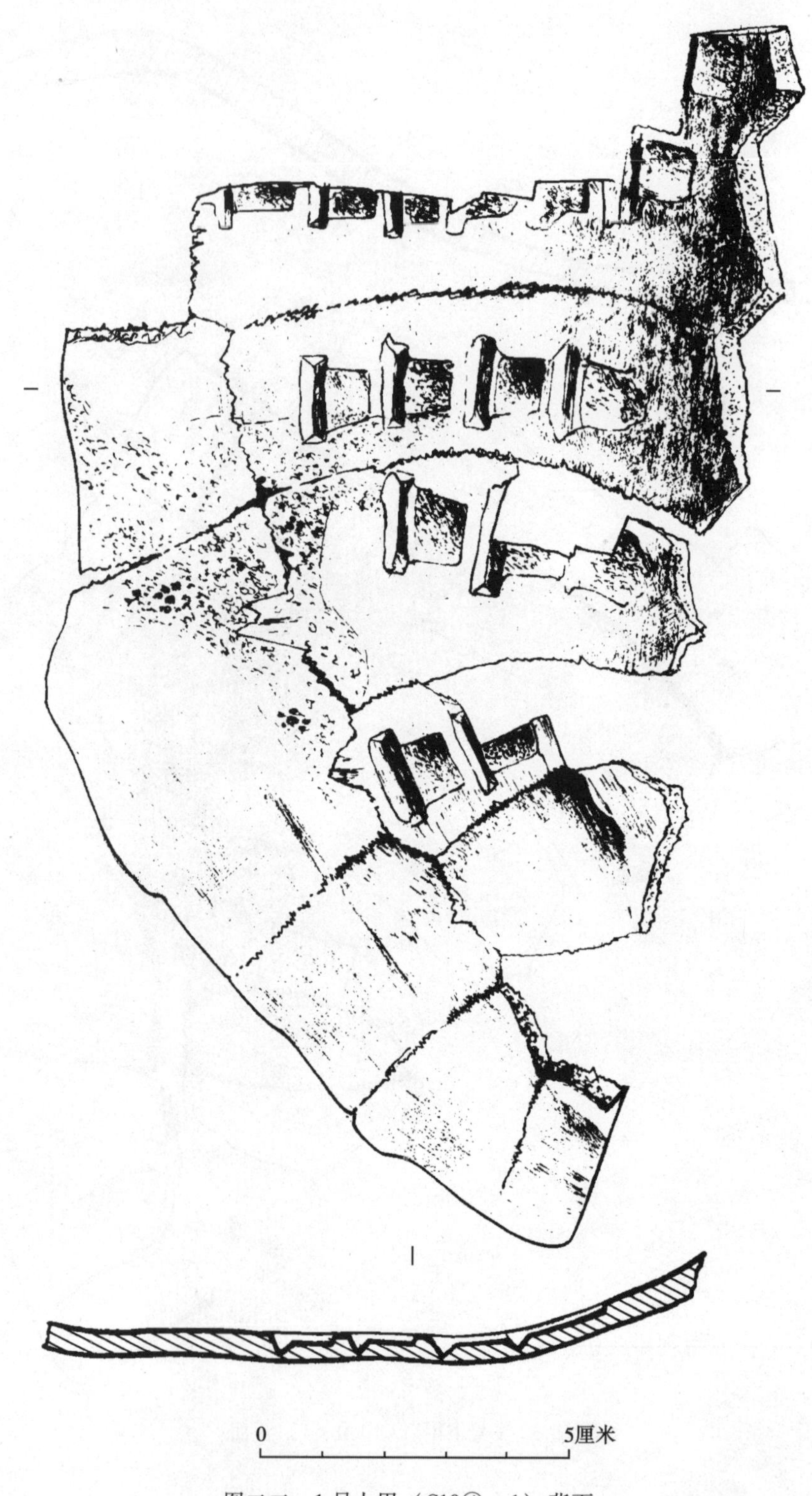

图二二　1号卜甲（C10④：1）背面

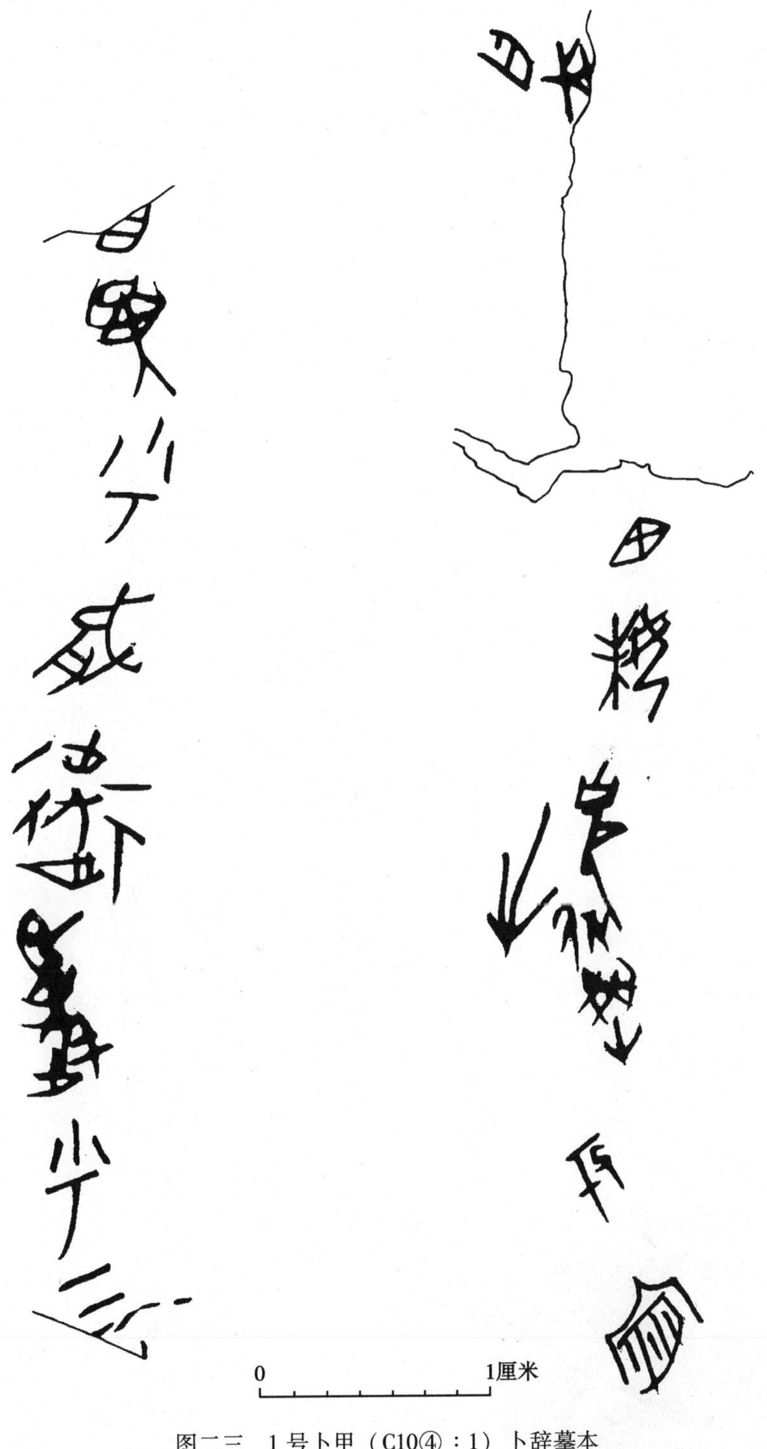

图二三　1 号卜甲（C10④：1）卜辞摹本

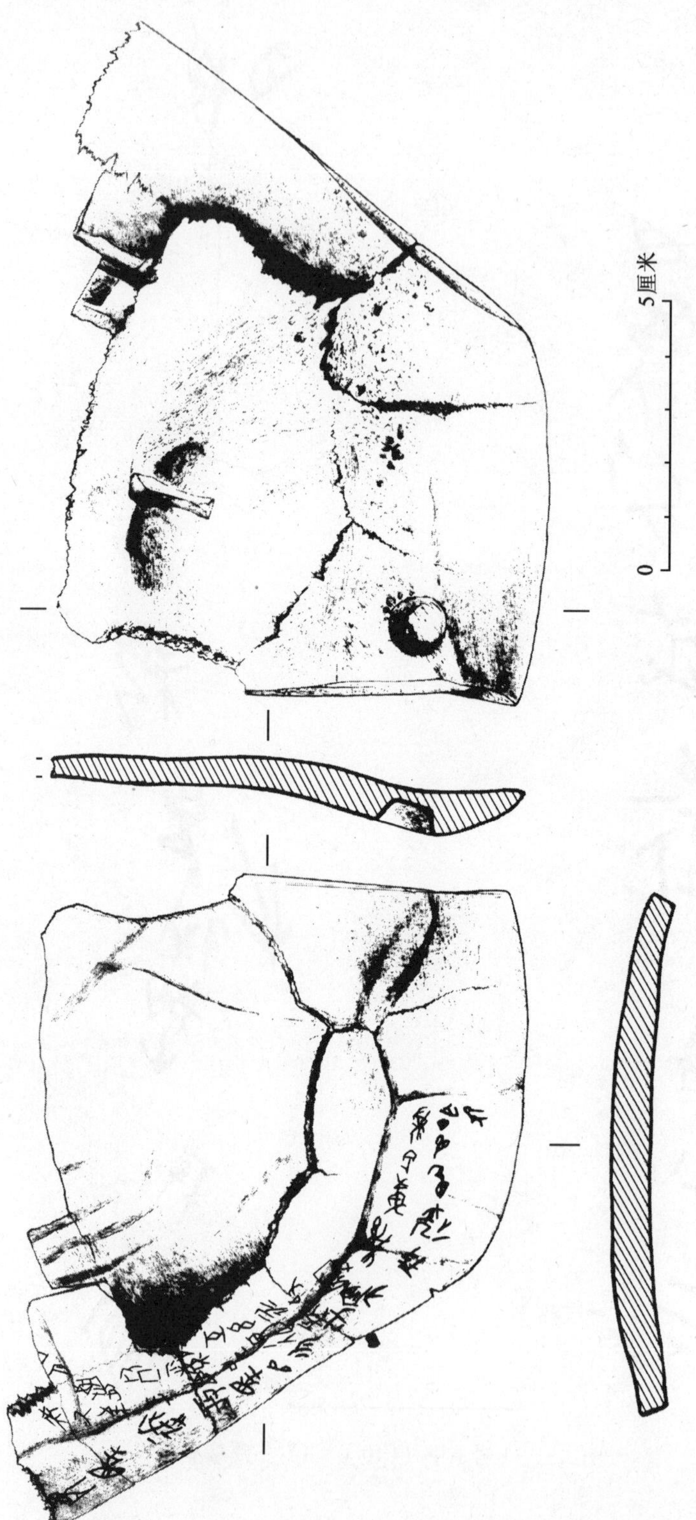

图二四 2号卜甲(C10④:2)

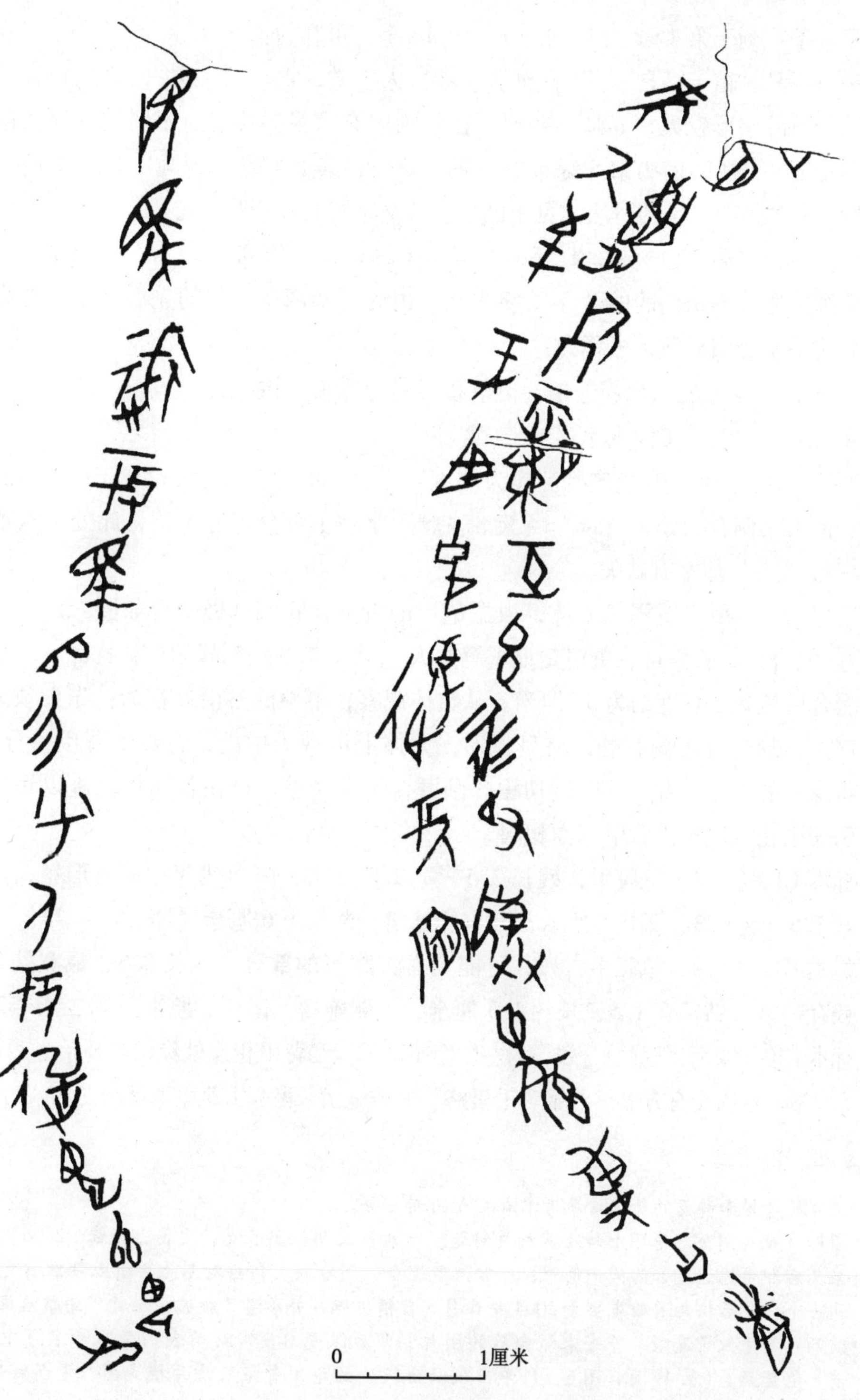

图二五 2号卜甲（C10④：2）卜辞摹本

第一条：刻于第4～1缘板的外缘，共16字，可释为：

……视马，衔于马自（師），勿乎（呼）人于逆，它（?），终（?）囟亡咎。

这条卜辞字形较大，笔画亦较粗，在笔画内有涂墨的痕迹，不同于其他几条卜辞的刻写特征。“视”前为第5缘板的位置，缺失，其上当有“视马”之行为的主语刻辞。“它”、“终”二字的写法未见于已有甲骨文字资料，所释不定。

第二条：自第2肋板起，延至第4至第1缘板，分两列共23字，其中左列“于”字的笔画压在第一条刻辞的“乎”字之上，由此可知两条卜辞的先后关系。与第一条刻辞相比，字迹细而浅，可释为：

……[五]月𢦏（哉）死霸壬午，衍祭㢙（?）、繁使，占：者

……来，毕至，王囟克逸（?）于宵。[8]

“五”字残，从残存笔迹判断应为“五”字。“哉”字的构形稍异于已见古文字同字形，但由文例看当读为“哉”无疑，“㢙”字右上部分笔迹不清，此处暂从董珊的意见[9]，“来”前字有缺失。

上述两片龟甲当属同一个体，根据龟甲的特征，我们试做缀合如图二六、二七所示[10]。缀合后，我们可以更清楚地了解周人卜甲（背甲）刻辞的行款特征。

缀合后龟板的长度约为31厘米。从整体观察，卜甲的整治过程为：先自颈板偏右位置向下切割至臀板偏右处，略呈弧形，大体上可视为中剖，将整个背甲一分为二，然后将缘板的外侧及背甲的内侧切锯、刮磨，修至平整，再在各肋板上施以钻凿。其特征和安阳花园庄所出背甲基本相同[11]。

标本C10④：3，龟腹甲，残长3.5、宽2.5厘米。内面残存一椭方形钻，钻底凹圜，长1.5、宽1.3、深0.5厘米，其右侧施凿，凿长1.6厘米（图二八：4）。

标本C10④：4，龟腹甲，残，可能为右剑腹板的部分，残长6.5、最宽处2.6厘米。残存一方形钻，宽1.5、长约1.3厘米，外侧施凿，凿长2厘米（图二八：3）。

标本C10④：5，龟腹甲，残，为左侧甲桥部分，和背甲相连处经切割整治，残长8.7、宽5.5厘米，近内侧有方形钻，靠“千里路”一侧施凿，凿长1.5厘米（图二八：1）。

---

〔8〕 文字的考释和辞意的释读请参考本卷发表的相关论文。

〔9〕 董珊《试论周公庙龟甲卜辞及其相关问题》，《古代文明》第5卷，文物出版社，2006年。

〔10〕 采集后即考虑过是否为同一龟甲，并曾试做缀合，因有缺失，拼对不上，所以没敢肯定是否为同一个体。后松丸道雄先生于2004年6月5日根据照片并参考了殷墟出土背甲的整治风格，对这两片背甲做了遥缀，并寄来缀合后的图片，阅后深受启发。继而我们又参考了《中国动物志·龟鳖目》（第49页，图6，科学出版社出版）的龟甲骨板及盾片模式图，重新做了遥缀。特此说明。

〔11〕 中国社会科学院考古研究所《花园庄出土甲骨》，云南人民出版社，2002年。

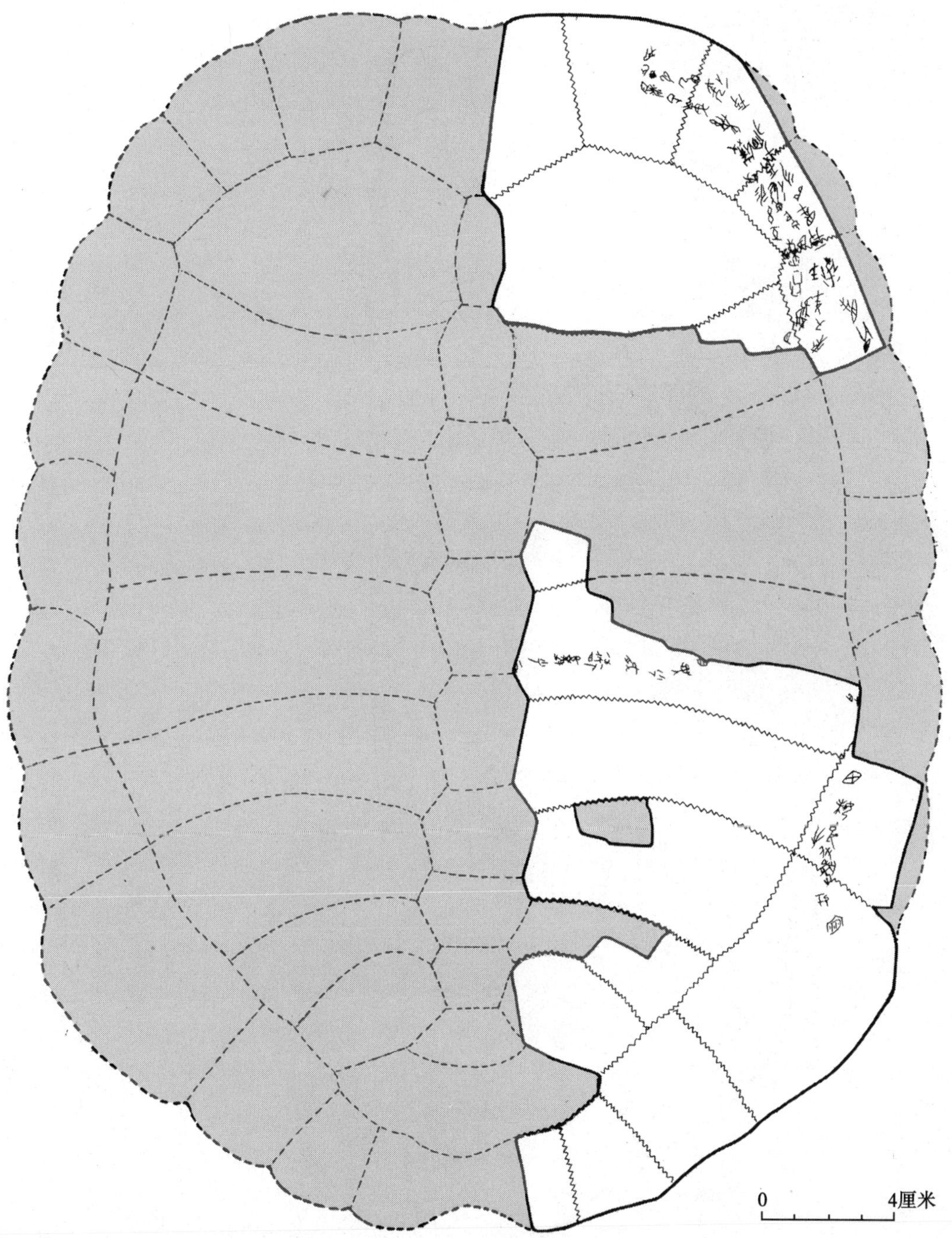

图二六　1、2号卜甲的遥缀（正面）

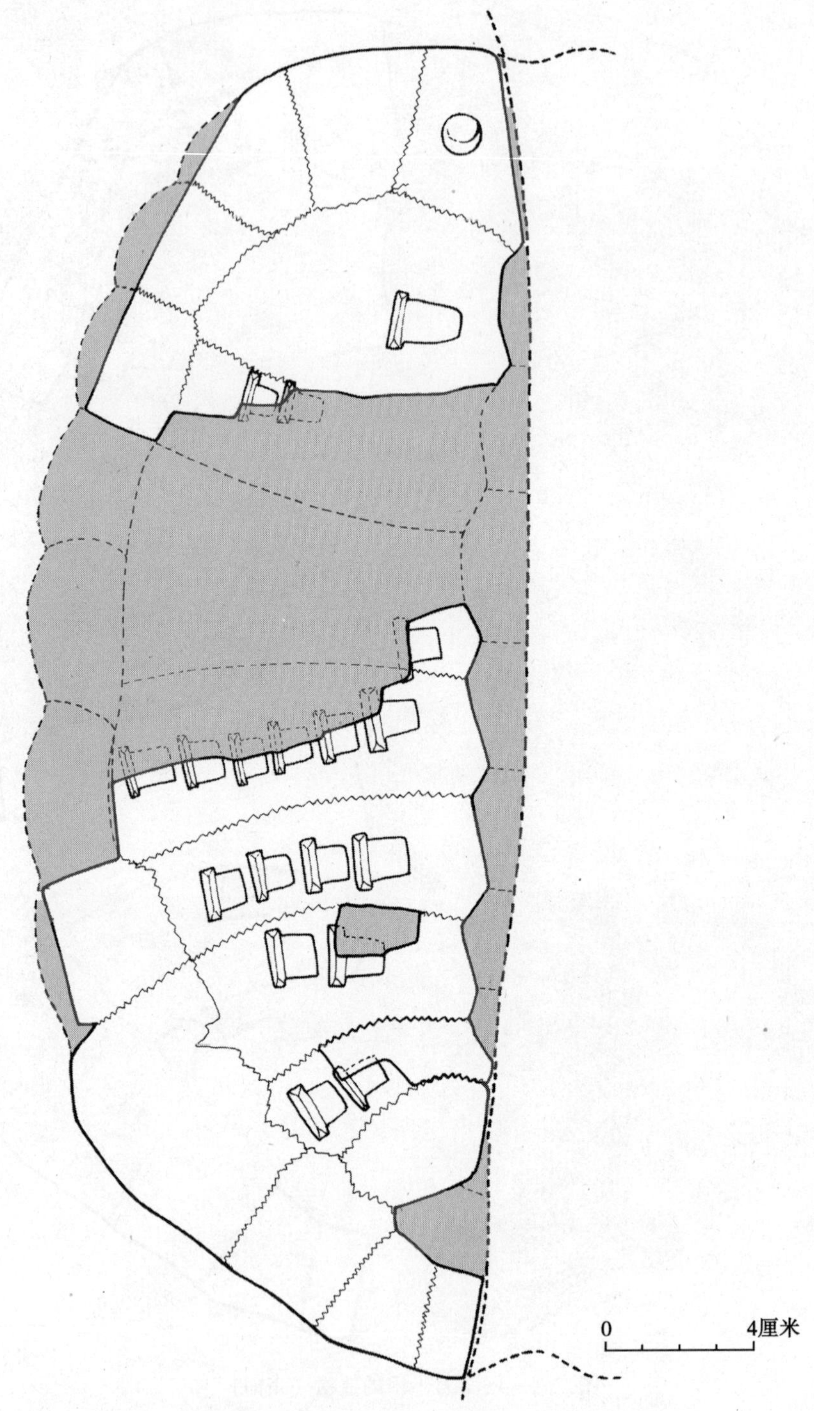

图二七　1、2号卜甲的遥缀（背面）

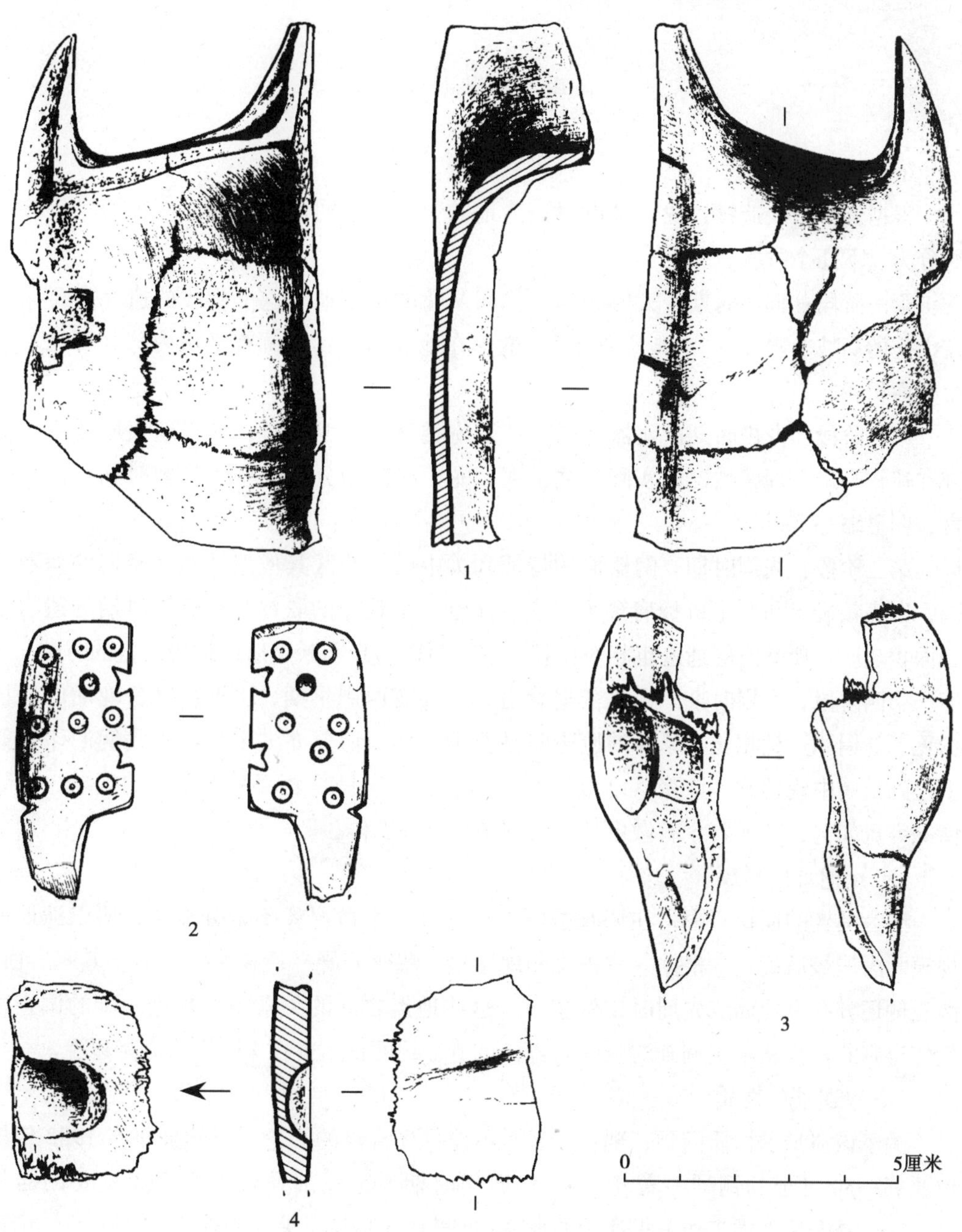

图二八　C10 地点出土卜甲、骨器

1、3、4. 卜甲（C10④：5、C10④：4、C10④：3）　2. 骨器（C10④：6）

五、几点认识

（一）遗址的年代

根据调查所获遗物，我们可以对该遗址的年代做出初步的判断。按大的时代可以划分为以下几个阶段。

第一阶段：仰韶时期。大体相当于仰韶文化的中晚期。这个阶段的遗存主要分布在山前的高坡上（C1、C5地点附近），散落在地表的遗物在调查区域内随处可见。分布的面积较广。

第二阶段：龙山时期。陶器特征与“双庵类型”最为接近，如果地表所暴露的遗迹和遗物是地下埋藏情况的实际反映，那么龙山时期的分布面积和仰韶时期相比较而言，明显缩小。

第三阶段：先周时期。陶器群的特征和关中西部地区其他遗址先周晚期的陶器相同，以高领袋足鬲和小口折肩罐为代表，还有一定数量的联裆鬲。这个时期的遗物分布面积较广，所暴露的遗迹也相对比较丰富，可以初步判断是遗址最为兴盛的时期。

第四阶段：西周时期。由采集遗物看，主要属西周早期，中期次之，晚期的遗物少见。与周原遗址相比，暴露的遗迹明显要少，堆积情况亦欠丰富。给我们的印象似乎是到西周中晚期时，该聚落已经逐渐衰弱。当然这只是表面所观察到的现象，实际情况究竟如何，还需要今后做更具体的调查和发掘工作。

（二）遗址的规模

因为调查的面积有限，在调查范围外的遗址分布情况还不十分清楚，所以遗址的规模尚无法最后确定。根据《中国文物地图集·陕西分册》所提供的线索，其东、西、南三侧还分布有西周或先周时期的遗存，这些地点之间的关系还有待进一步的调查才能作出判断。仅从本次调查的范围而言，该遗址的面积至少在130万平方米以上。

（三）遗址的性质

关于该遗址的性质问题，现在也暂时不能得出肯定的结论。祁建业早在1982年报道北郭一带出土的铜器时曾指出：“西周时期，这一带是奴隶主贵族重要的居住区，……是今后考古工作值得注意的地方。”[12]曹玮是最早关注该遗址并作了专门论述的学者，他通过对文献的梳理，并结合考古发现的线索，认为“太王都邑与周公封邑当为二地，太王都邑在现在包括祁家沟以东的畤沟河与美阳河之间，即现今习惯称之

---

〔12〕 同〔4〕。

为周原一带；周公采邑当在今岐山县的北郭乡和周公庙附近。”[13]关于该地为周公之采邑说由来已久[14]，只是因为缺少考古学的证据而没有定论。这些线索和意见都是我们今天在此开展进一步工作的重要参考。

此次调查所获有两点值得格外注意，一是数量较多的砖和瓦这两类建筑材料，二是刻辞的卜甲。已有的考古发现告诉我们，西周时期只有大型的建筑才使用瓦，如周原遗址的凤雏、召陈、云塘等地点和丰镐遗址的普渡村、花园村地点[15]。而砖的使用目前仅见于岐山县的赵家台[16]、周公庙遗址[17]。这两个地点所出砖的特征基本相同，根据层位关系和共存的其他陶器的时代特征，我们认为其中有些砖的年代或可早至先周时期。据此可以进一步推测，西周早期或先周时期该遗址有大型建筑的存在，这一点已由暴露在外的夯土基址得到证实。加之发现的卜甲的年代也在商末周初之时，所以我们有充分的理由认为，这里的确是西周早期或先周时期的一处重要居所。至于是否就是周公的采邑，目前还没有确凿的证据来证明。基于更充分的考古材料，并结合文献记载，或许在不久的将来有望对周人早期都邑的寻找取得一些进展。

此次调查有着重要的学术意义。一方面是刻辞卜甲的发现，为西周史的研究提供了新的文字史料和其背后所隐含的重要线索，同时更为重要的是该遗址本身所具有的内涵清楚地告诉我们，这里的确不是一处普通的聚落遗址，尽管我们现在暂时还不能对遗址的性质作出准确的判断，但它的存在无论与周人早期都邑是否有关，对我们重新理解整个周原地区遗址的分布及其性质都具有重要的启示作用。如果我们要对周人早期历史的真实情况有所了解，就不能把眼光仅仅盯在一个或几个遗址上，而必须将整个关中西部地区乃至更大的区域同时纳入考察范围，只有如此，我们才能最大程度地接近真实的历史。我们深信，因为周公庙遗址的新发现，西周考古将向前迈出具有历史意义的一步。

后记：2003 年 12 月调查结束之后写出报告的初稿。2004 年 1 月，邀请在北京的部分考古、古文字和天文学史方面的专家在北京大学召开了一次小型的座谈会。针对周公庙遗址和新出两片刻辞卜甲，与会专家各自发表了初步的意见，其中有的已经写成

---

〔13〕 同〔6〕。

〔14〕 《史记·鲁周公世家》正义引《括地志》：“周公城在岐山县北九里，此地周之畿内，周公食采之地也。”

〔15〕 陕西省考古研究所《镐京西周宫室》，西北大学出版社，1995 年。

〔16〕 刘军社《周砖刍议》，《考古与文物》1993 年第 6 期。

〔17〕 2004 年 12 月在陕西省凤翔县水沟遗址调查时亦采集到同时期的砖。另外，据说于 20 世纪 70 年代在岐山贺家遗址的发掘中也曾出土过同类的砖，但未见正式报道。

论文发表在本卷。我们在编写本报告时，酌情参考了这些专家的意见。

2004年春开始，北京大学考古文博学院和陕西省考古研究所联合组成周公庙考古队，对遗址进行了进一步的调查和发掘，并在较短的时间内又获得了一系列的重要发现，从而使我们对遗址的情况有了更为具体、全面的了解。但是迄今为止，我们仍没有找到足够的考古证据来确定该遗址的性质。

在报告完成之后，董珊博士帮助校定了刻辞摹本，并做了刻辞图版的编排工作。卜辞的显微照片由陕西省考古研究所技术室完成，在调查过程中得到了宝鸡市文物局和岐山县博物馆庞文龙先生的帮助，在此一并致以衷心的感谢。

摄　影：张明惠　徐天进
绘　图：董红卫
执　笔：徐天进　孙庆伟　雷兴山　宋江宁

周公庙遗址祝家巷卜甲试释

李学勤*

The two pieces of oracle tortoise shells discovered to the north of the Zhujiaxiang 祝家巷 village at the Zhougongmiao site in Qishan 岐山, Shaanxi both are half-carapace. Inscriptions on the shells show some characteristics of the late Shang and early Zhou. Since Wen *wang* 文王 (King Wen) was just a posthumous title, the *wang* 王 (King) in the inscription might refer to King Wu 武王 or King Cheng 成王. According to the content of the inscriptions, the two shells might belong to the same person who was a noble and had his own fief nearby. He conducted the divination with the shells when preparing for the arrival of the King. All these information support the inference that the Zhougongmiao site might be the settlement of the Zhou Gong 周公 family.

2003 年 12 月，北京大学考古文博学院的学者在陕西岐山周公庙遗址祝家巷村北发现两版西周卜甲，随后我有幸观察；2004 年 2 月，又蒙邀参加北京大学中国考古学研究中心和考古文博学院召开的“周公庙新出甲骨座谈会”，说过几点不成熟的想法[1]。经一段时间思考，对这两版卜甲的认识略有进益，写出来向大家请教。卜甲文辞简古，许多地方会出现不同见解，文中不当之处望能指正。

祝家巷两版卜甲都是背甲，经过沿中脊对剖，形制与殷墟常见背甲相仿。所自出的 H45 灰坑已作清理，“根据地层关系与包含陶片的特征分析，该坑的形成年代大致可以确定为商末周初。”[2]在下面的讨论中可以看到，卜甲文字的特点和这一判断是一致的。

一号卜甲

一号卜甲上面有两条卜辞，合计共存 17 个字。

两辞均以最简单的前辞形式“曰”开始，所以右方第一辞的首字虽已上抵断边，

---

* 作者系清华大学教授。

〔1〕 孙庆伟《“周公庙遗址新出甲骨座谈会”纪要》，《古代文明研究通讯》第二十期，2004 年 3 月。

〔2〕 周公庙考古队《陕西岐山周公庙遗址考古收获丰硕》，《中国文物报》2004 年 12 月 31 日。

前面不应再有什么字，但是这一辞的下尾则有缺失。其释文如次：

曰：异乎 卫戞乎三……

只用一“曰”字作前辞，在周原凤雏卜甲里已出现过，如H11:21和H11:83[3]。

“异”字上部笔画略作简省，在辞内系助词，相当文献中的“翼”，义同于“惟”[4]。

“乎”读为“呼”，“卫”字所从的“韦”中间作“方”，均为商周文字习见。

“ ”字右半所从，呈“戈”形而有一圆圈，屡见于殷墟的商末卜辞，例如《甲骨文合集》36532、《甲骨文合集补编》11242等，我最近有小文论及，认为是“或”字的一种写法，商末卜辞的“东或”、“西或”即“东国”、“西国”[5]。

在这里，“ ”是地名，“ 卫戞”即 地之卫，其人名“戞”。与此同例的，有鬲攸从鼎的“攸卫牧”，他们的身份都是采、卫一级。

这一辞连起来，“翼呼 卫戞呼三……”是命 卫戞去召唤某些人做一件事，作为占卜主体者的身份自然比采、卫要高。

在第一辞左方的第二辞是：

曰：□□妹克□□于宵。

作为命辞起首的第二、三两字残缺，下面的“妹克”，曾见于旧称为“沈子簋”的西周早期器它簋。后者有“迺妹克卒告烈成功”及“乃沈（谌）子妹克蔑”等语，不难看出“妹”系助词，“妹克”可视为“克”的加强语气的说法[6]。

辞中“妹克”下面当是动词，两字都不清楚，其一字可见三竖笔，另一字则有“舛”形部分，目前只好存疑。

“于”字右侧有曲笔，大家知道，是商末周初的流行写法。

“宵”字我曾释为“庙”，是不对的。细察字下从“肖”，只是把“小”写在旁边了。我觉得这里的“宵”不是具体地名，也不作时段解，而应读为《说文》的“郥”字，理由详见下文。

二号卜甲

二号卜甲也有两条卜辞，合计39个字。两辞文字刻画粗细不同，似乎不是同一时间所作。

右方第一辞分刻两行，依原行款写出是：

---

〔3〕 曹玮《周原甲骨文》，世界图书出版公司，2002年。本文引用周原甲骨均据此书。

〔4〕 裘锡圭《古文字论集》，第122~127页，中华书局，1992年。

〔5〕 李学勤《论新出现的一片征人方卜辞》，《殷都学刊》2005年第1期。

〔6〕 李学勤《它簋新释》，《文物出版社成立三十周年纪念文物考古论集》，文物出版社，1986年。

……［五］月飤死霸壬午，彳乡取□緐，吏缶者来，𢍰至，王由克道于宵。

前一行的“五”字残失大半，但不难复原，因为其他数字没有这样写的。在“五”字上面，按文例应补一“惟”字，西周金文都是这样，凤雏卜甲 H11：55 也有“惟十月既死”。

“飤”字左侧所从的“食”有省笔，右侧的“丮”则特显足形。这个字当读为“哉”。“哉死霸”月相以往没有发现过，但《尚书·康诰》、《顾命》有“哉生魄”，而且显然是定点的[7]。“哉”，《尔雅·释诂》：“始也。”《说文》：“霸，月始生霸然也，承大月二日，承小月三日，……《周书》曰‘哉生霸’。”说明“哉生霸”是月光始生的初二或初三日[8]。同理，“哉死霸”应该指月光始亏的十六或十七日。

“壬午”两字皆作中空，在商末周初金文中则都是填实的[9]，这是由契刻的特点造成的，在殷墟甲骨中常见。

“彳乡”字多见于殷墟甲骨及一些商末金文，字或作“彳亍”，我曾提出即“行”字[10]，此处“行取”为一词，“取”字左旁略有减省。

“取”下一字，右上部磨泐不清，左旁是“㫃”，下从“人”形，可知这是一个“旅”声的字。再下的“緐”，即“繁”字，义为马的肚带，“旅繁”可解为黑色的肚带。“行取旅繁”，意思是去取黑色的肚带。

“吏”读为“使”。“缶”，考虑上述马带的解释，试读为柔革工的“鞄”。“使鞄者来”，是说要与配制肚带有关的工匠前来。

“𢍰（厥）至”，即指“鞄者”之至。

“王”字竖笔下端中空，与商末周初金文“王”字相似，只是后者是填实的，两者最下横笔二端翘起，也是类似的。王宇信先生把周原甲骨的“王”字分为三型，指出有“周方伯”及商王文武丁、帝乙名号的文王时卜辞的“王”字为Ⅰ型和Ⅱ型1式，竖笔下端不中空，更晚的卜辞的“王”字为Ⅱ型2式和Ⅲ型，竖笔下端中空，这里讨论的“王”字类同于后者[11]。考虑到学者大多认为文王生前并未称王，卜甲上的“王”应为武王或者成王。

“由”是西周甲骨常见的助词[12]，近年因在楚简中多次出现，已公认当读为

---

〔7〕 李学勤《夏商周年代学札记》，第125～133页，辽宁大学出版社，1999年。

〔8〕 王国维《生霸死霸考》，《王国维遗书》第一册《观堂集林》卷一，上海古籍书店，1983年。

〔9〕 容庚《金文编》，2976史戍卣、2397戍嗣鼎等，中华书局，1985年。

〔10〕 李学勤《说郭店简“道”字》，《简帛研究》第三辑，广西教育出版社，1998年。

〔11〕 王宇信《西周甲骨探论》，第217～219页，中国社会科学出版社，1984年。

〔12〕 李学勤《周易经传溯源》，第144～145页，长春出版社，1992年。

"思"（在文献内通作"斯"）。有学者主张"思"假作"使"[13]，但在西周甲骨难通，这里"王思克……"云云，读为"使"也不合适，同时辞中已有"使"字。这里的"思"仍以训"其"为好。

"道"字右半从"页"，写法见《汗简》、《古文四声韵》[14]，在这里意思当同于"行"。

"宵"的写法和另一卜甲一样，只是少了一个点。细味王行于"宵"的文意，"宵"不应为具体地名，而是指一定的区域。《周礼·大宰》、《载师》等职有"稍"，注云故书或作"削"，《说文》作"鄁"，云："国甸，大夫稍，稍所食邑，……《周礼》曰'任鄁地'，在天子三百里之内。""宵"可能即鄁，是郊甸以外有卿大夫食邑的地带。

这一辞通读，是说在五月十六或十七壬午这天，去取黑色的马腹革带，并命柔革的工匠前来，这些到达，周王就能够在鄁地行进。

第二辞刻成一行，是：

　　覑马衔于马自，勿乎人于逆见冬，由亡处。

"覑"字前所未见，按从"卜"的字每与从"录"者相通，如《说文》"剥"或作"𠠔"，这个字或即"觌"，《说文》云："笑视也"，但于文献无征，只见于西周金文觌簋、师瘨簋，为人名。此处"覑"疑读为写录的"录"。

"衔"，读为"赋"，"赋"有"布"义，故从"行"作。"马赋"是用以供马的税，《左传》襄公二十五年："量入脩赋，赋车籍马。"

"自"即"师"字。西周金文职官之"师"写作"师"，地名之"师"与师旅之"师"写作"自"，殷墟卜辞则还没有这种区别，一律作"自"。此处"马师"当系职官，仍用"自"，是保留较早的传统。

"逆见"一词意为迎见，可参看驹父盨："谨夷欲遂不敢不敬畏王命，逆见我，厥献厥服。我乃至于淮，小大邦亡敢不储具逆王命。"盨铭所叙述的，是淮夷诸国迎见王使，献上贡纳的布帛[15]。

"冬"读为"终"，义为"成"，"勿呼人于逆见终"，是说不要叫人到迎见的时候才完成卜辞上面提到的马赋一事。

"处"即"咎"字，"思亡咎"多次见于凤雏卜甲，如H11：28、35、77、96和

---

〔13〕 陈思鹏《论周原甲骨和楚系简帛中的"囟"与"思"》，《第四届国际中国古文字学研讨会论文集》，香港中文大学中国语言及文学系，2003年。

〔14〕 同〔10〕。

〔15〕 李学勤《新出青铜器研究》，第141～143页，文物出版社，1990年。

H31：3、4等。

综合上述，祝家巷两版卜甲的卜问者可能是同一人，他大约属于朝中卿大夫一级，在当地有采邑，正在准备周王（武王或成王）的巡视。现在不少学者推想周公庙遗址与周公家族有关，卜甲的内容和这种看法可相呼应。

谈岐山周公庙甲骨

葛英会*

The paper, based on the newly discovered oracle tortoise shells at the Zhougongmiao site in Qishan and the oracle bones found at the Fengchu 凤雏 site in 1977, discussed the differences and similarities between the grammar of the Shang and Zhou oracle inscriptions.

2004 年春节快要到了，北京大学考古文博学院师生在陕西岐山周公庙发现刻字甲骨的消息传到京城，大家都格外兴奋。特别是在此后不久就有幸观摩这些周人遗宝，更是惊喜不已。龟版上必须借助放大镜才能辨明的长款刻辞，文字细小但很清晰，刻契凌利但不草率。与凤雏所见甲骨相比，文字刻写更富力度，也更加精美。

20 世纪 50 年代以来，山西洪赵坊堆、陕西沣西张家坡、北京昌平白浮几个地点零星出土的少量周代甲骨，再有岐山凤雏集中出土的几百片周人甲骨，都是严重损毁的细碎小片，与殷墟甲骨有明显区别。《史记·龟策列传》记述三代卜筮传说："略闻夏殷欲卜者，乃取蓍龟，已则弃去之。以为龟藏则不灵，蓍久则不神。至周室，常宝藏蓍龟。"但于殷墟所见，大宗出土的人型龟骨都是有意储存，而几个地点所见的周人或周代龟骨，却都是大不过半掌，小不及指甲的破碎小片，似乎与太史公所记恰恰相反。但这次在周公庙寻获的大龟残片以及有关周王事迹的刻辞，使我们联想到《尚书·周书》中"我即命于元龟"（元龟即大龟，见《金縢》）、"周文王遗我大宝龟"（《大诰》）的记载。周王室以大龟问卜于此可以得到证明，并且可以期待在今后的发掘中有更多的"大宝龟"出土。

以下，先对周公庙两版刻辞进行隶写并加句读，然后提出几点初步的看法。

辞一：

五月𣄨死霸壬午，永、祭、□、緐、吏、缶者（诸）□来，厥至，王由克，退于[illegible]。

𡰥马　于马自，勿乎人于逆虫、[illegible]，由亡咎。

---

* 作者系北京大学中国考古学研究中心兼职研究员，北京大学考古文博学院教授。

辞二：

曰：异，乎𢋍卫蔑，乎□。曰：母（晦）妹克乘于[illegible]。

辞一“死霸”前面是从丮、才声的字，由徐天进先生辨识，即文献中记录月相的“哉死魄”。

第一，同坑出土的这两片卜甲，松丸道雄先生认为不是同一龟版的断折，但由于两片卜甲的刻辞都涉及[illegible]这个地名，两辞的内容应是互相关联的。

我们认为，刻辞所述是永、祭、□、毓、吏、缶诸邦方来助周王战胜虫、[illegible]两个方国的卜事，其事与《周本纪》武王伐商，庸、蜀、羌、髳、微、纑、彭、濮归附讨纣相类似。虫、[illegible]两个方国名已见凤雏甲骨刻辞（H11：22与H11：121），其中“虫”多数学者认为是崇，即文王作丰邑前伐灭的崇伯虎，笔者赞同这种见解。因此，这两版刻辞的时代可能属文王晚期，辞中的王可能指文王。

第二，从龟卜卜法角度分析，这两版卜甲缺少贞、卜、占等占卜术语，所记为占卜过程的哪个环节不可确知。辞一的末尾有“由亡咎”一语，应是对卜兆与卜事休与咎的判定。凤雏甲骨中有类似的辞例。

□车乘，由亡咎。（H11：35）

小告于天，由亡咎。（H11：96）

唯十月既死……亡咎。（H11：55）

祠自蒿于亯，由亡咎。（H11：20）

另外，辞末为“由亡眚”（眚，义为灾）、“由亡尚”（尚，义为嘉）、“其乍”（乍，义为福祚），也是类似的辞例。

辛未王其逐虘冢，由亡眚。（H11：113）

自三月至于四月（四月二字合文），唯五月，由亡尚。（H11：2）

唯鸡（箕）子来降，其执（贽）暨厥事，在旃尔卜曰：南宫辝其乍。（H31：2）

与辞末以“由亡咎”、“由无眚”、“由亡尚”等术语结尾的刻辞类似，以下两例比较完备。

八月辛卯，卜曰：其瘠取获其五十人。往，由亡咎。（H31：3）

□□□卜曰：其衣车马，由有□。（采集：112）

以上“由亡咎”与“由有□”是正反相对的语句，都是有关卜兆、卜事休咎的专门用语。

上录两条刻辞与H31：2都是“卜曰”引领的辞句。《说文》曰“卜，灼剥龟也”是灼龟取兆的环节，“卜曰”则应指卜人就卜兆以及卜事作出的说明，与“贞”、“卲曰”（即“占曰”）引领的辞语分属不同的占卜步骤。从上录各辞的关联中，可以说明辞末有“由亡咎”、“由亡尚”等术语的甲骨刻辞，都应归之于龟卜程序中卜的环节。

第三，殷卜辞几乎千篇一律，卜、贞、占、验是广泛通行的记录程式。开头部分的“干支卜”，学界称为前辞或叙辞，是对某日所行卜事的总的叙述，而不是专指灼龟取兆的步骤。《周礼春官·太卜》有“卜筮各三人”，《尚书·洪范》有“三人占则从二人之言”，说明占辞是在多名卜人的判断中从众择定形成的。殷卜辞中多有“占曰”，而少见“卜曰”，应是“占曰”的环节包含了“卜曰”的环节。三占从二的“三占”应指三个卜人的断语，“从二”才是最终的占断。周卜辞中，“卜曰”与“卲曰”引领的辞语则有明显的区分，代表了卜与占两个先后相接的占卜环节。

由上述可知，商周卜辞的各个环节，只有“贞”引领的辞句是设问稽疑之词，而“卜曰”、“占曰”引领的辞句则应视作卜人、占人对卜兆、卜事所作判断的叙述之词。“卜曰”之辞末尾的“由亡咎”、“由亡尚”等术语，也应视为判断用语而不是疑问用语。“贞”是设问句，“卜曰”、“占曰”是陈述句。

第四，周公庙甲骨刻辞之一也是以“由亡咎”系于辞末，我们以为这版刻辞应属于“卜曰”引领的部分，即卜人对卜兆、卜事休咎的说明。辞中对所涉卜事往往有或长或短的叙述。周公庙刻辞“由亡咎”之前的36字，应是关于卜事的叙述，凤雏H31∶3箕子来降献赀并卜的刻辞也是如此。在殷卜辞中，一般不记“卜曰”的环节，除少量验辞有叙事之外，命辞、占辞则是程式化的，简洁严整，少有较长的叙事成分。

第五，周公庙两版刻辞“王由克”之语，王应是占卜的主体。我们认为，这个王与凤雏甲骨所见的王，是周王而不是商王。当然在对周卜辞资料没有提出可靠的分期、断代的情况下，对两个地点几十版刻辞所录的王虽不能确指为何王，但其为周王应是肯定的。

（1）凤雏H11∶3的王与殷王同版同辞：“衣王田至于帛，王唯田。”我们赞同周原考古队以“衣王”为殷王的见解，同时我们还认为，同版的另一王就是周王。以周人的立场，称本国族的元首为王，而称商王时冠以衣（读为殷）以示区别。这版卜辞的大意是：殷王畋狩至于帛地，周王参与其中以尽宿卫之责，以示臣附之心。有学者读该辞为“王唯田至于帛，衣王田”，衣训为合，是某人前往帛地，与王合围行猎。把辞中两个王都看做是商王，但又不是占卜的主体，这种解释比较牵强。

（2）诸侯、方国的元首可以称王，在殷卜辞中不乏其例，如王卓（宁1.494）、王丰（续1.44.5）、王古（甲2121）、王[illegible]（金78）、王贮（京2421）等。王国维《殷周制度论》一文说：“自殷以前，天子、诸侯君臣之分未定……盖诸侯之于天子，犹后世诸侯之于盟主。”在《古诸侯称王说》一文又说：“古诸侯于境内称王与称君、称公无异。”这种认识可以在殷卜辞中得到印证。殷卜辞中既有“多王”（存上：1923）的集合称谓，又有多君（后下 13.2）、多公（合集 27495）的集合称谓。所以，在商代，君、王之称不仅仅为商王独用，不少诸侯、方国的元首也可以使用。周族元首在境内称王不是例外的不可想象的事。

（3）凤雏 H11 之 1、82、84、112 四版都是以“贞”引领的命辞。笔者认为，尽管命龟的地点是商王宗庙（文武丁宓或文武帝乙宗），诏祭的对象是商王先祖（成唐、大甲、武丁），但占卜主体的王也应是周王而不是商王。这种判断不仅仅是因为甲骨出于周原，钻凿特征、文字风格明显不同于殷墟甲骨与文字，其刻辞本身也可以证明这样的推断。

我们知道，在卜辞中，凡王亲自命龟的，命辞的主体称余、称朕。而凡命辞主体称王的，则命龟者是他人而不是王。凤雏四版甲骨所记的命辞主体是王，故在商王庙堂上命龟的人是贞人而不是周王；命辞所谓王诏祭成唐等，也是贞人的命龟之辞，并非周王亲历亲为。《周礼春官·小宗伯》：“若国大贞，则奉玉帛以诏号。”即凡卜筮要以玉帛牺牲册告神鬼。卜辞中“诏祭成唐”、“册周方伯贽”（贽即玉帛牺牲）就是命龟时“诏号”的环节。据《殷本纪》、《周本纪》，辞中所记在商王庙堂上诏号命龟的人可能是闳夭、太颠、散宜生之徒（辞中称周方伯），所记卜事似与献贽于商纣而求赦文王有关。

（4）《史记·殷本纪》称商纣受闳夭等所献美女、奇物、善马而赦姬昌，并赐弓矢斧钺，为西伯。《周本纪》则记西伯受命之年称王而断虞芮之讼。《正义》就此阐释说：二国相让后，诸侯归西伯者四十余国，咸尊西伯为王。历代史家对西伯称王的看法历来各异，今由凤雏、周公庙刻辞分析，姬昌于受命为西伯之年称王近于史实。

读周原新获甲骨

李　零*

This paper is a preliminary research of two turtle shells with inscriptions excavated from the site of the Zhou Duke Temple (Zhougongmiao). The author's opinions are: 1) The two shells can be dated to the last years of the Shang Dynasty. 2) The finding of a new term to describe moon shape change will challenge the traditional theory, which infers that the Zhou people divided a lunar month into four phases and gave each phase a special name. Based on the new discovery, it seems that the days between Chu Ji (初吉 the first day of a month), Ji Wang (既望 the fifteenth day of a month) and Hui (晦 the last day of a month) is divided into six phases: *Zai Shengba* 哉生霸, *Pang Shengba* 旁生霸, *Ji Shengba* 既生霸, and *Zai Siba* 哉死霸, *Pang Siba*, 旁死霸, *Ji Siba* 既死霸. 3) The character *wang* (king) in the inscriptions might refer to a Shang King instead of a Zhou King. 4) The place names in the inscriptions probably refer to some locations in southern Shanxi. 5) Oracle shells discovered before are all fragments which are difficult to be reconstructed. The newly discovered shells are big in size and obviously parts of large turtles. 6) We are so lucky to find these shells with many characters that will help us to interpret the grammar structure of the Western Zhou oracle inscriptions.

(一) 一号卜甲（背甲，较小的一块）

(1) 第一条命辞（两行，字的笔画较细）：

五月[illegible]（哉）死霸壬午，衍[illegible]（祭）□䌛。吏（使）占者　　1

〔□〕来，毕至，王由（思）克逌于[illegible]。　　2

【注】

“五月[illegible]（哉）死霸壬午”，是记卜问的时间。第一字，只有下半，疑是“五”字。第三字，写法比较怪，与常见的“既”字很不一样，左半上面是一竖，中间是五和类似口或反止的笔画，下面是类似夕的笔画，右半从丮不从欠。这里疑是“[illegible]”字的异体（从才从食从丮），相当表示初始之义的“哉”字。西周金文的月相有“初

* 作者系北京大学中文系教授。

吉”、“既生霸”、“既望”和“既死霸”，古书还有“哉生魄”（《尚书》的《康诰》和《顾命》，《汉书·律历志下》引作“哉生霸”。《武成》还有“哉生明”）、“旁生魄”（《逸周书·世俘》）和“旁死魄”（《武成》）。旧说“哉”是始义，“旁”是近义，“既”是毕义，应是表示月亮由明而晦的若干阶段。从道理上讲，有“哉生魄”，就有“哉死魄”。但“哉死魄”，古书未见，如我的推测不误，这里出现的“哉死魄”当属首次发现。“壬午”，“壬”字中间的肥笔是用双钩法表示。

“衍奴□貕”，第一字，与“永”字相像，但其实不同，应该分析为从彳从侃省，字通于“衍”，为省刻字，这里直接写成“衍”。过去，我在《西周金文中的土地制度》（收入《李零自选集》，桂林：广西师范大学出版社，1998年，85～111页；原载《学人》第二辑，江苏文艺出版社，1992年，224～256页，初稿写于1988年）一文中已指出这一点。参看：容庚《金文编》（北京：中华书局，1985年）107页：0252的最后两例，以及1183页：098和1250页：479。第二字，是“祭”字，但省去示旁。第四字，残去上部的右边，下从廾〔案：在讨论会上听徐天进先生说，裘锡圭先生对残划有所辨识，认为是从 从粪〕。

“吏占者〔□〕来”，读“使占者〔□〕来”。“来”字上面的字已残缺〔案：董珊先生在讨论会上发言说，“来”上残缺的部分还应该有一字，从行款看，非常正确〕。

“乎至”，指等占卜者到达。

“王由克 于 ，”“王”，是商王还是周王，过去大家说，凤雏甲骨讲祭祀商王，其中出现的“王”肯定是商王，现在经过20多年的认识，我们都已明白，周人的甲骨，无论钻凿形式，还是卜辞体例，都明显不同于商式的甲骨。因此，逆反于过去的认识，现在学者多认为这里的“王”是指周王。说实话，我也有过这种考虑，但于心终有未安。这里，我想讲一下相反的理由。首先，这片卜甲上的“王”是商王还是周王，恐怕应联系过去出土的周原甲骨来考虑。后者虽然碎成小块，给断代造成困难，但很多带“王”字的碎片还是与这次的发现年代相近。过去出土的周原甲骨，凤雏所出，24片有“王”字，即H11：1、3、11、14、38、48、61、72、75、80、82、84、100、112、113、132、133、134、136、167、174、210、246、261，其中除少数作“三横一竖”式（如38、48、61、72、80、82、136、246、261），多数都是这种写法；扶风齐家所出，有两片提到“王”，即FQ1、FQ7，也是这种写法。这里面，明确属于商代末年的H11：82、84、112三片，其中的“王”，明显是商王，但两种写法都有。虽然从卜甲的形制、钻凿和文字内容看，这三片是西周甲骨，但卜甲中的“王”既然是祭祀商王的祖先，显然是商王，特别是H11：84的“王其典册周方伯”（“册”字的下面原来有口），肯定无法将卜辞中的“王”等同于周方伯。我理解，此片是记商王在商的宗庙祭祀商王的祖先，然后册封周方伯，情况就像西周金文记王臣册赏，不管被册者是否为周的同族，通常都是在周人的宗庙举行。周人把它记下来，关注点不在商王的祭祀，而在周方伯的册封。他的受封是在商王祭祀之后，但并不意味着周方伯是"非其鬼而祭之"，他也参与了商王的祭祀，更不必推论，卜甲一定是从商的都邑带回来的。顺便说一句，关于"册"字的含义，我认为殷墟卜辞中与杀牲有关带口字的"册"字都是指埋牲加书，而非杀牲本身，它和"典册"一语并无矛盾。去年2月，我写过另一篇读书笔记《读〈周原甲骨文〉》（《古代文明》第3卷），已经对有关误解进行过澄清。我指出，这些卜甲记商王祭祖，并不妨碍它们是周人的甲骨。第二字，是周式卜辞的特殊用字。它相当于古书表示愿望的"思"字，在卜辞中是命辞所嵌的关键字。我在《读〈周原甲骨文〉》中也讨论过它的含义，并对夏含夷教授和李学勤教授的理解进行过比较，介绍过学者对它的认识过程，说明我为什么倾向于夏含夷教授的意见（他把"思"理解为"愿"，而不是像通常理解的那样，把这个字当语首助词，没有意义）。第四字，从辵从皃，相当"邈"字（不可能是"退"字），这里是指所克之敌的国族名。第六字，当是地名，从宀从巜从月（下文重出，字从川，巜和川，作为偏旁，或同于水）〔案：李学勤先生在会上发言说，此字应分析为从宀从示从月，对我很有启发，但我的理解还略有不同〕。"克逴于㝑"，句式同于《左传》隐公元年"郑伯克段于鄢"的"克段于鄢"，我怀疑，"克"下面的字不一定是动词。

大义：五月哉死霸壬午日，举行某种祭祀。派占卜者前来，等他到了，王希望在㝑地战胜逴。

（2）第二条命辞（一行，字的笔画较粗，似为另一卜人刻写，字体与二号卜甲同）：

𥄎（视）马，衜（赋）于马自（师），勿乎（呼）人于逆。见冬（终），由（思）亡死。

【注】

"𥄎马"，上字从卜从见（立人见，同视），可能是表示与相度占验有关的视察之义，疑读为"视"，这里指相马。

"衜于马自"，第一字，从行从武，未必就是殷墟卜辞中从行从戈的字，这里读为"军赋"之"赋"，指征发军马。第四字，同于商周文字表示驻屯之义的"师"字。"马师"，疑指养马场。

"勿乎人于逆"，"乎"读"呼"，下同。"逆"，地名，疑即唐叔虞所居之鄂（今山西乡宁县）。《史记·楚世家》"熊咢"的名字，出土器铭作"逆"。这里指不要在逆地召聚军队。

"见冬"，上字，有别于立人见（视），是作跪人，但末笔上扬，则与一般的"见"字略有不同，可能是书写草率所致。"冬"，写法比较潦草，大形与一般"冬"字同，而与"以"字有较大差异，但它的右边一笔不是内卷而是外卷，笔势有所不同。这里暂读“见终”，指一直到赋马之事结束。

“由亡夗”，第三字，写法略同“咎”字的上半，但没有口，从字形看，很可能是“夗”字，或可读为“宛曲”之“宛”，表示不顺利〔案：第三字，写法略同“咎”字的上半，但没有口，过去出土的周原甲骨，其中多有“思亡咎”三字，故我把它读为“思亡咎”，但徐天进先生在讨论会上说，裘锡圭先生有另一种释法，他认为这里的第三字是“夗”字，今从字形看，更为吻合〕。

大义：相马，征发军马于马场，不要在逆地召聚军队。但愿直到相马结束，都没有什么不顺利的事情发生。

（二）二号卜甲（背甲，较大的一块，字体同上第二条命辞）

（1）第一条兆辞：

曰：母〔□□〕（转行接下读）

〔□□□〕□妹，克𨚕于㣇。

【注】

“曰”，从过去出土的周原甲骨看，应是“兆曰”的省略（参看：拙作《读〈周原甲骨文〉》）。

“母”，兆辞的判断之语，疑读“毋”。下文残缺，估计还有两个字。案以上为横写。这条兆辞是先横写，“母”下约缺两字，然后作90度转折，接着竖写。

“妹”，上有残文一字，残文上约缺三字。

“克𨚕于㣇”，辞例同第一条命辞的“克迫于㣇”。“克”下一字，不识，似可分析为上从小，中从豖，下从中，也是所克之敌的国族名，句式同上“克迫于㣇”。第四字，所从巛改作川，余同，显然是同一字。案此句连上“〔□□□〕□妹”为竖写〔案：会上分发的摹本，行款不够准确，是把“曰母”与“□妹”等字摹成一行，缺字的情况也没有反映出来〕。

大义：文字残缺，无法通读。这条兆辞可能是与一号卜甲的第一条命辞相应。命辞是表示愿望，兆辞则是根据兆象得出的答案。

（2）第二条兆辞：

曰：异。乎（呼）　卫夏，乎（呼）□……

【注】

“曰”，同上。

“异”，也是兆辞的判断之语。

“乎　卫夏”，第二字从月从戊，疑是“岁”字的异体，可能也是国族名。“卫”，戍卫之义。古文字中的“夏”，过去多以为是“夒”字，应纠正（可对比史墙盘和秦公簋的“夏”字）。这里的“夏”，疑是商代的夏邑，即夏墟。夏墟，一说在今山西翼城东南，一说在今山西夏县西北，应以后说为是。

“乎□”，第二字，上面是两横画，下面的一横则断开，似“三”而非“三”。下面的文字残缺。这两句话都有“乎”字，似与一号卜甲的第二条命辞有关。那条命辞提到“勿呼人于逆”。

大义：兆辞是“异”，下所述似是用来回答一号卜甲的第二条命辞，讲兵力的调遣，其中包括对夏邑的戍卫。

另外，与上共出还有腹甲一块和其他碎片两块，因为无字，这里不再讨论。

最后，试作六点总结：

（1）这一发现的最大意义还是考古学的意义，即它为今后的发掘提供了宝贵线索。其地层关系和共出关系，以及年代学和地理学上的意义，对重新理解周原遗址的总体关系，特别是它与凤雏遗址的关系，非常重要。听徐天进先生介绍，这个遗址是在凤雏以北的岐山脚下，两处遗址是什么关系，两处发现的甲骨是什么关系，这些都是今后值得思考的问题（据严文明先生说，凤雏甲骨并非藏于凤雏宫室遗址内，两者并不是同一时期的东西）。现在根据地层和共出陶片判断，徐天进先生是把这几片卜甲定为商末周初之物，非常审慎，我很赞同，但我考虑，如果从这两片甲骨和凤雏甲骨的比较看，单就甲骨而言，还是以定为商末之物更准确。我认为，凤雏甲骨的年代，以H11：82、84、112三片看，应在武王克商以前七年的前后，其主体与此次的发现年代相近（不排斥有个别不同时期的东西），都是属于帝辛即商纣王在位的最后一段时间里，早也不会早多少，晚也不会晚太多。

（2）新出现的月相名“哉死霸”，第一个字的字形还应作进一步论证。它的发现，对西周历法的研究有重要意义。过去，学者讨论西周金文中的月相，主要是集中于“初吉”、“既生霸”、“既望”和“既死霸”四名，夏商周断代工程的专家们关注的也主要是这四个名称（夏商周断代工程专家组《夏商周断代工程1996—2000年阶段成果报告》，北京：世界图书出版公司，2000年，35～36页）。上述发现使我们考虑，除去这四个名称，“哉生霸”、“哉死霸”和“旁生霸”、“旁死霸”也很重要，古人对月之明晦盈亏恐怕有更细致的时段划分，以前的讨论要重新考虑。很可能，当时的月相是按“两点六段”排列（两点，其实也可以说是三点，还包括与朔相邻的晦，但金文没有相当晦的术语），即初吉和既望是“两点”（前者，《夏商周断代工程1996—2000年阶段成果报告》说是“出现在初一至初十”，还向后延伸），哉生霸、旁生霸、既生霸、哉死霸、旁死霸、既死霸是“六段”。哉生霸、旁生霸、既生霸在上半月，表示由晦而明，由亏而盈；哉死霸、旁死霸、既死霸在下半月，表示由明而晦，由盈而亏，每段各五日。

（3）一号卜甲中的“王”是商王还是周王，非常关键。这里有三个可能，一是周人在西土一直就称王或很早就称王，二是如文献记载是在武王灭商以前七年才称王，三是武王灭商以后才追称。我怀疑，文王称王可能还是出于武王追称，他在释羑里之囚后是商纣册封的周方伯，其实是打着商王的旗号四处讨伐，起码在商王面前不敢自称为王。过去，凤雏甲骨 H11：82、84、112 三片中也出现过“王”字，卜辞中的“王”明显是商王。学者曾一度认为，商王祭商王，这样的甲骨一定是商甲骨，它们是在商都占卜之后，被周人带回周原。后来，大家对周式甲骨的形制特点（如方凿）和书写特点有了清楚的认识，才知道这些甲骨是周人的甲骨，周人的甲骨会提到商王，其实一点也不矛盾。比如这三片甲骨，它们固然提到商王祭商王，但中心是讲商王册命周方伯。周人记载此事，完全合理。现在，学者认为周人甲骨上的“王”当然就是周王，这也不对，其实是从一个极端走向另一个极端。我觉得，谈论这个问题，首先我们要区分甲骨的年代，不能一概而论。武王克商以后的“王”当然是周王。武王克商以前的“王”，有两种可能，一种可能是商王，如上面提到的三片甲骨；一种可能是周王，即文王已经称王。后一种可能，当然应当考虑，但结论还为时过早。起码在没有明确证据前，我们不能认为西周甲骨中的“王”都是周王。

（4）这次发现的卜辞，其中有若干国族名，如一号卜甲两“克”字下的宾语，二号卜甲两“乎”字下的宾语，以及地名“㝟”、“逆”、“夏”，这些对商周地理的研究也有重要价值。我怀疑，这些地名都在今晋南一带，所述事件应与上博楚简所述“文王伐九邦”中的伐于、鹿、耆、崇等国有关（参看：拙作《三代考古的历史断想》，《中国学术》2003年第2辑，188～213页），是围绕夏代故地的军事行动。事件的年代应在文王释羑里之后，按《史记·周本纪》的说法，即商纣在位的最后七年。

（5）以往在周原地区发现的西周卜龟都是碎裂的小块，此次发现的卜龟，两块背甲虽非整版，但缀合后的个体仍很大，显然属于大型龟版（是否为 *Testudo emys*，即所谓亚洲大陆龟，仍有待检验）。这种龟版应即古书说的“大宝龟”（《书·大诰》），其修治、钻凿和版式排列对西周甲骨的研究也很重要。

（6）由于此次发现的卜辞，字数较多，全文（包括残文和缺文）应在61字以上，辞例也相对完整，它对分析西周卜辞的格式也很有帮助。这里，我是把一号卜甲上带“思”字的两条卜辞理解为命辞，而把二号卜甲上带“兆曰”或“曰”字的辞例理解为兆辞。这或许有助于对凤雏甲骨的重新理解。

追记：2004年1月9日，在北京大学震旦古代文明研究中心目验徐天进先生所示新出周原甲骨，当晚草记印象于蓝旗营寓所；2月21日上午参加北京大学震旦古代文明研究中心的座谈会，再次目验这批甲骨，对卜辞的排列顺序和若干疑难字有进一步了解；会上听取学者的意见，也有许多启发。当晚对旧稿作进一步修改，对卜辞的顺序和其他细节都有所调整。凡吸取其他学者的意见均括注案语说明之。

2004年1月9日写于北京蓝旗营寓所

2004年2月21日修改杀青

陕西岐山周公庙出土甲骨文的初步研究

冯　时*

The inscriptions on the two pieces of tortoise carapaces discovered at the Zhougongmiao site in Qishan, Shaanxi are significant for our study on the divination system, official system, ancestor cult system, military, geography and calendar of the Western Zhou. By taking the inscriptions on bones or tortoise shells from Yinxu, the bronze inscriptions of the Western Zhou and the record in ancient text as references, the paper makes a philological study of the Zhougongmiao inscriptions, and discusses the properties of the site.

陕西岐山周公庙遗址出土两版西周龟背甲，其上皆有刻辞，内容重要。现将卜辞释写如下：

……异乎（呼）觥衞，夒乎（呼）……曰□□妹克□于宵（廟）？

（1号背甲）

五月哉死霸壬午，永祭□繁事，占者来，氒（厥）至，王囟（思）克退于宵（廟）？

晛（覐）马辷丁马白（次），勿乎（呼）人于逆见以，囟（思）亡处（咎）？

（2号背甲）

今有幸初次观摹这批材料，有些意见考虑尚不成熟，兹谨谈三点想法，不揣谫陋，和大家讨论。

（一）“王囟克退于宵”与“□□妹克□于宵”

“宵”，李学勤先生释“廟”，谓字所从之“宵”与西周量方鼎之“廟”字所从相同，可从。唯字形似可分析为从“宵”“小”声，声符“小”在“月”之一侧，或可径释为“宵”。“宵”、“廟”古音均在宵部，同音可通。西周金文习见“王格周庙”、“王格庙”或“格庙”之语。此辞“退于庙”则犹殷墟卜辞之言“退坛”。殷卜辞云：

丁卯卜，戊辰退旦（坛）？兹用。

弜退旦（坛），其延？　　　　（《合集》34601）

---

*　作者系中国社会科学院考古研究所研究员。

“旦”读为“坛”[1]。“退”本作“复”，与本辞所从相同。字也见于金文，学者释“退”[2]，是。退者，归也，去也。坛、庙皆致祭之所，故“退坛”与“退于庙”遣词相同。

1号背甲“克”下一字也从“辵”为意符，当也为与行走有关之动词。

“囟”，旧释“思”，是。于义训则多有分歧。学者或据西周甲骨文所见之“思”与战国卜筮简策对比，发现其用于卜筮记录时有与“命”相同的意义，故可读为“使”[3]。可从。殷墟卜辞恒见“王命某”之贞，与此“王思克”构词相同，故“王思克”意当王命克或王使克。周原甲骨文也有类似的内容。卜辞云：

今秋王囟（思）克往宓（密）？　　（H11：136）

“密”地名。“王思克往密”与本辞“王思克退于庙”句法一致，当述一人之事，皆为命克之辞。

周原及周公庙卜辞所见之“克”皆为人名，似即西周克罍、克盉所见封燕之燕侯克，为召公长子。殷人重卜，且有庞大的占卜集团，至殷末则主卜者仅为极少数人所垄断。周初的情况与晚殷相仿，主卜者或仅宗周公、召公、史佚数家。周原及邢台所出西周甲骨文时见“卲曰”，“卲”字见于《说文》，学者或以为即“召”“卜”二字合文，乃召公占卜记录[4]。周原甲骨文又时见“鼽”字，似也为“奭卜”之合文，“奭”盖即史佚。古音“奭”、“佚”同为定纽质部字，双声叠韵，可以通假，故“奭卜”似为史佚的卜事记录。召公虽与周同姓，但非同宗。《史记·燕召公世家》：“召公奭与周同姓。”不言同宗。梁玉绳《史记志疑》已辨之。西周燕器称燕先世为“召伯父辛”（伯宪盉、伯和鼎、和爵）、“父辛”（燕侯旨鼎、宪鼎）或“召伯日庚”（伯姜鼎），均以天干为庙号，同于殷习而殊于周俗[5]，可为明证。故召公实为殷遗而主周室占卜，《尚书·召诰》、《洛诰》屡述召公卜事。殷周世官，克作为召公之子，似即此辞所言之“占者”。文献记克之封燕事在武王，然克罍、克盉铭文所书“大保”

---

〔1〕陈梦家《殷虚卜辞综述》，第472页，科学出版社，1956年。

〔2〕刘心源《奇觚室吉金文述》卷四，第12页，清光绪二十八年（1902年）自写刻本；裘锡圭《甲骨文中所见的商代农业》，《古文字论集》，第183页，中华书局，1992年。

〔3〕陈斯鹏《论周原甲骨和楚系简帛中的“囟”与“思”——兼论卜辞命辞的性质》，《第四届国际中国古文字学研讨会论文集》，香港中文大学中国语言及文学系，2003年。

〔4〕曹定云《河北邢台市出土西周卜辞与邢国受封遗址——召公奭参政占卜考》，《考古》2003年第1期。

〔5〕王献唐《黄县㠱器》，第84页，山东人民出版社，1960年；张懋镕《周人不用日名说》，《历史研究》1993年第5期。

之“保”作“倸”，为成康时代的风格[6]，是封燕之事或在成王。此辞时代属周初，时代相合。故此克实即后封燕侯之克，其时尚居周或召公采地，辞记克封燕以前事。

周原及周公庙卜辞皆有言“王囟克”，此命克之王显系周王。又言“退于庙”、“□于庙”，知其地当有周之宗庙。周公庙一带，史家或考为周城故地[7]。裴骃《史记集解》引谯周云：“（周公）以太王所居周地为其采邑，故谓周公。”以周公之采即太王徙居之地。《左传·隐公六年》：“周桓公言于王曰。”杜预《集解》：“周采地，扶风雍县东北有周城。”明指周城即周公采邑。皇甫谧《帝王世纪》：“（太王）邑于周地，故始改国曰周”（裴骃《史记集解》引）。“（周城），周太王所徙，南有周原”（刘昭《续汉书·郡国志注》引）。均持此说。然汉儒或以太王另有所邑。《汉书·地理志》：“美阳，《禹贡》岐山在西北，中水乡，周大王所邑。”《说文·邑部》：“郊，周文王所封，在右扶风美阳中水乡。”段玉裁《注》：“《鲁颂笺》曰：‘大王自豳徙居岐山之阳。’按此云文王所封，要其终而言。”或以“文王”即“大王”之讹[8]。而以太王居地在周城之东。《水经·渭水注》：“（岐水）迳岐山，又屈迳周城南，城在岐山之阳而近西。……又历周原下，北则中水乡成周聚，故曰有周也。水北即岐山矣。”明别居西之周城与居东之成周聚中水乡为二邑。然周与周公之称既皆得名于周，则周便不宜划为二地，或有二地所距极近而同名曰周，其事更嫌巧合。事实上，古代文献本以太王所居之周既有东西二邑，二邑实共属于周也。《诗·大雅·绵》云：

> 古公亶父，来朝走马。率西水浒，至于岐下。爰及姜女，聿来胥宇。周原膴膴，堇荼如饴。爰始爰谋，爰契我龟，曰止曰时，筑室于兹。廼慰廼止，廼左廼右，廼疆廼理，廼宣廼亩。自西徂东，周爰执事。

据《诗》可明，“率西水浒，至于岐下”乃言太王自豳西徙至于岐周，其后卜从而定居之，反云所居之周“廼左廼右，廼疆廼理”，确知岐周初分东西二邑，而“自西徂东，周爰执事”则谓太王本居周之西邑，后则迁于东邑执事。《史记·匈奴列传》：“亶父亡走岐下，而豳人悉从亶父而邑焉，作周。”钱穆先生以“周”为地名[9]，甚是。此“作周”即《诗》言作周邑而左右疆理规划之谓。郑玄《毛诗笺》：“民心定乃安隐其居，乃左右而处之，乃疆理其经界。……豳与周原不能为西东，据至时从水浒言也。”犹明其事。据此可知，周本含左右二邑，虽有经界，但共名周，此则国名之

---

〔6〕唐兰《西周青铜器铭文分代史征》，第97页，中华书局，1986年；汪涛《陕西周原甲骨刻辞中的“太保”》，《远望集——陕西省考古研究所华诞四十周年纪念文集》，陕西人民美术出版社，1998年。

〔7〕程恩泽《国策地名考》卷十九，清道光十二年（1832年），《粤雅堂丛书》本。

〔8〕朱右曾《诗地理征》卷五，《皇清经解续编》本。

〔9〕钱穆《史记地名考》，第301页，商务印书馆，2001年。

源。周城在西，成周聚于东。太王本居西邑，后居东邑，至文王则以西邑封姬旦，故有周公之名。郑玄《毛诗·周南召南谱》："周、召者，《禹贡》雍州岐山之阳，地名。……文王受命，作邑于丰，乃分岐邦周、召之地为周公旦、召公奭之采地，施先公之教于己所职之国。"孔颖达《正义》："《孟子》云：文王以百里而王。则周、召之地共方百里而皆名曰周，其召是周内之别名也。"司马贞《史记索隐》："或说者以为文王受命，取岐周故墟周、召地分爵二公。故《诗》有《周》、《召》二《南》，言皆在岐山之阳，故言南也"（《燕召公世家》）。"周，地名。故岐山之阳，本太王所居，后以为周公之采邑，故曰周公。即今之扶风雍东北故周城是也"（《周本纪》）。皆以周地本广，后文王以其中一邑转封周公。此皆可明谯周之说为是，故周公之原封本即在岐周[10]。后儒不明其本，故渐以居东之成周聚中水乡为太王城，居西之周城为周公城[11]，致周之本事反失。而于东邑执周之事，据《汉书·地理志》，中水乡属汉之美阳，其名或省作"中乡"。《诗·小雅·采芑》："薄言采芑，于彼新田，于此中乡。"郑玄《笺》："中乡，美地名。"时为卿士方叔执事之所，为岐周中心，知自周公受封后，周之政事或多集中于两邑中之东邑。史家或以太王所邑别于周公封邑而独指中水乡，是不明太王所建之周实具东西二邑也。《续汉书·郡国志》以右扶风美阳有岐山，有周城，周太王所徙，南有周原。张守节《史记正义》引《括地志》："故周城一名美阳城，在雍州武功县西北二十五里，即太王城也。周公故城在岐山县北九里，召公故城在岐山县西南十里，此周、召之采邑也。"虽以太王城仅限于东邑，然与周公城同名"周城"，似尚留有周分二邑之迹。朱右曾《诗地理征》引《陕西通志》云："周城在岐山县西北十五里，是周公之采，与太王所邑周名则同城，地则异。"实二周城本为一地。学者或以考古资料证明岐周确有东、西两遗址群，且同见先周遗存，其中东区以周原畤沟河至美阳河一带为中心，西区则以岐山周公庙为中心[12]，恰可印证周本具二邑之论。

此东西二邑之周实即金文恒见之周地。西周克钟铭云："王在周康厉宫，王呼士曶召克，王亲命克遹泾东至于京师。""泾"即泾水，"京师"见于《诗·大雅·公刘》，或径名"京"。马瑞辰《毛诗传笺通释》："京乃豳国之地名。"唐兰先生则谓《公刘》之京、豳实为一地，京乃豳之别名[13]，甚是，地在泾水以东的陕西旬邑西。京师之名

---

〔10〕 齐思和《西周地理考》，《燕京学报》第三十期，1946年。

〔11〕 顾祖禹《读史方舆纪要》卷五四，清光绪五年（1879年），四川桐华书屋刊本；高士奇《春秋地名考略》卷一，原刊本。

〔12〕 曹玮《太王都邑与周公封邑》，《考古与文物》1993年第3期。

〔13〕 唐兰《西周铜器断代中的"康宫"问题》，《考古学报》1962年第1期。

又见于多友鼎，学者或以为即《公刘》之京师[14]。晋公盦、晋姜鼎铭也见京师，当指晋都[15]，与此京师无涉。克钟铭言王在周而命克东渡泾水至京师，明证周在泾水以西的岐山之阳，地望正合。墙盘铭云："武王廼命周公舍寓于周俾处。"而器出庄白，属周之东邑，可为佐证。达盨盖铭云："王在周，执驹于滆居。"知滆居在周。"滆"字从"水"，知"滆居"当以水得名。是"滆"当读为"岐"，即指岐水。古音"岐"属群纽支部，"滆"属见纽支部入声，见群同为舌根音，发音部位相同，故"滆"、"岐"同音可通。《水经·渭水注》（熊会贞注）："（杜）水出杜阳山。其水南流，谓之杜阳川。东南流，左会漆水，水出杜阳县之漆溪，谓之漆渠。故徐广曰：漆水出杜阳之岐山者，是也。漆渠水南流，大峦水注之。水出西北大道川，东南流入漆，即故岐水也（会贞按：《隋志》，普闰县有岐水。《方舆纪要》，岐水在岐山县西北四十五里，自麟遊县西南流，经县界，东南至扶风县界，入漆水。今水自岐山县西北，至县西南入雍水）。《淮南子》曰：岐水出石桥山（会贞按：《墬形训》，岐出石桥。高诱无注。依郦说，山当在今麟遊之西南，岐山之西北），东南流。相如《封禅书》曰：收龟于岐。《汉书音义》曰：岐，水名也，谓斯水矣。二川并逝，俱为一水，南与杜水合（会贞按：当合于岐山县西北），自下通得岐水之目，俗谓之小横水（会贞按：《括地志》，岐州平秦郡有横水县，分周城置，取此水为名也），亦或名之米流川。迳岐山西，又屈迳周城南，城在岐山之阳而近西，所谓居岐之阳也，非直因山致名，亦指水取称矣（会贞按：足征杜水即岐水。山南曰阳，水北曰阳，周城在岐山之南，岐水之北，故皆可云居岐之阳）。又历周原下。……岐水又东迳姜氏城南为姜水。"知岐水迳岐周之地，周王于岐水之畔设居，故曰滆（岐）居也。

周城地望在今岐山县西北，西有横水，北魏分周城置县，今地犹在。《水经·渭水注》："雍水又东迳邵亭南，……亭故邵公之采邑也。京相璠曰：亭在周城南五十里。"邵亭在今岐山县西南。《魏书·地形志》："雍有周城。"《括地志》以周公城在岐山县北九里。程恩泽《国策地名考》："今岐山县有周公邸、周公庙，知周城亦在其境。"是周公庙一带即周城之地。其地曾出殷末周初史父已鼎[16]，铭云："史亚薛父已。"薛乃任姓之国。《诗·大雅·大明》："挚仲氏任，自彼殷商，来嫁于周，曰嫔于京。乃及王季，维德之行。大任有身，生此文王。"《国语·周语中》："昔挚、畴之国也由太任。"韦昭《注》："挚、畴二国任姓，奚仲、仲虺之后，大任之家也。"大任，王季之

---

〔14〕 李学勤《论多友鼎的时代及意义》，《人文杂志》1981 年第 6 期。

〔15〕 郭沫若《两周金文辞大系图录考释》，科学出版社，1957 年。

〔16〕 祁建业《岐山县北郭公社出土西周青铜器》，《考古与文物》1982 年第 2 期。

妃，文王之母也。史蘚也仲虺之后〔17〕，是任姓之女适周，故仲虺之后与周互有往来也。时当周公始封之前，可明周城乃太王、王季、文王之邑也。

周之二邑既为太王迁岐故地，亦为宗庙之所。《诗·大雅·绵》："廼召司空，廼召司徒，俾立室家。其绳则直，缩版以载，作庙翼翼。"毛《传》："君子将营宫室，宗庙为先。"金文称周地之宗庙有庙、大庙，成康以后之宗庙则称谓更繁。是卜辞之"庙"即言周之宗庙。

1号背甲"克"上一字"妹"当为时称，读为"昧"，即指昧爽。这种用法与殷王帝乙帝辛时代以"妹"作为时称的用法相同〔18〕。西周小盂鼎铭云："唯八月既望，辰在甲申，昧爽，三左三右多君入服酒。明，王格周庙。"即言康王于昧爽之后的旦明入格周地之宗庙。此辞似言于昧爽之时赴庙也。

（二）俔馬迖于馬自

"迖"，殷卜辞恒见，字或从"戈"。殷卜辞云：

丙子卜，贞：翌日丁丑王其遏（振）旅，延迖，不遘大雨？兹节。

（《合集》38177）

丁丑王卜，贞：其遏（振）旅，延迖于盂，往来亡灾？王占曰："吉。"在七〔月〕。（《合集》36426）

卜辞言迖而振旅，故裘锡圭先生以为"迖"有敕戒镇抚之意〔19〕，甚是。"迖"事常与田猎活动同为。殷卜辞云：

己丑卜，贞：王迖于召，往来亡灾？在九月。兹节。获鹿一。

（《合集》37429）

甲申卜，翌日王其迖于丧？

王其迖于丧，□狩？（《合集》29207）

戊戌卜，贞：王迖于召，往来亡〔灾〕？兹节。获麋一。

壬寅卜，贞：王迖于召，往来亡灾？

辛亥卜，贞：王迖于召，往来亡灾？

壬子卜，贞：王田于游，往来亡灾？兹节。获麋十。（《合集》28955）

戊辰卜，贞：王迖于召，往来亡灾？在二月。

己巳卜，贞：王迖于召，往来亡灾？

壬申卜，贞：王田于洓麓，往来亡灾？兹节。获狐十、麋三。

---

〔17〕冯时《殷代史氏考》，《黄盛璋先生八秩华诞纪念文集》，中国教育文化出版社，2005年。

〔18〕冯时《殷代纪时制度研究》，《考古学集刊》第16辑，科学出版社，2006年。

〔19〕裘锡圭《释柲》，《古文字研究》第三辑，中华书局，1980年。

戊寅卜，贞：王迖于召，往来亡灾？

□□卜，贞：王〔迖〕于召，〔往〕来亡灾？ （《缀集》45）

振旅与田猎并行，体现了殷人演武的一贯做法。《周礼·夏官·大司马》：“中春，教振旅，司马以旗致民，平列陈，如战之陈。……遂以蒐田，有司表貉，誓民，鼓，遂围禁，火弊，献禽以祭社。中夏，教茇舍，如振旅之陈。……遂以苗田，如蒐之法，车弊，献禽以享礿。中秋，教治兵，如振旅之陈。……遂以狝田，如蒐之法，罗弊，致禽以祀祊。中冬，教大阅。……遂以狩田。”郑玄《注》：“孔子曰：‘以不教民战，是谓弃之。’兵者凶事，不可空设，因蒐狩而习之。凡师出曰治兵，入曰振旅，皆习战也。四时各教民以其一焉。”《尔雅·释天》：“春猎为蒐，夏猎为苗，秋猎为狝，冬猎为狩。”《左传·隐公五年》：“故春蒐、夏苗、秋狝、冬狩，皆于农隙以讲事也。三年而治兵，入而振旅。”杨伯峻《注》：“蒐、苗、狝、狩皆田猎名，亦以之习武，因四时而异。讲事，讲习武事，所谓教民战也。平年于四时小习武，三年又大演习。入谓入国都，演习在郊外，入国而后振旅。振旅意即整军。此习武之振旅。”言四时教兵皆借田猎，与殷制正合。此辞“马自”之“自”读为“𠂤朿”，即“次”，卜辞及金文习见，皆言军旅驻扎之地。《易·旅》：“旅即次。”《左传·僖公四年》：“师退，次于召陵。”皆用其意。也证“迖”乃镇抚之意。“迖”也见于西周早期金文，后以“賁”字为之[20]。晋侯稣钟铭言“王賁往东”而征夙夷，所记战事甚明。

“𧠨”，从“見”从“卜”，象人视卜，当即“觋”之或体。《说文·巫部》：“觋，能齐肃事神明者。在男曰觋，在女曰巫。从巫見。”《国语·楚语下》韦昭《注》：“巫、觋，见鬼者。”字本从“見”“卜”会意，正合此意。

“觋马”，官名，似即《周礼》之巫马。《夏官·巫马》：“巫马掌养疾马而乘治之，相医而药功马疾，受财于校人。马死，则使其贾粥之，入其布于校人。”《序官》以巫马属下士，地位低贱。但周初之巫马与《周礼》所述似有不同。殷卜辞有武官马、多马与走马，后者又见于周金文，地位高低有别，高者位近师氏[21]，与《周礼》不类。盖巫马本也武官，其情况类似走马，位也有高低之别。《周礼》之巫马似为后世巫马之位贱者。

（三）哉死霸

此辞之“哉死霸”是过去西周金文及传世文献从未出现的月相语词。为西周历法的研究增添了新资料，至为重要。据此，则西周甲骨文、金文之月相语词已见哉死霸、

〔20〕 冯时《西周金文月相与宣王纪年》，《考古学研究（六）——庆祝高明先生八十寿辰暨从事考古研究五十年论文集》，科学出版社，2006年。

〔21〕 张亚初、刘雨《西周金文官制研究》，第20~22页，中华书局，1986年。

既死霸、旁死霸、既生霸和既望。除此之外，《周书・康诰》及《顾命》尚见哉生霸（《汉书・王莽传》作载生魄，伪《古文尚书・武成》则作哉生明），当即朏日。《逸周书・世俘解》及《三统世经》引《周书・武成》又有既旁生霸，皆未见于金文[22]。很明显，即使置未见金文的月相语词不论，甲骨文、金文已经存在的五个月相语词的事实也意味着不论初吉是否月相，王国维首倡的四分月相说都是无法成立的[23]。

我们曾经提出，既死霸当为朔日，旁死霸为大月之初二日，既生霸指朏以后的上半月，既望则指望以后的下半月[24]。此辞哉死霸月相的出现，为这一历法体系的建立提供了证据，《尔雅・释诂上》："哉，始也。"显然，如果哉生霸是指月光始生之朏日，那么哉死霸则只能是言月光始退尽，暗昧不见，其时显指晦日。

我们知道，月球绕地运行每日约十三度半，故在一朔望月中，约二至三日不可见月。甲骨文、金文月相语词迄今虽见五个，但哉死霸、既死霸和旁死霸显然应该视为一组，因为它们都是对死霸的修辞，从而体现了古人对于死霸的观测。如果生霸的含义是指月亮开始生光，那么死霸之意就理应是指月光完全退尽。很明显，基于这样的事实，哉死霸当指月光尽没的第一日，也就是晦日，而既死霸则为哉死霸之次日，显为朔日。旁死霸如果是指大月之初二日，则只可能是指在三日不可见月的情况下的第三日，也即朔后的初二日。这三个月相语词的含义与一个朔望月中的实际天象是吻合的。

殷代历法以朔为月首的事实已经获得了卜辞资料的证实[25]，准此，则西周历法的月首始于朔日便有了坚实的基础。应该强调，现代天文学意义的"朔"是指日月黄经差等于零度的时刻，由于这一现象无法看到，因此需要推步取得。长期以来，人们深受这种观念所囿，故而认为以朔作为历月的基点必须发生在推步历法的时代。从理论上讲这虽无可厚非，但若以历史的观点加以考察，情况便不同了。含有朔时刻的历日为朔日，它与天文学意义的"朔"不能等同，两者在早期历法中的差异更为明显。在中国古文献中，作为日月交会的概念称为"辰"。《左传・昭公七年》："日月之会是谓

---

〔22〕《逸周书・世俘解》有"旁生霸"，其与《三统世经》引《武成》所述同事，而后者作"旁死霸"。以金文较之，"旁生霸"似为"旁死霸"之误。陈逢衡《逸周书补注》、庄述祖《尚书记》、孙诒让《周书斠补》及刘师培《周书补注》俱以《世经》为是，甚确。而"既旁生霸"也当理解为"既生霸"而衍"旁"字。王国维《生霸死霸考》以为乃"旁生霸"而衍"既"字，与金文不合。

〔23〕本文完成于2003年12月，其时出土文献所见西周月相语词尚仅有上述五个，而近出西周金文又增有"生霸"，当即《周书》所见之"哉生霸"，实即朏日。详参拙作《坂方鼎、荣仲方鼎及相关问题》，《考古》2006年第8期。

〔24〕冯时《晋侯稣钟与西周历法》，《考古学报》1997年第4期。

〔25〕冯时《殷历月首研究》，《考古》1990年第2期。

辰。”而辰的范围很宽疏，并不特指朔时刻。《左传·僖公五年》：“丙之晨，龙尾伏辰。……丙子旦，日在尾，月在策。”“龙尾”是二十八宿的尾宿，“策”即天策，亦名傅说，星在尾、箕二宿之间，去尾宿距星（天蝎座 μ_1）约15度，去尾宿古距星尾宿八（天蝎座 λ）也有4度，并不成朔，但可称辰。此外，《春秋》所录三十七次日食有些并不书朔，其中宣公以前的十五次日食，不书朔的竟达九次，盖当时史官不以日食在朔，这意味着其时历法所定的朔日并不合于合天的真朔。这些事实说明，古人对于朔的理解与今人并不相同，在早期历法中，朔日的范围甚为宽疏，它可以是含有朔时刻的一天，也可以摆动于朔时刻的前后，但无论如何，它都必须是不见月光的日子。

相对精确的朔当然需要依靠推步，但相对疏阔的朔则完全可以通过观测而取得。古人通过观测残月和新月的日期，取其中间的日子，自然能得到朔日的大概日期〔26〕。这种通过长期观测而取得的经验则是早期推步术实行的基础。《吕氏春秋·贵因》：“推历者，视月行而知晦朔。”讲的就是这个道理。

一般认为，人们对于相对特殊的现象都会给予格外的关注。就月相而论，既然初见的新月和满月能够引起人们的注意，那么，全月之中仅有的二至三天不见月亮的黑暗日子更应倍受人们的重视。况且在上古社会，月光乃是古人夜间照明最主要的光源，这意味着一个朔望月中月亮的消失自然会成为比任何月魄光影变化更为显著的天象标志，从而也自然受到古人的格外关注并最终成为古人确定时间的基点，于是原始的朔日概念逐渐形成。由于原始的朔日是宽疏的，所以可以通过观测取得。有关问题我在过去的论文中已有阐释〔27〕，此不赘述。

事实上，甲骨文、金文与文献所能见到的除既望之外的包括哉死霸、既死霸、旁死霸、哉生霸（朏）和既生霸在内的绝大部分西周月相语词都集中在月末至月初的一段时间，反映了人们对于月魄生死的密切观测，这表明古人对于朔望月中月相由生而死又由死而生的变化过程投入了极大的关注，相反，满月的变化特征则相对较小，很难通过肉眼作出量化限定。显然，西周月相所反映的人们对于月末至月初，即晦日至朏日一段的集中观测无疑意味着确定相对精确的朔日乃是这种观测活动的根本目的，换句话说，确定朔日的工作事实上也就是当时的人们确定月首的工作。

---

〔26〕 陈久金《历法的起源和先秦四分历》，《科技史文集》第一辑，上海科学技术出版社，1978年。
〔27〕 同〔24〕、〔25〕。

论周公庙遗址卜甲坑 H45 的期别与年代

——兼论关中西部地区商周之际考古学文化分期的几点认识

雷兴山*

Based on the typological research on the pottery discovered together with oracle shells from pit H45 and other four features during the 2003 excavation, and by comparing the characteristics of this pottery assemblage with those of the Late Proto-Zhou and Early Western Zhou pottery previously found within the Zhouyuan 周原 site, the paper argues that pottery from H45 and the other four features might represents a new phase which has not been recognized before. The time period of the new independent phase might be between the Late Shang and Early Western Zhou. It is most likely represents the initial period of the Western Zhou. The recognition of the new phase provides us a better chronological framework of the local cultures of the Shang and Zhou periods in the Zhouyuan and the western Guanzhong 关中 areas. This will surely improve our research on many related academic problems.

2003 年 12 月，北京大学考古文博学院师生在周公庙遗址进行田野考古调查时，在祝家巷村北与马尾沟交汇的一条废弃水渠断崖上，发现了两片共有 55 字的刻辞卜甲。当时为了解卜甲的层位关系与共存状况，在卜甲暴露处开挖了一个约 1 平方米的小探方，两片卜甲出土于该探方的第 4 层〔1〕。为了进一步搞清卜甲出土单位的内涵，由陕西省考古研究所和北京大学考古文博学院联合组成周公庙考古队，于 2005 年 4 月对卜甲出土地点进行了发掘〔2〕。发掘显示，2003 年出土卜甲的单位是一个灰坑，编号 04QZH45〔3〕。2003 年试掘探方的第 4 层，即为 H45 第 1 层。

H45 的期别与年代问题，是深入研究甲骨文及其他相关问题的重要前提。虽然我们可参照以往有关陶器编年体系的研究成果，仅根据 H45 内出土陶器的特征，亦能大

---

* 作者系北京大学中国考古学研究中心兼职研究员，北京大学考古文博学院副教授。

〔1〕 此次调查与试掘报告见本书。

〔2〕 周公庙考古队《2004 年度周公庙遗址祝家巷北地点发掘简报》(待刊)。

〔3〕 为行文方便，以下凡使用 2004 年度周公庙遗址祝家巷发掘地点遗迹编号时，均省去“04QZ”。

致判断H45的期别与年代。但是，仅仅H45一个灰坑的资料毕竟有限，其面貌可能不足以完全代表所属期别的特征，从而可能影响对H45的期别与年代的判断。如果能同时分析从层位关系上早于和晚于H45的其他单位，资料的丰富程度就有了保证，H45的相对年代关系亦得以明确，这样就能更准确地判断H45的期别与年代。为此，本文选择了与H45有直接叠压、打破关系的另外4个灰坑一并分析。上述5个灰坑出土的陶器均较丰富，它们的层位关系是：H19→H20→H45→H80→H81（→指向下层）。

本文拟以上述5个灰坑的陶器分析为基础，试论2003年度出土卜甲灰坑H45的期别与年代，并兼谈对关中西部地区商周之际考古学文化分期的一些认识。

一、H45等5个灰坑的陶器特征与分期

从陶质特征看，这5个单位多以泥质陶为大宗，一般在55%以上。唯H80的泥质陶多达68%，而H20的泥质陶低于平均数，仅有40%稍强。五单位的陶质特征，没有与层位顺序早晚相对应的变化趋势。从陶色特征看，这5单位中不同陶色的数量各自不同，但多以灰陶为主，灰褐陶次之，褐陶最少，唯H20的灰褐陶数量稍多于灰陶。纹饰均以绳纹占绝对优势，其他纹饰仅见旋纹和菱形乳丁纹，但均极为罕见：仅在H20与H81中分别见有1块和2块菱形乳丁纹陶片；仅见于个别单位中的旋纹，其数量不超过1%。因此，这5个灰坑的陶系与纹饰特征基本相同。

五单位中共有的器类有联裆鬲、联裆甗、袋足分裆甗、折肩罐和豆簋类，这些器类在各单位中所占的比例多为约60%。仅见于2个或3个单位中的器类有高领袋足鬲、盆、横绳纹鬲、异形高领袋足鬲以及各种瓮类器，这些器类在各单位中所占比例均甚少，高领袋足鬲、异形高领袋足鬲和横绳纹鬲仅属偶见。在个别单位中偶一见之的器类还有矮直领瓮、大口高领瓮、喇叭口瓮、大口尊、器盖、盂、平底盘、方唇直领瓮、三足瓮等。另外，各单位均有一些因陶片碎小而不能辨别的不明器类，多数为瓮罐类器物，所占比例在10%～20%之间。由上可知，H45等5个灰坑中共有器类的数量占多数，器物群组合特征基本相同。仅见于个别单位中的器类数量甚少，且与5单位的层位顺序无明显的对应关系。

本文认为，要判断这5个灰坑能否分期，应着重对比各单位中典型器类年代特征的异同，并应考察这些器类在各单位中所占的比例，以及这些器类的主要型式在5单位中的分布情况。现将这些器类的特征总结如下。

联裆鬲　除H80中的联裆鬲少于联裆甗外，其余各单位中均以联裆鬲为最多，所占比例一般为20%稍强，唯H81多达33%。各单位中所见联裆鬲基本上为矮领型，沿下角均较大，高锥状足根，所饰绳纹印痕较浅，纹理或模糊不清或略具条理性。它们

的特征差异表现在唇部与沿外纹饰两方面：唇多为圆唇，少数为方唇或方圆唇，各单位中均有；沿外纹饰特征有两种，一种是所饰绳纹被抹（或成素面，或余痕依稀可见），另一种是沿外饰绳纹（图一：12、13），两种情况均见于各单位中，数量相若。

联裆甗　多数单位中联裆甗的数量仅次于联裆鬲。依口部特征可分为两型：一种沿面较短（图一：20），另一种沿面较宽（图一：16）。两型均侈口，以褐陶为主，沿下角甚大（图一）。各单位中的两型联裆甗数量相若，特征相同。

折肩罐　在各单位中的数量均少于联裆鬲与联裆甗，而多于其他器类。由于均残破过甚，整体形制不清楚。从口部特征看，特征近同：均口沿外卷，沿面较宽，多为圆唇，个别为尖唇，肩部均素面，不见旋纹。肩部形制有两种：一种是肩部向下倾斜明显而成窄肩罐，另一种是肩部隆起明显而成广肩罐（图一：17）。在多数单位中，两种形制的折肩罐均有。

高领袋足鬲　仅见于 H20、H45 和 H81 三单位中，多为 1 或 2 块小碎片。口部特征是弧领较矮，饰印痕较深的粗绳纹，领部所饰斜行绳纹带较宽（图一：23）；裆部饰坑窝纹；圆锥状足根较矮，其上饰旋转状绳纹（图二：7）。

袋足分裆甗　除在 H20 中见有 3 件外，其余单位中均仅有 1 件，且多为小碎片。各单位所见年代特征相同，均饰印痕甚深的粗绳纹，领部绳纹基本上为斜行（图一：19）。

横绳纹鬲[4]　仅 H19 与 H20 中各有 1 件。2 件鬲的共同特征是所饰绳纹较细。H20 者较完整，领部与腹部分界较明显，高锥状足根，体高略大于体宽，领部素面，足根部饰竖行绳纹，与腹部绳纹为横行的特点不同（图二：5）。

异形高领袋足鬲　仅见于 H45 与 H80 中，共有 3 块碎片。其年代特征的共同特点是领部饰印痕较浅、纹理模糊的较细绳纹（图一：15）。

盆　仅见于 H81、H45 和 H20 三单位中，形制特征基本一致，平折沿或折沿近平，圆唇，沿面较宽，盆腹上部素面（图一：18）。

豆与簋　豆簋类圈足在各单位中均见，但由于过于残破而不能明辨其究竟是豆还

---

〔4〕以往研究者多将该类鬲归入联裆鬲类中。该类鬲一般为高直领或高领稍斜，平折沿，裆似联微分，整体形态与联裆鬲其他类型不同。在关中地区商周时期，此种鬲多饰横行绳纹。另外，该类鬲多见于商周之际的墓葬中，是除高领袋足鬲与联裆鬲以外的另一类较重要的鬲。在沣西马王村 H11 中的横绳纹鬲上，刻画有一个“田”字（中国科学院考古研究所沣西发掘队《陕西长安户县调查与试掘简报》，《考古》1962 年第 6 期）。所以这类鬲应是探索先周文化的重要器类之一。但长期以来，由于资料较少，研究者对该类鬲的重视程度远远不及高领袋足鬲与联裆鬲。因此，为引起研究者的高度重视，我们特将这类鬲从联裆鬲类中分出，称之为“横绳纹鬲”。

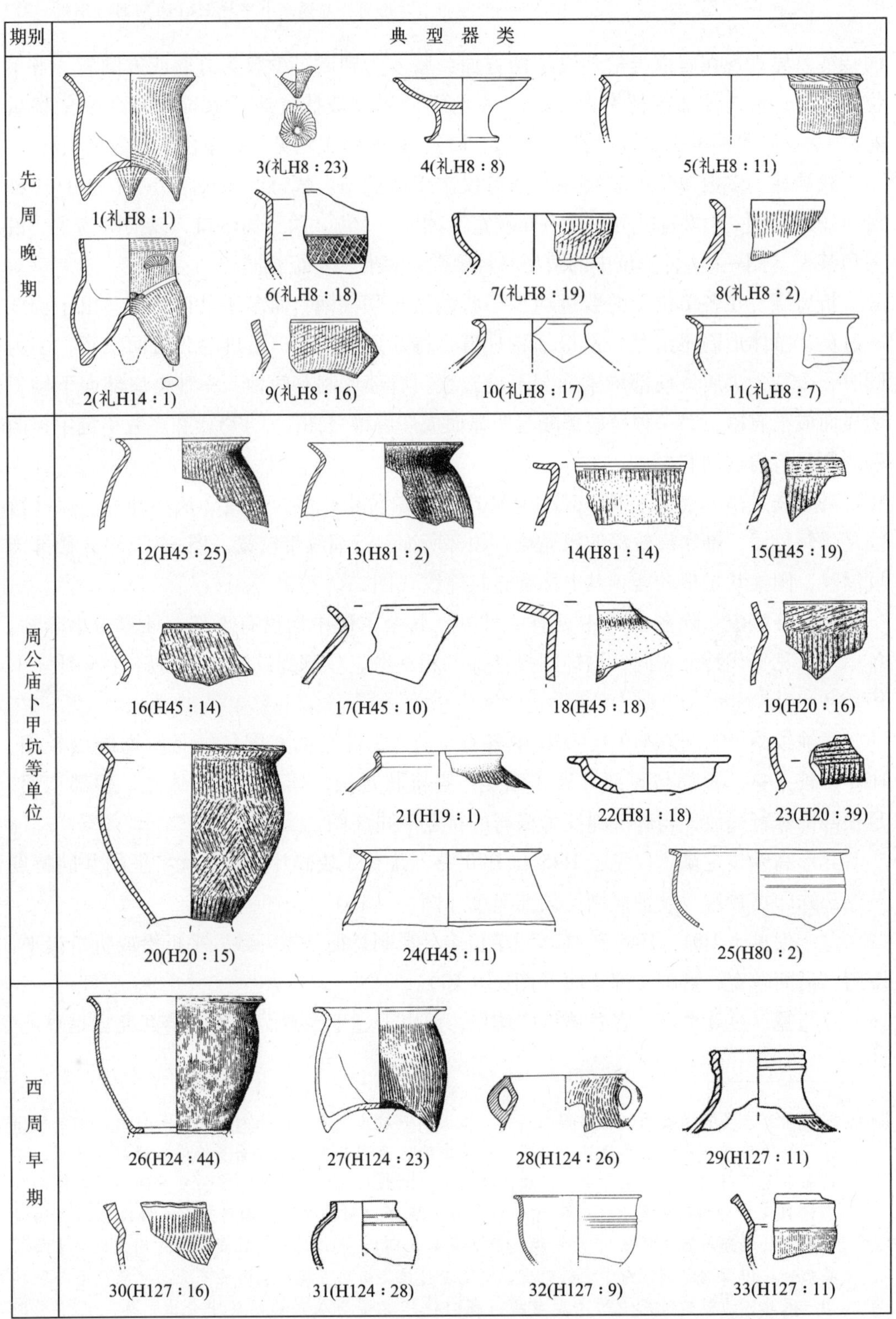

图一　周公庙 H45 等 5 单位与周原遗址先周晚期、西周早期典型器类特征对比图

是簋。确认为豆（盘）的仅 2 件，见于 H81 和 H80，形制相同，均为浅盘，弧壁，平折沿，盘外壁素面（图一：22）。确认为簋者，仅见于 H80，侈口圆唇，腹壁外鼓，上饰旋纹（图一：25）。

尊　仅见于 H45 与 H20 中，特征相同。口径大，侈口折沿，沿面较宽，长肩下倾近似颈，肩面微内弧，素面。其中仅有 1 件有肩部，口径稍小于肩径。该类器与 H80 中的窄折肩罐的特征近同，唯其口径远大于窄折肩罐口径（图一：24）。

以上所分析的典型器类，或是 H45 等 5 单位中数量比例较多者，或是关中西部地区商周时期年代特征变化明显者。从上述总结可知，这些典型器类的年代特征相同，在各单位中的数量比例相若，主要型式在各单位中的分布情况近同。这些相同特征表明，这 5 个单位应属同期（段）遗存。

更为重要的是，在下文 5 单位与先周文化、西周文化陶器特征的对比中，可以进一步看出这 5 单位应属同期（段）遗存。

二、H45 等单位的期别归属

H45 等单位所属期别，究竟相当于以往认识的关中西部地区先周文化与西周文化分期体系中的哪一期呢？

1999～2003 年，由北京大学考古文博学院等三家单位联合组成的周原考古队，对周原遗址进行了大规模的发掘，初步建立了周原遗址商周时期较为详细的考古学文化编年体系。周公庙遗址东距周原遗址仅 27 公里，故周原遗址的编年体系可作为判断周公庙遗址 H45 等单位期别归属的标尺。

大体而言，H45 等 5 单位的陶器特征比较接近于周原遗址上述编年体系中先周晚期与西周早期的特征，而与商周时期其他期、段的特征差异较大。按照以往的认识，上述周原遗址商周时期考古学文化编年体系中，“先周晚期”〔5〕的典型单位以贺家ⅡC2H7、ⅡC2H9 和礼村 H8、H14 等单位〔6〕为代表〔7〕，西周早期（早段）的典型单

〔5〕为行文方便，本文暂将我们建立的周原遗址商时期考古学文化编年体系中最晚的一段称之为“先周晚期”。在以往的研究中，有些研究者使用了“先周晚期”的概念，但各家所指对象各不相同。笔者认为，目前学界尚未统一确认何种文化为先周文化，在此情况下，先周早、中、晚期的分期方法并不合适。

〔6〕礼村 H8（正式编号为 2002ZⅡA3LH8），资料待刊。

〔7〕周原考古队《2001 年周原遗址（王家嘴、贺家地点）发掘简报》，《古代文明》（第 2 卷），文物出版社，2003 年；雷兴山《先周文化探索》，北京大学博士学位论文，2002 年 12 月。

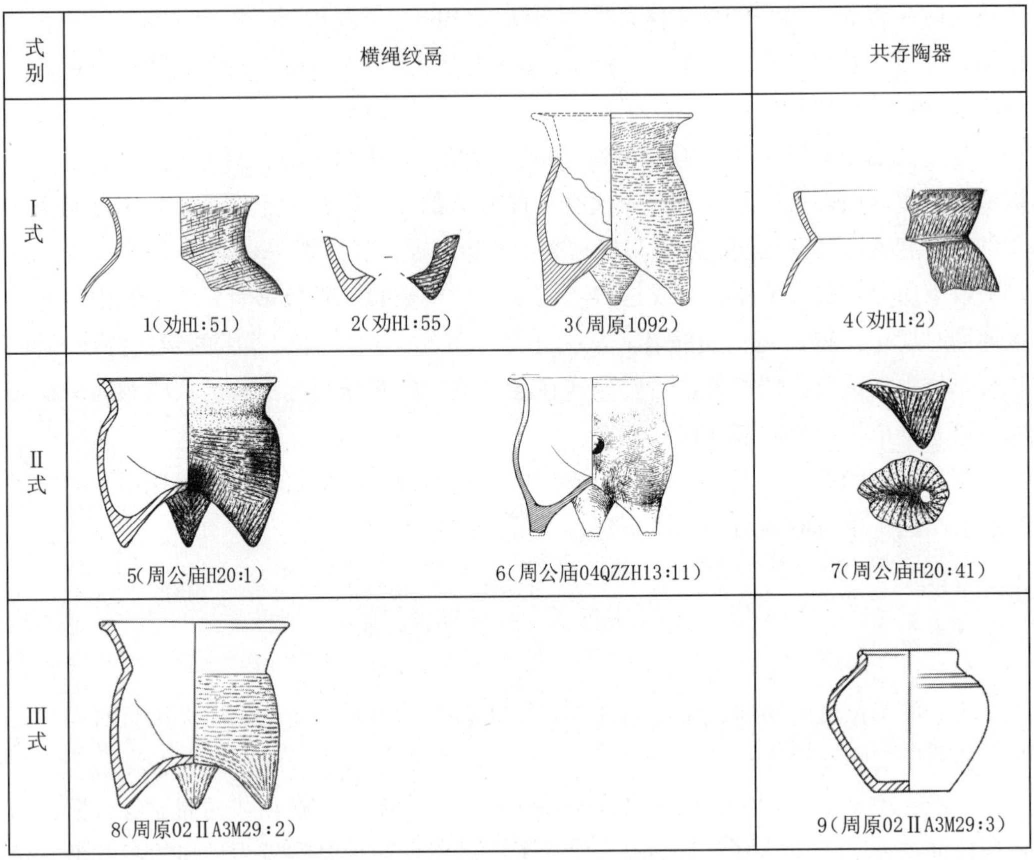

式别	横绳纹鬲			共存陶器
Ⅰ式	1(劝H1:51)	2(劝H1:55)	3(周原1092)	4(劝H1:2)
Ⅱ式	5(周公庙H20:1)		6(周公庙04QZZH13:11)	7(周公庙H20:41)
Ⅲ式	8(周原02ⅡA3M29:2)			9(周原02ⅡA3M29:3)

图二　横绳纹鬲形制分析与年代判断

位以ⅠA1H124、ⅠA1H127、ⅠA1H2、ⅣA1M17 等单位为代表〔8〕。因此，本文只将 H45 等单位的陶器特征与周原遗址先周晚期与西周早期的陶器特征作对比。

从陶质特征看，周原遗址先周晚期单位礼村 H8 的泥质陶近 70%，而西周早期单位中，夹砂类所占比例一般约为 70%，其数量远多于泥质类。周公庙 H45 等 5 单位中，泥质类的数量近同于周原遗址先周晚期特征。

从陶色特征看，周原遗址先周晚期褐色陶所占比例较大，有些单位以褐色陶为主，多达近 40%，而周原遗址西周早期单位中，灰陶数量占绝对优势，可达 90%。周公庙 H45 等 5 单位虽以灰陶为主，但褐陶与灰褐陶亦为数不少。总体而言，周公庙 5 单位的

〔8〕 周原考古队《1999 年度周原遗址ⅠA1 区及ⅣA1 区发掘简报》，《古代文明》（第2卷），文物出版社，2003 年；黄曲《周原遗址西周陶器编年与谱系研究》，北京大学硕士学位论文，2003 年 6 月。

陶色特征介于周原遗址先周晚期与西周早期之间。

从纹饰特征看，周公庙 5 单位与周原遗址先周晚期、西周早期特点一样，均以绳纹为主。不同点在于，周原先周晚期尚可见到少量方格纹或方格乳丁纹，而这些纹饰几乎不见于西周早期，周原西周早期偶见的菱形乳丁方格纹特点亦与先周晚期者有较大差异。周公庙 5 单位中，仅在 H81 与 H20 中见有 2 块乳丁方格纹陶片，但特点与周原先周晚期与西周早期者不同。所以，从几何形纹饰这一特征看，周公庙 5 单位的特点既不同于周原遗址先周晚期，也不同于周原遗址西周早期。

一般而言，仅根据陶质、陶色与纹饰方面的特征，不易判断遗存的期别归属。欲准确判断 H45 等 5 单位的期别，应从其器物群组合、典型器类的数量及年代特征三方面，与周原遗址先周晚期与西周早期作对比。有关认识如下所述。

（1）周原遗址先周晚期与西周早期的一些器类，不见于周公庙 H45 等 5 单位中。而周公庙这 5 个单位中的一些器类不见于周原遗址先周晚期或西周早期遗存中。

周原遗址西周早期居址遗存中的一些器类[9]，不见于周公庙遗址 H45 等 5 单位中，这些器类有大袋足无实足根鬲[10]、厚唇商式簋（图一：33）、粗把豆、口部带弦纹的高直领罐（图一：29）、高领鼓腹带耳罐[11]（图一：28）等，这些器类亦不见于周原遗址先周晚期遗存中。而周公庙 H45 等 5 单位中的一些器类，亦不见于周原遗址西周早期遗存中，如高领袋足鬲、袋足分裆甗、异形高领袋足鬲、高直领联裆鬲、有沿豆（图一：22）等。

相对于周原遗址西周早期而言，周公庙 H45 等 5 单位与周原遗址先周晚期在器物群方面的差异不是太大。周原遗址先周晚期的一些器类，不见于周公庙遗址 H45 等 5 单位中，如方格纹盆（图一：6）、敛口罐、球腹钵等，不过这些器类在周原遗址先周晚期遗存中的数量亦很少。周公庙 H45 等 5 单位中偶见的矮直领瓮（图一：21）、高领瓮（罐）、饰旋纹的簋等不见或罕见于周原遗址先周晚期遗存中。

（2）周公庙 H45 等 5 单位中的一些器类，虽见于周原遗址先周晚期或西周早期遗

---

[9] 由于居址遗存中的陶器种类往往与墓葬随葬品的器类有所差异，本文在比较时，主要是对比居址遗存中的陶器特征。不过，一般而言，墓葬中的陶器种类往往见于居址遗存中。

[10] 在周公庙 H20 中发现一块极小的夹砂陶口沿残片，类似商式鬲，不能确认。若此器真是商式鬲，则更表明周公庙遗址 H45 等 5 单位与周原遗址先周晚期当非同一期别。

[11] 笔者曾怀疑西周早期的高领鼓腹带耳罐来源于先周时期的高领球腹罐。所以，以后可能会在周公庙遗址期别相当于 H45 等 5 单位的遗存中发现此类罐。但即使发现，其数量亦不会如周原遗址西周早期那么多，且形制年代特征上可能会有所差异。因为在周原遗址西周早期遗存中，这类罐的数量较多，而在周公庙遗址众多单位中及大面积调查所获器物中，至今尚未发现此类罐。

存中，甚至有时连形制年代特征都基本相同，但这些器类在三个不同时期中的数量比例差异较大。

在这方面表现最突出的器类是高领袋足鬲与袋足分裆甗（图一：3、7、9）。周公庙H45等5单位中这两种器类的形制年代特征，与周原遗址先周晚期的同类器无差别，但数量比例却远小于周原遗址先周晚期。

在周原遗址先周晚期遗存中，高领袋足鬲的数量虽不如联裆鬲多，但所占比例仍不小。如在礼村H8中，其所占比例近10%；在周原贺家H7与H9中，高领袋足鬲所占比例更是高达50%〔12〕；在周公庙遗址以西9公里的劝读遗址H1〔13〕，其年代亦属先周晚期，高领袋足鬲的数量多达15%，亦为该单位中的主要器类。而在周公庙遗址H45等5单位中，高领袋足鬲非常罕见，仅见于5单位中的3个单位，且多是只有1～2块小碎片。

在周原遗址先周晚期遗存中，袋足分裆甗的数量亦较多。如在周原遗址礼村H8中，其所占比例近10%；在周原H7与H9中，袋足分裆甗所占比例高达28%；在劝读村H1中，该类器所占比例为15%。而在周公庙H45等5单位中，其中4个单位中仅有1件，且多为小碎片。

高领袋足鬲与袋足分裆甗这两种器类，不见于以往所判断的西周早期遗存中，是周原遗址先周晚期最常见的典型器类。H45等5单位中这两种器类如此之少，从而表明周公庙H45等5单位与周原遗址先周晚期遗存面貌差异之大。

（3）周公庙H45等5单位中的一些器类，虽见于周原遗址先周晚期或西周早期遗存中，但在形制年代特征上有别。

联裆鬲是周公庙H45等5单位、周原先周晚期和西周早期三个期别中共有的器类，且一般是三个期别中数量最多的器类，但三个期别中联裆鬲的年代特征却不完全相同。

首先是数量比例上的差异。周原遗址先周晚期礼村H8与周公庙H45等单位中，联裆鬲的数量仅约25%，而周原遗址西周早期遗存中，联裆鬲的数量却高达50%或稍强。

其次是型别数量上的差别。周原遗址先周晚期的联裆鬲除普通卷沿型外，还有侈口高斜领型（图一：1）、高直领型（图一：8），有时还见有一些数量甚少但形制较特殊的鬲，如联裆鬲与高领袋足鬲的混合体等。上述联裆鬲的唇或圆或尖，方唇者亦多见。周原遗址西周早期的联裆鬲型别主要是普通卷沿型，基本上为圆唇（图一：27）。

---

〔12〕周原遗址贺家H7与H9，虽与礼村H8的年代同时，但文化面貌相差甚大，关于其中原因，我们将另文探讨。这两个单位的面貌特征表明，在先周晚期的周原遗址的某些区域，高领袋足鬲的数量仍然非常多。

〔13〕周公庙考古队《陕西省凤翔县劝读遗址调查报告》（待刊）。

另外，尚有短侈口方唇型，该型鬲一般为红褐色，不见于周原遗址先周晚期及周公庙 H45 等单位中。周公庙 H45 等 5 单位中，联裆鬲基本上为卷沿型，但方唇与圆唇者皆有。此外，还有 1 件高直领型（图一：14）。

再次是形制年代特征上的差异。周原遗址先周晚期联裆鬲为高锥状足根，多侈口，沿外多饰绳纹，器身所饰绳纹偏细，印痕浅，纹理模糊（图一：1、8）。西周早期联裆鬲，足根较先周晚期者稍矮，沿下角较先周晚期者稍小，口部素面，器身饰中偏粗绳纹，印痕甚深，条理非常清晰（图一：27）。而 H45 等单位中联裆鬲的特征介于前述两期之间：足根较高，沿下角较大，所饰绳纹稍细于西周早期者，虽印痕较浅，但较之先周晚期者略具条理（图一：12、13）。

从以上三方面的对比可以看出，周公庙 H45 等 5 单位中联裆鬲的总体特征介于周原遗址先周晚期和西周早期之间。

以往所见关中地区商周时期的横绳纹鬲，多出于墓葬中且缺乏共存关系。在居址遗存中，仅发现 1 例，即在马王村 H11 中与高领袋足鬲共存[14]。研究者据此共存关系，多将横绳纹鬲的年代定为先周时期。笔者曾根据周原遗址与沣西遗址的材料，判断横绳纹鬲存在的时间大约在商周之际[15]。由于资料所限，长期以来，研究者不清楚横绳纹鬲形制的演变特征。近几年来，在周原、周公庙与劝读三个遗址的发掘中，发现了多件横绳纹鬲，且与其他器物共存。本文依据这些发现，对横绳纹鬲的演变特征进行初步分析。

根据横绳纹鬲的整体形制与纹饰特点，可将其分为三式[16]。

Ⅰ式　整体形态较瘦高，领较直，领、腹分界处不明显，器表全部饰横行绳纹，纹饰较细。裆部更近于分裆。足根特征或为“几乎无实足根”，或为高实足根，两种足根是型的关系还是式的关系，目前尚不能确定。标本劝读遗址 H1∶51（图二：1）、H1∶55（图二：2）与标本周原遗址 1092 号[17]（图二：3）。劝读 H1 的年代为先周晚期，故Ⅰ式的年代应为先周晚期。

Ⅱ式　整体形态较上式宽扁，领较直，领、腹分界较上式稍明显，足根仍较高，裆部较弧，更近于联裆。所饰绳纹仍较细，印痕较模糊。所见此式标本中，器表纹饰

〔14〕 中国科学院考古研究所沣西发掘队《陕西长安户县调查与试掘简报》，《考古》1962 年第 6 期。

〔15〕 雷兴山《先周文化探索》，北京大学博士学位论文，2002 年 12 月。

〔16〕 目前所见横绳纹鬲中，仅有 1 件凤翔西村墓地 79M35∶2（雍城考古队韩伟、吴镇烽《凤翔南指挥西村周墓的发掘》，《考古与文物》1982 年第 4 期）的形制同于一般卷沿联裆鬲。除此之外，其他横绳纹鬲或可按足根特征分为“无实足根”与“有高实足根”两型，但目前资料有限，本文尚不能细分。

〔17〕 周原遗址贺家墓葬出土，岐山县周原遗址博物馆藏。

特征差异较大，颈部素面者较多，足根部或素面，或饰竖行绳纹，或饰横行绳纹。标本周公庙遗址04QZH20∶1（图二：5）、标本周公庙遗址04QZZH13∶11[18]（图二：6）。周公庙遗址04QZZH13的年代特征与H45等5单位完全相同。

Ⅲ式　领倾斜较甚，领、腹交界处非常明显，足根较上式矮，联裆特征较明显。所饰中偏粗绳纹印痕深，条理清晰，与西周早期绳纹特点相近。颈部皆素面，足根部绳纹多为竖行。标本周原遗址02ZⅡA3M29∶1[19]（图二：8），与该鬲共存的2件圆肩罐（图二：9），系周原遗址西周早期遗存中常见之形制（图一：31），与周原遗址先周晚期中圆肩罐的形制明显有别，因此，该墓的年代应为西周早期。在沣西西周早期墓葬M315中发现1件横绳纹鬲，亦属此式[20]。可见，Ⅲ式的年代应为西周早期[21]。

从上述分析中可以看出，周公庙H45等5单位中的横绳纹鬲，其特征与先周晚期和西周早期的同类器有别，其年代应在先周晚期与西周早期之间。

腹饰旋纹的簋，虽不见于先周晚期中，但常见于西周早期遗存中。西周时期该类器的演变规律是腹部由鼓变瘦。周公庙标本H80∶2簋腹（图一：25），较周原西周早期者更外鼓，其形态应早于西周早期者（图一：32）。

（4）周公庙H45等5单位中的一些器类，见于周原遗址先周晚期或西周早期遗存中，其数量比例、形制年代特征等方面的特征与后两者中的同类器近同，或目前尚不能明确指出其与先周晚期和西周早期同类器的差别。

这些器类有折肩罐、异形高领袋足鬲、圆肩罐、联裆甗、盆、有沿豆、尊及一些瓮类器等。H45等5单位中的折肩罐与盆这两种器类，多为口沿残片，目前尚不能明辨其形制与周原遗址先周晚期和西周早期所见同类器的差别。周公庙遗址H45等5单位中的异形高领袋足鬲（图一：15），见于周原遗址礼村H14（图一：2）与刘家墓地中[22]，但目前关于该类器的形制演变特征及年代尚不十分清楚。周原遗址先周晚期与西周早期遗存中均有的圆肩罐，在形制特征上的差别较明显，但周公庙H45等单位中

[18]　该单位位于周公庙遗址2004年度发掘的铸铜作坊遗址中，资料待刊。

[19]　该单位位于周原遗址2002年度发掘的齐家北制石作坊遗址中，资料待刊。

[20]　中国社会科学院考古研究所《张家坡西周墓地》，1996年。该鬲虽出于盗洞中，但应是该墓的随葬品。

[21]　在周原地区商周时期，横绳纹主要饰于两种器类上。除主要饰于横绳纹鬲上外，还见于厚唇商式簋上。如在周原遗址云塘墓地M10∶20上饰有印痕较深、纹理清晰的横绳纹（陕西周原考古队《扶风云塘西周墓》，《文物》1980年第4期。该报告未将M10资料全部发表），该墓的年代甚至可晚至西周中期偏早阶段。可见，横绳纹这种纹饰，不仅存在于西周早期，而且延续至西周中期。

[22]　陕西周原考古队《陕西刘家姜戎墓地发掘简报》，《文物》1984年第7期。

的圆肩罐较少，仅在 H20 中有 1 件，似为圆肩罐[23]。H45 等 5 单位中的联裆甗较多（图一：14、20），周原遗址先周晚期与西周早期遗存中，联裆甗亦是常见器类（图一：5、9、26、30），三个期别中的联裆甗在形制上似有不同之处，但本文尚不能明确指认。周公庙 H45 等 5 单位中的尊与有沿豆，见于周原遗址先周晚期遗存中，亦见于蔡家河等遗址先周晚期遗存中[24]，形制近同。

由以上四点对比可知，周公庙遗址这 5 个单位中陶器的年代特征，与周原遗址先周晚期和西周早期既有相同点，又有不同点。相同点表现在具有相同器类及一些器类具有相同或相近的形制年代特征；不同点表现在不见于对方的器类，以及器类虽见于对方但在数量、形制年代特征方面有别。总体而言，不同点所涉及器类的数量，多于相同点所涉及器类的数量。周原遗址先周晚期遗存中，高领袋足鬲、袋足分裆甗、联裆鬲这三种器类的数量在 50% 以上，这些器类在周公庙遗址 H45 等 5 单位中，或罕见或年代特征有别。周原遗址西周早期遗存中，仅联裆鬲一种器类的数量就约为 50%，其特征与周公庙 H45 等 5 单位的年代特征不同。

因此，周公庙遗址 H45 等 5 单位所属期（段）别，既不相当于或归属于周原遗址西周早期，也不应归属于周原遗址先周晚期。换言之，在我们以往所建立的周原遗址商周时期考古学文化编年体系中，没有一个期（段）可与周公庙 H45 等单位所属期别对应。周公庙这些单位所属期（段）别，是我们以往的研究没能发现或辨识出来的一个期（段），现应明确将其独立出来。

上述三个期别的早晚关系可据以下三点判断：第一，在周公庙遗址 H45 发掘地点，H19 叠压在西周时期遗存之下，而 H20 叠压在 Y2 等先周时期遗存之上。这一层位关系证明 H45 等单位的年代不早于先周晚期，不晚于西周时期。第二，H45 等 5 单位中的高领袋足鬲，是目前所见高领袋足鬲中年代形制最晚者，由此决定了 H45 等单位的年代不能早于先周晚期。H45 等单位中联裆鬲等器类的年代特征早于周原遗址西周早期的同类器，表明 H45 等单位的年代应不晚于西周早期。第三，从前文介绍可知，周公庙遗址 H45 等 5 单位的陶器特征介于先周晚期与西周早期之间，应是先周晚期与西周早期之间的过渡期，如联裆鬲的年代特征介于先周晚期与西周早期同类器之间。

所以，H45 等 5 单位所属期别，在周原遗址商周时期考古学文化编年体系中的相对位置是：晚于周原遗址先周晚期，而早于周原遗址西周早期。

---

[23] 在周公庙遗址与 H45 等 5 单位同期的铸铜作坊遗存中，见有圆肩罐，其形制特征近同于周原遗址先周晚期的同类器。

[24] 北京大学考古文博院等《陕西麟游县蔡家河遗址商代遗存发掘报告》，《华夏考古》2000 年第 1 期。

三、H45及其所属期别年代的推测

既然H45等单位所属期别的年代早于周原遗址（以往所认识的）西周早期，晚于（以往所认识的）先周晚期，那么是否就此可以认为H45等5单位所属期别的年代是商周之际呢？

笔者认为，若采用最稳妥、最保险的观点，现在可将H45等5单位所属期别的年代定为商周之际（即灭商前后），但问题还没有如此简单。

原因之一：研究者对周原遗址以往所认识的先周晚期的年代可能有不同认识。由于这一期遗存中不见商文化遗物，故目前尚不能确定其绝对年代。更重要的是，由于该期遗存中联裆鬲的数量多于高领袋足鬲，与周原遗址在此之前以高领袋足鬲为主的考古学文化遗存面貌不同，可能会有一些研究者认为，这一改变应是古公亶父迁岐的结果。若此，就意味着以往所认识的“先周晚期”的年代，有可能早至古公亶父迁岐之时。这样的话，可能会有研究者将H45等单位所属期别的年代定在先周时期。

原因之二：我们以前所认识的西周早期的年代是否一定可以早到西周初年，目前尚无法非常准确地判定[25]。这样，H45等5单位所属期别的年代也有可能为西周早期偏早阶段。

原因之三：也许有研究者认为，H45等5单位所属期别的年代跨度较短，不应该或不足以单独列为一期（或段）。

那么，该怎样认识这些问题呢？

笔者认为，“期（或段）”仅是根据层位关系与遗存特征而归纳总结出的一个逻辑时间概念，其绝对年代并无长、短之规。只要能够准确地辨识，若的确是研究目的之必需，分期编年体系自然是越详细越好。从前文的分析中可以肯定，以周公庙H45等5单位为代表的文化面貌，与我们以往所认识的周原遗址先周晚期与西周早期的特征不

---

〔25〕 以往在判断周原遗址西周陶器的年代时，往往参照墓葬中与陶器共存铜器的年代。必须指出的是：(1) 一般而言，墓葬陶器的年代往往晚于共存铜器的年代。在没有大量陶器与铜器共存关系的资料下，陶器年代的判定还有待检验。周原遗址西周早期墓葬中，保存完好的铜器与陶器共存的墓葬还很少。(2) 如果能明确确定墓主的埋葬年代，那么，该墓随葬陶器的年代就能得以判断。目前在周原遗址尚未发现此类墓。(3) 如果没有明确的铭文，西周早期铜器的年代判断，还是一个有争论的问题。山西天马—曲村遗址晋侯墓地发掘后，由于墓主人的推定，使我们认识到原天马—曲村遗址定为西周早期（甚至是早期偏早阶段）的陶器，其年代实已晚至西周中期或早中期之际。周原遗址以往所认为的西周早期的陶器，形制近同天马—曲村遗址原定为西周早期者。综上所述，周原遗址以往所认识的西周早期陶器，其实际年代不一定全部早至西周早期偏早阶段。

同，应单独列为一期（或段）。2004 年度周公庙遗址的发掘，发现了一批与 H45 年代特征相同的单位，使我们得以将该期遗存认识出来。按照这一认识来审视以往的发掘资料，笔者发现以往归之于先周晚期或西周早期的一些单位，可能就属于这一期〔26〕。因此，笔者认为，现在将这一期（段）独立出来，还是有其学术意义的。另外，目前尚不能确定这一期（段）的时间跨度究竟有多长。

期别与年代（相当于王朝或王世的绝对年代）是两个不同的概念，从逻辑早晚关系上讲，H45 所属期别的年代早于周原遗址（我们以前所认为的）西周早期，而晚于先周晚期，但这一期究竟该作为商代最晚一期（段），还是作为西周最早期一期（段）遗存，抑或跨商末周初两个时期，尚需进一步论证。

本文判断 H45 等 5 单位所属期别年代的基点，就是 97 沣西 H18 的年代〔27〕。笔者同意原报告关于 H18 年代判断的意见〔28〕，仅再强调一点：沣西 H18 的文化面貌同于周原遗址先周晚期的礼村 H8，从高领袋足鬲等器物的年代特征判断，两单位的年代应基本同时〔29〕。沣西 H18 的文化面貌与处在沣西和周原之间的郑家坡文化同期遗存的面貌差异较大。这进一步说明，沣西 H18 是周人从周原地区迁徙至丰镐的遗存，其年代正如原报告所言，“应与周人始居丰相当。”按文献记载，文王居丰到武王灭商，仅有十余年。可以说，H18 是一个绝对年代比较明确的基点。

高领袋足鬲与袋足分裆甗，这两种器类是先周时期周原以西至宝鸡市地区最常见的典型器类，周原遗址先周晚期时，这两种器类有减少的趋势，到（以往所认识的）西周早期，不见这两种器类。这反映出商末周初，这两种器类逐渐减少直至消失的变化轨迹。周公庙遗址位于周原遗址以西 27 公里处，在先周时期，这里应该是高领袋足鬲与袋足分裆甗的主要分布区。由于沣西 H18 直接来源于周原地区，故其文化面貌与周原同时期的礼村 H8 相同，其中高领袋足鬲尚有 6.8%，袋足分裆甗为 9.1%。而周

〔26〕 关于这些单位分期的新认识，笔者将另文详述。

〔27〕 中国社会科学院考古研究所丰镐工作队《1997 年沣西发掘报告》，《考古与文物》2000 年第 2 期。

〔28〕 关于沣西 H18 的年代目前尚有一些争论。如果 H18 的下限确如一些研究者所认为的可晚至西周初期，则更能证明本文对周公庙遗址 H45 等单位应是西周时期遗存的判断。王恩田先生在《沣西发掘与武王克商》（北京大学考古文博学院编《考古学研究（五）》，科学出版社，2003 年）一文中，认为 H18 的年代可晚至西周早中期之际。王先生的主要论据之一就是商周时期联裆鬲宽高之比的变化趋势。笔者认为，先周时期，关中地区联裆鬲的型别颇多，不同型别联裆鬲的宽高之比不能对比。笔者曾根据宽高之比对先周时期的联裆鬲进行过形制分析，结果发现，这一演变规律不能成立。其实，商末周初的联裆鬲，除所饰纹饰特征较易区别外，器形方面的差别尚难把握。

〔29〕 同〔15〕。

公庙 H45 等 5 单位中，这两种器类均非常罕见或不见。若周公庙遗址 H45 等单位所属期别的年代与沣西 H18、礼村 H8 相同，那么其高领袋足鬲与袋足分裆甗的数量也应与沣西 H18、礼村 H8 相当。因此，周公庙 H45 等单位中高领袋足鬲与袋足分裆甗罕见或不见的特征，只能表明其年代应晚于沣西 H18。

一般而言，物质文化面貌在一定时期内是较为稳定的，一期（段）的考古学文化面貌可能会保持一段时间不变。既然周公庙 H45 等单位晚于沣西 H18 且文化面貌有了较明显的改变，表明 H45 等单位所属期别的年代已距 H18 有一定长的时间。

所以，我们有理由推测，周公庙 H45 所属期别的年代，最大的可能性是西周初期。

某一个单位的年代与其所属期别的年代，是既有区别又有联系的两个概念。说两者有区别，是因为某期的年代是一个时间段，而不是一个时间点。而某一灰坑形成的时间可能会很短，它的年代可能会非常明确。谓两者有关系，是因为某一单位的年代是包含在其所属期别的时间段内的，因此在一般情况下，我们往往将一个单位的年代等同于其所属期别的年代，并且往往根据该期内典型单位的年代或典型器物的年代来推定该期的年代。

因此，本文暂将 H45 的年代等同于其所属期别的年代，倾向性的意见是，H45 的年代已属西周初年。

H45 所属期别与年代的判断，有利于对该坑所出甲骨的深入研究。同时，该坑甲文所见内容年代的深入研究，可为判断 H45 的年代提供直接证据。一般而言，H45 中出土卜甲的年代应不晚于与其共出陶器的年代。有些研究者认为 H45 卜甲刻辞中的“王”应是周武王〔30〕。若这一观点得以证实，那么 H45 的年代就应不早于武王时期。这与本文的上述推测基本一致。

四、相关认识

本文认为，以周公庙 H45 等单位为代表的一期（段）考古学文化遗存，其年代大体在商周之际（商末至周初），属西周初期的可能性最大。该期（段）的确立，完善了商周时期周原地区乃至关中西部地区考古学文化更为详细的陶器编年体系。由此学术意义，我们还可得出以下三点认识。

其一，以往在区分关中地区商与西周时期考古学文化遗存时，往往把高领袋足鬲存在的时间绝对化，认为高领袋足鬲仅存在于商时期，将含有高领袋足鬲遗存的年代

〔30〕 孙庆伟《论周公庙和周原甲骨的年代与族属》；董珊《试论周公庙龟甲卜辞及其相关问题》。两文均见本书。

均定为商时期（或先周时期）。周公庙 H45 等单位所属期别及年代的判断使我们认识到，形制年代特征同于周公庙 H45 等单位中同类器的高领袋足鬲，其存在时间的下限已进入西周初期。

其二，目前关于周公庙遗址的性质尚无定论，但主要倾向于将其定为周公采邑[31]或太王所居之岐，无论哪种意见正确，皆能说明商周之际时，周公庙遗址是姬姓周人聚集之地。因此，以 H45 等单位所代表的考古学遗存的族属，肯定包括姬姓周人。由于周公庙遗址有此较为明确的性质，故其商周之际的考古学文化遗存可成为探索先周文化的基点。

其三，H45 等单位所属期别的确立，填补了以往认识的先周文化与西周文化之间的缺环，使我们可以更加清晰地看出周原地区先周时期文化向西周文化演变的轨迹，从而可促进先周文化探索等重大学术问题的深入研究。

本文为教育部人文社会科学重点研究基地——北京大学中国考古学研究中心 2002 年度科研项目“周原遗址的分期与布局研究”阶段性成果之一。

---

〔31〕 曹玮《太王都邑与周公封邑》，《考古与文物》1993 年第 3 期。

论周公庙和周原甲骨的年代与族属

孙庆伟*

The inscriptions on the shells and bones respectively discovered at the Zhouyuan site in 1977 and at the Zhougongmiao site in 2003 are the keys to understand the rise of the Zhou people and the establishment of the Western Zhou dynasty. By analyzing historical records and archaeological data, the paper states that the king mentioned in Zhougongmiao shell inscriptions is King Wu-the founder of the Western Zhou dynasty, and all the shells and bones with inscriptions excavated from the Zhouyuan site in 1977 were left by the Zhou people.

1977 年周原甲骨的发现曾经掀起了学术界研究西周甲骨的高潮，而 2003 年岁末在岐山周公庙遗址出土的两片有字甲骨再一次成为学者们关注的焦点。周公庙和周原甲骨涉及的问题很多，这里仅就两片甲骨的年代和族属问题谈几点粗浅的认识。

一、周公庙甲骨的年代——兼说周人称王自武王始

周公庙新出甲骨刻辞的释文详见《2003 年陕西岐山周公庙遗址调查报告》[1]。两片甲骨刻辞内容丰富，一些字的隶定也还存在着争议，所以可供讨论的问题不少，这里主要从二号甲骨的“王”字出发谈一谈两片甲骨的年代。

首先，从钻凿形式、文字风格、辞例和月相词的使用等方面来看，周公庙新出甲骨无疑是周人甲骨，这在学术界已经形成共识[2]。在这个大前提下，把周公庙二号甲骨中的“王”释为周王顺理成章。因谨慎起见，甲骨的发现者把两片甲骨的年代定在商末周初，但在一些长期研究先周文化的考古学者看来，和甲骨伴出的陶片具有典型

---

* 作者系北京大学中国考古学研究中心兼职研究员，北京大学考古文博学院副教授。

〔1〕 周原考古队《2003 年陕西岐山周公庙遗址调查报告》，见本书。

〔2〕 参看孙庆伟《“周公庙新出甲骨座谈会”纪要》，《古代文明研究通讯》总第 20 期，2004 年 3 月。

的先周文化特征，而一些文字学家也认为两片甲骨刻辞更多地带有商末风格[3]，所以周公庙二号甲骨中的“王”当是指商末的某位周王。

周人何时称王，这是一个饶有兴趣的问题。周人的勃兴，当然以古公迁岐最为关键，但初到岐下的周人还处在“民之初生”、“未有家室”的境地（《诗·大雅·緜》），正忙于“贬戎狄之俗”（《史记·周本纪》），自然谈不上有称王的心思。季历一代，大抵上实行“欺软怕硬”的政策，一方面对四周的戎狄连年征伐以图发展[4]，另一方面则攀附中原强大的殷商，既当了殷人的女婿[5]，又当了殷人的官[6]。但季历这种两面派的手法最终还是惹恼了殷人，所以被文丁所杀[7]。总之，古公、季历二位在生时都没有可能称王。

传统的说法是文王四十二年断虞芮之讼而始受命称王[8]。断虞芮之讼见载于周人自己的史诗，《诗·大雅·緜》有“虞芮质厥成，文王蹶蹶生”，说明这件事在周人历

---

[3] 其实周公庙甲骨的发现者徐天进先生本人就倾向于把甲骨的年代定在商末，但鉴于伴出陶片较少，所以在调查报告中将年代谨慎地定为商末周初。在周公庙甲骨发现后，陕西省考古研究所王占奎、曹玮先生，宝鸡市文物局任周方先生，宝鸡市文物工作队刘军社先生先后到周原博物馆观看甲骨和伴出陶片，他们都认为甲骨所在的第4层陶片具有典型的先周风格，北京大学考古文博学院雷兴山也持类似看法。在“周公庙新出甲骨座谈会”上，文字学家李零和林小安先生都倾向于认为两片甲骨的年代更可能是商末而非周初。2004年春，周公庙考古队对两片甲骨的出土地点进行了正式发掘，据参与发掘的徐天进和雷兴山先生告知，新出资料进一步证明两片甲骨属于先周时期。

[4] 如古本《竹书纪年》载：武乙三十五年，“周王季伐西落鬼戎，俘二十翟王”；大（文）丁二年，“周人伐燕京之戎，周师大败”；四年，“周人伐余无之戎，克之”；七年，“周人伐始呼之戎，克之”；十一年，“周人伐翳徒之戎，捷其三大夫”。据范祥雍《古本竹书纪年辑校订补》，第22~23页，上海人民出版社，1962年。

[5]《诗·大雅·大明》：“挚仲氏任，自彼殷商，来嫁于周，曰嫔于京，乃及于季，维德之行。”季历的这桩婚事对于周人而言是至关重要的。《史记·周本纪》说太王因文王“有圣瑞”而打算让季历即位，结果造成太伯和虞仲奔吴。“圣瑞”说无疑是后人编造的故事，更为可能的原因当是因为季历攀高枝娶了太任，有了“挟洋自重”的资本，殷周关系得以密切，所以太王舍太伯、虞仲而立季历；至于文王，则是“子以母贵”的典型代表。

[6] 古本《竹书纪年》载文丁四年“周王季命为殷牧师”。

[7] 古本《竹年纪年》载文丁十一年“文丁杀季历”。

[8]《周本纪》正义引《帝王世纪》：“文王即位四十二年，岁在鹑火，文王更为受命之元年，始称王矣。”毛诗《文王》序《正义》引《帝王世纪》与此略同：“文王即位四十二年，岁为鹑火，文王于是更为受命元年，始称王矣。”但文献中也有文王四十四年受命的说法，《尚书大传》：“文王受命一年断虞芮之质，二年伐于，三年伐密须，四年伐畎夷，五年伐耆，六年伐崇，七年而崩。”而据《尚书·无逸》“文王受命惟中身，厥享国五十年”和《周本纪》“西伯盖即位五十年”的说法，由此反推文王四十四年受命。虽然四十二年和四十四年有异，但两说均以断虞芮之质之年为文王受命之元年。

史上确实是有格外意义的。但即便如此，至少从东汉以来就不断有学者质疑文王生前就受命称王的说法〔9〕，而如果细究文献，文王受命称王的说法也并非没有再推敲的余地了。如记载此事较详细的《毛传》说文王断虞芮之讼后，“天下闻之而归者四十余国”，而并没有直言文王就因此而称王了；《周本纪》也记载了文王断虞芮之质一事，但对此事的效果，只是说“诸侯闻之，曰‘西伯盖受命之君’”，这些诸侯的话翻译为现代语言，大体就是“这西伯有受命之君的样子”，那话外之意就是西伯当时并没有受命称王，由此可见司马迁自己也并不持文王受命称王的观点。不过，在《周本纪》中紧接着有这样一段话：“西伯盖即位五十年。其囚羑里，盖益易之八卦为六十四卦。诗人道西伯，盖受命之年称王而断虞芮之讼。后十年而崩〔10〕，谥为文王。改法度，制正朔矣。追尊古公为太王，公季为王季：盖王瑞自太王兴。”这段记载很容易让人误会司马迁是主张文王断虞芮之讼而受命称王的，但只要细究太史公的行文，就可知他录此事只是为了存疑，是在讲完了西伯的生平事迹之后追加的一段，这一点张守节在《史记正义》中已经明确指出：“然自‘西伯盖即位五十年’以下至‘太王兴’，在西伯崩后重述其事，为经传不同，不可全弃，乃略而书之，引次其下，事必可疑，故数言‘盖’也。”张守节的这一理解可谓是完全领会和切合了太史公“厥协六经异传，整齐百家杂语”（《史记·太史公自序》）的本意。因为细读《周本纪》，可以发现在叙述文王事迹时，司马迁始终称他为“西伯”而不是“文王”，即使写到文王的去世，也书为“西伯崩”而不作“文王崩”。特别是《太史公自序》在概括《周本纪》的要旨时，写作“维弃作稷，德盛西伯；武王牧野，实抚天下”，既然将“西伯”和“武王”对举，那么司马迁的意见是很清楚的，那就是文王生前并没有称王，《周本纪》在记述文王生平事迹之后再收录“诗人道西伯，盖受命之年称王而断虞芮之讼”的记载，纯粹是因为“经传不同，不可全弃”，故司马迁行“多闻阙疑”之法，并录不同的说法以示慎重，但他自己是不信从的。

除了《史记》中所体现出的上述内证，张守节在《史记正义》中还指出：“天无二日，士无二王，岂殷纣尚存而周称王哉？若文王自称王改正朔，则是功业成矣，武王何复得云大熏未集，欲卒父业也？《礼记·大传》云：‘牧之野武王成大事而退，追王太王亶父、王季历、文王昌。’据此文乃是得王为王，何得文王自称王改正朔也？”如果说张守节以“天无二日，士无二王”为理由来质疑文王称王的可能性尚不足为据的话，那么他所引《礼记·大传》的记载就不能不引起重视。我们甚至可以推测，司

〔9〕李零《文王称王、昭王伐楚及其他——关于史墙盘铭中若干西周史实与文字辞例的考证》，收入田昌五主编《华夏文明》第二集，第406～420页，北京大学出版社，1990年。

〔10〕张守节《正义》认为“十当为九”，而按前注引《尚书大传》，这里的“十年”当为“七年”。

马迁正是见到了《礼记·大传》所说的武王克商后“追王太王亶父、王季历、文王昌”一类的记载才形成了文王生前未称王的观点并表述于《周本纪》中。

文王生前的行事，也不利于其受命称王的说法。因为周人称王，不单单是一个名号更换的问题，更是要付之于实际行动的，这个行动就是要敢于“明目张胆”地公开宣称革殷人的命，造殷人的反。看看文王的一生，早年和九侯、鄂侯一起为商纣的“三公”，而仅仅因为私下里抱怨纣王“醢九侯”、“脯鄂侯”，结果被商纣关押在羑里达七年之久[11]，在以美女换得自由并被封为“西伯”后（《殷本纪》），一时间恐怕难有造反的心，而走的是“阴行善”这种“韬光养晦”的路数；晚年虽然也曾经有过“伐犬戎”、“伐密须”、“败耆国”、“伐邘”、“伐崇侯虎”等战事（《周本纪》），但却始终没有伐殷的实际行动，所以说文王生前称王恐怕是名不副实。李零先生近年重申文王的受命称王是周人获得天下后倒追其事而假托的预言，确属卓见[12]。

关于文王的“受命”，还有一个需要注意的问题，即文王究竟是受“天命”，还是受商纣王的“命”。今本《竹书纪年》载帝辛三十三年“王锡命西伯，得专征伐”，沈约按云：“文王受命九年，大统未集。盖得专征伐，受命自此年始。”按照这条记载，所谓的“文王受命”当是指帝辛命西伯，而非西伯代替殷人膺受天命而称王，上引文王晚年的多次征伐也正可以作为“王锡命西伯，得专征伐”的注解。

武王时期，情况就完全不同了，“九年，武王上祭于毕。东观兵，至于盟津”（《周本纪》），虽说这次伐商行动半途而废，但周人确实拉开了“实始翦商”的序幕，并终于在三年后毕其功于牧野一役。《史记·周本纪》记载武王观兵盟津时说：“为文王木主，载以车，中军。武王自称太子发，言奉文王以伐，不敢自专。”武王临阵而自称“太子”，话外之意平日里他人是尊他为“王”的。既然武王已经率“不期而会”的八百诸侯以武力伐商，那此时的他尚未称王就反而显得有些怪诞和虚伪了，所以最保守的估计，至少在观兵孟津之时武王就已经称王了，而对于他的父亲，正如前引《礼记·大传》所说，被“追王”为“文王”了。

西周年代学是世纪难题，本人对此问题素无心得，但周公庙二号甲骨刻辞中有“五月哉死霸壬午”的纪日内容，而考古资料证明周公庙新出甲骨属于先周时期，同时我们又主张周人称王始于武王，那么这片甲骨的年代就只能在武王称王之年到武王克商之年的若干年内，所以尝试着对此历日略作推算。

---

〔11〕《左传·僖公三十一年》：“纣囚文王七年。”又今年《竹书纪年》载纣之“二十三年囚西伯于羑里，二十九年释西伯，诸侯逆西伯，归于程。”

〔12〕李零《重读史墙盘》，《吉金铸国史——周原出土西周青铜器精粹》，第42～57页，文物出版社，2002年。

武王克商前的在位年数是一个争论不休的问题。司马迁综合他所见到的文献，在《周本纪》中提供了三个相关数据：一是“九年”武王观兵盟津；二是“十一年十二月戊午”武王再合诸侯于盟津，作《太誓》；三是次年“二月甲子”战于牧野而克商。但在此又必须先解决一个前提条件，即武王的纪年究竟是从文王受命元年延续而来，还是他有自己独立的纪年体系？换言之，《周本纪》中的上述纪年究竟是指文王受命以来的年数，还是指武王即位后的年数？如果是前者，还要解决文王究竟是受命七年而崩还是受命九年而崩的问题，纠纷就更多〔13〕。在这里我们把问题简单化，只采信太史公的观点，因为如果没有确凿的证据，《史记》的说法是不能随便否定的。司马迁是主张武王有独立纪年的，除了《周本纪》之外，在《齐太公世家》和《鲁周公世家》均持此说，如《齐太公世家》记武王九年观兵盟津之事为“文王崩，武王即位，九年，欲修文王业，东伐以观诸侯集否……遂至盟津。”而《鲁周公世家》也说“武王九年，东伐至盟津，周公辅行。十一年伐纣，至牧野。”很显然，这里的“九年”、“十一年”和“十二年”都是指武王即位后的年数，也就是说武王克商前共在位 11 年，在位的第 12 年克商。张守节《史记正义》认为司马迁此说“甚疏矣”，其实倒是张守节自己的意见前后矛盾，司马迁不主张文王生前称王，自然认为武王有独立纪年，而张守节一方面否认文王生前称王，但反过来又认为武王的纪年延续自文王受命的元年，这才令人费解。

至于武王克商之年，则更是众说纷纭，这里无意节外生枝，径用夏商周断代工程的说法，即以公元前 1046 年为武王克商之年〔14〕，若此，则武王即位之年当在公元前 1057 年，那么周公庙二号甲骨刻辞中的“五月哉死霸壬午”当在公元前 1057 ~ 前 1046 年求之。查张培瑜《中国先秦史历表》，在此 12 年间，五月壬午共有 5 次，分别是：公元前 1054 年五月丁巳朔，壬午为 26 日；公元前 1051 年五月庚午朔，壬午为 13 日；公元前 1050 年五月甲子朔，壬午为 19 日；公元前 1049 年五月戊午朔，壬年为 25 日；公元前 1048 年五月壬年朔。《尚书·顾命》有月相词“哉生霸”，周公庙二号甲骨的“哉死霸”则是在传世和出土文献中第一次见到，而不论对西周月相持何种解释，总该把“哉死霸”放在每月的下旬为妥，这样的话，“五月哉死霸壬午”可供选择的年份

---

〔13〕 主张武王纪年由文王受命元年下延的观点主要见于《尚书·泰誓》伪孔传、《三统历议》、《帝王世纪》、《诗·文王》序疏引郑玄注以及《初学记》卷九等；主张武王有独立纪年者则主要有欧阳修、夏僎、崔述和梁玉绳诸家。姜文奎《西周年代考》一文对两种意见的诸家说法收集得较详细，可供参考。姜文原载《大陆杂志》第 82 卷第 4、5 期，后收入朱凤瀚、张荣明编《西周诸王年代研究》，第 258 ~ 267 页，贵州人民出版社，1998 年。

〔14〕 夏商周断代工程专家组《夏商周断代工程 1996—2000 年阶段成果报告》简本，第 49 页，世界图书出版公司，2000 年。

则为公元前1054、前1050和前1049年，这些数据对于认识“哉死霸”的含义以及夏商周断代工程对武王克商之年的推断都应有一定的参考价值。

二、周原甲骨的族属——兼论“民不祀非族”问题

1977年春天在周原凤雏建筑遗址H11和H31中出土的293片有字甲骨是研究周代甲骨的重要资料，但因为学者对于几个关键问题有着截然不同的看法，所以在一定程度上束缚了对它们的认识[15]。周公庙甲骨的发现，为重新认识周原甲骨提供了新的契机。

先将最具争议的几片甲骨释文引述如下（均据曹玮先生编著的《周原甲骨文》）：

癸巳彝文武帝乙宗贞王其邵祭成唐□鬃𠬝□母其彝血羖三豚三由又正　（H11∶1）

……文武……王其邵帝……天□典𠭯周方白□□由正亡ナ……［王］受又（H11∶82）

贞王其𠦪又𤰈𠭯周方白□由正不ナ于受又=　（H11∶84）

彝文武丁□贞王翌日乙酉其𠦪称爯中□武丁豊□□□□ナ王　（H11∶112）

曹玮先生在《周原甲骨文》前言中已经指出，上述几片甲骨争论的焦点主要是“王”和“周方白”的指代、“𠭯”字的诠释以及由此而引发的这批甲骨的族属问题。

虽然现在绝大多数学者承认周原甲骨是周人的甲骨，但具体到上面所列甲骨刻辞中的“王”，则仍然有人主张为周王，也有人主张是商王。两说的有利和不利条件，曹玮先生都有概括，这里不必重复。权衡之下，我们认为“周王说”是更加合理的解释，因为此说只要解决所谓“民不祀非族”的问题就基本上没有什么障碍了，而事实上这个问题又是有回旋余地的。反之，如果持“商王说”，则无论用什么理由来解释为什么周原甲骨具有如此强烈的周式风格都显得牵强。

为了证明周原甲骨是周人的甲骨，以前已经有学者对“民不祀非族”的问题进行了辨析[16]，这里想结合周人的祭祀传统和殷周之际的政治背景对这个问题略作补充。

认为周人恪守“民不祀非族”的观念，主要证据是《左传》中的两条记载：

僖公十年：秋，狐突适下国，遇大子。大子使登，仆，而告之曰：“夷吾无礼，余得请于帝矣，将以晋畀秦，秦将祀余。”对曰：“臣闻之：‘神不歆非类，民不祀非族。’君祀无

---

〔15〕凤雏甲骨的详细情况及其研究概况可参看曹玮编著的《周原甲骨文》，世界图书出版公司，2002年。

〔16〕葛志毅《周原甲骨与古代祭礼考辨》，原载《史学集刊》1989年第4期，后收入葛志毅、张惟明著《先秦两汉的制度与文化》，第83～95页，黑龙江教育出版社，1998年。

乃殄乎？且民何罪？失刑、乏祀，君其图之!"

僖公十一年：卫成公梦康叔曰："相夺予享。"公命祀相。甯武子不可，曰："鬼神非其族类，不歆其祀。相之不享于此久矣，非卫之罪，不可以间成王、周公之命祀，请改祀命。"

其他类似的记载也还有，如：《论语·为政》载孔子之语曰："非其鬼而祭之，谄也。"《礼记·曲礼》："非其所祭而祭之，名曰淫祀。淫祀无福。"

从上面这些材料来看，应该说"民不祀非族"的观念在周代的知识阶层中确实是得到了比较广泛的认同。祭祀既然是当时的"国之大事"，那么制定出若干仪式和规范本不足为怪，这从《礼记》中《礼运》、《礼器》、《郊特牲》、《祭义》和《祭统》诸篇所载可见一斑。问题在于"民不祀非族"和"鬼神非其族类，不歆其祀"固然是周人笃信的祭祀观念，但与此同时周人还有其他需要遵循的祭祀规范，这其中又以《国语·鲁语上》载展禽所论的国家制祀原则最为重要：

"海鸟曰爰居，止于鲁东门之外三日，臧文仲使国人祭之。展禽曰：'越哉，臧孙之为政也！夫祀，国之大节也；而节，政之所成也。故慎制祀以为国典。今天故而加典，非政之宜也。'"

"夫圣王之制祀也，法施于民则祀之，以死勤事则祀之，以劳定国则祀之，能御大灾则祀之，能扞大患则祀之。非是族也，不在祀典。昔烈山氏之有天下也，其子曰柱，能殖百谷百蔬；夏之兴也，周弃继之，故祀以为稷。共工氏之伯九有也，其子曰后土，能平九土，故祀以为社。黄帝能成命百物，以明民共财，颛顼能修之。帝喾能序三辰以固民，尧能单均刑法以仪民，舜勤民事而野死，鲧鄣洪水而殛死，禹能以德修鲧之功，契为司徒而民辑，冥勤其官而水死，汤以宽治民而除其邪，稷勤百谷而山死，文王以文昭，武王去民之秽。故有虞氏禘黄帝而祖颛顼，郊尧而宗舜；夏后氏禘黄帝而祖颛顼，郊鲧而宗禹；商人禘舜而祖契，郊冥而宗汤；周人禘喾而郊稷，祖文王而宗武王；幕，能帅颛顼者也，有虞氏报焉；杼，能帅禹者也，夏后氏报焉；上甲微，能帅契者也，商人报焉；高圉、大王，能帅稷者也，周人报焉。凡禘、郊、祖、宗、报，此五者国之典祀也。加之社稷山川之神，皆有功烈于民者也；及前哲令德之人，所以为明质也；及天之三辰，民所以瞻仰也；及地之五行，所以生殖也；及九州名山川泽，所以出财用也。非是，不在祀典。"

展禽所论其实是夏商周三代都遵循的国家制祀原则，有点"国家根本大法"的味道。它的核心意思是很清楚的，就是主张凡属于"法施于民"、"以死勤事"、"以劳定国"、"能御大灾"和"能扞大患"这样的五类"有功烈于民者"，不论其种族如何，都可以列入国家的祀典；反之，当然不在祀典。之所以有这样的制祀原则，原因就在于祭祀的根本目的是为了"报本反始"（《礼记·郊特牲》）和"慎终追远，民德归厚"

（《论语·学而》）。也正是因为祭祀的“报本反始”之义要高于“民不祀非族”和“鬼神非其族类，不歆其祀”这种一般性的规则，所以商人可以禘舜，周人也可以禘喾。而不仅如此，殷人甚至也可以祭祀周人的先祖，如《左传·昭公二十九年》记载：“稷，田正也；有烈山氏之子曰柱，为稷，自夏以上祀之；周弃亦为稷，自商以来祀之。”由此可知，弃代替柱为稷，属于“前哲令德之人”，所以能够得到商人的祭祀。既然作为执政者的殷人尚且可以祭祀其臣属部族的先祖，那反过来周人祭祀殷人的先王就更不足为怪了。

除了“报本反始”和“崇德报功”这种比较宽泛的目的，祭祀其实还有更加实际的原动力，这就是在某些特殊境况下人们对超自然力量的祈求。《礼记·郊特牲》说：“祭有祈也，有报焉，有由辟焉。”“祈”是祈福，“由辟”是消灾禳祸，两者其实都是人对神的祈求，而在“祈”和“由辟”如愿之后，才有了“报”祭，即回报先前所祷祭的神灵。殷周时期，祭祀礼仪已经极为发达，形成了诸如“民不祀非族”以及“三代命祀，祭不越望”（《左传·哀公六年》）一类的规范，但同样不可忽视的是，除了那些已经被规范化的常祀之外，因某些特殊原因而举行的各种祭享其实更是广泛存在的。在这些非常祭中，祭祀对象是否同族通常是被忽视的，祭祀别族的神鬼并不认为是“淫祀”。这样的例证同样见载于《左传》，下面试举数例：

隐公十一年：“公之为公子也，与郑人战于狐壤，止焉。郑人囚诸尹氏。赂尹氏，而祷于其主锺巫。遂与尹氏归，而立其主。十一月，公祭锺巫，齐于社圃，馆于寪氏。”鲁隐公因为当年当战俘时得到过尹氏的帮助，所以在即位为国君后仍然祭祀尹氏之主锺巫。隐公的祭祀，关注的是“报”，所以不必顾及他与尹氏是否同族。

桓公元年：“元年春，公即位，修好于郑。郑人请复祀周公，卒易祊田。”郑主厉王，本无祭祀周公之礼，但郑国为了能够以祊田换取鲁国的许田，所以额外答应祭祀周公。

昭公七年：“郑子产聘于晋。晋侯有疾，韩宣子逆客，私焉，曰：‘寡君寝疾，于今三月矣，并走群望，有加而无瘳。今梦黄熊入于寝门，其何厉鬼也？’对曰：‘以君之明，子为大政，其何厉之有？昔尧殛鲧于羽山，其神化为黄熊，以入于羽渊，实为夏郊，三代祀之。晋为盟主，其或者未之祀也乎？’韩子祀夏郊。晋侯有间，赐子产莒之二方鼎。”俗话说，病急乱投医，只要能够治愈晋平公的病，韩宣子哪管得上鲧与晋人并非同族。

定公十四年：“梁婴父恶董安于，谓知文子曰：‘不杀安于，使终为政于赵氏，赵氏必得晋国，盍以其先发难也讨赵氏？’文子使告于赵孟曰：‘范、中行氏虽信为乱，安于则发之，是安于与谋乱也。晋国有命，始祸者死。二子既伏其罪矣，敢以告。’赵孟患之。安于曰：‘我死而晋国宁，赵氏定，将焉用生？人谁不死？吾死莫矣。’乃缢而死。赵孟尸诸市，而告于知氏曰：‘主命戮罪人安于，既伏其罪矣，敢以告。’知伯从赵孟盟，而后赵氏定，祀安于于庙。”董安于虽为赵氏之家臣，但他以自己的生命定赵氏，故赵孟立其祀于赵氏之祖庙，这显然是取报答之意。与董安于享受同等待遇还有商代的伊尹，此人本是“有莘氏媵臣”（《殷本纪》），是随成汤之妃而来到商族的，但因有功于殷人，所以在甲骨中屡屡见到后世商王对他的祭祀〔17〕。

如果按照“民不祀非族”的祭祀原则，上面这些例证都应该属于所谓的“淫祀”，但事实上这些祭祀在当时并没有遭到非议，这就说明周人也并非墨守这一原则。既然如此，如果我们仍拘泥于“民不祀非族”的观念，认为周人不可能祭祀殷人先王，并从而主张周原甲骨为殷人甲骨，就未免失之于僵化了。以前徐中舒先生主张上述几片周原甲骨中的“王”为周文王，为了驳斥“民不祀非族”并非一成不变的原则，他曾经引战国末年韩、魏祀秦，西汉时期匈奴祀汉帝的事例来佐证文王祀殷帝的可能性，应该说是有相当说服力的〔18〕。祭祀从表面上看是对鬼神的供奉，但实际上还是祭祀者对自身利益的诉求，上举鲁隐公、韩宣子和赵孟等人的祭祀都是如此。人事多变，殊无规律可循，祭祀者为了某项特定的利益而暂时抛弃“民不祀非族”的原则实在不必大惊小怪，尤其是对于周文王、周武王一类的政治人物而言，把握现实利益永远是第一位的，如果事关自身部族的存亡发展，又岂能为“民不祀非族”的观念所囿？况且“礼多人不怪”，“淫祀”最不济的结果就是“无福”而不至于遭祸，所以说周人祀殷王并不是什么匪夷所思的事情。

在上引四片周原甲骨中，受到周人祭祀的商王包括成汤（成唐）、太甲、文丁（文武丁）和帝乙（文武帝乙）四位。成汤和太甲都是商代的贤明君主，可以归入“有功烈于民者”或“前哲令德之人”，周人祀之合于祭祀规范，这里可以不论。其余的两位，文丁杀了季历，与周人可以说是有不共戴天之仇；帝乙于周人虽无大的恶行（仅就已知材料而言），但既然《殷本纪》说“帝乙立，殷益衰”，显然也不是什么明君，此父子两人为何也得到周人的祭祀确实不好理解。另外，根据H11∶1“彝文武帝乙宗”的记载，说明当时在岐周之地还建有帝乙之庙。而从文例来看，H11∶112“彝文武丁□”当是“彝文武丁宗”，换言之，在岐周还同时建有文丁的庙。按照这样的理解，周人不但祭祀殷人先王，而且在自己的领地中建造殷王的宗庙，这距离我们对殷周关系的传统认知确实太远了，但如果仔细推敲，也并非没有可能，这里试举几点推测性的意见。

---

〔17〕 陈梦家《殷墟卜辞综述》，第362～364页，中华书局，1988年。

〔18〕 徐中舒《周原甲骨初论》，原载《四川大学学报丛刊》第十辑《古文字研究论文集》，1982年5月，后收入《徐中舒历史论文选辑》，第1419～1432页，中华书局，1998年。

首先，在殷周之际，臣服的各族祭祀秉天命的王者是当时比较普遍的现象。《诗·大雅·文王》是周人祭祀文王之诗，其第五章曰："侯服于周，天命靡常。殷士肤敏，裸将于京。"很显然，这是说克商之后殷人参与对文王的祭祀。既然归顺于周人的殷士要助祭于京，那反过来说，克商之前的周人曾经祭祀商王也应该在情理之中。《吕氏春秋·顺民》说："文王处岐事纣，冤侮雅逊，朝夕必时，上贡必适，祭祀必敬。纣喜，命文王为西伯，赐之千里之地。"有学者认为文王"祭祀必敬"而能够令"纣喜"，表明文王所祭祀的对象应是殷人先王，这种解释是很有道理的〔19〕。

其次，在诸如成汤灭夏、武王克商这样改朝换代之际，征伐的一方从自身利益考虑，总是要尽最大的可能团结一切可以团结的人，这样的结果通常就是把前朝的种种罪过归咎于其末代之君，夏桀和商纣便是这样的典型。而对于那些已逝的先王，不论其贤明还是荒淫，通常是既往不咎的。殷人是出了名的重鬼神，一年到头祭祀不休，在商纣执政时期，因为他"慢于鬼神"（《殷本纪》），所以文王、武王祭祀殷人先王，就不失为很好的"统战"措施。有意思的是，在《牧誓》中，武王历数商纣种种罪行时，第一条说商纣"维妇人言是用"，而第二条就是"自弃其先祖肆祀不答"，所以在克商的第二天，武王就忙着祭祀商社，而尹伊的祝辞又再次强调"殷之末孙季纣，殄废先王明德，侮蔑神祇不祀"（《周本纪》）。这些记载至少提供了这样的信息：不管周人是真心还是假意，他们承认殷人的先王都是"明德"之人，理应得到祭祀，而商纣荒废祖先的祭祀，就应该遭到征伐。既然周人把祭祀提高到如此重要的地位，那么我们推测周人一定是"以身作则"而"祭祀必敬"的，不然如何令那些"西土之人"服气，并把"慢于鬼神"作为讨伐商纣的理由呢？

第三，商末之时，因为纣王的暴虐，殷王朝中的某些臣僚在周人伐商之前就陆续奔周，《诗·大雅·文王》所说的"穆穆文王，于缉熙敬止。假哉天命，有商子孙"，就是指文王时期殷人的陆续来归。在这些归顺的"有商子孙"中，比较有名的有辛甲大夫、太师疵、少师彊等人〔20〕，其他肯定还有不少，如《吕氏春秋·先识》载"殷内史向挚见纣之愈乱迷惑也，于是载其图法，出亡之周"，再如《汉书·古今人表》所列殷周之际的太师挚、亚饭干、三饭缭、四饭缺、鼓方叔、播鞉武、少师阳和击磬襄等八人，颜师古认为"皆纣时奔走分散而去"，虽然这些人的具体去向失载于文献，但大部分人投靠了周人当在情理之中。这些人到了岐周，当然免不了要祭祀他们自己的祖先，而如果其中又恰好有王室子弟，那就很可能要立庙祭祀殷王了。再或者说，文王、

〔19〕 同〔16〕。

〔20〕 据《周本纪》，辛甲大夫是文王时期投奔周人的，而太师疵和少师彊是在武王伐纣的前夕而奔周的。

武王为了笼络这些投奔自己的商朝旧臣，在岐周之地建立商王之庙供其祭祀也是可能的。

以前持“王”为周王说者，多认为上引几片甲骨中的“王”就是周文王，而我们是主张文王生前没有称王的，所以认为这里的“王”只能是武王，而且这几片甲骨的年代应该在武王即位到武王克商这11年间——在武王克商后周人自己坐了天下，当然就不必再献媚于殷人了，而且周人在克商之后先后封武庚和微子以守商祀，也无需自己代劳。当然，既然武王在克商之前还祭祀殷人先王，那么未曾称王的文王（其实称“西伯”更恰当，这里称“文王”只是习惯用语）就更不敢弃商王不祀了。

上引几片甲骨中的“周方白（伯）”，学者基本上认为是指西伯文王，这应该是没有疑问的，因为“周方伯”正好可以和文王的“西伯”封号相吻合。但对于“周方伯”前面的“哲”字，因为对“王”的指认不同而有不同的理解，或以为是征伐之意，或以为当作册命之解，各家意见在曹玮先生的文章中都有说明。这个“哲”，很多学者都认为是《说文》中“䇮”字的异体字，《说文·曰部》释“䇮”字为：“告也。”段玉裁注：“从曰从册会意，则当作‘册告也’三字。简牍曰册，以简告诫曰䇮，册行而䇮废矣。”而据姚孝遂先生的研究，卜辞中“哲”字也作“祌”，其意为“用牲之法”〔21〕。“祌”字也见于西周金文，晋侯墓地M114所出叔夨方鼎铭文中有“隹十又四月王彡大祌奉在成周”之句，李伯谦先生释“祌”为“乃以简册告神也”〔22〕；曹玮先生则在姚孝遂先生释义的基础上，认为“祌有册告之意，同时又有用牲之法的含义”〔23〕。在我们看来，既然叔夨方鼎铭文中“大祌”在“彡”和“奉”两种祭祀之间举行，那么“祌”也必定是一种祭祀方式，换言之，周原甲骨中的“哲周方伯”释作哲祭“周方伯”最为妥当。李零先生在讨论周原甲骨时曾以侯马盟书、温县盟书为例，认为卜辞中的“册”字是指祭祀中的埋牲加书，这是很符合《说文》释义的，但因为李先生认为周原甲骨中的“王”为商王，所以转而释H11∶82和H11∶84等甲骨中的“哲周方伯”为商王册命文王为西伯之事〔24〕。我们认为上述周原甲骨中的“王”是武王，“䇮”为哲祭，“周方伯”指西伯，也即武王杀牲书册以祭祀乃父西伯

〔21〕 姚孝遂《甲骨文字诂林》，第964页，中华书局，1996年。

〔22〕 李伯谦《叔夨方鼎铭文考释》，《文物》2001年第8期。

〔23〕 曹玮《叔夨方鼎铭文中的祭祀礼》，原载《晋侯墓地出土青铜器国际学术研讨会论文集》，上海书画出版社，2002年，后收入其所著《周原遗址与西周铜器研究》，第141~144页，科学出版社，2004年。

〔24〕 李零《读〈周原甲骨文〉》，《古代文明》（第3卷），文物出版社，2004年。

之意。武王称其父为“周方伯”则与小盂鼎铭中称文王为“周王”类似[25]，“周”指族属，“方伯”是其爵称，正可以用做文王生前未称王的证据。至于武王为什么要将他自己的父亲和商王一起祭祀，现在还不得其解。

上述认识自知包含了比较多的演绎和推测成分。研习古代史，常常要面临文献不足征的窘况，演绎有时便成了无奈之举。虽然作此文时努力摒绝“毋意、毋必、毋固、毋我”，以免把“演绎”变成了“演义”，但还是有如履薄冰、如坐针毡之感。

〔25〕 小盂鼎铭文中有“用牲禘周王、武王、成王”之语，此“周王”和“武王、成王”并列，可知其当指文王无疑。

试论周公庙龟甲卜辞及其相关问题

董　珊*

In December 2003, teachers and students from the Archaeology Department of Peking University discovered some fragments of inscribed tortoise shells during their field survey at the Zhougongmiao site in Qishan, Shaanxi. The fragments are reconstructed into two large pieces with four paragraphs of divination record. The first four parts of this paper provides a philological study on the record. The fifth part focus on the meaning of the character '囟'. The sixth part, mainly based on ancient texts, discusses the properties of the settlement and cemetery at Zhougongmiao. The last part talks about the date of the inscribed shells and the special names of different phases in a lunar month in the Zhou calendar.

2003 年 12 月 14 日，北京大学考古文博学院师生在陕西岐山县周公庙遗址进行田野调查时，发现刻辞龟甲。后经缀合，及是两大片龟甲，上面刻有四条卜辞。2004 年初，在北京大学考古文博学院召开了“周公庙甲骨座谈会”，与会学者意见的综述，可参看孙庆伟先生的《“周公庙新出甲骨座谈会”纪要》[1]。

本文尝试对这四条卜辞作些解释，并附论一些相关问题。全文分为七个部分：前四个部分解释各条卜辞及相关材料，第五部分专论周人卜辞的“囟”字，第六部分从文献学角度来讨论周公庙遗址和墓葬的性质，第七部分是有关卜甲年代和卜辞月相名称的解释。

这两片龟甲，都是改制背甲。片大而字少的一块为 1 号，其上的两条卜辞分别现存 8 字、9 字，共 17 字；片稍小而字多的一块为 2 号，两条卜辞分别现存 23 字、16 字，共 39 字。在目前已知周人甲骨刻辞中，2 号卜甲的字数最多。我们就先从 2 号卜甲的两条卜辞谈起。

---

* 作者系北京大学中国考古学研究中心兼职研究员，北京大学考古文博学院副教授。

〔1〕 刊于北京大学震旦古代文明研究中心《古代文明研究通讯》总第 20 期，2004 年 3 月。

一、2—1卜辞

2号龟甲右侧的一条卜辞最长，该辞有两行，每行的顶端均缺字。可释写为：

……五月𩚬死霸壬午，衔（延）祭㠓（仆）、繁事（使）。缶（繇）：者（诸）

……来。𠂤（厥）至，王囟（使）克逸于宵（庙）。

第一行“五”字位于龟甲齿纹断处，据残划应是“五”字。第二行“来”字上亦为齿缝之折，上面应该残去一两个字。

“𩚬”字原从“才”、“食”、“丮”。所谓“食”旁的“亼”下所从，上面像“止”旁，下面有些像是属于“丮”旁的“夂”形，类似写法在同时代文字中很罕见，有可能就是刻划草率的“食”旁。但无论怎样理解所谓“食”旁，该字应从“才”声，相当于甲骨金文之“𩚬”字，这应该是没有什么疑问的。《说文·丮部》：“𩚬，设饪也，从丮、食、才声，读若载。”“𩚬死霸”读“哉死魄”，是首次出现的月相名。有关这个月相的问题，另见后文讨论。

“衔”，该字与裘锡圭先生所曾考释殷墟甲骨文“衔”字的一种写法相同[2]。西周仲爯簋铭末云：“用飨王逆衔”（《殷周金文集成》03747，以下凡引用此书铜器铭文著录简称“《集成》”，或者只注出该书的五位编号），裘先生曾说：

> 对仲爯簋的“用飨王逆衔”，由于夨作丁公簋等器的“用飨王逆逧”[3]等相关语句尚未得到理解，目前也难以作出确解。这里姑且提出一个不成熟的意见。“衔”、“延”古通（参看《古字通假会典》177页），“逆衔”也许应该读为“逆延”。“延”字古训“引”（《吕氏春秋·重言》“延之而上”高注：“延，引

〔2〕裘锡圭《释“衍”、“侃”》，刊于台湾师大国文系、中国文字学会编辑《鲁实先先生学术讨论会论文集》，1993年；又载武汉大学中国传统文化研究中心编《人文论丛》2002年卷，武汉大学出版社，2003年。

〔3〕关于“逧”（或隶定为“逆”、“洀”）字，1990年以来，先后有何琳仪、吴匡和蔡哲茂、汤余惠等学者的三篇文章讨论。汤先生的文章最晚刊出，他赞同吴、蔡二位先生以金文“逆复”对应《周礼》“复逆”的观点，认为《周礼》“复逆”是诸侯臣僚面君奏事的意思，金文“逆复”跟“使人”相类，可以理解为“奏事者”。笔者认为汤先生的看法比较正确。请参看何琳仪《释洀》，吴匡、蔡哲茂《释金文逆、洀、䑳诸字》，中国古文字研究会第八届年会论文，1990年，上海，前者收入吴荣曾主编《尽心集——张政烺先生八十寿庆论文集》，第137～145页，中国社会科学出版社，1996年；汤余惠《洀字别议》，中国古文字研究会第十届年会论文，1994年，东莞，收入《容庚先生百年诞辰纪念文集》（古文字专号），广东人民出版社，1998年。

也。"），训"进"（《仪礼·觐礼》"摈者延之曰升"郑注："延，进也。"）。"逆延"也许指王派来迎逆延请臣下的使者。伯宓父鼎说"用飨王逆复事人"（《金文总集》1022），叔 父卣说"用飨乃辟 侯逆复出内事人"（同上，5508），这是我们把仲再簋"逆衍"理解为王的一种使者的根据。

据上引裘先生所说来看，周公庙龟甲卜辞的"衍"亦可读为"延"，在此用为动词，训为"引"或"进"。

"祭"，字从"又"、"肉"，是殷墟甲骨文"祭"字常见的一种写法。

"巇"，字从"屵"、"人"、"収"、"辛"。"収"上所从的"辛"旁位于龟甲盾沟处，刻划较浅，但据照片尚可辨认"辛"旁。西周幾父壶"僕"字"収"上所从有"辛"与"丵"两类写法：

幾父壶，《集成》09721、09722

周公庙卜辞"僕"字所从为前一类。"巇"所从之"屵"旁上面的笔画不够清晰，与下面两个晚商金文"巇"字相比较，就基本能肯定是从"屵"旁：

《集成》08592 同上，09406

"屵"旁是自甲骨文"璞周"之"璞"字表示"山"形的部分演变来的：

《甲骨文编》691页

在周原甲骨H11:36也有个从"屵"旁的字[4]，其下所从"言"形，可与西周金文令鼎"㒒"字所从"辛"旁已变为"言"形比较：

周原甲骨H11:36 令鼎，《集成》02803

周原甲骨H11:36的这个字也有可能是"巇"字之省。这也能佐证周公庙卜辞"巇"字当从"屵"旁[5]。

"巇"从"仆"声，"祭巇"读为"祭仆"，职官名，《周礼·夏官·司马》"大仆"属官有祭仆，与小臣、御仆同官府[6]。大仆职云："掌正王之服位，出入王之大命，掌诸侯之复逆。"小臣职："掌三公及孤卿之复逆"，御仆职："掌群吏之逆，及庶

[4] 见曹玮《周原甲骨文》，世界图书出版公司北京公司，2002年。本文引用周原甲骨文均据此书。

[5] 以上讨论请参看林沄《究竟是"翦伐"还是"扑伐"》，《古文字研究》第二十五辑，中华书局，2004年。顺便指出，林先生此文认为刘钊先生所释金文"翦伐"仍应该从传统说法读为"扑伐"，这是我们不同意的。笔者认为，唐兰先生所释甲骨文"璞周"之"璞"是表示"开采璞玉"意的表意字，这个字就其所表示的动作"开采"来讲，读"翦"、"残"一类的读音；就"璞玉"的意思来讲，读"璞"、"仆"这类读音。这类现象在早期文字中屡见不鲜，林先生自己也讲过古文字的"一形多读"现象，请参看《林沄学术文集》，第22~29、35~43页，中国大百科全书出版社，1998年。

[6] 参看孙诒让《周礼正义》之《夏官·叙官》，中华书局，1987年版，第九册，第2260页。

民之复，与其吊劳"，这些职官都掌管与王有关的出入复逆，其不同在于分别针对诸侯、群臣、庶民。祭仆职云：

掌受命于王，以视祭祀，而警戒祭祀有司，纠百官之戒具。既祭，帅群有司而反命；以王命劳之，诛其不敬者。大丧，复于小庙。凡祭祀，王之所不与，则赐之禽，都家亦如之。凡祭祀致福者，展而受之。

可见，祭仆是职掌在祭祀时的出入复逆。

"繁事（使）"，"繁"为方国名。西周穆王世铜器班簋铭文（《集成》04341）记载，周王令毛伯伐东国时"秉繁、蜀、巢令"，这三个方国，周原甲骨中已见"蜀"（H11∶97、H11∶68"伐蜀"）与"巢"（H11∶110"征巢"）〔7〕。"繁"亦见于师虎簋铭"啻官司左右戏繁荆"（《集成》04316）的"繁荆"，这是以"繁荆"组成左右偏军的主力。据师虎簋铭，"繁"是"荆"的一种，应属南国〔8〕。郑玄《诗谱·周南召南谱》云："至纣，又命文王典治南国江、汉、汝旁之诸侯。"《左传》襄公四年："春，楚师为陈叛故，犹在繁阳。"杜预注："楚地，在河南鲖阳县南。"《左传》定公六年"子期又以陵师败于繁扬"作"繁扬"，今地在河南新蔡县北〔9〕，地属汝水流域。因此，《左传》"繁阳（扬）"与先周之"繁"很可能同为一地。周公庙卜辞"繁使"即繁国使者。

"繁使"与"祭仆"都是谓语动词"衍（延）"的宾语。祭仆和繁使的关系，据《周礼》所说祭仆职掌，祭仆可视作王的一种"逆复出内事（使）人"，在卜辞中应是王派去延请"繁使"的使者。

"缶"，或释为"占"，但据照片来看，其左侧的斜笔无疑是存在的，因此当释为"缶"而不能释"占"。"缶"当读为"繇"，据《说文解字》段注"䌛之讹体作繇"。古书中多用"繇"字。"繇"上古音属幽部，与以"缶"为基本谐声偏旁的"陶"字可以通假，例如：文献所见之"皋陶"，近出上博简《容成氏》第二十九简作"咎匋"，在《说文·言部》、《尚书大传》、《楚辞·离骚》、《汉书·武帝纪》等作"咎繇"，《孔子家语》或作"皋繇"，《书序》"《皋陶谟》"陆德明《释文》"陶音遥，本又作繇"。这说明，"缶"、"䌛（繇）"声系可通。

"缶（繇）"，繇辞。《左传》中屡见繇辞，例如庄公二十二年《左传》：

初，懿氏卜妻敬仲，其妻占之曰："吉！是谓：'凤凰于飞，和鸣锵锵。有妫

〔7〕"巢"为殷商旧国，地在今安徽省巢县东北五里居巢故城。参看杨伯峻《春秋左传注》文公十二年经"楚人围巢"注，中华书局，1990年，第585页。

〔8〕参看林沄《商代兵制管窥》，第154页，《林沄学术文集》，中国大百科全书出版社，1998年；董珊《谈士山盘铭文的"服"字义》，《故宫博物院院刊》2004年第1期。

〔9〕参看杨伯峻《春秋左传注》定公六年注，中华书局，1990年，第1557页。

之后，将育于姜，五世其昌，并于正卿，八世之后，莫之与京。'"……陈侯使筮之，遇《观》之《否》，曰："是谓：'观国之光，利用宾于王。'此其代有陈国乎?！不在此，其在异国，非此其身，在其子孙。"

孙颖达《正义》云：

卜人所占之语，古人谓之繇。其辞视兆而作，出于临时之占，或是旧辞，或是新造，犹如筮者引周易，或别造辞。卜之繇辞，未必皆在其颂千有二百之中也。此传"凤凰于飞"下尽"莫之与京"，襄十年传称卫卜御寇，姜氏问繇，曰："兆如山陵，有夫出征，而丧其雄。"哀九年传称晋赵鞅卜救郑，遇水适火，史龟曰："是谓沈阳，可以兴兵，利以伐姜，不利子商。"三者皆是繇辞，其辞也韵，则繇辞法当韵也。

在最近发表的新蔡葛陵楚简中，也见有繇辞：

亓（其）䌛曰：氏（是）日未兑，大言𢇍₌（绝绝），［小］言惙₌（惙惙），若组若结，终以□［□］。　（新蔡楚简甲三31）[10]

综合上述，繇辞是抄录占卜书中对兆、卦的解释之辞，也有临时新造之辞。《史记·孝文本纪》《索隐》引荀悦曰："繇，抽也，所以抽出吉凶之情也。"繇辞内容大多比较抽象。周公庙卜辞"缶（繇）：者……来"以"缶（繇）"发端，似即繇辞。

据裘锡圭先生研究，周原甲骨"卲曰"之"卲"应读为"𠨗"（即"兆"字），以"卲曰"发端之辞应为占辞[11]。周公庙卜辞的繇辞与周原甲骨所见的占辞性质有别，但繇辞可以充当占辞或作占辞的一部分。《汉书·文帝纪》："占曰：大横庚庚，余为天王，夏启以光。"颜注："李奇曰：'庚庚，其繇文也。占，谓其繇也。'繇本作籀。"[12]这是以繇辞作为占辞。与上引诸繇辞比较，周公庙卜辞"缶（繇）"下似省略了"曰"。关于占辞省略形式的讨论，可以参看本文第五部分。

"者……来"有残文。"者"疑读为"诸"，推测文义，"者（诸）"下面残去的中心词，可能与上文"衍（延）"的两个对象"祭仆"和"繁使"有关。"缶（繇）：者（诸）……来"意思是：繇辞说："诸……"会来到。

"氒（厥）至"，据张玉金先生所讨论，"氒（厥）"字有代词、助词、连词和副词

---

〔10〕 河南省文物考古研究所《新蔡葛陵楚墓》图版八〇，并请参看正文第189页贾连敏先生的释文，大象出版社，2003年。关于这条简，还可参看禤健聪《新蔡楚简短札一则》（简帛研究网站，2003/12/28）、陈伟《葛陵简中的繇》，（同上，2004/2/29）。

〔11〕 裘锡圭《释西周甲骨文的"卲"字》，香港中文大学中文系等编辑《第三届国际中国古文字学研讨会论文集》，1997年；裘锡圭《从殷墟卜辞的"王占曰"说到上古汉语的宵谈对转》，《中国语文》2002年第1期，第70～76页。

〔12〕 并请参看《史记·孝文本纪》三家注引诸家之说。

四种用法〔13〕。这里应理解为代词，指代“祭仆、繁使”。

“王”，下半形象斧钺之锋刃，类似写法的“王”字常见于周原甲骨。

“囟”，这个字也常见于周原甲骨，据近年几位学者研究，应读为“使”。本文在第五部分指出“囟（使）”字为使动句式的形式标记并有讨论，请参看。使动句式的“使”字下面，需要接一个兼语。从这条卜辞的上下文看，“囟（使）”下省略的无疑是“祭仆、繁使”，被省略的成分兼作后面“克＋动词”的主语。周原甲骨“囟克事”凡三见（H11∶6、H11∶21、H11∶32），“囟”下省略不特定的宾语，与此结构类同。

“逸”字原形作：

周公庙卜辞2—1

该字从“辵”、从“兔”，“兔”旁短尾特征明显，其写法可与下列诸字的偏旁比较：

叔[illegible]方彝　叔[illegible]尊　盂鼎　繁卣“宗彝一逸”（05430）

秦子矛　中山圆壶

三体石经古文　卯簋盖“宗彝一逸”（04327）　多友鼎“汤钟一逸”（02835）

上举繁卣、卯簋盖、多友鼎的“逸”字，根据三体石经所保存《无逸》、《多士》、《多方》诸篇的“逸”字古文写法，学者都释为“逸”，在金文中用做器物的量词。对这个字的读音，张振林先生曾指出〔14〕：

> 西周春秋时期，宗彝、钟鼓、舞者的集合单位词，从语言学的角度考察应该读“逸”或“肆”（余母质部），共同的意义为“列”；从文字学考察，从“聿”、从“佾”得音的“”、“肆”、“佾”等字皆同音。

据此，“逸”当读为“肆”或“佾”，三字都是余母质部，音近通用〔15〕。周公庙卜辞“逸”用为动词，可训为“陈”或“列”，《诗经·大雅·行苇》：“或肆之筵，或授之几。”毛《传》：“肆，陈也。”《玉篇·长部》：“肆，陈也，列也。”

“宵”，字亦见周公庙1号龟甲，这两个字写作：

2号　1号

该字可分析为从“宀”、从“月”，“小”声，隶定为“宵”。《金文编》卷七1207号“宵”字头下收录宵簋铭文的两个“宵”字：

---

〔13〕张玉金《西周金文中“氒”字用法研究》，《古文字研究》第二十五辑，中华书局，2004年。

〔14〕张振林《商周铜器铭文之校雠》，《第一届国际暨第三届全国训诂学术研讨会论文》，1997年。

〔15〕参看高亨纂著、董治安整理《古字通假会典》，第530页“逸与佾”、“逸与佚”，第536页“肆与佚”等条目，齐鲁书社，1989年。

宵簋（《集成》10544，归入不明器类，年代属西周早期）

与周公庙卜辞“宵”当为同一个字，只是偏旁“小”的位置不同。“宵”所从的“月”当为意符。

《说文·宀部》：“宵，夜也。从宀、宀下冥也。肖声。”《说文·肉部》：“肖，骨肉相似也。从肉、小声。不似其先，故曰不肖也。”《说文·肉部》之“肖”所从意符为“肉”，我们这里讨论的“宵”的意符为“月”，其偏旁“肖”与《说文》“肖”字声符虽同，而意符迥异。如果不是早期从“月”之“肖”在小篆中讹变为从“肉”旁，那么这两个“肖”应各有来源，只是偶然同音[16]。

周公庙卜辞两“宵”字都位于介词“于”后，是处所名。在2004年初周公庙甲骨座谈会上，李学勤先生指出该字为一种宗庙建筑的名称。这是很对的。

笔者认为“宵”可以读为“庙”。宵，心母宵部；庙，明母宵部，中古音都是开口三等字，其上古音韵部相同，声类不同。从谐声来看，唇音宵部字（及其入声药部字）常常以非唇音字作为谐音偏旁，例如：

（1）“豹”是唇音帮母药部字，其从“勺”声，“勺”、“杓”、“芍”为照$_{三}$系字禅母药部字，“约”为喉音影母药部字。

（2）“毛”及从“毛”声诸字多是唇音明母宵部字，但从“毛”声的“耗”、“秏”等字是喉音晓母字。下面再举一个从“毛”之字通假为禅母“勺”字的例子。

包山楚简遣册266号所记木器“二枆、二祈”之“枆”字作：

包山楚简266号[17]

此字从“斗”、“毛”声，在简文中应读为“勺”。“二枆”当如李家浩先生所说，指的

---

〔16〕战国文字中的“肖”、“宵”均从“月”旁，参看汤余惠主编《战国文字编》，第502页“宵”、第260页“肖”，福建人民出版社，2001年。

〔17〕字又见于望山楚简2-45“二祈、二瓒”，字形不甚清晰，但可肯定从“毛”、从“勺”。

是包山二号墓东室所出的两件漆勺[18]。据此可见，明母字“毛”与禅母字“勺”声系相通。

（3）“秒”、“妙”、“眇”、“訬”都是明母字，其共同的谐声偏旁“少”为舌音书母字。“宵”从心母字“小”声，“小”也是“少”字的谐声偏旁，因此“小”可视为那些谐“少”声的明母字的基本谐声偏旁。这种谐声关系中的声纽关系，正与心母字“宵”读为明母字“庙”相同[19]。

（4）“庙”是唇音明母宵部字，据《说文》，“廟”从“朝”声，“朝”属舌音定母，又能与属于齿音从母的“就”字相通假[20]。这也与“宵”读为“庙”的声纽关系类同。

上举四组是谐声、通假方面的例子。因为古代朝见通常在早上，宗庙又兼具朝堂的作用，所以朝堂之“朝”、朝夕之“朝”与宗庙之“庙”都可以看做是同源词。根据郑张尚芳先生的拟音，“朝”是宵部字，古音为* r'ew，故与“庙”* mrews 声基共形而谐声通假[21]。

仅从语音上说，“宵”字读为“庙”或“朝”都无不可。在周代聘礼中，主客相见的地点既有在“朝”也有在“庙”。上面已经谈到过，“祭仆”在祭祀这种特定场合出现，因此把“宵”读为“庙”，更能切合这条卜辞的上下文。

---

[18] “勺”是这类器物的通名，“斗”、“勺”虽然形制不同，但功用相类，所以读为“勺”的“枓”字可以用“斗”作为形符。李家浩《包山二六六号简所记木器研究》（《国学研究》第二卷，第538~540页，北京大学出版社，1994年）认为：包山简“”字“是一个从‘毛’从‘瓒’字象形初文得声的字，在此假借为‘瓒’。”后来公布的上博简《缁衣》第15简有“好刑而轻㪷”，“㪷”读为“爵”，郭店简《缁衣》写作“雀”。上博简“㪷”字结构为从“斗”、“少”声，与“”字从“斗”、“毛”声结构相类。在上博简《缁衣》篇公布以后，学界都已经认识到李家浩先生对“”字的分析是错误的，“”不能释读为“瓒”，但李先生认为包山简该字指的是发掘报告所称东室出土的两件“漆勺”，则是正确的。这两件漆勺形状如斗，在祼祭中可作为用来酌酒的“瓒”。杜预《春秋左传注》昭公十七年释“瓒”为“勺也”，可见“瓒”是勺的一种，与“勺”功能相同，都是用来酌酒，故而瓒亦可称“勺”。又，李文提到信阳简2－011“二雕（雕）瓒”所谓“瓒”字从“木”从“”，从图版看，其右半字形不是“”，有待考证。

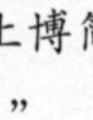

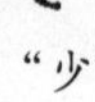

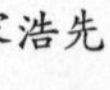

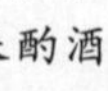

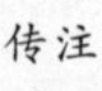

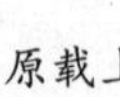

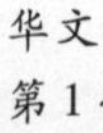

[19] 这类音变的解释，可以参考潘悟云、朱晓农《汉越语和〈切韵〉唇音字》，原载上海古籍出版社1982年版《中华文史论丛·语言文字研究专辑（上）》，后收入《著名中年语言学家自选集·潘悟云卷》，第1~38页，安徽教育出版社，2002年。

[20] 参看《古字通假会典》，第737页“就与朝”条。

[21] 郑张尚芳《上古音系》，第82页，上海教育出版社，2003年。

西周早期爯方鼎中的“庙”字写作：

爯方鼎，《集成》02739

与“宵”字相比，除掉两个意符“宀”、“月”，只有基本谐声偏旁不同。据上述谐声和词义关系，周公庙卜辞“宵”字也可以看做是与“庙”声符不同的异体字。西周金文“庙”字绝大多数都从“宀”、“潮”声，乃是省略了意符“月”，又对声符加以繁化的结果。趞簋（4266）“王各（格）于大（太）（潮—庙）”，即以“潮”为“庙”。

据以上分析，周公庙卜辞所见之“宵”应该读为“庙”。“逸于庙”，祭仆和繁使列队于庙堂。

综合上述，周公庙2号卜甲右侧卜辞格式可以分析为：

前辞：……五月𢦏（哉）死霸壬午，________其下省略“卜”

命辞：衍（延）祭㒓（仆）、繁事（使）。________开头省略“某贞”

占辞之繇辞：缶（繇）：者（诸）……来。________“缶（繇）”下省略“曰”字

占辞：氒（厥）至，王甶（使）克逸（肆）于宵（庙）。

这条卜辞的大意是说：在五月哉死霸壬午这一天，卜问延请祭仆和繁使之事。繇辞说：他们将要来到。如果他们到了，周王使他们能列队于庙加以朝见。

二、2—2卜辞

2号卜甲的左侧那条卜辞残掉了开头，残辞可试写为：

……视马，衜（逖—毖）于马自（师），勿乎（呼）人（?）于逆它，终囟（使）亡咎。

“视”，据裘锡圭先生释。裘先生曾经指出，古文字“目”下作立人形之字应释为“视”，与“目”下作跪坐人形之“见”形体有别[22]。周原卜辞的这个字增从像手杖的“卜”旁，应当是由于古文字“长”、“疑”等字的站立人旁也常常增此偏旁而类化：

视：周公庙卜辞2—1——应侯钟（00107、00108）㝬钟（00260）

疑：延角（09099）𧵦侯父乙簋（03504）——伯疑父簋（03887）𧵦侯父乙簋（03505）

长：墙盘（10175）——长日戊鼎（02348）

裘锡圭先生指出，《周礼·春官·大宗伯》“殷覜曰视”，覜、视同训，段玉裁

〔22〕裘锡圭《甲骨文中的见与视》，《甲骨文发现一百周年学术研讨会论文集》，文史哲出版社，1999年。

《说文解字注》“覛”字下谓：“下于上、上于下，皆得曰覛。”〔23〕周公庙卜辞“视”也是此义。

“⿴行必”，从“辵”、“亍”，从“柲”字初文为声符。同样写法的“柲”见《周原甲骨文》H31∶4“䢌”字以及《甲骨文合集》（以下简称“《合集》”）36396“䢌”字所从（亦可参看《甲骨文编》第77～78页）：

周公庙卜辞2—2　周原甲骨H31∶4　《合集》36396　同上36666 同上36662

“柲”上有短横，这个短横是由指示符号“○”或“·”演变来的，并非“戈”字表示戈头的笔画。裘锡圭先生《释“柲”》一文曾成功考释了殷墟第五期卜辞常见的“䢌”字，周公庙卜辞的这个字与裘先生所释的“䢌”字相比，右侧增加了“亍”旁，这是意符的繁化。据上述对字形的分析，“⿴行必”即“䢌”的繁体。下文亦将从辞例上来验证这一点。

裘先生在《释“柲”》一文中指出：“第5期的‘䢌’大概也应读为‘毖’。对某一对象加以敕戒镇抚，往往需要到那一对象的所在去，《洛诰》说‘伻来毖殷’，上引卜辞说‘戉往毖沚’，都反映了这一点。”〔24〕殷墟黄组卜辞中“䢌于某地”的文例极为常见，周公庙卜辞此字用法与之相同。

这里可以顺便解释那片有“䢌”字的周原卜甲H31∶4卜辞：

廼则裸卒队䢌（毖），囟亡咎。用。

即，弗克尸（夷）安，卲（兆）曰：每（悔）。

此片的两条卜辞内容相关，第二辞言“即”，“即”当训为“至”，“弗克尸（夷）安”是说到了以后不能安定镇抚，所以“卲（兆）曰悔”。其中“即，弗克尸（夷）安”正是承第一辞“去敕戒镇抚”义的“䢌”字而言。

“马”与“马自”之“马”所指相同。甲骨金文常见“在某自”或“在某𠂤”的文例，以“自”为“师”，“师”、“𠂤”都可以读为“次”，指在某地的师旅驻地〔25〕。此“马”应指周人的马兵，“马自（师、次）”即马兵驻地〔26〕。

〔23〕同〔22〕，第4页。

〔24〕裘锡圭《释“柲”》（附：释“弋”），《古文字研究》第3辑，中华书局，1980年，后收入《古文字论集》，中华书局，1992年。

〔25〕参看裘锡圭《谈谈古文字资料对古汉语研究的重要性》注释〔22〕，见《裘锡圭自选集》，第208页，河南教育出版社，1994年。

〔26〕殷墟卜辞也屡见关于马兵的占卜，参看王宇信《甲骨文“马”、“射”的再考察——兼驳马、射与战车相配置》，《第三届国际中国古文字学研讨会论文集》，第39～66页，香港中文大学中国文化研究所、中国语言文学系，1997年。

"勿乎（呼）人（?）于逆它"，"人（?）"字之释不确定，但有可能是"人"字的误刻，"人（?）"是周王臣属。"于"训为"往"，"逆"训为"迎"，"于逆"即"往迎"。"它"，殷墟卜辞中的"它"字写法与此字相近，见张政烺先生释〔27〕。在殷墟卜辞中，"逆"字后面多数都带宾语，周公庙卜辞"它"也应是"逆"的宾语。

"逊"与"视"是相关的行为。《周礼·秋官·大行人》："王之所以抚邦国诸侯者，岁徧存，三岁徧覜，五岁徧省……" "徧覜"之"覜"，训为"殷覜曰视"之"视"，此种"视"的目的为"抚邦国诸侯"，与裘先生解释为"敕戒镇抚"之意的"逊（毖）"意义相关。周公庙这条卜辞以"视马"与"逊（毖）于马师"连言，既可以再次证明裘先生对"逊（毖）"的解释是正确的，也可以说明我们对周公庙此条卜辞"视"、"逊（毖）"的理解不误。

"视"与"逆"两个动作的关系，还可以参看1974年陕西武功县回龙出土的驹父盨盖铭（04464）：

> 唯王十又八年正月，南仲邦父命驹父皀（就）南诸侯，率高父视〔28〕南淮尸（夷），厥取厥服。堇（群?）尸（夷）俗（欲）豙（惰?），不敢不敬畏王命，逆视我，厥献厥服。我乃至于淮，小大邦亡（无）敢不叏（弢—朝?）〔29〕，具逆王命。四月，还至于求（?），作旅盨，驹父其万年永用多休。

卜辞"视马"前面有残损，推测原本是"曰：□□视马"这种格式（参看下文对周公庙1号卜甲第1条卜辞的解释）。残损部分当包含一个主语。根据我们下面的分析，这条卜辞所见的三个谓语动词"视"、"毖"与"乎（呼）"分属两个不同的主语。

我们上面讨论过同版并存的2—1号卜辞，其占卜主体"王"无疑是周王，那么这一条的占卜主体也应该是周王。周王是"终囟亡咎"这个占卜结果的承受者，所以发出"不要叫人往迎"这个动作的人也应是该辞的占卜主体，即"乎（呼）"的主语是周王。

假设"视马"者是占卜主体，那么卜辞应该说"勿乎人来逆"而非"于逆"。"来逆"见于㝬钟铭："服蛮廼遣间来逆卲（覜）王，南尸（夷）、东尸（夷）具视廿又六

---

〔27〕 张政烺《释"它示"——论卜辞中没有蚕神》，《古文字研究》第一辑，第63～70页，中华书局，1979年；后收入《张政烺文史论集》，第514～520页，中华书局，2004年。

〔28〕 此字及下文"逆视我"之"视"字，也是裘锡圭先生所释，参看裘锡圭《甲骨文中的见与视》第4页。

〔29〕 此字原形象人持火把，类似形象的字又见于殷墟卜辞、周原甲骨文H11∶84、商周金文等材料，笔者认为此即"烧"字之初文，即"弢"字之声符，在驹父盨盖铭读为"朝见"之"朝"。在殷墟甲骨文中与"夕"对贞记时表时间词，读为"朝暮"之"朝"；表动词与"田"连用时用为本字，即"烧田"之"烧"。有关看法详见另文。

邦。”“卲”读为“覨”，训为“视”，参看上举《周礼·春官·大宗伯》“殷覨曰视”以及驹父盨盖铭“逆视我”。所以，从语气上来说，“视马，毖于马师”与“勿呼人（?）于逆它”不应是同一个主语发出的动作。

据上述分析，周王不是“视马”者。那么“……视马，毖于马师”的主语是谁?体会辞义，“逆”的对象“它”，很可能与残掉的主语所指一致，就是“视马”及“毖于马师”的人。

辞末的“终囟无咎”是对周王“勿乎人于逆它”的行为作出吉凶判断。“终”字的写法见周原甲骨H11∶121“终”（单字）及FQ2①“囟孚于永终”。在与卜辞性质相近的《易经》卦辞、爻辞中，常以“终”字系于吉凶判断之前做状语，表示“最终”的意思，例如：

(1)《讼》卦辞“有孚窒惕，中吉，终凶”；

(2)《夬》上六爻辞“无号，终有凶”；

(3)《需》九二爻辞“需于沙，小有言，终吉”；

(4)《需》上六爻辞“入于穴，有不速之客三人来，敬之终吉”；

(5)《贲》六五爻辞“贲于丘园，有帛戋戋，吝，终吉”；

(6)《坎》六四爻辞“樽酒簋贰用缶，纳约自牖，终无咎”。

“终囟亡咎”文例与上举诸例略同。“囟”读为“使”，解释见后文。咎，《说文》训为“灾”，“亡咎”即“无咎”，是古代成语，即无灾祸。

据上所说，这条卜辞大意是：[它]来视马，镇抚马师，周王不叫人去迎接“它”（“视马”者），[据卜兆作出吉凶判断为]：最终使（事件）无灾祸。

周公庙2号卜甲的右辞2—1应为先刻，左辞2—2为后刻。2—2卜辞“乎”字右上小竖刻在了2—1卜辞“于”字的最末一笔之上。

三、1—1卜辞

周公庙1号卜甲的第1条卜辞可释为：

曰：异（式）乎（呼）觥卫夒，乎（呼）乞（?）……

周原甲骨数见以“曰”开头的卜辞，这片周公庙卜甲的两条卜辞格式可能也是如此。笔者认为，“曰”是“卲曰”（读“兆曰”）[30]的省略形式，这类卜辞的性质都是省略前辞和命辞，只有视兆或视卦所得的占辞。周原甲骨以“卲曰”开端的视兆占辞较为常见；视卦之例，见H11∶85“七六六七一八。曰：其……既鱼。”

〔30〕 同〔11〕。

这里的“異”字，可能有主语或虚词两种用法。我们认为，当时占卜的主体是明确的，可以省略；又鉴于上述“曰”字句乃是占辞的判断，这里的“異”字最好理解为裘锡圭先生曾经谈过的虚词“異”。

裘锡圭先生在其《卜辞“異”字和诗、书里的“式”字》一文中认为，见于卜辞、金文以及《尚书》、《逸周书》的虚词“異～翼”与《诗》、《书》、金文的“式～弋”很可能是同一个虚词在不同历史阶段的异写，这个词可以表示可能、意愿、劝令等意义，其类似于英语中的“will”和现代汉语的“要”所表达的语气。裘先生所举诸例中，结构为“異（或翼）＋动词”的例子有：大盂鼎“天異临子”、《逸周书·世俘》“武王乃翼矢（引者按：矢为陈列义）珪、矢宪”，均可以与此处“異乎(呼)……”相比较[31]。

“乎（呼）觥卫夔”这种句式在殷墟卜辞中很常见，叫觥去驻卫夔。“觥”是人名。“夔”是地名，亦见于晚商小臣俞犀尊铭“王省夔京，赐小臣俞夔贝”（《集成》05990)、西周昭王世的中方鼎铭“省南国设居，在夔膞真山”（同上02751、02752)。这两件金文的地名用字，有学者或释为“夒”。从字形上看，古文字“夒”与“夔”字的差别主要在于头部，“夔”字突出表示头发的笔画，因此这个字当释“夔”而非“夒”。中方鼎之“夔”在南国，李学勤先生认为即楚国熊挚所居的夔，地在今湖北秭归东[32]。《史记·楚世家》《正义》引宋均注《乐纬》：“熊渠嫡嗣曰熊挚，有恶疾，不得为后，别居于夔，为楚附庸，后王命曰夔子也。”《楚世家》记载楚成王三十九年灭夔，《集解》：“服虔曰：夔，熊渠之子孙，熊挚之后，夔在巫山之阳，秭归乡是也。”《索隐》：“谯周作‘灭归’。归即夔之地名归乡也。”周公庙卜辞所见之“夔”也可能就是此处。第2个“乎”字下面一字，据残划似为“乞”字。

据上述，这条卜辞与战争有关，大意是：“视兆判断结果为：要叫觥驻卫夔，叫乞（？）……”

四、1—2卜辞与相关材料

周公庙1号卜甲第2条卜辞可释写为：

---

〔31〕 裘锡圭《卜辞“異”字和诗、书里的“式”字》，《中国语言学报》第1期，1983年；后收入《古文字论集》，第122～140页。

〔32〕 李学勤《盘龙城与商朝的南土》，《文物》1976年第2期，后收入《新出青铜器研究》，文物出版社，1990年。可参看李学勤《静方鼎考释》及《静方鼎考释订补》，《第三届国际中国古文字学研讨会论文集》，第223～230页，1997年，该文又分为《静方鼎与周昭王历日》、《静方鼎补释》两篇刊于《夏商周年代学札记》，第22～30、76～78页，辽宁大学出版社，1999年。

曰：彝（?）……囟妹克□□于宵（廟）。

“曰”下之字仅存上部残划，可能是“彝”，也可能是“女”或“母”字。

“囟”，最初的照片、摹本皆遗漏此字，从原片看，该字清晰可见。

“妹”，见于殷墟甲骨文，早期作“”，晚期例如黄组卜辞作“”。李宗琨先生指出，殷墟甲骨文中的“妹”字绝大多数都是用做否定词的，可能读为古书中的否定词“蔑”，也可能与“蔑”是个音义皆近的亲属词。他又指出：“在殷墟卜辞的否定词中，‘妹’的性质比较特殊。它既用来表示可能性，也用来表示意愿。从已有的用例来看，否定词‘妹’都有拟议的语气，这一点跟古书中的否定词‘蔑’相似。”[33]

否定词“妹”以及“妹克”连用，也见于西周金文：

叔趯父卣：兹小彝妹吹（隳），见（另一器作视）余，惟用諆造汝。　（《集成》05428、05429）

它簋：呜呼！惟考耽（捷）[34]敏，念自先王先公，乃妹克衣（卒）告剌（烈）成工（功）。虘！吾考克渊克，乃沈子其顾怀，多公能福。呜呼！乃沈子妹克蔑见厌于公休。沈子肇毕□贾积，作兹簋，用载享己公，用各多公。　（《集成》04330）

李宗琨先生的文章没有涉及上述材料，下面对这两种铭文作些解释。

叔趯父卣铭“兹小彝妹吹（隳）”的意思是“这件小彝器不要毁坏”。它簋全铭较为难懂，大意是记叙器主在周公宗祭祀成功，因而作祭器，以感谢其父考和多公在天之灵对他的保佑。铭文两次出现“妹克”，第一个“妹克”之前省略了一个表示假设条件的分句[35]。这句话可翻译为：吾考的敏捷才能为先公先王所念，［如果不是这样］，则［我］不会最终告烈成功。

第二个“妹克”所在的句子“乃沈子妹克蔑见厌于公休”，“蔑”为否定词，训为

---

〔33〕 李宗琨《论殷墟甲骨文中的否定词“妹”》，《中央研究院历史语言研究所集刊》第66本4分，《傅斯年先生百年诞辰纪念论文集》，1995年12月。

〔34〕 郭沫若《沈子簋铭考释》（《金文丛考》，第665页，科学出版社，2002年）认为该字从“耳”、“攴”，字见《说文·攴部》：“耽，使也。从攴、耴省声。”其后面“敏”字之释参看陈剑《甲骨金文旧释“尤”之字及相关诸字新释》，《北京大学中国古文献研究中心集刊（四）》，第74～94页，北京大学出版社，2004年。据此，该词可以读为“捷敏”，见于《韩非子·难言》“捷敏辩给”、《新序》卷二“聪明捷敏，人之美才也。子贡曰：回也闻一以知十。美敏捷也”等古书，即“敏捷”之倒文。

〔35〕 承上文省分句之例，可参看杨树达《古书疑义举例续补》“省句例”，收入《杨树达文集之四》，第30～31页，上海古籍出版社，1991年。洪诚《训诂学》指出《左传》僖公三十三年“尔何知？中寿！尔墓之木拱矣”在“尔墓”前省略“及师之入”，亦是佳例，见《洪诚文集》，第136页，江苏古籍出版社，2000年。

“无”，“妹克蔑”是用双重否定表示语气较强的肯定。“见厌于公休”的“厌”是主要谓语，“厌”训为“足”，满足，《吕氏春秋·怀宠》“求索无厌”，高诱注：“厌，足也。”《国语·周语下》“克厌帝心”，韦昭注：“厌，合也。”“见……于……”为被动式标志，这句话的主动者乃是“于”所引出并强调的“公休”〔36〕。

根据上述分析，按原语序“乃沈子妹克蔑见厌于公休”就可以译为：乃沈子不能不被公休满足。我们知道，被动句的被动者常常置于句首，所以这句话也可以变换成等义的主动句式来理解〔37〕：公休妹克蔑厌乃沈子。直译过来就是：诸公之锡休不能不满足乃沈子，即“诸公的锡休使乃沈子感到很满足”的意思。因此下文说作器的目的是“用载享己公，用各多公”，感谢自己的父考，也感谢多公。

它簋铭文“妹克蔑”的“妹”与“蔑”同见，二者应有所不同。所以李宗焜先生认为“妹”与“蔑”是音义皆近的亲属词的观点，可能更加符合对有关语料的分析。他指出“妹”有“拟议”的语气，这在上面分析的两种铜器铭文中也不难看出。

“囟妹克”即“使不能”。“克”下有一或两个字，应是这句的主要谓语动词，可惜字正刻在龟甲的盾沟处，刻划较浅，不能辨识。另外，“克”字左下方有一个类似向下箭头的刻画符号，不知何意〔38〕。“于庙”的解释，已见上文。

该辞残损较甚，其大意为：视兆判断结果为：彝（?）……，使不能……于庙。这可能是有关祭祀的卜辞。

五、周卜辞所见的使动句式标志“囟”与占辞省略格式

周原甲骨常见的“囟”字，在周公庙2号卜甲上出现了三次：

2—1　厥至，王囟克逸于庙。

〔36〕 杨五铭《西周金文被动式简论》，《古文字研究》第七辑，中华书局，1982年。但杨文断句为“乃沈子妹克蔑，见厌于公”，与本文的不同。唐钰明、周锡䪖《论先秦汉语被动式之发展》（《中国语文》1985年第4期，收入《著名中青年语言学家自选集·唐钰明卷》，第256～266页，安徽教育出版社，2002年），不同意杨五铭认为“见厌于公”为被动式的说法。他们的疑点为：第一，这种“见……于……”的句式比较成熟，何以西周早期会孤零零冒出一例；第二，此句（乃至此篇）的解释尚成问题，比如于省吾、吴闿生就都将“厌”字解为“合也”，与郭沫若解作“厌足”（即杨文所从）有所不同。笔者认为，“合”是“厌足”意义的引申，因此第二点不成为理由；至于第一点，只能说我们现在限于材料，所见西周“见……于……”被动式尚少，不能因孤例而怀疑没有。

〔37〕 参看唐钰明《古汉语语法研究中的“变换”问题》，原载《中国语文》1995年第3期，后收入《著名中青年语言学家自选集·唐钰明卷》，第32～50页。

〔38〕 周原甲骨也有一些符号，《周原甲骨文》称为“刻划符号”，其中H11∶24所见者与本片类似。

1—1 ……视马，毖于马师，勿乎人于逆它，终囟无咎。

1—2 ……囟妹克……于庙。

关于“囟”字的释读，从周原甲骨出土以来就是学界讨论的一个焦点。李学勤、王宇信二位先生释为《说文》之“囟”字，合于字形，这已经广为学界接受。但“囟”的具体解释，仍存在不少分歧。

从包山楚简的出土以至近年楚简新材料的不断发表，我们在战国楚卜筮祭祷简及其他简帛中也发现不少类似用法的“囟”字。这些“囟”字的解释受到之前对周原甲骨“囟”字解释的影响，一般认为读为“思”，表示意愿和希望[39]。现在看来，这种理解可能是不对的。

陈伟先生在《包山楚简初探》中指出，包山楚简的一些“思”字，用法与“命”相当，似乎与古书某些训为“愿”的“思”字近似，“为表示祈使的动词”（第31~32页，武汉大学出版社，1996年）；孟蓬生先生认为，上博楚简《容成氏》之“思民不惑”等文例的“思”字“当读为‘使’。古音思为心母之部，使为山母之部。心山古音每相通，今人多以为当合为一音。如生与性、辛与莘、相与霜等皆是”[40]；2003年，陈斯鹏先生比较全面地讨论了相关材料，他的研究亦认为，古文字材料中的“囟”或“思”有“使令”一类的意思，可以音近就读为“使”[41]。

我们认为，从陈伟先生认为楚简“思”的用法与“命”相当开始，到孟蓬生、陈斯鹏二位先生先后把相关材料的“囟（或思）”读为“使令”之“使”，才获得了正确的认识。这里拟从语法分析的角度，结合周公庙、周原甲骨卜辞，对有关问题再作些讨论。

释读“囟（思）”为“使”，自然让我们想到汉语语法研究中“使动”范畴的问题[42]。我们知道，上古汉语表示使动范畴的手段，既有后起的分析式句法，也有更古老的内部屈折形式的构词法。所谓“使动”，是指句子的主要谓语词表示的不是主语的动作，

---

〔39〕 参看李学勤《续论西周甲骨》，《人文杂志》1986年第1期；夏含夷《试论周原卜辞囟字——兼论周代贞卜之性质》，《古文字研究》第17辑，中华书局，1989年；张玉金《关于周原甲骨文的“囟”字及其命辞语言本质问题》，载其著《甲骨卜辞语法研究》，广东高等教育出版社，2002年。

〔40〕 孟蓬生《上博竹书（二）字词札记》（简帛研究网站，03/01/14）。关于心母（精组）与山母（庄组）字的古音关系，参看郑张尚芳《上古音系》，第92~109页，上海教育出版社，2003年。

〔41〕 陈斯鹏《论周原甲骨和楚系简帛中的“囟”与“思”——兼论卜辞命辞的性质》，《第四届国际中国文字学研讨会论文集》，香港中文大学中国语言文学系，2003年。

〔42〕 王力《汉语史稿》称为“宾语兼主语的递系式（即所谓‘兼语式’）”，见《王力文集》第九卷，第571~578页，山东教育出版社，1988年。

而是表示主语使宾语实行谓语词所指示的动作。例如"吾欲饮君","饮"通过读去声以表示"我使你喝酒"这个意思，是词法内部屈折的使动[43]；而"吾欲使君饮"则是加"使"来表示使动，就是分析式句法形式，"使"则被称为是使动的句法形式标志。在古书中，通常用"使"、"令"、"俾"等形式标志，《尔雅·释诂下》："俾、拼、伻，使也"；在今天的口语中用"叫（教）"、"让"等作为标志[44]。

据上所述，古文字材料中读为"使"的"囟（思）"，乃是分析式使动句法的形式标志。根据这个认识，可以讨论"囟"字所在语句的性质。

有形式标志的使动范畴的基本结构为：主语＋使＋兼语＋谓语，其中兼语做前一个动宾结构的宾语和后一个主谓结构的主语，因此也有学者称这种结构为"兼语式"[45]。

这个结构中的主语和兼语，常常被省略。我们今天看古人的占卜记录，由于兼语式的主语或兼语的省略，常常会造成理解上的一些问题。

省略兼语的情况有两种。第一种情况是在上下文明确的时候，承前省略，例如：2—1 的"厥至，王囟克逸于庙"，"囟"下承前省略的是"祭仆、繁使"。另一种情况是上下文不需要指明这个兼语。周公庙卜辞 1—2 的"终囟（使）无咎"，"囟"下也应该有一个无需指明而被省略了的兼语"事件"。由于残缺较甚，1—1 的"囟妹克……于庙"之"囟"下省略的兼语不好分析。

楚卜筮祭祷简所见的"囟"字，都出现于占辞之后的"以其故敚（说）之……"中，例如包山楚简第 229 简：

1 ……占之曰：恒贞吉，少有忧于宫室。

2 以其故敚（说）之：举祷宫行一白犬、酒食，囟攻除于宫室。

3 五生占之曰：吉。

上面第 2 部分"举祷宫行一白犬、酒食"是拟议的一个祭祷方案，有学者称为"说辞"，可从[46]。"囟攻除于宫室"，使（这个方案）能够攻除"（少有忧）于宫室"。第 3 部分是针对"这个方案"能否解除第 1 次占卜的"少有忧于宫室"再次占卜，其结果是"吉"，即预测方案实行之后，事件的结果为"吉"。

---

[43] 参看潘悟云《上古汉语使动词的屈折形式》，《著名中青年语言学家自选集》，第 52～68 页。

[44] 不单是"囟"，卜辞、金文中的"乎（呼）"也具有一定的使动意义，但"乎（呼）"的意义与"令"相似，正如陈斯鹏先生所讲的："作为动词，表示派遣、命令、叫让、役使等意义，动作性较强"，而"囟（使）"的意义更虚化一点，是比较纯粹的使动形式标志。

[45] 参看管　初《左传句法研究》，第 225 页，安徽教育出版社，1994 年。

[46] 李家浩《包山楚简"𦂥"字及其相关之字》，《第三届国际中国古文字学研讨会论文集》，香港中文大学，1997 年；又李家浩《包山祭祷简研究》，《简帛研究二〇〇一》（上册），广西师范大学出版社，2001 年。

由此可见，古人举行占卜的内容可分为两个方面：一方面是预测吉凶，另一方面是针对吉凶去拟定如何行事。拟定行事是要通过人为干涉，使事件向好的方面发展，所以有第二次吉凶判断。这两个方面交替进行，至“吉”而止。由此来看，楚卜筮祭祷简的说辞性质较为特殊，它既是拟议陈述，又是后一次占卜的命辞内容。在针对说辞的第二次占卜记录中，可承前省略前辞和命辞，仅存简短的占辞。

周人卜辞“囟”所在的句子，都是“使”事件或人物如何如何，大多数情况与楚简“囟”字所在的句子性质相同，可以视为占辞或说辞的拟议陈述语气，都可以不看做问句，也就与“卜辞命辞性质是否问句”这一命题的关系甚微。

下面通过一些周卜辞的例子来说明我们上述的看法。

首先，不少周原卜辞“囟”字句之前，都有关于祭祷的内容：

贞：王其祷又（侑）大甲，册周方伯。叀囟正，不左于受又₌（有佑）。（H11∶84）

癸巳，彝文武帝乙祢，贞：王其配祝成唐。鬳禦，服（?）二女，其彝血：羊三豚三。囟又正　（H11∶1）

……才（?）文武……王其配帝……天……典，册……周方伯……。囟……正，亡左……王受又₌（有佑）。　（H11∶82）

……一戠（特），囟亡咎。　（H11∶28）

……告于天，囟亡咎。　（H11∶96）

贞：王其……用胄叀二十（主?）……胄。乎（呼）祷……，囟不每（悔）王。　（H11∶174）

……岁乘，囟亡咎。　（H11∶35）

……囟亡眚。祠自蒿于亯。　（H11∶20）

翌日甲寅，其万河，囟瘳。其祷，囟有瘳。我既万河、祷，囟有瘳。　（扶风黄堆齐家西周卜骨）[47]

上述诸例，都是通过祭祷这种人为措施，“使”（某件事情）得以“正”、“又正”、“无咎”、“不悔”，或者“使”（某人的疾病）“有瘳”。这些“囟（使）”字前面省略的主语，可以理解为祭祷行为或者“天意”等神秘力量；之后省略的宾语，都是占卜主体或者卜问的这件事。经过祭祷的攻说，其结果都是朝有利于占卜主体的方向发展。从这些例子看，周原甲骨“囟”字句内容都是拟议祭祷的方案或结果，可以看做是说辞或针对说辞的占辞。

以下两例“囟”字句与祭祷无关，但也是据占卜拟议事情的具体应对措施：

---

〔47〕 曹玮《周原新出甲骨文研究》，《考古与文物》2003年第4期。

餀其五十人往，囟亡咎。八月辛卯卜，曰：其瘽啓。 （H31∶3）

廼则祼，[毕]隊邲（毖），囟亡咎。用。即，弗克尸（夷）安，□（兆）曰：每（悔）。 （H31∶4）

两个“囟无咎”应视为占辞，可以理解为：（这种措施）使（事件）无咎。

上面所举诸例，“囟”前面没有明显的主语。现在所见周卜辞，凡“囟克”的用例，“囟”前面都有主语：

曰：友囟克事。 （H11∶21）

□（兆）曰：並囟克事。……□囟克事。 （H11∶6＋H11∶32）

今秋（?）王囟克往宓（密）。 （H11∶136）

毕（厥）至，王囟克逸（肆）于宵（庙）。 （周公庙卜甲2—1）

据此来看，1—1“囟妹克□□于庙”前面也应该有个主语。

最后说一下关于占辞省略形式的问题。我们前文已经谈过：第一，1—1号卜辞的“缶（繇）者（诸）……至”是繇辞，繇辞可视为占辞的一部分；第二，周人卜辞的“曰”字句式，很可能都是“卧（兆）曰”的省略。裘锡圭先生曾经指出：殷卜辞“王固曰”之“固”应该是动词，但与占卜有关的“繇”字在古书中训为“卦兆之占辞”（《左传·闵公二年》杜注）或“兆辞”（同上《襄公十年》杜注），似无用做动词之例。他又说：“当占辞讲的‘繇’，‘兆’和‘占’有可能是同族词。”[48]

根据这种看法，笔者认为：由于周卜辞“卧曰”之前尚未发现其它成分，所以“卧”就应当视为句了的名词性主语，就理解为“卜兆”或“兆辞”，以“卧曰”开端之辞为周卜辞完整的占辞格式，而“缶（繇）”与“曰”是两种省略的格式，下面的几例“囟”字句，则可以看做是占辞格式的进一步省略：

囟孚于永终。 （FQ2①）

囟孚于休俞（?）。 （FQ2④）

自三月至于三月₌（四月）唯五月，囟尚。 （H11∶2）

照这种理解，周卜辞“卧曰”即“卜兆说”或“兆辞说”，不能视为“某卧曰”的省略，因此与殷卜辞“王固（占）[之]曰”的语法结构根本不同。

综合上述，可以把我们对“囟”字的看法小结如下：第一，读为“使”的“囟”字，是周人甲骨卜辞常见的使动句式标志；第二，“囟”字前后的主语、兼语常常被省略；第三，“囟”字句多数属于格式省略的占辞或说辞，有拟议陈述的语气，与问句无关。

---

[48] 裘锡圭《从殷墟卜辞的“王占曰”说到上古汉语的宵谈对转》，《中国语文》2002年第1期。

六、周公庙遗址和墓地的历史地理

《国语·周语上》幽王十五年，内史过云："周之兴也，鸑鷟鸣于岐山。"韦昭注："三君云：鸑鷟，鸾凤之别名也。诗云：凤凰鸣矣，于彼高岗（引者按：语出《大雅·卷阿》）。其在岐山之旧乎。"这与《书·君奭》周公曰"耇造德不降，我则亦鸣鸟不闻，矧曰其能有格"的记载相合。《大唐六典》："关内道名山曰岐山，俗名凤凰堆，山之南，周原在焉，即太王所居。"据《读史方舆纪要》卷五十五"岐山"条，"凤凰堆"乃天柱山之别称，宋程大昌《雍录》卷一"自邠迁岐"条对此亦有讨论。在2003年底发现卜甲地点的不远处，于2004年初又发现大批墓葬，一时间称之为"周公庙遗址"。这个地点，后来知道当地又称之为"凤凰山"，所以传闻有将此遗址改名为"凤凰山遗址"的动议。这里仍暂时沿用"周公庙遗址"的称呼。

过去的考古工作，多将注意力集中在周原遗址。这次在周公庙遗址发现甲骨文，使周公庙遗址的重要性陡然上升。李学勤先生曾说："甲骨文只能在重要的遗址出土，不是一个了不起的地方不能出。"〔49〕就像在安阳小屯发现晚商甲骨文，因而每一部综述殷墟甲骨文的著作都要论及小屯的历史地理一样，周公庙遗址的历史地理及周公庙墓葬的性质，也是我们在讨论周公庙遗址所出龟甲卜辞时不能回避的问题。

（一）周公庙遗址、周原遗址与先周都邑

史载古公亶父为避戎狄，"去邠，度漆、沮，逾梁山，止于岐下"〔50〕，"邑于周地，故始改国号曰周"〔51〕，"于是古公乃贬戎狄之俗，而营筑城郭室屋，而邑别居之"〔52〕；在王季时，"周作程邑"〔53〕，至于文王，"生于岐周"〔54〕，受命后伐密须，"度其鲜原，

---

〔49〕 见李学勤《青铜器与山西古代史的关系》，《新出青铜器研究》，第258页，文物出版社，1990年。

〔50〕 《史记·周本纪》。

〔51〕 《周本纪》《集解》引皇甫谧云。

〔52〕 《周本纪》。

〔53〕 今本《竹书纪年》文丁五年（王季10年）"周作程邑"，王国维《疏证》引《路史·国名纪》："程，王季之居。"这里需要澄清一个问题。《太平御览》卷一五五引皇甫谧《帝王世纪》曰："王季徙郢（引者按：郢、程为通假字），故《周书》曰'维周王季宅程'是也。"郑玄《周南召南谱》孔颖达《正义》亦云："《周书》称王季宅程。"这两种记载当本于《逸周书·大匡》序"维周王宅程三年，遭天之大荒"，但《大匡》遭荒之"周王"是文王，即今本《竹书纪年》"三十五年，周大饥，西伯自程迁于丰"之年，比较来看，所谓"维周王季宅程"之"季"应为衍字。所以这两条材料所引用的《周书》有误，不好作为根据。

〔54〕 《孟子·离娄下》。

居岐之阳"[55]，又伐崇而"作邑于丰"，"自岐下而徙都丰"[56]，"乃分岐邦周、召之地，为周公旦、召公奭之采地，施先公之教于己所职之国"[57]。上述太王所徙之邑、王季作程邑前之所居、文王之岐下旧都、周公之采邑所在的岐周故地，其大的范围在今陕西扶风、岐山两县的岐山之阳、岐水（小横水）以北，这是当代学者都能同意的。

在这个范围之内，历史上的太王都邑、王季作程前之所居、文王的岐下旧都、周公采地四者的地理关系究竟如何，是需要先从文献学上得到清理，并最终要由考古发现和研究加以检验的问题。

《水经注》卷十八《渭水中》记载，岐水的上游大峦水注入漆渠水后，"二川并逝，俱为一水，南与杜水合，自下通得岐水之目，俗谓之小横水，亦或名之米流川"，然后说：

> （岐水）迳岐山西，又屈迳周城南，城在岐山之阳而近西，所谓"居岐之阳"（引按：语出《大雅·皇矣》）也，非直因山致名，亦指水取称也。又历周原下，北则中水乡成周聚，故曰"有周"也。水北即岐山矣。

根据这条记载，清人朱右曾《诗地理征》云："周公之采与太王所邑，周名则同，城地则异。"[58]近年，曹玮先生通过文献和考古两方面的研究，也认为"中水乡"即太王都邑，与周公封邑"周城"当为二地："太王都邑在现在包括祁家沟以东的寺沟河与美阳河之间，即现今人们习惯称之为周原一带；周公采邑当在今岐山县的北郭乡和周公庙附近。"[59]

笔者认为，曹玮先生所谈的这两点都是正确的。岐阳之东为"周原"，西为"周城"，周原包含了最早的周人都址——太王都邑"中水乡"；"周城"即周公庙遗址附

---

〔55〕《大雅·皇矣》。《周本纪》记文王平虞芮之质之"明年，伐犬戎；明年，伐密须。"郑玄《周南召南谱》孔颖达《正义》云："《周书》称王季宅程，《皇矣》说文王既伐密须，'度其鲜原，居岐之阳'，不出百里，则王季居程亦在岐南，程是周地之小别也。"又引皇甫谧曰："丰在京兆鄠县东，丰水之西，文王自程徙此。"而据《皇矣》驳之曰："从鲜原徙丰，而谧云自程，非也。"按：文王徙丰之前的程与鲜原关系如何，今不能详。但孔颖达说"王季居程亦在岐南，程是周地之小别"则不正确，因为典籍中"毕"与"程"连举（参看下文注释〔65〕），当是邻近之地。又《周本纪》"公季卒"《集解》引皇甫谧云"葬鄠县之南山"，略相当于《汉书·楚元王传》臣瓒曰引《纪年》"毕西于酆三十里"所讲的位置，则王季的葬地亦距毕、程不远。

〔56〕《周本纪》："伐崇侯虎而作丰邑，自岐下而徙都丰。明年，西伯崩。"

〔57〕郑玄《诗谱·周南召南谱》。

〔58〕见《皇清经解续编》1043 卷。

〔59〕曹玮《太王都邑与周公封邑》，《考古与文物》1993 年第 3 期，后收入《周原遗址与西周铜器研究》，科学出版社，2004 年。

近，就是周公旦采邑所在[60]。但王季宅程之前以及文王宅酆之前的旧都在哪里，仍需探索。下面是我们对这个问题的看法。

从先秦封号往往得自封地的地名来看，周公采邑的所在，应是徙都后空出的周都旧地，所以能在徙都之后被称为“周城”；“周城”被封给文王庶子“旦”，所以“旦”及其子孙也能继承“周”之称号而称“周公”。这与《周本纪》记载东周时周敬王自河南徙出之后，周考王封其名揭之弟于故周都河南，以续周公之官，因称揭及其子孙为“周公”，道理相同[61]。据此并结合上引曹玮先生“周公采邑当在今岐山县的北郭乡和周公庙附近”的论断来看，先周时周公庙遗址所在的位置，曾是先周时代的周之都邑。

郑玄《诗谱·周南召南谱》记载周公之受封在文王时。据此，周公的封邑（周城）即周公庙遗址，应是王季宅程之前之所都，也是文王自程宅酆之前曾用的岐下旧都。

根据上述判断，文王时的新旧都邑已有三个：周城、程、丰，从文献看，还应该加上镐京。据《大雅·文王有声》：“考卜维王，宅是镐京，维龟正之，武王成之”，镐京是建成于武王之手，但据今本《竹书纪年》说：“（帝辛）三十六年……西伯使世子发营镐”，其始营建也在文王时。《逸周书·文传》篇：“文王受命之九年，时维暮春，在鄗，召太子发”，可见镐京始用于文王暮年。

从历史上看，古人做新都之后，并不放弃旧都，这种情况形成长期的多都制。在先秦时代，各国两都制或多都制的现象十分普遍。西周时代宗周与成周长期并存的两都制即是显例。此外，秦都咸阳，但其宗庙在旧都雍；楚有郢都纪南城以及众多地名后缀为“郢”的陪都；战国之燕有上都蓟、中都良乡以及下都武阳，都是多都制的例子。

《史记·秦始皇本纪》：“吾闻文王都丰，武王都镐，丰镐之间，帝王之都也。”根据文献记载，先周文王时期的三都程、酆、镐，曾并存形成多都制。丰、镐的文献记载较多，这里不用多说，下面主要谈谈“程”邑[62]。

---

〔60〕 李学勤先生曾有与此不同的意见。他在《青铜器与周原遗址》第一部分认为，“周原遗址在晚商时为周太王所居，文王迁封后封为周公采邑，称为周城”，该文所举出金文中的三点证据，其中第2、3两点认为金文“琱”氏为周公之周氏，用为地名，则指周公的采地周城。该文原载《西北大学学报》（哲学社会科学版），1981年第2期，后收入《新出青铜器研究》，第227～233页，文物出版社，1990年。据李先生这个意见，“琱”自然是姬姓。但后来他在《害簋铭文考释》中又据《陕西省博物馆、陕西省文物管理委员会藏青铜器图释》唐兰叙言说“妘姓周（琱）氏见于陕西周原出土的若干器物”，其注释〔16〕说：“我过去曾认为琱非妘姓，是不对的，今予纠正。”上述见《故宫博物院院刊》2001年第1期，第3页。可见李先生已经放弃了上述那两点金文中的证据。

〔61〕 参看董珊《周公戈辨伪之翻案》，《华夏考古》（待刊）。

〔62〕 杨向奎《宗周社会与礼乐文明》（人民出版社，1992年），第48～53页曾详细讨论“毕”、“程”二地，可以参看。

《逸周书》有《大匡》、《程典》、《程寤》诸篇，《程寤》篇今逸，《太平御览》五九七卷引《周书》云“文王去商在程”云云，卢文弨等学者都认为是《程寤》佚文[63]，今本《竹书纪年》“帝辛二十九年，诸侯逆西伯归于程”，是文王自商归周时即已在程；文王迁程见今本《竹书纪年》“帝辛三十三年，密人降于周师，遂迁于程”；《大匡》序云“维周王宅程三年，遭天之大荒。作《大匡》，以诏牧其方”[64]，此即今本《竹书纪年》“三十五年，周大饥，西伯自程迁于丰”之年，王国维《疏证》引《大雅·文王有声》“既伐于崇，作邑于丰”。据以上文献记载，可见“程”在文王时正式使用为时甚短。

从文王时程、丰、镐三都的交替来看，周人在迁都以后并不立即放弃旧都，从而在一段时间内造成多都制。从这样的多都制来看，我们认为周公庙遗址的“周城”是先周都邑的看法应该是合理的。这个“周城”的年代早于程、丰，晚于太王都邑中水乡，在早期文献中极为不显著，究其原因，一方面是因为它作为周都的年代较早，更重要的原因恐怕是由于它被“岐下”、“岐阳”、“岐周”、“周”这类名称长期笼罩的缘故。《周本纪》说文王“自岐下而徙都丰”，这个“岐下”不会是“程”，因为程与毕相近[65]，“岐下”应该指“周城”，《孟子·离娄下》“文王生于岐周”的“岐周”也应是这里。此地虽然早在文王晚期就“分岐邦周、召之地，为周公旦、召公奭之采地”，但文王在都酆以后，还是一个政治中心。

基于这种认识，周原与周城之间又是怎样一种关系呢？

《水经汴》所称之“周原”，包含了太王旧都“成周聚中水乡”，周原位于周公庙周城之东，在文王时可能属于周都的近郊。《周本纪》记载太王徙周，“于是古公乃贬戎狄之俗，而营筑城郭室屋，而邑别居之”，《集解》“徐广曰：分别而为邑落也”，这里当分布着随太王而徙来周人、豳人及“他旁国闻古公仁，亦多归之”的众多聚落。

周城封给周公以后，周原相对于周城来说，亦可视为近郊。扶风庄白窖藏墙盘云：“武王则令周公舍宇于周”，“周”即周公封邑名称，墙盘出土地点属于周原，可见周

---

[63] 参看黄怀信、张懋镕、田旭东撰，李学勤审定《逸周书汇校集注》，第1224页，上海古籍出版社，1995年。《御览》533卷引《程寤》作“文王在翟”，“翟”、“程”可视为通假字，声都是定母，韵部锡、耕对转。另外，今本《竹书纪年》帝辛十七年“西伯伐翟”，与“程”似无关。

[64] 参看《逸周书汇校集注》，第154～156页。

[65] 今本《竹书纪年》云：“（武乙）二十四年（王季三年），周师伐程，战于毕，克之。”王国维《疏证》以为本于《逸周书·史记》：“昔有毕程氏，损禄增爵，群臣貌匮，比而戾民，毕程氏以亡。”

公有权利处置周原地区的这个地点[66]。在殷、周之际，有一大批像史墙高祖那样迁来周原的殷人在此繁衍生息。这一点，曹玮先生在《周原非姬姓家族与虢氏家族》一文中已经论述过了[67]。

根据上述对周公庙遗址曾是王季、文王旧都"周城"的推测，这次周公庙卜甲的发现以及卜辞内容的研究，不但能提示该遗址的重要性，并使我们可以进而大胆地推测，周公庙遗址应当有先周时期的城墙及城邑建筑遗迹。这一点，希望在将来的田野考古工作中得到验证。

（二）周公庙墓地性质

在2003年底周公庙卜甲发现之后不久，翌年的田野调查又发现了周公庙遗址的大片墓葬区，其中包括四条、三条、两条墓道的高等级墓葬。对于墓葬区的性质，学术界目前主要有周王陵或周公家族墓地两种猜测。不久，又传来长安县发现大墓的消息。由于两个地点的考古工作都正在进行，有关情况还未形成正式报告，这里仅从文献记载进行讨论，也为以后的研究做些先期准备。

《汉书·楚元王传》刘向奏疏云"文、武、周公葬于毕"，这种说法在文献中是有很多根据的：

> 《孟子·离娄下》："文王生于岐周，卒于毕郢，西夷之人也。"
>
> 《周本纪》："九年，武王上祭于毕。"《集解》："马融云：毕，文王墓地名也。"
>
> 《周本纪》："（武王）后而崩。"《集解》："骃按：《皇览》曰：文王、武王、周公冢皆在京兆长安镐聚东社中也。"《正义》："《括地志》云：武王墓在雍州万年县西南二十八里毕原上也。"《周本纪》："西伯崩。"《正义》引《括地志》："周文王墓在雍州万年县西南二十八里原上也。"
>
> 《书序·亳姑》："周公在丰，将没，告于成王，欲葬成周，公薨，成王葬毕，告周公，作《亳姑》。"

毕的位置，《汉书·楚元王传》臣瓒曰引《纪年》"毕西于酆三十里"。宋程大昌《雍录》卷一"丰附毕郢"、卷七"毕陌"对有关"毕"的史料有详细讨论，他认为毕在渭南，其文较长，此不录，请参看[68]。

---

〔66〕即使考虑到召公封邑的问题，周公也至少拥有周原的一部分。

〔67〕《周原遗址与西周铜器研究》，第39～49页。

〔68〕宋程大昌撰、黄永年点校《雍录》，中华书局，2002年版，第11、138～140页。陕西长安县申店近年出土的吴虎鼎讲周宣王"取吴仍旧疆付吴虎"，疆界四至为"氒北疆盉人眔疆，氒东疆［官］人眔疆，氒南疆毕人眔疆，氒西疆莽人眔疆。"铜器的发现地点在酆东四五十公里处，其与毕、丰的关系有待研究。参看李学勤《吴虎鼎考释》，《考古与文物》1998年第3期。

若根据文、武、周公葬于毕的说法，周公庙墓葬群为周王陵的说法恐怕是不成立的。《书序》讲周公欲葬“成周”，此成周当为洛阳成周，而非周原中水乡成周聚，也不是周城。周公之所以这么想，可能与古人想把自己事业发展最鼎盛之地作为自己的葬地有关[69]。但是除此之外，古代选择葬地还有礼制方面的考虑。成王葬周公于毕，目的是使周公近文王、武王，所以没遵从周公的遗愿。

依照上述来看，周公庙墓地也不大可能有周公旦本人的墓葬。根据曹玮先生认为周公封邑在周城的说法，这墓地最可能是周公之后君陈及其以下诸位周公的墓葬。所以，据文献来看，周公家族墓地的说法较为有理。

但这种讲法难以解释之处，是在于周公庙有四条墓道的大墓，反映了墓地的等级太高。因此有学者认为其非周王陵莫属。不过我们对周代的等级制度了解得还少，周公家族究竟能否有这么高级的墓葬，这只能等到墓葬发掘之后再来讨论。

七、周公庙卜甲的年代和月相

（一）关于年代

2004 年初在北京大学考古文博学院召开的“周公庙遗址新出甲骨座谈会”上，已经有多位学者指出，从共存陶片分析，这两片卜甲的年代在商末周初。这个看法当然比较稳妥，但不久又有学者认为共存陶片的年代可断为先周，则卜甲也应是先周的遗存。

如果定位在先周，因为1—1 卜辞有“王”字即周王，其时代只有文王或武王两种可能。据《周本纪》的记载，文王受命九年而崩，武王即位九年而观兵盟津，其十一年十二月戊午“师毕渡盟津”伐商，次年二月甲子为牧野之战。如上所述，这片卜甲的时代，可定在文王受命至武王克商之间这 20 年内。

但接下来面临的问题就是：周人始称王是在文王还是武王？不少学者认为，1977 年出土的周原凤雏甲骨中，有“王”字的甲骨片，应有一部分是在文王时代指称文王。据此，文王末年应已称王。

如果定位在周初，据《周本纪》，“武王已克殷后二年”而崩，“周公行政七年”，然后“反政成王”。那么周公庙卜辞“王”之所指，也可能涉及一个聚讼的问题：周公摄政期间是否曾经称王？

本文无意在匆遽之间对上述问题作更多的讨论。仅从这次发现的两块卜甲四条卜

〔69〕《秦本纪》附《秦记》，记载历代秦君的居、葬，其葬地也往往反映了这代秦君最后扩张到的地点。

辞来看，我们目前还找不到能够确认王世归属的任何积极证据。这里只能先表明我们一个倾向性的看法：无论其年代是否晚于西周初年，其中提到的“王”都最有可能是周武王。

（二）月相“哉死霸”的解释

这次2—1号龟甲卜辞的月相名称“哉死霸”，为以往文献、金文所不曾见。

“𢦏”读为“哉”，训为“始”。《尔雅·释诂》：“初、哉，始也。”邢昺《疏》：“哉，古文作才，《说文》云：才，草木之初也。以声近训为哉始之哉。”“霸”，古书作“魄”。《尚书》的《康诰》、《顾命》两篇有“哉生魄”，与周公庙卜辞“哉死霸（魄）”对言。古书中“魄”的概念，均指月之无光处，《尔雅·释诂下》：“孔、魄、哉、延、虚、无、之、言，间也。”邢昺《疏》：“魄，形也，谓月之无光处暗晦者也。”郝懿行《疏》：“魄，体之间也。又月之空缺，阴映蔽光，谓之魄。”今人研究月相，多认为“‘霸’指月球的光面”，这在古书中是缺乏根据的。关于这一点，详见另文。

“霸（魄）”所指为月之无光处，那么“哉死霸”是指一个月中的哪一天，在传世文献中已有现成的解释。

《书》伪《武成》第一句话“惟一月壬辰，旁死魄”，伪孔安国《传》云：

> 此本说始伐纣时。一月，周之正月。旁，近也。月二日，近死魄。

陆德明《释文》：

> 旁，步光反。魄，普白反，《说文》作霸，匹革反，云：“月始生魄然貌。”近，附近之近。

孔颖达《正义》云：

> 传“此本”至“死魄”〇正义曰：将言武成，远本其始。“此本说始伐纣时。一月，周之正月”，是建子之月，殷十二月也。此月辛卯朔，朔是死魄，故“月二日，近死魄”。“魄”者，形也，谓月之轮郭无光之处名“魄”也。朔后明生而魄死，望后明死而魄生。《律历志》云：“死魄，朔也。生魄，望也。”《顾命》云：“惟四月哉生魄。”传云：“始生魄，月十六日也。”月十六日为始生魄，是一日为始死魄，二日近死魄也。顾（彪）氏解“死魄”与小刘（炫）同。大刘（焯）以三日为始死魄，二日为旁死魄。旁死魄无事而记之者，与下日为发端，犹今之将言日，必先言朔也。

《正义》虽为伪孔《传》及伪《武成》作疏，但其中对于月相的说法，近本于顾彪、刘炫与刘焯，远本于《汉书·律历志》引刘歆《世经》的月相定点说，所以不能废其言。本文上面已指出“哉”训为“始”、“霸（魄）”指月之无光处，则“哉死霸”即上引孔颖达《正义》中的“始死魄”，据《正义》引刘炫、顾彪二家说为初一日，刘焯说为初三日。

夏商周断代工程将武王克商之年定在公元前1046年，是年为武王十二年，则武王即位之年当在公元前1057年。若岁首建子，据张培瑜《中国先秦史历表》之《冬至合朔时日表》，在公元前1057～前1046年之间，五月壬午共有以下5次：

公元前1054年（武王四年）五月丁巳朔，壬午为26日；

公元前1051年（武王七年）五月庚午朔，壬午为13日；

公元前1050年（武王八年）五月甲子朔，壬午为19日；

公元前1049年（武王九年）五月戊午朔，壬午为25日；

公元前1048年（武王十年）五月壬午朔。

据伪《武成》《正义》引述“始死魄”是初一或初三日的两种看法，并根据前述周公庙卜甲年代最可能属于周武王的倾向性意见，那么周公庙2号龟甲卜辞的“五月哉死霸壬午”的真实天象，最适合定在公元前1048年的五月壬午朔日初一，能与刘炫、顾彪的说法相合。若根据断代工程的意见，这一年为武王十年。

我们知道，春秋历法尚不能做到岁首建正完全一致，那么假设周在克商以前岁首也有建丑的情况，据张培瑜《中国先秦史历表》推算，公元前1053年五月辛巳朔，壬午为后朔一日，朏前一日，则可满足“哉死魄”是朔的刘焯之说。

这个历点以及对“魄”的认识，如果能据上述汉唐旧说得以确定，当有助于理解其他月相名称的含义。

结　语

2003年12月周公庙遗址两片龟甲卜辞的发现。引起了一系列重要的考古发现和随之而来的重大学术问题。因此，这两片卜甲发现的意义显得非常重要，远不是我们这篇小文所能概括的。

仅就这两片龟甲卜辞而言，不仅其字数较多，而且内容也相当重要。本文立足于卜辞的解释，提出了几个关于语言文字、历史考古等方面的问题，也间或说明一些新看法，但论据都还不够充分，肯定有许多不妥之处，谬误也在所难免。因此，希望得到读者的批评和指正。

附记：本文初稿曾经多位师友审阅，刘绪先生、沈培先生、孙庆伟先生、周言先生、陈剑先生、张富海先生等都对拙作提出了修改意见，谨此一并致谢。

2004年12月27日

武王伐纣天象及其年代历日

武家璧*

According to the traditional inference firstly proposed by Liu Xin 刘歆 in the late Western Han Dynasty, the astronomical phenomena coinciding with the punitive expedition of King Wu to King Zhou 纣 recorded in Guoyu (国语, a fourth-century BC text) might happened when the Zhou army left Zongzhou 宗周 or crossed the Yellow River at Mengjin 孟津 ferry. Yet a re-analysis on the text in Guoyu, especially on the record of "*guihai yezhen*" (癸亥夜陈, to deploy the army at the night of *guihai* day) which has been neglected before, shows that the astronomical phenomena might occur at the night of *guihai*-just before the Muye 牧野 battle happened at the morning of *jiazi* 甲子 day. Based on this new inference, and with the help of a special software, the Muye battle most likely happened on November 25, 1082 BC.

关于武王伐纣时的天象，最著名、最权威的记载有二：一是出土的周初青铜器利簋铭文："武［王］征商，隹（唯）甲子朝，岁鼎克昏（闻），夙有商。"意谓甲子朝岁星当顶时，闻知捷报，一个早上（夙）就占领了商都；二是《国语·周语下》载伶州鸠所述武王伐纣时的天象。此外，还有《汉书·律历志》引刘歆《世经》转述的《尚书·武成》篇、《逸周书·世俘解》、《史记·周本纪》等相关记载。《武成》篇经过刘歆的转述是否窜入刘歆编排的伐纣历日，值得怀疑；《逸周书》及《周本纪》比较晚，所以关于武王伐纣天象的文献记载，本文以《国语》的记述为主，并参考其他记载展开论述。

利簋铭文提供了两条重要的天象信息：一是武王克商历日在"甲子朝"，此与文献记载相符合；二是"岁鼎"可以解释为"岁星当顶"[1]。后者是否与《国语》记载的武王伐纣"岁在鹑火"有关？如果铭文与文献有关岁星的记载是同一天象，那么武王伐纣天象必然发生在牧野之战的"甲子朝"或其前夕"癸亥夜"，然而这与传统解释

* 作者系中国科学院自然科学史研究所博士后，东华大学人文学院副教授。

[1] 于省吾《利簋铭文考释》，《文物》1977 年第 8 期；张政烺《利簋释文》，《考古》1978 年第 1 期；李学勤《利簋铭与岁星》，《夏商周年代学札记》，第 204～205 页，辽宁大学出版社，1999 年。

不相符合。

两千多年以来的传统说法一直认为，武王伐纣天象是指周师从宗周（镐京）开始出发时以及从孟津渡黄河时的天象。这一解释自西汉末年的刘歆开始，到三国吴韦昭注《国语》加以发挥，为历代注释家所遵循，并为近年的夏商周断代工程所采纳[2]。

武王克商历日在“甲子朝”，而武王伐纣的天象却不在“甲子朝”，这一点很早就引起笔者的怀疑。我们抛开刘歆、韦昭的注解，直接解读《国语》文本，发掘出更多的天象信息，证明伶州鸠所述武王伐纣天象，实际上是指“癸亥夜陈”时的天象。这一基本点的动摇，势必影响武王伐纣年代的推断。笔者重新推算的结果是：武王伐纣天象的最佳年代、日期为公元前1082年11月25日甲子，详论如下。

一、与“七律”相关的天象

关于武王伐纣的天象，《国语·周语下》载周景王二十三年（前522年）：

> 王将铸无射，问律于伶州鸠……王曰：“七律者何?”对曰：“昔武王伐殷，岁在鹑火，月在天驷，日在析木之津，辰在斗柄，星在天鼋。星与日辰之位，皆在北维，颛顼之所建也，帝喾受之。我姬氏出自天鼋，及析木者，有建星及牵牛焉，则我皇妣大姜之侄伯陵之后，逄公之所凭神也。岁之所在，则我有周之分野也；月之所在，辰马农祥也，我太祖后稷之所经纬也。王欲合是五位三所而用之。自鹑及驷七列也，南北之揆七同也。凡人神以数合之，以声昭之；数合声和，然后可同也。故以七同其数，而以律和其声，于是乎有七律。”
>
> “王以二月癸亥夜陈，未毕而雨。以夷则之上宫毕，当辰。辰在戌上，故长夷则之上宫，名之曰羽，所以藩屏民则也。王以黄锺之下宫，布戎于牧之野，故谓之厉，所以厉六师也。以太蔟之下宫，布令于商，昭显文德，底纣之多罪，故谓之宣，所以宣三王之德也。反及嬴内，以无射之上宫，布宪施舍于百姓，故谓之嬴乱，所以优柔容民也。”

这两段文字记载了周景王时期的乐官伶州鸠论述音律合于天数的思想，上段文字讨论音阶问题，下段文字论述音调问题。

---

〔2〕 夏商周断代工程及江晓原均采用刘歆之说。参见夏商周断代工程专家组《夏商周断代工程1996～2000年阶段成果报告》（简本），第46～47页，世界图书出版公司北京公司，2000年；江晓原、钮卫星《〈国语〉伶州鸠所述武王伐纣天象及其年代》，《自然科学史研究》18卷4期，1999年；江晓原、钮卫星《以天文学方法重现武王伐纣之年代及日程表》，《科学》51卷5期，1999年。

首先分析伶州鸠论音阶（七律）问题包含的天象信息。根据三国时吴人韦昭的《国语》注以及《史记》、《汉书》有关二十八宿、十二辰次的知识，可将伶州鸠所论音阶列于表一。

表一 伶州鸠论七律

		七列							自鹑及驷七列									
武王伐纣天象		星在天鼋			辰在斗柄	日在析木之津			月在天驷						岁在鹑火			
宿／次	危	虚	女	牛	斗	箕	尾	心	房	氐	亢	角	轸	翼	张	星	柳	
子		玄枵																南北之揆七同
丑				星纪														
寅						析木												
卯									大火									
辰											寿星							
巳													鹑尾					
午															鹑火			

“自鹑及驷七列”谓张、翼、轸、角、亢、氐、房七宿所对应的“七律”构成一个七声音阶；同理，自天驷以后至天鼋也是“七列”，构成另一个七声音阶；两组“七列”分为上、下宫。

将“岁在鹑火”至“星在天鼋”这东西向的两个“七列”南北合同为跨度更大的新七声音阶，谓之“七同”。前者为“律”，后者为“同”，如《周礼·宗伯》“大师执同、律，以听军声而诏吉凶”云。这两种音阶（同、律）可满足一般的音乐演奏。

相传武王伐纣胜利后周公制礼作乐，所创雅乐“六乐”中就有一篇反映武王伐纣的乐舞叫《大武》。《周礼·春官·大司乐》：“以乐舞教国子舞《云门》、《大卷》、《大咸》、《大韶》、《大夏》、《大濩》、《大武》。”《周礼·地官·师氏》“六乐”下郑玄注：“六乐：云门、大咸、大韶、大夏、大濩、大武。”与伶州鸠大约同时代的孔子，对乐舞《大武》发表过著名的评论，《论语·八佾》载：“子谓《韶》，尽美矣，又尽善也；谓《武》，尽美也，未尽善也。”伶州鸠所论可能就是《大武》的乐律。其音律的基础“五位三所”被认为与周族先祖的活动密切相关，而与武王伐纣时的天象相吻合。

伶州鸠论律距武王伐纣已有五百多年，所论音律如此巧合，人们有理由怀疑可能包含了人为创作的成分。但有利簋铭文的部分印证，在没有更好的文本可以利用的情况下，我们主张将其所论比较显著的天象，如岁、月、日（据月在位置及合朔日期推断）的位置，作为天文年代推算的基础。

（一）岁在鹑火

“鹑火”是岁星十二次之一，按表一“自鹑及驷七列”所示，“岁在鹑火”中的“鹑火”只能相当于二十八宿中的“张”宿。《汉书·天文志》及刘歆《三统历》所载岁星十二次以冬至在牛初为标准，是公元前450年左右的天象[3]，若以岁差前推至商周之际（前1050～前1100年前后），则冬至点应东移八度左右。考虑“鹑火”在商周之际的位置，今按太初距星取石氏距度（下同），在《汉志》十二次起始位置上再加八度，得到商末周初时的十二次初度，列如表二。

表二　十二次初度对照表

十二次	星纪	玄枵	娵訾	降娄	大梁	实沈	鹑首	鹑火	鹑尾	寿星	大火	析木
《汉志》	斗12	女8	危16	奎5	胃7	毕12	井16	柳9	张18	轸12	氐5	尾10
商末周初	斗20	虚4	室7	奎13	昴1	参2	井24	星2	翼8	角3	氐13	尾18

可知商周之际，大约自柳9～张17度为“鹑火”次，即商末周初张宿距度大部分仍在“鹑火”次，与“自鹑及驷七列”的描述相兼容。

（二）月在天驷

天驷为房星，又称为农祥星，《史》、《汉》、韦注并同，古今无异词。“月在天驷”是合朔前偕日出的残月，只在日出前的黎明才能见到。按伶州鸠所述“王以二月癸亥夜陈”，即武王指挥伐纣军队按照“自鹑及驷七列”、“南北之揆七同”的天象在“癸亥夜”布阵。然而“月在天驷”在“癸亥夜”是看不到的，且夜陈“未毕而雨”，显然阴雨之夜不可能见星月。故癸亥夜“月在天驷”非实测，而是推算所得。其他如日在位置、合辰位置等不可能肉眼看到，只能推算。也就是说癸亥夜武王的军（乐）队是按照推算好的天象来布置阵势的。这一推算最近的基点是癸亥朝，以此根据月行的平均速度推算“癸亥夜”“月在天驷”是完全可行的，至“甲子朝”月亮再见时已不在天驷而入心宿范围。

（三）日在析木之津

《尔雅·释天》云：“析木谓之津，箕斗之间，汉津也。”《史记·天官书正义》：“尾为析木之津，于辰在寅。”《晋书·天文志上》：“箕四星……亦曰天津。”《国语》韦昭注：“津，天汉也。析木，次名，从尾十度至南斗十一度为析木，其间为汉津。”韦昭所引次度用刘歆《三统历》，以岁差前推至商周之际则析木当从尾18～南斗19度

〔3〕 中国天文学史整理研究小组《中国天文学史》，第74页注②、第92页注②，科学出版社，1981年；潘鼐《中国恒星观测史》，第32～38页，学林出版社，1989年。

为次（见表二），仍然符合析木之津在“箕斗之间”的说法。按伶州鸠叙述的次序，伐纣之时，太阳先在析木之津，若干天后才与从天驷西来之月合辰（朔）于南斗之柄，则“日在析木之津”的本来位置必在“箕斗之间”无疑。

日在恒星背景中的位置除发生日食以外，肉眼是看不到的，但可以根据月亮位置与合朔日期推算得到，也可以根据晨见昏伏星或昏旦中星（《夏小正》有载）推算得到。

（四）辰在斗柄

关于“辰在斗柄”，韦昭注：“辰，日月之会。斗柄，斗前也。”南斗以斗宿一（人马座 φ）为距星，位于斗升（魁）与斗柄的交界处；构成斗柄的斗宿二（人马座 λ）、斗宿三（人马座 μ）位于斗宿距星之前（西），所以“斗柄”在斗前。所谓“辰在斗柄”是指日月合朔的位置在斗一（人马座 φ）至斗三（人马座 μ）之间。

“辰在斗柄”与“月在天驷、日在析木之津”是互相适应的，即日、月所在唯一决定其最近的合朔位置。日在及合朔位置肉眼无法观测，但合朔日期是可以观测到的，它在新月初生的前 1～2 天。古人规定太阳每天行一度，据此可以推知月行一日的平均速度，再根据实测月亮位置与合朔日期，就可以推算出日在及合朔位置，“辰在斗柄”可能就是这样推算出的合朔位置。

（五）星在天鼋

关于“星在天鼋”，韦昭注：“星，辰星也；天鼋，次名，一曰玄枵。从须女八度至危十五度为天鼋。”《汉书·律历志》：“婺女天鼋之首。”辰星即今水星。韦注用汉志次度，复原到商末周初则“天鼋（玄枵）”范围应为虚 4－室 7 度；将虚宿对应于天鼋，符合“自鹑及驷”以后的又一个“七列”（见表一）。

南斗初度是“辰在斗柄”的东界，虚宿四度是“星在天鼋”的西界，从斗初至虚四积石氏距度五十度，合今 49.3°。即使用汉志次度从斗初至女八也积石氏距度四十二度，合今 41.4°。这两个数值都大大超过了水星与太阳之间的最大角距 28°，因而“月在天驷，辰在斗柄”时“星在天鼋”是不可能的。出现这样的情况，有可能是周人为了凑合“南北之揆七同”附会而成的，或者因纯技术原因推算错了，或者韦注错了。但其排列的顺序应该是对的，即水星应在太阳之东，以符合岁、月、日、辰、星自西向东排列的次序。

二、与“夜陈”相关的天象

武王伐纣是一个过程，从“师始发”到甲子朝“牧野之战”，前后经历了一个多月，其中文献明确记载有月份、日辰干支的重大事件列如表三[4]。

表三 武王伐纣大事表

武王伐纣过程	月	日	文献出处
师始发	殷十一月	戊子	刘歆《世经》 韦昭《国语》注
武王乃（朝）步自周	一月 一月	壬辰旁死霸若翌日癸巳 丙午旁生魄若翼日丁未	《尚书·武成》 《逸周书·世俘解》
师度孟津	一月 十二月	戊午 戊午	《尚书序》 《史记·周本纪》
陈师（牧野）	二月	癸亥夜	《国语·周语》
咸刘商王纣	来二月	既死魄越五日甲子朝	《尚书·武成》 《逸周书·世俘解》

那么，伶州鸠所说的天象究竟是这一过程中那一时日的天象呢？刘歆把伶州鸠所述与“七律”相关的天象，分解为独立的两个部分：前者“岁在鹑火，月在天驷，日在析木之津”是戊子日师始发时的天象；后者“星在天鼋”是戊午、己未师渡孟津时的天象，前后相差整整一个月。刘歆何以这样分解？不得而知。

韦昭采用刘歆之说，但他在解释“癸亥夜陈”时产生了明显的歧义。上文所引伶州鸠讨论音阶问题之后，接着论述如何定调的问题，这段文字已往被人们所忽视，但却提供了更多新的天象信息：

> 王以二月癸亥夜陈，未毕而雨。以夷则之上宫毕，当辰。辰在戌上，故长夷则之上宫，名之曰羽，所以藩屏民则也。

韦昭注：“上宫，以夷则为宫声。夷则，上宫也，故以毕陈。”“长，谓先用之也。辰，时也。辰，日月之会，斗柄也。当初陈之时，周二月，昏，斗建丑而斗柄在戌，上下临其时，名其乐为羽，羽翼其众也。”

韦昭此处的注解谓“癸亥夜陈”符合日月之会“辰在斗柄”时的天象，此日月合辰（朔）与“月在天驷，日在析木之津”顶多相差两三天（月自天驷房宿至南斗斗柄只需2~3日），这与他前文的注解采用刘歆之说是自相矛盾的。但我们仔细分析伶州鸠讨论音阶、音调的上下文，确认伶州鸠所说武王伐纣时的日月星辰所在就是癸亥夜、

〔4〕 表中《武成》系《汉书·律历志》所引孔壁《古文尚书》“武成”篇，因未立于学官，今已逸；《尚书序》亦指汉志所引；“来二月”，《武成》作“来三月”，与月内干支不符，实误，据《逸周书》改正。

甲子朝的天象。下面具体分析伶州鸠讨论音调部分所提供的天象信息。

（一）以夷则“毕陈”

“夷则”是十二律名之一，将宫音置于某律就是定调的问题。所谓“以夷则之上宫毕”，即军（乐）队排列至上宫七列（“自鹑及驷”）的宫首夷则，布阵完毕。宫音夷则对应于七列之首的“鹑”，故“名其乐为羽”。以夷则为宫音，这样定调的依据是夷则“当辰”、“辰在戌上”。

（二）夷则“当辰”

此处之“辰”韦昭注为日月合辰之“辰”，实指夷则对应的节气（详下），本质上是指太阳位置（日辰）。而节气与北斗昏建之辰有固定的对应关系，例如《左传·襄公二十七年》：“十一月乙亥朔，日有食之。辰在申，司历过也，再失闰矣。”《左传·哀公十二年》：“冬十二月，螽。季孙问诸仲尼，仲尼曰：‘丘闻之，火伏而后蜇者毕。今火犹西流，司历过也。’”《汉书·天文志》批评此二事曰：“故《春秋》刺‘十一月乙亥朔，日有食之’，于是辰在申，而司历以为在建戌，史书建亥。哀十二年，亦以建申流火之月为建亥，而怪蛰虫之不伏也。”上所引“辰在申”、“建申”、“建戌”、“建亥”等都是与节气相关的北斗昏建之辰。

故夷则“当辰”是谓夷则宫所当值之辰，正是北斗斗柄昏建之辰。夷则宫当戌，北斗斗柄亦指戌。

（三）“辰在戌上”

关于“辰在戌上”，韦昭以“斗柄在戌”解之，是正确的。《淮南子·天文训》：

> 斗指子，则冬至，音比黄钟。……指戌，则霜降，音比夷则。指蹏通之维……而立冬，草木毕死，音比南吕。……指亥，则小雪，音比无射。

故自霜降之后、小雪以前包括立冬在内的三十天左右为“斗柄在戌”。今查周初太阳在南斗斗柄的黄经位置位于立冬之后，小雪之前（见表三），正好与“辰在戌上”的斗建位置相符合。

韦昭注“初陈之时周二月昏，斗建丑而斗柄在戌，上下临其时”，前者“斗建丑”是指南斗斗柄在天上十二次的丑（即“星纪”，见表一）；后者“斗柄在戌”是指北斗斗柄指向地下十二辰的戌。

天上“辰在斗柄”在立冬附近，地上“辰在戌上”也在立冬附近，“音比夷则”同在立冬附近，所以韦昭曰“上下临其时”——“其时”者，立冬之时也。

不过按《天文训》斗指戌、音比夷则是在立冬之前，而伶州鸠所述之夷则“当辰”、“辰在戌上”是在立冬之后（详下），略有差别而已。综合两者，可以理解为立冬前后的同一时段。

总之，伶州鸠所说的“辰在斗柄”指的是日月合辰于南斗斗柄，而“辰在戌上”

指的是北斗斗柄昏建在戌，两者都限制在立冬附近的同一时段。据此笔者认为伶州鸠所述“昔武王伐殷，岁在鹑火，月在天驷，日在析木之津，辰在斗柄，星在天鼋”等，是“癸亥夜陈”时的天象，而非刘歆等所说“师始发”及“师度孟津”时的天象。

三、武王伐纣的年代

基于上述分析，本文推算武王伐纣年代与日期的基本步骤为：首先计算“辰在斗柄”的黄经位置，以确定其对应的公历月份，以及所求朔日与临近节气的日距范围；然后查历表，在可能的年代范围内找出符合月份、朔日干支的年代选项，用节气与朔日的日距予以限定；最后根据“岁在鹑火”等条件决定取舍。本文推算的工具为Skymap公司的SkyMap pro 9软件，历表采用张培瑜所编《三千五百年历日天象》[5]。

（一）“辰在斗柄”的黄经位置

作为年代推算的基础，首先计算公元前1050年“斗柄”的黄经位置，此与伐纣年的距离不会太远，“斗柄”黄经位置的改变可以忽略不计（表四）。

表四　公元前1050年“斗柄”的黄经位置

目次	①	②	③	④	⑤	⑥	⑦
	小雪	斗一	斗三	立冬	②-③	②-④	③-④
赤经	237.74°	234.59°	229.15°	222.45°	5.44°	12.14°	6.69°
黄经	240°	236.96°	231.65°	225°	5.31°	11.96°	6.65°

由表四可知，“辰在斗柄”限定了朔日的太阳位置在立冬之后、小雪之前，从斗一至斗三跨赤经5.4°的狭窄范围内，距立冬约6°~12°，即该朔日在立冬月（公历11月）内，在立冬之后6~12日。这等于给定了“辰在斗柄”历日的气、朔限制条件。

（二）“辰在斗柄”的朔日干支

设“癸亥夜陈”时月在天驷，月亮平均每日行13.18°，自房宿距星房一（天蝎座π）至斗一（人马座φ）跨37.58°，因而月自天驷房宿或房前若干度到达合朔位置斗柄只需2~3天，故朔日干支应为丙寅或者丁卯。考虑到观象授时与实朔之间可能存在的误差，可将朔日范围前后延长一日，取乙丑至戊辰为限。

（三）气、朔、干支限定的武王伐纣年代选项

根据以上气、朔、干支的条件限制，查张培瑜《三千五百年历日天象》，在公元前1000~前1150年的范围内，列出符合立冬月（公历11月）朔日范围从乙丑至戊辰的年代选项如表五。

---

〔5〕张培瑜《三千五百年历日天象》，大象出版社，1998年。

表五　武王伐纣的年代选项

公元前	公历11月日序						立冬	朔日	癸亥夜，甲子朝			
	夜陈	克商	朔日范围				干支	距立	岁（木）星		辰（水）星	
	癸亥	甲子	乙丑	丙寅	丁卯	戊辰	日序	冬(天)	入宿度	十二次	入宿度	十二次
1010	6	7	8	9	10	11 朔	癸酉 16	前 5	轸 6.1	鹑尾	箕 3.9	析木
1025	24	25	26 朔	28	29	30	乙卯 16	后 10	觜 3.8	大梁	斗 4.0	析木
1046	15	16	17	18	19 朔	20	甲子 16	后 3	翼 13.9	鹑尾	尾 3.2	大火
1056	7	8	8 朔	10	11	12	壬申 16	前 7	氐 2.7	寿星	箕 7.4	析木
1077	10 月 28	10 月 29	10 月 30	10 月 31	1 朔	2	壬午 16	前 15	斗 16.5	析木	房 6.8	大火
1082	24	25	26	27 朔	28	29	丙辰 17	后 10	张 17.3	鹑火	斗 6.0	析木
1103	16	17	18	19 朔	20	21	丙寅 17	0	氐 14.6	大火	斗 1.5	析木
1113	6	7	8	9 朔	10	11	癸酉 16	前 7	斗 6.4	析木	房 1.6	大火
1134	10 月 28	10 月 29	10 月 30	10 月 31	1	2 朔	癸未 17	前 15	壁 3.6	娵訾	尾 18.0	析木
1139	23	24	25	26	27 朔	28	丁巳 17	后 10	氐 6.3	寿星	尾 6.6	大火
1149	15	16	17 朔	18	19	20	甲子 16	后 1	箕 7.7	析木	斗 1.0	析木

其中符合朔日干支的年代选项共有十一项，同时严格符合朔日在立冬之后 6 ~ 12 日（由“辰在斗柄”所限定）条件限制的只有公元前 1025 年、前 1082 年、前 1139 年等三项，最接近的有公元前 1046 年一项（图一）。

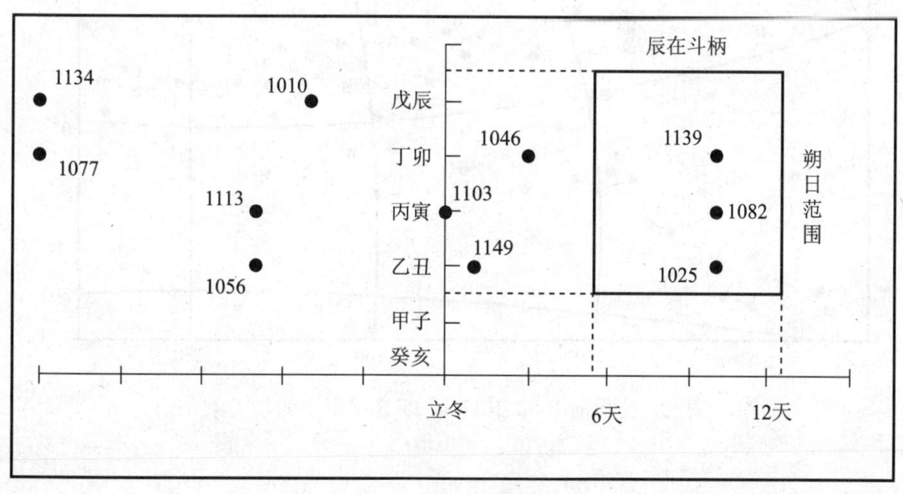

图一　气朔干支限定的武王伐纣年

（四）岁星的条件限制

岁星的条件限制有三：一是伶州鸠所述“武王伐殷，岁在鹑火”；二是利簋铭文“甲子朝岁鼎”，即甲子朝岁星当顶；三是《淮南子·兵略训》载“武王伐纣，东面而迎岁”[6]。

根据表二次度及其距星，利用现代天文软件可以推出表五各年代选项中岁（木）星、辰（水）星的入宿度，并标出其在商末周初所在的星次（见表五），从而可以看出：根据气、朔、干支的限制，加上“岁在鹑火”的条件，只能唯一确定武王伐纣的年代为公元前1082年。

公元前1082年11月24日癸亥朝，月在房前四度，据此推算癸亥夜“月在天驷”是合理的；至甲子朝，天已转晴，可以看见岁星当顶，月已不在天驷而入心宿近二度（图二）。以此知“月在天驷”确实是“癸亥夜陈”时的天象。

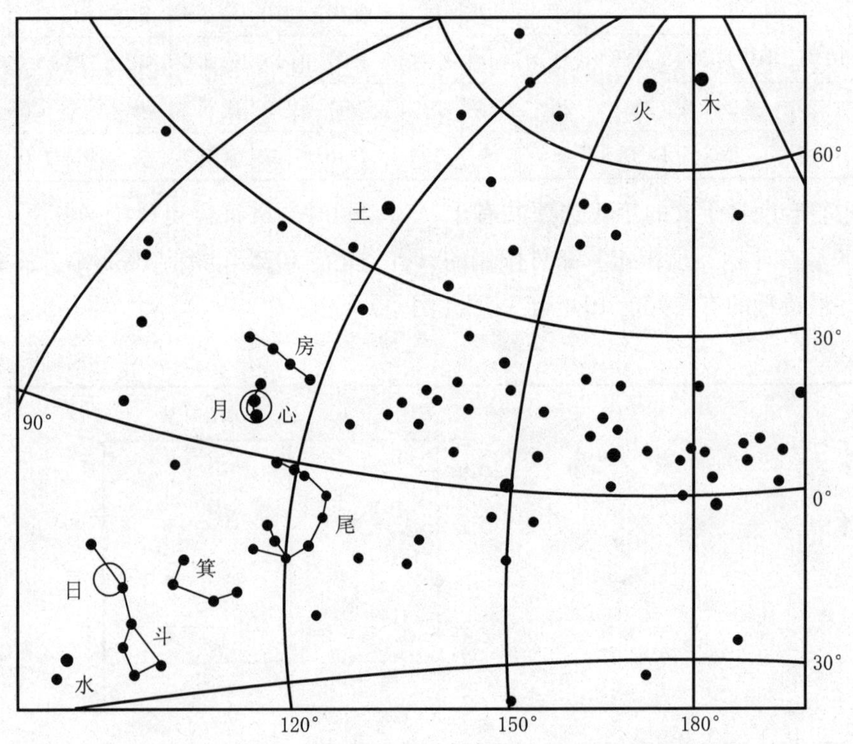

图二　公元前1082年11月25日“甲子朝”天象

〔6〕《荀子·儒效》：“武王之诛纣也，行之日以兵忌，东面而迎太岁。”据《史记·天官书》、《汉书·天文志》载太岁在酉（大梁），岁星居午（鹑火），故“迎岁”与“迎太岁”不可同日而语，今本《利簋》“岁鼎”从“迎岁”之说。

公元前1082年11月癸亥夜、甲子朝的水星位置（入斗宿六度）是符合岁、月、日、辰、星自西向东排列的次序的，且是所有选项中水星距太阳位置最远的（见表五、图二）。

以公元前1082年为准，用金文“甲子朝岁鼎”来检验文献“东面而迎岁”的情况。

公元前1082年11月25日甲子朝5时45分为天文晨光始（太阳在地平下18°，天空开始出现日光影响），此时木星正当天顶：方位角185.44°（正南略偏西），高度75.23°；木星与太阳的时角距离为100.68°（图三）。在此前若干小时之内的“癸亥夜”，岁星位于天子午线以东，周师向东进攻必定“东面而迎岁”。

太阳与木星的角距100°左右已达“东面而迎岁”的极限状况，在此前的行军途中日木角距小于100°，周师东进恒有且只有“东面而迎岁”之天象；若日木角距大于100°，则可能出现“东面而背岁”的情况。按刘歆之说，将“辰在斗柄”等天象置于癸亥夜、甲子朝以前一个多月的“师始发”时，那么至甲子朝日木角距将大于130°，则周师东进途中会出现“背岁”的情况，且甲子朝牧野之战时周师必然“背岁”而不是岁星当顶，这与传世文献及出土铭文的记载均不相符，因而是不可取的。

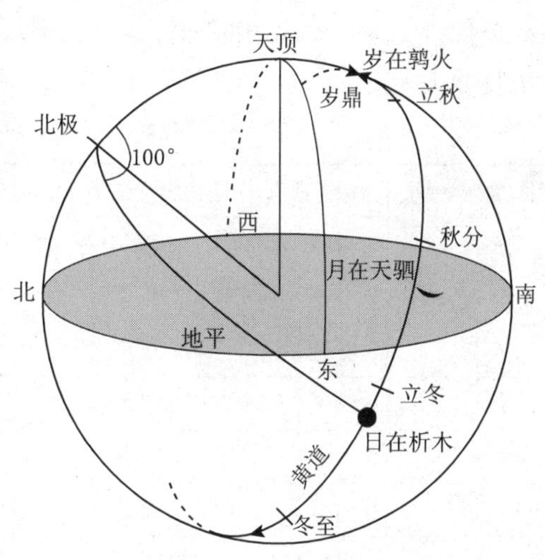

图三　甲子朝“岁鼎”天象

然而，由于公元前1082年不在夏商周断代工程关于武王伐纣年代的考古学碳十四测年范围（前1050～前1020年）之内〔7〕，因此有必要考虑其他可能的选项。综合考虑与各项限制条件最近似的是公元前1046年11月16日甲子〔8〕：此时岁星约在翼14

〔7〕夏商周断代工程专家组《夏商周断代工程1996～2000年阶段成果报告》（简本），第44页，世界图书出版公司北京公司，2000年。

〔8〕公元前1046年为美国里海大学的班大为教授提出，公元前1082年的可能性陕西天文台刘次沅也已提及，但本文的月份和日期与两位先生全然不同。参见刘次沅《〈武成〉历日解析》，《自然科学史研究》18卷4期，1999年；刘次沅、周晓陆《武王伐纣天象解析》，《中国科学A》31卷6期，2001年；David W. Pankenier（班大为）：“Astronomical Dates in Shang and Western Zhou,” *Early China* 7（1981－82）：2－37；David W. Pankenier（班大为）：“The Cosmo－Political Background of Heaven's Mandate,” *Early China* 20（1995）：121－176。

度，属鹑尾次（见表五），相去鹑火6度；如果按《史记·周本纪》、刘歆《世经》等载“殷历”十一月戊子“师始发”、十二月戊午“师度孟津”，则该年度上半年内岁星在鹑火次，到下半年才行至鹑尾次；若以年始岁星所在而言，谓该年“岁在鹑火”也是可以的。

四、历朔与月建

刘歆据《尚书·武成》所载历日，推算武王伐纣过程中的历朔为：一月朔辛卯，二月朔庚申，并认为这个二月是闰月，即所谓“来二月”。假定这种推排是合理的，又取武王伐纣年为公元前1082年，对照实朔、实历立冬、冬至干支等，列出《武成》伐纣历日如表六。

表六　《武成》伐纣历日推排表（公元前1082年）

酉月（殷十一月）		戌月（一月、殷十二月）				亥月（二月，殷正月）				子月（冬至月）	
		1 辛卯		16 丙午	旁生霸	1 庚申	既死霸	16 乙亥		1 庚寅	
		2 壬辰	旁死霸	17 丁未		2 辛酉		17 丙子		2 辛卯	
		3 癸巳	王步自周	18 戊申		3 壬戌		18 丁丑		3 壬辰	
		4 甲午		19 己酉		4 癸亥	夜陈	19 戊寅		4 癸巳	
		5 乙未		20 庚戌		5 甲子	克商	20 己卯		5 甲午	
		6 丙申	实朔	21 辛亥		6 乙丑		21 庚辰		6 乙未	
		丁酉		22 壬子		7 丙寅	实朔	22 辛巳		7 丙申	实朔
		8 戊戌		23 癸丑		8 丁卯		23 壬午		8 丁酉	
		9 己亥		24 甲寅		9 戊辰		24 癸未		9 戊戌	
		10 庚子		25 乙卯		10 己巳		25 甲申		10 己亥	
		11 辛丑		26 丙辰	实立冬	11 庚午		26 乙酉		11 庚子	实冬至
		12 壬寅		27 丁巳		12 辛未		27 丙戌			
28 戊子	师始发	13 癸卯		28 戊午	度孟津	13 壬申		28 丁亥			
29 己丑		14 甲辰		29 己未		14 癸酉		29 戊子			
30 庚寅		15 乙巳				15 甲戌		30 己丑			

由表六可知，从戊子“师始发”到戊午“师度孟津”历时一个月，从戊午“师度孟津”到甲子“克商”历时六天，整个伐纣过程历时一个月零六天。月名按表三所列可分为两个系统：一为《史记·周本纪》、刘歆《世经》、韦昭《国语》注等所载十一月、十二月，属于“殷历”；另一为《尚书·武成》、《尚书序》、《国语·周语》等所

载一月、二月，应属于“周历”。刘歆所谓闰二月在表六中没有位置。

表六以冬至所在月为子月，可见“殷历”以建亥之月为正月，这种亥正历法，文献记载称之为“大正”，笔者有专文论述[9]，此处不赘。当然，如果用“再失闰”来解释此处的“殷历”，就可以回归到“殷正建丑”的文献记载上来。

“周大正”以建子之月为岁首，而其“小正”以建寅之月为岁首，最明显的例子如《诗经·豳风·七月》，即以“小正”（寅正）为月序，而以“大正”（子正）定岁首：

> 七月在野，八月在宇，九月在户，十月蟋蟀入我床下。
>
> 穹窒熏鼠，塞向墐户。
>
> 嗟我妇子，曰为改岁，入此室处。

《礼记·月令》：

> 季秋之月……乃命有司曰：寒气总至，民力不堪，其皆入室。
>
> 是月也……为来岁受朔日……蛰虫咸俯在内，皆墐其户。

“小正”九月（季秋之月）为“来岁”受朔日，民皆入室、墐户，以十月（亥月）为“改岁”，即谓此月岁已尽，以下月十一月（子月）为“来岁”的岁首。此所谓“周正建子”，实指“周大正”而言。

表六中的“周历”不合“周正建子”，而以建戌之月为正月，与建子之月差两个月，应是由“再失闰”造成的。如前引《左传》襄公二十七年（前546年）“司历”以建申之月为建戌，哀公十二年（前483年）以建申流火之月为建亥而怪蛰虫之不伏等，就是再失闰、三失闰的例子。春秋末年尚且如此，周初出现“再失闰”就不足为奇了。

但表六中的历朔与实朔相差六日之多，这是不能用失误来解释的。既已知“辰在斗柄”，那么历朔与实朔应基本相符。问题出在刘歆以“岁在鹑火、月在天驷、日在析木之津”为戊子日“师始发”时的天象，而笔者认为《国语》本身讲的是“癸亥夜陈”时的天象。因为癸亥夜“月在天驷、日在析木之津”，则日月合朔必在癸亥以后2~3日，断不可以在癸亥以前；而刘歆的历朔推排在癸亥以前3日庚申朔，以此判断刘歆所排历朔不合《国语》本意，是不可靠的。

总之，以公元前1082年为伐纣年，有关岁、月、日、辰、星所在的天象问题，以及历朔、节气、失闰、建正等历法问题都能得到很好的解释，而刘歆有关伐纣天象的解释及其所排历朔不可靠。

---

〔9〕 武家璧《云梦秦简日夕表与楚历问题》，《考古与文物》2002先秦考古专号。

五、结　语

分析《国语·周语》载伶州鸠所述武王伐纣时的天象信息，可以明确：其论述音律部分所说的“辰在斗柄”指明了伐纣时一个朔日的太阳位置，论述音调部分所说的“辰在戌上”指明了克商前夕（癸亥夜）的斗建位置，两者实际限定在立冬附近的同一时段。伶州鸠所述武王伐纣时“岁在鹑火，月在天驷，日在析木之津，辰在斗柄”等，就是牧野之战前夕癸亥夜周师布阵时的天象，并非自刘歆以来传统说法所指周师始发时的天象。这一结论得到利簋铭文“甲子朝岁鼎”以及《淮南子》载“武王伐纣东面而迎岁”等文献记载的印证。

根据上述天象特征，我们推算得到武王克商的甲子日最有可能是公元前1082年11月25日甲子。此结果与天文条件符合得最好，从天文年代学的意义上看是“最优解”，但与夏商周断代工程关于商周之际的考古测年范围（前1050～前1020年）有一定差距。考古学碳十四年代是一个统计量，天文年代与其相差30多年，应是可以接受的。但如果一定要在考古测年范围内找一个对应的天文年代，那么公元前1046年11月16日甲子可以为武王克商年代、历日的“次优解”。

西周时期的楚与荆

牛世山*

The Chu 楚 State was a very important state in southern China in the Western and Eastern Zhou periods. The study on the Chu culture and the history of the Chu state closely relates to the research on the Jing 荆 people. In the Shang and Zhou bronze inscriptions and ancient texts, names pertaining to Chu and Jing include Chu, Chujing, Jingchu, Jing and Jingman 荆蛮. The paper, based on a comprehensive analysis of the documentary and archaeological data, discusses the differentiation between Chu and Jing, the original fief of Chu in the Western Zhou period, the territory of the Jing people and the characteristics of the Jing culture.

商周金文和先秦典籍中关于国或族的称谓有"楚"、"楚荆"、"荆楚"、"荆"、"荆蛮"之名，其中"楚"应指芈姓楚国族，现无疑义，至于其他称呼，或以为全指楚国或楚族，是其不同的称呼，或认为并非全为楚国或楚族之称，有的应该指荆族，并涉及楚、荆地望及文化关系等问题。本文在前人研究的基础上，试就楚与荆之别、西周时期的楚与荆族地望及其文化关系等作进一步探讨。

一

综观先秦典籍，多将芈姓楚国之号常称为"楚"，有的时候也称为"荆"，也有少数典籍如成书于战国晚期的《吕氏春秋》、《韩非子》将芈姓楚国之号常称为"荆"，有的时候也称为"楚"，而汉及以后的文献中常称之为"楚"。迄今为止的有关研究中，流行的观点认为前引称号应指楚国或楚族，甚至有"荆"为楚国本号说[1]。如果这些都为楚号，不免让人产生这样的疑问，楚国的本号到底是什么？是"楚"还是"荆"？还是其他称号？而很多问题的讨论，都与此有关联。

依据大多数先秦典籍的有关记载，楚国的本号当为"楚"，这应该是没有问题的，

* 作者系中国社会科学院考古研究所副研究员。

〔1〕《春秋》庄公十年杜预注。

但现在毕竟还有不同的说法，故在此略加辨析。

在有关典籍中，楚国国君及上层贵族自称为“楚”，未见称“荆”或其他称呼，有关楚国君自铸的铜器更是如此，从现知西周时期的楚公逆钟〔2〕、楚公豪钟〔3〕和戈〔4〕,到战国时期的楚王铜器，无不自称为“楚”；在非自称之名中，陕西周原出土的西周早期甲骨卜辞中有“楚子”〔5〕之名，这是周人对楚君明确的称呼，而且时代较早，这些足证“楚”为楚国本号，而前引其他称呼应不会是楚的本号。

上文提及，《吕氏春秋》、《韩非子》将芈姓楚国之号称常为“荆”，有的时候也称为“楚”。为何这两书中关于楚国的称谓与其他大多数典籍相异，一般认为，因两书的成书及其流传都与秦国有关，秦庄襄王名楚，时代略早于两书的成书年代，书中称楚为“荆”是为了避秦王讳，我们认为是有道理的。

但自西周末以来，楚又被称为“荆”、“荆蛮”：

《国语·郑语》：“史伯答郑桓公曰：‘当成周者，南有荆蛮……’对曰：‘夫荆子熊严生子四人，伯雪、仲雪、叔熊、季紃。……蛮芈蛮矣，唯荆实有昭德，若周衰，其必兴矣。’”

《春秋》庄公十年：“秋九月，荆败蔡师于莘，以蔡侯献舞归。”而《左传》庄公十年：“九月，楚败蔡师于莘，以蔡侯献舞归。”

《左传》昭公二十六年：“王子朝……奉周之典籍以奔楚。……王子朝使告于诸侯曰：‘……兹不谷震荡播越，窜在荆蛮……’”

又称之为“楚荆”：

子犯编钟〔6〕：“隹（惟）王五月初吉丁未，子犯又（佑）晋公左右，来复其邦。诸楚荆不听命于王所，子犯及晋公率西之六师，博伐楚荆，孔休大工。楚荆丧厥师，灭厥九……”

子犯编钟铭文所记晋伐楚荆，即春秋中期的晋楚争霸之事，其中双方的争霸大战——城濮之战，在《左传》僖公二十八年有详细记述，这里的“诸楚荆”应指楚国及其附属国。

---

〔2〕 a. 罗振玉《三代吉金文存》一．二十；b. 山西省考古研究所等《天马—曲村遗址北赵晋侯墓地第四次发掘》，《文物》1994年第8期。

〔3〕 同〔2〕a，一．五～一．七。

〔4〕 高至喜《“楚公豪”戈》，《文物》1959年第12期。

〔5〕 a. 陕西周原考古队《陕西岐山凤雏村发现周初甲骨文》，《文物》1979年第10期；b. 徐锡台《周原甲骨文综述》，三秦出版社。

〔6〕 闻喜晋公墓葬盗出，见a. 张光远《故宫新藏春秋晋文称霸“子犯和钟”新释》，《故宫文物月刊》第143卷1期；b. 李学勤《补论子犯编钟》，《中国文物报》1995年5月28日。

又称楚王为“荆王”：

湖北荆门包山出土的战国楚简第246：“祷荆王自熊绎以庚武王，五牛、五豕。”[7]

楚何以有“荆”、“楚荆”等称呼，应有其历史背景。

楚在西周仅是一个小国，地域狭小，《史记·十二诸侯年表》：“齐、晋、秦、楚其在成周微甚，封或百里或五十里。”到春秋早期还是如此，《左传》昭二十三年：“无亦监乎若敖、蚡冒至于武、文，土不过同……”杜预注：“方百里为一同。”则国土很小。此时楚国且不论国小，周人又视楚为荆蛮而非同族，《国语·晋语》：“昔成王盟诸侯于岐阳，楚为荆蛮，置茅蕝，设望表，与鲜卑守燎，故不与盟。”周原H11出土西周甲骨卜辞也记载：“其微、楚，乃厥燎，师氏受燎。”因此，楚并不为周王朝重视，西周早期之时楚君没有参加诸侯盟会的资格，只是以守燎的身份参与盟会，可见其在诸侯国中确属于地位较低者。

但正因为“楚为荆蛮”，春秋以来，“楚成王初收荆蛮有之”（《史记·齐太公世家》），服荆蛮而统辖其地。随着楚国地域的扩大和“楚”与“荆”所指地理范围的趋同，自然就会产生两者混称的情况。比如前引荆门出土的战国楚简中除有称楚为“荆”的情况外，还同出有称“楚”的竹简[8]。类似的例子是很多的，如《战国策·楚策》“城浑出周”条以郑谓韩；《孟子·梁惠王上》和《战国策·魏策》魏人自称魏为晋，安徽寿县出土的鄂君启节铭文有“大司马邵阳败晋师于襄陵之岁”[9]，这里称魏为晋。

又：《春秋》庄公十年：“荆败蔡师于莘。”《穀梁传》解释说：“荆者，楚也。何谓之荆？狄之也。圣人立，必后至，天子弱，必先叛，故曰荆，狄之也。”其意称楚为“荆”是表示蔑视、轻贱之意。“荆”字本身应无贬义，但当时楚国所辖的荆蛮之地经济、文化水平相对落后，必然受到发展水平较高的华夏诸国的轻视。如秦非戎狄，但发展水平较低，直到战国中期，关东诸国仍“夷翟遇之”（《史记·秦本纪》）。所以，结合当时的历史背景来看，穀梁氏对《春秋》的解释也有一定的道理。前引子犯编钟铭文称楚为“楚荆”，而从《春秋》等典籍看，当时的各国普遍称楚国为“楚”，从此钟铭文的口气明显可以看出“楚荆”也是对楚的贬称。

西周中期前后，还有以“楚荆”、“荆”等为名的族：

《初学记》卷七引《古本竹书纪年》：“（周）昭王十六年，伐楚荆，涉汉，遇大兕。”

---

〔7〕 湖北省荆沙铁路考古队《包山楚简》，文物出版社，1991年。

〔8〕 荆门楚简第217：“祷楚先老僮、祝融、鬻熊各一牂。”第237：“祷楚先自老僮、祝融、鬻熊各两羖。”

〔9〕 郭沫若《寿县出土的鄂君启金节》，《文物参考资料》1958年第4期。

史墙盘[10]：“弦鲁卲王，广能楚荆，隹寏南行……”

駿㝬簋[11]：“駿㝬从王南征，伐楚荆，有得，用乍（作）父戊宝隮彝。吴。”

鳿叔簋[12]：“隹（惟）九月，鳿叔从王员征楚荆，在成周，诲乍（作）宝簋。”

与此有关的还有单称“楚”、“荆”者：

夨簋[13]：“隹（惟）王于伐楚，白（伯）在炎。”

过伯簋[14]：“过白（伯）从王伐反荆，孚金，用乍（作）宗室宝隮彝。”

𤔲簋[15]：“𤔲从王伐荆，孚，用乍（作）隮簋。”

这些青铜器铭文所指的对象是否都为楚国，还需进一步分析。

据研究，这些铭文记载的是周昭王南征的史实[16]。昭王南征是西周中期的重大事件，此事还见于《左传》僖公四年、《吕氏春秋·音初》和《史记·齐太公世家》等。

这些被征伐的对象中，“楚”应是楚国。

关于“荆”，汉以来有指楚国说：

《吕氏春秋·音初》“周昭王亲将征荆”下高诱注：“荆，楚也。秦庄王讳楚，避之曰‘荆’。”《史记·齐太公世家》“昭王南征而不复”下《索隐》引宋忠说：“昭王南伐楚……”今人也有认为指楚国说。

至于“楚荆”，今人普遍认为即指楚，不过也有研究者认为不是楚而是楚附近的其他方国或部落[17]。

上列荆、楚荆到底何指，需作进一步分析。

《今本竹书纪年》记载：“昭王十九年，……祭公、辛伯从王伐楚，天大曀，雉兔皆震，丧六师于汉。王陟。”《左传》僖公四年记载齐桓公伐楚时，以“昭王南征而不复”问罪，楚王却回答：“昭王之不复，君其问诸水滨！”言外之意，昭王南征丧师于汉，与楚无关。所以杜预《集解》说：“昭王时汉非楚境，故不受罪。”由此分析，导致昭王南征而不复之地虽然与楚国无关，但在距楚不远的汉水附近。

如果再联系前引《国语·晋语》和《齐太公世家》的记载和当时的形势来看，上

---

〔10〕陕西省考古研究所等《陕西出土商周青铜器》2.4、2.24，文物出版社，1980年。

〔11〕刘体智《小校经阁金文拓本》7.43。

〔12〕陕西省文物管理委员会《西周镐京附近部分墓葬发掘简报》M17∶11、16，《文物》1986年第1期。

〔13〕同〔2〕a，九．二六～九．二七。

〔14〕同〔2〕a，六．四七。

〔15〕同〔2〕a，七．二一。

〔16〕唐兰《论周昭王时代的青铜器铭刻》，《唐兰先生金文论集》，紫禁城出版社，1995年。

〔17〕卢连成《㡉地与昭王十九年南征》，《考古与文物》1984年第6期。

列文献和青铜器铭文中的“荆”所指当不会是楚国，而应是楚国附近的荆族，亦即有关记载所称的荆蛮。所以西周青铜器铭文记载的昭王南征，就是讨伐反叛的楚国和附近的荆族。

由此来看，以国、族而言，西周时期的楚荆与楚国并非完全等同。值得注意的是，有关昭王南征的铜器铭文记载的征伐对象既有楚、荆，又有楚荆。如果将“楚”、“荆”连称就成了“楚荆”。由此推断，因为昭王的南征对象既有楚，又有荆，时人在记载此事时将其连称为“楚荆”。后人对此情形不明，遂有了楚荆即楚之解。因此，以国、族而论，“楚荆”很可能是“楚”与“荆”的合称。

还有蛮荆，《诗·采芑》：“蠢尔蛮荆，大邦为仇！……显允方叔，征伐玁狁，蛮荆来威。”这里蛮荆就是荆蛮，应指荆族。

另有荆楚，《诗·商颂·殷武》：“挞彼殷武，奋伐荆楚，罙入其阻，裒荆之旅。……维女荆楚，居国南乡。”其中“荆楚”与“荆”共用，这里荆楚应该就是荆族。据毛苌传，此诗为东周时期的宋国人祭祀其先祖高宗（商王武丁）之乐，美扬武丁伐荆之功。那么，这里的荆楚和荆应指商代的荆族，当与后来的楚国无关。

以上对金文、文献中有关记载的梳理说明，“楚”是楚国的本号，西周时期既有楚国，又有荆族，时人称后者为荆蛮，楚国立国于荆族活动的地域。“荆楚”所指当为荆族，它不等同于芈姓楚国族。

二

楚君位列周朝诸侯，当在鬻熊以后，鬻熊及以前先代尚被称为“楚先”，即先祖，见荆门包山出土的战国楚简〔18〕。《史记·楚世家》记载楚之始封当熊绎之时：“熊绎当周成王之时，举文、武勤劳之后嗣，封熊绎于楚蛮，封以子男之田，姓芈氏，居丹阳。”然始封之地在何处，历来颇多异说。

东汉班固首创当涂说，《汉书·地理志》丹阳郡丹阳县下自注：“楚之先熊绎所封，十八世，文王徙郢。”此地在今安徽当涂县。清末王先谦从之〔19〕。

然而，东汉时期还另有他说，唐张守节《史记正义》引东汉末颖容《春秋三传例》：“楚居丹阳，今南郡枝江县故城是也。”〔20〕即所谓枝江说。刘宋时期的徐广同此，

〔18〕 同〔8〕。

〔19〕 王先谦《汉书·地理志·补注》丹阳郡丹阳县条，中华书局，1983年。

〔20〕 张守节《史记·楚世家·正义》“（熊绎）居丹阳”下引。

而为裴骃的《史记集解》采用[21]。今人也对此说作了论证[22]。

晋袁崧《宜都山川记》："秭归，盖楚子熊绎之始国……"[23]意即此地为楚国始封地。《水经注·江水》："丹阳城，……楚子熊绎始封丹阳之所都也，《地理志》以为吴子之丹阳。论者云：寻吴楚幽隔，缁缕荆山无容远在吴境，是为非也。又楚子先王陵墓在其间，盖为征矣。"则成另一说，即秭归说。唐李泰《括地志》、《后汉书·南蛮传》李贤注、李吉甫《元和郡县图志》等从之。今人也有持此说者[24]。

唐司马贞《史记·楚世家·索隐》"（楚）与秦战丹阳"下说："此丹阳在汉中。"《史记·韩世家·索隐》"败楚将屈丐，斩首八万于丹阳"下又作注说："故楚都，在今均州。"则又别为一说。清代宋翔凤在《楚鬻熊居丹阳武王徙郢考》中对此作了详细论证[25]，提出丹淅之会说。今主此说者又发展为先陕西商县、后丹淅之会说[26]，认为熊绎所居之丹阳在今陕西商州一带，附近有以"荆"、"楚"为名的山水可证；西周中期以后楚人南迁至今丹淅之会一带；南迁汉水以南，是在楚武王或以后。

与以上诸说不同，王光镐先生提出湖北南漳说，认为楚的始封地在今湖北南漳、保康两县之间的荆山附近，这在《楚文化源流新证》中论证较详[27]。

上引五说中，当涂说今少有论及。其他各说，都有一些文献根据，将有关楚始封地地望的各种可能性都提出来了，而且所指地域已相当广大，让人无所适从。下文从文献记载和考古发现两方面对有关问题进行讨论。

关于西周的楚国始封地问题，文献中确有一些线索可寻，不过长期以来以文献记载为主要依据的讨论，学界毕竟没有就此问题达成共识。但现在楚文化特别是西周时期楚文化的考古发现也日渐增多，在此基础上关于楚国始封等问题的研究条件日渐成熟。不管西周时期的楚国在何处，当地必然有楚人留下的遗迹、遗物。因此，以有关文献记载为线索，以楚文化研究为基础，根据楚文化的分布、发展来研究楚国封域与楚人迁徙等问题，应是研究有关问题的主要方法。

---

〔21〕裴骃《史记·楚世家·集解》引徐广说："在南郡枝江县。"

〔22〕a. 黄盛璋、钮仲勋《楚的起源和疆域发展》，《地理知识》1979年第2期；b. 高应勤、程耀庭《谈丹阳》，《江汉考古》1980年第2期；c. 高应勤《再谈丹阳》，《楚文化考古论文集》，武汉大学出版社，1992年。

〔23〕（北魏）郦道元《水经注·江水》"又东过秭归县之南"下引。

〔24〕a. 刘彬徽《试论楚丹阳和郢都的地望和年代》，《江汉考古》1980年第1期；b. 杨宽《西周时代的楚国》，《江汉论坛》1981年第5期。

〔25〕宋翔凤《过庭录》卷九，中华书局，1986年。

〔26〕a. 石泉、徐德宽《楚都丹阳地望新探》，《江汉论坛》1982年第3期；b. 石泉《楚都丹阳及古荆山在丹、淅附近补正》，《江汉论坛》1985年第12期。

〔27〕王光镐《楚文化源流新证》，武汉大学出版社，1988年。

楚文化的研究已历数十年，取得了丰硕的成果，已发现相当数量的遗址和墓葬。现在，已建立了主要遗存的年代序列，对各个时期的文化特征也有了比较准确的把握。同时，有关地区商周时期其他考古学文化的发展序列也日渐清晰。在楚文化分布区边缘的一些遗址，还显示出楚文化逐渐替代其他文化的现象。通过相关地区文化变迁的考察，揭示出西周以来楚文化不断扩张的进程，并由此追溯最早时期楚文化的中心分布区，从而可能确认楚国的始封地。

现已发现的最早的楚文化遗存以湖北当阳磨盘山〔28〕遗址为代表，时代早到西周中期偏晚，更早的遗存仍在探索中；春秋、战国时期的遗存以江陵雨台山〔29〕、当阳赵家湖〔30〕等地的墓葬最为典型。

从楚文化的分布看，春秋中晚期以来，楚文化遗址和墓葬广布于以江汉流域为中心的长江中、下游广大地区，楚已是当时诸国中的大国，地方数千里，疆域完全涵盖了前引诸说所指的地区，也就无法判定哪一说是正确的。

西周至春秋早期，楚文化的分布地域则明显较小。

在西周中晚期，楚文化遗址多见于江汉平原西部以沮漳河流域为中心的地区，在以西的长江西陵峡区的秭归一带也有发现。典型遗存除磨盘山外，还有江陵荆南寺〔31〕,当阳付家窑〔32〕、杨木岗〔33〕，秭归官庄坪〔34〕等。春秋早期，楚文化分布的中心区仍然在那一带，只是分布范围有所扩大。

就在这个时期，在楚文化的周围，还分布着其他考古学文化。

在南边，西周早中期之时，以澧水流域为中心，分布着以澧县斑竹〔35〕、松滋博宇山〔36〕遗址为代表的皂市文化晚期遗存，其势力曾扩展到长江北岸的沙市一带〔37〕。在该文化的中心区，西周时期当地基本看不到楚文化的因素，但到春秋早期，当地基本

---

〔28〕 宜昌地区博物馆《磨盘山遗址试掘简报》，《江汉考古》1984年第2期。

〔29〕 湖北省荆州地区博物馆《江陵雨台山楚墓》，文物出版社，1984年。

〔30〕 湖北省宜昌地区博物馆等《当阳赵家湖楚墓》，文物出版社，1992年。

〔31〕 荆州地区博物馆等《湖北江陵荆南寺遗址第一、二次发掘简报》，《考古》1989年第8期。

〔32〕 以H1为代表。宜昌地区博物馆《当阳付家窑两周遗址调查简报》，《江汉考古》1989年第4期。

〔33〕 湖北省博物馆《沮漳河中游考古调查》图六：1、3、4，《江汉考古》1982年第2期。

〔34〕 以H3为代表。胡雅丽、王红星《秭归官庄坪遗址试掘简报》，《江汉考古》1984年第3期。

〔35〕 何介钧、曹传松《湖南澧县商周时期古遗址调查与探掘》，《湖南考古集刊》第4辑，湖南大学出版社，1984年。

〔36〕 荆州地区博物馆《湖北松滋博宇山遗址试掘简报》，《文物资料丛刊》10辑，文物出版社，1987年。

〔37〕 沙市市博物馆《湖北沙市周梁玉桥遗址试掘简报》，《文物资料丛刊》10辑，文物出版社，1987年。

不见先前文化的遗物，而以楚文化风格的器物如鬲、豆、罐等为主，说明这时当地已成为楚文化的分布范围。

在东边的武汉一带，是以武汉市纱帽山〔38〕、汉川县乌龟山〔39〕为代表的典型周文化遗存。其中到西周晚期，部分鬲的裆部宽而平，柱足较高，这些被公认是楚式鬲的典型特征，可能是受楚文化的影响而产生的。

在北方，最能说明问题的是襄樊真武山遗址〔40〕，这里在西周早中期是典型的周文化遗存，西周晚期出现了楚式器物，但文化性质仍属于周文化。到春秋早期，已经以楚文化因素为主，应属于楚文化。

在西方的长江西陵峡区，秭归庙坪西周中期遗址出有陶釜、豆、杯、罐、缸等器物，还同出有浓厚楚式风格的联裆鬲〔41〕，该遗存属于何种文化尚不清楚。但从官庄坪遗址看，西周晚期之时这里为楚文化分布区。

从楚文化与周邻考古学文化的分布态势及其变迁可以看出，至少自西周中期以来，楚文化分布于以沮漳河流域为中心的长江中游地区，向西分布到长江西陵峡区。随着楚文化的扩张，才逐渐扩展到周围其他地区。结合磨盘山、赵家湖等地的遗存来看，在这一地区，楚文化自西周中期以来没有中断，这说明至少自西周中期以来，楚国是从这里发展起来的。联系文献中有关西周早期以来楚人活动的记载，有理由相信，这一地区的楚文化应该早到西周早期，即楚国始封之时。

从西周时期楚文化的分布地域可以看出，有关楚国始封的诸说中，只有枝江说、秭归说所指的楚始封地在现知最早的楚文化分布区范围内，其他诸说超出了此范围。因此，枝江说、秭归说以外诸说所指的地区就不会是西周楚国的始封之地。

根据有关文献记载，楚被封于荆族之地。荆族是商周时期活动于以江汉腹地为中心的长江中游的部族，或称之为“荆蛮”，这在后文还要详谈。所以楚国始封地只能在以江汉腹地为中心的荆族活动之域。《史记·楚世家》记载，当周夷王之时，楚人活动于江汉一带，楚公熊渠“甚得江汉间民和，乃兴兵伐庸、扬粤，至于鄂。熊渠曰，我蛮夷也，不与中国之谥号，乃立其长子康为句亶王，中子红为鄂王，少子执疵为越章王，皆在江上楚蛮之地。”值得注意的是，宋代在湖北嘉鱼出土了西周晚期的楚公逆

---

〔38〕 武汉市博物馆等《1996年汉南纱帽山遗址发掘》，《江汉考古》1998年第4期。

〔39〕 湖北省文物考古研究所《汉川乌龟山西周遗址试掘简报》，《江汉考古》1997年第2期。

〔40〕 湖北省文物考古研究所等《湖北襄樊真武山周代遗址》，《考古学集刊》第9集，科学出版社，1995年。

〔41〕 孟华平等《秭归庙坪遗址发掘的主要收获》，《江汉考古》1997年第1期。

钟〔42〕，20世纪50年代湖南还曾收购一件西周晚期的楚公冢戈〔43〕，前引武汉市汉南区的纱帽山西周晚期遗存中出现了楚式风格的陶鬲。联系有关文献记载，这些楚公所用的铜器和具有浓厚楚文化特征的遗物在当地出现决不是偶然的，应该是楚人活动踪迹的反映。这证明，早在西周时期，楚人已活动于长江中游一带。这些情况无疑有利于枝江说和秭归说，而与其他诸说相背离。

但在目前有关各说中，枝江说以外的其他观点尤其是丹淅之会说相当盛行。下面对其他各说所持论据逐一分析。

有研究者力主楚国始封于河南西南的丹淅之会，所据是以陕南商州至豫西南一带西周时期的考古学文化为证。实际上，那一带的西周时期文化遗存属于周文化，与公认的楚文化有明显的区别。从考古学文化看，楚文化的渊源是周文化，本身属于大的周文化系统，但楚文化有着与典型周文化不同的独特地域文化特征，核心是以楚式鬲为代表的器物群。依此来衡量，从均县朱家台等遗址〔44〕看，楚文化扩张和影响到豫西南一带是春秋以来的事。如果将那一带的西周文化遗存当做西周时期的楚文化，整个西周文化岂不都成了楚文化？那么，整个西周文化分布区的任何地方都成了楚始封地？这显然不会符合实际情况。而且，这也与西周以来楚文化的发展相矛盾。

还有力主丹淅之会的研究者认为，楚始封地在陕西商州，后南迁至丹淅，再到江汉腹地。我们以为这还有讨论的余地。据有关文献记载，楚初封丹阳，楚武王或文王迁郢（今江陵纪南城）。武、文之时，楚已雄居南国，其迁郢当非受压被动之举。根据两周时期的情况看，周王朝及其诸侯国中心的主动迁移都限于其辖地之内，没有超出其疆域的情况，甚至周王朝的迁都行动也仅限于王畿之内。典型的如晋国自绛到新绛、周王朝从宗周迁到成周，都是如此。那么，楚国中心的迁移也不会超出此种情况。而从陕西南部到湖北境内的江汉腹地，其间地域广阔，在西周时期决非仅楚一国之地，实际情况也是其间国家众多，《春秋》、《左传》中记载的就有不少。如果楚自陕南商州南迁，必要越过他国。但楚在西周仅是一个小国，春秋初期尚且“土不过同”，那么，所谓楚越他人之国不断南迁仅成了大胆的猜测了。

实际上，楚虽自武王或文王始迁郢，而考古发现证明，至少自西周中晚期以来，郢地一带已为楚国的势力范围。前人对此也有深入研究，清高士奇《春秋地名考略》说：“案昭二十三年，子囊城郢，沈尹戌曰：若敖、蚡冒至于武、文，土不过同，慎其四境，犹不城郢。今土数圻，而郢是城，不亦难乎！依此则楚之居郢已久，并不始于

〔42〕 同〔2〕a。

〔43〕 同〔4〕。

〔44〕 中国社会科学院考古所长江工作队《湖北均县朱家台遗址》，《考古学报》1989年第1期。

武王。又疑诸徙都，必数世而后定。……楚人徙郢，当亦如是，故栾武子言：若敖、蚡冒，筚路蓝缕，以启山林。可见经营已久，至武、文始定耳。”结合现今楚文化的考古发现来看，这个推论是非常正确的。因此，郢地在武、文以前虽非楚国中心，但已为其辖地，楚经过长期经营，才有迁郢之举。

在现今有关的讨论中，论者还将带有“荆”、“楚”之称的一些地名、山水与楚国都丹阳的地望相联系，有的研究者还特别强调荆山、丹阳与楚国始封地的关系，以此作为判定楚国始封地地望的主要依据。我们认为，文献中类似于带有“荆”、“楚”之称的一些与某国、族相同的地名和山水，存在于很多地方，它们与古族有何联系，确实需要认真研究，但我们以为，这些只能作为探讨有关问题的线索，并不能作为主要或首要的依据，从来有关楚国始封地的几种观点的分歧本身说明这种研究方法是不全面的。下面就这些方面作进一步讨论。

前引司马贞《史记·楚世家·索隐》中首将战国时期的秦、楚丹阳之战之地与楚都相联系，从而成为现今丹淅之会说的重要依据，此说并以《山海经·中山经》所记载的荆山就在今天的丹淅之会一带为据。但《中山经》中所记的荆山地望之说也系清人推论，是否属实，尚需研究，当然不能作为定论，即使如此，这里也不敢妄加否定。而唐代司马贞说也仅为一家之言，如前引李泰《括地志》又另主一说。可见，在唐代，司马贞说并非唯一正确的定论，自然有继续研究的必要。

关于秦、楚丹阳之战，其背景是秦为破齐、楚合纵，派张仪以商于之地诳楚，两国构怨而发生了大规模的战争。《史记·楚世家》：“十七年春，与秦战丹阳，秦大败我军，斩甲士八万，虏我大将军屈丐、裨将军逢侯丑等七十余人，遂取汉中之郡。”对此事，《史记·屈原列传》则说：“秦发兵击之，大破楚师于丹、淅……”说明战争地点是在丹、析一带，那么，这里的“丹阳”应该理解为一片较大的地区（丹水之阳），而非一个小地名〔45〕，因而这个丹阳并非如论者所说与楚都有何联系。

事实上，就在这一带，在西周末、春秋早期是与楚并存的鄀国所在：

《左传》僖二十五年：“秋，秦、晋伐鄀。楚斗克、屈御以申、息之师戍商密。秦人过析，隈入而系舆人，以围商密，昏而傅焉。宵，坎血加书，伪与子仪、子边盟者。商密人惧，曰：‘秦取析矣，戍人反矣！’乃降秦师。秦师囚申公子仪、息公子边以归。”杜预注：“鄀本在商密，秦楚界上小国。”“商密，鄀别邑，今南乡丹水县。”

按《左传》意，秦军既然绕过析而围商密，说明商密是鄀国的重要城邑，或即国都〔46〕。商密所在，《汉书·地理志》弘农郡丹水县下：“密阳乡，故商密也。”《后汉

〔45〕 同〔24〕b。

〔46〕 顾栋高《春秋列国及爵姓存灭表》，《春秋大事表》卷五，中华书局，1993年。

书·郡国志》南阳郡下："丹水，故属弘农。有章密乡。"章密即商密[47]。关于其准确位置，《水经注·丹水》记载得较清楚："（析水）南流入丹水县，注于丹水，故丹水会均有析口之称。……丹水又迳丹水县故城西南，县有密阳乡，古商密之地。"依此来看，商密在丹淅之会以下、今淅川县南部的丹江水库一带。可见，鄀都商密与丹淅之会说所指的楚都丹阳完全重合，但有关鄀国的文献言之凿凿，那么，这里只能是鄀国中心，自非楚都丹阳所在。

然而，论者为摆脱楚都丹阳与鄀都同处一地的矛盾，将后者挪到了淅川县以北、西峡县西的丁河故城[48]。还有研究者认为下鄀在陕西商县，上鄀在丁河故城，并说前引《左传》所记秦军在伐鄀之时，楚国出兵是防备秦军侵楚，并非为救鄀，楚人戍守的析邑实为楚邑，商密人为楚国居民[49]。实际上，这次楚人出兵就是救援鄀国，《左传》的记载非常清楚。这种戍守他国的情况在春秋时期是很多的，如《诗·扬之水》记载的周人戍申、戍甫（吕）、戍许，《春秋》及《左传》记载的鲁桓六年诸侯之师戍齐，闵公二年齐公子无亏帅车三百乘、甲士三千人戍曹，僖公二十八年鲁公子买戍卫，宣十年诸侯之师戍郑等。所以，所谓楚戍析非救鄀之说是对有关文献记载的误解。

从析、商密的相对位置来说，《左传》记载秦军伐鄀的路线是先越过析，然后围商密，可见析距秦近，偏西北，商密距离秦国较远，在析之南或东南。鄀之析邑后为楚国析邑、汉代析县，汉析县故址就在今西峡县城附近[50]，丁河故城位于今西峡县西不远的老灌河（古淅水）西，这里在汉代应是析县辖地。但鄀都商密并不在汉代的析县，而在丹水县，前引《汉书·地理志》和《后汉书·郡国志》的记载非常清楚，据上引《水经注》记载它就在丹淅之会南边，而丁河故城远在丹淅之会西北，两者距离还比较远。显然，文献记载的鄀都商密地望与丁河故城不合。因此，我们纵然承认丁河故城为鄀国城邑，但决非商密所在，也就不会与楚都丹阳有什么关系。

此外，如前所说，很多研究者还将楚国始封地置于陕西南部商州地区，因为这里有很多以"荆"、"楚"为名的山或水，认为这是楚人曾在这里活动的见证。这里在西周时期的归属到底如何，当地出土的西周铜器可以说明问题。

虎簋[51]，丹凤县西河乡出土，铭文为："隹（惟）卅年四月初吉甲戌，王在周新宫，各于大室。密叔入右（佑）虎，即立。王乎入（内）史曰：'册命虎……'虎敢

---

〔47〕王先谦《汉书·地理志·补注》弘农郡丹水下："《续志》：'章密乡'，先谦案：章是商之误。"

〔48〕徐少华《鄀国铜器及其历史地理研究》，《江汉考古》1987年第3期。

〔49〕赵世纲《从楚人初期活动看丹阳之所在》，《楚文化研究论集》第四集，河南人民出版社，1994年。

〔50〕国家文物局主编《中国文物地图集·河南分册》，第226、546页，中国地图出版社，1991年。

〔51〕王翰章等《虎簋盖铭简释》，《考古与文物》1997年第3期。

拜稽首，对扬天子丕显鲁休。虎曰：'丕显朕剌且考，啖明克事先王，肆天子弗望厥孙子，付厥尚（常）官。天子其万年，申兹命。'……"

𢿱鼎，宋代商州出土[52]，铭文为："隹（惟）王廿又三年九月，王在宗周。王令𢿱□司九陂……"

墼史鼏壶盖[53]，洛南县陈陈垌乡水岔村出土，铭文为："墼史鼏乍宝壶，用𪞞祀于兹宗室，用追福录于兹先申（神）且（祖）皇享叔，用易眉寿无疆，用易（赐）百福。子子孙孙其万年永宝用享。"

史密簋[54]，在商州西南的安康王家坝出土，铭文为："隹（惟）十又一月，王令师俗、史密，曰：东征，……对扬天子休……"

以上所引铜器的出土地点涵盖了今天陕西商州地区及安康部分地区，有意思的是，这些铜器的作器者多明确为周王臣属，而非诸侯，据铜器铭文，多为纪念周王赏赐而作器，铜器的出土地基本可以肯定是作器者的封地或居地。由此说明，这里最有可能属于西周王畿地区了。

不过，宋代在商州还曾出土一件下鄀公鼎[55]，铭文为："隹（惟）十又四月既死霸壬午，下蠚（鄀）雒公諴乍（作）䵼鼎，用追享孝于皇且（祖）考，用祈眉寿万年无疆，子子孙孙永宝用。"这似乎又说明这里可能是鄀国辖地。

关于鄀公鼎的来源，《考古图》卷一称："右得于上雒"，"《集古》作商雒鼎"。从《考古图》引用《集古录》的记载看，鼎出自宋代的商洛县。此县在宋代隶属上洛郡商州，州管辖上洛（州治）、商洛、洛南、丰阳、上津五县。商洛县治在当时的州治（上洛县）东南八十里[56]，即今丹凤县商镇一带，辖今丹凤、商南县地，东临之地为今天的河南西峡、淅川县，后两地为文献记载的西周鄀国辖地。今丹凤县东南不远为著名的武关，关外的商南县虽为陕西管辖，但从有关文献记载看，两汉之时，这里的行政区划是以武关为界的，其中武关还属于关外县辖地[57]，那么，春秋乃至西周时期这里的行政区划极有可能也是如此。也就是说，今天的商州地区在西周时期应该分别隶属于周王畿与鄀国，两者可能以武关为界，武关以内这一广大地区属于王畿范围，而

---

〔52〕 赵九成《续考古图》卷四，中华书局，1987年；薛尚功《历代钟鼎彝器款识法帖》卷十，中华书局，1986年。

〔53〕 穆海亭《墼史鼏壶盖铭文考释》，《周秦文化研究》，陕西人民出版社，1998年。

〔54〕 李启良《陕西安康市出土西周史密簋》，《考古与文物》1989年第3期。

〔55〕 吕大临《考古图》卷一，中华书局，1987年。

〔56〕 王存《元丰九域志》卷第三，陕西路上洛郡下："商洛，州东八十里。"中华书局，1984年。

〔57〕《后汉书·郡国志》南阳郡下刘昭注："析，故属弘农，……有武关，在县西。"《水经注·丹水》引东汉文颖说："武关在析县西一百七十里，宏农界也。"

武关外的狭窄地带属于鄀国，该国的中心更在东南的丹淅之会一带。因此，上引鄀公鼎在宋代被称为商雒鼎也就不足为奇，因为它的出土地点很可能在宋代商洛县东南的武关以外，即今天的商南县一带。

综合以上分析可以看出，今天的商州地区在西周时期基本属于王畿范围，部分属于鄀国辖地，但都与楚国封地无关。因此，这里虽然有带“荆”、“楚”之称的一些地名、山水，它们与楚国的始封地也不会有什么关系。

在春秋早期的楚武王时期，楚、随两国发生三次战争，见《左传》桓公六年、桓公八年、庄公四年和《史记·楚世家》等，这次战争中楚人的出发地、行军路线也是探讨楚国始封地的重要线索，从来也为研究者所重视。这次战争的背景是楚武王自称王，但未得周王朝的认可，楚为此伐随，让随侯到周庭为其尊王号，承认其地位。如依丹淅之会说，这时的楚都在丹淅之会，那么，楚征伐的首选对象应该是申国，因为它不仅是周王朝在南方的最重要的国家，而且就在丹淅之会的东边，楚不必再三经过邓等他人之国，“济汉”伐随，而且两次未获胜。以如此之师远征随国，难道不怕申等周王朝的南方诸国断其后路？如果楚在汉水之南，情况就完全不同。楚的周围是荆人和一些小国，早在西周厉王之时，楚公熊渠已“甚得江汉间民和”，他们不会对楚构成威胁，楚自然可以北进，渡汉而侵随。

综上分析可见，丹淅之会说实难令人信服。

关于南漳说，此说虽出较晚，确较丹淅之会说合理，因而也得到一些研究者的赞同。但仔细分析，此说论据还很薄弱，其论证的主要依据依然是将荆山等地名与楚国始封地相联系。如依此说，楚始封地在今湖北南漳、保康之间的荆山附近，当地在西周、春秋时期应该是楚国所辖疆域，但直到春秋早期的楚武王时期，那里仍然是罗、卢戎等国辖地[58]，楚国的势力到达那里，是灭了这些国家之后的事。而且，此说首先与楚文化的发展历程不一致，这些也是南漳说无法解释的。

至于秭归说，其所指地区应该是西周晚期以来的夔国所在，这已为学界趋同，因而也不会是楚国始封地。那么，就只有枝江一说可以考虑了。

从前引文献可以看出，有关枝江说的文献记载在诸说中是比较早的，与楚文化的关系看，它所指的楚始封地地望就在西周楚文化的分布区内，这就明显可以看出，楚文化的发展显然与枝江说关于楚国的始封及其发展的解释完全契合。因此，不管熊绎所居丹阳是否就是颖容所指的东汉时期的枝江县故城所在地，这一带应该是西周时期楚人最早的活动地域。于此，我们赞同枝江说。

---

〔58〕 关于楚与这些国族的关系，见《左传》桓公十三年。

三

荆族是一支南方部族，在商代已存在，如《诗·商颂·殷武》记载："维女荆楚，居国南乡。"据前引文献，楚封于荆蛮之域，在西周时期已能和江汉之民。可见，荆族的活动区域在长江中游地区是无可置疑的。关于这一点，还可进一步分析。

关于周昭王的南征及涉汉，《水经注》也有较详细的记载："沔水又东迳左桑，昔周昭王南征，船人胶舟以进之。昭王渡沔，中流而没，死于是水。齐、楚之会，齐侯曰：昭王南征而不复，寡人是问。……庾仲雍言：村老云：百姓佐昭王丧事，故曰佐丧。左桑，字失体耳。……沔水又东得合驿口，庾仲雍言，须导村耆旧云：朝廷驿使，合王丧于是，因以名焉。今须导村正有大殓口，言昭王于此殡殓矣。沔水又东，谓之横桑，言得昭王丧处也。"据《水经注疏》，这些地方在今湖北天门县东南[59]。周师在此渡汉，说明征伐的矛头直指汉水以南的江汉腹地。由此说明，荆族的活动中心无疑就在以江汉腹地为中心的长江中游地区。

商周时期，荆族是王朝南方劲敌。在商代晚期，荆族与商王朝发生过冲突，《诗·商颂·殷武》："挞彼殷武，奋伐荆楚，罙入其阻，裒荆之旅。"西周时期，荆族是周王朝南边最强大的部族之一，对周时叛时服。其中西周中期，反映周与荆族冲突的大事，就是周昭王的南征，并导致昭王南征不复，《史记·周本纪》："昭王南巡守不返，卒于江上。其卒不赴告，讳之也。"并见前引有关文献。西周晚期，荆族仍未完全臣服于周，《诗·小雅·采芑》："蠢尔蛮荆，大邦为仇！……显允方叔，征伐玁狁，蛮荆来威。"考古发现显示，周文化的影响已越长江到达洞庭湖以南地区，甚至在湖南湘潭出土具有西周文化风格的铜器[60]。伴随着周人势力的南进，必然要与荆族发生联系，从而形成或友或敌的关系，这与金文和文献记载中反映的周王朝与荆族关系可相互印证。

然而荆、楚关系不错。《史记·楚世家》记载，周夷王之时，楚公熊渠"甚得江汉间民和"，甚至连楚公、楚王自认为属于蛮夷，"熊渠曰，我蛮夷也，不与中国之谥号，乃立其长子康为句亶王，中子红为鄂王，少子执疵为越章王，皆在江上楚蛮之地。""楚伐随，……楚曰：'我蛮夷也。'"乃至于西周王朝及中原北方诸侯视楚为荆蛮，见前引《国语》。春秋以来，"楚成王初收荆蛮有之"（《史记·齐太公世家》），荆族逐渐成为楚国的基本族众。从考古学文化特征看，自春秋早期以来，随着楚国势力的扩张，

---

〔59〕杨守敬、熊会贞《水经注疏·沔水中》"沔水又东迳左桑"下疏，江苏古籍出版社，1989年。

〔60〕湖南省博物馆《湘谭青山桥出土窖藏商周青铜器》图版捌之4、图版玖之3和图三：1、4、6等，《湖南考古辑刊》第1辑，1982年。

原为荆族活动中心的江汉腹地及周围地区，文化面貌基本呈现为楚文化这个外来文化的形态，说明包括荆族在内的本地各部族所拥有的本土文化逐渐被楚化了。

关于西周时期荆族的文化呈现何种形态，因有关发现较少，尚难窥其貌，但也不是无迹可寻。荆族早在商代就已存在，并曾与商王朝发生剧烈冲突，见前引《诗·商颂·殷武》。考古发现显示，商文化向南已达长江两岸，并与数支本土文化相邻，其中有的可能属于荆族文化。

在长江南岸，有商文化的典型遗址如岳阳铜鼓山〔61〕，其以南则是属于本土文化的岳阳费家河遗址〔62〕。在长江北岸江陵一带，荆南寺遗址的发掘与研究显示〔63〕，在这里除商文化曾一度为主导力量，其他如来自偏南的皂市文化、西边的长江三峡地区文化、东方的吴城文化等文化因素只是昙花一现外，而以釜、鼎、大口缸、鬶等陶器为代表的荆南寺 C 组因素基本处于支配地位，说明它是本土文化的主要文化因素。实际上，这组因素也是以费家河商代遗址为代表的考古学文化的主要文化因素，只是荆南寺与后者的总体文化面貌小有区别。就在铜鼓山这个商人据点，以荆南寺 C 组为代表的因素是仅次于商文化这个外来文化的一支因素，说明其也为当地的本土文化因素。从考古发现看，荆南寺 C 组一类因素就分布在以江汉腹地为中心的长江中游地区，这与荆族的活动地域是相合的。由此推断，以荆南寺 C 组因素为主导因素的考古学文化最有可能是商代荆族的原生文化，在商代，它尚存在其原生形态，表现如荆南寺类、费家河等类文化遗存，此外，其因素也存在于周邻其他文化中，表现如铜鼓山遗址 C 组这样的形式。那么，如果荆族文化的原生形态能够延续到西周时期的话，其特征当与商代者大同小异。

上文就西周时期楚与荆的有关问题作了初步探讨。实际上，在楚兴起及其以前，以江汉腹地为中心的长江中游地区的国族及其文化关系可能是比较复杂的，很多方面都不清楚。我们相信，随着资料的不断增多和全面研究的开展，这一地区商周时期的国族及其文化的本来面目将会逐渐清晰。

本文为台湾中流文教基金会资助项目。

---

〔61〕 湖南省文物考古研究所等《岳阳市郊铜鼓山商代遗址与东周墓发掘报告》，《湖南考古辑刊》第 5 辑，《求索》1989 年增刊。

〔62〕 湖南省博物馆等《湖南岳阳费家河商代遗址和窑址的探掘》，《考古》1985 年第 1 期。

〔63〕 何驽《荆南寺遗址夏商时期遗存分析》，《考古学研究》（二），北京大学出版社，1994 年。

“秦子”诸器的年代及有关问题

梁　云*

Currently, bronze vessels with the inscriptions ‘Qinzi’ 秦子 all can be dated to the late phase of the Early Spring and Autumn Period. The word ‘*shouming*’ 受命 in the inscriptions on the lid of the *gui* 簋 vessel of Qinzi indicates that Qinzi might be one of the kings of the Qin State instead of the Prince Jinggong 静公 who had never ascended the throne. According to the record in Qinshihuang benji of Shiji, only the King Chuzi 出子 had the title ‘zi’. Hence Qinzi must refer to him. It is a clever political strategy of King Chuzi to use the low－rank tile Qinzi instead of the high－rank tile Qingong 秦公. The inscriptions ‘Qinzi’ and ‘Ji’ 姬 on the lid of this *gui* vessel might be the abbreviation names of Chuzi and his mother whose family name is Ji. The place name ‘Jialing’ 嘉陵 in the inscriptions on the bell of Qinzi refers to the Xiling 西陵 settlement where Chuzi lived.

目前带“秦子”铭的铜器有兵器、容器、乐器三类。

兵器包括4戈1矛：（1）广州市博物馆藏“公族”戈一件，铭两行十五字，“秦子乍造，公族元用，左右市旟，用逸宜。”铸于胡部（《集成》17·11353）。（2）故宫博物馆藏“中辟”戈（《集成》17·11352）。（3）1994年西安市公安局缴获的“秦子元用”戈[1]。（4）澳门珍秦斋藏一件“左辟”戈，全铭为“秦子乍造，左辟元用，左右市旟，用逸宜。”[2]（5）《三代》20·40·3著录的一件秦子矛，铭文与“公族”戈相同（又见于《集成》18·11547）。

秦子戈皆为三角锋中胡二穿的形制，在援上刃近阑处及内上有圆形或长条形穿，内的下端末一般有缺口。秦子矛矛叶狭长，銎孔仅到矛身中部。关于它们的年代，陈平先生已作了很好的研究，认为其形制与宝鸡姜城堡、灵台景家庄、户县宋村所出酷似，“它们当造于春秋早期偏早到春秋早中期之交这个时间区间内。”[3]需要注意的是，

---

* 作者系中国国家博物馆副研究员。

〔1〕吴镇烽《秦兵新发现》，《容庚先生百年诞辰纪念文集》，广东人民出版社，1998年。

〔2〕王辉、萧春源《新见铜器铭文考跋二题》，《考古与文物》2003年第2期。

〔3〕陈平《秦子戈、矛考》，《考古与文物》1986年第2期。

秦子戈的援上刃内曲，这个特点流行于春秋早期，在相当于春秋中期偏早的礼县圆顶山铜器墓中还能见到，如赵坪98LDM2:13，此后不见。另外，春秋早期的秦戈援下刃与胡过渡处曲度较大，从而使援部显得略长，胡部显得略窄（图一：1～4）；春秋中期以后的秦戈援下刃与胡部过渡处曲度较小，从而使援部显得宽短（图一：5～8）。总之，秦子戈、矛的年代应属春秋早期，不会晚至中期以后。

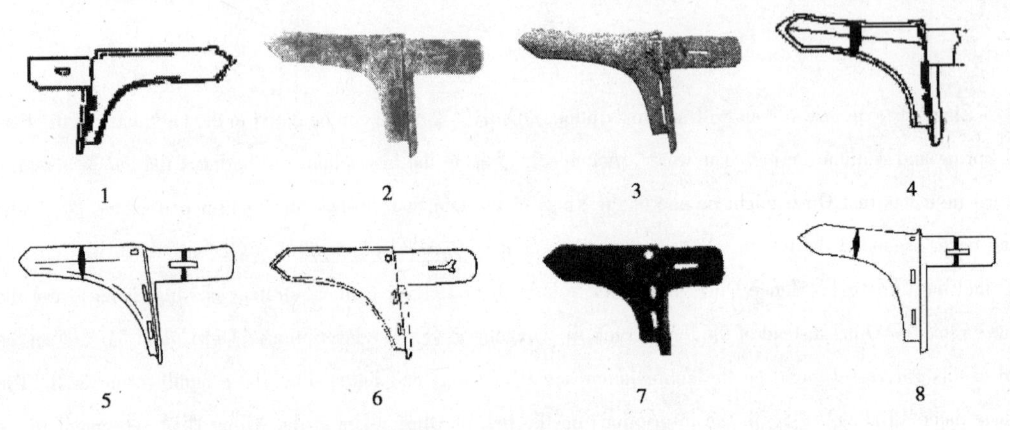

图一　春秋时期秦戈

1. 西高泉村墓戈　2. 珍秦斋藏秦子戈　3. 景家庄 M1:26　4. 边家庄 M1:20　5. 赵坪 98LDM1:12　6. 八旗屯 M27 出土　7. 凤付 0542　8. 高庄 M18:17

容器有盉、簋。盉现藏于美国，为小口扁体式；四阿顶式盖，盖的前后坡面开有小窗，窗中有“十”字形棂格，盖脊带扉棱，顶部为方形圈足状捉手，捉手正中有一蹲踞状大鸟，大鸟背上伏一小鸟；盖后铸一公熊，熊后连一回首虎，虎的前爪与熊尾、后爪与耳部各共用一轴，可连接并开启盉盖；镂空兽首形耳，其下爬一仰身上行卷尾虎；盖前的肩部卧2公牛，其下又有一回首虎，兽形曲流；盉体的前后面各以一道宽凹弦纹分成内、外圈纹饰，外圈饰以斜三角夔龙纹，内圈饰间以重环纹的横鳞纹，内圈中心尖状凸出；底有4个兽形支足；盉体后缘铸2行16字（重文二字）：“秦子乍铸用享其万寿子子孙孙永保用。”器形华美繁缛，极尽巧思，代表了当时秦国青铜艺术的最高水平（图二：3）。

秦子盉的形制可以追溯到西周晚期的小口扁体盉，如宝利博物馆所藏铜盉（图二：1）及周原齐家窖藏出土的宏盉（图二：2）。二者覆斗形盖上均有卧鸟，鸟后有回首虎与兽首鋬相连，盉体亦有内、外圈纹饰，内圈重环纹、外圈三角夔纹的构图也与秦子盉相同，它们之间的发展演变关系是一目了然的。当然，秦子盉较西周晚期盉更复杂，如后者为直流，前者微曲，而且附铸了更多的小鸟和动物等。

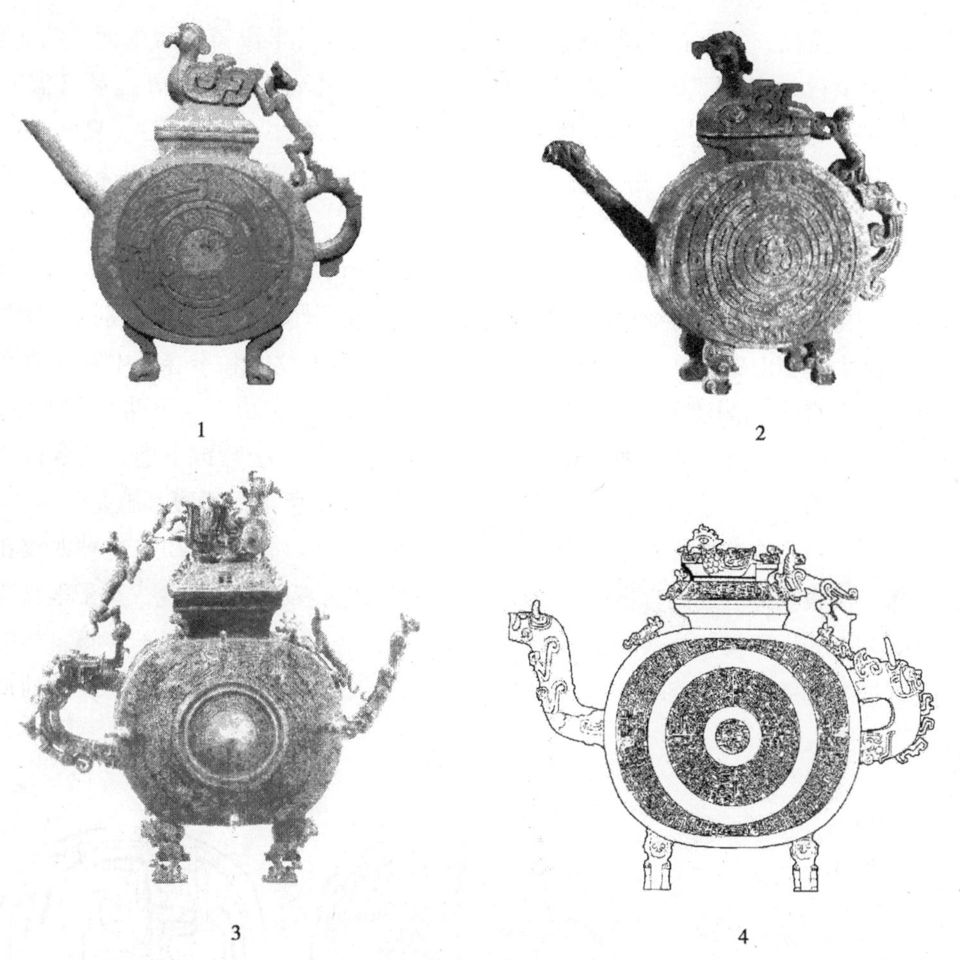

图二 铜盉

1. 宝利博物馆藏盉 2. 宏盉 3. 秦子盉 4. 圆顶山 98LDM1：21

秦子盉的发展去向是礼县圆顶山贵族墓所出扁体盉（图二：4），它们在造型的复杂程度方面差不多：前者盖脊的扉棱变为后者的上行虎；后者增加了公熊，但没有前者的卧牛；后者的内、外圈纹饰已成单一的勾连蟠虺纹。总体感觉前者较轻灵，后者较浑厚。另外，圆顶山盉内圈中心的兽形饰显然继承了宏盉相同部位那种盘绕的蛇纹。可以把上述 4 件盉排出一个序列：宝利盉→宏盉→秦子盉→圆顶山盉。圆顶山盉根据共出的其他器物可以断在春秋中期偏早，则秦子盉的年代只能落在春秋早期。秦子盉的形制与圆顶山盉较接近，可以说前后衔接，与西周二盉却有一定距离。因此，秦子盉的具体年代应在春秋早期偏晚。

澳门珍秦斋藏秦子姬簋盖已残损，仅存捉手及其周围的盖面，盖面饰瓦纹，捉手内饰方折的虺龙纹，簋铭的前半段应铸于器身，已佚，后半段铸于盖内面，共8行，每行5字，末行3字：“……畤。又（有）夒（柔）孔嘉，保其宫外。昷（温）共（恭）□秉，受命□鲁，义（宜）其士女。秦子之光，邵（昭）于□（夏?）四方，子₌（子子）孙₌（孙孙），秦子姬□享。”〔4〕李学勤和董珊均对铭文进行了隶定和研究〔5〕。

李学勤云：“秦子簋盖纹饰的特色，在于捉手内的相对夔纹。这一图案突出的地方是几何线条化，夔体表现为细长的线条，与传统的丰满圆转形态有明显差别。”〔6〕并认为它可能是大堡子山秦公墓中最晚的随葬品。簋盖捉手内纹饰和秦春秋中晚期典型的勾连蟠虺纹有直接的渊源关系，故可称之为勾连虺龙纹。它由上、下两个单元组成，每个单元为一躯体方折的双头龙，龙首相对；龙吻部前伸，上弯或下卷；吐舌；“T”形冠，冠的前端逗点状上翘（图三：1）。陇县边家庄M1所出铜盉腹部虺龙的吻、冠、舌与之相同，只是构图方式不同，为倒凹形相背的双头龙（图三：2）。这种龙纹在已知的大堡子山秦公器上还没有出现。边家庄M1的年代为春秋早期偏晚，秦子姬簋应与之相同。如李先生所言，礼县圆顶山青铜器纹饰的线条化又超过了秦子姬簋，如铜簋的腹部往往装饰细密的勾连蟠虺纹，但在个别簋盖的捉手内还有前一阶段纹饰的遗风（图三：3）。

1

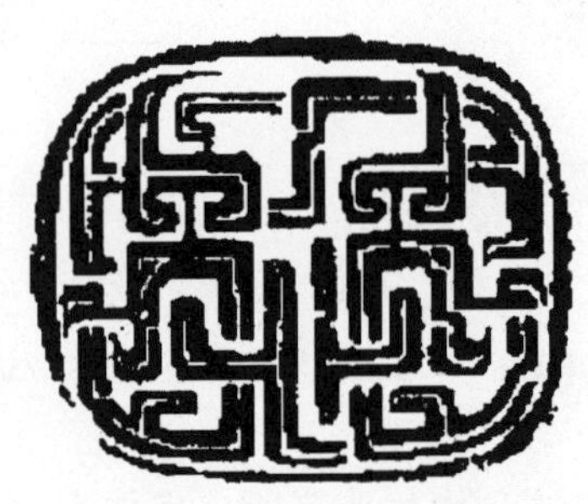
2

3

图三　秦铜器的虺龙纹

1. 秦子姬簋盖纹饰　2. 边家庄M1∶12　3. 圆顶山2000LDM4∶6簋盖内底纹饰

〔4〕按董珊博士隶定。

〔5〕李学勤《论秦子簋盖及其意义》；董珊《秦子姬簋盖初探》，《故宫文物月刊》总122期，2005年6月。

〔6〕同〔5〕。

日本美秀（MIHO）博物馆藏有秦子甬钟，有旋，干上饰重环纹，篆间光素，鼓部饰变形的顾首夔纹。据说该馆从英国买了2套共8枚传出自甘肃礼县的编钟。一套最大钟高达76厘米，铭曰：“秦公乍铸和钟。”另一套规格小一些，最高钟高40多厘米，铭曰：“秦子乍铸，肇右（有）嘉陵……”〔7〕

从器形分析，秦子诸器的年代集中在春秋早期偏晚阶段；从铭文的字体来看，也是如此。如果把礼县大堡子山秦公鼎、簋，秦子簋、戈、矛，太公庙秦武公镈的铭文加以对比，就会发现秦子诸器恰好处于前后之间，而且与武公镈有更多的共性。表现在以下几个方面：第一，大堡子山秦公鼎、簋上的“秦”字有从双禾省臼和从双禾不省臼两种，二者可能同时并存；秦子器以后，从双禾不省臼的被淘汰，双禾省臼者成为定式，一直到天水秦公簋、诅楚文都是这样，可见秦子器较大堡子山秦公器稍晚。第二，礼县秦公器的“公”字写法也有两种，一种公字的八上口聚得不紧，下口张得不开（图四中的秦公鼎）；另一种公字的八上口两笔竖直，聚得紧而齐，下口开张（图四中的秦公簋）。两种写法应该同时，而且也有共性，公字的口部都比较圆正。到了秦武公镈，第一种写法被淘汰，只剩下第二种，而且口部扁圆；传世秦子戈的“公”字写法与秦武公镈相同。第三，秦子簋盖“于”字竖笔向右弯弧的形态与秦武公镈绝似。此外，“其”、“萬”、“壽”、“右”等字也有很大相似性。当然，春秋秦金文有从瘦高向方正演变的趋势，秦子器铭文既有字体宽正的，如“公族”戈的“秦”字；也有瘦高的，如珍秦斋戈的“秦”字，以及秦子簋盖的“壽”字，正好说明了其过渡性特征。

秦子诸器的年代既然如此集中，“秦子”就应是秦国历史上的某个人，而不会是多个人的共用称呼，否则器物的年代就会很分散。

陈平先生曾论证秦子为秦文公太子静公。其理由是：第一，从太公庙秦公钟、镈和传世秦公钟、簋来看，秦之国君多称公而不称子，故秦子不应是在位的秦国君。第二，从戈铭直接署为“秦子”，而不像《左传·定公五年》所载秦之诸公子中的秦子蒲、秦子虎那样后缀私名，其地位较诸公子应更加显要。第三，戈、矛铭中的秦子能作器授予公族，并统帅国子之倅，功业显赫，非居太子之位30年以上的静公莫属。第四，出子乃无知孩提，傀儡之君，生前恐无以秦子名义作造兵器的可能〔8〕。

王辉先生认为秦子就是宪公之后即位的出子。其理由是：第一，“秦子”的称呼是子上加国名，子后无私名，这表示的是国君。若非国君，则太子称太子，如虢太子元徒戈之虢太子不称虢子；诸公子称公子某或秦子某，如公子鍼、秦子虎，皆加私名。

---

〔7〕 祝中熹、李永平《遥望星辰——甘肃考古文化丛书·青铜器》，敦煌文艺出版社，2004年；陈泽《秦子钟与西垂嘉陵》，《天水日报》2000年10月9日。

〔8〕 同〔3〕。

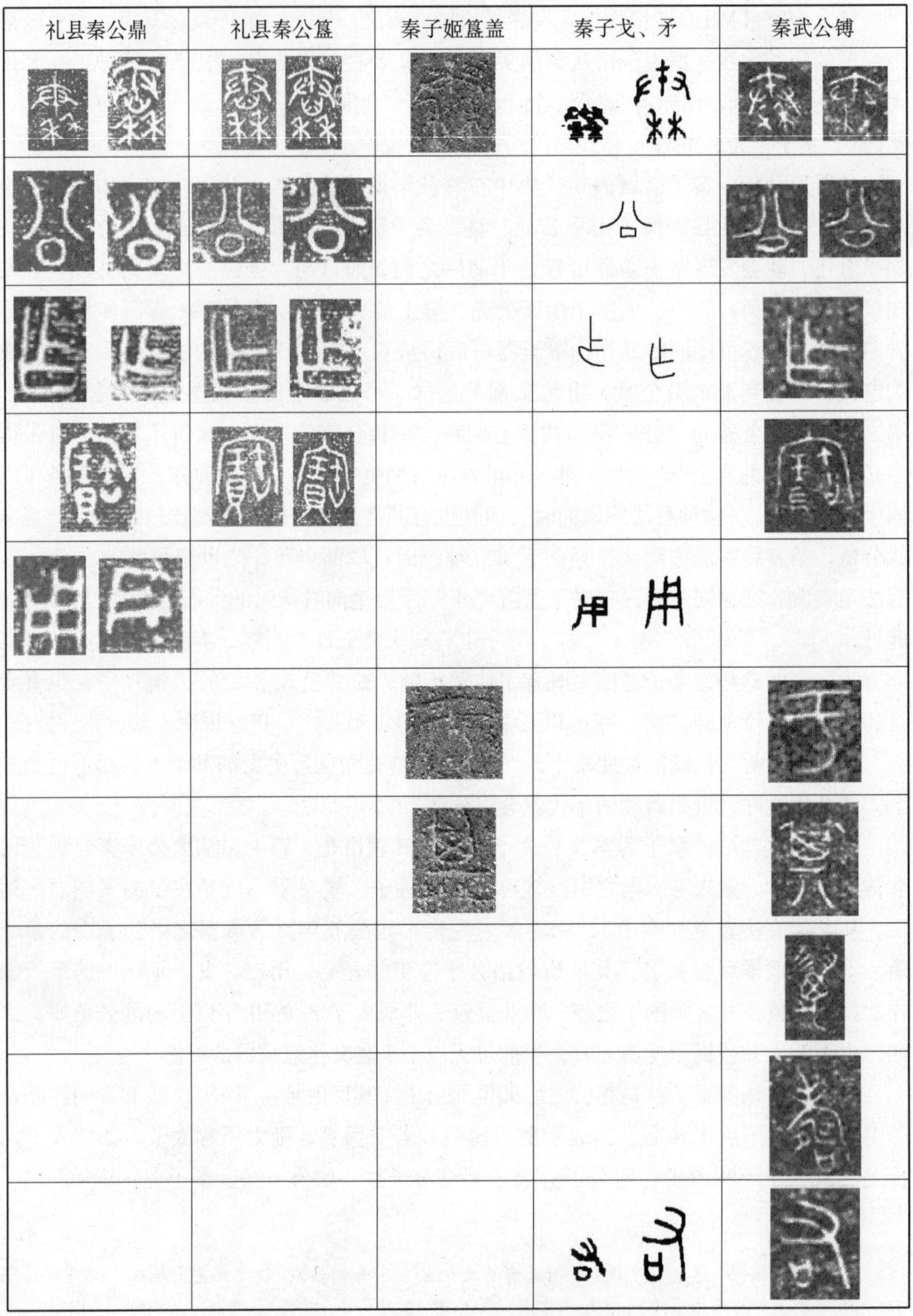

礼县秦公鼎	礼县秦公簋	秦子姬簋盖	秦子戈、矛	秦武公镈

图四　秦春秋早期金文字体演变示意图

第二，宋卫等国嗣君在《春秋经》中称为宋子、卫子，都是在其父死后居丧期间的称呼，这种称子的习惯，是新君表示不忘父亲，是他幼小的儿子；同理，"秦子"之"子"也是"诸侯在丧称子"的意思，应是秦国春秋早期某位初即位的幼君，宪公、出子、宣公初即位时都可称秦子，又以出子的可能性最大。第三，出子虽是孩童，但也是一国之君，并不妨碍以他的名义制造兵器〔9〕。陈平同意秦子是秦国君的意见，但认为在宪、出、宣三者中以宣公的可能性最大〔10〕。

李学勤先生曾认为秦子是襄公受封为诸侯以前的称呼〔11〕。秦子姬簋盖面世后，他改易旧说，认为秦子乃太子静公，"子"就是太子的意思。簋盖器主为秦子、姬，也就是秦子和他的姬姓夫人，铭文主要颂扬了秦子的威仪德行〔12〕。

董珊先生同意秦子是出子的意见，参考秦武公钟、镈铭文，认为簋盖的器主"秦子姬"是一个专有名词，专指出子的生母鲁姬子，这种称谓方式是母以子贵的产物；铭文主要记述了鲁姬子的操守事迹；可知武公、德公生母王姬与鲁姬在宪公末年有"并后"现象，引起后来的乱政。他还推测"这件器物是秦子为其母秦子姬所作的一件祭器。……鲁姬子在秦子在位时就死去。"〔13〕

判断秦子是谁首先得看他是否秦之国君，这个问题在以前还限于推测，秦子姬簋盖发现以后则可以确定下来。簋盖铭文说秦子"□受命□（屯?）鲁，义（宜）其士女"，那么秦子一定是在位的秦君。秦金文中有"受天命"或"受大命"之说：

太公庙秦公钟："秦公曰：我先祖受天命，商（赏）宅受或（国）……秦公其畯㱃在位，膺受大命，眉寿无疆，匍有四方，其康宝。"

天水秦公簋："秦公曰：不（丕）显朕皇祖，受大命，鼏宅禹蹟……严龏夤大命，保业厥秦，虩事蛮夏……"

宋著录盄和钟："秦公曰：不（丕）显朕皇祖，受天命，竈有下国……严龏夤天命，保业厥秦，虩事蛮夏……"

陈昭容先生曾详加论证，上面三例中"受天命"专指秦开国之君襄公，并说先秦"受天命"一词通常指国祚、帝位而言，尤其特指开国之君〔14〕。西周金文中"受大命"者还特指文王、武王，如大盂鼎、毛公鼎、师克盨；到太公庙秦公钟，开国之君

〔9〕王辉《关于秦子戈、矛的几个问题》，《考古与文物》1986年第6期；《读〈秦子戈、矛考补议〉书后》，《考古与文物》1990年第1期。

〔10〕陈平《〈秦子戈、矛考〉补议》，《考古与文物》1990年第1期。

〔11〕李学勤《"秦子"新释》，《文博》2003年第5期。

〔12〕李学勤《论秦子簋盖及其意义》，《故宫文物月刊》总122期，2005年6月。

〔13〕董珊《秦子姬簋盖初探》，《故宫文物月刊》总122期，2005年6月。

〔14〕陈昭容《秦公簋的时代问题》，《中央研究院历史语言研究所集刊》第64本第4分。

“受天命”，作器的秦公“受大命”，二者的区分很清楚。秦子姬簋盖铭文中的“受命”与太公庙钟的“受大命”一回事，都说的是践祚登基，不会有别的意思，况且簋铭还说“秦子之光，邵（昭）于□（夏?）四方”，完全是一国之君的口气〔15〕。因此，秦子不会是未享国的太子静公。

周克殷后，周人把天命的选择和认可作为其政权合法性的神圣依据，在金文中也频繁地出现文王、武王“受天有大命”、“应受天命”、“应受大命”的字眼，后来被封的诸侯国袭用了这个说法，始封之君称“受天命”，如秦公钟。上天的认可是通过很隆重的祭天仪式来实现的，秦襄公被封为诸侯后，“乃用駵驹、黄牛、羝羊各三，祠上帝西畤。”（《史记·秦本纪》）〔16〕始封君之后的秦君要谨遵天命，即“严龏夤天命”；祭天的活动也要世世代代进行下去，如文公作鄜畤祭白帝，宣公作密畤祭青帝，灵公作吴阳上畤、下畤分别祭黄帝、炎帝，献公作畦畤祭白帝等。每一位秦君即位后通过祭天来获得上帝及祖先的认可，恐怕是一件大事〔17〕，而这件事有可能琢之盘盂、勒于金石。秦祭天场所称为“畤”，秦子姬簋铭的上半段在器身，下半段转读到器盖，盖铭的首字为“畤”，说明其上半段内容与祭天有关，这与下半段的“受命”相吻合。总之，秦子即位后在某处的畤举行了祭天大典，以求得上帝和祖先的认可及佑护，宣扬自己的威仪和德行，宣称自己合乎法统，应受大命，并铸造了铜簋来纪念这件事，或者这件铜簋就是为祭天而铸造的。

值得注意的是，宝鸡太公庙秦公钟、镈出在一个距地表深约3米的窖穴中，5件铜钟在窖内呈“一”字排列，3件铜镈围绕铜钟作半圆状，坑内尚有炭灰及少量兽骨，祭祀特征明显。太公庙南临渭水，分布有烧土、灰坑和春秋时期陶片，有学者认为它是秦都平阳西郊外秦公室望祭山川的地点，当时的秦公望祭毕渭水和南山后将钟、镈瘗埋〔18〕。从出土状态看钟、镈用于郊祀恐无疑义，铭文又宣称作器秦公“应受大命”，与秦子姬簋盖类似。

由大堡子山秦公器、太公庙秦公钟、天水秦公簋、宋著录盄和钟可知秦国君称“公”，但秦子诸器又说明有一位称“子”的秦君。如果“子”乃“诸侯在丧称子”，

〔15〕 类似的例子如《尚书·泰誓》：“惟我文考若日月之照临，光于四方，显于西土。”

〔16〕 事实上，秦为诸侯是出于周王的册封，与天命无关；从礼制上讲，秦为周之藩臣却宣称自己“受天命”，并郊祀上帝，属于很严重的僭越。《史记·六国年表》说：“太史读〈秦纪〉，至犬戎败幽王，周东徙洛邑，秦襄公始封为诸侯，作西畤用事上帝，僭端见矣。〈礼〉曰：‘天子祭天地，诸侯祭其域内名山大川。’今秦杂戎翟之俗，先暴戾，后仁义，位在藩臣而胪于郊祀，君子惧焉。”

〔17〕 祖先的神灵常伴上帝左右，如天水秦公簋：“十又二公，在帝之矿。”

〔18〕 同〔10〕。

那么除了兄终弟及外，所有父死子继的秦君在服丧期间均可称“子”，这与秦子诸器年代的集中性相悖。况且根据杨伯峻的总结，“《春秋》之例，旧君死，新君立，当年称子，踰年称爵”〔19〕，很难想象这些秦子器都是新君在先君死的当年制作的。秦子姬簋盖和秦子盉铭文也无丝毫居丧的氛围。合乎情理的解释是，这些秦子器是秦的某位国君正常在位期间制作的，他之所以称“子”不称“公”，除了年幼外，更重要的是与他即位的特殊性有关。

《史记·秦本纪》中称“子”的国君只有前后两位出子。宪公太子本为长男武公，大庶长弗忌、威垒、三父等废太子而立出子，出子生五岁立，立六岁被贼杀；武公复立，诛三父等。由此可见，（前）出子即位不合秦的继统法。有学者认为秦宗法制基础薄弱，没有严格遵循嫡长子继承制度，颇有道理。从襄公到孝公25位曾在位的秦君中，父死子继的有19位，兄终弟及的有4位，以叔父身份即位的有1位（简公），以堂兄弟身份即位的有1位（献公）。在秦人看来，兄终弟及和父死子继一样都属正常，故武公“有子一人，名曰白，白不立，封平阳。立其弟德公”；宣公“生子九人，莫立，立其弟成公”；成公“子七人，莫立，立其弟缪公”（《秦本纪》）。这与殷人颇为相似。出子属于废长立幼，名不正言不顺，故在《秦本纪》和《秦纪》中称“子”而不称“公”，在宝鸡太公庙秦公钟铭中甚至没有他的谥号。

后出子乃惠公之子，生二岁立，立二岁被杀，虽然年幼，但他即位却完全符合父死子继的法统。《秦纪》云：“惠公享国十三年，葬陵圉。生出公。出公享国二年，出公自杀，葬雍。”在这里（后）出子称“公”，与《秦本纪》一字之差，却发人深思。《秦纪》是秦人自己的记载，应较《秦本纪》更可信。《秦纪》中称“子”的国君仅（前）出子一位，则秦子非他莫属。

出子即位后称“秦子”而不称“秦公”应是一种政治权术。一方面举行祭天活动，宣称自己“受命”；另一方面又深自谦抑，称“子”来强调自己乃先君之嫡，无日或忘，不敢自专，与周武王伐商时自称太子发类似〔20〕。出子无知孩童，这个计谋当出自其母后，或其背后的权臣。所谓欲盖弥彰，秦子姬簋盖铭文读来总觉得底气不足，不如太公庙秦公钟那么堂堂正正。

簋盖铭文最后作“子₌（子子）孙₌（孙孙），秦子姬□享”。先秦彝铭中的女性称谓，有夫国氏＋女姓，如楚嬴、虢姜；有父国氏＋女姓，如蔡姬、卫姬；有夫国氏＋排行＋女姓，如毕季妫；有父国氏＋排行＋女姓，如毛仲姬；有父国氏＋姓＋名/字，如曾

〔19〕李学勤《“秦子”新释》附录《公侯在丧曰子说》，《文博》2003年第5期。

〔20〕《史记·周本纪》：“为文王木主，载以车，中军。武王自称太子发，言奉文王以伐，不敢自专。”

姬无卹〔21〕；有夫国氏＋排行＋女姓＋名字，如曾孟孀谏，但至今未见在母姓前冠以子名的，因此将“秦子姬”理解成秦子之母的专有名词恐不妥。况且，如果秦子为其母制作了这件祭器，和祭天的畤也扯不上关系。李学勤先生认为应断读为“秦子、姬”，很有道理。

然而李先生认为“秦子、姬”为秦子及其姬姓夫人，并认为太公庙秦公钟的“公及王姬”与之类似，是秦公及其姬姓夫人，否定了林剑鸣先生关于王姬乃武公之母的说法。由于太公庙秦公钟的主人为秦武公在学界已成定论，那么照李先生的说法，则静公、宪公、武公以及后面的缪公连续四代秦君皆娶姬姓女子为夫人〔22〕，显然违背了周代隔代通婚的原则。据刘启益先生的研究，西周从武王到厉王十一代，每隔一代周王，就要娶一个姜姓女子为妻〔23〕。这固然由于姬姜联盟历史悠久，恐怕还有预防近亲结合的用意。虽然姬姓是嬴秦重要的通婚国，“秦晋之好”也广为人知，但这种联姻也不会没有间隔、代代进行的，如战国时秦昭王之母宣太后即为楚人。春秋时仅宪公和缪公的夫人有记载为姬姓，恰好为隔代通婚。由此可见林氏之说无误，同理，“秦子、姬”乃秦子及其姬姓母后的省称。

秦子姬簋盖和太公庙秦公钟铭文都反映了母后摄政的史实，故在器主的称谓上有相似性。董珊博士认为秦子之母为鲁姬子，如此，出子和武公的君位更迭实际上是后宫两个女人争权的结果，大庶长等权臣则反复其间，也无怪乎一个自称“受命”，另一个自称“应受大命”了。这样的话，在铸造器物的时候，鲁姬子还健在。事实上，出子是一个孩提，其政治基础全在于其母，若其母亡，则他将很快面临灭顶之灾。

日本美秀（MIHO）博物馆的秦子钟铭文有“秦子乍铸，肇右（有）嘉陵”。宋著录盄和钟有“竈有下国”，天水秦公簋有“竈有四方”，可见“肇右”即“竈有”〔24〕，乃秦金文惯用语词。李学勤先生认为“嘉陵”是秦子的封地，即汉代的嘉陵道，在今礼县东南〔25〕。祝中熹先生认为“嘉陵”之“陵”，指秦先公西垂陵墓；秦灭赵后，派赵公子嘉的后代去西县奉守嬴姓先祖陵墓，故西垂陵墓又称“嘉陵”〔26〕。秦子钟的年代为春秋早期，故铭文中的“嘉陵”与战国末年的赵公子嘉无关。据《史记·秦始皇本纪》后附《秦纪》，秦君墓地称“陵”始自战国中期的惠文王，“葬公陵”。事实上，

---

〔21〕 来国龙《彝铭所见姓氏制度之研究》，转引自孙庆伟《试论杨国与杨姞》，《考古与文物》1997年第5期。

〔22〕《史记·秦本纪》：“缪公……四年，迎妇于晋，晋太子申生姊也。”

〔23〕 刘启益《西周金文中所见周王后妃》，《考古与文物》1980年第4期。

〔24〕 杨树达《积微居金文说》卷二，第45页。

〔25〕 同〔12〕。

〔26〕 祝中熹《试论秦先公西垂陵区的发现》，《秦西垂文化论集》，文物出版社，2005年。

国君墓称为“陵”是战国才开始的习惯，如《史记·赵世家》：“（肃侯）十五年，起寿陵。”因此彝铭“嘉陵”与陵墓无关。《通典·州郡四》：“嶓冢山，西汉水所出，今经嘉陵曰嘉陵江。”《水经注·漾水》：“汉水又南入嘉陵道而为嘉陵水。”以方位度之，此“嘉陵道”在今礼县石桥乡以南的地方。据说“嘉陵道”乃西汉建置，东汉即废〔27〕。现在春秋早期的秦金文中出现“嘉陵”，说明这个地名流传有序，非空穴来风，而且最初应在秦人活动的西汉水上游一带，后来才转移到东南的中下游。

笔者以为，“嘉”有美、善义，如《史记·周本纪》：“晋唐叔得嘉谷，献之成王，成王以归周公于兵所。”《诗·大雅·抑》：“无不柔嘉”，毛《传》：“嘉，善。”“陵”是西陵的省称。《秦纪》：“出子享国六年，居西陵。”“嘉陵”是秦子对自己居邑西陵的赞美之词，即美好的都邑。如果此说无误的话，则为“秦子”出子说又添一证据。笔者曾考证《秦纪》中宪公的居地“西新邑”和出子的居地“西陵”是一个地点，即今礼县大堡子山遗址；“衙”则是这个地点的墓葬区，即大堡子山墓地，葬有宪公、出子两代秦君〔28〕。很多学者认为秦子盉、簋、钟出自大堡子山墓地，与这个意见是相吻合的。

---

〔27〕 同〔26〕。

〔28〕 梁云《西新邑考》，北京大学震旦古代文明研究中心编《古代文明研究通讯》总第三十一期，2006年12月。

试论春秋至汉代玉器风格的演变

蔡庆良*

The paper tries to interpret jade objects of the Spring and Autumn Period to the Han Dynasty with the perspective of style analysis theories and vision psychology. It seems that the development of jade objects can be divided into two stages: the group – style stage and the individual – style stage. The latter can be further divided into two phases: the single – viewpoint phase and the multi – viewpoints phase. Jade objects shared similar styles with contemporary artworks. This is not because that they conveyed the same spirit of their time. The real reason of the similarity might be the similar courses of art education and the imitation of similar art models。

1975 年，Max Loehr 为 Fogg 艺术博物馆有关 Grenville L. Winthrop 的中国古玉收藏编写了一本图录[1]。在绪论中，详细探讨其所定义的“plastic curls”。文中从典型纹样（即今日习称的谷纹）出发，追溯其风格来源以及接续的演变序列，认为公元前8～前 1 世纪之间（约为春秋至西汉），此纹样共可分为 12 个有序的风格变化[2]。

Max Loehr 的分析方法以及结论在今日看来仍深具启发性。而四分之一世纪已过，大量的考古新发现以及海内外藏品的现世，使我们有机会在不同的基础上重新思考相类的问题。现今不仅可以对单一纹饰进行排比归纳，似乎也可透过分析整体玉器的造型和纹饰，得出不同时代的总体风格特征。本文的目的之一即在于此，希冀为春秋至汉代的玉器归结出其所属的时代风格。而在后文的分析中将可发现，虽然春秋和战国之时，不同地区的玉器有各自的地方特点，但在其上仍有一个跨区域的时代风格在影响玉工的创作过程，而且此一影响不仅在玉器上有所表现，在铜器、漆器等不同器种中也同样可以发现。本文将探讨此一相通的时代风格特征在不同器物上的表现方法，以及何以发生的可能原因。

---

* 作者系北京大学震旦古代文明研究中心兼职研究员。

〔1〕 Loerh, Max and Huber, Louisa G. Fitzgerald. *Ancient Chinese Jades from the Grenville L. Winthrop Collection in the Fogg Art Museum, Harvard University*, Cambridge, Mass.: Fogg Art Museum, Harvard University, 1975.

〔2〕 Ibid, p. 28.

至于何谓风格特征？此一名词有多种层次的意义〔3〕。在本文中，是指运用程式化图式方案（schema）以及固定型式来制作的艺术类型〔4〕，同时也可视为群体中长久不变的形式或要素〔5〕。至于风格形成的标准有二：其一是某种艺术特征一致表现于为数甚夥的作品中，其二是这种共同特征散播甚广〔6〕。在上述原则下，可以将春秋至汉代的玉器特征分为三个大的风格时期。分别为：群体风格时代（春秋早期至春秋晚期）、个体风格时代（春秋晚期至西汉中期）和图案化风格时代（西汉中期至东汉）。个体风格时代则可再区分为先后两阶段，分别为：单视点阶段（春秋晚期至战国晚期）、多视点阶段（战国晚期至西汉中期）。各风格区段之间有相重叠的情形出现，主因是新的风格特征不可能在一夕之间就为所有的玉工或使用者所接受，因此不可能精确划分出如同政权兴替的年代。

群体时代和个体时代各有其风格特征，群体时代并不意谓玉器皆以多母题为创作题材，个体时代也并非指一件玉料仅雕琢一个母题。反之不论群体时代或个体时代皆有以单一母题或多母题为题材的玉饰。所谓群体时代，其特征重视各母题间的组合形式，各母题的描述不以清晰完整为重点；个体时代则强调每一母题的各部特征必须明确清晰，即使多母题的组合也不能牺牲各母题的完整性。而在个体时代的风格原则中，因为母题的表现手法稍有不同，还可再细分为两阶段：单一视点阶段，各母题是在同一视点下组合相互之间的空间关系，故显得较平整；多视点阶段，则以不同视角下的首、足各部组成同一母题，因此更具力度和动感。至于图案化风格时代，则以形纹交融、线纹扭转交叠的手法，暗示各母题的特征以及母题之间的空间关系。在此三大风格中，各有其主要的表现手法以及变化的序列，接下来即以玉兽面、龙虎形饰以及组玉佩为例，说明不同风格的差异和演变。

一、玉 兽 面

解析群体时代的玉兽面，可以发现其以虺龙纹为核心图式〔7〕。虽然虺龙纹在不同

---

〔3〕 关于这方面的探讨，可见竹内敏雄著、卞崇道等译《艺术理论》，第175～214页，中国人民大学出版社，1990年。

〔4〕 Gombrich，E. H. *Art and Illusion*，*A Study in the Psychology of Pictorial Representation*，London and New York，1960，pp. 18－19.

〔5〕 Schapiro，Meyer. *Style*，*Anthropology Today*，Chicago，1953.

〔6〕 Hauser，Arnold. *The Philosophy of Art History*，New York，1959. 中文本可见陈超南、刘天华译《艺术史的哲学》，第203页，中国社会科学出版社，1992年。

〔7〕 图式（schema）的汉译名，是以范景中的译法为准。曹意强、洪再辛编《图像与观念——范景中学术论文选》，第457页，岭南美术出版社，1992年。

时段表现的方式稍有不同，乃由双线阴刻演变至浮雕形式，但皆是在同一图式母题中所为的变化（图一）。即使是硬直的秦地风格，仍然是以同一母题进行创作。虺龙母题

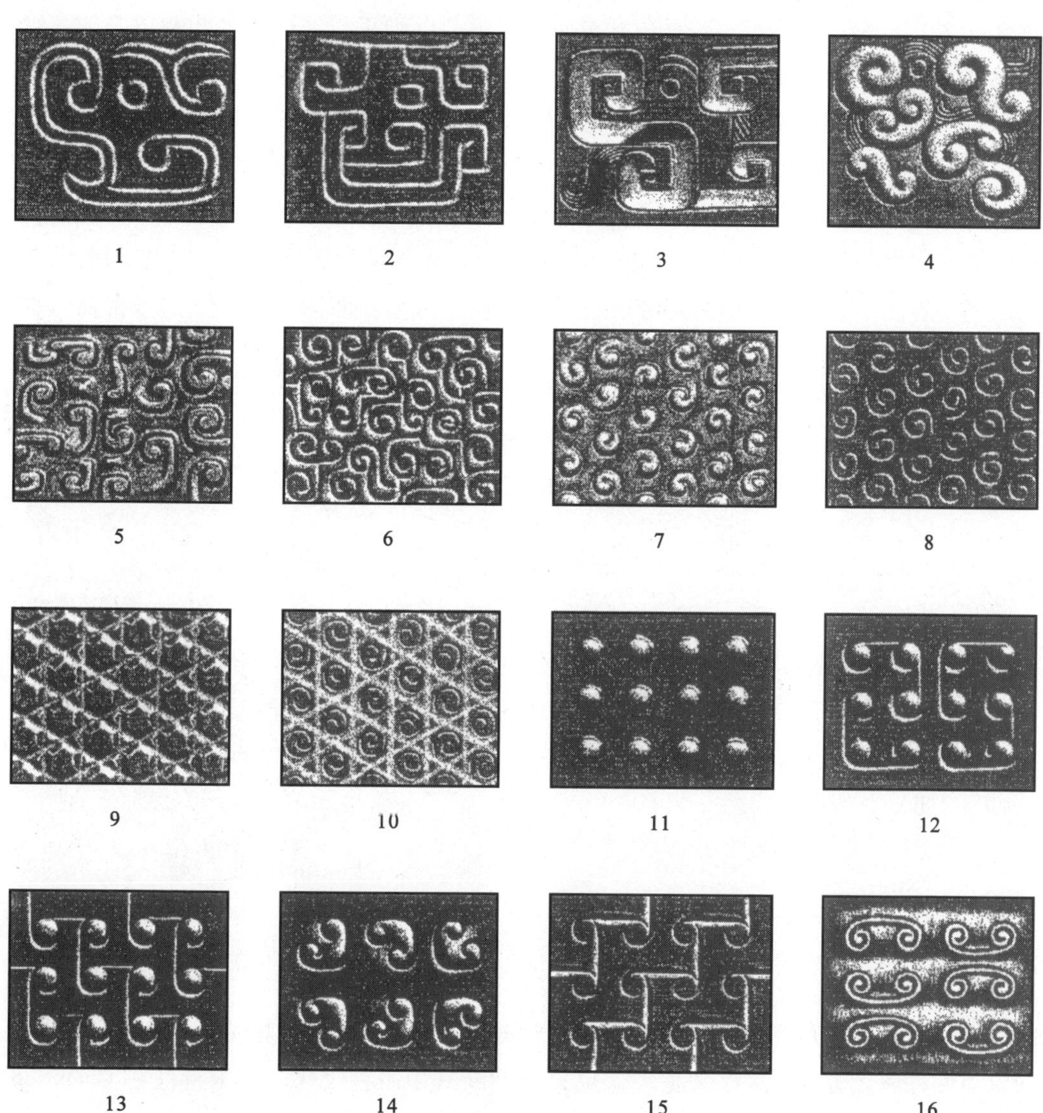

图一 春秋至汉代纹饰种类图

1. 双线虺龙纹（春秋早期） 2. 秦地区单线虺龙纹（春秋中晚期） 3. 宽线虺龙纹（春秋中晚期） 4. 浮雕虺龙纹（春秋中晚期） 5. 浮雕云谷相杂纹（春秋晚期至战国早期） 6. 线刻云谷相杂纹（战国时期） 7. 浮雕谷纹（战国中晚期） 8. 线刻谷纹（战国中晚期） 9. 六角蒲纹（战国晚期至西汉） 10. 蒲谷相叠纹（战国晚期至西汉） 11. 乳丁纹（战国晚期至西汉） 12. "V"字形连线乳丁纹（战国晚期至西汉） 13. 阶梯式连线乳丁纹（战国晚期至西汉） 14. 如意云纹（战国晚期至汉代） 15. "丁"字云纹（战国晚期至汉代） 16. 浮雕云纹（战国晚期至汉代）

主要的特征是圆眼以及“S”形的鼻颚，身躯并未真正被描述表现出来。群体时代的玉器如玉兽面等即以此等虺龙纹母题铺织在器表上。若我们仔细观察黄君孟墓出土的玉兽面（图二）[8]，除了可一眼看出此兽面的双眼、以细平行线组成的粗眉以及明显的鼻部外，尚可进一步在脸颊以及头额等处，仔细解析出上下左右交错排列的双线虺龙纹[9]。这种不易辨认的交错纹饰，因为是以相同的母题重复出现，观者将会倾向于以纯粹的装饰花纹笼统视之，而忽略其内的虺龙母题单元[10]。在此情形下，观者最初的注意力将只集中在兽面的外观上，亦即专注于由群体组合而成的整体效果。而当虺龙纹母题变成春秋晚期浮雕形式时，此一倾向的视觉效果虽然仍然存在，但已有所削弱，同时另一纷乱跳动的效果则在持续加强。比较黄君孟墓和淅川下寺出土的玉兽面（图三）[11]，即可看到此一群体视觉效果的演变。

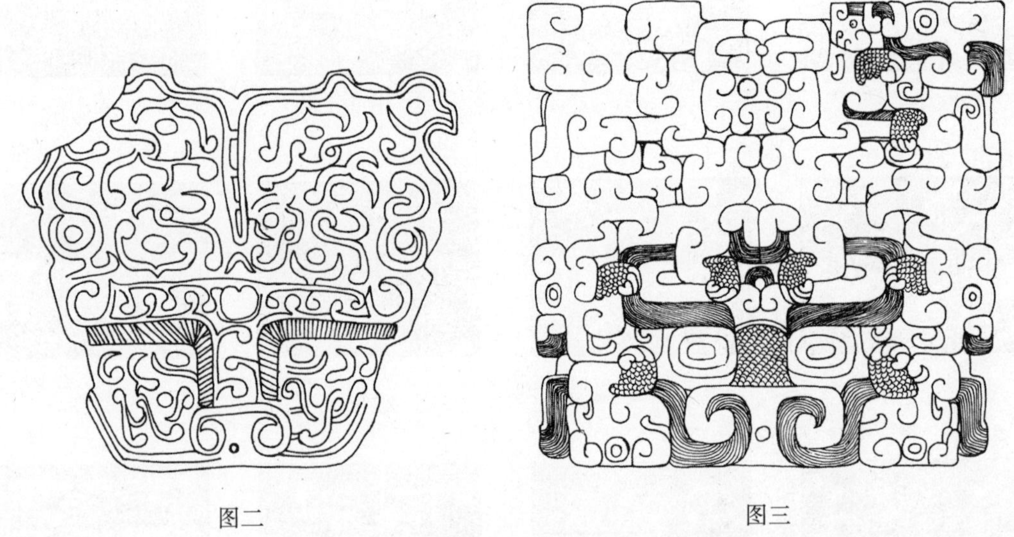

图二　　图三

由于人的知觉系统在处理重复出现的纹样时，只会确定它们的同一性，因此即使纹饰有两种解读方式，秩序知觉一次也只能判断其中一种纹样。这个特性在 Gombrich

---

〔8〕 中国玉器全集编辑委员会《中国玉器全集3》，图版七，河北美术出版社，1993年。

〔9〕 此一虺龙和兽面的共用关系，又可称为寄生式的组合关系。可参见北京大学考古文博院《古玉的制作与鉴赏（贰）》，第88页，北京大学，2000年。

〔10〕 Gombrich，E. H. *The Sense of order*，*A Study in the Psychology of Decorative Art*，Oxford，1979，pp. 151 –152.

〔11〕 同前引，《中国玉器全集3》，图版六六。

探究兔鸭同纹问题时有详细的论证[12]。当观看此种重复纹饰，而每一纹饰既可判断为兔又可判断为鸭时，人眼将无法同时看到兔、鸭，每次仅能在群体中判断出一种母题。同样的特性在群体风格的兽面中也可发现，尤其在春秋晚期浮雕特征的衬托下，此一效果最为突出。由于浮雕 凸出的效果，春秋晚期的整体兽面和其上虺龙母题对视觉的吸引力已然分庭抗礼。在淅川下寺兽面的耳部和足部皆由浮雕虺龙母题所组成，而额部的小兽面也是由两竖立的虺龙所构成的情形下，人类的知觉系统无法同时区别两者，大脑将持续在兽面的面部器官和虺龙母题之间来回判读，从而产生群体纷乱躁动的视觉效果。检视春秋早期到晚期的序列玉器，由于虺龙母题由平面走向浮雕，群体纷杂跳动的效果渐次加强，相对而言，兽面整体的单一性则渐趋消失。这种群体效应的根源有二：来自重复出现的虺龙图式；虺龙图式和兽面器官的相互借用。

同样的视觉效果在个体风格时代已不复存在，主因在于个体时代所追求的艺术品味和处理手法已有所改变。和群体时代纷杂跳动的感受相比，个体时代具有较为平稳流畅的特征。观察 Fogg 艺术博物馆所藏的战国兽面纹佩（图四）[13]，群体时代不安的气氛已一扫而空，除了因为虺龙身躯内的纹饰类型已然改变外，对称平衡的构图也是重要的因素[14]。此类对称的形式对观者心理会产生恬静的感受，自然有别于之前躁动的特征。

图四

个体时代风格和群体时代风格的差异当然不仅于此。综观个体时代的特征，是一系列追求各母题独立表现以及寻求动态效果的尝试过程。其手法不只显现在此间玉兽面上，但因篇幅限定之故无法一一列举，但其原理和制作手法可以类推互通，因此也不需通泛着墨。此处要先强调者，在于接下来讨论的视觉效果和处理手法，多为此时代共通的特性，而非单一附会的孤例。

个体风格时代各母题已脱离群体铺列的形式，朝独立完整的特征发展。例如图四

[12] Ibid, *The Sense of order, A Study in the Psychology of Decorative Art*, pp. 143 – 145.

[13] Salmony, Alfred. *Carved Jade of Ancient China*, London, 1982, pl. 44 – 3.

[14] Kaufmann, Lloyd. *Sight and Mind, an Introduction to Visual Perception*, New York, 1974, pp. 524 – 525.

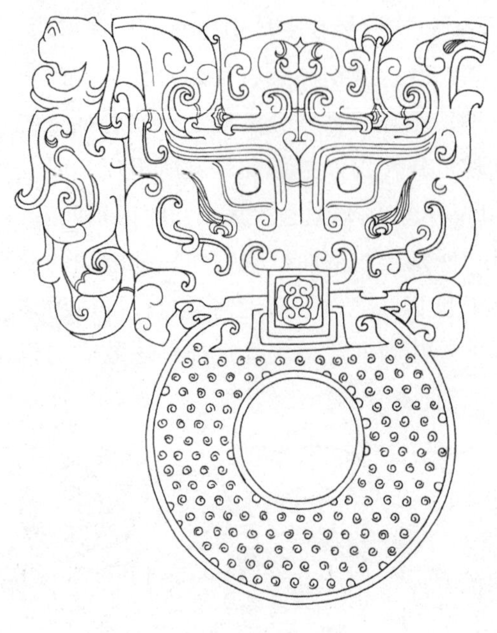

图五

中各母题已透过镂空去底的方式达到清晰分明的效果〔15〕。在此个体时代单一视点阶段，母题虽尚未发展至后期多视点阶段完全独立的特征，例如两侧的龙凤母题仍有共用身足的现象，但相较群体时代而言，此时的造型共用已然和其时大有区别，简单明了业已取代眩迷跳跃的特征。时至多视点阶段，独立母题发展成熟，南越王墓所出玉铺首，母题和母题是以完整独立的形式共存（图五）〔16〕。伴随母题独立化的过程，纹饰也配套发展出相应的变化，这一部分将在虎、龙形玉饰中继续讨论。此外，母题独立化也引发个体风格时代另一重要特征的变化，即为了表现出动态效果，工匠寻求各种技巧的创新过程。

要在静态中表现出动态效果，不同的艺术形式各有不同的做法，如利用色差、倾斜、比例、变形等手法〔17〕。其时玉工是用何种手法营造此效果呢？首先利用“具有倾向性的张力”。大脑对不同的式样会有不同的心理反应。例如知觉受横长条形式刺激时，心理产生向两旁伸展的张力会强于向上的力量，对向下力量的知觉则最为迟钝〔18〕；圆形的张力是由圆心向外四射；而竖长方形向上的张力则明显大于其他方向的张力〔19〕。这类知觉反应的理论是解读玉器风格重要的途径之一。

若比较图四和图五，可以分析出在个体风格时代的前后两阶段，玉工对于处理动态效果手法的演变。首先两者皆利用倾向性的张力，前者向两侧扩展的张力恰被反方向对称的龙首所拉回，以此造成更强的反差；后者旁侧的兽首和兽尾相互呼应形成一

〔15〕 所谓镂空，是指利用工具将玉饰中的玉料去除，以凸显造型或纹饰的工序。单一视点阶段镂空的目的是为了凸显造型，故此种镂空又可称为造型镂空。可参见北京大学考古文博院《古玉的制作与鉴赏（壹）》，第43～46页，北京大学，2000年。

〔16〕 中国玉器全集编辑委员会《中国玉器全集4》，图版二九，河北美术出版社，1993年。

〔17〕 Arnheim，Rudolf. 滕守尧、朱疆源译《艺术与视知觉》，第568～599页，中国社会科学出版社，1984年。

〔18〕 同前引，《艺术与视知觉》，第575～578页。

〔19〕 相类研究尚可见Koffka，Kurt. *Principle of Gestalt Psychology*，New York，1935，pp. 132－148.

"S"形回路，将上下的张力封闭在其中，形成鼓胀的效应。此处，因"倾斜"形成的动态效果在两者中也都有所应用。两玉饰各母题的造型多为弯曲倾斜的外形，眼睛在处理这类倾斜外观时，会自主地将偏离水平或垂直位置的物体拉回视觉习惯位置，从而产生了动感的张力。倘若说倾向性张力和倾斜因素对个体时代前后两阶段玉饰所造成的动态效果不分轩轾的话，那接下来的动态变因，将因渐变的强弱程度造成动态效果的渐次加强。

首先是不同"比例"的使用。西洋美术中，巴洛克风格飞动效果的秘诀即在于此。例如将圆形变为椭圆形，正方形变为长方形，借由新的比例从而显现出动态的张力。个体时代的玉器多有相类的比例应用，一种方法是将造型线条的曲度变大。曲线的效应就如同弯折的钢条，弧度愈大其反弹力也就愈强，当视觉接收到曲线外形时，其隐而不扬的动态张力即刻转译而被大脑感知。由前两例玉兽面的比较可知，外廓线条的曲度随时间的推移渐次加大，身躯扭转的程度也相应紧收，因而造成前后两阶段动态效果的差别。此外母题也透过改变凹弧面的浮凸比例来强调肌肉力度，以此衬托出身躯的体积感。相较前者，个体时代多视点阶段身躯浮凸的比例已将饱满的内力充分表现，有别于单一视点阶段较平板的视觉力度。另一手法是将足部关节处在身躯所占的比例渐渐加大，这种方法会使观者的注意力集中于足部的肌肉动作。再加上关节曲度的增加，兽身腾跃的力度和动感自然相形加强。这种现象在下节讨论的龙虎形玉饰中表现得最为明显。

其次，利用"变形"造成动感和空间效果。由于个体时代不同阶段的母题独立程度不尽相同，采用的变形手法因此有所差异。比较图四玉兽面旁侧的母题，可以发现由于在较早阶段母题尚未完全独立，母题是以侧面造型、同一视点的方式呈现其外形，类似埃及艺术对人面部的描写手法。此时变形的方式是将首、足、尾等放置在平面中，方向不尽相同的位置上，这种变形手法会使身躯扭转的特征得到加强，从而获致动感的知觉，并同时产生空间的错觉。这在龙虎形玉饰中也可清楚看到。但这种空间效果和稍后多视点阶段相比则明显不彰。多视点阶段如图五，母题既已独立分明，玉工不需拘泥于平面单一视点的限制，变形的手法是将不同视点的首、足、尾等部扭转汇集在单一母题上，并以重叠的方式营造空间交叠的效果，使母题在不同时间、不同角度的造型能在同一时间冲击心理知觉[20]。这种类似西方立体主义的多视点变形手法给予观者空间扭曲、时间交驰的动态感受。再加上此时强而有力的曲度轮廓，多方相互加成的结果，创造出玉器史上动态感和空间感的高峰。

---

〔20〕 此种手法又称为多视点组合以及平面立体化效果。同前引，《古玉的制作与鉴赏（贰）》，第100页。

另外尚有一重要的技法，即将“物理力转化为视觉力”。静态自然物的形状，往往是物理力的运动、扩张、收缩等活动所造成，亦即自然物的形状往往是物理力留下的痕迹，例如在消融后的冰川壁上可以看到一道道深浅互异的刮痕。观者并不是依据理性推测其中蕴含的力量，而是透过眼睛直接知觉其中的动感和张力〔21〕。若仔细观察制作痕迹，常可在母题的口吻、足、尾等处发现各种工具留下的初始痕迹，这些现象给予观者力道强劲的感受。造成个体时代前后两阶段动感的差别，就此因素而言，导源于对镂空等不同的处理方式。单一视点阶段镂空的目的是为了突显造型，镂空面积相形较大，故为多种工序加工磨整后的结果，物理力的效应较为间接；多视点阶段由于扭转独立、多视点凹弧的身躯已然完备，镂空目的是为了呼应造型，孔径和镂空宽度常和工具尺寸相吻合，多为管钻、线锯一次拉切完成后的痕迹，物理力的转化作用直接呈现在观者眼前〔22〕。加上镂空的比例变小，曲度变大，其动感得以更为加强。

比较这些因素的结果，可以清楚知晓在个体风格时代前后阶段，母题渐次独立和动感逐渐加强的过程和原因。在此必须强调，表现动态效果的各种技法之所以会改变，乃取决于母题独立过程中所达到的阶段。亦即独立过程是因，动态技法是与之配套的果。倘非如此，两者错杂互用的结果，对于视觉必然是一可怕的冲击。在后文中，如纹饰演变等探讨，将可再次验证此类配套的方案。

图案化风格时代是以形纹交融、线纹扭转交叠的手法，暗示各母题的特征以及母题之间的空间关系，并创造出平和舒缓的图案化视觉效果。何以用图案化风格为其命名？因为乍看此时期玉饰的印象，相类于观看由平缓线纹所构成的不明确图案，母题特征似乎消融在背景纹饰中，整体如同平板而无主题的装饰图案一般。而所谓平和舒缓的效果，则是相对于个体时代多视点阶段而言。

虽然和个体时代所追求的艺术品味已有所区别，但若要真正体会图案化风格时代玉器的特征，仍需以个体时代的风格为基础。因为此时母题和背景之间多以相类的交融手法描绘，今日观者若和其时玉工未有充分的默契，势难完全区分出其中图像的主题和背景。但如何达到此一神交默契呢？Panofsky 的图像学方法明确指出，若要确认母题为何，必须以风格史为基础进行辨析〔23〕。Gombrich 也认为，风格的演变来自于艺术家制作再匹配（making and matching）的创作过程〔24〕。亦即当玉工进行制作时，心中

---

〔21〕 同前引，《艺术与视知觉》，第596～597页。

〔22〕 吴棠海认为此类镂空已融入造型之中，兼具艺术性设计，应称之为艺术镂空。同前引，《古玉的制作与鉴赏（贰）》，第99页。

〔23〕 完整的论证，可见 Panofsky，Erwin. “Iconography and Iconology,” *Meanings in the Visual Arts*，Chicago：The University of Chicago Press，1955.

〔24〕 Ibid，*Art and Illusion*，*A Study in the Psychology of Pictorial Representation*，p. 23.

图式的来源是过去的经验和传承，风格之所以发生变化，是在过往的基础上进行修改所导致。因此若要和玉工心领神会，准确辨析出母题和风格的特征，就必须尽到观者的本分，设法融入图案化时期的创作背景中。准此，参透个体风格时代的技法在图案化时代的传承演变过程，才是解决问题的关键。

由于缺乏玉兽面，此处只能以其他的玉饰代替，但在不同的玉器上实际皆可获得相同的表现手法。观察西汉中期龙马纹玉饰（图六）[25]，可以知晓个体时代以来的变化。其倾向性的张力、比例等手法在此并没有太大的改变，但视觉效果已然有所不同。原因有几方面，首先在于比例的部分修改。虽然外廓线条的曲度并未有明显的不同，足部关节处在身躯所占的比例和个体时代晚期相比也所差无几，但身躯浮凸的比例已然减小，这使得肌肉力度相形减弱，产生平缓的效果。凹弧浮凸平缓化同时改变了多视点变形的视觉效果。虽然足、尾等部仍以扭转重叠的方式营造出空间感，但由于缺乏肌肉层次的张力，身躯各部退化成圆缓的线条，形成以线条交叠扭转暗示空间的特征。此外，变形手法在此时又更进一步，变形的冠、爪、尾等部和云雾背景已无甚大差别，若不详加观察，母题特征常被忽略遗漏。这种以形纹交融暗示母题的手法，使视觉倾向于以飞掠的印象，径将其归为某类图案，而难于专注在众母题的精准判读上。而镂空的技法和个体时代相比，也渐形扩大缓和，强韧的物理视觉力逐渐趋弱，从而加强了平和舒缓的效果。

讨论至此可知，虽然图案化时代早期阶段大部分的表现手法继承自个体时代，但部分的调整却会对视觉感受产生巨大的差别。这种制作图式的调整正是风格改变的主因，而掌握某一时代的图式特征也正是判断下一阶段风格的基础。若心中未熟悉前期风格的表现手法，势难和图案化风格时代的玉工灵犀互通，何论辨别其中的形纹差别，进而解读真正的母题内容。

图六

图七

〔25〕 同前引，《中国玉器全集4》，图版一四二。

当风格发展至图案化时代后期时，多数玉饰特征已然平板化（图七）[26]。在此因素强大的作用下，即使母题轮廓的曲度没有改变，所存动感也已极其有限，何况多视点变形和镂空等因素均趋于平整。换一方式思考，可以将此时的特征视为图案化风格较早阶段玉器正投影在平面上的影像，亦即将较浮凸的玉器压平成平板后的视觉效果。此一“立体平面化”的效果，使得富曲度和深度的造型轮廓变成纯扭转的阴刻线条，原本浮凸交错的空间仅能透过交叠线纹的暗示推想得致，相形之下各母题间的差别也更为有限。视觉图案化的感受至此表露无遗，平和舒缓的特征业已成熟。

二、龙虎形饰

由前一部分的讨论可知三大风格时代的主要特点，这些特征在其他类别的玉器中多可发现。此单元则将透过虎龙玉饰继续说明其他特征，这些风格并非只在此类玉饰中出现，而是这些特征在此类别中较为显著，借此较易说明问题。

群体时代构筑器表的纹饰在图一中业已讨论，由此图式的演变可以发现，虺龙是由双线平面的形式渐渐朝立体浮凸的效果发展。这种朝立体发展的趋势和个体风格时代的演变似乎有些许雷同，但两时代的立体化效果在视觉上却完全不同。此中缘由为何？最主要的原因在于群体时代的母题从未朝独立分明的方向发展，虺龙图式始终未脱离只强调头首的手法。此图式在艺术品味讲求群体组合的情况下，自然多以纹饰的形式表现；又因未朝独立分明的方向发展，母题显然只能以侧面单一视点的描述方法呈现，以此求得群体的协同性。因此即使群体时代表现母题图示的手法已朝立体浮凸发展，对视觉所造成的差异也仅局限在不同程度的纷乱跳跃效果，如同在玉兽面已讨论过的一般。

在此情形下，观察春秋早期黄君孟墓出土的玉虎（图八）[27]，即可看见虺龙图式满布器身的现象。不但在四肢和躯体相接之处以虺龙代表其关节，全身其他之处也以相类的图式交错分布。这种现象贯穿整个群体时代，春秋晚期淅川下寺出土的玉虎，其设计观念如出一辙，只是纹饰的表现由双线平面形式变成浮凸形式[28]。至于陕西益门出土的春秋中晚期玉觿（图九）[29]，其纹饰予人硬直繁密的感受，乍看之下可能会认为是秦地专属的风格，但若仔细观察，可发现主要特征仍属群体风格的范畴。虽然

〔26〕 同前引，《中国玉器全集4》，图版二五七。
〔27〕 同前引，《中国玉器全集3》，图版三。
〔28〕 同前引，《中国玉器全集3》，图版六三。
〔29〕 邓聪编《东亚玉器Ⅲ》，图版387，香港中文大学中国考古艺术研究中心，1998年。

使用的直转线条和其他地区有所不同，但使用的图式仍是同一种虺龙母题（图一：2），并以相类的观念安排纹饰的布局。因此可以推论，秦地诚然有其自身的艺术手法，但在其上尚有一个影响更深的设计理念在主导玉工的创作方式，此即为群体时代风格。此一无远弗届的风格力量不论是在楚国或是晋国[30]，乃至江苏吴县严山出土的吴国玉器上皆可发现[31]。

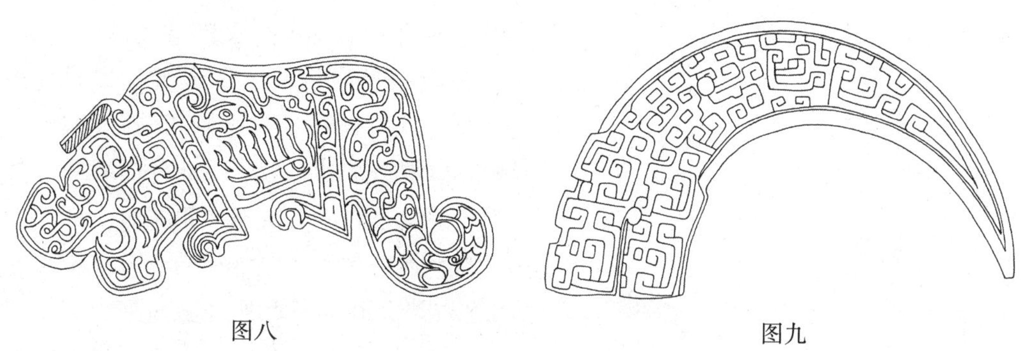

图八　　图九

个体时代风格是在个体化特征下寻求动态表现的过程，其手法在前节大多已经讨论过。在龙虎玉饰类别中可以更清楚看到纹饰图式的演变，其由繁而简的现象和母题寻求独立的过程恰好相互配合（图一）。在春秋晚期两时代风格的交汇阶段，可以发现其过渡的特征。春秋晚期太原赵卿墓出土的玉龙[32]，其外形仍是群体时代未回首的“S”造型，但纹饰已然是个体时代的云谷相杂纹；河南温县西张计春秋盟誓遗址出土的玉龙（图一〇）[33]，外形已有个体时代回首弯转的特征，口部拉切的物理力度也有别于群体时代封闭的口吻，但纹饰则一方面尚有群体时代母题铺列的余绪，另一方面具有头尾清晰独立的个体时代风格。由此两例再次验证风格演变的真正原因，在于对传统风格图式的承继，并以此为本进行调整修正后综合出新的风格图式，因而造成风格的变化。至于为何会进行调整，何以得为广泛接受，则可能和制作者的巧思，赞助者的喜好，社会时尚的转变，以及文化交流等有关，但此非本文讨论的重点，在此不拟赘言。

曾侯乙墓出土的玉龙（图一一）[34]，不论是纹饰、造型皆是个体时代单一视点阶

〔30〕 同前引，《中国玉器全集3》，图版三二。
〔31〕 同前引，《中国玉器全集3》图版九七。
〔32〕 同前引，《中国玉器全集3》，图版三六。
〔33〕 同前引，《中国玉器全集3》，图版一一六。
〔34〕 同前引，《中国玉器全集3》，图版一六九。

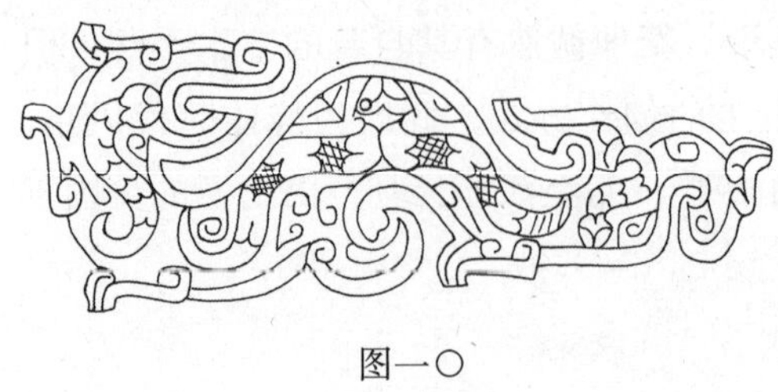

图一〇

图一一

段的特征。其中“S”形构图、变形等手法前已论述，此处说明其他特征。除了纹饰是为了强调主体外形的云谷相杂纹饰外，由于个体尚未达到后期阶段完全独立化的特征，倘若延长弯转身躯的长度和比例，不但不会予人不协调的感受，反而加强了肌肉紧绷的力度，由此产生蓄势待发的动感。同时头、足、尾错位放置产生的空间错觉，以及金属线拉切而成的直锐口吻所显现的物理张力，皆大大地增加了动态效果。此外尚有一种技法可产生强烈的运动错觉，此即为“频闪手法”[35]。所谓频闪手法，如同今日重复曝光的摄影技巧，在同一张照片上表现出多张照片叠合而成的效果，若组合得宜即可显示出同一物体在运动中的各种位置。若观察图一一的足部特征，可发现足部数目在此时并未有定数，方向也不一致，如同各自为政的群足同时错置在一身躯上。若将个别足部单独和头部方向相配合，大脑会辨识出一相互匹配的运动方向。但当群足同时布列在眼前时，因为知觉无法将其协调合一，从而产生连续运动的动态效果，就如重复曝光的照片一般。这类如同20世纪初未来主义所追求的艺术效果并非随时可用，必须有相对应的条件。在个体时代单一视点阶段，因为母题尚未立体独立化，可以忽略身足的比例，加上其视点仍偏向单一平面角度，因此可以充分应用玉料，在玉料损耗最少的情况下，将身躯拉长并在各处加添足尾，以形成此等动态效果。这正是此时期玉工大量使用“因料施工”手法，造成玉龙百态的重要原因[36]。时至个体时代多视点阶段，立体技法完全成熟后，严谨的比例和分明的身躯各部变成不可替代的制作原则，因料施工的手法已无法契合此时期的艺术品味，频闪手法自然销声匿迹无从再现。这再次说明不同时期、

〔35〕 同前引，《艺术与视知觉》，第592页。

〔36〕 同前引，《古玉的制作与鉴赏（贰）》，第85～87页。

不同艺术品味何以各有其配套图式和手法的主因。

个体时代多视点阶段，母题立体独立已然完成，与其相配合的手法在前节已充分讨论，此处说明纹饰在此时期的应用。南越王墓出土的玉兽（图一二）[37]，身体各肢皆以凹弧面来表达肌肉力度，并用重叠的方式达到立体的视觉效果，在此等艺术表现手法下，倘若使用早期的纹谷相杂纹等纹饰装饰兽身，将破坏浮凸的视觉效果。因此纹饰更形简化，成为规律几何化的谷纹、乳丁纹等，并只装饰在不会破坏整体效果的部分，此玉兽即以整齐单一的谷纹铺饰在前后足中间的躯体上。至于凹弧身躯则以特定的装饰性线纹，跟随身体曲线勾勒，如此不但不会破坏体积感，更增添流畅的运动感[38]。若比较稍早相类的玉兽，例如 Fogg 艺术博物馆所藏的玉兽[39]，可发现此玉饰是利用不同的纹饰分别铺列在身躯和腿部上，以此暗示玉兽不同的部位。但和图一二相比，视觉效果显然仍有不足之处，由此可知在个体时代多视点阶段，立体化臻于成熟后装饰手法的改变。

而在图案化风格时代，随着平板化的加强，华丽流畅的装饰性线纹已不再适合使用，取而代之的是浅刻的轮廓线条以及朴素的装饰纹样。例如河北定县四十号墓出土的龙形玉环，即以平实的阴刻线纹暗示身躯[40]。江苏盱眙县东阳四号墓出土的玉龙（图一三）[41]，与动感尽失的身躯相互配合的纹饰除了浅刻的舒缓线纹外，在脸颊侧尚有简单的圆圈纹，同时脸颊和尾部另饰有由短平行线组成的线纹。圆圈纹和短平行线正是图案化时代标准的纹饰图式。

图一二

图一三

[37] 同前引，《中国玉器全集 4》，图版四四。

[38] 有关此类装饰性线纹及符号的分类和讨论，可见前引，《古玉的制作与鉴赏（贰）》，第 101 ~ 102 页。

[39] Ibid, *Carved Jade of Ancient China*, pls. 43 – 2, 3.

[40] 同前引，《中国玉器全集 4》，图版一二六。

[41] 同前引，《中国玉器全集 4》，图版二一六。

三、组 玉 佩

组玉佩由各种佩饰组成，不同时期的佩饰基本符合之前章节所讨论的风格特征。此外，组玉佩整组所表现出的特征也和所处的时代风格相吻合，这在群体时代和个体时代中可以明确观察得知。至于组玉佩在图案化时代的考古发现较为少见，使得此部分的讨论较为困难，这是由于西汉中晚期之后，服饰制度发生改变，组玉佩因而渐趋沉寂之故〔42〕。

观察群体时代到个体时代，组玉佩中各佩饰相互组合的关系，可以发现一特征倾向，即组玉佩由多个单一佩饰组合成串饰的群体模式，演变为由多个佩饰组成新的单一佩饰再组合成串饰的个体模式。亦即若拆散群体时代的组玉佩，则各佩饰之间是单调分明的单元，若不以群体配套的形式表现，不能显现出完整的效果；而个体时代则将多个佩饰单元融合成新的佩饰单元，即使拆开整组串饰，单一佩饰仍能以个体的特征表现出成组的视觉效果。这类以群体母题组合成独立个体的风格特征，正是个体风格时代，尤其是多视点阶段的璧、珩、佩等玉饰华丽多变的重要原因之一。在临淄商王墓和徐州汉楚王墓中不乏此类例证〔43〕。至于组玉佩在图案化时代的例子虽然不多，但仍可透过璧、珩等玉饰推测其时可能的情形。其特征是在个体风格的基础上平板化的结果。

群体时代春秋晚期的组玉佩（图一四），由两件大小不一的圆璧、两件玉珩、三件玉管、两件龙形饰以及一件方形圆孔玉饰所组成〔44〕。若单独观察各佩饰，则无以表现出整组佩饰的群体特征及完整性。如同完整剧本的各角色，缺一则故事无以为继。

在个体时代单一视点阶段，组玉佩已渐渐将多件单一佩饰组合在一件玉饰中。如曾侯乙墓出土的玉双龙璧，龙形饰已和玉璧相互结合〔45〕。又如曲阜鲁国故城所出的组玉佩（图一五），玉璧和玉管两侧已和龙凤等玉饰结合〔46〕。此类玉饰如同若干玉件的组合体，单一个体代表群体的特征已初见端倪，如同一人饰演多角一般，表演人数减少也不至于破坏剧本的完整性。而在个体时代多视点阶段，个体表现群体的特征发展

---

〔42〕 孙机《周代的组玉佩》，《文物》1998年第4期，第13页。

〔43〕 淄博市博物馆《临淄商王墓地》，彩版二，齐鲁书社，1997年；狮子山楚王陵考古发掘队《徐州狮子山西汉楚王陵发掘简报》，《文物》1998年第8期，图三九。

〔44〕 中央研究院历史语言研究所《来自碧落与黄泉——中央研究院历史语言研究所文物精选录》，图版59，1998年10月。

〔45〕 同前引，《中国玉器全集3》，图版一七五。

〔46〕 同前引，《中国玉器全集3》，图版二〇七。

至高峰，安徽杨公墓出土的玉器中，有若干以龙、凤相结合的珩或佩〔47〕。南越王墓出土的组玉佩（图一六）〔48〕，其中的玉璧和对称的双凤以及中置的龙母题相互组合，以一代全的风格已然成熟（图一七）〔49〕。组玉佩发展至此，佩戴功能虽然相似但视觉效果已有别于群体时代。

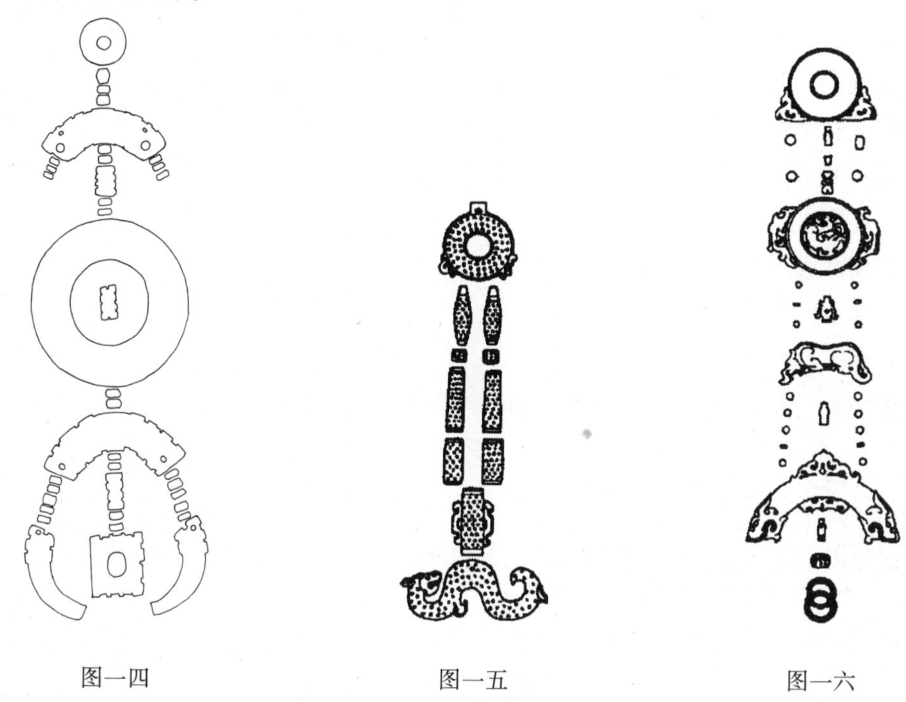

图一四　　图一五　　图一六

在此同时，图案化时代的风格已出现在南越王墓中。另一组玉佩中的玉环，由三只图案化的动物母题和交错的云纹以及扭丝纹交织而成（图一八）〔50〕。其多母题的观念虽然继承自个体风格时代，但在形纹交融、线纹扭转交叠的手法下，图案化的特征已使组玉佩的整体效果转化为平和舒缓的感受。同样的情形在扬州妾莫书墓出土的龙凤玉珩中也可发现〔51〕。扬州老虎墩东汉墓出土的玉环（图一九）〔52〕，玉环主体消失而以龙母题环转两周的身躯代替。另一较小母题依附在玉环外侧，面部朝外，其身躯分为前后两段，前段先朝大龙头部延伸，再扭转而回穿过大龙身躯中分处，身躯后段最

〔47〕 同前引，《中国玉器全集3》，图版二八七。
〔48〕 同前引，《中国玉器全集4》，图版四一。
〔49〕 同前引，《中国玉器全集4》，图版四三。
〔50〕 同前引，《中国玉器全集4》，图版五〇。
〔51〕 同前引，《中国玉器全集4》，图版一九八。
〔52〕 同前引，《中国玉器全集4》，图版二五〇。

终平列在小母题面部的左侧方向；右前足踏在龙嘴上，左前足和右后足两相对称同时踏在大龙身上，左后足则和云气相接；左、右后足之间的尾部向大龙身躯中分处延长并向左上勾起收尾，其勾起的尾尖恰好和大龙身躯各部的勾转以及云气相呼应，造成云腾飞翔的暗示效果。整件作品虽以平板化的形式出现，但其暗示空间的手法却是图案化风格时代最成熟且精彩的成就，若要体会此等“立体平面化”的效果则有赖观者和玉工相互契合的程度。至于个体时代玉璧和龙凤佩相互结合的形式，在此时期演变成众人熟知的长乐、延年等出廓玉璧〔53〕。虽然此等玉璧已非组玉佩的组件，却是承其余绪而成的造型。

图一七

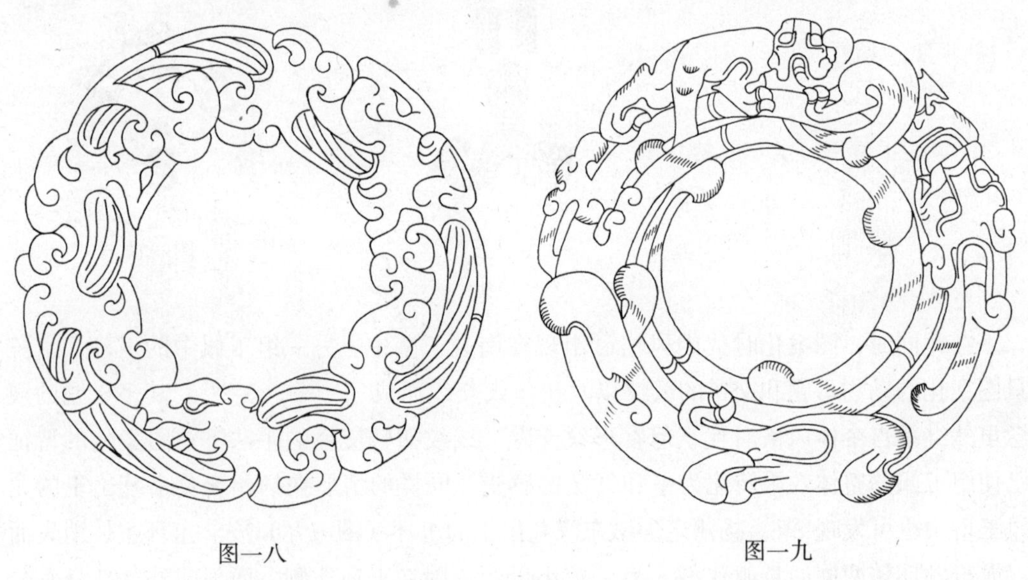

图一八　　　　图一九

由以上三种玉器类别的讨论，可以大致理解不同时期的风格特征。群体风格时代，不但注重单一玉器内各母题的组合形式，同时也注重玉器群体间的组合形式；纹饰由平面走向浮凸，加上纹形共用，使群体纷乱跳动的效果渐次加强。个体风格时代的前后阶段则是在追求各母题独立表现以及寻求动态效果的过程，利用变形以及频闪等技

〔53〕 同前引，《中国玉器全集4》，图版二五六～二五八。

巧创造空间动感；除了强调每一母题的各部特征应以明确清晰为本外，组玉佩的各组件也朝单一个体代表群体的趋势发展；纹饰则由单纯规整演变成配合凹弧面的装饰性线纹。至于图案化风格时代，则以形纹交融等手法，创造出平和舒缓的平板视觉效果；相互消融的母题则以短平行线和圆圈纹作为身躯的装饰性纹饰。

四、其他材质器类

以上所讨论的时代风格，除了玉器之外是否也在诸如铜器、石器、漆器上显现呢？考察同时代其他器类，玉器风格特征似乎同为其他类器物所共有。

首先比较不同时期的铜壶。新郑所出春秋中期莲鹤方壶[54]，除盖、耳、足等由鹤、龙、兽等多母题组成外，器身以身尾缠绕的蟠龙群组成。观察此龙群纹饰，可发现是以较明确的母题头部和不明晰的身躯所组成，正如同群体风格时代的特征一般。至于个体风格时代的铜壶，器身纹饰已然独立化，例如故宫博物院所藏战国中期的宴乐狩猎攻战纹壶[55]，虽然各种母题错杂其中，但每个母题皆是独立的个体。而同时期诸如金银错等工艺，使铜器个体化得到进一步加强。例如中国国家博物馆所藏的镶嵌绿松石方壶[56]，观者的焦点将由器身的群体纹饰移向铜壶个体本身。而在图案化风格时代，铜壶的纹饰则以纹形相互暗示的形式呈现，例如满城汉墓出土的错金银壶即是典型的例子[57]。

在动物铜塑中也可看到相同情形。弗利尔美术馆所藏春秋晚期子乍弄鸟尊[58]，其颈部和身躯以龙纹缠饰，羽翅部分则以虺龙图式填充，此为标准的群体时代风格。河南省文物考古研究所藏的春秋晚期神兽[59]，其头部各器官和虺龙母题共用的情形与春秋晚期的玉兽面如出一辙。而在个体时代，纹饰之目的则是为了衬托主形体本身，如出土于江苏淮阴高庄的战国中期虎头形首[60]、中山王墓错银双翼神兽[61]，以及曾侯乙墓怪兽形编磬座[62]，虽属不同诸侯国的器物却具有相同的时代风格。此外，中山王

---

〔54〕 中国青铜器全集编辑委员会《中国青铜器全集7》，图版二二，文物出版社，1998年。
〔55〕 同前引，《中国青铜器全集7》，图版一四〇。
〔56〕 中国青铜器全集编辑委员会《中国青铜器全集8》，图版一四二，文物出版社，1995年。
〔57〕 中国社会科学院考古研究所等《满城汉墓发掘报告》，彩版五，文物出版社，1980年。
〔58〕 同前引，《中国青铜器全集8》，图版五四。
〔59〕 中国青铜器全集编辑委员会《中国青铜器全集10》，图版八四，文物出版社，1998年。
〔60〕 同前引，《中国青铜器全集10》，图版八八。
〔61〕 中国青铜器全集编辑委员会《中国青铜器全集9》，图版一七〇，文物出版社，1997年。
〔62〕 同前引，《中国青铜器全集10》，图版一六六。

墓龙纹石板的风格特征，也是个体时代下标准的产物[63]。

漆器纹饰或漆画的情形也基本相同。包山二号墓出土的子母口漆奁盖壁漆画，属于个体时代单一视点阶段，其人物皆以侧面和背面的形式表现，飞鸟和树木则以平展的手法呈现，空间效果仅能借由叠置的侧面马匹暗示[64]。而马王堆一号汉墓，"T"形帛画中主人身后的侍女虽也以相类的手法暗示空间，但其余飞龙和走兽等母题已使用扭转的手法创造空间立体感[65]；而朱地彩绘棺左侧板纹饰则是个体时代多视点阶段成熟的代表[66]，棺侧上的各母题以多视点扭转等手法达到了动态的视觉效果。这种变化，在中国绘画史上是一重大的改变。而在同一墓中，图案化风格也已然出现。云纹漆奁器盖上的纹饰风格和图一八可谓大同小异，此器盖纹饰利用颜色交错扭转的方式暗示出空间的错觉[67]。在睡虎地一号汉墓变形龙纹漆耳杯中[68]，观者已很难辨认出装饰纹样和龙母题之间的差别。同样形纹相融的风格，在安徽阜阳双古堆西汉汝阴侯墓所出的云鸟纹银扣漆盘上也可发现[69]。

由以上的讨论可知，三大时代风格并不只在玉器上显现，其他若干器类也有同样的风格特征。是何种原因造成此等现象呢？是否有一个最高层级的风格品味正统御着所有的艺术形式？本文所讨论的玉器是否只是此一主流风格的支流呢？亦即透过玉器风格的研究，本文是否已经顺着侧支循溯至真正的风格本源，而这一本源才是放诸四海皆准的时代特征？

此一类似 Wolfflin 所持的时代风格论点[70]，并非本文附议的结论。风格之所以如此类同的原因，很有可能是因为其时工匠相互借用同一表现形式所致，而非有一时代精神在操控所有工匠心灵的缘故。Jessica Rawson 在讨论春秋晚期至战国初期玉器时，认为其时部分玉器的风格借自铜器纹饰，而玉器和铜器共有的这类特征，其本源来自金器纹饰[71]。此一观点诚然是有据而可信者。如同之前有关风格产生变化的原因探讨，风格形成的主因在于有一共同表现方式，亦即 Gombrich 所言的"图式"广为某一

〔63〕同前引，《中国玉器全集3》，图版二二〇、二三一。

〔64〕湖北省荆沙铁路考古队《包山楚墓》，彩版八，文物出版社，1991年。

〔65〕湖南省博物馆等《长沙马王堆一号汉墓》，第40页，文物出版社，1973年。

〔66〕李正光编绘《汉代漆器艺术》，图版81，文物出版社，1987年。

〔67〕同前引，《汉代漆器艺术》，图版101。

〔68〕同前引，《汉代漆器艺术》，图版23。

〔69〕同前引，《汉代漆器艺术》，图版193。

〔70〕Woelfflin, H. *Principles of Art History*, New York and London, 1932, p. 6.

〔71〕Rawson, Jessica M. *Chinese Jade from the Neolithic to the Qing*, London: British Museum Press, 1995, pp. 65–67.

时期的人共同接受，并在各种器类上调整应用，从而蔚为一时的潮流趋向。因此，探讨不同时期的各式图式，以及图式在不同器类上的互用模式，或许才是解开玉器何以有时代风格，以及其他器类何以也具有相同特征的关键。

本文于2000年在北京大学考古文博学院举行的“中国古代玉器与玉文化高级研讨会”上宣读。

河南邓州太子岗遗址复查记

北京大学考古实习队

The Taizigang 太子岗 site in Dengzhou 邓州，Henan 河南 is the largest Yangshao site in the Nanyang 南阳 Basin. With the help of GPS，we drew a map of the site after a field survey. The survey also found out the exact boundary of the site and the condition of features. The upper layer of the site had been seriously destroyed and only some interrupted Qujialing 屈家岭 assemblage is left. However，the Yangshao assemblage in the lower layers is well persevered. The remains of late Yangshao architectures，including several long multi-room houses，distributes in an area of nearly 10 ha. Since most of them were burnt when abandonment happened，the houses are still in good condition and easy to be recognized.

河南省邓州市太子岗遗址位于邓州市西北部，为穰东镇辖地（图一）。这里地处南阳盆地北部白河流域平原区，地表径流丰富，现距遗址最近的河流为西边5里处的赵河（流入白河支流湍河），但据说遗址附近还有古河道。遗址具体的位置在穰东镇镇南、郑庄以北、关庄以西的一片地方，以GPS定位，大致在东经112.285°~112.292°，北纬32.840°~32.846°的范围内。遗址发现于1957年，后经邓州市和南阳地区文物保护单位调查确认为新石器时代遗址，有仰韶文化、屈家岭文化和龙山文化时期遗存，面积为25万平方米，文化层厚2~4米，现为河南省省级文物保护单位[1]。为配合田野考古实习，2002年12月13日、16日北京大学考古文博学院考古队师生对太子岗遗址进行了复查，并利用GPS测量了遗址地形、地标、遗迹暴露点和遗物采集点（图二）。现将复查的主要收获报告如下。

一、遗址范围及保存状况

太子岗遗址是一个慢坡岗地，岗地顶面高出四周低地约9米（GPS测量数据，不准确），全由新石器时代文化遗存堆积而成。据当地人说，岗子原来比现在还要高2

〔1〕 国家文物局主编《中国文物地图集·河南分册》，第557页，中国地图出版社，1991年。

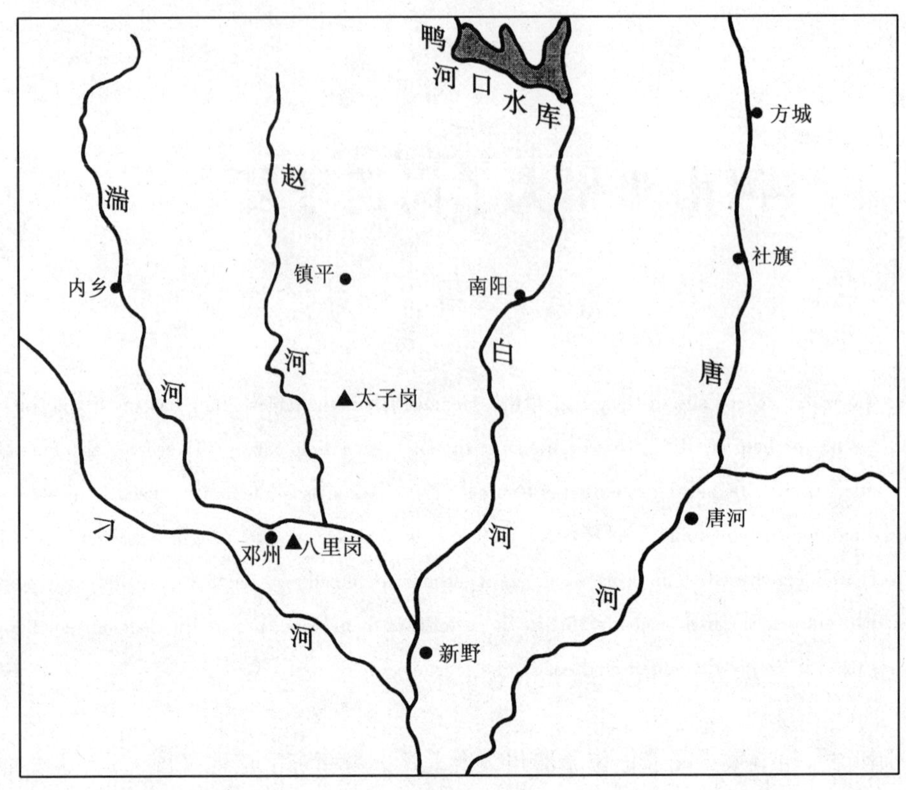

图一　遗址位置示意图

米，20世纪70年代以来由于取土逐渐削低，致使遗址遭严重破坏。岗地的南部、西南部和东北部破坏最为严重，这些地方因取土形成的断崖高达1~2米，暴露出房址等文化遗存。横贯岗地南北从穰东镇通向郑庄的大路也是破坏比较严重的地方，两侧路沟约有半米深，可以看到出露的遗迹和文化堆积。可以想见，遗址上部的堆积应当已被破坏殆尽，而破坏的部分又是岗地最高、新石器时代遗迹分布最集中的地方。

遗址堆积一直延伸到岗脚下，据市地文物单位调查勘测，分布面积有25万平方米，大致在图上标示出的文物保护界桩的范围内。复查时我们在遗址南界桩旁路沟剖面上见到耕土层下是一层较厚的黑灰色蒜瓣黏土，内杂分选很好的红烧土颗粒，但未见陶片。界桩东南100米、郑庄村东北角一条沟的沟壁上也见到耕土层下有这层黑灰色蒜瓣黏土，不含任何文化遗物，厚90厘米，其下依次为6~8厘米杂少量分选很好的红烧土颗粒的砂层、10~15厘米的灰白间黄褐花黏土（粒度接近粉沙土）、未完全出露的沙层。再往南也见到灰白间黄褐花黏土。这里的各层堆积从堆积物性状看都应当属自然堆积，其中上部的黑灰色蒜瓣黏土和砂层含红烧土，应当形成于新石器聚落出现、岗地开始逐渐形成之后，下部的灰白间黄褐花黏土和沙层的形成年代不明，但同

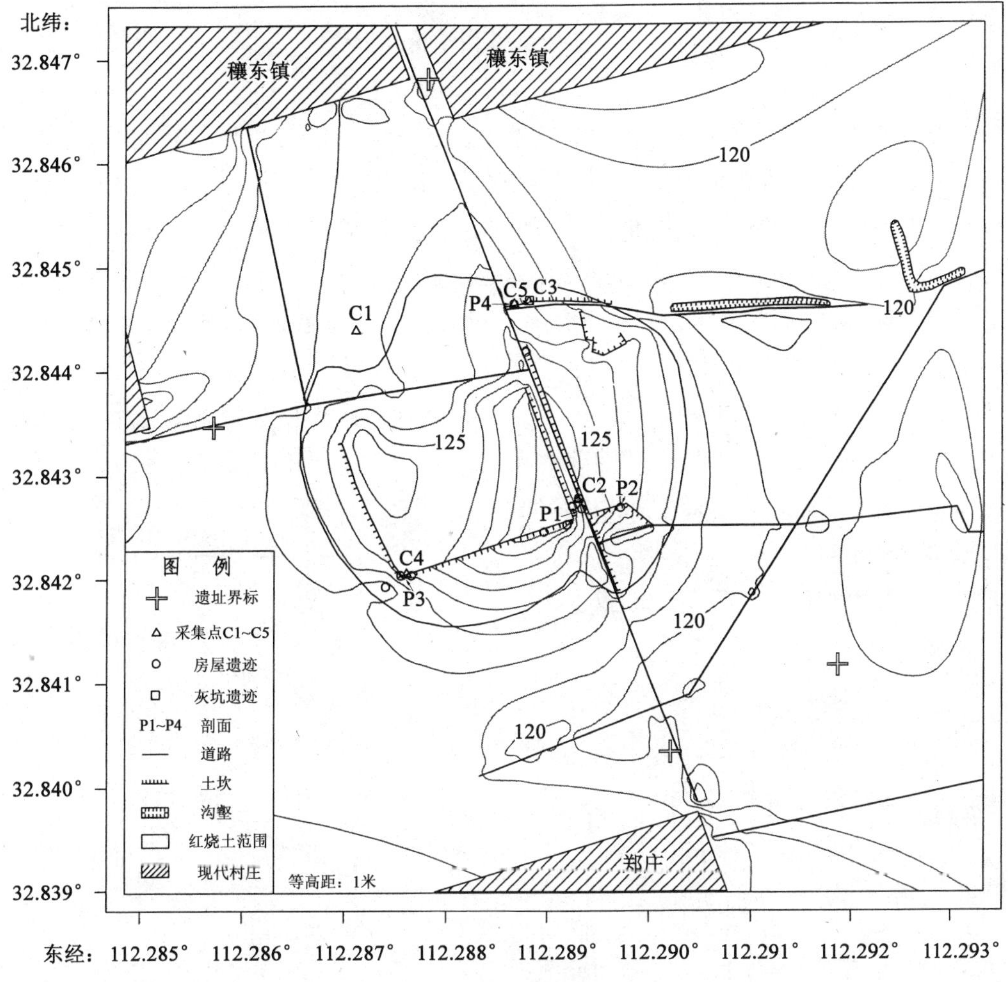

图二　遗址地形、遗迹及采集点分布图

样是大范围内都有的堆积物。虽然这里的上部堆积物以下未必就没有遗址的文化堆积，但这种分布普遍的层状堆积一般只在遗址边缘地带才能见到。因此由遗址南界标及其以南郑庄东北角各剖面所见的堆积物情况看，至少遗址南部文物保护界桩附近大致就是遗址的边缘，而遗址边缘的上两层堆积物应当是在岗地逐渐堆积、新石器时代聚落出现后形成的，从两层堆积物的性状看应当是水成的。遗址其他三面都没有现成的剖面可供观察，但在距离遗址东部不远的地方也能见到类似的黑灰色蒜瓣纯黏土。

二、遗址堆积情况

此次复查并没有看到明确的龙山文化堆积，在遗址地表也很少采集到龙山时期的遗物。石家河文化的堆积也未见，但采集到这一时期的一些陶片（详后）。遗址暴露出来的最晚堆积属于屈家岭文化时期，一般出现于岗地四周偏低的地方。如遗址北部采集点C3处是一个灰坑，坑内堆土为灰褐色草灰，出大量陶片，也有兽骨，采集到的陶片有夹砂（粒径1~2.5毫米，砂粒无磨圆，下同）褐陶鼎腹片，留有鼎足根部，腹上饰一道泥条贴的凸弦纹（图三：3）；夹砂灰褐陶小鼎或罐口片（图三：1）；夹砂褐皮灰胎罐腹片，饰多道泥条贴的凸弦纹（图三：4）；泥质灰褐皮灰胎豆圈足片，上有竖向成排镂孔（图三：6）；泥质红陶灰胎钵底片（图三：5）和泥质灰褐陶钵口片（图三：2）等，年代大约为屈家岭文化中晚期。

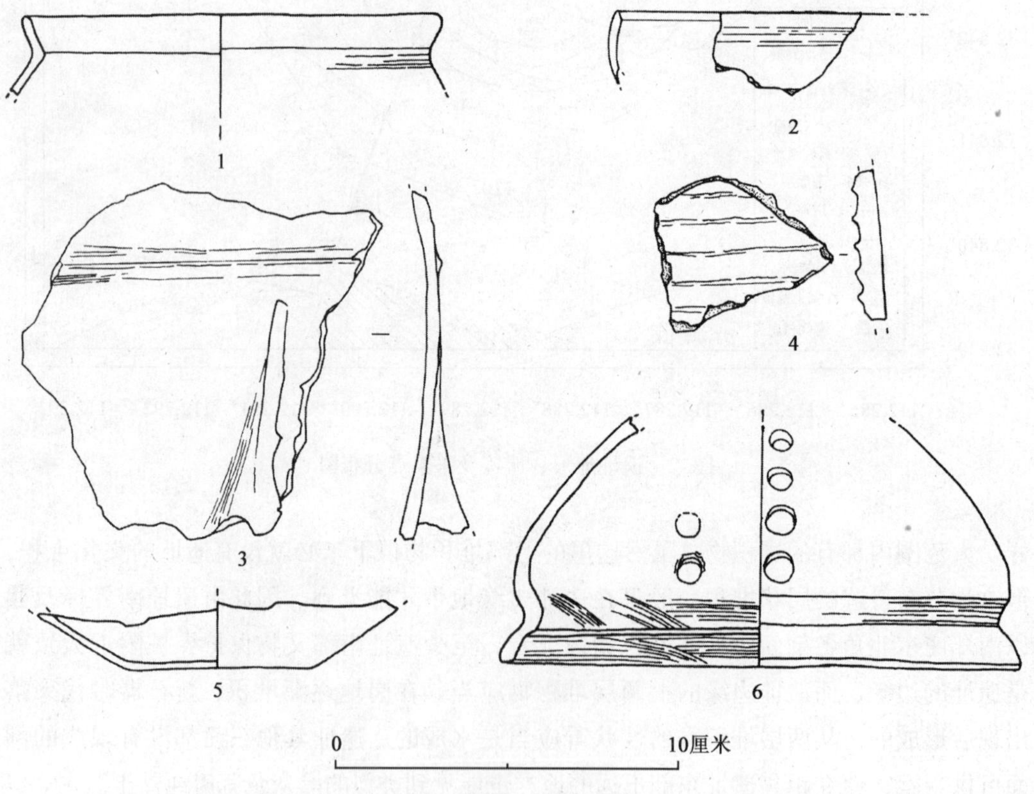

图三　太子岗C3采集陶器

1. 夹砂灰褐陶小鼎或罐口片　2. 泥质灰褐陶钵口片　3. 夹砂褐陶鼎腹片
4. 夹砂褐皮灰胎罐腹片　5. 泥质红陶灰胎钵底片　6. 泥质灰褐皮灰胎豆圈足片

遗址西北部采集点C1处是一新挖墓坑，坑壁所见耕土层下为一层水平堆积的灰黄色粉沙土，杂少量红烧土粒，再下为一层厚80厘米以上的灰褐色致密粉沙土，杂粒径1～2毫米的礓石和红烧土。这两层出土陶片有夹细砂（粒径0.5毫米，下同）灰褐皮浅灰胎陶凿形鼎足，根部外侧有隆起附加堆纹（图四：5）；夹细砂褐皮灰胎陶扁鼎足，足两侧外翻卷按压出花边（图四：4）；夹细砂灰褐陶器盖（图四：6）；夹细砂灰褐皮黑灰胎陶罐口片，肩饰泥条贴的凸弦纹，器外壁有釉质光泽（图四：3）；夹砂灰褐皮黑灰胎陶鼎或罐口片（图四：2）；泥质灰陶高领罐口片（似轮制）（图四：7）和泥质灰皮浅灰胎陶深腹盆（图四：1）。年代最早可到屈家岭文化早期。看来遗址上部屈家岭至龙山文化时期的堆积已经基本被破坏了。

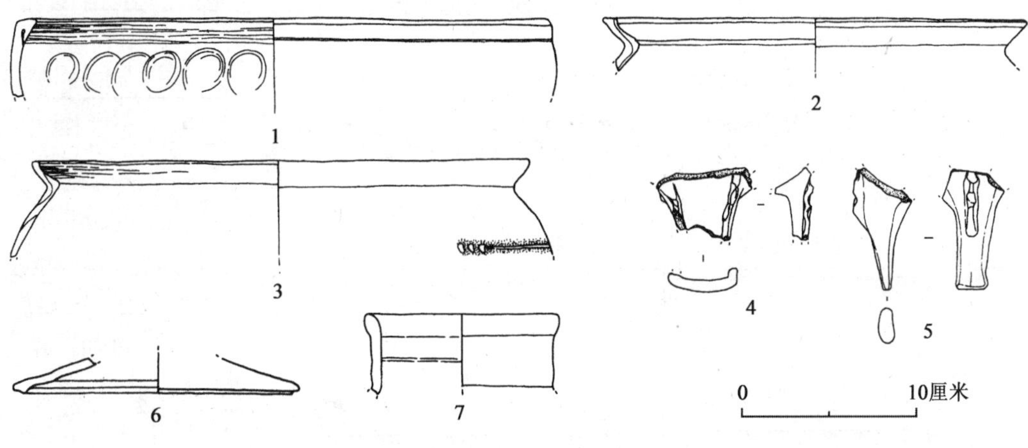

图四　太子岗C1采集陶器

1. 泥质灰皮浅灰胎陶深腹盆　2. 夹砂灰褐皮黑灰胎陶鼎或罐口片　3. 夹细砂灰褐皮黑灰胎陶罐口片　4. 夹细砂褐皮灰胎陶扁鼎足　5. 夹细砂灰褐皮浅灰胎陶凿形鼎足　6. 夹细砂灰褐陶器盖　7. 泥质灰陶高领罐口片

遗址顶面沟坎壁面暴露出来的堆积除西南部一处两具人骨（上为小孩、下为成人）有可能为墓葬且时代不明外，其他各处均是仰韶文化晚期的房屋基址、房屋垫土、房屋倒塌堆积、房屋室外垫土或其他相关的遗存。我们对其中四处明确有房屋基址暴露的壁面做了局部清理，作为这些地方堆积的剖面进行绘图和记录[2]，并采集了各处房屋倒塌堆积中的少量陶片，现分述如下。

---

〔2〕　我们对这些现成剖面只做了大致的清理，能看出区别比较大的堆积物之间的界限，但细部未能区分，如图五、八、九上，房屋墙体和垫土的分界以及垫土的分层就没有看清楚，因此在图上未能标出。

剖面一（P1，图五）：遗址顶部偏南的路东路沟东壁。

①顶部堆土；②为房屋的红烧土倒塌堆积；③房屋，可见高40厘米的房屋墙体，墙里（右）下接烧红居住面，墙外（左）下连基本水平的室外活动面，向外延伸5.5米，上有一层黑灰（可能是房屋烧毁时形成的）；④纯黄色粉沙土，杂细小礓石颗粒，是房屋垫土。在路西路沟西壁上也能见到这座房屋，估计这是一座东西向的排房。

在这里房屋倒塌堆积中（C2）采集到的陶片有泥质灰胎红陶敛口钵口片2件（图六：1、3）和灰陶小罐底片（图六：4）等。

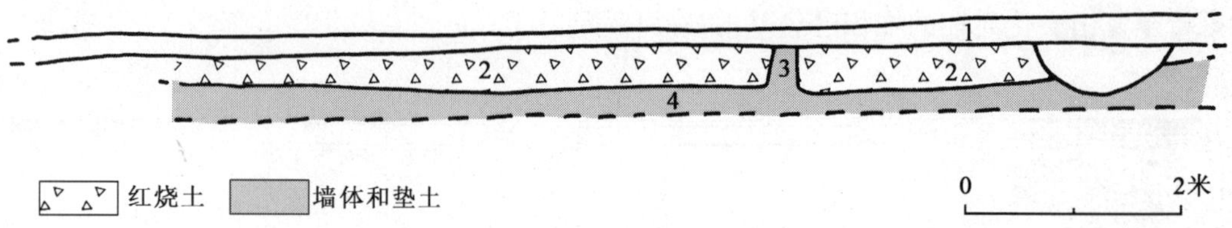

图五　太子岗P1剖面图

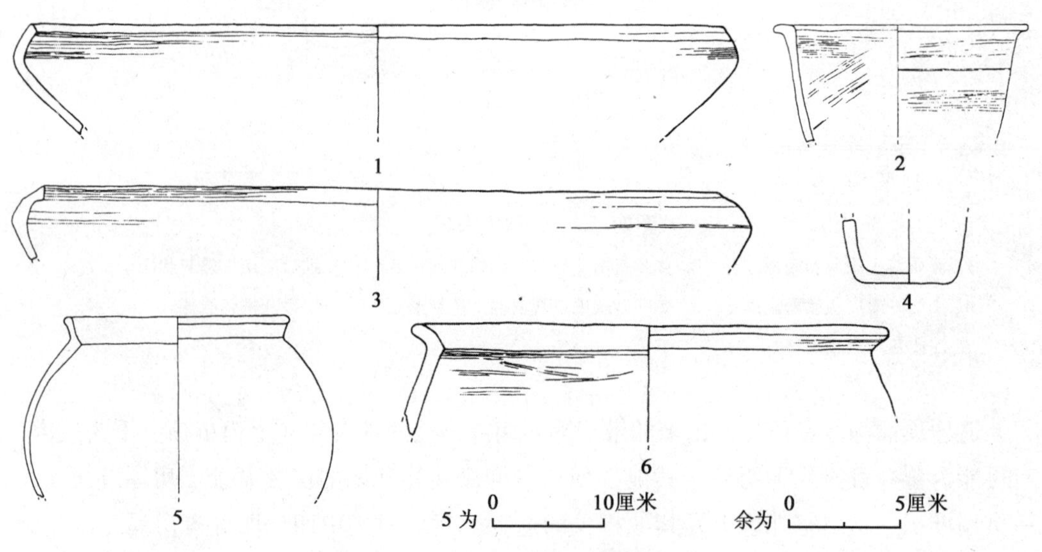

图六　太子岗C2、C4采集陶器

1、3. 泥质灰胎红陶敛口钵口片　2. 夹细砂灰陶直筒罐口片　4. 泥质灰陶小罐底片
5. 夹细砂褐陶大口罐口片　6. 泥质红陶卷沿盆口片

剖面二（P2，图七）：遗址东南陡坎壁面。

①顶部堆土；②含大量红烧土的黄土，可能是房屋的倒塌堆积；③灰褐色纯粉沙

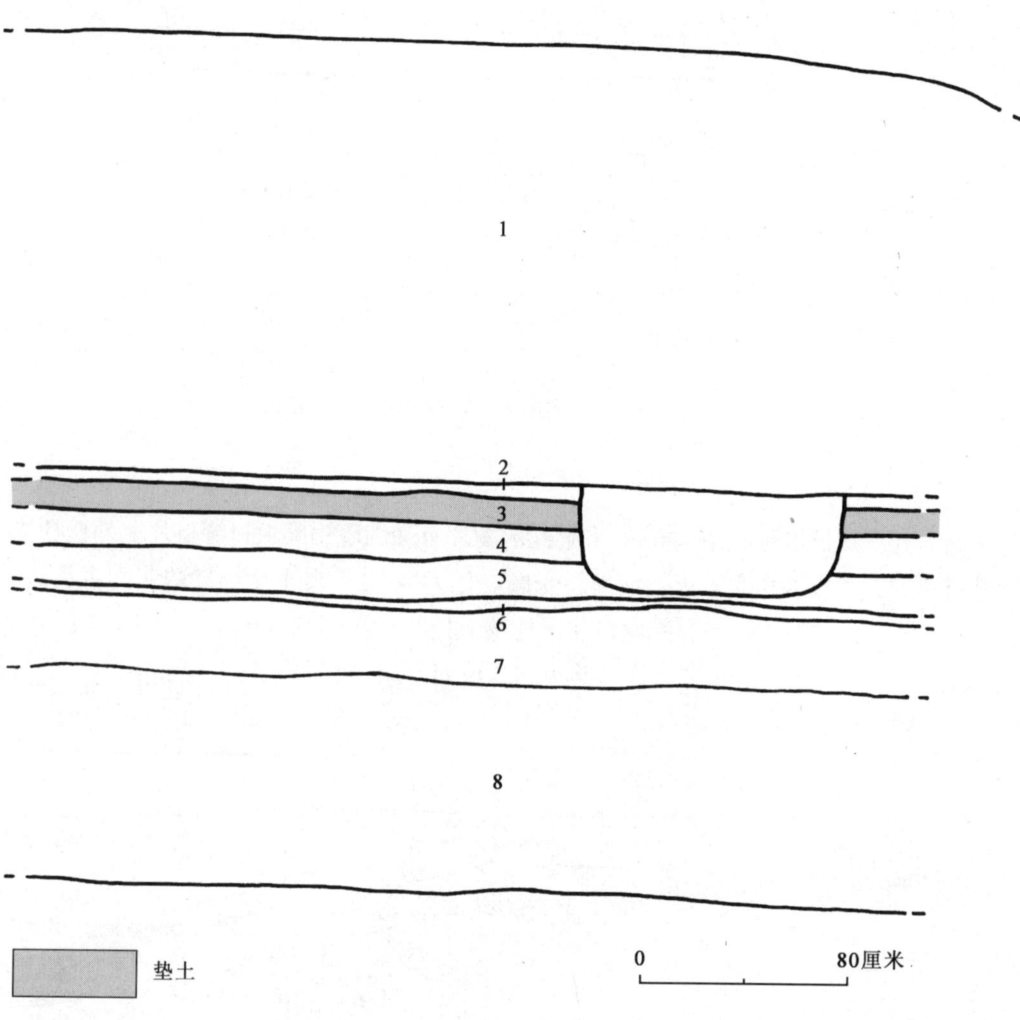

图七　太子岗 P2 剖面图

土，此层层面烧红，应为房屋居住面；④含少量烧土的褐色粉沙土；⑤青灰色纯粉沙土；⑥褐色纯粉沙土；⑦含少量红烧土的黄褐粉沙土；⑧灰褐粉沙土，含炭粒，未到底。上述诸层除⑧外均为水平堆积，很少出陶片等文化遗物，比较纯净，很可能都与房屋建筑有关。

剖面三（P3，图八）：遗址西南陡坎壁面。

①顶部堆土；②褐色粉沙土，含红烧土和较多的陶片；③灰褐色粉沙土，含红烧土颗粒、灰烬和较多陶片；④杂红烧土颗粒的纯黄土，应当是房屋的垫土；⑤大块红烧土，房屋倒塌堆积；⑥房屋墙体，被烧红，局部暴露出墙体内的长方形木骨（已成

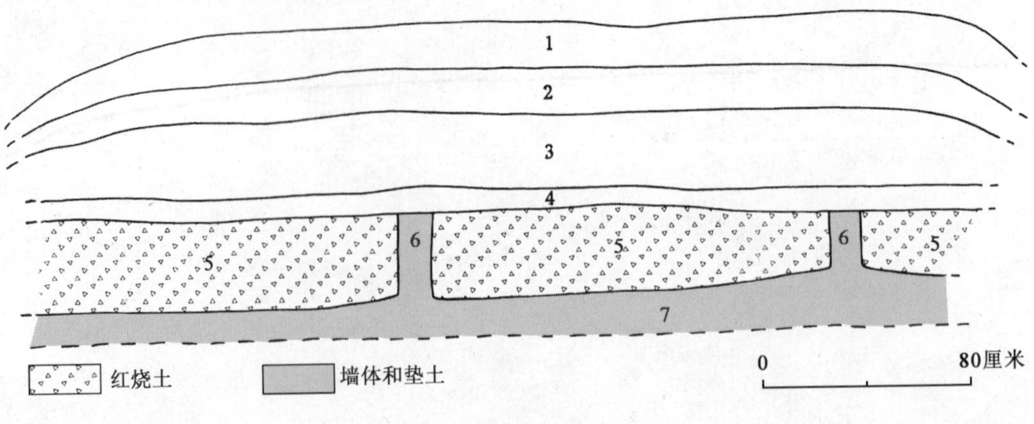

图八　太子岗 P3 剖面图

炭）；⑦黄色纯净房屋垫土。

在此处房屋倒塌堆积中（C4）采集到的陶片有夹细砂褐陶大口罐口片，外壁压光，内壁有垫窝，器表因再次被火烧而局部变黑（图六：5）；夹少量细砂的灰陶直筒罐口片（图六：2）和泥质红陶卷沿盆口片，外壁似挂红衣（图六：6）。

剖面四（P4，图九）：遗址北部路边陡坎壁面。

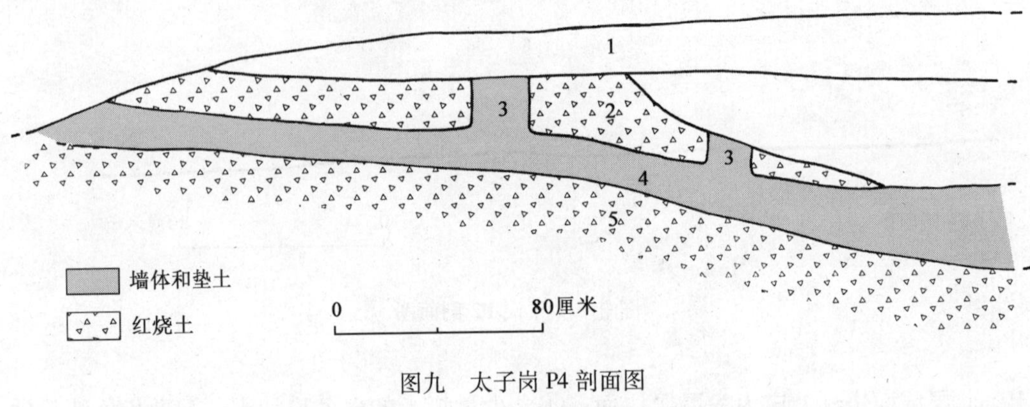

图九　太子岗 P4 剖面图

①顶部堆土；②大块红烧土，是房屋烧毁后的倒塌堆积；③房屋墙体，被烧红，两墙之间下接烧红的室内居住面，两墙外侧下接室外活动面，面上有一薄层黑灰，可能是在房屋烧毁时形成的；④纯净黄色房屋垫土；⑤大块红烧土，是下一层房屋的倒塌堆积，未到底。

在这里红烧土倒塌堆积中（C5）采集到的陶片有夹砂红陶凿形鼎足（图一〇：3）；夹细砂黑褐皮灰胎大口罐口片，器外壁压光（图一〇：2）；夹细砂褐皮灰胎大口罐口片（图一〇：1）；夹细砂灰陶罐口片（图一〇：4）；泥质红陶小罐底片（图

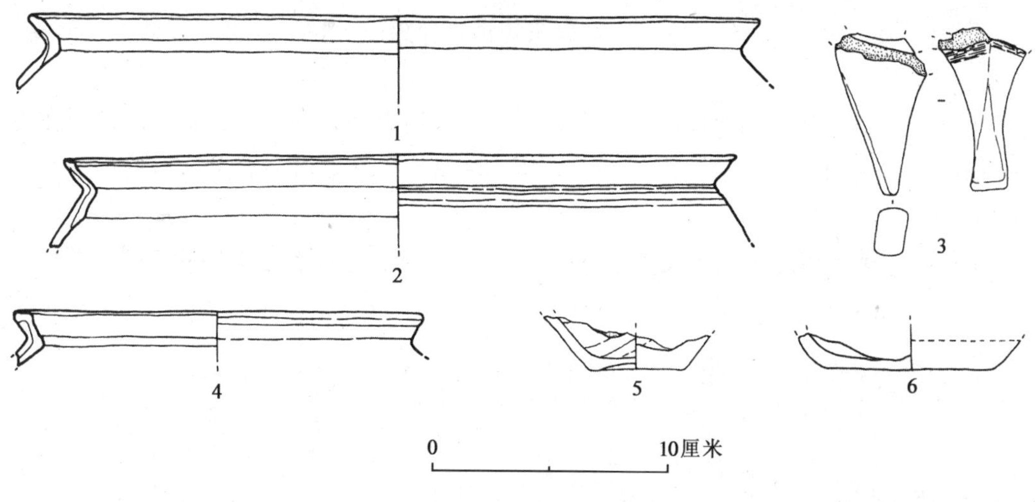

图一〇　太子岗 C5 采集陶器

1. 夹细砂褐皮灰胎大口罐口片　2. 夹细砂黑褐皮灰胎大口罐口片　3. 夹砂红陶凿形鼎足
4. 夹细砂灰陶罐口片　5. 泥质红陶小罐底片　6. 泥质红陶盆底片

一〇：5）和泥质红陶盆底片（图一〇：6）。

另外，在遗址南部陡坎壁面上还有几处红烧土堆积和可能是房屋烧红居住面的堆积出露。1994 年我们在这里调查时，曾在这个陡坎下当地农民挖的窖穴（现已被勒令回填）底部见到过仰韶时期的烧红居住面和烧红的直立墙体，这些房屋都在现在从陡坎壁面上暴露出来的房屋的下面，说明这里还有年代更早一些的房屋。而在遗址顶面的耕土中也见到成片密集的红烧土，应当也与房屋的倒塌堆积物有关。这些密集红烧土出露的范围比上述房址出露的范围还要大一些，大致接近 10 万平方米。我们将遗址上暴露出来的仰韶房屋和密集红烧土分布的范围用 GPS 定位后标在图上，可以清楚地看到它们分布的位置覆盖了整个遗址所在岗地的顶面。

遗址所在岗地顶面仰韶时期房屋的分布情况很难靠调查做全面而深入的了解。但横贯岗地顶部南北大路路沟壁面上暴露出来了局部的最上层房屋分布的情况。在路沟南端的耕土层下出露的房屋大致应当是东西向成排布局的，这座房屋以南同高度堆积已被取土破坏，以北长约 150 米的壁面上耕土层下所见是一层夹杂较多红烧土颗粒的褐色致密的粉沙土，这层堆积比较纯净，很少见陶片、灰烬等杂物，出露最厚处有 50 厘米，不像是房屋的垫土。在路沟的北端见到耕土层中出现密集的红烧土，再往北不远就有暴露出来的耕土层下房屋，如果密集的红烧土是房屋倒塌堆积的话，路沟北端及其以北不远处也有成排的房屋。而南北两端之间没有房屋的地方很可能是空地。

三、地表采集遗物介绍

以上是暴露于地表的遗址堆积的大致情况。在地表踏查的同时，实习同学还在遗址的不同部位随机采集了一些陶、石、骨器，这里选择其中略能看出器形的标本发表如下。

陶鼎足：标本01，泥质黑褐陶凿形（图一一：8）。标本02，夹细砂红褐陶圆柱形

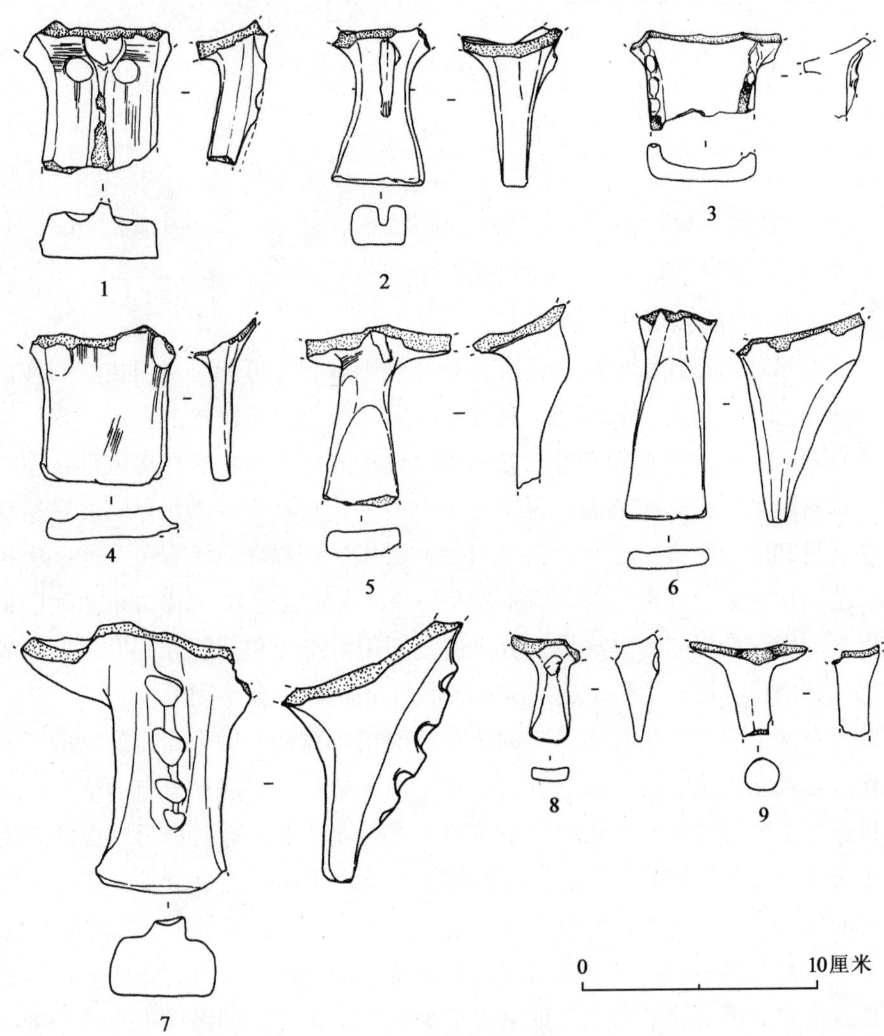

图一一　太子岗地表采集陶鼎足

1～9. 标本05、标本09、标本03、标本04、标本08、标本07、标本06、标本01、标本02

（图一一：9）。标本03，夹细砂灰褐陶卷花边（图一一：3）。标本04，夹砂红褐灰胎陶板形，足根处有两按窝（图一一：4）。标本05，夹砂红褐灰胎板形，足根有两按窝，中间饰一道附加堆纹（图一一：1）。标本06，夹砂灰褐陶鸭嘴形，中间饰附加堆纹（图一一：7）。标本07，夹砂灰褐陶鸭嘴形（图一一：6）。标本08，夹砂褐陶弯扁足（图一一：5）。标本09，夹砂褐陶鸭嘴形，中间有凹槽（图一一：2）。

陶鼎口：标本010，夹砂灰陶，斜长方格纹（图一二：1）。标本011，夹砂黑褐陶，斜篮纹，内有垫窝（图一二：12）。

陶器盖：标本012，夹细砂灰黑陶（图一二：7）。标本013，夹砂灰陶，花边捉手（图一二：10）。标本014，夹砂褐皮灰胎（图一二：14）。

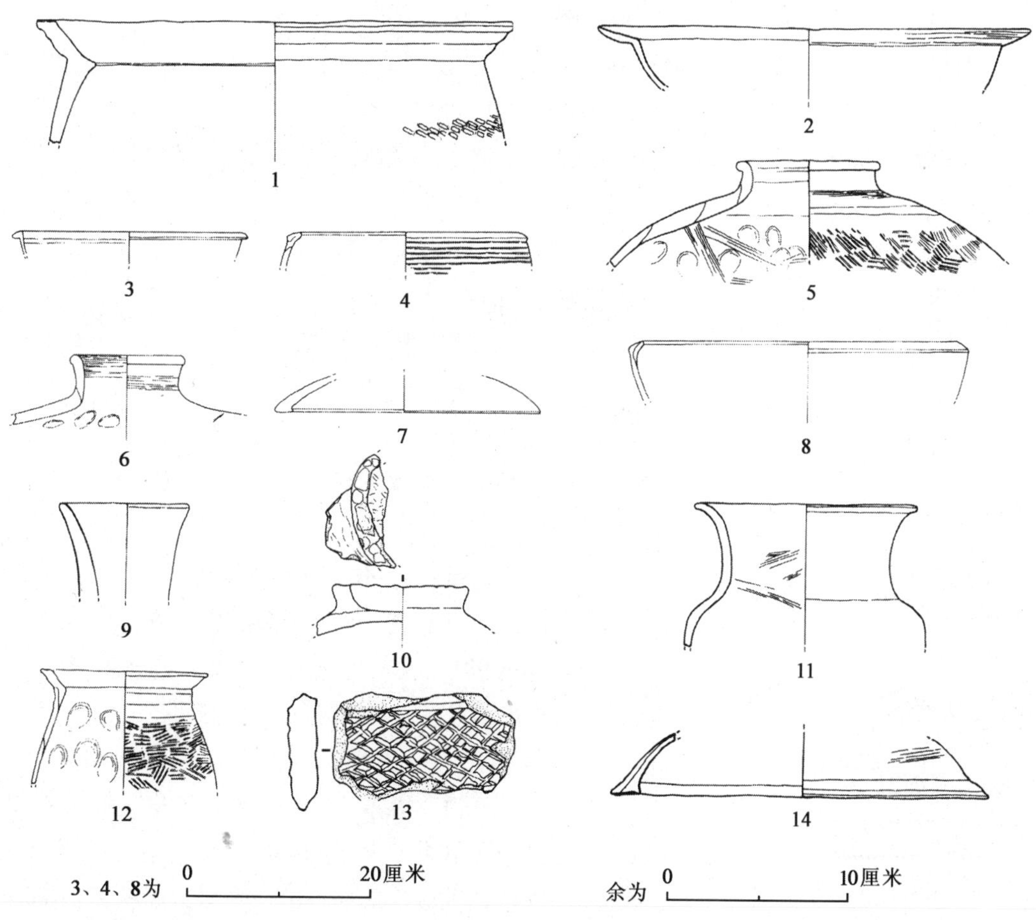

图一二　太子岗地表采集陶器

1、12. 鼎口（标本010、标本011）　2. 双腹豆口（标本019）　3. 卷沿盆口（标本016）　4. 敛口深腹盆口（标本018）　5、6. 小口瓮（标本022、标本023）　7、10、14. 器盖（标本012、标本013、标本014）　8. 敛口深腹钵口（标本017）　9. 红陶杯口（标本021）　11. 瓶口（标本020）　13. 缸腹片（标本015）

陶缸腹片：标本015，夹粗砂（白色石英，粒径5毫米）灰白陶，压印粗菱格纹（图一二：13）。

陶卷沿盆口：标本016，泥质褐皮灰胎，外壁压光（图一二：3）。

陶敛口深腹钵口：标本017，泥质褐皮灰胎，外壁压光，上腹有附加鸡冠耳的印痕（图一二：8）。

陶敛口深腹盆口：标本018，泥质红皮灰胎，外壁压光，上腹有多道阴弦纹（图一二：4）。

陶双腹豆口：标本019，泥质黑皮褐胎灰心陶，内外壁均压光（图一二：2）。

陶瓶口：标本020，泥质红皮灰胎，外压光，似有红衣（图一二：11）。

红陶杯口：标本021，泥质红陶（图一二：9）。

陶小口瓮：标本022，泥质红陶，外拍细绳纹（或线纹），内有垫窝（图一二：5）。标本023，泥质红陶，领较标本022稍高（图一二：6）。

陶纺轮：标本024，泥质红陶，轮缘压印两周（螺旋形）贝齿纹（图一三：1）。标本025，泥质红陶（图一三：2）。

骨镞：标本026，窄长，镞身断面为菱形，镞尖残（图一三：4）。

骨笄：标本027，细长棒状，两端残（图一三：3）。

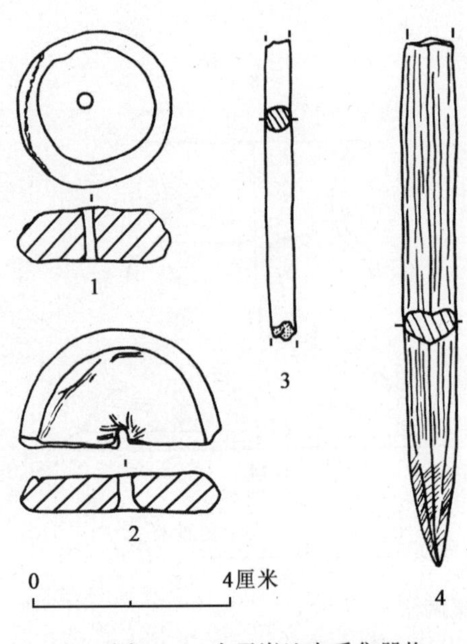

图一三　太子岗地表采集器物

1、2. 陶纺轮（标本024、标本025）
3. 骨笄（标本027）　4. 骨镞（标本026）

石斧：标本028，青黑色，通体琢后磨光，但除刃部外的其他部位尚能看出琢痕（图一四：1）。标本029，外表被烧红，刃部被烧裂，通体琢后磨光，上部残（图一四：2）。

石锛：标本030，灰绿色页岩，残留刃部，两侧有琢痕，刃部磨光（图一四：4）。标本031，青灰色页岩，两侧及顶部有多次打击的石片疤，刃部残，应为残坯（图一四：3）。

石锤：标本032，白色石英岩，球形，周身遍布打击酥点（图一四：5）。标本033，青灰色，舌形，顶部打出一平面，周缘其他部分有密集酥点，两面也有一些酥点（图一四：6）。

其他石制品和石料：有石英岩、石英砂岩、砂岩和青灰色页岩石片和石块等若干。

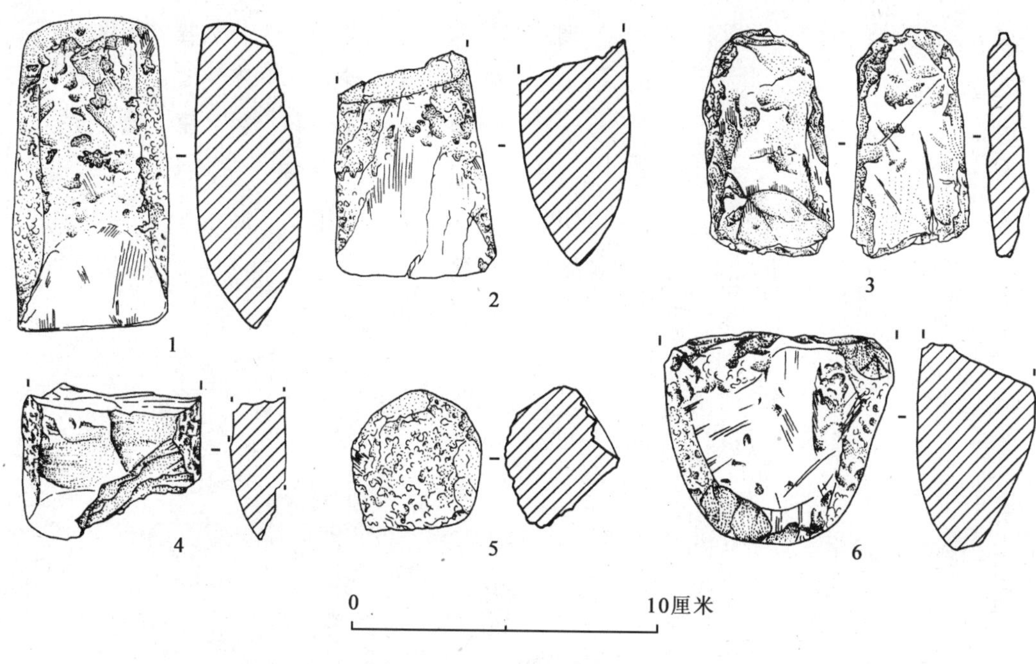

图一四 太子岗地表采集石器

1、2. 斧（标本028、标本029） 3、4. 锛（标本031、标本030） 5、6. 锤（标本032、标本033）

上述器物中，陶小口瓮、卷沿盆、敛口深腹钵、敛口深腹盆、纺轮（标本024）和骨镞应当是仰韶文化晚期的器物，各种陶鼎类，陶缸、双腹豆和红陶杯则属于屈家岭和石家河文化时期，采集到的其他陶片也大致不出这样一个年代范围。

四、结 语

太子岗遗址是目前在邓州市发现的面积最大的一处新石器时代遗址，在南阳盆地也是面积比较大的遗址之一，而调查发现的遗址中仰韶文化晚期聚落遗存分布的范围则是整个地区上百处同时期遗址中规模最大的。此次对太子岗遗址的复查草测了遗址的地貌图，对一些暴露出来的遗迹进行了定位，明确了仰韶晚期聚落中房屋的分布范围大致近10万平方米，对聚落中局部地段房屋的分布情况也有了一些初步的了解。同时对太子岗遗址的保存状况以及新石器时代不同时期遗存的保存状况也有了比较深入的认识。为今后对本地区仰韶文化聚落的深入研究以及对遗址本身的保护提供了新的资料。

感谢邓州博物馆提供有关调查资料。

调　查：张　弛　樊　力　朴载福　刘保山
陈　凌　徐世炼　陈　莺　吴　辉
鲁昱熙　王　科　彭　骥　魏　尼
盛　洁　张军伟
GPS测量和成图：刘保山　张　海
绘　图：魏　尼
执　笔：张　弛　樊　力

山西浮山桥北商周墓

桥北考古队

The excavation from March to June in 2003 exposed 31 burials of the Shang and Zhou Dynasties at the Qiaobei cemetery in Fushan, Shanxi. Among them, the 5 large Shang burials with passages are especially important. Burial M9 is in the shape of the Chinese character *jia* 甲. The other four burials are all in the shape of '｜'. Burials M1 and M18 are bigger than others. They both have sacrificed human, sacrificed dogs as well as chariots and horses. Deceased in these big burials might have been the heads of a local state controlled by the Shang Dynasty. The late Shang and Zhou style artifacts, including bronze bow – shaped object, ornament on *zhen* 轸 (cross board at the rear of a choriot), handle, ceramic *li* 鬲 tripod, *gui* 簋 vessel, *dou* 豆 stemmed plate, *guan* 罐 pot and jade eagle, fish, tiger and *xi* 觿 ornament, are valuable for our research on the cultural characteristics of the Jin 晋 culture. The excavation also found one burial of the Warring States Period and one burial of the Han Dynasty.

山西浮山地处太岳山南部，临汾盆地东缘。临汾、襄汾在其西，翼城在其南，安泽在其东，古县在其北（图一）。地势东高西低，县城海拔800米，东部西凹东山最高为1511.8米，西部前河最低为577.8米。境内沟壑纵横，丘陵起伏，山地、平原、河沟参错其间。汾河支流响水河、涝河南北横列，东河东注沁河。属暖温大陆性气候，春季多风，夏季炎热，秋季凉爽，冬季寒冷。年平均气温11.2℃，年平均降水量534.8毫米，年平均日照总时数2251.7小时。建县时间不长，唐武德二年（619年）析襄陵（1954

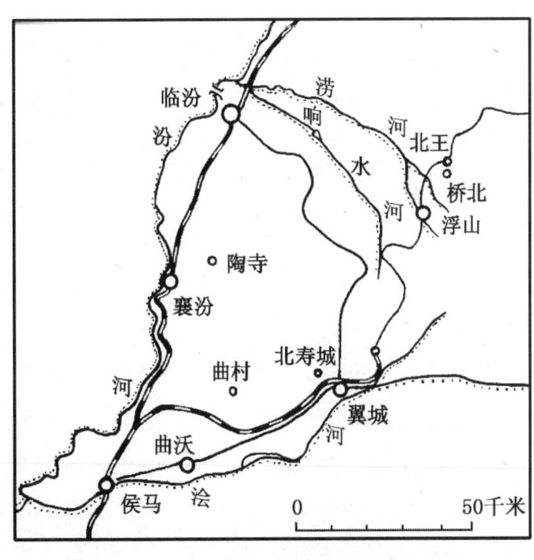

图一　桥北遗址位置示意图

年与汾城合并为今襄汾县）置浮山县，后改名为神山、忠孝，元大德年间复名，1958年并入临汾县，1959年复为浮山县至今。

桥北在浮山县城东北约7公里处，属北王乡。我们这次调查的结果是，桥北遗址分布于村西约300米处的四块被当地人称做疙瘩的坡梁上，自北向南依次是崔家疙瘩、西咀里、南疙瘩、堡墙里头。其中堡墙里头的地面上还保留有宋代小城堡的东南城角，崔家疙瘩保留有一段长约50米的南北向城墙。遗址由西阴文化、仰韶晚期的西王村上层、西王村Ⅲ期文化、龙山文化陶寺类型和夏、商、西周、春秋、战国、汉、宋、金等时代的遗存构成。商代墓地位于南疙瘩西南部（图二；图版一：1）。

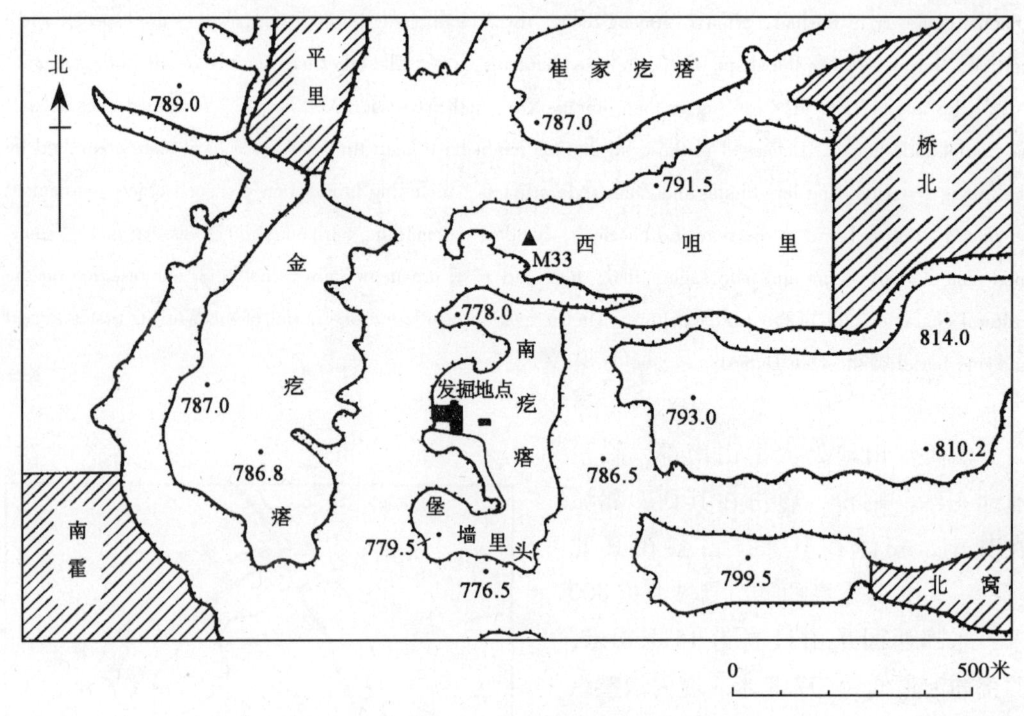

图二　桥北遗址分布及发掘地点位置图

桥北遗址西隔冲沟与平里遗址相望，平里遗址在平里村南到南霍村东北的一块称做“金疙瘩”的坡梁上，遗址南北长约1000米，与桥北遗址文化面貌一致。这两个遗址在古代为同一遗址，宋代小城堡的西南角和西北角都应在金疙瘩上，由于长期水土流失造成今天的地形，一分为二了。坡梁沟壑地域，由于地形支离破碎，土壤侵蚀严重，蓄水甚少，土地长期处于干旱状态，形成褐土性土。

1998年，桥北崔家疙瘩南部断崖处的战国墓葬被盗。之后，盗墓活动一直很猖獗。

2001年冬在南疙瘩缴获的文物中有带"先"字铭文的商代铜器，考古学界为之震惊。随后，由县公安局看护，盗墓活动有所收敛。

2003年3~6月，山西省考古研究所组织力量，与临汾市文物局和浮山县文化局一起，组成桥北考古队。考古队先对重要地带进行钻探，随后在东西相距39米的两个地点，采用开10米×10米探方大面积揭露的方法进行发掘，发掘面积2600多平方米（图版一：2）。还清理了钻探到的一些零星墓葬，期望对整个墓葬布局有一个比较清楚的认识。M2、M3在探方区南部2米深断崖下，M12在探方区北部14米处。这样，共发掘了南疙瘩墓地的商、周及汉代墓葬32座（图三；图版二：1），同时清理了陶寺类型龙山文化灰坑17个。此外，在西咀里钻探发现的一座较大的M33也一并发掘，但在钻探中发现的8座小墓没有清理。

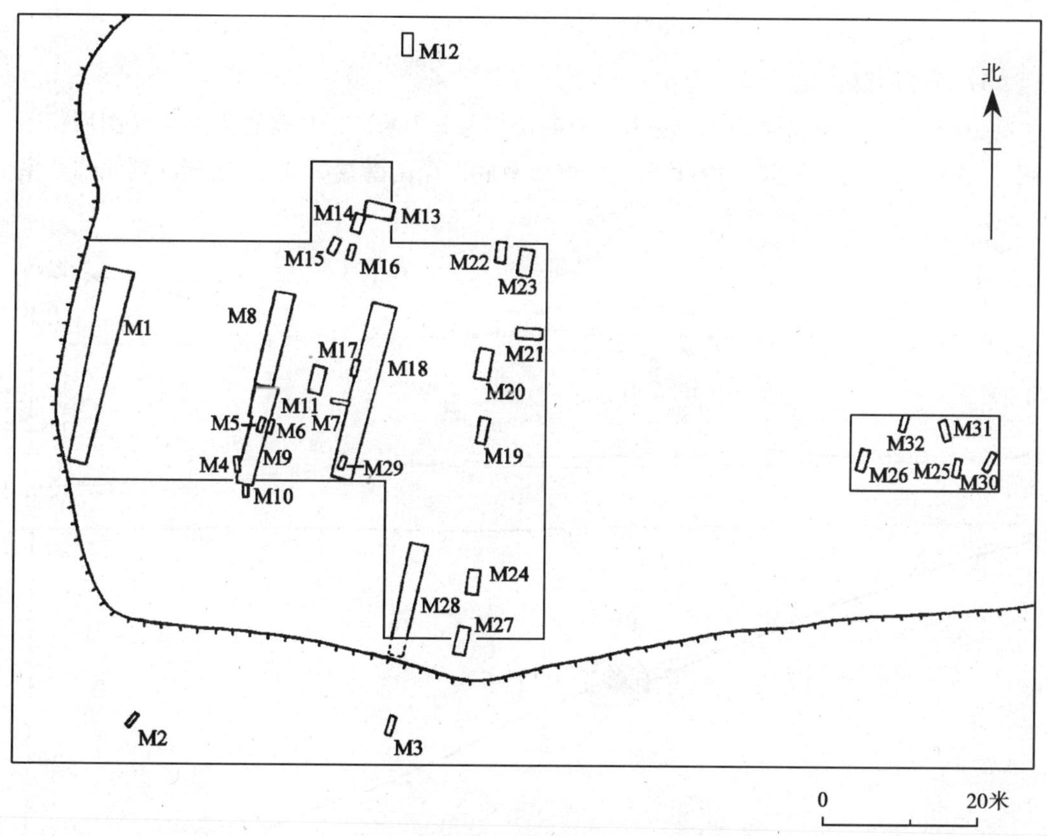

图三 桥北墓地墓葬分布图

桥北墓地的层位堆积较简单，0.2~0.45米的耕土层下即见墓葬和灰坑。有的墓葬打破龙山文化陶寺类型的灰坑，有的墓葬被晚期墓葬和灰坑打破。

南疙瘩和西咀里发掘地带海拔778～786米。

在发掘的33座墓葬中，商、西周及春秋时期的墓葬有31座，从其规模、形制和时间来看，可分为三类，即带墓道的大型墓、中型墓、小型墓。另外，战国墓葬（M33）和汉代墓葬（M2）各一座，归为其他墓。除M2为洞室墓外，其余均为长方形土圹竖穴墓。龙山文化陶寺类型的资料另行公布。

一、大　型　墓

大型墓有5座，即M1、M8、M9、M18、M28。均由墓道和墓室组成，除M9为"甲"字形墓外，其余4座皆为"｜"形墓。M1和M18较大，墓道中有随葬的殉人及车、马。

（一）M1

1. 墓葬形制

方向11.5°。墓口全长24.84米，南端较窄为2.7米，北端略宽为4米（图四；图版二：2）。墓道长18.96～19.1米，斜坡形平底，深由南端的0.46米渐深到北临墓室

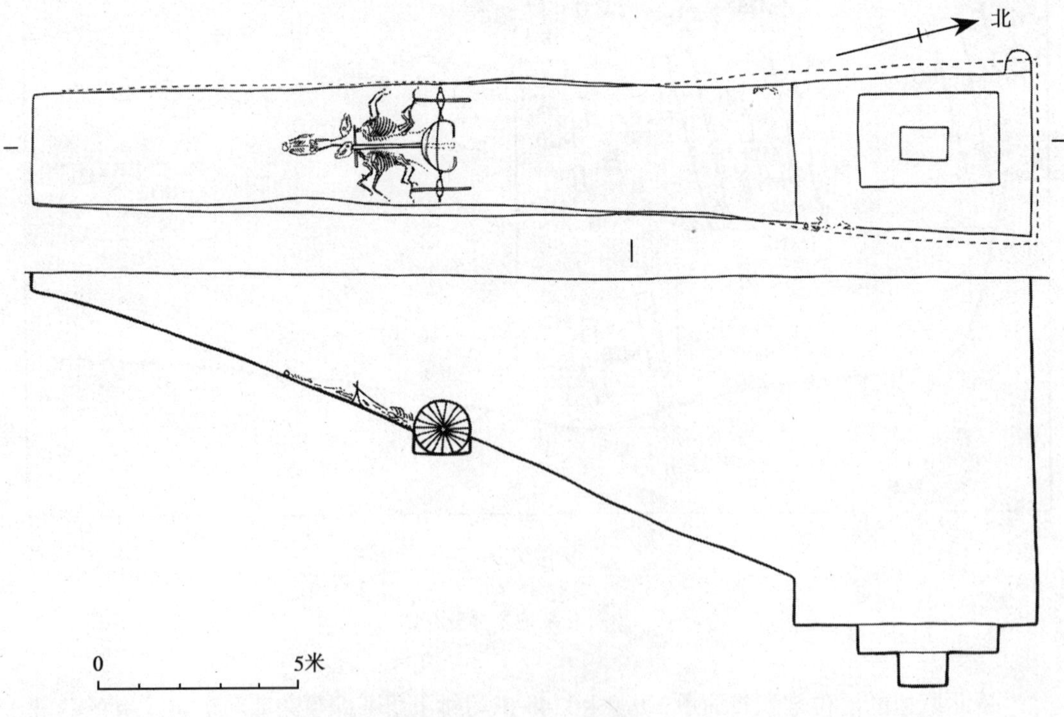

图四　M1平、剖面图

处的7.26米，南端口大底小，底宽2.7～3.1米，临墓室处口为3.4米，底略大为3.8米。东西壁尤其是西壁的壁面不甚规整，口大底小的同时却在南端底略小于口。殉人头顶在距离墓道南端6.3米处，殉人之北是马、车，车轮在距离墓道南端10.96米处。

墓室口长5.74～5.88、宽3.52～4米；墓室底长5.9～6.06、宽3.38～4.2米，深9.1米到椁底。椁室被三个盗洞破坏，所以棺椁情况不甚清楚。椁约为长方形，长3.46、宽2.08～2.1米，现存高0.7米，原高1.82米，椁外为生土二层台。生土二层台上的殉人、殉狗被破坏，棺椁内大量的铜器、玉器被盗。盗洞内出有陶鬲（盗3）、骨环（盗1）及碎铜片（盗2）。

椁底有长方形腰坑一个，约长1、宽0.8、深0.8米。腰坑内的狗及其他器物无存。整个墓室深度连腰坑深9.9米。

殉狗　墓室内西南角距现存椁顶1.35米处，劫后残余的两条殉狗均头朝南，1号嘴向西，2号在1号之北，嘴的朝向不清。墓室外东南角距现存椁顶2.2米处有一条头朝南的狗，嘴向东。

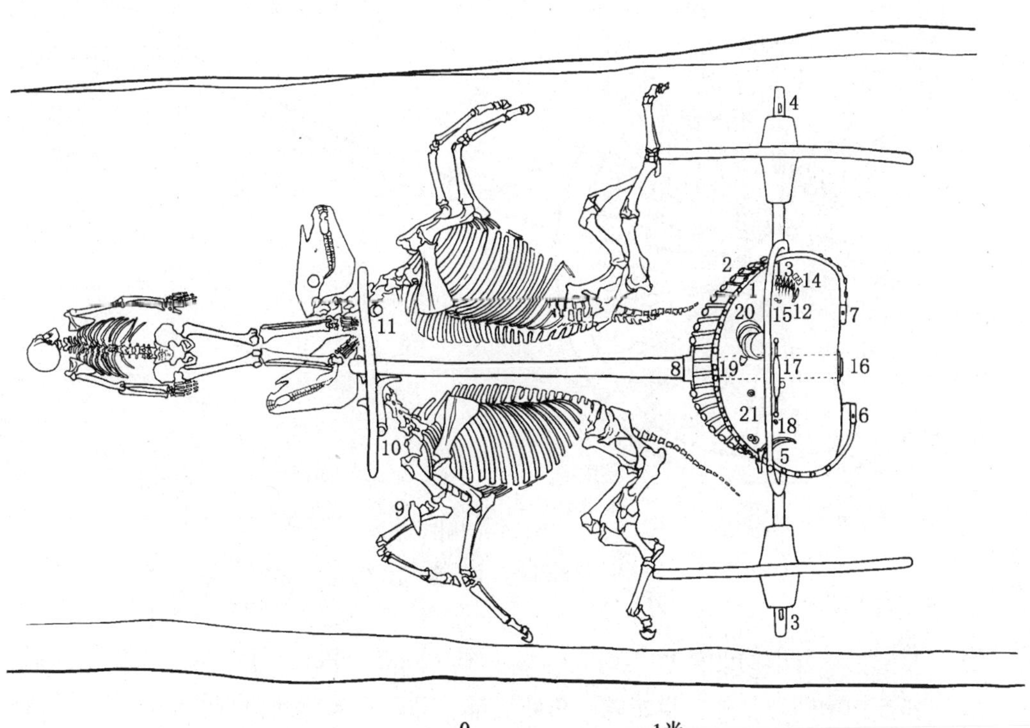

图五　M1车马平面图

1. 小铜泡　2. 大铜泡　3、4. 铜车軎　5、14、15、21. 骨饰　6、7. 铜车把手　8. 铜车轸饰　9. 铜衡末饰　10、11. 铜轭首　12. 玉觿　13. 铜镞　16. 铜车踵　17. 铜弓形器　18. 骨器　19. 铜铃　20. 铜片

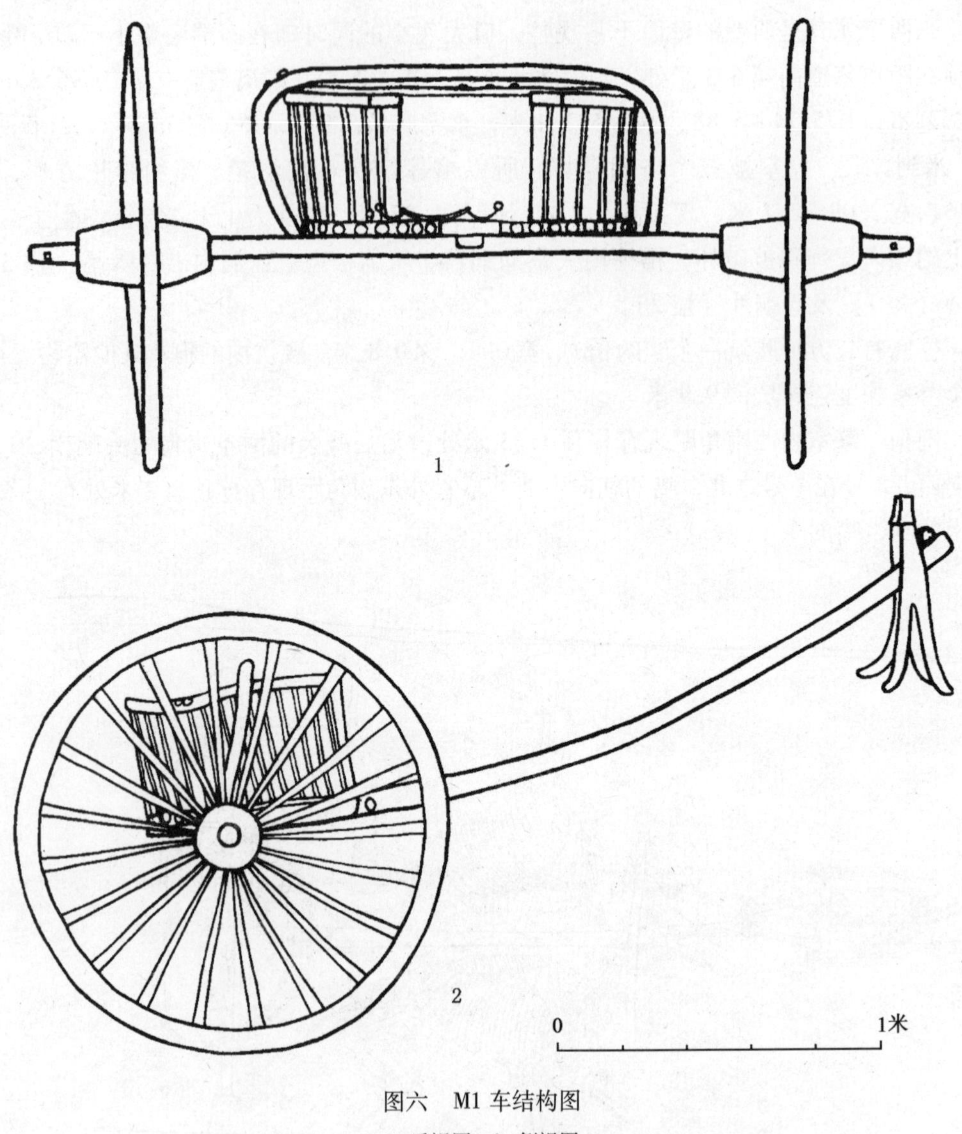

图六　M1 车结构图

1. 后视图　2. 侧视图

车马及殉人　自南向北依次为殉人、马、车（图五、六；图版三）。发掘结束后，除提取已经发现的随葬品外，将车轮、车厢底部、马及殉人就地掩埋，留待以后清理、展览，因而有些细部并不清楚。

殉人　男，约30岁。位于车衡前，两马头前，双足并拢，呈俯身直肢葬，头朝南，面向下，双手分别垂于身体的两侧。

马　2匹。殉于车辕两侧，相背侧卧，两后腿置于车轮之前，颈骨分别被压在左右车轭下，马嘴分别朝东西两侧。东侧马右前腿上发现一铜衡末饰（9）。

车衡　位于车辕的前端，置于车辕之上，长108厘米，剖面为圆形，直径4.2厘米，东侧略下斜，两端略粗。车衡与车轮底部高差近165厘米。

车轭　2个。分置于车衡东西，由铜车轭首（10、11）套住木质的轭组成，东侧的车轭略变形。轭颈断面呈圆形，向下渐为椭圆形，至轭肢。轭脚向外弯曲，并向上翘起。

车辕　呈南北向，通长256厘米。前端为圆形，渐至尾部车踵（16），变为圆角方形，尾末呈梯形，有铜车踵（16）。在车厢前轸正中有铜轸饰（8），或可称为軓。

车厢　位于车轴、辕之交叉处上方，埋葬以后车厢稍往北倾斜。平面呈馒头形，东西长84～114、南北宽约80、高46厘米。厢四周估计像M18一样，由38根立柱——竖栏组成，每根竖栏的剖面为圆形，直径2、高43厘米。已清理的部分可以看出，正前方有20根，后方有12根，为了便于搬迁所以没有全部清理出来。竖栏之顶为横栏，高3.6、宽2.9厘米，竖栏插于其中。车厢底部有大铜泡40件（2），顶部有小铜泡37件（1）。靠前有一条东西向横杆，或为轼，剖面为圆形，长94、直径0.3厘米，两端下垂，呈耳状至车厢底部。在后部设有宽40厘米的车门，车门两侧各有铜车把手1件（6、7；图版五:1）。车厢内有玉觿1件（12）、铜镞30件（13）、骨饰2件（5）、骨饰3件（14、15、18）、铜弓形器1件（17）、铜铃1件（19）、铜片5件（20）、骨器5件（21）。

车轮　置于车厢东西两侧，相距198～208厘米。车轮直径136厘米，每个车轮有辐条20根。辐条长48、剖面直径3厘米。车毂长40、最大径20、端径12厘米。牙剖面为圆形，直径4.2厘米。

车轴　通长280厘米，轮以内部分剖面直径8厘米。车軎2件（3、4），分置于车轴两端，形制相同，有对称长方形辖孔。车轮底部有轮槽，长137、宽67厘米，为了保护车轮所以没有清理到底，估计深40～50厘米。

2. 随葬品

铜轭首　M1:11，束颈圆柱体。封顶饰大耳卷尾龙纹，以重环纹为鳞片；束颈处有弧边倒三角纹，束颈下有近正方形穿。顶径4.2、底径4.6、穿径0.6厘米（图八:1；图版八:2）。

铜车轸饰　M1:8，为连接、固定车辕与车轸部分的铜装饰品，由相互垂直，铸为一体的两部分组成。接车轸部分呈横长方弧形，内侧有两横半椭圆形环组用于与车轸固定，外侧上有相对两张口的卷尾龙纹，长26、宽4～4.2厘米。扣于车辕部分与辕上半部相应，呈拱形，外有长冠内卷尾凤纹，长12.8、伸出4.8厘米（图七:3；图版八:1）。

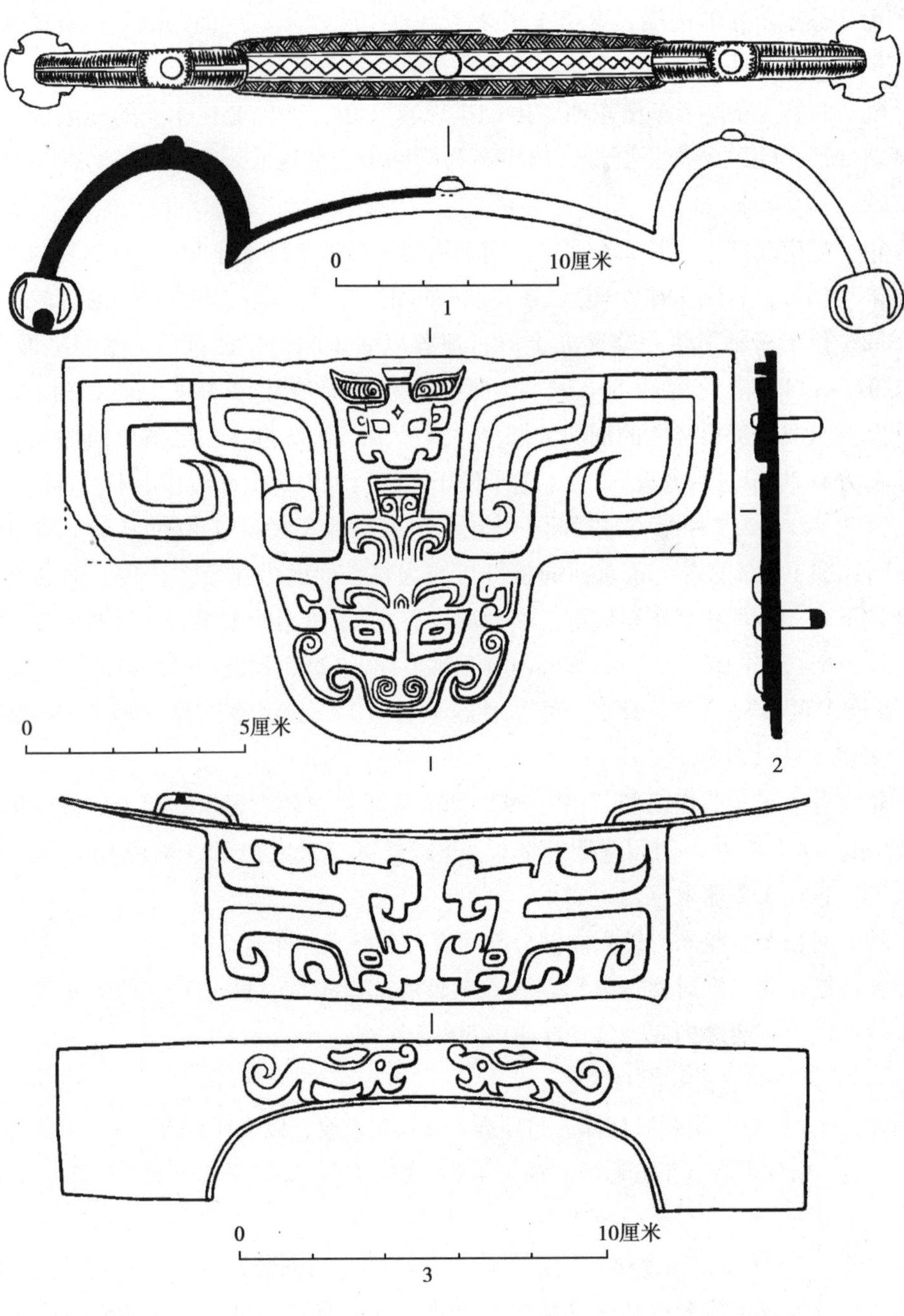

图七 M1出土铜车马器

1. 弓形器（17） 2. 车踵（16） 3. 车軨饰（8）

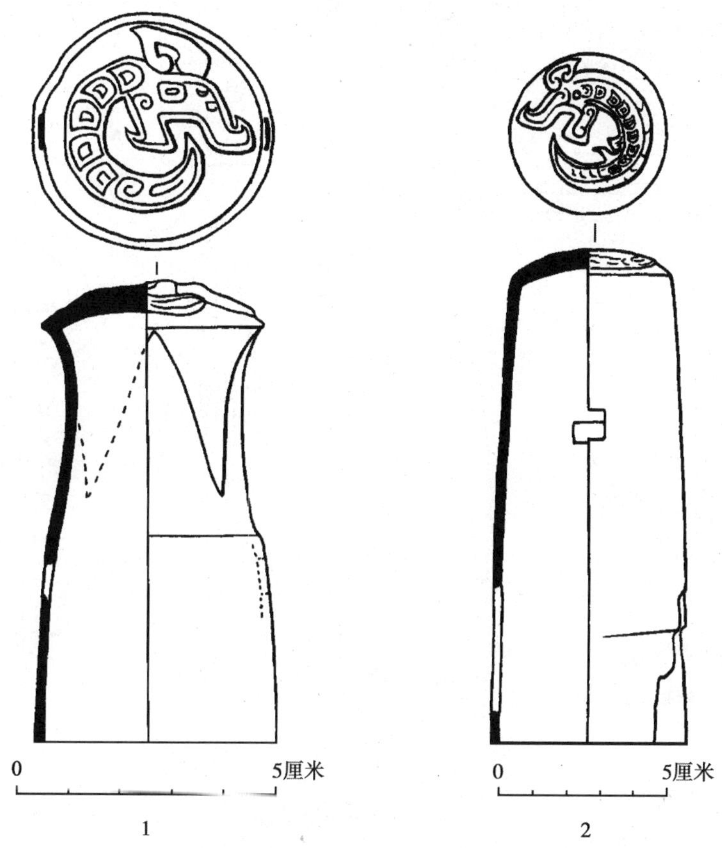

图八 M1出土铜车马器

1. 軛首（11） 2. 车軎（3）

铜车踵 M1∶16，为连接、固定车踵与车轸的片状铜饰。轸部为扁长方形，踵部为半圆形，正面满饰一大饕餮纹，双尾间一长角兽头。轸部背面两侧及踵部中间各有半圆环纽。通长15.3厘米，轸部宽4.5、长8.7厘米（图七∶2；图版八∶4）。

铜车把手 M1∶7，长方柱形，内空，一端封闭，中部有竖长方穿孔。封闭一端饰蝉纹，上部穿孔前后也各有蝉纹，外侧为大饕餮纹。口高3.6、宽2.3厘米，上穿孔长1.3、宽1.1厘米，下穿孔不太规整，长2.2、总长（深）9.9、高3.8厘米（图九∶1）。

铜车軎 M1∶3，已使用，有磨损痕迹。口部略粗的圆筒形，顶部微隆起，有长方形辖穿。车軎口径5.8、长14.4厘米，穿长5、宽2厘米（图八∶2）。

大铜泡 M1∶2，圆形，平底隆起，表面有一凹弦纹，其内有7个近圆形凸出，背

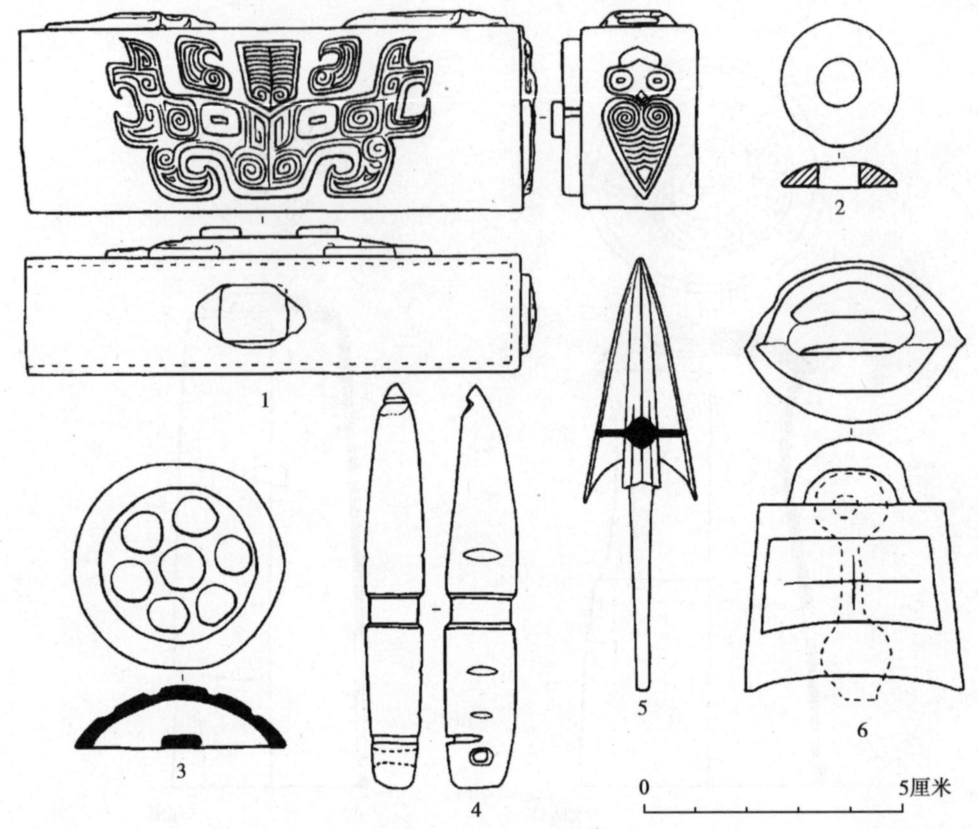

图九　M1出土随葬品

1. 铜车把手（7）　2. 骨器（18）　3. 大铜泡（2）　4. 玉觿（12）　5. 铜镞（13）　6. 铜铃（19）

面有宽0.75厘米的梁。直径4.2、高1.15厘米（图九:3；图版八:5下）。

小铜泡　M1:1，圆形，平底隆起，表面有一凹弦纹，背面有宽0.5厘米的梁。直径2.9、高0.8厘米（图一〇:3；图版八:5上）。

铜衡末饰　M1:9，带柄叶状。叶面上下各饰饕餮纹，背面有半圆纽，柄上有两周凸弦纹。叶最宽7.7、厚0.7厘米（图一〇:1；图版八:3）。

铜弓形器　M1:17，由弧形弓体和两边半耳状弯钩组成，弯钩末梢均有四新月镂空的球形小铃，圆形铃舌，弓体和两边弯钩的最高处各有一高乳丁，弓体依乳丁为中脊横向分为三个单元，中间者为横向排列的菱纹，外侧均为席纹，弯钩则是围绕乳丁和脊两边各有波折纹。通长40.8厘米，弓体长20、宽2.2~3厘米（图七:1；图版八:6）。

铜铃　M1:19，似小纽钟。合瓦形，顶部有拱形纽，纽下有大孔用于挂舌，梯形底内凹，器身饰有梯形底内凹的凸弦纹，内有“十”字形凸弦纹，哑铃状铃舌。铣长

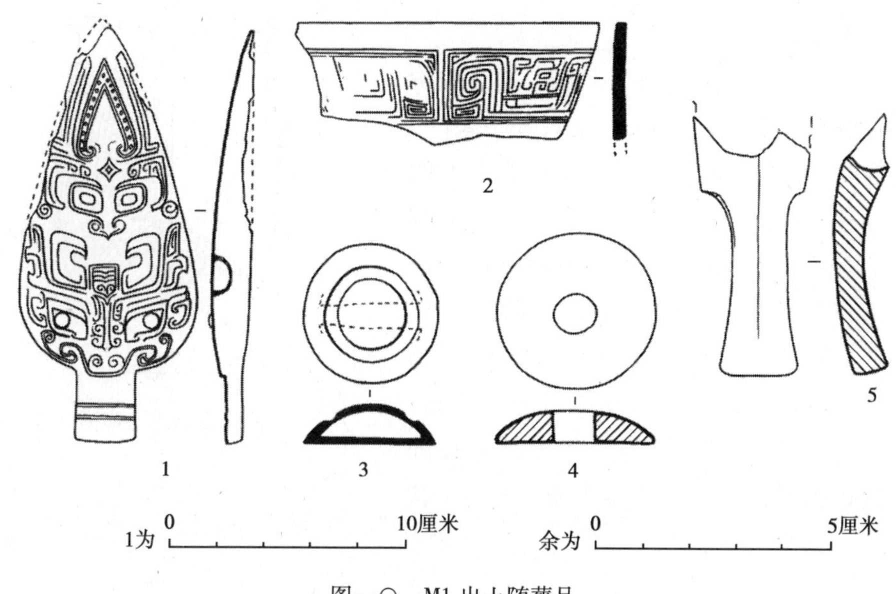

图一〇 M1 出土随葬品

1. 铜衡末饰（9） 2. 铜器残片（盗2） 3. 小铜泡（1） 4. 骨器（21） 5. 骨饰（5）

3.6、铣间宽4.3厘米，通纽高4.8厘米（图九：6；图版一〇：1）。

铜镞 M1∶13，双翼式镞，圆柱状铤，镞脊隆起，两翼较宽，锋与两刃锋利。通长8.3、翼宽2.2厘米（图九：5）。

铜片 M1∶20，圆形，极薄，易碎，离边沿1.1厘米处有一周米粒状凸点纹，另有看不清的同样纹饰。直径约14厘米。

铜器残片 M1∶盗2，口部，不辨器形，饰夔纹。残长7厘米（图一〇：2）。

玉觿 M1∶12，青白玉，椭圆柱状柄，柄首略细，近首处两面钻出一椭圆形小穿孔，孔下窄侧锯出一深凹槽，往下为一周宽凹旋纹，下接头略弯锥体，尖部也在窄侧锯出一凹槽。整个玉觿宽侧磨出4条浅凹槽，柄部3条，锥体1条。长7.2厘米（图九：4；图版一〇：2）。

骨器 M1∶18，圆形，平底隆起，中有穿孔。直径2.3、高0.5、穿径0.8厘米（图九：2）。M1∶21，直径3.5、高0.7、穿径0.9厘米（图一〇：4）。

骨饰 M1∶5，可能是马缰绳上的饰件，残留弯曲的柄部。残长5.4厘米（图一〇：5）。

陶鬲 M1∶盗3，夹砂灰陶，竖长方体，圆角方唇，折沿，筒腹，分裆，无实足根。颈部有一周不太规整的细附加堆纹，其下拍印竖绳纹，裆部及足部为横绳纹，局部交错。口径11.2、裆高3.6、通高15.6厘米（图一一；图版一一：3）。

（二）M8

1. 墓葬形制

方向12°。墓道南端被M9打破，墓道为阶梯状，墓道与墓室通长11.4、宽2.36～2.56、最深处4.76米（图一二）。墓道呈南窄北宽的长方形，现存长8.14、南端宽2.36、北端宽2.54米，分三个斜坡状台阶。第一台阶长2.88米，距墓口深0.9～1.3米；第二台阶长2.66米，距墓口深2.1～2.4米；第三台阶长2.6米，距墓口深2.54～3.4米。墓室近正方形，长3.26、宽2.56、深4.76米。墓室北壁口部略内收约0.08米，总体看来口底相当。由于被盗，墓室中间留有一椭圆形盗洞，随葬品被盗一空，棺、椁内及墓主人的骨架已遭破坏。“井”字形椁室，通长3.1、通宽1.58、现存高0.78米；椁室长2.54、宽1.18米。椁顶由13块横板组成，每块板长1.34、宽0.2、厚0.08米；椁梆由4块横立板组

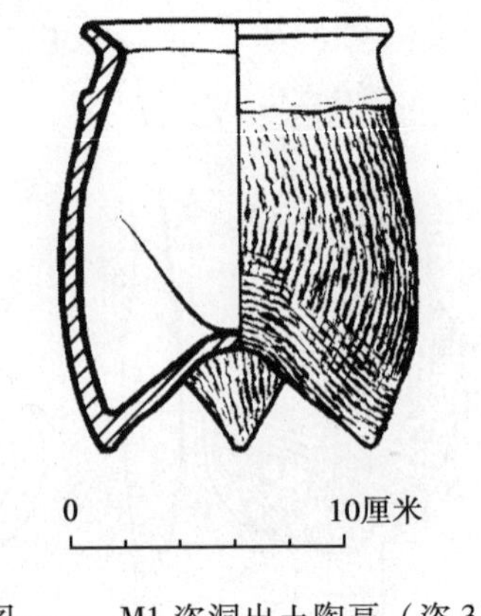

图一一　M1盗洞出土陶鬲（盗3）

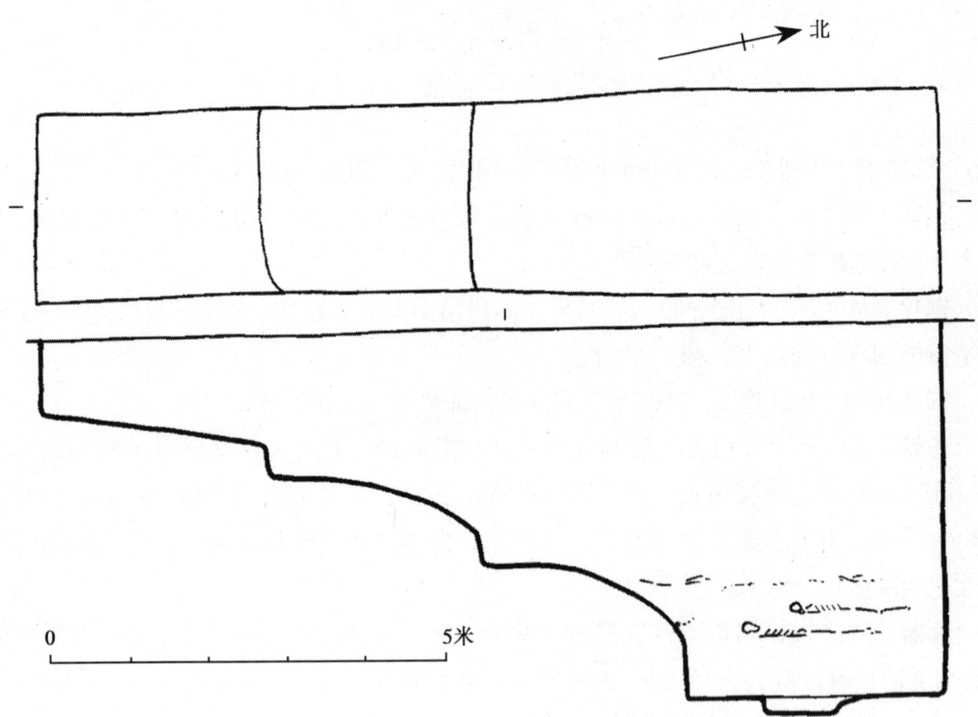

图一二　M8平、剖面图

成，每块板长3.1、宽0.16、厚0.08米；挡头也由4块横立板组成，每块板长1.42～1.56、宽0.18、厚0.08米。挡头外出10～14、椁梆外出18～22厘米。椁底长3、宽1.2～1.56、厚0.08米。下葬时先置挡头再放椁梆板，互为卯榫。

分四层埋葬：第一层为殉狗，距墓口1.6～1.8米，殉狗共12条，编号1～12。因斜坡墓道所致，从迹象看似乎是三小层，实际是一次形成了第一层，保存较好的10条皆头向墓室（北），向西侧卧，其余2条也如此。第二层为殉人及殉狗，距墓口3.15米。殉人位于墓室东部偏北，16号狗下见，编号17，女，约30岁，俯身直肢，由于盗墓破坏而散落，颈部有玉饰1件（1），腰部有蚌饰1件（2）。殉狗6条，编号13～16、18、19。头朝北，除14号狗向东侧卧外，余皆向西侧卧。第三层为殉人及牛腿，距墓口3.4米。殉人位于椁外西北角，编号20，男，约25岁，俯身直肢，有蚌壳1件（5）、海贝3件（6）。牛腿在西南角。第四层为殉人，距墓口3.6米，编号22，在第三层殉人20下，仰身直肢，右小臂处有蚌壳1件（7）。

椁下有腰坑，长0.9、宽0.46、深0.26米，狗已遭破坏，有石块1件（4）。腰坑往西北有延伸现象，可能是盗墓破坏所致。

另外，在椁内盗洞中发现铜铃1件（2）。

2. 随葬品

铜铃　M8∶2，合瓦形，顶部有拱形纽，已残，梯形器身，依器身饰两周弦纹，宽"十"字形纹饰叠压在内周弦上，内系槌状铃舌。铣间宽5、通纽残高5.5厘米（图一五∶12）。

玉饰　M8∶1，青白玉。扁平抹角长方体，稍曲，上侧略长，横向对钻孔。上长2.1、下长1.2、宽1.6厘米（图一五∶13）。

（三）M9

1. 墓葬形制

方向10°。被M4～M6打破，打破M8。带墓道的"甲"字形墓，竖长方形，口略大于底。上口长7.96～8.06、宽2.52～2.66米，底长8～8.24、宽2.38～2.52米，深0.3～4.5米（图一三）。由顶端向墓室斜，分两次或两个时间段挖成，东西两壁距墓道底部0.9～1.9米处为分界，下部略向外弧但不影响墓道至底部变窄。斜坡形墓道，无台阶。东西两壁临近墓室的地方有明显的竖长条形工具痕迹，长15～20、宽3厘米。墓室中的棺椁被扰乱一空。椁室约长2.92、宽1.8、高1.4米。椁下有两个腰坑，较特殊，但均遭盗墓破坏。腰坑1位于椁底北，长方形，长0.76、宽0.32、深0.15米，发现有散乱的狗骨；腰坑2位于椁底中偏南，西部外凸的长方形，长1.1、宽0.4～0.8、深0.3米，殉一人，男，成年，骨架散乱，随葬有海贝3件（16）。

椁外有殉人、狗、牛头。分两层：第一层在距墓口3.8米处，椁上的四周。殉狗9

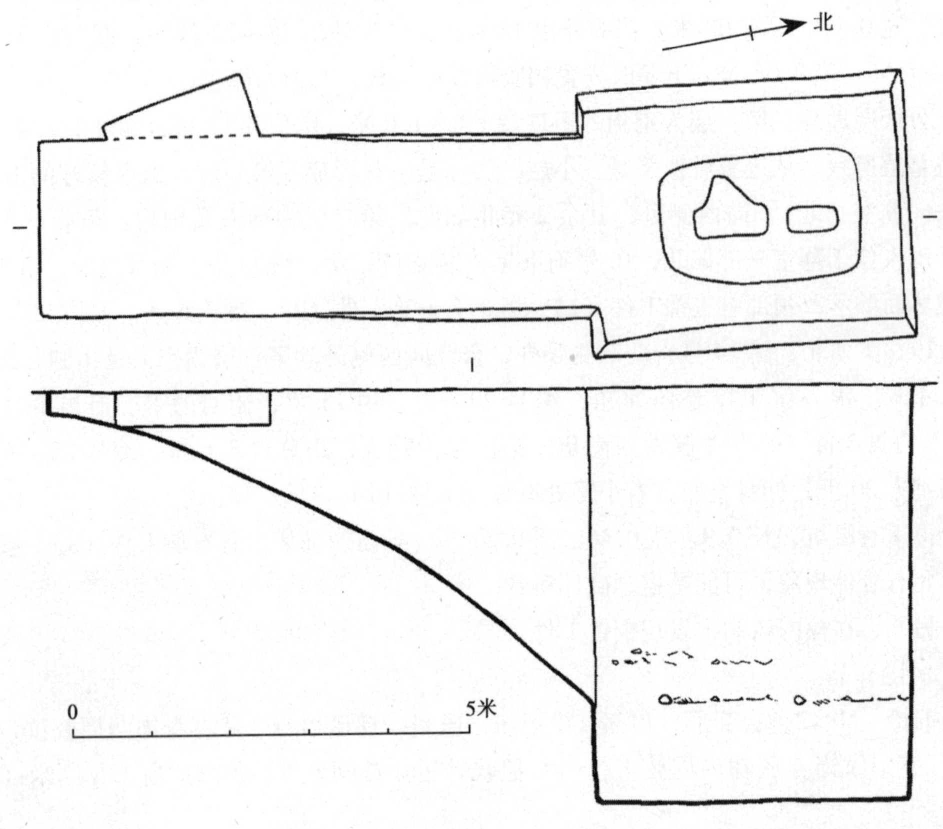

图一三　M9平、剖面图

条，1号在东南角，保存较好，头朝南，侧卧，前腿有明显的捆绑痕迹；2号在东北角，保存较好，头朝南，侧卧；3号在北偏东，因盗墓破坏而保存不好，只有部分后腿；4号在西北角，只剩余一部分；5号在西部中间偏南，保存较好，头朝南，侧卧，腿朝东；6号在西南角，保存较好，头朝南，侧卧；7号在6号北部，骨架散乱，头在6号尾部下；8号在南部偏西，骨架保存较差，头朝南，侧卧；9号在南部中间，骨架保存较差，头朝南，侧卧。第二层在距墓口4.4米处，椁上的四周（图一四；图版六：1）。牛头在东南角，头朝南，面向西，保存较差，部分已被盗墓者破坏。东南殉人，女，30岁以下，头朝南，面向西，仰身直肢，在骨架上发现部分朱砂。随葬残蚌饰2件（1）、石璜1件（2）、口唅玉玦1件（17）。东北殉人，男，约20岁，头朝南，面向上，仰身直肢，在骨架上发现部分朱砂。随葬蚌壳2件（4）、骨饰1件（5）、石璜1件（3）。西北殉人，男，约25岁，头朝南，面向西，仰身直肢。随葬蚌壳2件（13）、残石璜1件（15）、骨饰1件（14），在骨架上发现部分朱砂。西南殉人，女，约25

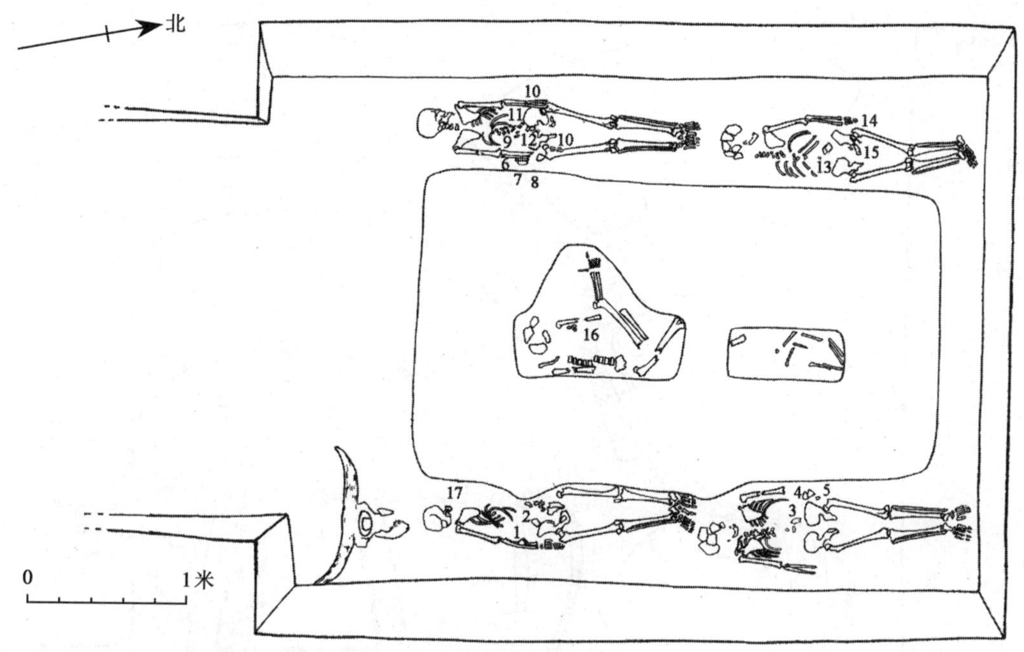

图一四　M9 墓室平面图（椁上为第二层）

1. 蚌饰　2、3、15. 石璜　4、8、13. 蚌壳　5. 骨器　6. 砺石　7. 蚌璜　9. 石圭　10、14. 骨饰　11、16. 海贝　12. 小海螺　17. 玉玦（口晗）

岁，头朝南，面向西，仰身直肢，在骨架上发现部分朱砂。随葬蚌壳3件（8）、海贝1件（11）、小海螺1件（12）、骨饰1件（10）、蚌璜1件（7）、石圭1件（9）、砺石1件（6），随葬品相对丰富。

2. 随葬品

玉玦　M9∶17，加工粗糙。肉径2.4、好径0.8、厚0.2厘米（图一五∶14）。

石圭　M9∶9，乳白色凝灰岩。个体小但加工精细，首部略内收，有对钻孔。长3.6厘米（图一五∶8）。

砺石　M9∶6，扁平条状砂岩。顶部有对钻圆孔。长12.4、厚0.9厘米（图一五∶1）。

石璜　M9∶2、3、15，砂岩，加工粗糙，皆单面钻孔。宽均2.8厘米（图一五∶4、3、5）。

骨饰　M9∶14，平面近圆角正方形，从剖面看一边磨为刃状，相对另一边为圆形并有钻孔。边长1.4、最厚处0.6厘米（图一五∶9）。

骨器　M9∶5，已残。长方形，顶部有钻孔，未透。残长1.4、高1.7厘米（图一五∶11）。

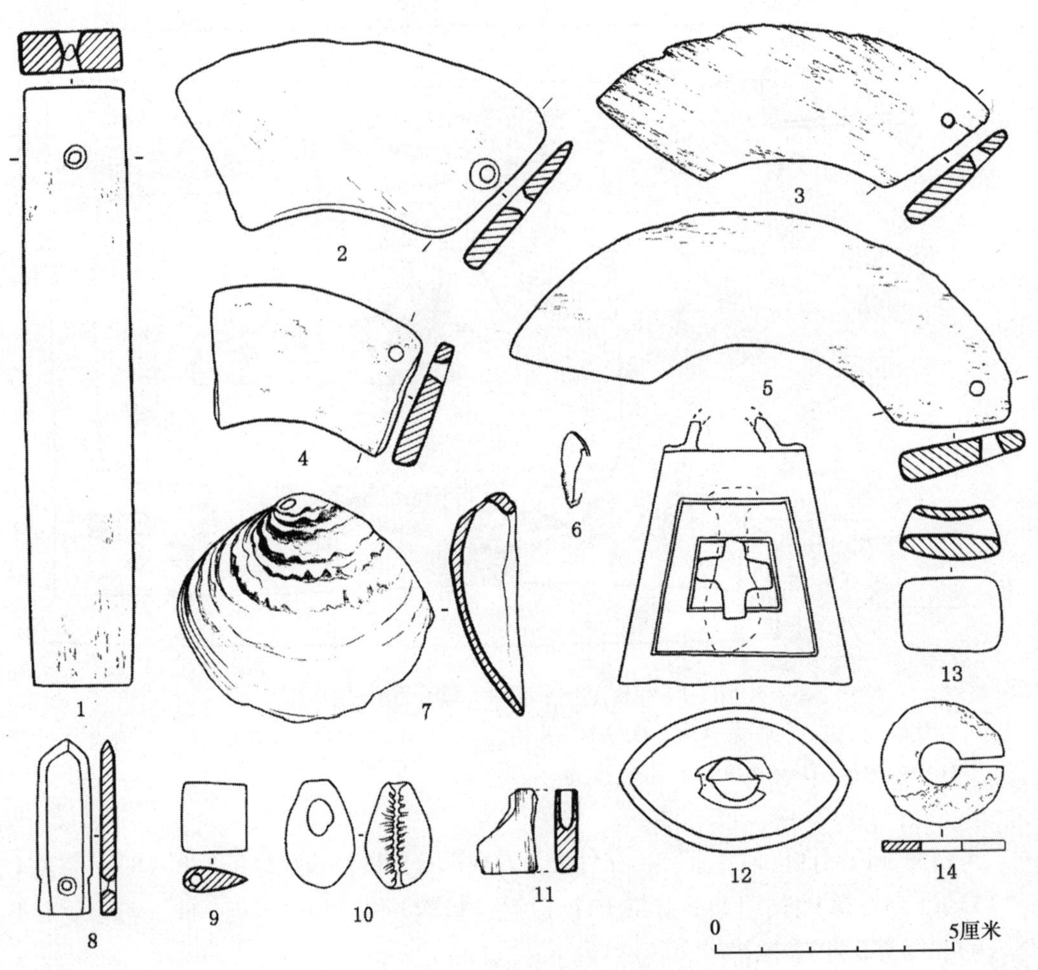

图一五　M8、M9出土随葬品

1. 砺石（M9:6）　2. 蚌饰（M9:7）　3~5. 石璜（M9:3、2、15）　6. 小海螺（M9:12）
7. 蚌壳（M9:8）　8. 石圭（M9:9）　9. 骨饰（M9:14）　10. 海贝（M9:16）　11. 骨器（M9:5）
12. 铜铃（M8:2）　13. 玉饰（M8:1）　14. 玉玦（M9:17）

海贝　M9:16，天然。长2.2厘米（图一五:10）。

蚌壳　M9:8，天然。长4.7厘米（图一五:7）。

蚌饰　M9:7，形状似璜，一端有双向钻孔。宽3.6厘米（图一五:2）。

小海螺　M9:12，天然。长1.5厘米（图一五:6）。

另外，在盗洞中发现了一些西周中期以前的灰陶片，有夹砂、方唇、卷沿鬲口沿（图一六:1）、矮实足根的足部（图一六:2）和泥质敛口的豆盘（图一六:3）。

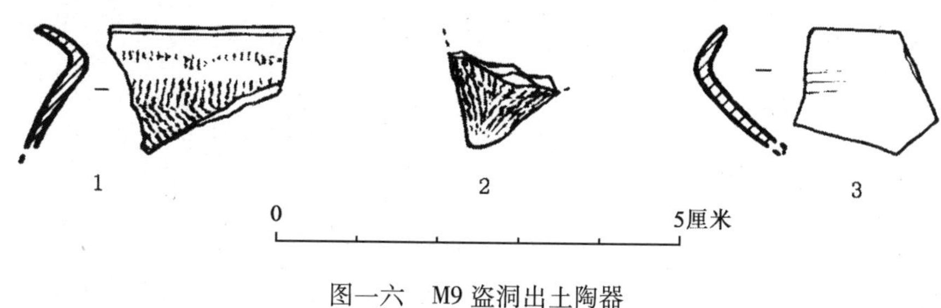

图一六 M9盗洞出土陶器

1. 鬲口沿 2. 鬲足 3. 豆盘

（四）M18

1. 墓葬形制

方向12°。被M7、M17、M29、H33打破，M18又打破龙山文化陶寺类型H6。墓口通长21.8、宽2.8～3.1米（图一七；图版四）。其中，墓道长16.9、宽2.9～3.1、深0.06～6.7米，墓室口长4.9、宽2.8～3.02、不计腰坑深7.96米。墓内填红花土，经夯打，夯层厚5～8厘米。四壁及坡面平整。

距墓口深1.2～1.4米，即与车旁殉人约为同一平面时有36条殉狗（图一八），殉狗2在车后殉人之北，1、3在车后两边，4～11、28～36在西侧，12～26在东侧，27在北侧偏西。1～11、13～16头朝南，侧卧，有明显的捆绑痕迹，骨架保存完好，骨质

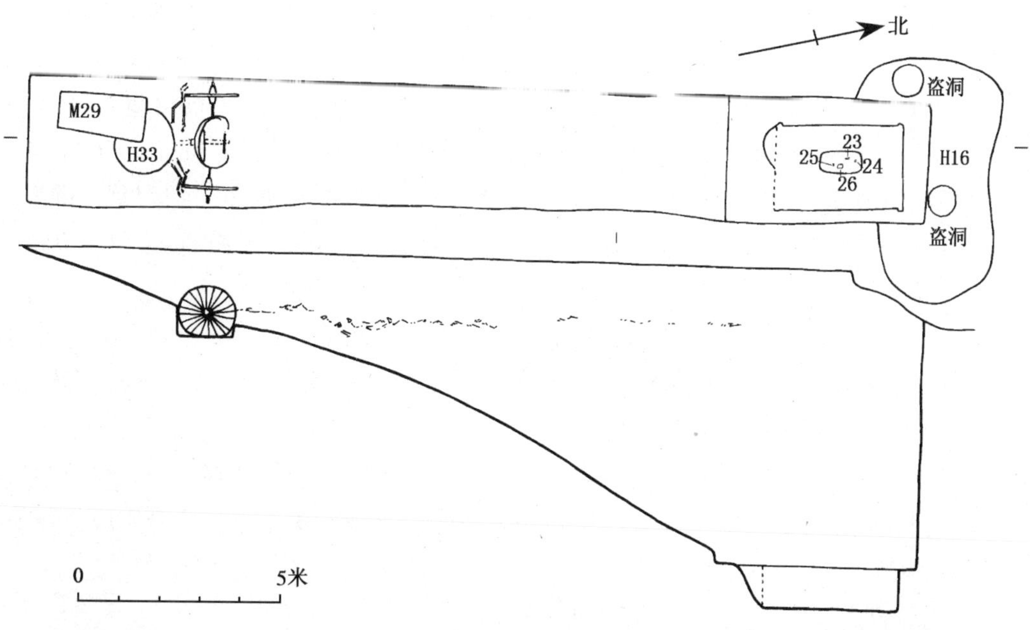

图一七 M18平、剖面图

23. 玉鹰 24. 玉虎 25. 铜镞 26. 砺石

较好；17～36头朝南，骨架保存较差，骨质不好，已朽，可能为小狗。

因墓道北端之底较深，故墓室南壁甚浅。由于有3个盗洞，破坏十分严重。经清理，椁室为“Ⅱ”形，长3.08、宽2米，挡头宽2.12、高1.05米。椁外为生土二层台。椁底中部有腰坑，长1、宽0.5、深0.65米，也遭破坏。随葬玉鹰1件（23）、玉虎头1件（24）、铜镞2件（25）、砺石1件（26）。

墓道中有车、马及殉人，车位于墓道南部，西车轮距墓口南端3.6米，放置车时，为了使车不再北滑，车轮两侧各挖长方形轮槽一条，长1.2、宽0.35、深0.3～0.7米，槽外为生土台。车轴及车厢与墓道斜坡之间垫有10～30厘米厚的红花土。

车衡　已被M29扰乱，无存。

马　2匹。位于车前，由于掩埋较浅和M29、H33的扰乱，只剩下两马后腿骨。

车辕　与轸连接处，前有铜车轸饰（9），末端有铜车踵（8）。辕亦被M29扰乱。现存残长90厘米，呈圆角长方形，横剖面直径14、高10厘米，后端略细。

车厢　平面为馒头形。东西长1～136、南北宽64、高48厘米。厢四周共有38根竖栏，竖栏呈圆柱形，剖面直径2、高45厘米，外围有一层判断不明的痕迹，可能为皮革。竖栏之上的横栏，高3.8、宽3.2厘米，竖栏插于其中。厢外两侧有耳状栏，下垂至车厢底部，直径近4厘米。厢中部有内塌现象。厢底部沿车轸一周有37件大铜泡（10），顶部发现了13件小铜泡（11）。在后部设有宽58厘米的车门，车门两侧各有长方形内空铜车把手1件（6、7；图版五：2）。厢内前栏上有横木一根，长84、宽4、厚4厘米，剖面为正方形。车厢内有铜弓形器1件（2）、铜镞5件（17）、玉扣1件（22）、骨觿1件（15）、骨镞4件（16）、骨器2件（1、3）、骨饰5件（4、5、14、20、21）。

车轮　位于车厢两侧，车轮牙削去4厘米时才发现。两车轮保存较好，相距2.14米，其中东车轮直径120、轮牙直径7厘米。20根辐条，长52厘米，剖面呈椭圆形，插入车毂一端厚2厘米。车毂保存较好，中部外鼓。长46、剖面直径14～20厘米(图一九)。

车轴　位于车厢底、车辕下面，横穿两车毂而出。车轴通长292厘米，剖面为圆形，直径7～8厘米。入车毂之后逐渐变细。两端分别套有铜车軎（12、13），车辖键为木质，已腐朽，出土时有朽木痕迹。

殉人　2人。1号位于车门后，男，30岁以上，头朝西，俯身直肢，身上有芦苇痕迹，骨架保存较好。2号位于西侧车轮外，男，30岁以下，头朝南，俯身直肢，身上亦有芦苇痕迹。

2. 随葬品

铜车轸饰　M18∶9，连接、固定车辕与车厢的铜装饰品。接车厢处呈长方形，略内弧。长28.6、宽4.7厘米。内侧有两横半椭圆形环纽用于系住车轸，外侧饰有两个

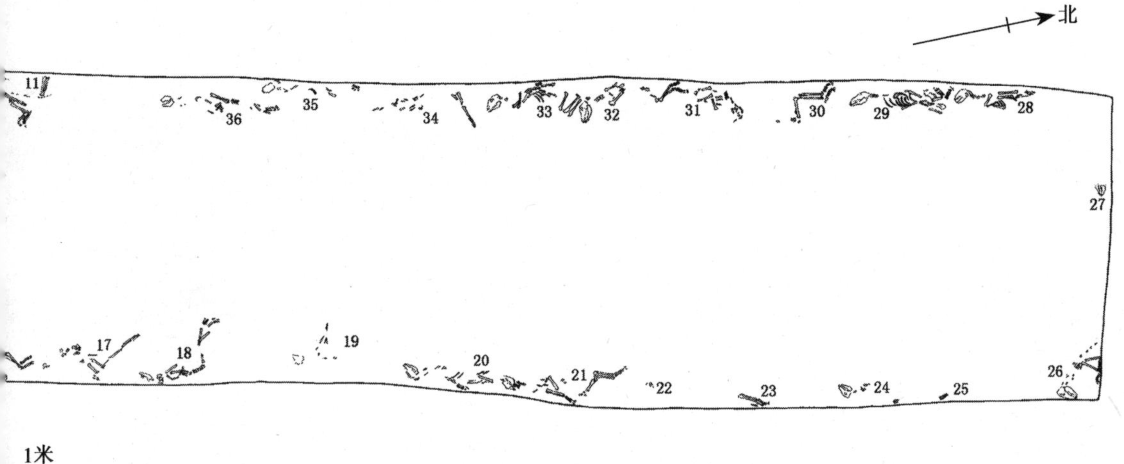

口 1.2～1.4 米）

12、13. 铜车軎　15. 骨觿　16. 骨镞（见后视图）　17. 铜镞（见后视图）　18、19. 马骨架（发掘时编）　22. 玉扣

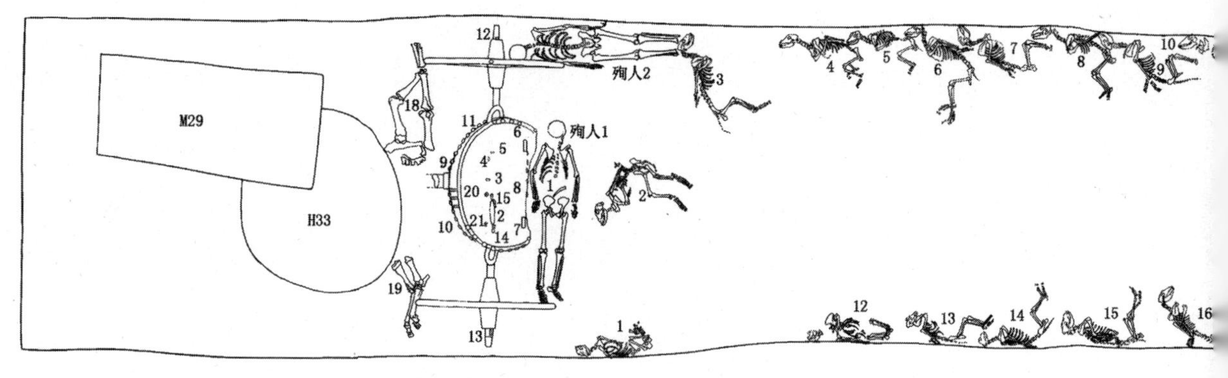

图一八　M18 平面图（距

1、3. 骨器　2. 铜弓形器　4、5、14、20、21. 骨饰　6、7. 铜车把手　8. 铜车踵　9. 铜车轸饰　10. 铜泡（下）　11. 铜泡（上）

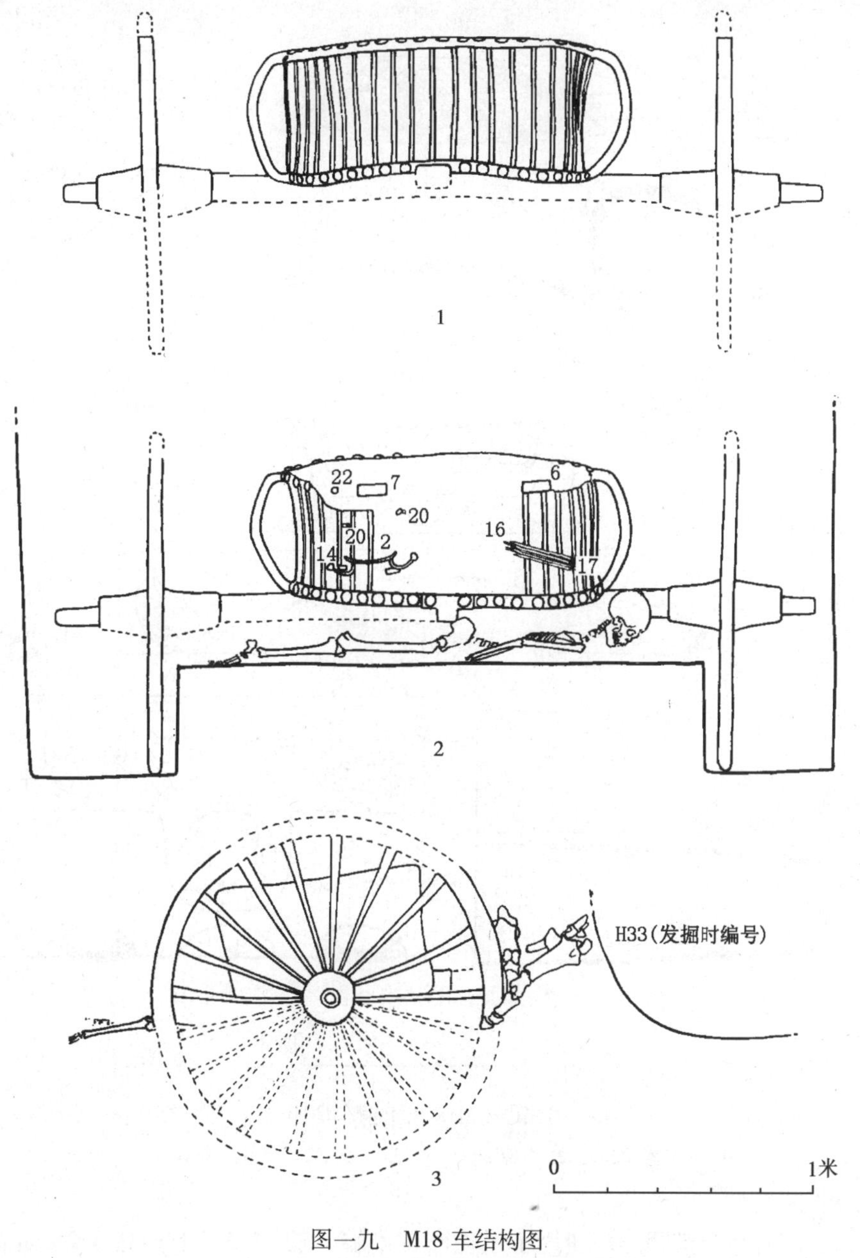

图一九　M18 车结构图
1. 前视图　2. 后视图　3. 侧视图

与车厢底部相应位置同样（11）的铜泡；扣车辕部分与之垂直，与辕上半部相应呈拱形，其上有内卷角双身兽。扣辕部分长 13.6、宽 3.6 厘米（图二〇：2；图版九：1）。

铜车踵　M18∶8，连接、固定车踵与车厢的片状铜饰。上部为扁长方形，饰内卷角兽面纹；下部为半椭圆形正好挡住车辕末端。上部内侧有两横半椭圆形环纽用于系

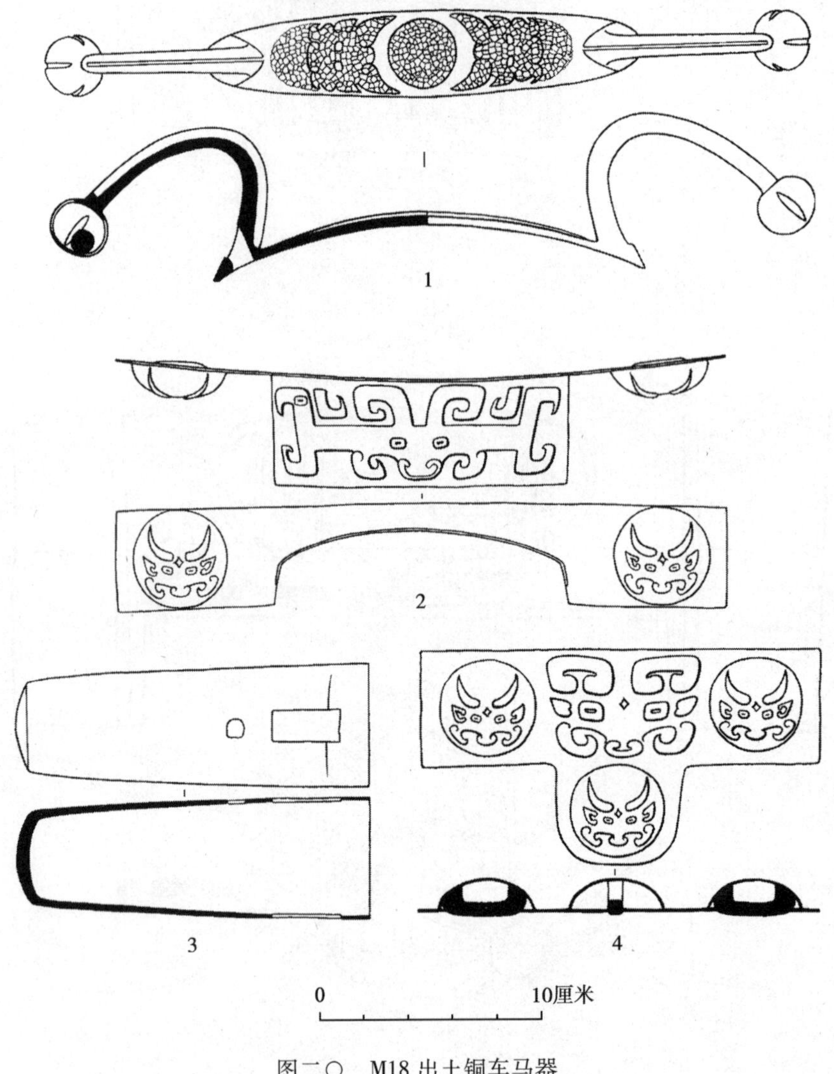

图二〇　M18出土铜车马器

1. 弓形器（2）　2. 车軨饰（9）　3. 车軎（13）　14. 车踵（8）

住车軨，下部有竖半椭圆形环纽用于系住车辕末端。长18.2、上部高5.2、通高10厘米（图二〇：4；图版九：3）。

铜车把手　M18：6，长方柱形，内空。中部有上长方形、下椭圆形穿孔。口部外侧饰有与车厢顶部铜泡同样的花纹。口高3.8、宽2.2厘米，上穿孔长1.4、宽1厘米，下穿长径1.8厘米，总长（深）9.6厘米（图二一：1）。

铜车軎　M18：13，已使用，有磨损痕迹。圆筒形，口部略粗，顶部微隆起，两侧

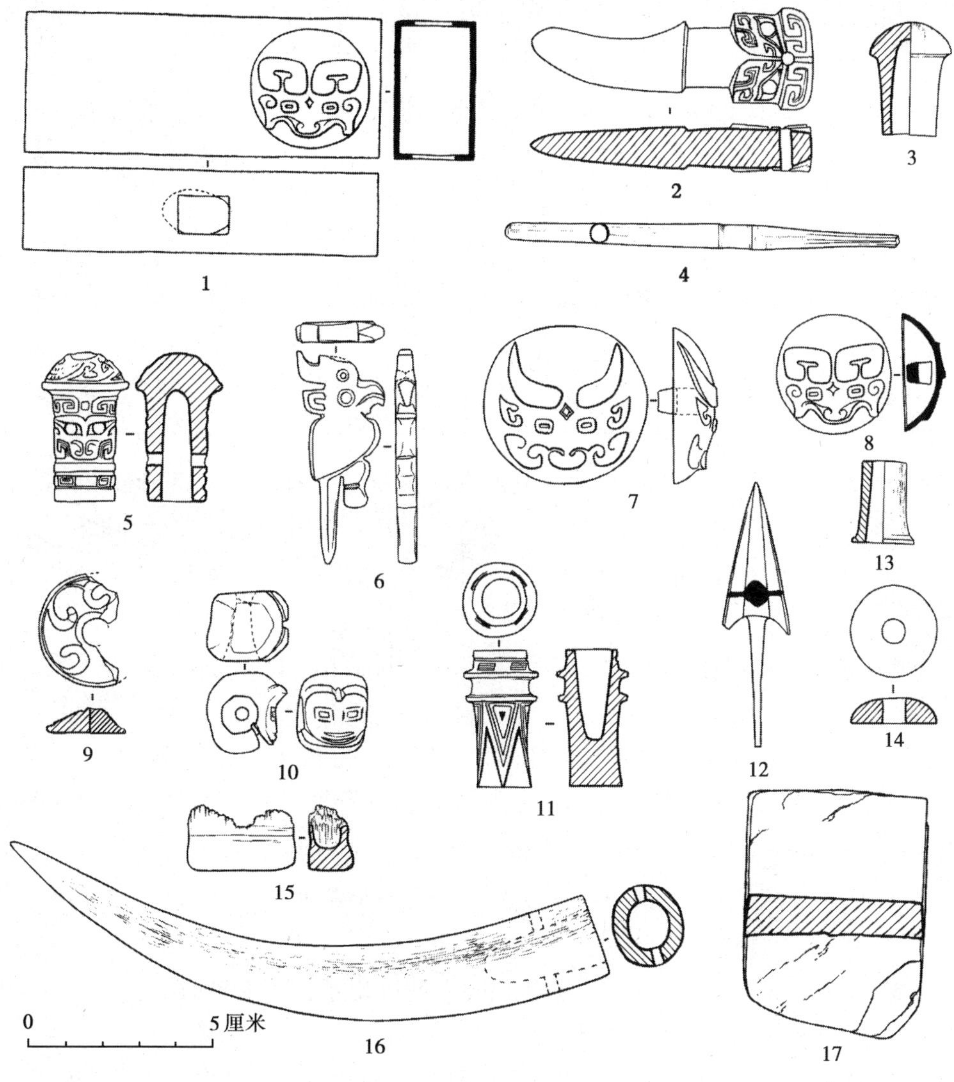

图二一 M18出土随葬品

1. 铜车把手（6） 2. 骨觿（15） 3、5、9、11、13. 骨饰（14、4、20、21、5） 4. 骨镞（16）
6. 玉鹰（23） 7. 大铜泡（11） 8. 小铜泡（10） 10. 玉虎头（24） 12. 铜镞（17）
14. 玉扣（22） 15、16. 骨器（3、1） 17. 砺石（26）

有对应的长方形辖穿，一侧长方形辖穿下还有一圆形小穿。軎内有经纬较粗的布，像是麻布，看来是当时軎与轴头需要衬布才能固定。口径5.6、长16.6厘米（图二〇：3；图版九：6）。

大铜泡 M18：11，扁圆状，面饰尖角兽面，菱形眉心，背后有桥形纽。直径4.4

厘米（图二一：7；图版九：2上）。

小铜泡　M18：10，与前者相类，兽面为外卷角。直径3.2厘米（图二一：8；图版九：2下）。

铜弓形器　M18：2，由弧形弓体和两边半耳状弯钩组成，弯钩末梢均有四新月镂空的球形小铃，圆形铃舌。弓体中央一圆形，左右各有一相对圆形的长尖角兽头。三组纹饰均用绿松石镶嵌，局部脱落。通长35.6厘米，弓体长20、宽2～3.8厘米（图二〇：1；图版九：4）。

铜镞　M18：17，双翼，宽叶，圆柱状铤，脊断面近圆形。长7厘米（图二一：12；图版九：5）。

玉鹰　M18：23，鸡骨白。体扁，高冠，勾嘴，竖长尾。长5.5、宽2.4、厚0.5厘米（图二一：6；图版一一：1）。

玉虎头　M18：24，青白玉，呈褐色。方形，睁眼闭嘴，耳中有对钻孔。长2.2、宽1.9、厚2.2厘米，孔径0.5～1厘米（图二一：10；图版一〇：3）。

玉扣　M18：22，青白玉。平底，顶部隆起，中有穿。底径2.4、穿径0.6、高0.65厘米（图二一：14）。

砺石　M18：26，略加工的竖长方形细砂岩。长7.6、宽5、厚1厘米（图二一：17）。

骨镞　M18：16，锋稍细的圆锋圆柱体，细长铤。长10.8厘米（图二一：4）。

骨器　M18：1，鹿角截锯而成，保持自然弯曲的尖部。总长16.7厘米。一侧椭圆形，长径2.2、短径1.9厘米。有3.3厘米的銎，横穿3厘米的小孔（图二一：16）。M18：3，动物角加工而成，残，圆角长方形，一面有椭圆形銎。长3.9、宽1.25、残高1.8厘米（图二一：15）。

骨觿　M18：15，扁圆状柄，扁圆状钝尖靠柄部略弯，柄饰兽面纹。长7.2、柄长径7.2厘米（图二一：2；图版一〇：4）。

骨饰　M18：4，动物肢骨截锯而成，可能为缰绳或鞭子的系端，整体作管状，有銎，近上部有一穿，尾部有帽，帽呈半圆状，体饰兽面纹，帽作蟠龙纹。长3.7、体径1.6、帽径2.4、銎深3厘米（图二一：5）。M18：5，一侧有沿的小筒状，中空。长2.2、直径1.2～1.8厘米（图二一：13）。M18：14，动物肢骨截锯而成，可能为缰绳或鞭子的系端，整体作管状，有銎，尾部有帽，帽作半圆状隆起，素面。体径1.6、帽径2.3、銎深2.5、长3厘米（图二一：3）。M18：20，圆形已残，平底，缘薄，中心厚，有直径0.7厘米的穿，穿外有卷云纹，上镶绿松石。直径3.1厘米（图二一：9）。M18：21，动物肢骨截锯而成，可能为缰绳或鞭子的系端，整体作管状，有銎，上部有两周棱状凸起，其上4个扁方形凸起，其下为4个倒大三角纹。长3.7、直径1.3、銎深2.4厘米（图二一：11；图版一〇：5）。

（五）M28

1. 墓葬形制

方向12°。墓道与墓室口通长12.88（因田间小路及断崖，南部没有做到边）、宽2.2～2.66米。墓道口长9～9.2、底宽2～2.45、深0.9～4.22米（图二二；图版六：2）。底部有三个不整齐的台阶，向墓室渐深。东西两壁壁面上部不规整，下部较好并发现工具痕迹，长条形，长10～15、宽3厘米。往北进入墓室，北壁底小于口0.24米，到距墓口4.46米的椁顶时，宽也小于口，为2.5～2.58米，至椁底深5.54米。因放置椁室四壁外扩，北壁最明显，外扩近30厘米。椁室完成后，填土时把墓道里和墓室四壁的土随意填，形成现在的情形。整体看M28营作粗糙，似草率而为之。

距墓口2.2米处发现一层殉狗，从第三个台阶往北进入墓室，共13条，编号1～13号，紧依西（1～4）、北（5～7）、东（8～13）壁，保存较好和较差者各有之，除5～7不清外，其余均头朝南，嘴向里，多捆绑而殉葬。距墓口3.2米处发现第二层殉狗，位置与第一层相仿，亦13条，编号14～26号，紧依西（14～18）、北（19）、东（20～26）壁，保存较好，除19头朝西、嘴向里外，其余均头朝南、嘴向里。

椁仅留轮廓，长2.64、宽1.7米，高可复原到1.08米。在椁上东北角发现盆骨以

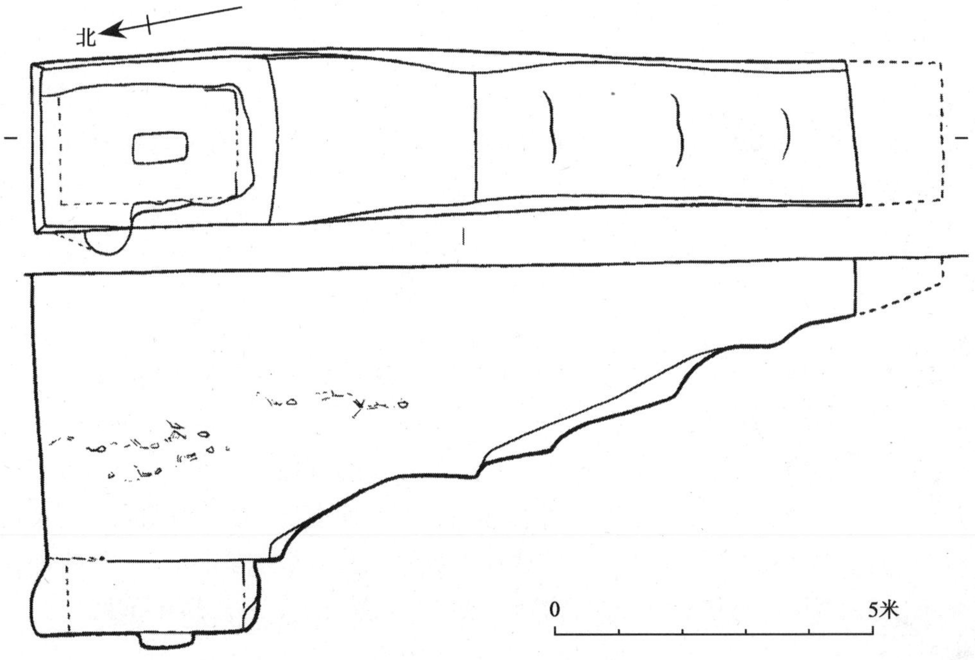

图二二　M28平、剖面图

下的半具殉人。因被盗，棺、椁、骨架、铜器、玉器无存。南侧椁外二层台上置未烧泥质陶器3件（5～7）。椁底有一腰坑，长0.8、宽0.44、深0.2米。内殉狗1条及石块1件（4）。

2. 盗土中发现的随葬品

铜铃　M28∶盗1，似小纽钟。合瓦形，顶部有拱形纽，饰有依器身的两周弦纹，器身内系槌状铃舌。铣间宽3.9、通纽高4.7厘米（图二三∶1）。M28∶盗2，槌状铃舌。高4厘米（图二三∶2）。

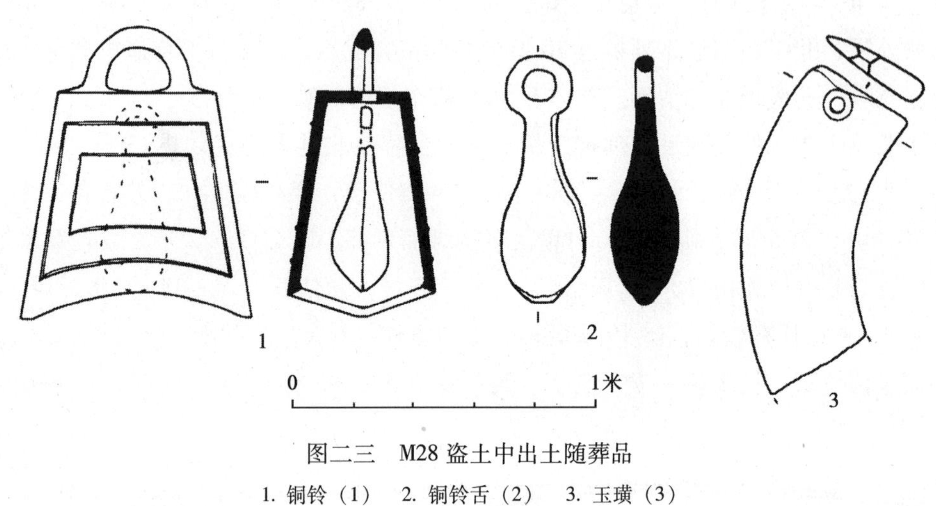

图二三　M28盗土中出土随葬品

1. 铜铃（1）　2. 铜铃舌（2）　3. 玉璜（3）

玉璜（?）　M28∶盗3，鸡骨白。外侧薄而里侧厚，一端有一对钻小孔。残长5.5、宽1.9、最厚0.4厘米（图二三∶3）。

二、中型墓

中型墓有9座，即M11、M13、M19～M24、M27（表一）。均遭盗掘。

1. 墓葬形制

墓口长3米以上，宽多在2米以上，少数墓宽1.5米以上，面积5～7平方米。只有M21虽稍小一些，考虑到与其他的中型墓有许多共同之处，故将其归入中型墓。填土均经夯打，葬具除M22～M24为一棺或椁不明外，余均为一棺一椁；除M24外，其余墓葬的椁底或棺底都有腰坑，腰坑内殉一条狗，狗旁（下）一般都有石块。

表一 桥北墓地中型墓登记表 （单位：米）

墓号	方向	墓圹（长×宽－深）	葬具（长×宽－高）	殉牲	腰坑	随葬品（根据编号排列）
11	6°	口 3.7×2.08 底 4.2×2.2－4.6	椁 2.56×1.2－0.6 棺 被破坏	?	1×0.57－0.56	陶鬲、玉块
13	275°	口 3.66×2.08 底 3.66×2.28－2.6	椁 2.5×1.24－0.8 棺 被破坏	人狗	0.5×0.22－0.08	玉锛、陶鬲、未烧泥质陶器 3 堆
19	11°	口 3.4×1.74 底 3.44×1.74－6.5	椁 2.78×1.54－? 棺 被破坏	?	0.76×0.44－0.27	石块
20	12°	口 3.66×2.08 底 3.66×2.28－3.95	椁 2.5×1.24－0.8 棺 被破坏	人狗	0.58×0.22－0.08	残铜片 3、石块、未烧泥质陶器 6 堆、陶鬲（盗土中）
21	265°	口 2.9×1.3 底 3.52×1.66－2.4	椁 2.4×0.94－0.8 棺 被破坏	?	0.76×0.42－0.15	陶簋、陶鬲、陶罐
22	195°	口 3.08×1.6 底 3.16×1.66－2.1	椁 被破坏或无 棺 2.28×0.66－0.4	?狗	0.7×0.4－0.18	陶鬲、石块
23	11°	口 3.4×2.4 底 3.4×2.4－3.52	椁 2.54×1.1－0.4 棺 被破坏或误为椁	?	0.85×0.43－0.18	石块
24	8°	口 3.56×1.84 底 2.96×1.2－7.6	椁 ? 棺 被破坏	?	?	陶鬲
27	12°	口 3.52×1.58 底 3.3×1.54－6.3	椁 2.5×1.06－0.82 棺 被破坏	人狗	0.84×0.54－0.15	未烧泥质陶器、陶鬲、未烧泥质陶罐、石块、玉鹰、玉鱼（盗土中）

保存较好的 M20 墓室（图二六），当为“井”字形椁室，西壁由 3 块纵向木板叠压而成，每块宽 22～28 厘米，与前后两挡头长约 10 厘米的卯榫连接。椁盖由横向的 14 块木板拼置而成，每块宽 15～20 厘米。椁内随葬品无存，椁外的殉人、殉狗、牛头分两层。距墓口 2.35～2.75 米处为第一层：殉狗 1，东北角，头朝北，嘴向西；殉狗 2，北壁下，头朝东，嘴向南；殉狗 3、4，西北角，3 号头朝北，嘴向东，4 号仅剩后腿。1 号殉人在东壁下中部，女性，头朝南，仰身直肢，头西有一人下颌骨，因遭破坏而不知所属；2 号殉人在 1 号殉人相对的西部，20 岁以下，性别不明，头朝南，仰身直肢。南壁下有一牛头，嘴向北。距墓口 2.95 米处为第二层：东西两壁下靠南各有一

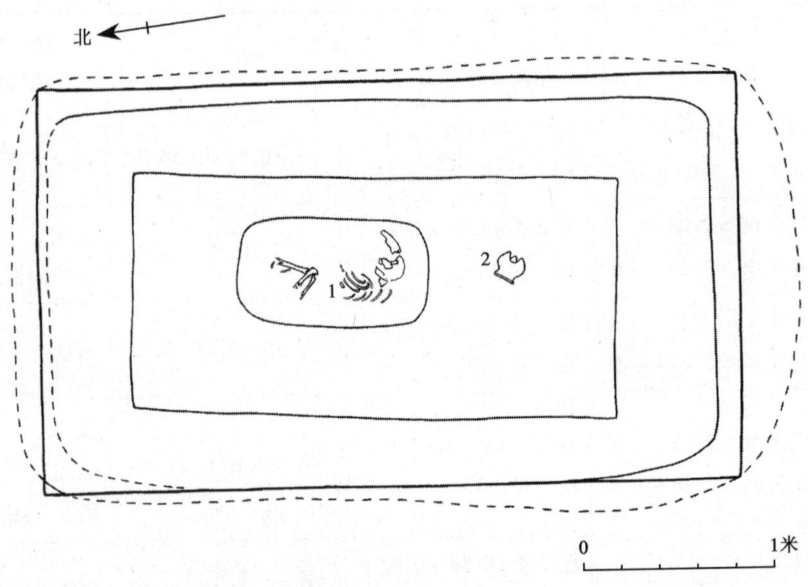

图二四　M11平面图

1. 玉块　2. 陶鬲（发现在盗洞中的位置）

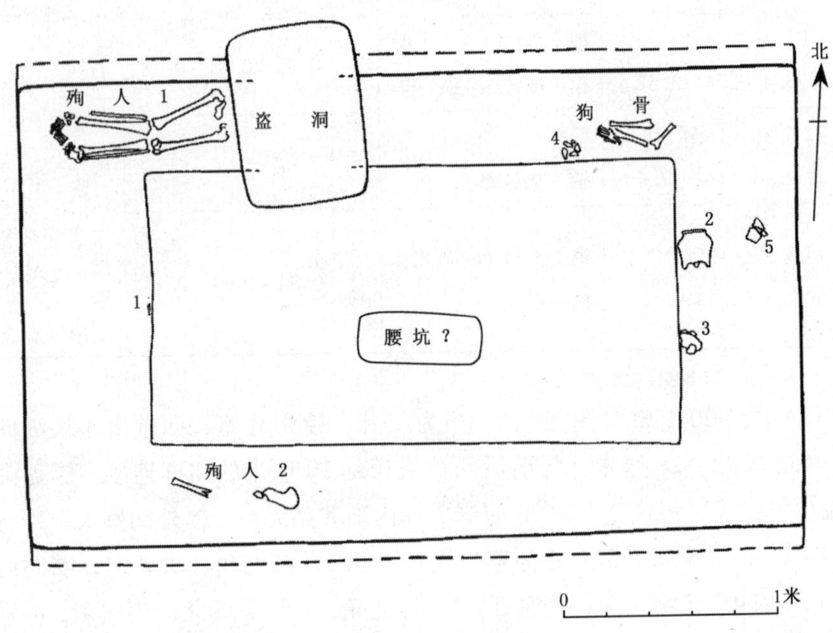

图二五　M13平面图

1. 玉锛　2. 陶鬲　3～5. 未烧泥质陶器

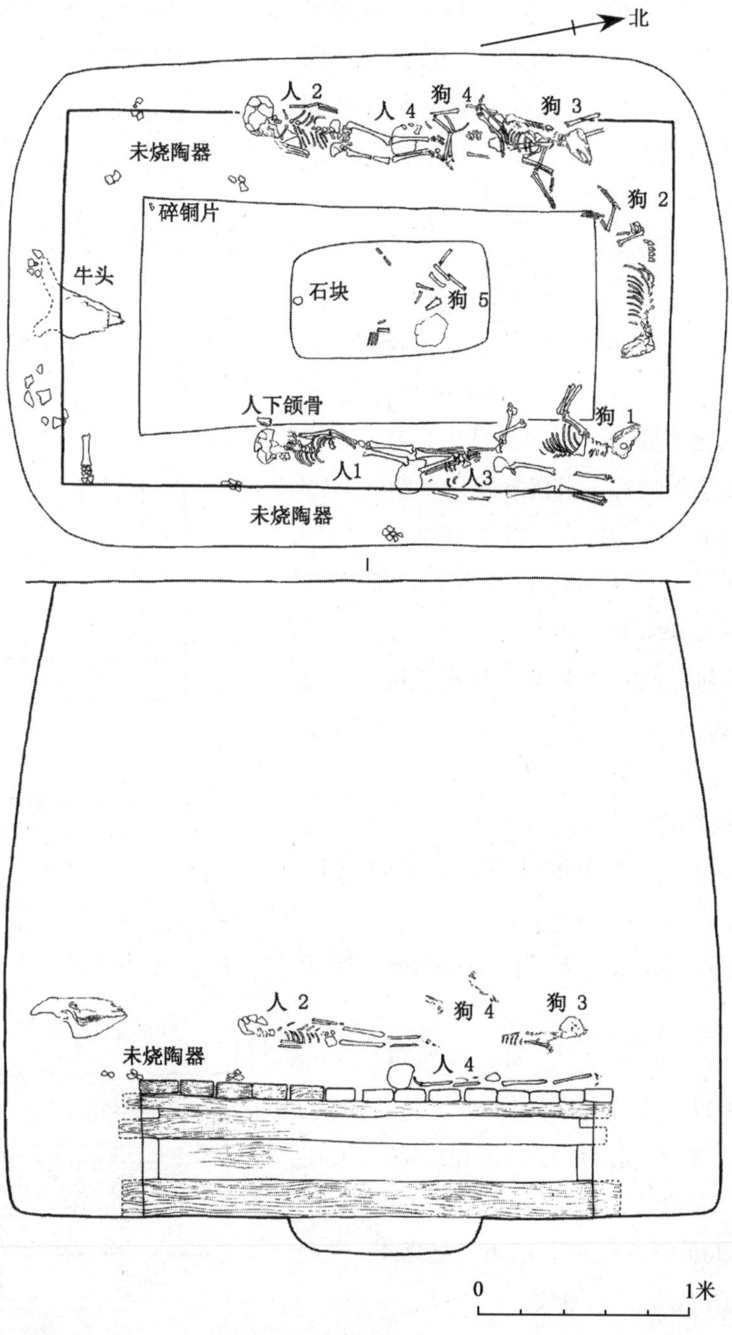
北
人 2
人 4
狗 4
狗 3
未烧陶器
狗 2
碎铜片
牛头
石块
狗 5
人下颌骨
狗 1
人1
人3
未烧陶器
人 2
狗 4
狗 3
未烧陶器
人 4
0
1米

图二六　M20 平、剖面图

殉人，均头朝南，仰身直肢。西部的4号殉人，女，20岁以下；东部的3号殉人，性别、年龄不明。东北、西北和北部，放置6堆未烧的泥质陶器。东南角还有牛腿一只。椁底有腰坑，椭圆形，长1.2、宽0.66、深0.2米，狗骨架被扰乱，有一石块（8）。

另外，表一中未含：

M11，盗洞里有1件陶鬲（2）（图二四）。

M13，殉人1号在椁外西北角，头朝东，但被盗洞破坏了盆骨以上。2号在椁外西南角，被盗洞破坏，只留下残骨。殉狗编号为3号，在椁外东北角，被盗洞破坏，只留下腿骨（图二五）。

M19，“井”字形椁室。椁底有腰坑，圆角长方形。长0.76、宽0.46、深0.26米。狗骨架被扰乱，有一石块（1）。

M21，椁前（西）挡头由4块横板构成，每块木板宽约20厘米。陶鬲、簋、罐置于椁外前（西），位置与椁盖上部一致（图二七）。

M23，为“Ⅱ”形椁。

M24，南部椁外正中偏西有陶鬲1件（1）及牛腿1条。

M27，椁外东北有殉人，西部有殉狗，至少各一。

2. 随葬品

陶鬲　M11∶1，夹砂灰陶，近方体，尖唇，宽沿，敞口，有短颈，弧裆，尖足，有矮实足根。肩下拍印竖绳纹，裆及足部有手捏痕迹，拍印横绳纹。口径13.6、肩径15.6、裆高4、通高15.2厘米（图二八∶7；图版一二∶4）。

陶鬲　M13∶2，夹砂灰陶但足部泛褐，长方体，圆唇，沿略折，有短颈，溜肩，鼓腹，联裆，颈下拍印竖绳纹，裆部为横绳纹，局部交

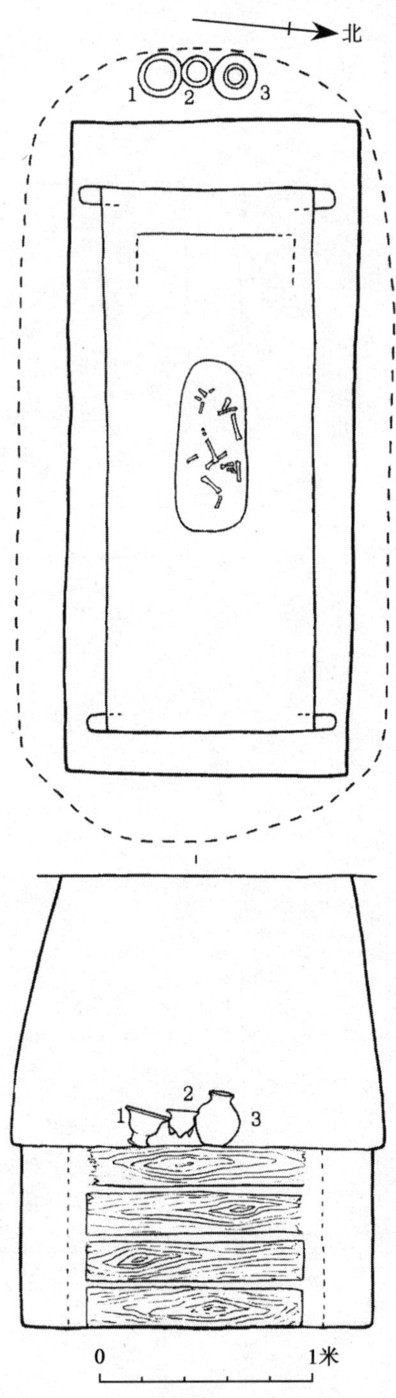

图二七　M21平面及西壁剖视图

1. 陶簋　2. 陶鬲　3. 陶罐

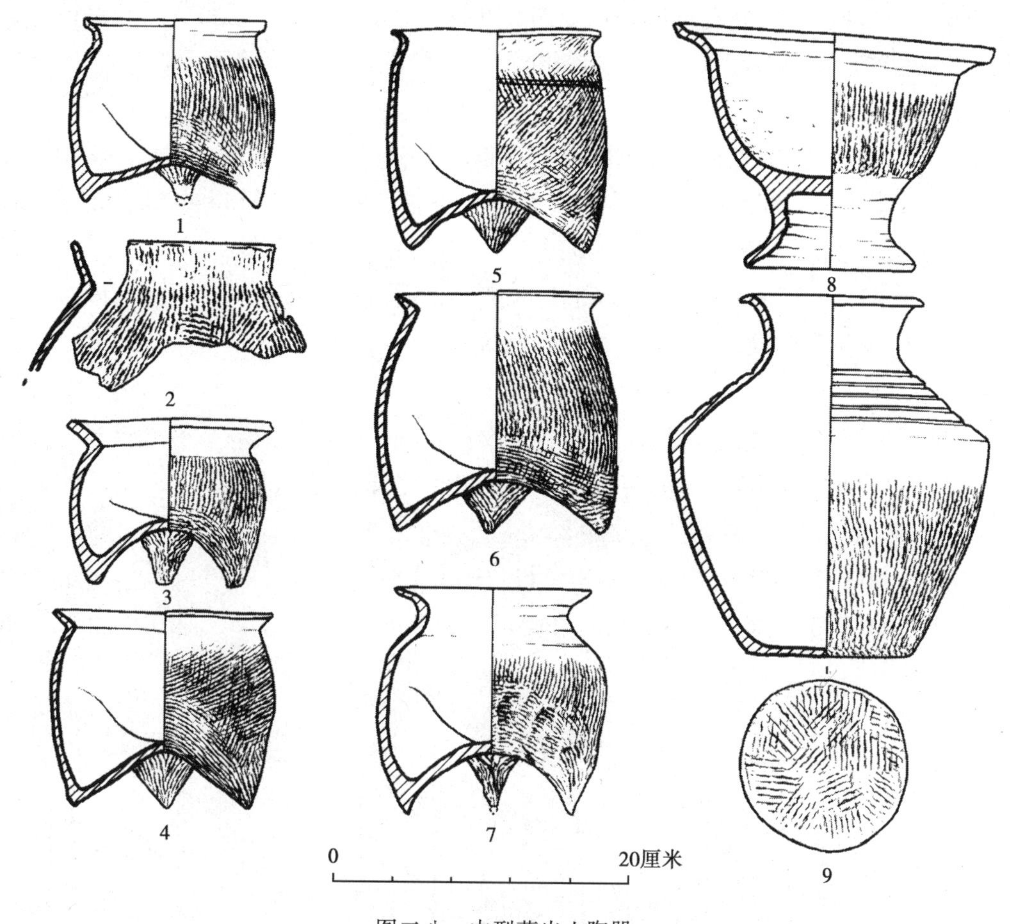

图二八 中型墓出土陶器

1～7. 鬲（M22∶1、M20∶盗1、M21∶2、M24∶1、M27∶2、M13∶2、M11∶1） 8. 簋（M21∶1） 9. 罐（M21∶3）

错。口径14、裆高3.5、通高16厘米（图二八∶6；图版一一∶6）。

陶鬲 M20∶盗1，残片。夹砂灰陶，圆唇，宽卷沿，肩下即见分裆迹象。沿外留有没抹掉的竖绳纹，颈下拍印竖绳纹，分裆上部有窄条横绳纹，很有特点。残高10厘米（图二八∶2）。盗土中还出有此鬲裆部残片。

陶鬲 M21∶2，夹砂灰陶，扁方体，斜方唇，宽折沿，浅腹，联裆，有矮实足根，颈下拍印竖绳纹，局部交错。口径14、裆高3.6、通高11.2厘米（图二八∶3；图版一二∶1）。

陶鬲 M22∶1，夹砂灰陶，扁方体，方唇上勾，有短颈，分裆，有矮实足根。颈下拍印竖绳纹，裆部为交错绳纹，足根素面。口径12.4、足高2.4、通高12.4厘米（图二八∶1；图版一一∶4）。

陶鬲 M24∶1，夹砂灰褐陶，近方体，方唇，折沿，浅腹，瘪裆，无实足根。肩部拍印斜绳纹，裆部拍印横绳纹，局部交错。口径14.2、足高3.6、通高13.2厘米（图二八∶4；图版一二∶5）。

陶鬲 M27∶2，夹砂灰陶，近方体，圆唇，窄沿外卷，有短颈，筒腹，联裆，有矮实足根。沿下和裆部均拍印交错绳纹，颈部有一周弦割纹。口径14.4、足高3.4、通高14.8厘米（图二八∶5；图版一一∶5）。

陶簋 M21∶1，泥质灰陶，方唇上勾，宽沿，敞口，收腹平底，下接高圈足，足口外敞，腹部拍印竖绳纹。口径22.4、足径11.6、高16厘米（图二八∶8；图版一二∶3）。

陶罐 M21∶3，夹细砂灰陶，尖圆唇，卷沿，敞口，广折肩，平底。肩部有五周凹弦纹，腹下部拍印竖绳纹，略有交错，底部拍印交错绳纹。口径12.8、肩径22、底径11.2厘米（图二八∶9；图版一二∶2）。

玉块 M11∶1，青白玉。似为玉边角料。长3.3厘米（图二九∶3）。

玉锛 M13∶1，白玉。小锛状，单面刃。长4.6、宽1～1.5、厚0.9厘米（图

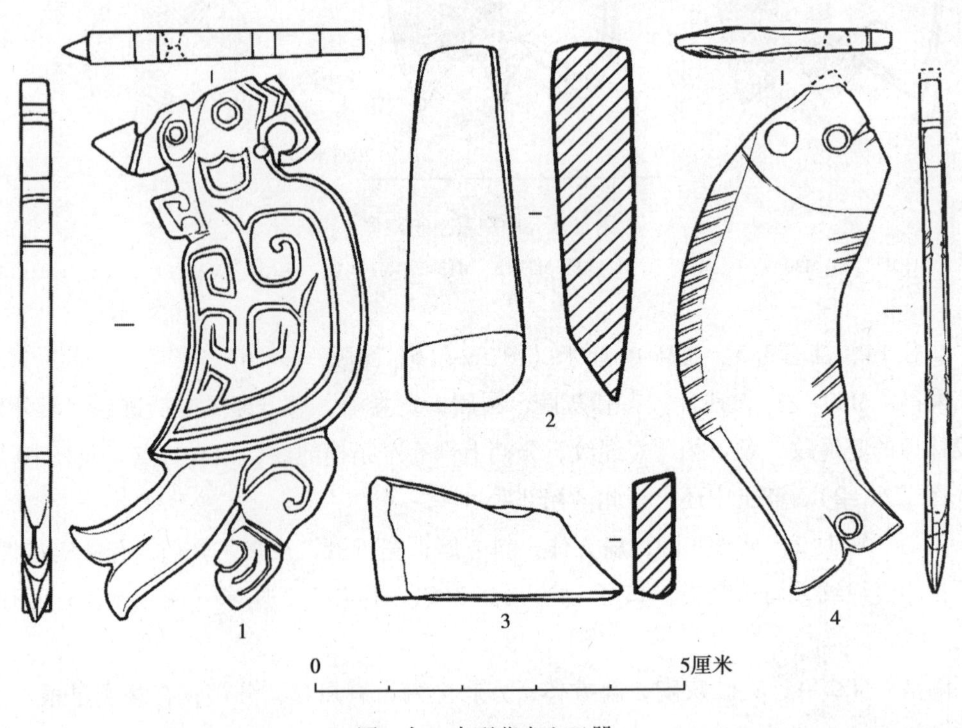

图二九 中型墓出土玉器

1. 鹰（M27∶盗1） 2. 锛（M13∶1） 3. 块（M11∶1） 4. 鱼（M27∶盗2）

二九：2）。

玉鹰　M27：盗1，青白玉。体扁，高冠，勾嘴，尾与身、头向后弯曲。冠、翅、尾、足满饰花纹。长7、宽4.2、厚0.4厘米（图二九：1；图版一一：2）。

玉鱼　M27：盗2，鸡骨白。体扁，弯曲。脊、尾花纹简单，眼部和尾部各有一单面钻孔。长6.9、宽2.9、厚0.4厘米（图二九：4）。

三、小　型　墓

小型墓有17座，即M3～M7、M10、M12、M14～M17、M25、M26、M29～M32（表二）。

1. 墓葬形制

除M26外，墓口面积在3平方米以下。除M14的填土经过夯打外，其余无。M3、M12、M26、M29、M32为一椁一棺，其余皆为单棺。

表二　桥北墓地小型墓登记表　　（单位：米）

墓号	方向	墓　圹（长×宽－深）	葬　具（长×宽－高）	墓　主　人	随　葬　品（根据编号排列）
3	20°	口2.2×0.9 底2.4×1.1－0.95	椁2.2×0.9－0.85 棺1.91×0.54－0.5	男，成年，头北面上，仰身直肢	玉玦、骨簪、陶鬲
4	353°	口2.16×0.96 底2.16×0.96－0.56	棺1.86×0.6－0.14	男，35岁以上，头北面东，仰身下肢微屈	口唅（长方形蚌片）、陶鬲
5	10°	口2.01×0.8 底2.01×0.8－0.3	棺1.76×0.5－？	男，约35岁，头北面西，仰身下肢微屈	玉璜、蚌片、石圭首、未烧泥质陶鼎
6	10°	底2.02×0.76－0.08	棺　不清楚	女，25岁以上，仅剩部分头骨	
7	186°	口2.56×0.7 底2.58×0.76－0.7	棺2.08×0.58－0.27	男，约30岁，头西面北，仰身直肢	骨管2
10	354°	口2.24×0.85 底2.24×0.85－0.47	棺1.73×0.63－0.22	女，35岁以上，头北面东，仰身下肢微屈	玉玦、口唅
12	0°	口2.4×0.9 底2.4×1－3.12	椁2.38×0.9－0.85 棺1.85×0.5－？	女，成年，头北面上，仰身直肢	石圭3、未烧泥质陶盆和陶鬲
14	30°	口2.28×1.2 底2.18×1.1－3.46	？	被盗	铜戈、陶罐（壁龛内）

墓号	方向	墓圹（长×宽－深）	葬具（长×宽－高）	墓主人	随葬品（根据编号排列）
15	22°	口2.3×1.18 底2.2×1.1－2.5	棺1.88×0.5－0.8	男，约40岁，头北面西，仰身下肢微屈	口唅（玉玦）、石圭3、陶罐（壁龛内）
16	10°	口2×0.7 底2×0.76－0.7	棺1.62×0.3－0.1	女，约30岁，头北面东，仰身直肢	口唅(玉玦)、陶罐
17	24°	口2.04×0.72 底2.04×0.72－1.1	棺1.84×0.58－0.2	男，40岁以上，头北面东，仰身下肢微屈	陶鬲
25	14°	口2.4×0.85 底2.3×0.80－2.2	棺1.84×0.48－0.34	女，约35岁，头北面东，仰身直肢	骨簪、石圭
26	7°	口2.74×1.35 底3.02×1.44－2.66	椁2.5×1.2－0.7 棺1.06×0.72－0.38	男，成年，头北面上，仰身直肢	骨器、铜带钩、陶鬲
29	14°	口2.38×0.92 底2.38×0.92－0.95	椁2.38×0.9－？ 棺1.86×0.46－？	女，成年，头北面上，仰身直肢	陶罐
30	31°	口2.3×0.92 底2.3×0.79－2.04	棺1.94×0.55－0.17	男，35岁以上，头北面上，仰身下肢微屈	口唅(蚌片)
31	351°	口2.9×1.2 底2.9×1.2－1.7	椁2.22×0.92－0.5 棺1.86×0.8－0.4	女，30岁以上，头北面上，仰身直肢	铜镞、铜片、陶罐、陶鬲
32	13°	口2.3×1 底2.3×1－3.55	椁2.26×0.86－0.55 棺1.68×0.64－0.38	女，35岁以上，头北面上，仰身直肢	陶鬲、骨管、石饼

另外，表二中未含：

M3，棺椁保存较好。长方形棺，头宽0.54、足宽0.5、厚0.06米。椁由33根立柱拼置而成，柱（椁）高0.85、柱宽0.06～0.14、厚0.06米（图三〇）。

M4，骨架保存较好（图三一：a）。

M5，接近墓底东北角填土中有陶鼎残片（图三一：b）。

M6，因墓葬很浅，棺、人骨架和随葬品多已散失。

M7，棺下有腰坑，长0.7、宽0.3、高0.12米（图三二：a）。

M12，椁室呈“ㅂ”形，东壁保存较好，由11根木板拼置而成，柱（椁）高0.85、柱宽0.14～0.28、厚0.05米（图三二：b；图版七：1）。

M14，有壁龛、脚窝。壁龛在西壁紧挨北壁处，距墓口深2.2米，立面呈长方形，左上和右上两角皆为弧边，长0.2、高0.27、进深0.2米，内置一陶罐（2）。靠南的

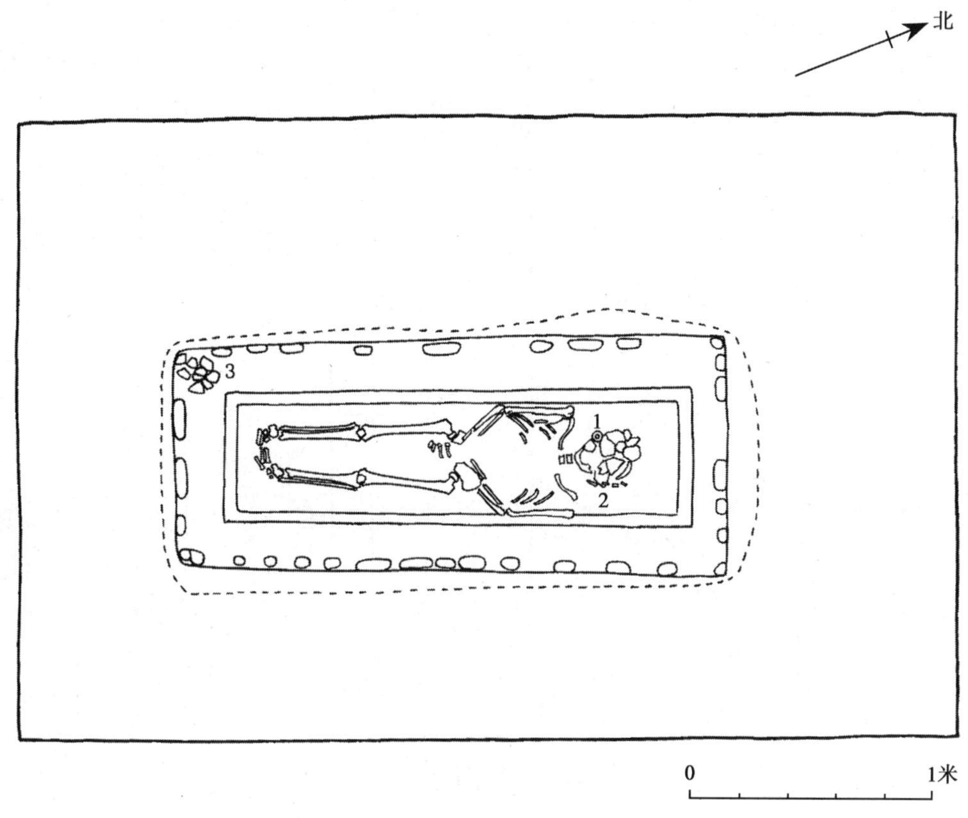

图三〇 M3 平面图

1. 玉玦 2. 骨簪 3. 陶鬲

东西两壁各有两个相距 1.05 米的脚窝。东壁脚窝距南壁 0.4 米，西壁脚窝距南壁 0.44 米，脚窝呈半个馒头形，长 0.15、高 0.08、进深 0.08 米（图三三：1）。

M15，北壁紧挨西壁处有壁龛，壁龛距墓口 1.4 米，立面下为平底，上为西高东低的拱形顶，长 0.42、最高 0.22、进深 0.16 米，内置一陶罐（5）。

M16，棺斜放在墓室中（图三三：2）。

M25，骨架保存较好（图三四：a）。

M26，“Ⅱ”形椁，棺底和西壁都由 5 块木板纵向拼置而成，棺底平置，每块木板宽 0.12～0.16 米；西壁叠压，每块木板宽约 0.08 米（图三四：b；图版七：2）。

M29，椁保存较好。长方形，由立柱拼置而成，东壁 15 块，西壁 14 块，北壁 6 块，南壁 4 块，柱宽 0.08～0.16、柱（椁）高 0.9、厚 0.04～0.05 米（图三五：a）。

M30，骨架保存较好（图三五：b）。

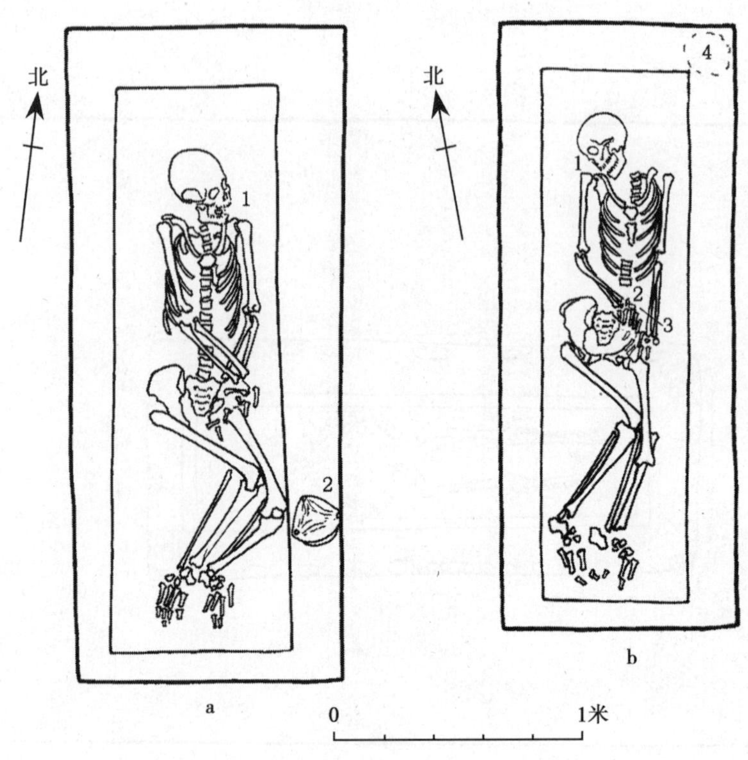

图三一　M4、M5平面图

a. M4（1. 口晗蚌片　2. 陶鬲）　b. M5（1. 口晗玉璜　2. 蚌片　3. 石圭首　4. 未烧泥质陶鼎）

M31，长方形棺椁。椁高0.5、厚0.08米。棺高0.4、厚0.07米。

M32，长方形棺椁。椁厚0.08米。东壁显示纵向叠压而成的棺，宽0.1～0.14米。

2. 随葬品

陶鬲　M3∶3，夹砂灰陶，长方体，方唇，宽卷沿微折，有短颈，肩上鼓，弧裆，柱足，有矮实足根。肩下拍印竖绳纹，裆部和足部拍印横绳纹。口径15.6、肩径16.4、裆高4.4、通高12.4厘米（图三六∶2）。

陶鬲　M4∶2，夹砂灰陶，扁方体，尖唇卷沿，有短颈，折肩，平裆，小矮足。颈下拍印交错绳纹，折肩处被抹掉。口径15.8、肩径15.8、高11.2厘米（图三六∶5）。

陶鬲　M12∶5，未烧，夹砂。不能复原。尖唇，窄垂沿，短颈，鼓肩，颈部以下拍印绳纹。与侯马晋国遗址晚期陶鬲一致。估计口径、高均约15厘米。

陶鬲　M17∶1，夹砂灰陶，方体，尖唇折沿，有短颈，折肩，联裆，柱足，有实足根。颈下拍印竖绳纹，裆部拍印竖交错绳纹，折肩处有锯齿状三扉棱及三小泥饼。口径12.4、肩径13.2、足高3.6、通高13.6厘米（图三六∶4）。

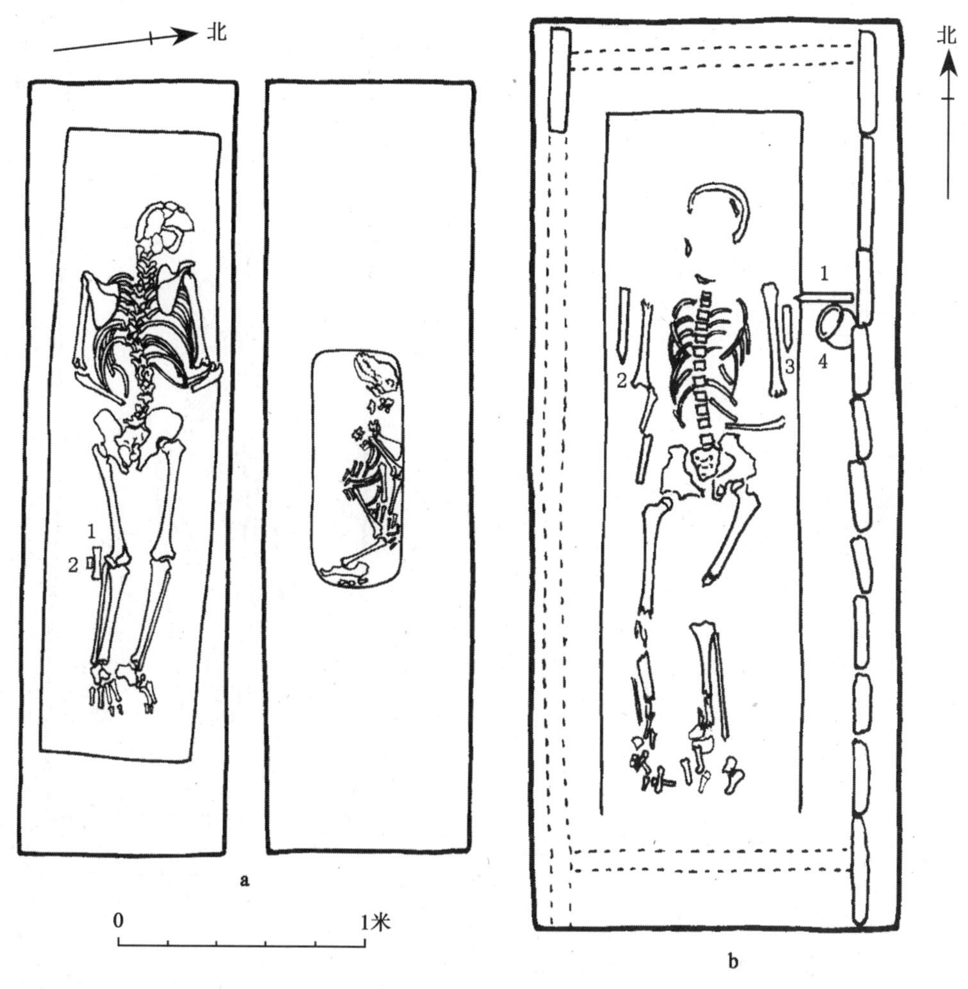

图三二　M7、M12 平面图

a. M7（1、2. 骨管）　b. M12（1～3. 石圭　4. 陶鬲）

陶鬲　M26∶1，夹砂灰陶，扁方体，窄方唇折沿，筒腹，近平裆，小足。颈下拍印竖绳纹，裆部拍印竖交错绳纹，腹部有锯齿状三扉棱及三小泥饼。口径 14.8、高 11.6 厘米（图三六∶3）。

陶鬲　M31∶1，夹砂灰陶，扁方体，圆唇，宽折沿，有短颈，腹微鼓，瘪裆近平，颈下拍印竖绳纹，裆部拍印较稀疏的横绳纹。口径 14.2、高 11.6 厘米（图三六∶1）。

陶鬲　M32∶1，夹砂灰陶，扁方体，圆唇，卷沿，有短颈，鼓腹，低裆，颈下拍印竖浅绳纹，裆部拍印稀疏绳纹，局部形成交错。口径 13.6、高 14 厘米（图三六∶6）。

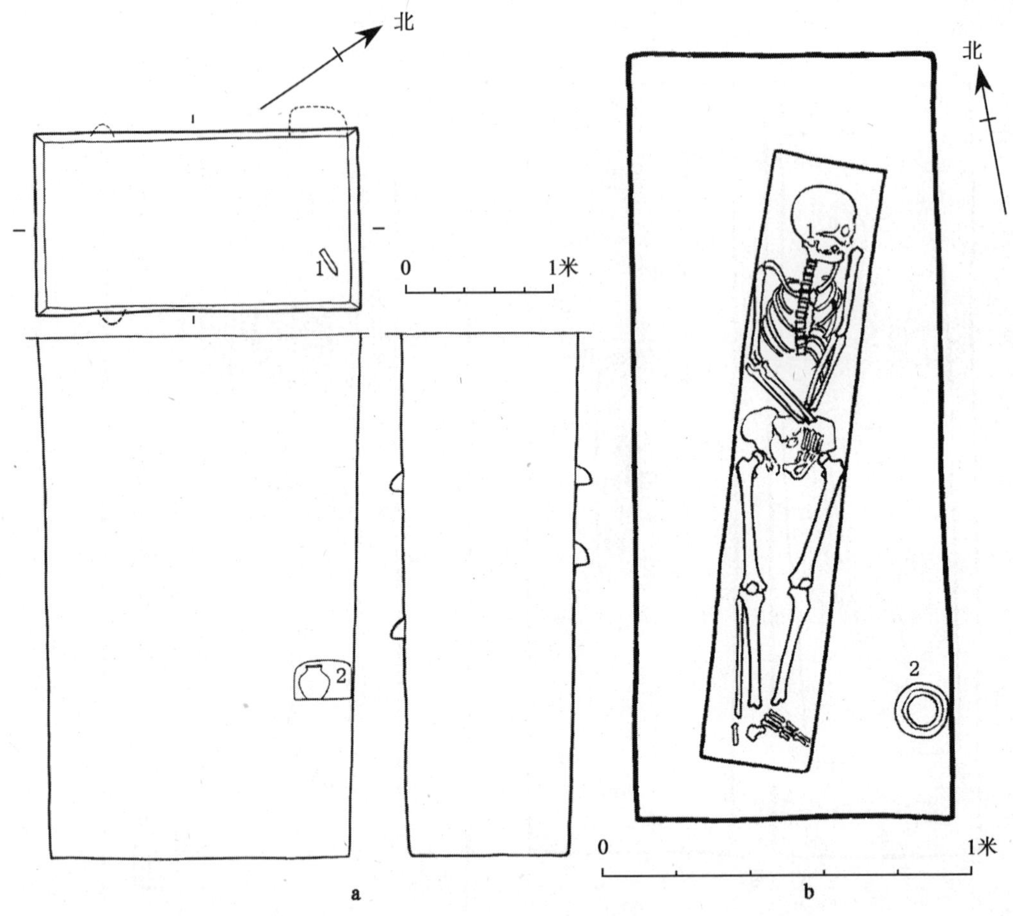

图三三　M14、M16平、剖面图

a. M14平面及西壁、南壁剖面图（1. 铜戈　2. 陶罐）　b. M16平面图（1. 口晗玉玦　2. 陶罐）

陶鼎　M5∶4，泥质，未烧。清理时能看出器形，但不能复原。方唇，小平沿，沿宽1.4厘米；腹径约15厘米；隐约可见兽足，用制陶工具削成多棱状，足高3、宽1.5～1.9厘米。

陶盆　M12∶4，泥质，未烧。圆唇，宽沿，近缘处有一周凹槽，腹微鼓，平底内凹，素面。口径14.7、高7.2～8厘米（图三六∶12；图版一二∶6）。

陶罐　M14∶2，泥质灰陶，唇部随葬时就已残，折沿，敞口，鼓肩，平底下接三足，足残后磨平，素面。残口径12、肩径22.4、底径12、残高19.8厘米（图三六∶9）。

陶罐　M15∶5，泥质灰陶，唇部随葬时就已残。宽折沿，微敞口，溜肩折腹，平底略凸，颈下磨光，腹部有交错绳纹。残口径12.8、腹径19.6、底径13.2、高19.2

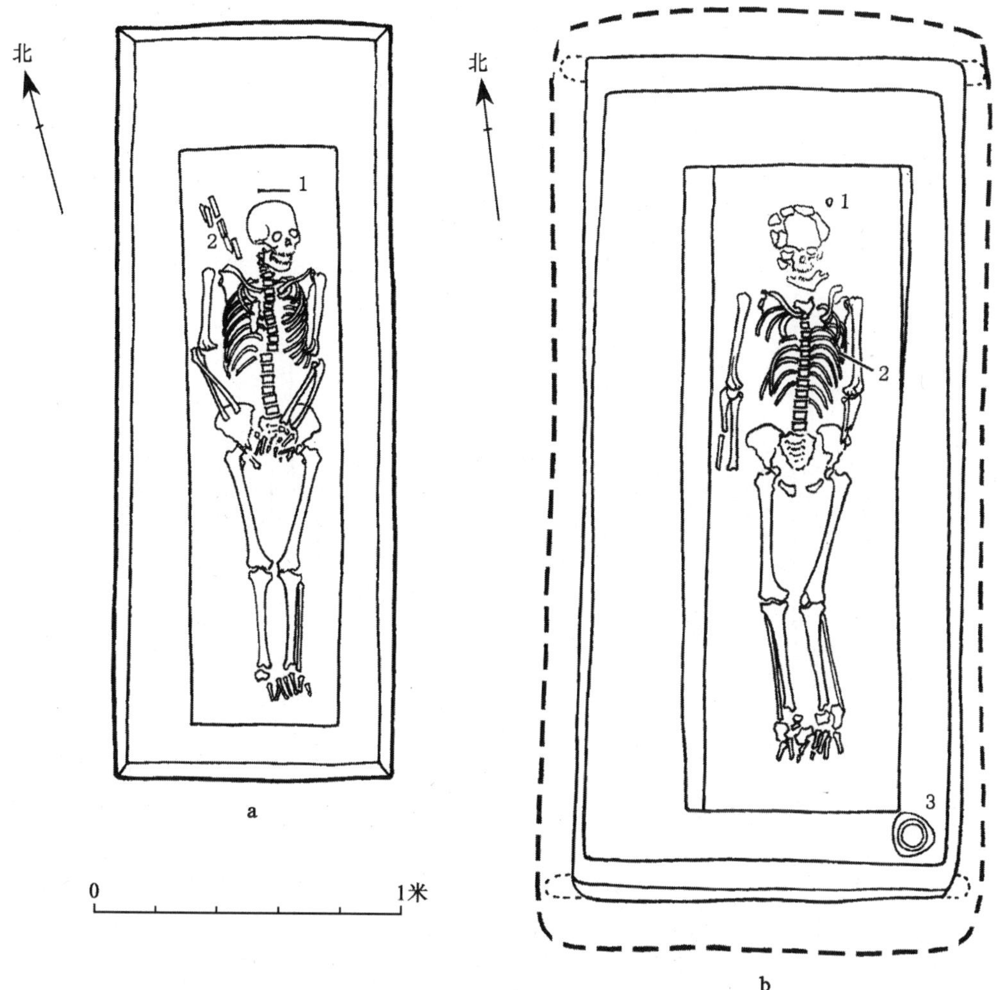

图三四 M25、M26 平面图

a. M25（1. 骨簪 2. 石圭） b. M26（1. 骨器 2. 铜带钩 3. 陶鬲）

厘米（图三六∶10）。

陶罐 M16∶2，泥质灰陶，圆唇，唇部随葬时就已残，折沿，敞口，鼓肩，平底略凸，颈下及腹部有浅绳纹，鼓腹处磨光，表皮剥落。残口径 9.2、肩径 14.4、底径 9、高 10.5 厘米（图三六∶8）。

陶罐 M29∶1，泥质灰陶，口残，鼓肩，平底，通体磨光。肩径 15.1、底径 9、残高 9.5 厘米（图三六∶7）。

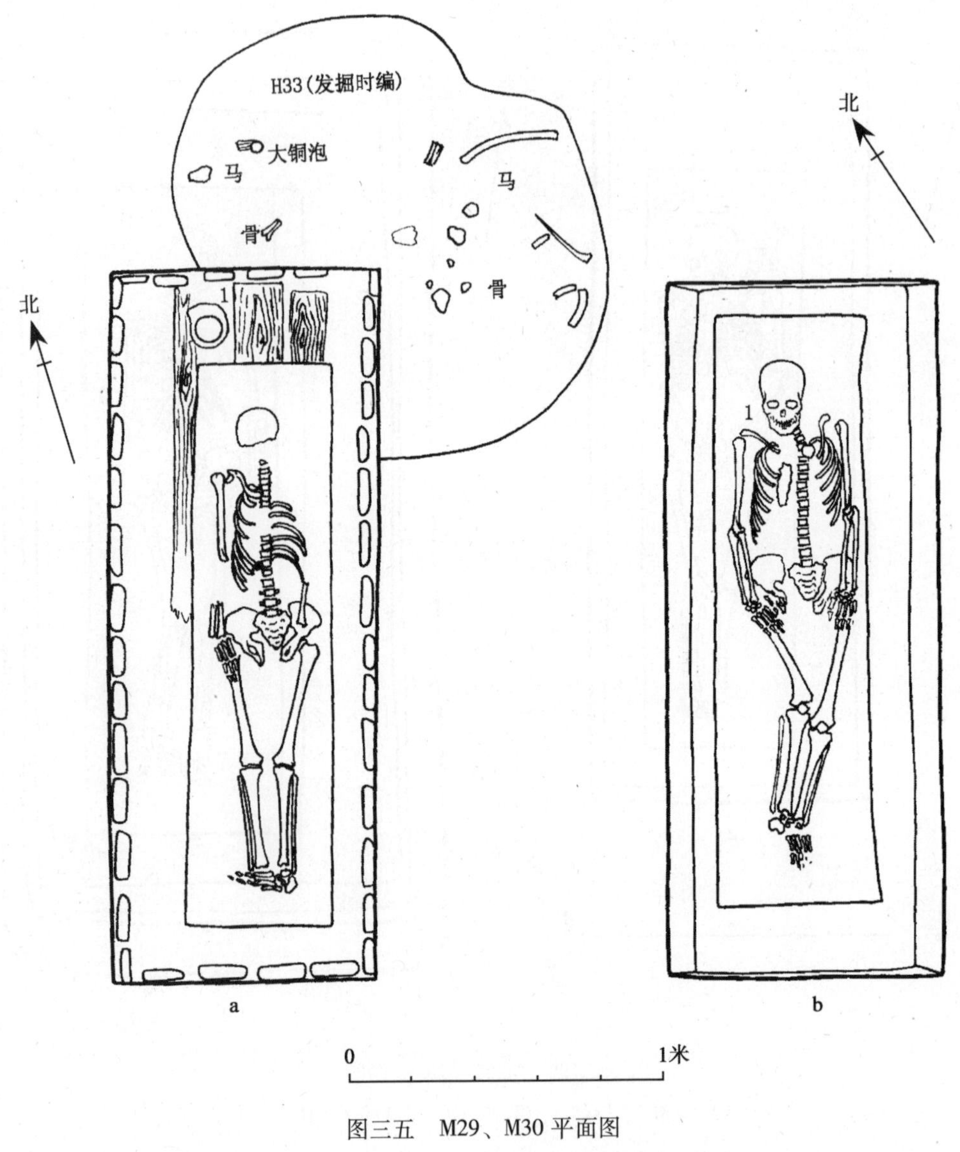

图三五　M29、M30平面图

a. M29（1. 陶罐）　b. M30（1. 口啥蚌片）

陶罐　M31∶2，泥质灰陶，圆唇，卷沿，敞口，折肩，平底，腹下部有竖绳纹，靠上部有一周弦割纹，近底部绳纹略斜，肩部磨光。口径9.6、肩径16.1、底径10、高15.6厘米（图三六∶11）。

铜戈　M14∶1，直内直援，短胡已残，三角形锋，无阑，援靠内部起脊，长方形内，内上一扁长方形穿。长18.6、胡残宽3.4、内穿长7.1、厚2.3厘米（图三七∶9）。

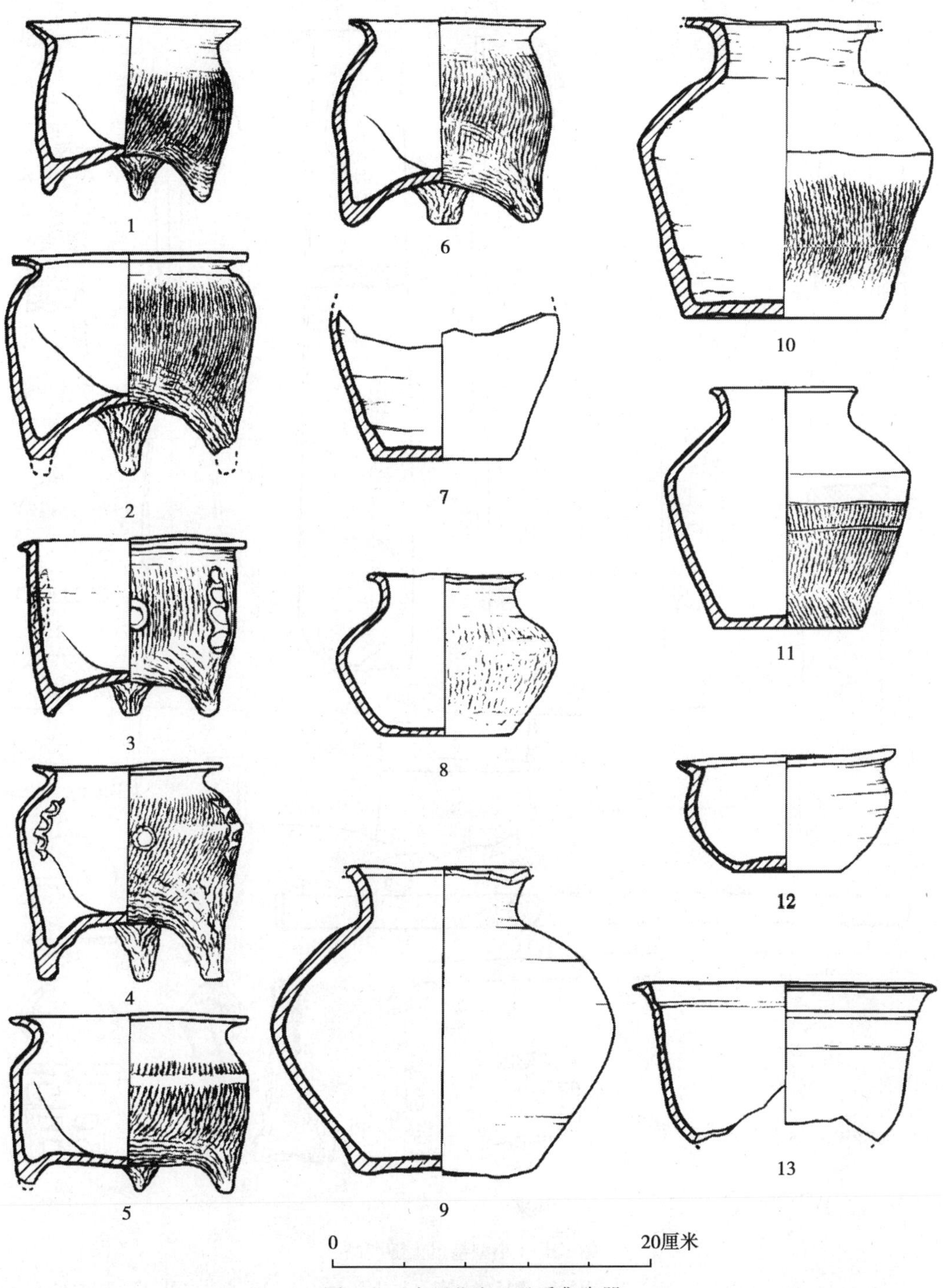

图三六　小型墓出土及采集陶器

1～6. 鬲（M31:1、M3:3、M26:1、M17:1、M4:2、M32:1）　7～11. 罐（M29:1、M16:2、M14:2、M15:5、M31:2）　12. 盆（M12:4）　13. 簋（崔家疙瘩采:1）

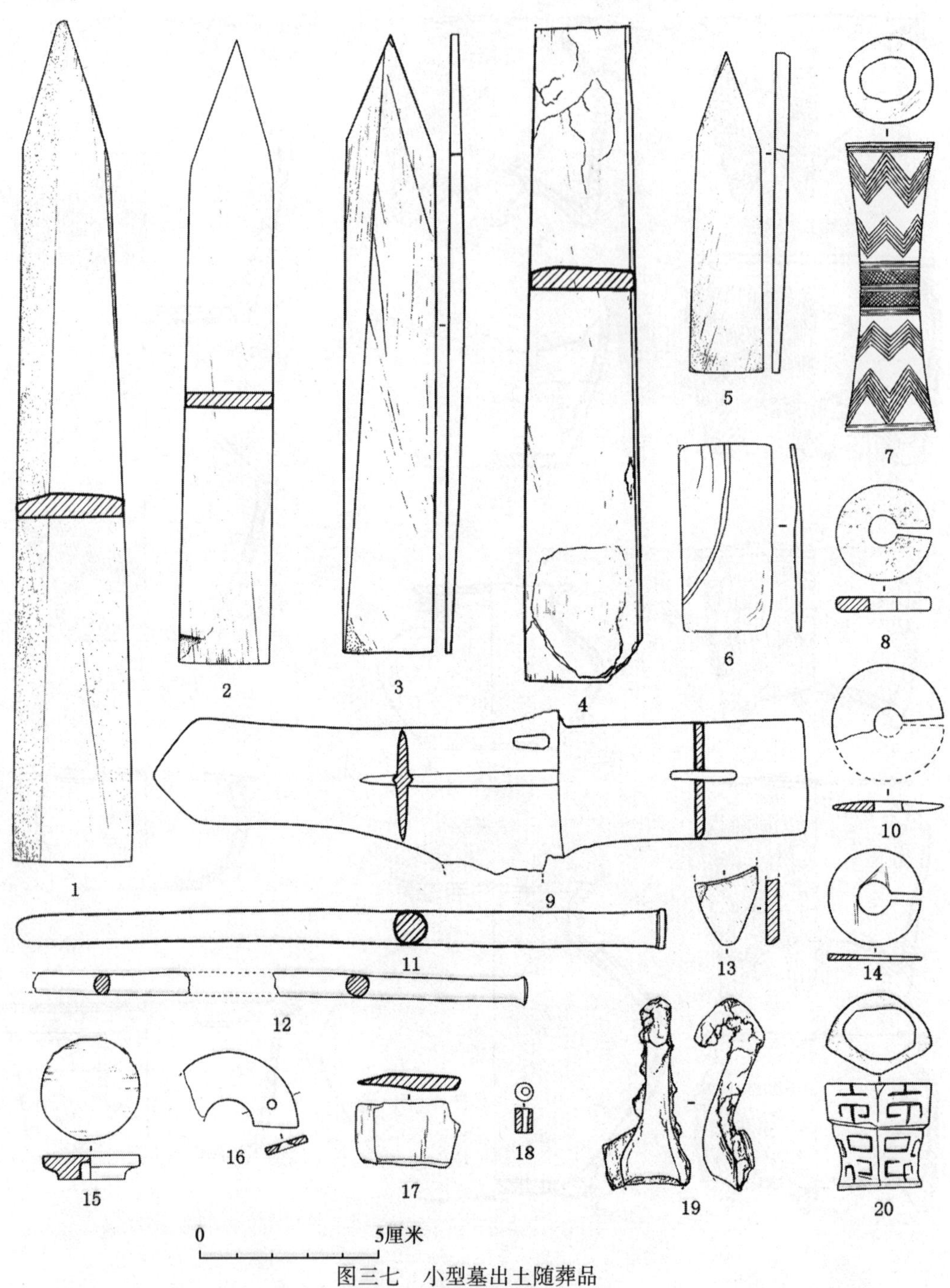

图三七 小型墓出土随葬品

1～5、13. 石圭（M12:1、M12:2、M15:3、M15:4、M12:3、M5:3） 6、17. 蚌片（M5:2、M30:1） 7、20. 骨管（M7:1、M7:2） 8、10、14. 玉玦（M3:1、M16:2、M10:1） 9. 铜戈（M14:1） 11、12. 骨簪（M25:1、M3:2） 15. 骨器（M26:1） 16. 玉璜（M5:1） 18. 小骨管（M32:2） 19. 铜带钩（M26:2）

铜带钩 M26∶2，琵琶形，锈甚。长5.2厘米（图三七∶19）。

玉玦 M3∶1，大理石，玉质较差。肉径3.1、好径0.8、厚1厘米（图三七∶8）。M10∶1，青白玉，局部泛墨色。肉径2.6、好径0.9、厚3厘米（图三七∶14）。M16∶2，绿松石，残，肉外缘磨薄。肉径2.7、好径0.8、肉内缘厚0.2厘米（图三七∶10）。

玉璜 M5∶1，青白玉。由两块复原而成，有一单面钻孔。宽1.3、厚0.2厘米（图三七∶16）。

石圭 多为石灰板岩。M5∶3，圭首。残长2.4、厚0.4厘米（图三七∶13）。M12∶1，正面留有截锯痕迹。长23.1、宽2.4~3.4、厚0.5~0.6厘米（图三七∶1）。M12∶2，长17.2、宽2.6、厚0.4厘米（图三七∶2）。M12∶3，首厚。长8.8、宽1.8~2.1、厚0.2~0.5厘米（图三七∶5）。M15∶3，首尾薄。长17.1、宽2.5、厚0.2~0.4厘米（图三七∶3）。M15∶4，首残。长18、宽3.2、厚0.2~0.5厘米（图三七∶4）。M15∶6，圭首。残长7.5、厚0.5厘米。

石饼 M32∶3，红色砂岩，扁圆形。直径4.1、厚1.6厘米。

骨管 2件。M7∶1，动物肢骨截锯而成的近圆形细腰状管，腰部有各三周凹旋纹间以细方格纹，腰部上下各有两组锯齿纹，每组6~7周。口径2.5、底径2.6、高8厘米（图三七∶7；图版一〇∶6左）。M7∶2，动物肢骨截锯而成的近椭圆形管，有意雕刻成下细上粗的两部分，并刻有“口”、“T”等花纹。口长径2.3、底长径3、高2.8厘米（图三七∶20；图版一〇∶6右）。

小骨管 M32∶2，当为串饰的一部分。外径0.5、内径0.15、长0.8厘米（图三七∶18）。

骨器 M26∶1，平面为圆形，下有浅圆銎。直径1.7厘米（图三七∶15）。

骨簪 M3∶2，残断为两部分，整体为“T”形，圆形剖面。分别长7.1厘米和4.3厘米（图三七∶12）。M25∶1，整体为“T”形，圆形剖面。长12.5厘米（图三七∶11）。

蚌片 M5∶2，大蚌切割磨制的长方形。长5.2、宽1.5、厚0.1~0.2厘米（图三七∶6）。M30∶1，已残为长方形。长2.9、宽1.8、厚2.5厘米（图三七∶17）。

四、其他墓

其他墓有2座，即M33、M2。

（一）M33

1. 墓葬形制

方向15°。墓口略大于墓底，墓口长3.3、宽2.6米，墓底长3.2、宽2.2~2.5、深3.1米（图三八）。浅灰色填土，不施夯。长方形椁，长2.8、宽2~2.24、高0.26米；长方形棺，长2、宽0.62~0.68、高0.18米。墓主人，男，40岁以上，头朝北，面向上，仰身直肢。随葬品中骨簪（1）在其头部，棺内东北角有一石饼（11），陶鼎（2）、罐（7）、匜（8）、钵（9）、豆（3、4）、壶（5、6）在棺椁之间东北角，棺椁之间中部偏北有一堆陶片（10）。

图三八　M33平面图

1. 骨簪　2. 陶鼎　3、4. 陶豆　5、6. 陶壶　7. 陶罐　8. 陶匜　9. 陶钵　10. 陶片　11. 石饼

2. 随葬品

陶器共8件。均为泥质灰陶，除罐外，鼎、匜、钵、豆、壶的外表有已脱落的彩绘，现能看出的色彩为白色。

陶鼎　M33:2，腹与盖以子口较长的子母口相扣合，整体为椭圆形，长方形立耳外侈，盖有三扁体半圆状乳凸，腹底接三矮蹄形足，腹与盖中部均有一周凸弦纹，除下腹部外均饰白彩。口径20.8、高20厘米（图三九:1）。

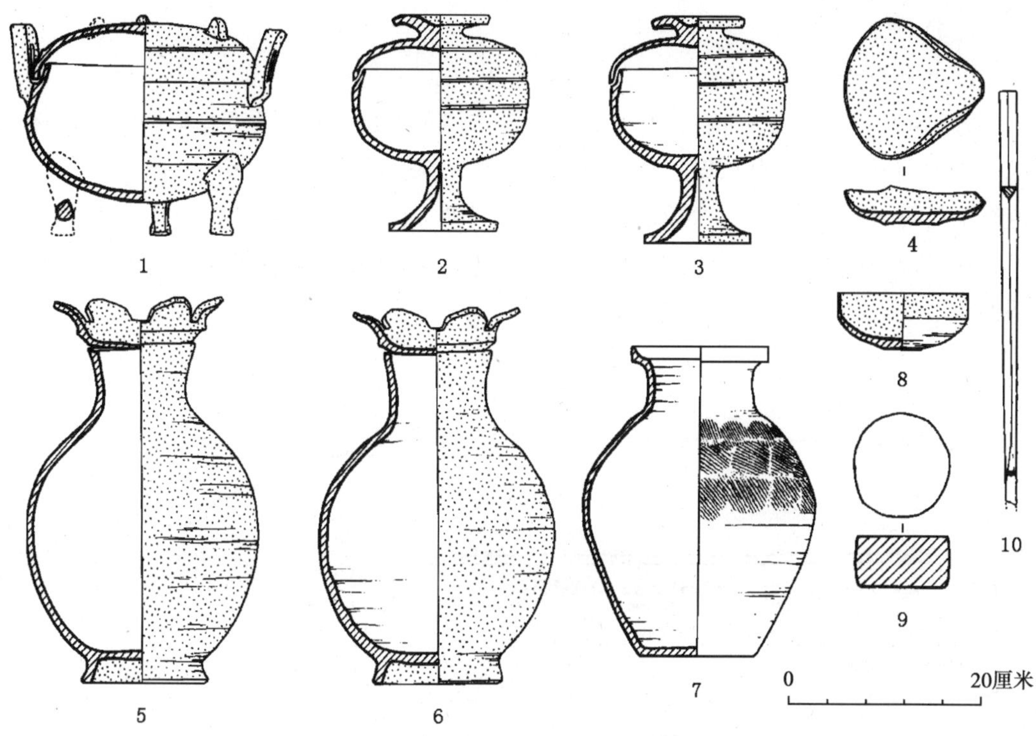

图三九 M33 出土随葬品

1. 陶鼎（2） 2、3. 陶豆（4、3） 4. 陶匜（8） 5、6. 陶壶（5、6） 7. 陶罐（7） 8. 陶钵（9） 9. 石饼（11） 10. 骨簪（1）

陶豆 2件，形制相同。腹与盖以子口较长的子母口相扣合，整体为椭圆形，矮喇叭形捉手和长喇叭形器座，腹与盖中部均有一周凹旋纹，通体饰白彩。M33∶3，口径16.8、高20厘米（图三九∶3）。M33∶4，口径16.8、高21厘米（图三九∶2）。

陶壶 2件，形制相同。斜直口，外侈，溜肩，鼓腹，矮圈足，盖为六莲瓣，通体饰白彩。M33∶5，口径11、腹径24、高35.2厘米（图三九∶5）。M33∶6，口径11.2、腹径24.4、高34厘米（图三九∶6）。

陶罐 M33∶7，圆唇盘状口，溜肩，鼓腹，平底，肩部明显有内垫陶垫、外拍印绳纹的痕迹。口径14.4、腹径24.4、高28.4厘米（图三九∶7）。

陶匜 M33∶8，浅腹钵状，一侧捏出流，矮假圈足，表里饰白彩。长径14.8、高3.6厘米（图三九∶4）。

陶钵 M33∶9，代替盘。方唇，直口，浅腹，腹部以上及器内饰白彩。口径13.8、高11.2厘米（图三九∶8）。

石饼 M33∶11，直径1.8、厚0.95厘米（图三九∶9）。

骨簪 M33∶1，剖面为三角形渐至半圆形。残长11厘米（图三九∶10）。

（二）M2

1. 墓葬形制

方向40°。被近代坑打破，洞室墓。墓道未清理到尾，现长1.3、宽0.98、存深2米（图四〇）。墓室因墓顶塌陷又遭破坏，现长2.66、宽0.8～1.06、存高0.3米。墓道与墓门间两壁各留长6、宽20厘米成为封门处。棺长2、宽0.5、高0.3米。墓主人，女，20岁以上，头朝南，面向西，仰身直肢。随葬品仅一陶罐（1），置于棺外东部偏东南角。

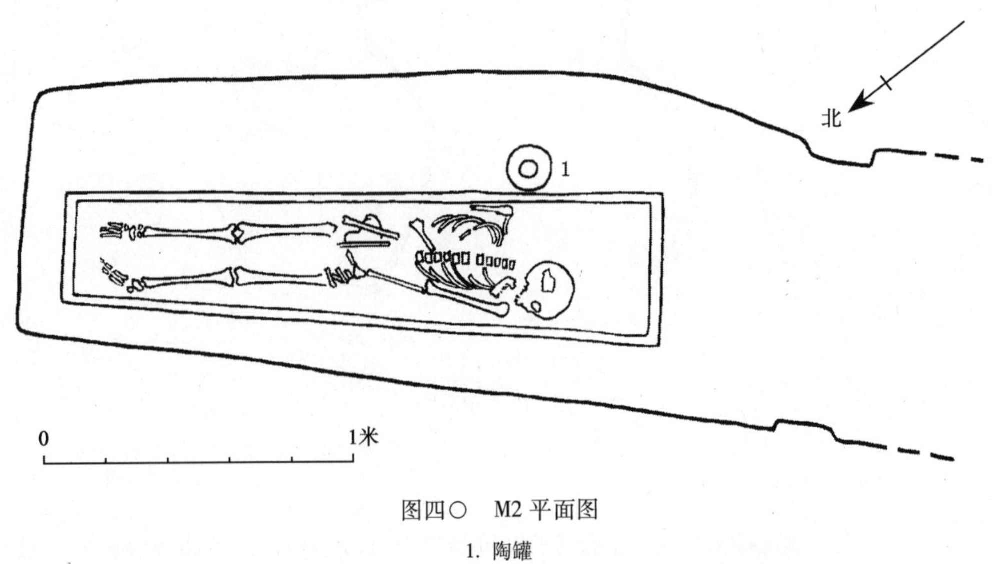

图四〇　M2平面图

1. 陶罐

2. 随葬品

陶罐　M2∶1，泥质灰陶，略磨光。圆唇，卷沿，广肩，圆腹，大平底。肩部有两周楔点纹。口径6.8、肩径16.4、底径9.6厘米。

此外，在崔家疙瘩采集了1件出自墓葬的陶簋（采∶1），泥质灰陶，磨光，斜三角沿，口外侈，深腹，器内口沿下有不明显的凹槽，沿上近口部、沿下和腹部各有一周旋纹，足残。口径20.4、残高10.4厘米（图三六∶13）。

五、结　语

桥北墓地所有夯打过的墓都被盗掘一空，让每个考古工作者寒心，也给正确判定墓葬的年代和性质带来诸多困难。

归入其他墓的洞室墓M2，形制为西汉时期，所出陶罐M2∶1与山西朔县秦汉墓

3M56∶10[1]类似，后者为西汉晚期，桥北 M2 当与之同时。

M33 的形制在侯马下平望春秋晚期至战国中期墓地[2]中屡见，如 M9、M23 等，陶鼎、盖豆、莲瓣盖壶及匜、钵（盘）的组合形式，还见于下平望 M13、万荣庙前 62M27[3]等，它们都属于战国早期墓葬。我们曾经指出 62M27 的年代为公元前 370 年左右，桥北 M33 莲瓣盖壶较 62M27 同类器的腹部瘦高，呈现出早期特征，故 M33 的具体年代当不晚于公元前 400 年。62M27 墓主一椁重棺的身份为大夫一级，而 M33 为一椁一棺，当为“士”。

桥北墓地主要分布着商、西周和春秋墓葬，这次发掘了 31 座。

9 座中型墓中，M13、M20、M27 可以确证有殉人、殉狗，M22 也有殉狗；除被破坏了墓室的 M24 外，都发现了腰坑。M24 出陶鬲，根据其所出位置，这座墓也可能有腰坑。连同 5 座大型墓都有殉人、殉狗和腰坑，这恰恰是商代墓葬的重要特点。天马—曲村邦墓[4]共发掘了西周、春秋时期墓葬 641 座，仅 9 座墓有腰坑，出有陶器的墓葬中，最晚的 M7027 属西周中期偏晚。此外在西周早期墓葬中，有两例殉人。洪洞永凝堡西周墓地[5]和侯马上马西周中期以后的墓地[6]，殉人、腰坑亦不见。所以，桥北 5 座大型墓和 9 座中型墓共 14 座墓葬为商代晚期以来的墓葬，下限不晚于西周中期。北赵晋侯墓地 M113、M114[7]最早，是西周早期晚段昭王前后的墓葬，不见腰坑、殉人，所以桥北 5 座带墓道的大型墓当早于此。

又，M1 和 M18 都出有铜弓形器，有学者指出：“目前，青铜弓形器可确定年代者，以殷墟文化大司空村二期武官大墓 E9 及妇好墓所出的最早，妇好墓据甲骨卜辞可断在武丁晚期……这种器物在中原地区一直流行到西周早期，即公元前十世纪或公元前九世纪初。然后就消失了。”[8]

---

[1] 平朔考古队《山西朔县秦汉墓发掘简报》，《文物》1986 年第 6 期。

[2] 山西省考古研究所侯马工作站《侯马下平望墓地发掘报告》，《三晋考古》第一辑，山西人民出版社，1994 年。

[3] 山西省考古研究所《万荣庙前东周墓葬发掘收获》，《三晋考古》第一辑，山西人民出版社，1994 年。

[4] 北京大学考古学系商周组等《天马—曲村（1980—1989）》，科学出版社，2000 年。

[5] 山西省文物工作委员会等《山西洪洞永凝堡西周墓葬》，《文物》1987 年第 2 期。

[6] 山西省考古研究所《上马墓地》，文物出版社，1994 年。

[7] 北京大学考古文博院等《天马—曲村遗址北赵晋侯墓地第六次发掘》，《文物》2001 年第 8 期；李伯谦《晋侯墓地发掘与研究》，《晋国奇珍——山西晋侯墓群出土文物精品》，上海人民美术出版社，2002 年。

[8] 林沄《商文化青铜器与北方青铜器关系之再研究》，《考古学文化论集》1，文物出版社，1987 年。

与有明确年代的陶器、玉器及骨器可比较者有：

大型、中型墓中，桥北 M1：盗 3 鬲与汾阳杏花村墓地 M4：1（原报告图一三四：6）[9]、桥北 M22：1 鬲与杏花村 M1：1（原报告图一三四：11）相类，杏花村墓地的年代为“商代殷墟时期”；

桥北 M1：17 铜弓形器与安阳大司空村殷墟二期偏晚的 M663：37[10] 相似；

桥北 M11：1 鬲与曲村西周早期偏晚早第一段 M7008：2（原报告图四八六：7）的口、颈及肩部形态很接近；

桥北 M13：2 与 M27：2 足部和纹饰形态相仿，但口部相异，时代上当有些微差别；

桥北 M20：盗 1 鬲与汾阳杏花村墓地 M3：1（原报告图一三五：4）应属于同类；

桥北 M21：2 鬲与曲村西周中期偏早第三段的 M6274：1（原报告图一三五八：14）相似；

桥北 M21：1 簋与曲村西周早期第一段的 M6189：4（原报告图一〇四七：5）相似；

桥北 M21：3 罐与曲村西周中期偏早第三段的 M6382：5（原报告图八一〇：2）接近；

桥北 M24：1 与曲村墓地西周早期第一段的 M6103：4（原报告图九八五：1）相近；

桥北 M27：盗 2 玉鱼见于河南安阳殷墟小屯西地的 GM103：01、02（原报告图一九〇：1、2）[11]，也见于山西灵石旌介殷墟晚期或商周之际的 M1：44（原报告图二〇：5）[12]；

桥北 M27：盗 1 玉鹰与殷墟白家坟西Ⅳ期即帝乙、帝辛时期的 KBM2：8A（原报告图一九〇：10）作风一致。

小型墓中，桥北 M3：3 鬲与上马春秋中期早段的 M3189：1（原报告图八六：7）肩部以下近同，但方唇卷沿有短颈的作风要早些；

桥北 M4：2 鬲与上马春秋晚期早段的 M5278：1（原报告图七八：7）接近，但前者的卷沿要早于后者的平折沿；

桥北 M5：4 未烧陶鼎折沿、小足的风格尤类似于上马春秋晚期晚段的 M1013：3（原报告图一〇一：5）；

桥北 M7：1 骨管装饰的锯齿纹，多见于商末周初的陶鬲、罐、簋、盆；

桥北 M14：2 罐与曲村第四段西周中期偏晚的 M7056：2（原报告图一四六九：2）

---

〔9〕 国家文物局等《晋中考古》，文物出版社，1998 年。

〔10〕 中国社会科学院考古研究所安阳工作队《安阳大司空村东南的一座殷墓》，《考古》1988 年第 10 期。

〔11〕 中国社会科学院考古研究所《殷墟发掘报告（1958—1961）》，文物出版社，1987 年。

〔12〕 山西省考古研究所等《山西灵石旌介村商墓》，《文物》1986 年第 11 期。

接近；

桥北 M14∶1 铜戈与曲村第三段西周中期偏早 M7176∶8（原报告图七六六∶3）相近；

桥北 M15∶5 罐与曲村西周早期偏晚的第二段 M6516∶4（原报告图四八八∶5）相似；

桥北 M17∶1 鬲与上马春秋中期晚段的 M4045∶1（原报告图八七∶9）近同；

桥北 M26∶1 鬲与曲村西周早期偏晚的第二段 M6240∶1（原报告图一三四〇∶15）的腹部及足部相近，但后者没有小泥饼和扉棱；

桥北 M29∶1 罐素面，已见鼓肩，与曲村第五段西周晚期偏早的 M5014∶1（原报告图四八九∶3）一致；

桥北 M31∶1 与曲村西周早期偏早的第一段 M6550∶I（原报告图一三九一∶11）和偏晚的第二段 M6554∶1（原报告图一三九一∶10）相似。

这些研究过的典型遗存，桥北墓地与其形制相同和相近的器物，具体时代可作为参考，墓葬年代也应相近。还应说明，M6 可以参考 M5 的年代；M10 可以参考 M4 的年代；M12∶4 盆较侯马、曲村常见的盆要小得多，不是典型器物，M12∶5 鬲要晚到春秋晚期偏晚阶段；M14 中的铜戈比陶罐要早些，墓葬年代以陶罐为准；M16 可以参考 M15 的年代；M25、M30、M32 可以参考 M26、M31 的年代。

这只是对小型墓的一个粗略的断代。

M1 等 5 座带墓道的大型墓，级别应该比旌介 M1、M2 要高一个等次，与山东益都苏埠屯〔13〕、滕州前掌大〔14〕同期墓葬的规模相当，是商王朝管辖下的位于其西北部的方国王侯首领的墓葬。若然，中型墓为王室子弟或身处要职的官员的墓葬，也不排除因政治地位、经济实力和时间的变化，王侯也使用中型墓。没有铜容器的小型墓，属西周与春秋两个时期，墓主人为庶民，不过能埋葬到前一时期王侯的墓地，或许有一定的背景。

被盗墓葬出土铜器中屡见带“先”的铭文或族徽，是否一处先氏（国）墓地？有待研究。周初所封的唐，不久改称晋，考古发现表明唐或晋，西周时期的中心在翼城、曲沃间天马—曲村遗址一带，在东北不远处的浮山桥北发现了晚商及周代遗存，唐国所拥有的文化面貌应与其一致。

---

〔13〕《益都苏埠屯商代晚期墓》，《文物》1972 年第 1 期；山东省博物馆《山东益都苏埠屯第一号奴隶殉葬墓》，《文物》1972 年第 8 期。

〔14〕中国社会科学院考古研究所山东工作队《滕州前掌大商代墓葬》，《考古学报》1992 年第 3 期；《山东滕州市前掌大商周墓地 1998 年发掘简报》，《考古》2000 年第 7 期。

桥北距陶寺则更近，从陶唐氏到商代唐国或周邻他国，对山西晋南地区考古学文化，尤其是晋文化的形成和发展，其意义自不待言。

在2座大型墓的墓道中发现的车马十分珍贵，但由于客观原因而没能彻底清理，其结构相似但M18要比M1大些。M1∶9铜衡末饰在东侧马右前腿上，与之相同者还有安阳郭家庄西南商代车马坑M52∶3、4“铜三角饰”是装在衡两端[15]。M1中的另一铜车饰看来在右侧马前腿下及附近。另外，M1的车衡较短，与先前发现的其他车辆不同。

商代晚期已经出现主墓之外的随葬车马坑和在墓道中随葬车马，郭家庄属于前一种，而桥北为后一种，在西周时期晋文化的墓葬中常见，可视为地方特色。

后记：在发掘过程中得到了省、市、县有关文物、考古、文化和公安部门的大力支持，在此谨致以衷心的感谢！

领　队：田建文

发　掘：田建文　范文谦　侯　萍
许钦宝　王迎泽　李兆伟

摄　影：范文谦　梁　军

绘　图：权美丽　王迎泽

执　笔：田建文　范文谦　侯　萍

〔15〕中国社会科学院考古研究所安阳工作队《安阳郭家庄西南的殷代车马坑》，《考古》1988年第10期。

1. C10地点卜甲出土状况

2. 1号卜甲出土状况

1. C11地点陶器出土状况

2. 樊村村北西周墓地暴露的西周墓葬及盗洞

1. C6 地点龙山时期“白灰面”房址

2. C9 地点暴露的西周墓葬

1号卜甲(C10④:1)正面

1号卜甲(C10 ④:1)背面

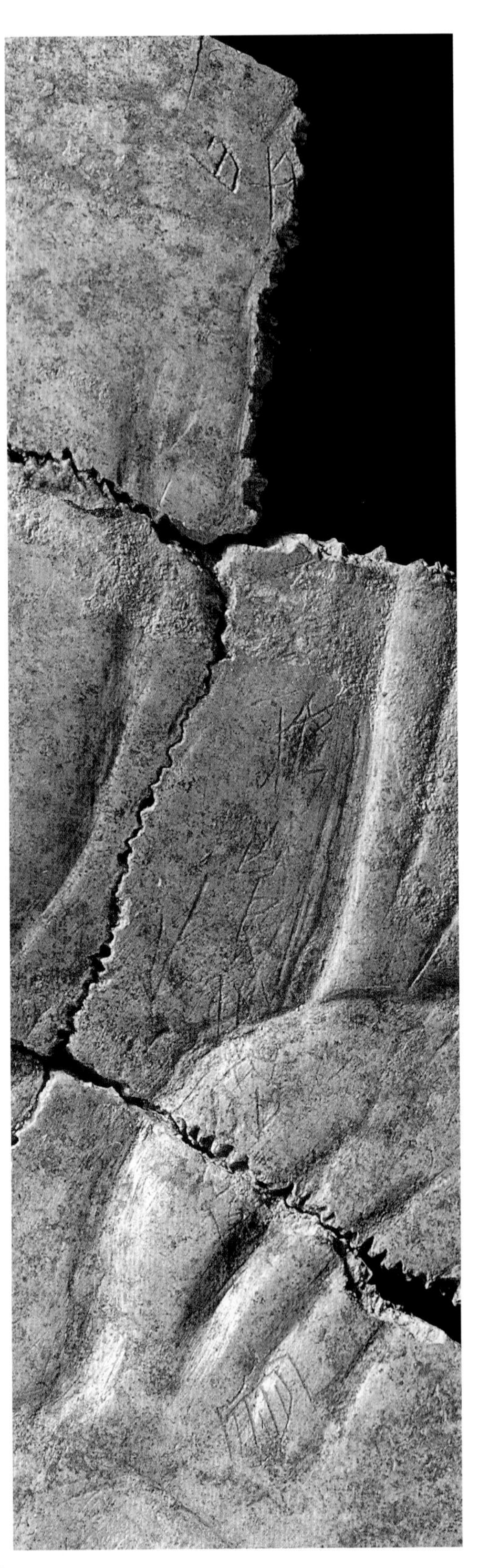

1号卜甲(C10④:1)刻辞

曰巽　衛　□⧄

乎　夔

[舟戈]　乎

1号卜甲(C10④:1)刻辞显微照片

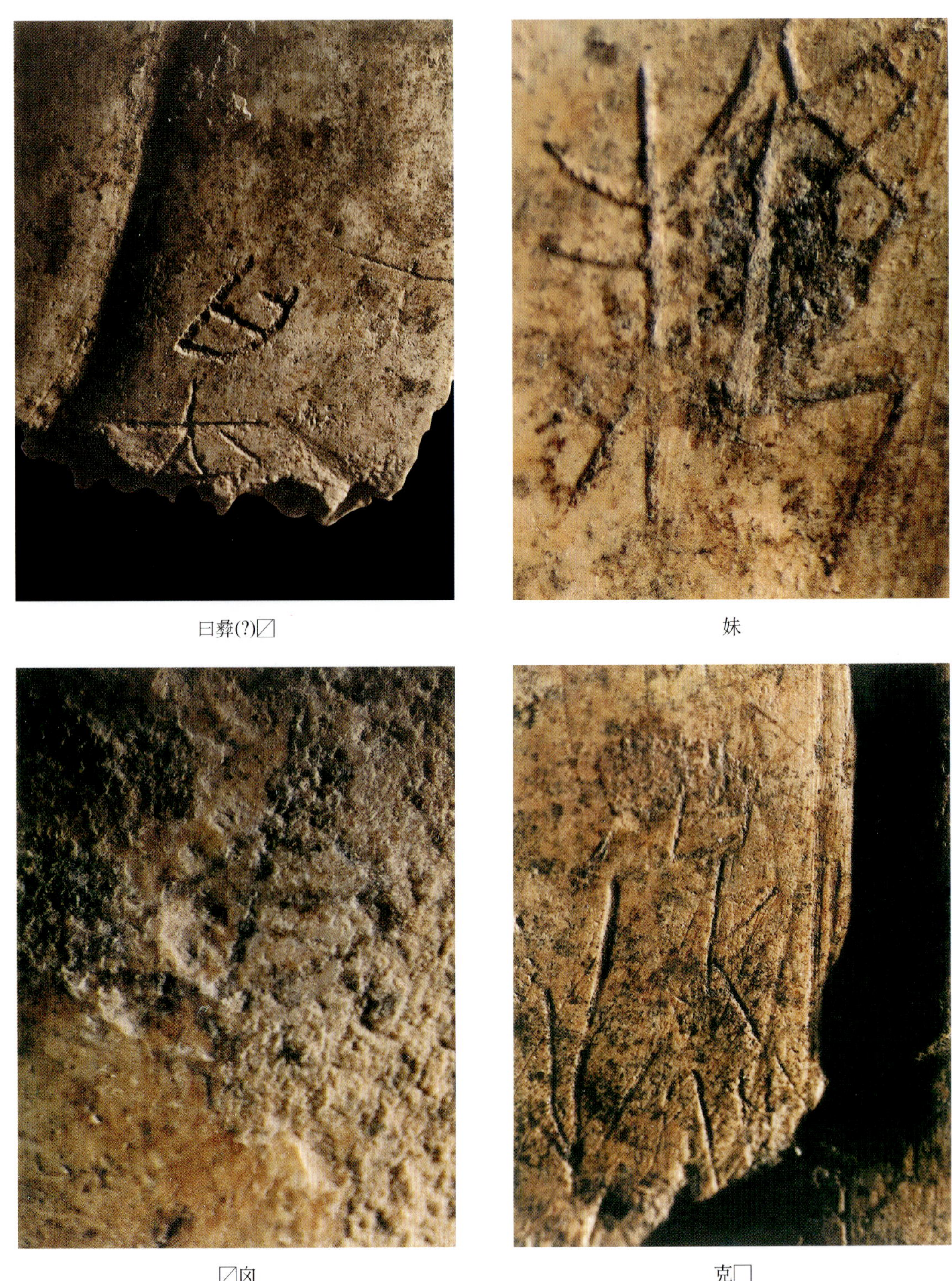

曰彝(?)☐　妹

☐囟　克☐

1号卜甲(C10④:1)刻辞显微照片

□□

宵

于

1号卜甲(C10④:1)刻辞显微照片

2号卜甲(C10④:2)正面

2号卜甲(C10④:2)背面

2号卜甲(C10④:2)刻辞

视　于　勿

马　马　乎

衒　自　人

2号卜甲(C10④:2)刻辞显微照片

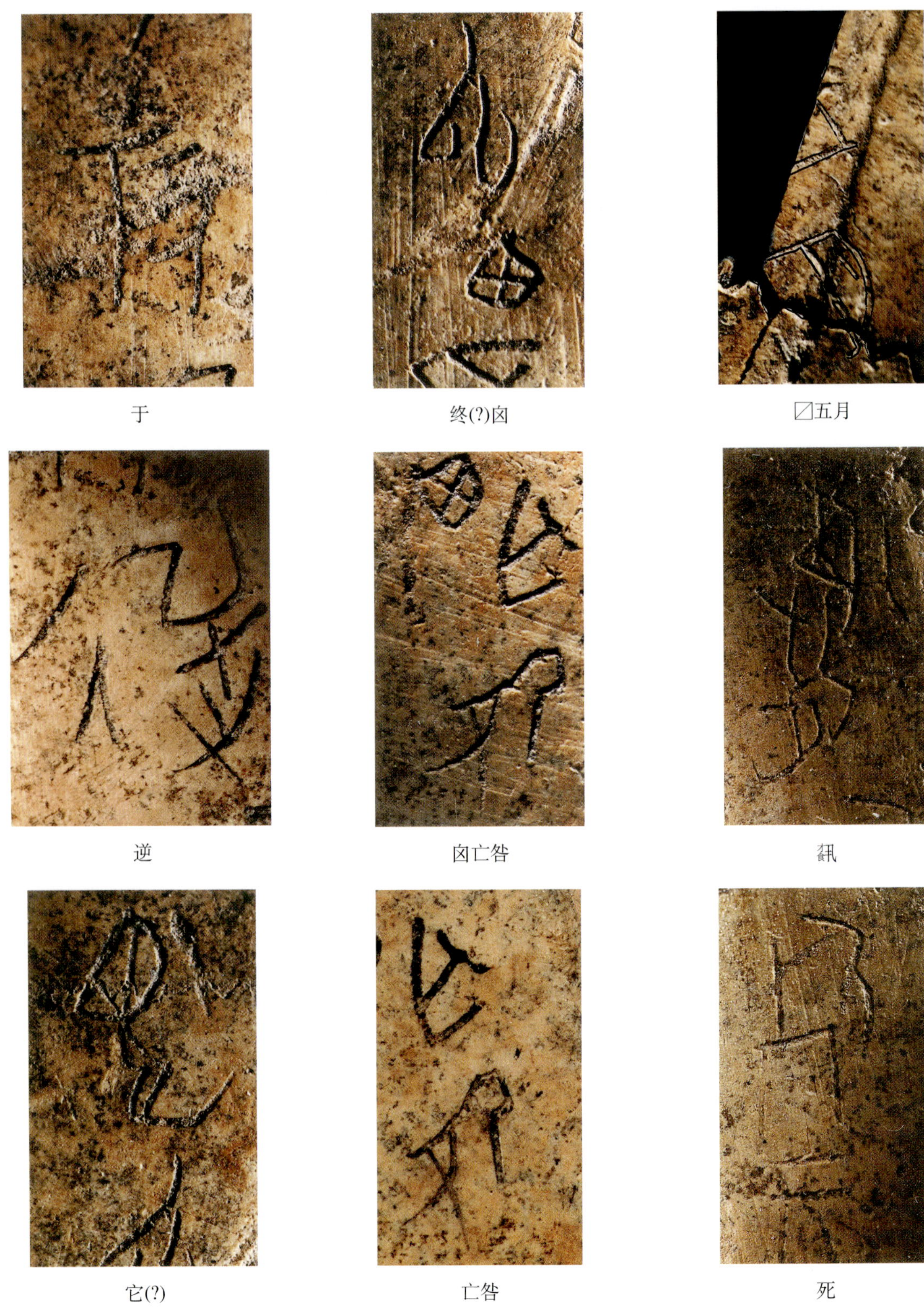

于　　终(?)囟　　▨五月

逆　　囟亡咎　　⿰⿱才食丮

它(?)　　亡咎　　死

2号卜甲(C10 ④:2)刻辞显微照片

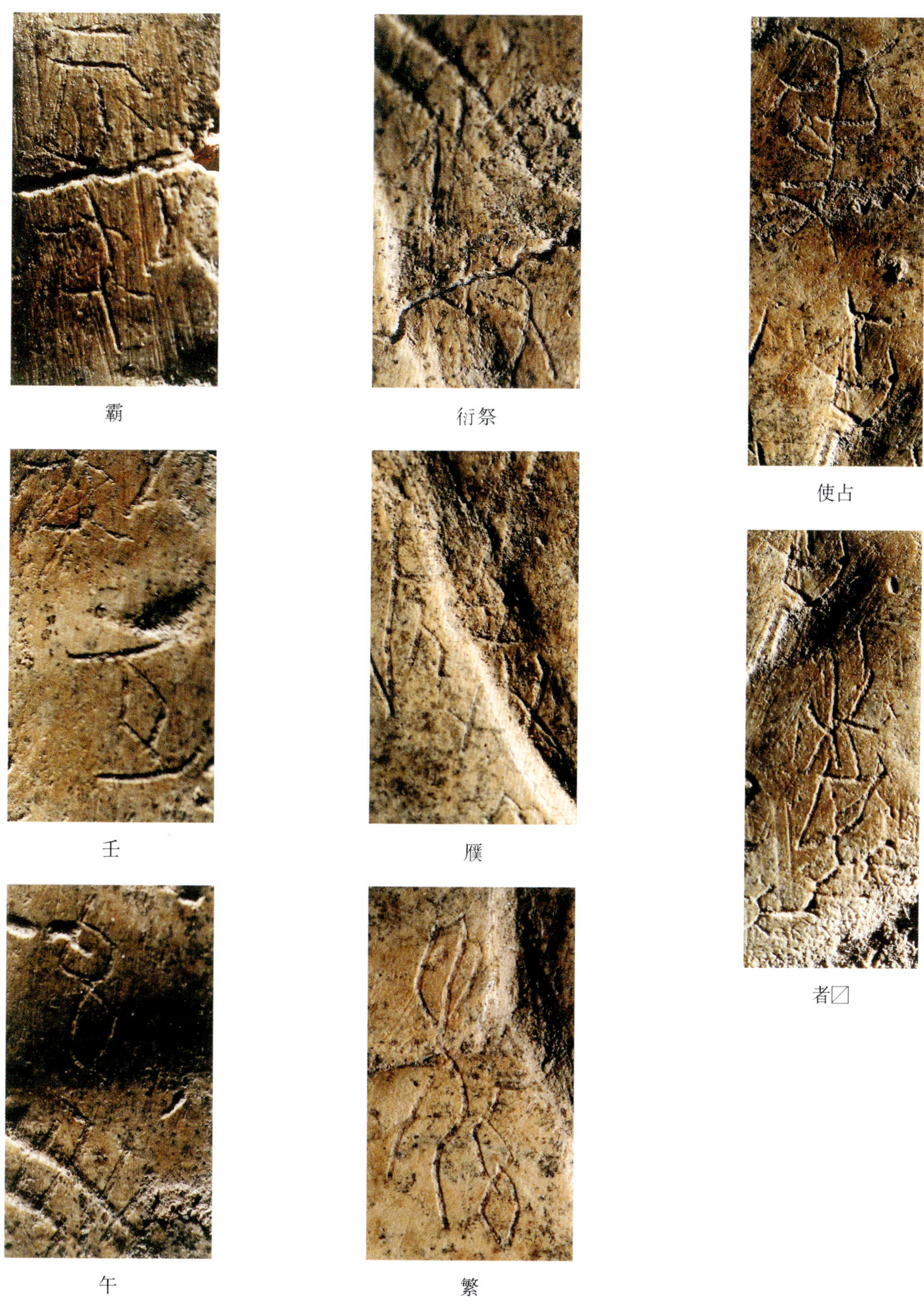

霸

衔祭

使占

壬

𫃈

者☐

午

繁

2号卜甲(C10 ④:2)刻辞显微照片

2号卜甲(C10 ④:2)卜辞显微照片

1. 桥北墓地

2. 2003年桥北墓地发掘现场

1. 发掘现场

2. M1

桥北墓地 M1 车马及殉人

桥北墓地 M18

1. M1

2. M18

桥北墓地 M1、M18 铜车把手出土位置

1. M9

2. M28

桥北墓地

1. M12

2. M26

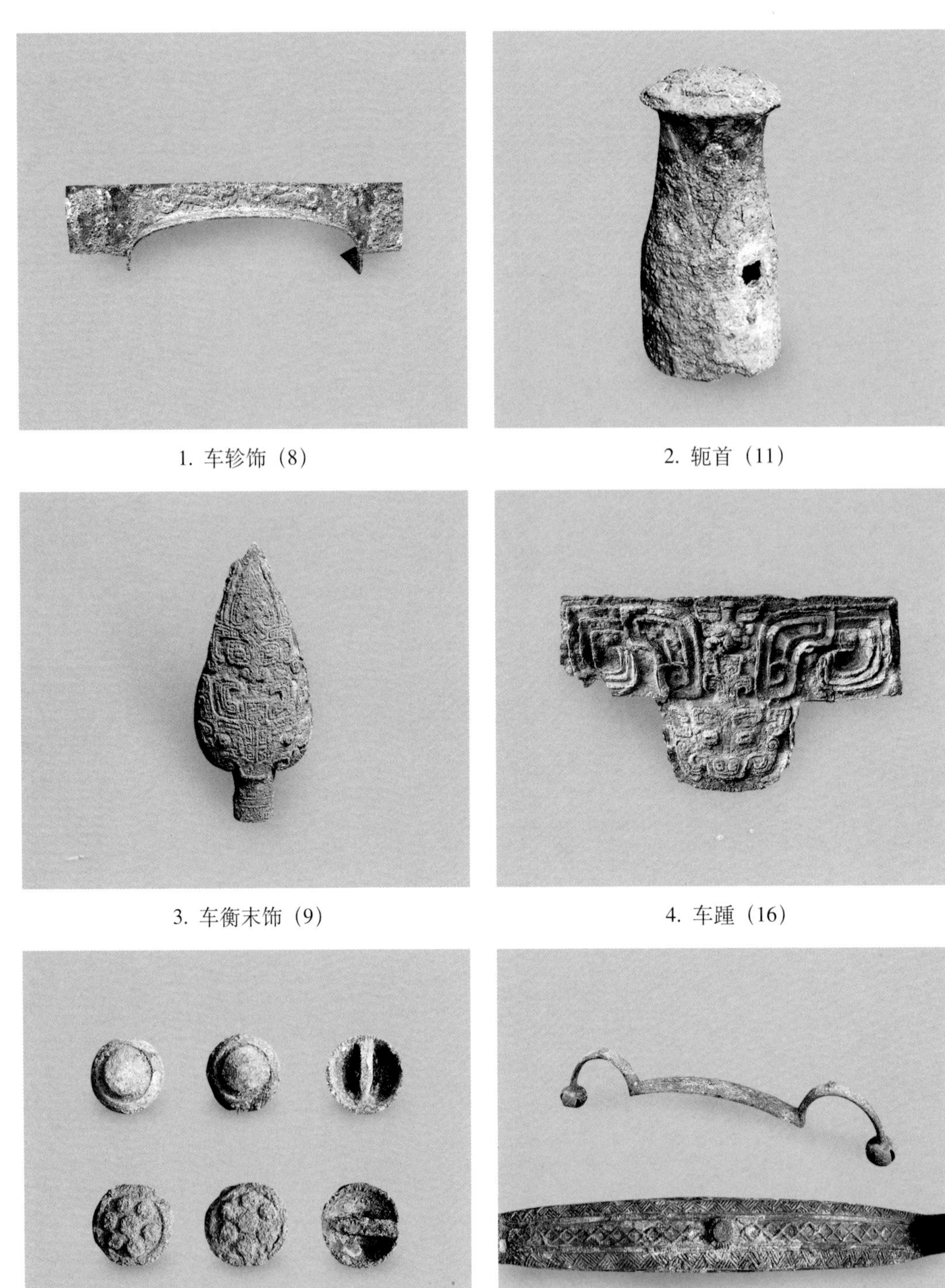

1. 车轸饰（8）

2. 軛首（11）

3. 车衡末饰（9）

4. 车踵（16）

5. 泡（上1、下2）

6. 弓形器（17）

桥北墓地 M1 出土铜车马器

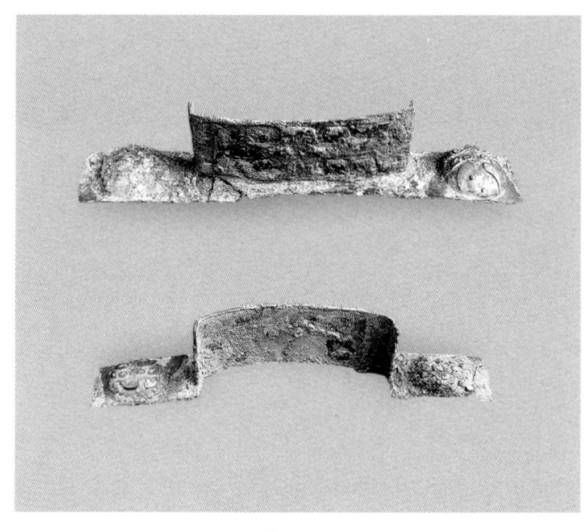

1. 铜车軨饰（9）

2. 铜泡（上 11、下 10）

3. 铜车踵（8）

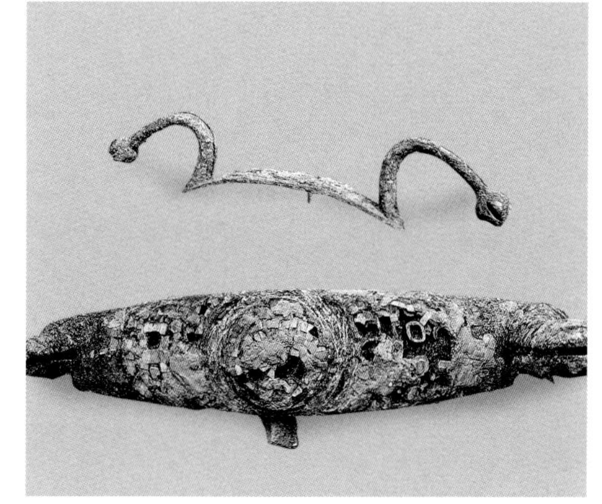

4. 铜弓形器（2）

5. 铜镞（17）

6. 铜车軎（13）及軎内衬布

桥北墓地 M18 出土器物

1. 铜铃（M1:19）

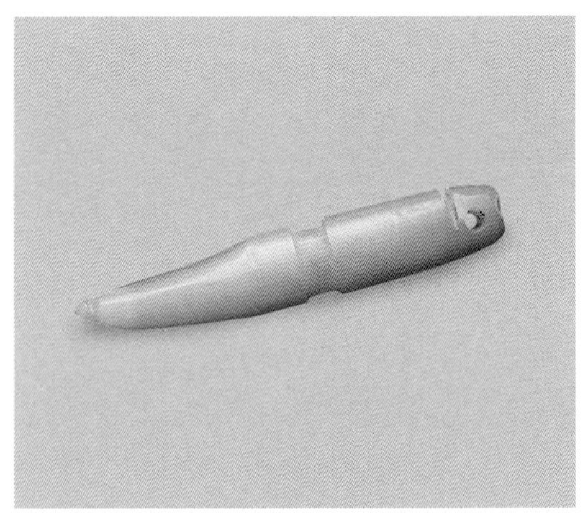

2. 玉觿（M1:12）

3. 玉虎头（M18:24）

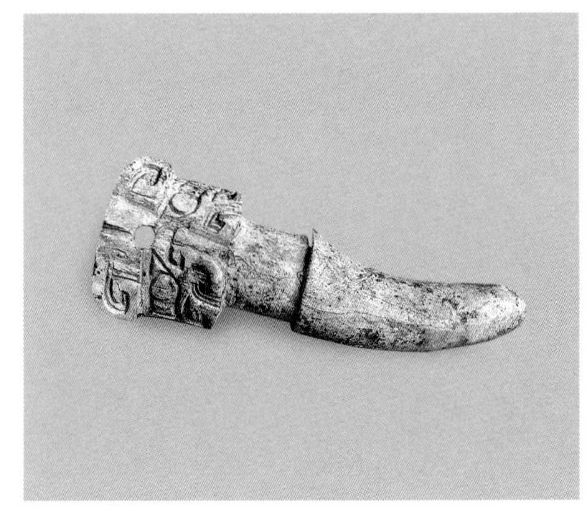

4. 骨觿（M18:15）

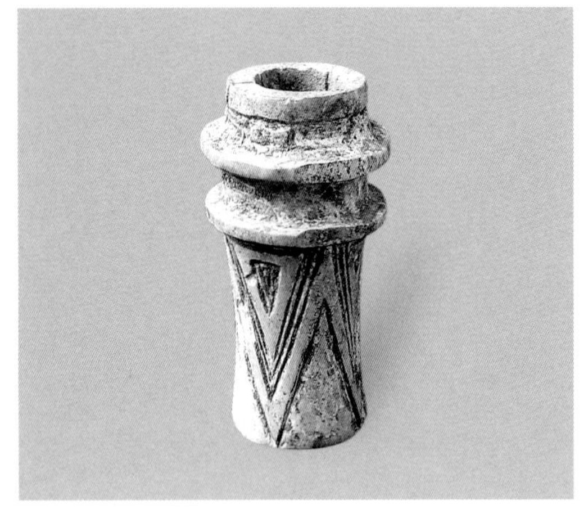

5. 骨饰（M18:21）

6. 骨管（M7:左 1、右 2）

桥北墓地出土器物

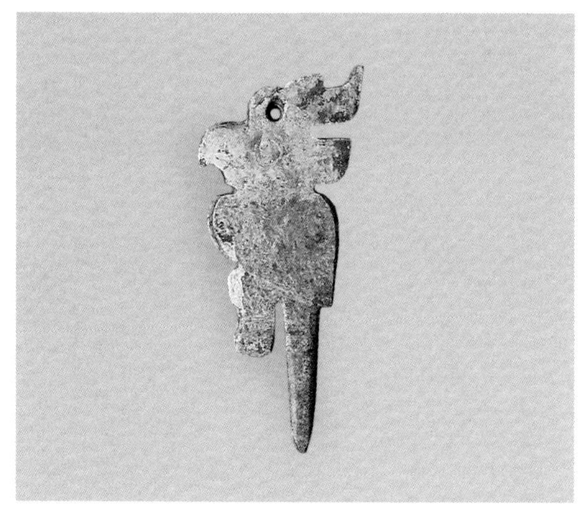

1. 玉鹰（M18:23）

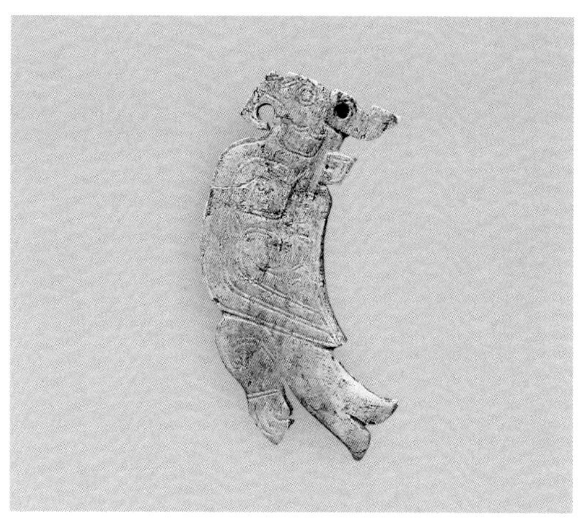

2. 玉鹰（M27:盗1）

3. 陶鬲（M1:盗3）

4. 陶鬲（M22:1）

5. 陶鬲（M27:2）

6. 陶鬲（M13:2）

桥北墓地出土器物

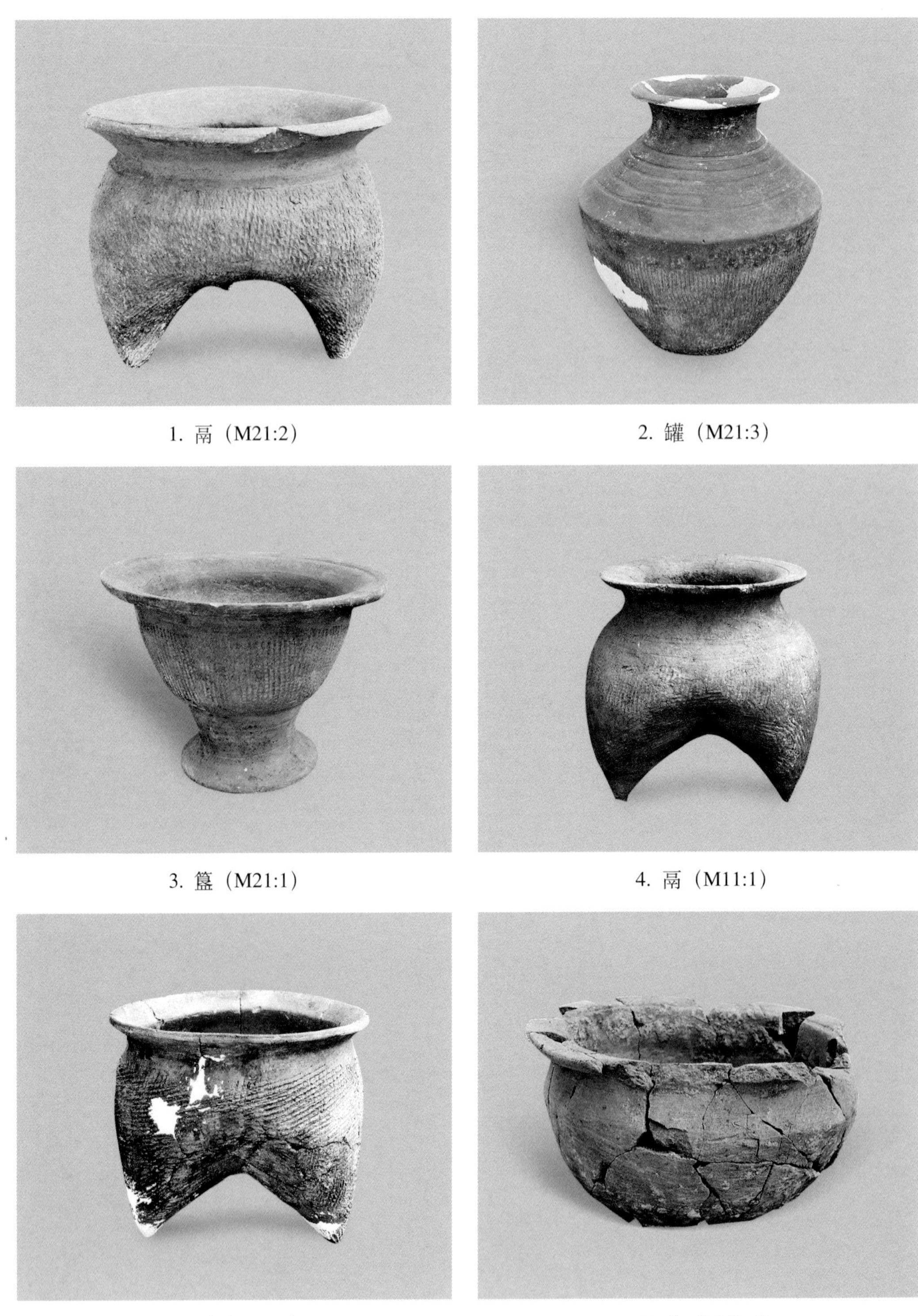

1. 鬲（M21:2）

2. 罐（M21:3）

3. 簋（M21:1）

4. 鬲（M11:1）

5. 鬲（M24:1）

6. 盆（M12:4）

桥北墓地出土陶器